失落的华夏文明

—鱼国古玉的启示

刘昇 著

光明日报出版社

图书在版编目(CIP)数据

失落的华夏文明:鱼国古玉的启示 / 刘昇著 . —北京:光明日报出版社，2017. 4

ISBN 978-7-5194-2779-5

Ⅰ. ①失… Ⅱ. ①刘… Ⅲ. ①古玉器—文化研究—中国

Ⅳ. ①K876. 84

中国版本图书馆 CIP 数据核字(2017)第 064436 号

失落的华夏文明：鱼国古玉的启示

作　　者：刘　昇

责任编辑：谢　香　郭玫君　　　　责任校对：程　刚

封面设计：刘　昇　　　　责任印制：曹　诤

策　　划：马　奕

出版发行：光明日报出版社

地　　址：北京市东城区珠市口东大街 5 号，100062

电　　话：010-67078258（咨询），67078870（发行），67019571（邮购）

传　　真：010-67078227，67078255

网　　址：http：//book. gmw. cn

E - mail：gmcbs@gmw. cn caoyang@gmw. cn

法律顾问：北京德恒律师事务所龚柳方律师

印　　刷：北京高岭印刷有限公司

装　　订：北京高岭印刷有限公司

开　　本：787mm×1092mm　1/16

字　　数：675 千字　　　　印　　张：27. 75

版　　次：2017 年 4 月第 1 版　　　　印　　次：2017 年 4 月第 1 次印刷

书　　号：ISBN 978-7-5194-2779-5

定　　价：58. 00 元

关于作者

作者刘昇，1957 年生于北京。京城画家、雕塑家、收藏家、上古历史与文化研究学者，现任中国上古历史文化研究会会长、香港中华文化总会副秘书长、鱼国古玉博物馆馆长。鑫辰屿艺术发展有限公司董事长。

因受家父的影响，自幼对中国古代历史和古代艺术有着执着的偏爱与追求。成年后，又机缘巧合结识了几位文物界泰斗，并拜程长新、孙学海、冯贤明、赵佳章为师，在与他们边学习边收藏的过程中，很快就跻身于京城收藏家的行列。80 年代主要以收藏古陶瓷和明清瓷器为主。随着改革开放古玩市场的放开，上古玉骤然成为了收藏界热衷的主流，作者也有幸成为了其中的一员并收藏到了很多上古时期的祭祀古玉和琉璃器物。

要知道，收藏的最高境界并非只是财富的增值，而是通过收藏你发现了什么？

也正因为如此，作者从 2003 年开始就长期致力于对华夏上古玉的研究工作，试图揭开古玉文化现象的类别、创造古玉文化现象的造物民族属性以及古玉所隐藏的诸多深邃之谜。因此，在华夏古玉博大精深的文化感召下，作者首先发现了商代鱼国祭祀古玉，并顺延其脉络上溯，又发现了鱼国是三星堆文化的承袭者，并通过三星堆北偏西 45 度所指的方向，又发现了该文化现象的历史发祥地以及这支造物民族的族属关系。要知道，华夏古玉所彰显的文化内涵，不仅是人类最早诞生的上古宗教信仰体系，而且还是人类创建宇宙崇拜信仰和宇宙创世学说的成因载体。

本书所提出的新发现与新观点，主要源于上古玉物象符号给予的启示所得出的见解。因此，作者在书中才提出了“第四重证据法”即“民间收藏”应该成为考古学重要佐证依据的观点。因为通过鱼国祭祀古玉的物象符号，我们不仅发现了华夏古玉是人类宗教信仰的成因载体，还发现了该宗教信仰的发展演变过程，以及该宗教信仰的传播路径。由此可见，借助“第四重证据法”我们不仅可以还原出华夏亘古的 5000 年历史文明，更重要的是能让世人真正领悟到华夏历史博大精深之所在。

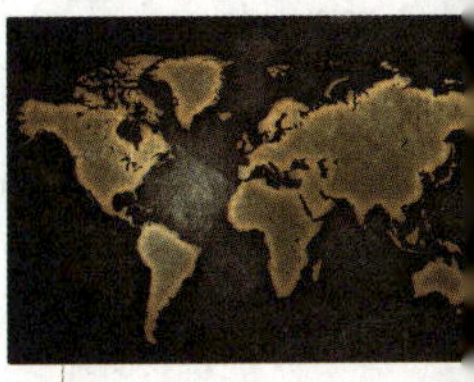

目录

绪言

以新视角解读华夏历史文明

夏代，作为中国文明史的第一页，已经湮没在历史长河之中。时至今日，对夏文明的记忆，仅仅剩下它的名字和传说。

夏代是否真实存在过？如果它曾经存在过，那为何消失得无影无踪？为何商代文明突然出现，并在出现时就已经达到了一个顶峰？它继承了谁的文明？

按照国际史学界的观点，界定一个国家的文明必须具备三大要素：城垣的出现、青铜器的使用和文字的产生。依照这三种标准，我国甲骨文的历史距今为 3400 年，殷商青铜器和巴蜀三星堆青铜器距今为 3800 年，夏代二里头城垣遗址距今约 4100 年。若据此推定，华夏 5000 年的文明史似乎空无实据，在世界四大文明中，远不极其他文明历史悠久。

实际则不然！

众所周知，断定一个国家的文明史，需要有一定数量的文物佐证和文献支撑。关于我国夏代的历史，只因缺少文字记载而略显苍白，因此，西方学者的主流观点才认为，中国的夏朝就像亚特兰蒂斯一样都属于传说中的文明，中国的文明信史也只能从商代开始。

事实上，在我国多年的考古发掘中，我们已经发现了很多有关夏代的历史文化遗存。但遗憾的是，只因以往的考古观念过于依靠文献记载，以至于那些被发现的夏代物质文明仍以发现地作为它们的命名，这不仅导致了人们对夏代文化遗存出现了误读与误判，更为关键的是这种方法将永远还原不出它们的历史本质。

在人类的文明史上，不同文明间的冲突异常残酷，胜利的文明对失败的文明通常都会进行毁灭和驱逐，为巩固统治而对旧文明进行符合自己意识形态的吸收和改造。于是，人类历史就在这样的征服与被征服中一次次浴火重生。旧有文明的基因虽然被一代代传承下来，但其最初的形象已很难被辨认说清。

例如，在蒙古人的铁蹄下，很多中亚和东欧文明也荡然无存。西班牙人征服玛雅后不仅掠夺了黄金，同时为了传教而从根本上还清洗了玛雅文明。在中国的历史上，可以说秦始皇的焚书坑儒是最著名的案例，在这场文化的浩劫中不仅导致中国的上古文化戛然而止，而且很多历史文献也消失得无影无踪。

然而幸运的是，这一历史事件发生在文字出现之后，未被焚毁的野史和书籍仍保住了一部分历史文明。但是，在更久远的历史年代，文明之间的杀伐却更多地停留在令人半信半疑的传说之中。在后来的历史研究中，尽管人们不断发现一些蛛丝马迹，但只有当其数量积累到某种程度后，新的发现才会产生出新的观点，而新的观点才能真正填补历史的空白和研究。

荷马史诗自公元前 9 世纪著成，在之后的数十个世纪以来被作为文学经典，直到 1871 年德国业余考古学家海因里希·施里曼发现古特洛伊遗址并发掘出大量珍宝，世人才相信特洛伊是真实存在的。1932 年开始至 1938 年，由卡尔·布列根继续主持考古发掘。之后，直到 1988 年，由德国图宾根大学和美国辛辛那提大学古典学系联合组成的考古队，利用现代科学技术重新展开考古工作，特洛伊考古在停滞了 50 年之后重新开始。在过去的 16 年间，来自近 20 个国家的 350 多位科学家和技术专家参与了一项对特洛伊遗址的考古发掘工作，随着考古工作的进展，“战争存在论”渐成主流。

考古学家先后在特洛伊城地下发掘出 9 层代表不同年代的城市遗址。考古人员在公元前 12 世纪前后的遗址第 6 层中发现了大量与战争相关的证据，如火灾残迹、散乱的尸骼以及大量散置的投石器弹丸。按照常理，在战争结束后，保卫战的胜利者会把用于投掷的石块等武器重新收集起来以便应付敌人再次入侵；而若是征服者取胜，他们是不会做这种善后工作的。再加上遗址第 7 层所反映出的城防建筑和经济、文化水平比前一阶段明显衰落，于是，根据遗迹推论，大致可断定特洛伊城大约在公元前 12 世纪被摧毁。

由此，曾经被认为是传说中的特洛伊之战被初步确证。

将目光投向我们自身。

在中国的古代典籍和传说中，有很多对夏王朝的记载和描述，由这些描述可知，夏王朝的文明程度很高。但令人疑惑的是，这个存续时间长达 400 年之久，拥有广阔疆域、高度发达的物质文明和精神文明的夏王朝，为何今天难觅其踪？ 它的遗迹在哪里？ 它的物质文明是否仍保留下来？ 对它的诸多描述难道只是古人口口相传中的夸大与臆造？

多年的研究之后，我确信，夏王朝不仅在中国历史中真实存在，而且其发达程度超乎人们此前的想象。夏王朝和商王朝的文化一脉相承，在中国早期民族的融合中不断演变，两个王朝在合计 1,000 多年的时间里，繁盛而辉煌。在周王朝的崛起中，周的联盟军团不仅消灭了商王朝，同时周王朝还摧毁了很多与它相左的历史文明，虽然最终周在其废墟上建立起一个统一而强大的周王朝，但他们却遗失了很多前朝值得保留的文化与文明。

在这场腥风血雨的战争中，一些承载着夏商文明的部族族群为了逃避被毁灭的命运，向更偏远的地区逃亡，并在周王朝鞭长莫及之地安定下来，而另一些逃亡的部族族群，竟然远走他乡到达了中亚和南亚地区，并对那里文明的发生与发展产生了极大的影响，甚至可以说今天在中亚和南亚看到的有些文明，原本就是我们先民的传承。

而在中原，周王朝建立后，对夏商文化进行了系统的吸收、改造或摧毁。尤其是以西戎北狄为主体的夏族文明在中原农耕文化的融入中，其主体文化已荡然无存，而仅剩下一些在今天看来互无联系的历史残片。

例如，随着汉王朝力推儒家思想体系，该思想不仅统治了整个中国封建时期的意识形态，这种正统观直到今天仍在影响着中国社会。由此可见，夏王朝这个曾经由一个民族、多个种姓所组成的王朝，虽然也曾创造过很多人类文明和物质文明，但是却被推翻它的王朝从意识上彻底地抹掉了。

曾辉煌一时的夏王朝，就这样被湮没了，它不仅是被历史长河冲刷涤荡得无法辨认，更是被中原所秉持的正统观主流意识所抛弃。

必须承认，中原地区是中华文明的核心地区。在历代王朝的更替中，前朝文明被后续文明所覆盖已是必然，任何不适合后续王朝统治的痕迹必须被抹去。因此，古老的夏王朝的文明痕迹，在数千年的历史冲刷中一次次的被覆盖，致使它在中原的历史文献中难觅其踪。

因此，我们应该将目光转向对上古文明保存相对完好的地区，如周以前四方民族生活过的区域，去寻觅夏王朝所遗留的文化遗存和历史的痕迹。我们会惊奇地发现，夏代历史遗迹所保存的数量之多、物质文化遗存之完好简直令人咋舌。因为，这些文化遗存不仅能够证明夏王朝的存在，同时还在佐证着夏王朝文明的高度发达。

近一个世纪以来，中国各地区出土了很多上古时期的人类遗址与文化现象，但这些人类遗址和文化现象，不是因为没有文字记载被人为地搁置，就是因为中原儒家大一统思想观的影响被彻底的否定，因为学界只愿意保留或承认那些符合正统价值观的历史遗迹和文化现象，而对那些与之相悖的文化现象普遍持回避和否定态度。例如，在四川发现的三星堆文明和金沙文明，至今仍未被列入到华夏文明的整体范畴。究其缘由，因为该文化现象和文明与中原大一统观念发生了冲突。直白地讲，如果承认了三星堆属于华夏文明，也就等同于否定了历代史学家所打造的中原殷墟文明。而这种做法，无疑是狭隘的和不理智的行为，因为用这种观念所编纂出的华夏文明显然不够完整。也正因为如此，才导致了西方学界只承认华夏 3300 年的历史文明；也正因为如此，才导致了我国诸多上古人类遗迹和文化现象，至今仍以出土地作为它们的命名。例如，内蒙古的红山文化、甘肃的齐家文化、山东的龙山文化以及浙江的良渚文化等等。

但是，真正能够打开夏代文明史之门的钥匙，恰恰就隐藏在这些未被解读的民族文化的遗址之中。事实上，从这些文化现象的发达程度、相互之间的雷同性、工艺制作水平的发展演变等多方面进行综合考量后会发现，它们之间绝非是相互独立发展起来的，而是具有承前启后、相互影响和相互交融，甚至是源于同一个历史文化源头所产生的文化现象。然而，只有对这些遗址和文化现象进行综合对比研究，我们才能真正了解到这些遗址和文化现象之间存在的关系，方能厘清哪些是属于夏商时期的文化现象，哪些才是周代的文化遗存。

揭开中国上古历史谜题的另一把钥匙，则是中国的上古玉所承载的文化现象。纵览世界历史，中国是唯一产生过玉文化的国家，对玉文化的崇拜已成为历代王朝以及华夏民族属性的重要标识，时至今日，中国人对玉文化的崇拜与追求依然狂热不减，这不仅是中华区域独有的文化现象，更是华夏历代民族世代承袭下来的历史传承。

但是，当下以西方思维作为基础而制定的人类文明标准，自然不可能为华夏独有的古玉文化留有一席之地。于是，这种曾超越了人类时代文明的华夏古玉，被无情的界定为只是新石器时期的文化现象。但事实上，这些上古玉所承载的文化现象，不仅包含着人类的社会意识、宗教思想、宗教哲学、宗教美学以及制玉加工所使用的工艺技术等等，已经超越了新石器时代的一般定义，同时也超越了西方学界所认知的三要素文明。因为在中国看到的三要素，城垣的出现、青铜器的使用和文字的产生，都是为上古宗教文明所服务的载体，而并非是无缘无故生成的文明。

因此，华夏古玉作为独有的文化现象，应该被界定为是人类上古宗教的文化载体，是人类宗教所创建的核心文明。而这种文明所彰显的，不仅是华夏区域进入昌盛阶段的重要标志，也是夏民族步入文明阶段的实物佐证，虽然当时没有成熟的文字将它记载，但上古宗教遗留的古玉符号却记录了那段发达的历史文明。

根据现代英文的经典定义—文明（Civilization）一词源于拉丁文“Civis”，意思是城市的居民。其本质含义为，人民生活于城市和社会集团之中的能力。被引申后，意为一种先进的社会发展和文化的进步状态，以及到达这一状态的过程。其实，它所涉及的领域极为广泛，例如包括民族意识、技术水准、礼仪规范、宗教思想、风俗习惯以及对未知领域的探索能力等等，而我国夏代古玉所承载的文化现象，恰恰涵盖了以上提到的所有内容。

新发现，催生了新观点。

新观点，又催生了新解读。

笔者研究上古宗教纯属偶然，起因是因为收藏到了几件上古玉琮器开始的，这几件玉琮器不仅体型硕大，而且器身上还刻有各种图案与铭文。随着本人对这几件玉琮器的研究深入，最终破译出了铭文的字义内容：“邑鱼癸月揆兑生，弘龙鱼癸中巳兑”。铭文大意是：鱼国是在癸月经过大祭司揆度诞生的，而鱼国的弘龙王选择了一个有水的地方建立了都邑。

谈到鱼国，可能很多人都很陌生，但对于考古学者而言则是众所周知的事。鱼国是个史籍失载的古国，它的历史是在 1976 年被陕西考古研究所发现的，但是人们只了解到墓葬的主人“鱼伯”是位西周时期的诸侯国君，至于它的历史前身与下线文化却知之甚少。值得庆幸的是，1999 年在山西太原又发现了隋代的虞弘墓葬，并以此链接出了鱼国自西周到隋代的基本历史脉络。但遗憾的是，只因没有发现早于西周时期的鱼国历史，人们只得将它界定为是西周的一个小诸侯国。

但事实则不然，自商代鱼国宗教的祭祀古玉被发现后，这个曾经被视为是西周诸侯小国的鱼国历史，才真正突显出它的历史端倪，它不仅是商时期最具影响的都邑，而且它还是一个传承有序的宗教王国，因为它所遗留的祭祀古玉，不仅诠释着该宗教王国的发展历史，同时还在彰显着它所承袭的宗教历史脉络。这就是笔者发现的商代鱼国宗教，也是本书将要阐述的中国上古宗教成因与发展的脉络。

鱼国宗教，曾是我国商时期活跃在陕甘地区的一支宗教体系，虽然它距今只有 3000 多年的历史，但它所承袭的法脉却可以上溯到 12000 年的青海杜立巴石碟（即人类对宇宙超自然力的崇拜信仰）。然而，它最为直接的承袭脉络，却是早已震惊过世界的巴蜀三星堆青铜器宗教文明。如果按照法脉的顺序排列：鱼国宗教所承袭的法脉，则是巴蜀三星堆宗教文明；三星堆宗教所承袭的法脉，应该是距今 4000 多年的甘肃齐家古玉文明；齐家古玉所承袭的法脉，应该是 4500 多年的良渚古玉和 5000 多年的红山古玉文明；而这两支文化现象所承袭的法脉，应该源于内蒙古的阴山岩画（新石器时代）；阴山岩画所承袭的历史法脉，则应该是在青海发现的 12000 年的杜立巴石碟。

虽然在我国出现的这种传承有序的宗教现象，已被某些学者解读为某些类型的文化现象，但他们有所不知，该文化现象所承载的文化历史内涵，却是我国上古先民在近万年的历史岁月中，精心创建出的人类最早的上古宗教文明。

当然这一发现，还要归功于鱼国祭祀古玉给予我们的启示。因为这些祭祀古玉，不仅诠释着鱼国宗教是三星堆宗教最直接的承袭者，而且古玉的物象符号还在讲述着这支宗教体系在不同历史阶段的发展演变过程。随着笔者所收藏的鱼国古玉不断丰富，这些散落在我国陕、甘、宁、青以及内蒙古等地的祭祀古玉，已基本为我们还原出了鱼国宗教当时的分布情况，以及该宗教体系所统辖的领地范围。

鱼国宗教，是三星堆消亡后由一支迁徙到陕甘地区的人群所创建，他们不仅带来了三星堆宗教新的宇宙创世观，同时也带来了三星堆人未完成的宏图伟业。从鱼国宗教遗留的信息看，无论从宗教信仰、宗教教义理念、所崇拜的诸神、英雄人物造像、物象符号所彰显的宗教含义等诸多方面，都体现出与三星堆精神极为相同的文化特征。两者应该属于同根、同源、同一族属而且一脉相承的发展关系。也正因为鱼国宗教是三星堆宗教的下线文化，所以在鱼国古玉中能够看到很多与三星堆相似的文化传承，例如，两者相同的宇宙创世观、对宇宙超自然力的崇拜、对大象神的崇拜、对鱼图腾的崇拜信仰等等。由此可见，鱼国宗教不仅是三星堆宗教最直接的承袭者，而且还是三星堆宗教信仰理念的集大成者。

虽然鱼国宗教是三星堆宗教的文化下线，但它彰显出的宗教内涵却比三星堆时期更为丰富和翔实。例如，三星堆宗教主要是以青铜器物质文明作为载体，在宣扬着三星堆人对宇宙超自然力的崇拜信仰，以及三星堆人开启宇宙创世学说的宗教内涵。而针对不了解三星堆宗教历史的人来说，面对这些怪异的祭祀神器就如同梦幻天书。而商代鱼国宗教则不然，该宗教所制作的祭祀古玉不仅具有针对性，而且每一个物象符号都能使人直观地领悟到它们的所指寓意。例如，在祭祀古玉中出现的大将军和兵勇人像，不仅以全身甲胄和半身甲胄区分大将军和兵勇的社会等级，同时采用写实手法区分着三星堆人种姓有别于兵勇的族属关系。

最令人兴奋的是，在鱼国宗教的祭祀礼器中还出现了大量用于祭祀的琉璃制品，而且在琉璃器物上还出现了很多怪异的古文字，这些古文字与成都民间收藏到的三星堆古玉铭文完全相同。然而，这一发现却揭示了两大秘密：第一个秘密是，这些古文字说明，三星堆宗教和鱼国宗教，当时已经创建出了较为成熟的文字体系，而且该文字体系已经能够满足该宗教的发展使用。第二个秘密，则是琉璃器物的发现，据历史教科书记载，琉璃最早是由埃及人或腓尼基人发现的，埃及人是源于陨石撞击沙海才发现的琉璃；而腓尼基人则是船只搁浅孤岛埋锅造饭在锅底发现了琉璃。但两者发现琉璃的过程，都因过于牵强而最终成为了一种假说。

鱼国宗教所使用的琉璃，则是源于三星堆青铜冶炼过程中的衍生物质。虽然三星堆青铜器的发达程度已众人皆知，但当时大规模的青铜冶炼所产生的副产品琉璃物质的发现却无人知晓。更为重要的是，在琉璃器物中还出现了大量的鼓、箫、磬、号等乐器，而这些乐器不仅将中国西周的礼乐制度推进到了商代，而且这些物证说明中国的礼乐制度最早成因于我国的上古宗教体系。另外在琉璃器物中，还出现了十二生肖的兽首人身造像，这一发现不仅彻底否定了十二生肖源于巴比伦传入的假说，同时还证明了十二生肖原本就是中国天干地支历法的成因载体。

随着笔者的研究不断深入，诸多线索与信息愈为清晰地将我国上古宗教文明展现在了世人眼前。我们不仅发现了鱼国宗教与三星堆宗教的前后承袭关系，而且通过三星堆城垣与墓葬遗址的北偏西 45 度，还发现了三星堆人的历史发祥地以及他们的族属关系。这支创建中国上古宗教的人群，应该是最早生活在罗布泊的最原始居民“罗布人”。

至此，中国上古宗教的历史成因以及发展脉络，已经较为清晰地呈现在了世人面前，很多围绕着三星堆未解的历史谜团，将伴随着日后的深入研究会被一一揭开谜底。

文明起源于觉悟。

觉悟又促进了文明，直到今天。

然而，人类觉悟所产生的宗教信仰究竟是何时来到了这个世界，它又是如何孕育成今天的模样，是否在它被分娩出来的那一刹那，就已注定人类永远离不开宗教文明。

在漫漫的历史长河中，我们已经失去了太多的记忆，一些记忆是被岁月的风沙所吞噬，而另一些记忆，则是被历史的记录者们精心打磨得无影无形。

但历史，是大自然所创造的杰作，更是来到这个世界的无数鲜活生命汇聚而成，它不应被置于殿堂之上成为艺术品，更不应该将它修饰成一种简单的文化图腾，无论人们出于何种目的需要，对历史本身和继承历史的后人来说，错误的读解历史也就等同于在篡改历史文明。

因此，希望读解历史的后人，能够站在人类文明是同源发展的角度去看待历史，用包容心态和客观的视角去解读人类接力所创造出的历史文明。如果我们能够做到这一点，不仅能够还原出先民共同打造的本真历史，而且还会找出他们遗留在世界各地的相同文化与历史文明。

第一部分

鱼国古玉所彰显的历史文明

引子　发现鱼国古玉

二十世纪八十年代，对中国历史而言是一个重要的时期。

如果把这一时期置于历史的大背景之下，中国在经历了数千年封建统治之后，文明逐渐开始衰落。然而在近 100 年里，它不仅抵御住帝国主义的入侵，而且还经历了内战带给的自身伤痛，古老的农耕文明在工业革命的冲击下苦苦支撑而最终崩溃，在经历了几十年的文化迷茫和探索之后，中华文明终于开始迈向了现代化时代。

鱼国古玉的发现，就是在这一历史转折期发生的。

改革开放后的北京，市场开始繁荣，文化和各种思想开始萌动。

作为具有 2000 多年的古城，以及近 800 年的人文荟萃帝都，文化和文物市场首先在北京开始繁荣。文明的种子是多么具有耐性，它们在历史的积淀与保护下沉睡已久在等待着苏醒，一旦春意来到，则会再次破土而出，以饱满的渴望生机勃发。也许，在残酷的社会变迁中，文明就是凭借这种不屈不挠的意志，在不断的存续、嬗变、升华演进着历史进程。

我出生在北京天坛北门附近，自幼对中国古老文化的热爱就已渗透到了我的血液之中。从 11 岁开始，就师从于两位名家学习中国传统的山水画和西方雕塑艺术。成年后，下乡插过队，回京后又进过工厂。全国恢复高考后，考过艺术院校但因顾忌毕业后的全国分配，而最终放弃了进入某艺术院校学习的机会。日后看来，也正因为那段不甘心割舍艺术院校学习的欲望，迫使我练就了一手非常好的山水画和雕塑功底。

也正因为这段艺术人生，才使我在日后拜师学习考古鉴定与古物收藏的过程中，针对器物造型的把控以及纹饰图案的年代归属掌握得比一般人快。也正因为如此，才使我与古人作品进行沟通时，那种跨越时空的艺术对话与交流才得以实现，从而使我能够深深地领悟到那些具有灵动、鲜活、高雅而脱俗的古代艺术作品，是需要具备何等高深的艺术造诣才能够完成。

20 世纪 80 年代初期，北京的收藏市场开始出现。

当时，北京的皇城根、白桥、后海都先后形成过违规的古玩市场（俗称鬼市），就连如今已誉满全球的潘家园古玩市场当时也不过是一块长满了野草的荒地，每逢周末，操着各种口音，穿着打扮各异的人们从四面八方汇聚而来。人们各自占领一小块地方，一块脏兮兮的布铺在地上，就形成了一个古玩铺子。

当时，琳琅满目的地摊上古玩有真有假，很多劫后余生的珍品也就摆在人们的脚下，在人们穿梭的脚步中孤零零地等待着挑选，当然在其中不乏有很多器物成为了日后价值连城的拍卖品。

出于兴趣，也由于当时我在燕京书画社、颐和园石坊、香山卧佛寺等几处工艺品商店寄售画作，使我积攒下了第一桶金。手头相对比较宽裕的我，不必像当时其他人那样，仅够满足衣食之需而无闲钱购买文物，也许我算得上是文革后北京古玩市场上最早出现的第一批收藏者。

由于从事技术研究工作和有绘画经历的影响，我总是希望能够尽量深入地研究我喜欢的东西。不仅如此，我还幸运的认识了几位中国文物界的鉴定泰斗，如冯先铭、孙学海、程长新、赵佳章、张国臣等几位老先生。也正因为在他们的指导下，我才有幸真正进入到了边收藏边学习的收藏行列，并结合历史对古代文物进行深入研究和系统性的学习。几位老先生都是国内文物鉴定领域内的大家，如冯先生是故宫陶瓷鉴定的专家、孙老先生擅长书画古玉瓷器、程先生则是旧中国收藏泰斗岳斌的徒弟，也是业内被公认的青铜器研究泰斗、赵老先生是北京古玩行的瓷器鉴定专家、张国臣则是北京青山居的最后一代传人，也是专门研究上古玉和翡翠玉石的专家、而费伯良老先生则是中国收藏界的世家，也是北京业内研究元青花瓷器的领军人物。

在诸位老师多年的教导下，虽然我也收藏到了一些有价值的文玩。但也许，沿着这条道路走下去，我最终会像许多人那样是京城古玩界的一位收藏者，而永远也成为不了某些历史文物的发现者。但是，我却选择了另一种收藏和学习的方法，例如针对所收藏的上古玉结合历史文献，进行系统性的探索研究，而对于那些文献失载的上古玉，则对应古代四方民族史留下的点滴信息进行深入探索。

功夫不负有心人

第一次发现鱼国古玉，是在1997年秋天的某个周末。多年来，几乎每逢周末我都要到潘家园市场去淘宝。说道淘宝，很多人可能会嗤之以鼻，认为潘家园根本就没有什么宝物，其实大错特错了！ 我认为，淘宝一词是只针对那些懂文物的人而言的，对根本不懂什么才是文物的人来说，即便宝物放在他的眼前他还是看不出所以然。

在潘家园，我曾见过很多人一夜暴富，也曾见到过因买错东西而倾家荡产。这块鬼魅之地，不知造就过多少个百万富翁，但也不知蚕噬过多少人的毕生财富，这是个凭眼力吃饭的地方，你拥有多少知识就能在这里得到多少回报，生机勃勃而又暗藏险恶，这正是古玩市场的魅力所在，这里也是古玩行比眼力高低的竞技场所。

这天，我正在潘家园市场内闲逛，边走边与一些熟悉的摊主打着招呼，漫不经心地巡视着每一个摊位上摆放的东西。忽然，我看见了两件硕大的玉琮极为抢眼地矗立在一个摊位上，这两件玉琮器的高度几乎接近一米，重量也得有上百公斤。我轻蔑地瞟了一眼摊主，心想现在的人都疯了，仿东西都仿得离谱了？！ 这么大的玉琮器我从来就没有听说过，即便你敢仿，还得有人敢买才行！ 但是好奇的心态还是让我止住了脚步，上下打量着这两件所谓的“仿品”，看它究竟有何不寻常之处。

然而，上眼一看，却令我倍感惊奇，看完玉琮的做工、沁色、包浆以及图案纹饰之后，我发现这些器物并不像新的仿品！ 再反复鉴别，我确认器物上那些斑驳疮痍的沁色和奇特怪异的减低浮雕图案，表现出一种中原文化从未有过的特殊文化气息，而器身上润泽的包浆和斑驳的沁色如果没有几千年的埋藏是根本不可能形成的。但这些从未见过，甚至根本就没有听说过的硕大玉琮，难道会是真品吗？ 着实让我惊出了一身冷汗！

凭借我20多年的收藏经验，尤其又师从诸多大家，虽然见过不少珍品，但也见过无数的仿品，凭经验我自信这些器物应该是真品而绝非仿品。

虽然，我见到过形形色色的古玉，可今天所见到的这几件器物和以往的却截然不同，它们不仅器型硕大而且可以说是史无前例的，我敢说不仅我没见过，就连业内的老先生们也不可能有人见过。

更为奇特的是，这些器物散发着一种近乎于商代的亘古气息，而且器物上的雕像却又显露出波斯人的体貌特征。这种中西合璧的文化现象究竟产生在何时何地？ 在我国的玉器发展史中究竟有没有过这段历史？ 眼前所见使我百思不得其解，更可怕的是，在我的脑海里根本找不到如何鉴别这些古玉所属年代的理论依据。

我审视着器物上的每一个细小变化，急于想找出能证实其真伪或年代的信息，但看了半晌，除了能够排除任何作假的可能外，确认根本就弄不清它们的历史来历以及年代所属。

我定了定神，站起身不动声色地挤出人群离开了这个摊位。我继续在周围转悠着，但早已是心不在焉，一直惦记着那两件玉琮，生怕时间一长被别人买走。神奇的是，两只腿又不由自主地转了回来，我便再次蹲了下来，凝神重新审视着这两件玉琮器。

我反复辨认，这些器物的包浆和沁色确是数千年留下的自然痕迹，而且玉琮中心孔壁的螺旋纹以及钻孔对接的措痕，也都完全符合上古玉的加工制作特点。

我完全陷入了沉思，回顾近年我国的考古发现，曾出土过很多意料之外的珍奇文物，不断填补着史料失载的空白，使我们对华夏历史文明有了很多新的认识。

梁启超在《中国历史研究法》中说："意大利庞培古城发现后，旧史谬误，匡正什九。"

王国维也曾说过："古来新学问起，大都由于新发见。"（图 1-1）

图 1-1　鱼国古玉博物馆

联想到古埃及文明、美索不达米亚文明、古印度文明、玛雅文明和古秘鲁的印加文明，拨开笼罩在这些失落的古代文明之上的迷雾，无一不是基于偶然的发现。

那么，这些玉琮又说明了什么？ 它们究竟从何而来，又是由谁制作的，它们又承载着怎样的一段历史呢？

尽管我自信自己的文物鉴定水平和眼光不俗，又被这些上古神器所深深的吸引，但是中国文物市场的假冒仿品不仅乱象环生，而且仿造的技术水平也在不断的更新，买到假货名声受损是小，关键是怕伤害到自己脆弱的自尊心。这一刻我仿佛被定住了，令我再次失去了自信并深深陷在犹豫之中。因为自改革开放以来，经济和文化的日益繁荣使得文玩市场不断升温，很多历史文物在期待着人们去发现研究和保护，这对于收藏界来讲确实是难得的良机。但是，这些年来，古玩市场不断涌现的各种假货也在冲击着收藏者敏感的神经，因此收藏界曾有些人虽然缺乏专业水准，又缺乏对历史未知领域的探索精神，既没有想象力也缺乏判断力，既不想考证也懒得去研究自己看不懂的东西，更有甚者干脆全盘否认，以至于很多极富价值的历史文物在中国不被承认，幸运的器物流失海外被西方人所珍藏，而不幸的器物却遭到了遗弃和破坏。

不过，我的一位老恩师孙学海先生曾对我说过一段话：“中国的历史太过悠久，许多文物都有过一段灿烂的文明史，虽然我们没有见过的东西很多，但这并不等于它们根本就没存在过！”

想到这里，我似乎有了一种责任感，认为应该将这两件玉琮买下也算是保护了它们；当然，另一种担心也在动摇着我，如果这两件东西不被业内承认，恐怕经济损失将是惨重的。

犹豫良久，思虑再三，最终还是历史的责任感和自信占据了上风，我怀着忐忑不安的心情终于将这两件存疑的玉琮，以当时市场近乎于天价的数目买了下来，从此我彻底改变了人生，踏入了一条迷茫而枯燥的漫长探索之路。

第一章 鱼国古玉的哲学思辨

雾失楼台，月迷津渡。多少远古文物，默默地尘埋在地下。

百曲千折，廊桥遗恨。多少历史真相，被遗忘割裂和误读。

偶然机缘，邂逅古玉。多少千古奥秘，穿越时空得以发掘。

通过我对收藏的鱼国古玉的解读，复活了一个神奇的世界，发现了一段穿越时空的宗教历史。

分析了鱼国宗教所阐释的蝉蜕复生理念、灵魂转世为核心的教义，因时因地的传播艺术，似乎能够使人触摸到人类起源的真谛，同时还满足了众生对解脱苦难和过好日子的渴望，这种宗教信仰诠释出一幅极具生命力的历史长卷。

鱼国宗教（西域吐火罗人创建的宗教），应该是当时世界上最早、最为成熟的宗教体系，它在原始宗教概念的基础上逐渐发展起来，直至它的鼎盛阶段，俨然是世界宗教界的鼻祖，成为诸多宗教的历史肇端，以至于今日仍在影响着世人的精神世界。

本书，就是围绕着这一奇迹的密码进行的大胆解读。

庆幸的是，我们的国学大师季羡林老先生，倾毕生精力致力吐火罗文字的研究，其伟大成就为后人研究吐火罗人历史奠定了坚实的基础。基于此，我在探究鱼国与吐火罗人历史的过程中也受益匪浅。

遗憾的是，季老先生却没能看到吐火罗为我们留下的物质文化与宗教实物，但可以告慰他老人家在天之灵的是，他的晚辈以初生牛犊的勇气，以坚韧不拔的顽强精神，在他未竟的事业上又有了新的发现。

感谢神秘的鱼国宗教古玉，也感谢季老先生对吐火罗文字与经文的翻译研究！

尊尊昆仑玉，承载大中华。

古玉，不仅有品位，更是有灵性、有灵魂、有生命、有德性、有思想。抚摸着她们，仿佛时光在倒流，历史在回放。她让我超越了把玩、收藏的境界，拖着我进行了一次历时10多年穿越时空的艰难跋涉，不断走向五千年前的历史深处，丰富的信息呈现出一段波澜壮阔的中华文明上古历史。

她使我看到了鱼国当年肃穆而庄严的祭祀场景，也看到了那金戈铁马的滚滚硝烟，听到了让人热血膨胀的战鼓号角和万马的嘶鸣，还有那纯朴和谐的田园牧歌。

她使我真正领悟到了中华文明的博大精深、源远流长、宽容豁达、和谐共生的无穷魅力。

敬爱的读者，请允许我邀请您一同去领悟鱼国那鬼魅而神奇的精神世界，共同去接受尘封了几千年之久的中华失载文明与自豪。

第一节　新材料催生新探索

每次重大的考古发现，都在纠正误读的历史。

梁启超在《中国历史研究法》中说："意大利庞培古城发现后，旧史谬误，匡正什九。"

王国维说："古来新学问起，大都由于新发见。"

傅斯年在《史语所集刊》创刊号上说："凡一种学问，能扩张他所研究的材料便是进步，不能的便退步。"

陈伯海说："一种学术的进步，取决于材料的发现与学理的发明，而学理的发明又是以材料的发现为基础的。"

古埃及文明、美索不达米亚文明、古印度文明、玛雅文明和古秘鲁的印加文明，无一不是基于考古的新发现。

其他学科也是如此。

人们一直认为天鹅是白色的，随着澳大利亚黑天鹅的出现，这个观念被颠覆了。

空棘鱼是陆上四脚动物的老祖宗，被认为早已绝灭了一亿年。1938 年 12 月 22 日，在印度洋深海，捕捞到一条活的空棘鱼，为研究人类起源提供了活化石。

同样，鱼国古玉的重见天日，带来了中华文明史的重大发现。

在季老精神的激励下，我痴迷于鱼国古玉，在鱼国文明中徜徉、寻觅，在享受鱼国吐火罗文化氛围的熏陶中，古玉的灵性慢慢注入我心海，在犹如修行的炼狱中探索奥秘。因而，我要反复地说：感谢季老，感谢古玉！

比如，我收藏的硕大的鱼国铭文玉琮，不仅改写了我国古文字书写载体的历史，对它的破译，还将改写华夏宗教文明的起源史。

比如，通过收藏的鱼国古玉，我们看到了商代新的文字载体（最早的玉石铭文）从文字的书写的角度来看，玉琮上的铭文要比甲骨文书写的更为流畅美观，也就是说甲骨文只是当时的一种速记符号，而玉石铭文才真正反映出了商代文字的历史原貌。

比如，我收集到的大量的鱼国琉璃礼器，改写了世界玻璃起源史。

比如，我收藏的硕大玉编钟、玉磬、玉鼓、琉璃萧和琉璃号等礼乐祭器，颠覆了礼乐制度成因于西周的臆断。

第二节　新眼光带来新发现

十年磨一剑，七年破一谜。

想起当年，我差点与鱼国古玉失之交臂。大约在 10 年前，我在潘家园古玩市场闲逛，赫然看见了两件硕大的玉琮器耸立在一个摊位上，最终我买下了这两件玉器。这才有了后来越来越多的鱼国玉器的藏品。

我收藏的鱼国古玉，一般器型都很硕大，形制也很怪异，玉质材料多种多样，但大部分都属于昆仑山脉的玉种。这是迄今为止，我国田园考古发掘中从未见到过的上古时期的玉器，应该是我国资料中从未记载过的空白期古玉。

比如，有1.83米高的超大型玉鼎，有1.3米高的特大玉琮，有1.2米高的铠甲立人像，有80多厘米高的兽首人身十二个生肖雕像，有松石镶嵌工艺的最早出现及使用，有精美绝伦的琉璃祭祀礼器，有流沙计时器，等等。（图1-2）

图1-2　鱼国三大主神玉琮

第一次看到我藏品的朋友，甚至一些业内专家，往往跟我第一次看见大玉琮的感觉一样：怎么可能呢？ 假的吧？ 就三星堆出土的青铜器而言，如果它们不是出自田野考古挖掘，而是最早出现在古玩市场，它们肯定会遭到同样的质疑。

“纸上得来终觉浅，决知此事要躬行”，此考古学之谓也。不从材料出发，不去田野找东西，而是坐在书斋的转椅上假设想象，不是考古学的正路子。

罗泰《中国考古学的历史癖》，批评中国考古学的文献情结，认为我们是文献反被文献误，迷信文献，滥用文献，背离了基本的考古方法，糟蹋了中国的考古资料。

席勒认为，人在其自身的人格中带有某种趋于神性的禀赋，使人从有限存在达到绝对存在。如泰戈尔所说：“一切都在爱中亲证”。

关于古玉，如果你想要达到真正地拥有它，必须要发自内心地去爱它，去疼它，把玩它，抚摸它，拥抱它，呵护它，欣赏它，最终你才能真正体会到它所承载的历史信息，才能辨别出它的优劣真伪。

就像恩师孙学海先生所说：“实践出真知。只有理论知识，不上手把玩，不接触市场，不实地考察，不做买卖，不能认识到文物的本质。”

仅仅靠传世文献，不仅并不充分，而且由于时代悬隔，那些几经复制和印刷的文本，已经不能使研究者身临其境地重建当时的历史空间，更不可能发现隐藏在未解文化现象背后的深层含义。

德国学者温克尔曼所说的“情境即一切”，这是有道理的。

“好东西自己会说话”，这是收藏界的一句行话。但好的藏品所蕴涵的语言却不是那么容易体会得到的，只有把自己的精神副融入到古人的文化理念之中，并保持与其相通的灵感，这才会实现与古人的对话，这才会实现与藏品的对话，你才会读懂它，了解它，并与之达到精神上的共鸣。

我所抚摸的鱼国古玉，无论从人物相貌、体态特征、造型图案以及图腾的内容与内涵，都将为研究吐火罗人的民族历史以及发展脉络，提供出极其宝贵的实物佐证。

吹响数千年前的琉璃号角，那浑厚的、让人着魔的声音，时光已经倒流，我仿佛回到当时祭祀的现场。

经过这些年对鱼国古玉的收藏和研究，我越来越坚定了这样一个信念：抛开文献的桎梏，用新理念，新眼光，去审视出土文物你才会有新的发现。而且，越是没有先例的器物，越是没有相关文献的记载，越是没有现成的解释，越能够说明它独一无二的历史价值，越会有更大的研究空间，越有无穷的、令人神魂颠倒的魅力。

第三节　新范式支持新论据

所谓新考古学派的实质，就是范式论，这种范式论害死人。

希腊神话《普洛克路斯忒斯之床》中叙述，恶魔有一张床，他见到行人就把他们抓来放在床上量一量，太长就用斧子砍去脚，短了就拉长。结果被他丈量过的人，没有一个不是一命呜呼。

中国成语“削足适履”，也是这个意思。

英国哲学家怀特海说：“要使知识充满活力，不能使知识僵化”。规律不是一成不变的，也是与时俱进的。世上没有永远不倒的房子，也没有永远不垮的范式、体系和规律。我们不能被已经约定俗成的框框拘泥太甚，作茧自缚。

我认为，范式不是僵化的床和鞋，不是客厅里摆的塑料花，不是一只已经成型的杯子。范式应该是一棵生长在大地上的、有生命力的树，是道士的有弹性的笼子，放俩鹅不显得宽敞，放二百鹅，也不显得拥挤。

没有普世的范式和规律，一切都是因时因地而宜。正如大哲学家维特根斯坦所说：我们一边玩，一边制定规则。千万不要让“看得见的脚”踩住“看不见的手。”

如果按照西方考古学关于文明的范式：城垣的建造、青铜器的使用、文字的出现这文明三要素的评定标准来衡量，我们似乎已排在了“四大文明古国”的末位。

如古巴比伦文明距今 6000 年；古埃及文明距今 5500 年；古印度文明距今 4500 年；而中国的文明史有公认物证的距今只有 4000 年，甲骨文出现的年代距今也只有 3400 年。作为世界四大文明起源国的地位已受到了挑战。

如果摈弃西方考古学的范式，脚踏着神州的热土，我们有充足的论据证明我们的 5000 年文明史。

就西方界定的文明三要素而言，在中国，这三个要素所体现的只是为宗教服务的三个载体，

第一要素，青铜器：在我国发现的三星堆青铜器文明，它所体现的不仅仅是青铜器物质文明，其内涵所反映的是：祖先崇拜、人神崇拜以及人类最早的宇宙崇拜观，是人类宗教体系的诠释。因此，青铜器在中国只是体现宗教文明的一个物质载体，而不是青铜器物质文明；

第二要素，文字：中国最早的文字是甲骨文，然而，在殷墟所看到的甲骨文字，主要是为占卜记事所用，即“卜辞”。文字主要体现在，记述祭祀结果、战争之前的卜卦、占卜收成、占卜气候等宗教仪式或内容。在中国，占卜本身属宗教形式，是宗教的一种道

具，准确地说是渲染宗教的一种手段。因此，用于记述占卜内容的文字，它仍然属于为宗教服务的记事工具；

第三要素，城垣：城垣在中国最初的形成，不单单是为人口集聚而建立的堡垒，它的形成仍没有脱离宗教仪式。例如，中国沿袭至今的逛庙会习俗，就是一个最好的例子，庙会的最初形成，是人们为追求信仰而集聚在同一地点进行祭祀活动，这种仪式在发展的过程中逐渐扩大，因此人们在仪式集聚地建立了神庙或宗庙，（这里所指的‘庙’ 不是佛教传入中国后的寺庙,而是我国上古宗教祭祀所用的神庙和宗庙）。随着祭祀活动的不断壮大，四面八方的信徒与朝圣者越聚越多，为了解决远道而来的朝圣者和信徒们的食宿问题，因此举办者为其建起了很多房屋以供朝圣者住宿，从此为生活提供的所需品即商业贸易集会也就随之产生了。随着人口的不断涌入，祭祀活动越办越大，房子也就越盖越多，久而久之中国式的城垣就这样形成了。由此可见，中国城垣的最初形成也是为宗教服务所产生的。

鉴于西方文明三要素在中国形成的特质，笔者提出了自己的看法，认为西方所制定的三要素标准，根本就不适用于界定华夏文明。因为，这三个要素在华夏文明进程中，也只不过是为宗教服务的三个组成部分而已。因此可以说，这种文明界定标准，并不是将全人类各区域文明囊括其中而评定出来的标准。例如，在中国发现的上古时期的宗教意识形态文明，难道就不属于文明范畴吗？ 另外，西方所提出的文明三要素标准，按目前来看也只能体现出人类历史发展某个阶段性的文明，或者说是只能代表某个区域范围的文明，这种文明并没有体现出整个人类社会文明现象的全部。因此我建议，国际学术界应该在西方制定的文明三要素基础上，应该再加上华夏上古宗教意识形态这个核心文明要素才对，即文明四要素标准。

回眸中国考古发现，那些曾震惊着世界的考古发掘比比皆是，虽然有些文物已被世人所公认，但更多的上古文明遗迹还在等待着研究者去研究，特别是中国的古玉文明，琉璃文明以及青铜器文明，它们所体现的不仅仅是物质文明，而是人类上古时期诞生的宗教载体，它们不仅诠释着华夏文明的历史肇端，还向世人展示着人类宗教意识形态形成的嬗变轨迹。

仅以中国的上古玉为例，华夏古玉文明是在世界范围内所没有的，古玉文明不仅是华夏区域独有的文明，同时它还是研究人类创建宇宙创世学说、探究地外生物、建立上帝崇拜理念的基石。然而，这些代表着人类历史辉煌的古玉宗教文明，在其他国家或地区是从来都没有发现过的，仅这一点就足以说明，华夏文明不仅博大精深，而且它曾影响着全人类宗教意识形态的发生与发展进程。

在牛河梁、凌家滩以及良渚文化的贵族墓葬中，玉器明显体现了最重要的礼器特征和功用，而在河南二里头遗址出土的玉器仍是以礼器为主。

我国的古玉文明是在特定的时空下生长、衍生起来的。比如，鱼国古玉几千年来形成的自然包浆，岁月的绺裂，斑斓的沁色，古朴的造型，精湛的工艺，沧桑的美感，神性的光芒，反映了鱼国人的宗教信仰、精神崇尚、审美情趣、风俗习惯以及生产、生活状况和社会形态。

其中，玉琮自古即为一种沟通天地的神秘礼器，内圆象征天，外方象征地。《周礼》记载：以苍璧礼天，以黄琮礼地。玉琮代表着中国人天圆地方的宇宙观，其精神贯穿于天地间，象征着古人天人合一的精神信仰，是古人承载精气神的代表性器物，是中国古代玉器中最典型的带有神秘色彩的重要礼器。

在人之初，神的世界在主宰着人的世界，而人的世界又制约神的世界。没有高度发达的物质文明，不可能造物出这样远古的人类精神文明。

宗教是在世界文明史上起着重要作用的一种社会现象，一种文化现象，宗教文化中蕴藏有许多优秀文化成果。

玉器是中国最早出现的礼器之一，中国的玉器对于研究中国古代的礼制如何形成有很重要的作用，加强古礼的研究，从历史的深度出发，书写中国古代早期的历史，有助于建立中国自己的古文明体系。

礼制是中国古代国家制度中最根本的法规，是进入文明时代的最重要标志。玉在制作礼器的原材料中，神化程度最高。成组玉礼器的出现，反映玉礼器的多样化和规范化，是社会生产力发展和社会分工的产物。

比如，吐火罗人建立的宗教王国，早在3800年前的古墓沟太阳墓地就已形成了人类原始宗教的端倪。在之后的发展过程中，它们相继形成了罗布泊原始宗教文明—三星堆青铜器宗教文明—鱼国祭祀古玉的宗教文明。

鱼国古玉所反映出的宗教内涵，图文并茂地展现了吐火罗人自原始的渔猎民族，逐渐发展成宗教王国的历史演变过程。

吐火罗教有别于世界其他各教派传说性的历史成因记载，它是来自远古早期的人类崇拜信仰而逐渐演变发展起来的原始宗教体系，三星堆青铜宗教文明和鱼国玉石宗教文明是这一原始宗教文明传承有序的文化载体，它不仅是我国目前发现年代最早的宗教形成实例，在世界范围内也实属发现年代最早、最为完整的人类原始宗教体系。

面对这些成熟的、已经具备相当规模的宗教祭祀礼器和文明载体以及支撑它们发达的物质文明，还有什么理由说它们不属于文明的范畴呢？

仅从工艺角度说，那些古玉的制作经过选料、开料、切割、钻孔、刻纹、镂空、掏雕、打磨、抛光等工艺流程，制作中融合多种技巧，精雕细琢，现已发现有多达11种治玉工艺，在很大程度上反映出当时的科学技术和生产力发展水平。

面对这些高超的、让现代文明人也叹为观止的治玉工艺，还有什么借口说我们的先民不文明？

我们不嘲笑西方没有玉文明也就罢了，但西方考古学也不能用他们的文明范式否认我们的青铜器文明和古玉文明。

迷信西方考古学的文明范式，是自设限制，割裂历史。文明的起源应当以我们自己的考古发掘资料和文明范式为标准。

神秘的罗布泊墓葬遗址—精美的三星堆青铜器文明—鱼国的祭祀古玉，就像散落在中华大地的珍珠，将其珠串玉连，就是一部璀璨的中华文明史。中国的古玉文明则是我国历史文化最显著的代表之一，这些曾承载过中国历史变迁的古玉文化，不仅是探究中华历史文明的索引，它也是解读人类原始宗教肇端的珍贵实物依据，其信息所蕴含的史实价值不可估量。

打破西方考古学的范式，我们会有很多证明我们文明的论据。例如，女娲炼就五色神石的神话故事，就在我收藏的鱼国琉璃器物中找到了真实的实物佐证。比如，关于“十日神话”和“东有扶桑、西有若木”的记载，在中原地区的人们只认为它不过是个神话传说，而蜀地的三星堆人却采用“青铜神树”作为载体，向世人展示了人类认知宇宙曾走过的真实历史过程。

打破中华一元文明论的束缚，用客观的视角去洞察中国的上古历史，我们可以发现大量能够印证中华5000年历史文明的宝贵依据。

第四节　新方法铸就新见解

论如析薪，贵能破理。王国维先生通过辨识甲骨文字，破解了一些历史的密码，取得了确证殷商君王世次的重要学术成就，提出了“二重证据法”的新概念，成为被人推崇的治史方法。

有学者在二重证据法的基础上又发展出了三重证据法。而三重证据法，是在王国维提出的二重证据法基础上形成的一种史学研究证据法。对于三重证据法，有多种不同的体现。一是黄现璠三重证据法（又称黄氏三重证据法），即在二重证据法的基础上，结合调查资料或材料中的“口述史料”研究历史学、民族学。二是饶宗颐的三重证据法，即在二重证据法的基础上，将考古材料又分为两部分--考古资料和古文字资料。三是叶舒宪的三重证据法，即在二重证据法的基础上，再加上文化人类学的资料与方法的运用。例如，黄现璠结合调查资料或材料中的“口述史料”研究历史学、民族学；饶宗颐将考古材料分为考古资料和古文字资料；叶舒宪加上文化人类学的资料与方法的运用；徐中舒运用边裔的少数民族，包括民族史、民族学、民俗学、人类学史料研究先秦史。

然而，无论是“二重证据法”还是“三重证据法”，这些证据的运用仍不能满足当今考古学所面临的新考古谜题的解释。说明还有某些可借鉴的证据一直被学界所忽视。究其缘由发现，那些疑迷难解的文化现象大都出土于中原辖区以外的方国之地，而这些区域的民族发展史往往在中原王朝文献中找不到任何记载，即便有也只是些战争与讨伐之类的简单记述。由此可见，依赖文献记载或口述历史去探究我国的先秦民族史、民族学、民俗学、人类学史料研究，仍存在着先天不足的史料缺陷。也就是说，仍因找不到原始资料作为参考依据，致使很多探究先秦史的考古工作无法进展，由此导致目前诸多考古谜题至今仍无法破译和解读。

由此可见，我们仅依靠“二重证据法”和“三重证据法”作为考古依据，已远远不能满足当今诸多考古新发现的解读。因此，笔者在“二重证据法”和“三重证据法”的基础上，又提出了“四重证据法”，即“民间收藏”可以补正因文献失载所导致诸多考古谜题无法解读的另一种证据法。例如，在我国民间所收藏的上古玉上古琉璃，它们的存世量不仅远远超过了田园考古发现，而且它们所彰显出的文化现象也在超越着考古学的想象。

就笔者发现的商代鱼国祭祀古玉而言，如果不是鱼国古玉所承载的文化现象和物象符号的指引，肯定想象不到诞生在我国西北地区的商代鱼国古玉会是巴蜀三星堆文明的下线，也不可能通过祭祀礼器中的人物相貌对应出两者的族属关系，更不可能借助该宗教信息找出他们历史的发祥地，并链接出这支宗教族群的发展演变过程。然而，这一发现不仅要归功于鱼国祭祀古玉的存世量，更要感谢鱼国祭祀古玉所承载的亘古宗教信息。但是这些失落的古玉文明，如果不是出自民间收藏的广泛积累，恐怕依靠田园考古发掘将永远也找不出这些已散落在民间的历史信息。

因此笔者认为，我们只有在三重证据法的基础上，再加上民间收藏的"第四重证据法"才能补正因文献失载而失落的四方民族历史，才能真正揭开当今考古学诸多疑谜难解的文化现象。

医学的进步主要不赖于医生的经验，而取决于医学家的研究。所以诺贝尔奖往往都授予伟大的医学家，而从不授予那些杰出的医生。虽然，我国探究华夏历史文明，主要依赖于田园考古和文献研究，但是目前我国考古事业的发展，仅依靠这一途径与经验已远远满足不了对诸多考古新谜题的读解，因此找出新的物证载体和探究思路才是解决问题的方法。

鹰有时飞得比鸡还低，但鸡永远也飞不了鹰那么高。考古的境界高低，不仅仅取决于发掘出了多少文物，更应该取决于对文物的读解和破译以及方法论的优劣。

笔者努力用新的方法，对历史话语进行重建，在此基础上提出新的见解。

比如，我借用地理学、人类学、宗教学等方法，发现了三星堆"北偏西 45 度"之谜。找到并发现了三星堆和金沙"北偏西 45 度"所指方向的寓意，属思乡之情和祖先崇拜。

顺其所指，发现了三星堆人的族属发祥地和与之相对应的历史文化遗存，发现了吐火罗人从罗布泊的"船棺墓葬"到"鱼图腾崇拜"的演变过程，并解读出鱼姓后裔"弓鱼"图腾与文字的内涵所指，因此才勾勒出吐火罗人的迁徙路径，并梳理出吐火罗宗教的传播发展脉络。

第五节　新思维伴生新解读

回顾人类发展史，客观世界任何一场翻天覆地的变化，都离不开人们认识世界思维观念的根本性改变，而引领人们改变世俗观念的智者，寥若晨星。

想起郎布里基的诗句："两人从一张窗子望去，一人看到的是繁星闪闪，另一个眼里满是污泥沉沉。"思维模式不同，一个世界两重天，一件文物会产生多种视角和多种解读。

没有文字的文物并不等于没有历史意义，任何经由人工制作而成的文物其本身就已携带了某个时代的历史背景以及当时社会的生产、生活、意识形态等诸多信息，从无文字的考古发现与文物资料中重建时代话语，恰恰是我们后人的责任。

有文字记载的文献也不等于能够诠释历史的真相，任何文献都难免存在着世俗的偏见和后人的误读。

卡西尔《人论》中说，历史学家的一件重要事情是历史话语的重建。"历史学家必须学会阅读和解释他的各种文献和遗迹——不是把它们仅仅当做过去的死东西，而是看作来自以往的活生生的信息，这些信息在用它们自己的语言向我们说话，然而，这些信息的符号内容并不是直接可观察的，使它们开口说话并使我们理解它们的语言的正是语言学家、语文文献学家以及历史学家的工作。历史就是力图把所有的这些零乱的东西，把过去的杂乱无章的支梢末节，融合在一起，综合起来浇铸成新的样态”。

考古思维是改进考古实践的手段，考古实践是校正考古思维的工具。我们应努力让考古思维从理论的云雾中走出来，借助地下文物的符号学来填补历史文献失载的空白。

过去我们解读中国历史的视角狭窄，观念陈旧，这主要源于中国历史单线论和以汉民族为华夏的主观意识，使我们无法正确地理解和解读隐藏在诸多文化现象背后的真实历史之谜。如果持有包容的态度，跳出“内华夏而外夷狄”的思维观念，很多考古疑团将会迎刃而解。

比如，关于鱼国为什么在中原典籍中失载？ 从鱼国本身来说，鱼国是只限于吐火罗人的部落联盟，没有形成真正意义上的国家，很难以国家的形象对当时的周边社会产生影响。从中原王朝的角度看，鱼国在他们眼里，不过是甲骨文中所提及的“马方”、“卢方”、“土方”、“龙方”、“鬼方”等辖区边陲的部落族群，根本不屑与他们建立邦交关系，自然在中原王朝的典籍文献中不会记载他们的行踪。

又比如，中原典籍关于夏王朝和禹的记载一直是扑朔迷离，关于禹的族属问题更是犹抱琵琶半遮面。为什么会这样？

江统《徙戎论》说：非我族类，其心必异，戎狄志态，不与华同。《左传》说：神不歆非类，民不祀非族。

从这个角度，就可以理解我们中原汉人史学家的为难和尴尬。少数民族大禹成为夏王，相当于非洲裔黑人奥巴马当了美国总统。

关于大禹的族属问题，根据李学勤先生的考证，蜀、夏同出于颛顼，禹生于石钮是羌人，而羌人与禹都属西戎。说白了，大禹整个儿一少数民族，非我汉人。

夏是由包括夏在内的十多个方国部落联合发展而来，夏禹是出身于蛮夷之族的、功绩卓著的部落首领和帝王。

中原汉人史学家既不能否认这个现实，也不愿面对这个现实，只能是遮遮掩掩、吞吞吐吐，打马虎眼，把大禹奉为土地之神或社神，而禹被西边的羌戎族奉为有血缘传承的宗神，故称戎禹。虽然都是当做神来崇拜，但从性质上却反映出两种截然不同的族属关系。

解开了这个扣儿，前人史学家们挖的坑儿，后人就没有必要再往下跳了。

比如，跳出中原核心论和一元文化论，就可以对三星堆青铜器文明以及新干吴城出土的青铜器文化找到合理的解读。

这两地的青铜文明是完全独立发展起来的，原因有五：第一，作为重要的战略资源，殷商不可能向方国输出青铜冶炼技术。第二，这两地的青铜器其冶铸工艺之高、种类之多、图案之美已远远超过了殷王朝的青铜器。第三，这两地的青铜器与殷商青铜器有巨大差异。饕餮纹是殷商青铜器上最常见的纹样，殷墟出土的青铜器大都以牛、龙为核心，三星堆青铜器以青铜人像、人头像、面具和神树、青铜鸟、青铜蛇，凤鸟、象为核心，新干吴城的青铜器以虎、鹿为核心。青铜器上的装饰钮是部落或方国的图腾，反映出与中原民族迥然有异的文化内涵。第四，金杖、金面罩、青铜头像等器物，具有鲜明的少数民族特征，三星堆人的族属应该是从川西北山区徙居到成都平原的氐羌族。第五，从两地青铜铸造的技术成熟角度来看，三星堆要比殷商青铜器更为成熟和发达。

采用新思维观念与视角，过去那些不能自圆其说的历史悖论，也就顺理成章了，那些不好解释的少数民族文明现象也好解释了。

对历史迷案的解读，不需要循环论证的滥调陈腔，更不需要在西方文化的强权遏制下低眉顺眼的太监八股，我们缺乏的是智珠在握、大气磅礴的时空穿透力，缺乏的是我执我见、去伪存真的判断力。

第六节　新视野展现新境界

社会学家克莱伯说：你观察世界的角度有轻微的移动，你就会看到前此未曾看过的事物。

社会学家里奇拉克说：转动一下万花筒，就会产生全然不同的视觉效果。

中华文明，切掉了少数民族的文明，就不是一个完整的文明了。

本书转动了一下万花筒，努力找回那切掉的一半苹果。

本书试图用“多元共生”的历史观，通过对重见天日的鱼国古玉进行科学解读，从而复活一段失载的吐火罗宗教文明，佐证华夏5000年历史所承载的包容性。

发现了我国红山文化、龙山文化、良渚文化、马家窑文化与齐家文化，是继阴山岩画之后发展起来的承袭文化现象，找到了四川广汉三星堆古城、成都金沙遗址与新疆楼兰古城、罗布泊太阳墓地及小河墓地的连接物证，并因此发现了他们的族属关系和原始宗教演变成宗教体系的辉煌历史过程。

面对如此众多的出土文物，中华文明中原论已经不能成立了，黄河、长江两河流域起源说也出现了局限性。真正的情况是，在中国的东西南北中，都存在过早期文明的生长沃土，这些区域民众对华夏文明的发生与发展都曾起到不可磨灭的作用。

中华文明的起源和发展不是单元的、直线的，而是呈“多元共生”状态。中国自古以来就是由一个多民族、多地区、多线发展、多种文化相互交融而产生的一个文明国度。

中华文明起源的多地域性与多元文化共生共存现象，揭示了中国为什么能以一个统一的多民族国家长期发展的文化根源，也揭示了中国早期文明中各地域文化的各民族文化之间为什么能融而不同、相互依存、共同发展的强大包容性和生命力，形成“和而不同”的中国哲学的文化根源。

中华文明起源的多元共生现象，揭示了中华文明旺盛生命力的奥秘。四大文明古国中，只有中华文明硕果仅存，为什么？ 单一的物种，近亲繁殖的物种，是不能持久的。单一的文明，封闭僵化的文明，也是不能持久的。中华文明的多样性、共生性、共融性，不同文明之间的交流渗透，使中华文明保持长久的、旺盛的生命力。中华文明源远流长，来日方长。

中国5000年的历史文明，既不是源于炎黄二帝，也不是因为有夏、商、周历史，而是因为中国有罗布泊原始宗教文明、三星堆青铜器宗教文明、鱼国古玉宗教文明。

应该加强对中华文明各个区域文明化进程和特色的研究。良渚有良渚的生命线，中原有中原的路径，鱼国有鱼国的沿革。各区域文明是如何演变的？ 经历了哪些变化？ 各区域文明之间又互相产生着怎样的影响？ 各自的演化关系又因何导致了中华文明的形成？各区域文明在中华文明形成过程中究竟都发挥了怎样的作用？ 又做出了哪些贡献？

比如，三星堆文明和鱼国古玉文明不仅是中华文明重要的源流，也是世界人类文明起源的重要支脉。西方有美索不达米亚文明，中国有塔克拉玛干失落的文明圣地。塔克拉玛干沙漠被称为“东方的庞培”，对理解古代中国文明乃至世界文明起源，有着至关重要的作用。

三星堆文明和鱼国古玉文明，为中华文明 5000 年历史提供了真实的历史佐证，我们应该沿着他们的发展脉络，去找回那段曾经湮没于尘埃之下的失落的文明。

第七节　新认识开辟新风尚

目前收藏界有一种不健康的风气，教条、世俗、铜臭味弥漫，这不利于文物的保护和中华文明的传播。

一要改变“民间没有珍品”的偏见。我和我的朋友就有许多精品，国家博物馆就没有。应该重视和鼓励民间收藏，为民间藏品提供展示的平台和机会，才能发挥藏品的研究价值并提高教育功能，使个人的私藏变为天下之公器。

二是探讨如何改变民间收藏家“端着金碗要饭”入不敷出的状况。

三是那些散落在民间市场的古玉，因不是田园考古发掘不仅不为世人所关注，反而被一些持有教条观念的人视为假货。就像一位业内的专家所说：现在的问题是“懂的人不说话，不懂的人乱说话。”无知和轻率的结论给文物流失开了绿灯，让盗墓者变成了工艺品制造者，那些曾承载着中华历史文明的古玉文物，正面临着被否定、被遗弃、被流失海外的命运。

四是民间收藏与官方研究机构脱节，往往是收藏者不懂研究，而懂研究的人又买不起文物。在我国的文物发现与鉴定领域形成了一种不正常的现象。一些历史文物总是在等流失到海外和研究成果出来后，我们才加以重视。

五是收藏热带来了负面效应，引发了疯狂盗挖古墓和走私贩卖文物的现象，导致了大量的珍奇文物被破坏和流失，特别是高古玉流失现象最为严重。

我们一边惋惜着流失海外的国宝，而另一边又在继续流失着我们更多的国宝。法国佳士得拍卖的圆明园的文物追讨成为国人热议的话题，而我们身边流失的文物却无人关心，没人去注意、去承认、去研究和保护。

设想，有一天我们的子孙在以同样的声讨方式，追讨并回购着因我们的平庸无知而流失海外的文物时，我们又该如何忏悔？ 今天，我们追讨的是西方列强抢夺盗走的文物，而日后子孙讨要的却是我们今天流失海外的文物，他们又该将此举称之为什么呢？

唐代杜牧《阿房宫赋》 中感叹：“秦人无暇自哀，而后人哀之；后人哀之而不鉴之，亦使后人亦复哀后人矣。”

最根本的问题是，现在真正热爱文物的人太少了，很多藏家和炒作者都是在追求利益。

我们应该呼吁和培养全社会对文物真正热爱的氛围。不计得失的爱，不计得失的精神力量，具有永恒的价值。它是任何一个称得上文明的社会所必需的要素，它使任何一个伟大的文明得以建立和延续。

本书的另一个特点，就是尽量通俗，简洁。圈里的人干久了，会有职业病，严肃有余而活泼不足，圈外的人看考古书籍犹如读天书。

最深刻的道理常常是用最通俗的、最简单的语言表述的，最抽象的规律往往是用最形象的描绘显现的。一个人之所以说服不了别人的一个重要原因，就在于自己并未彻底弄懂他所要说明的对象，而彻底弄懂的一个标志，就在于能够用最通俗的语言和最浅显的例子进行阐述。这样才能使我的发现和研究让更多的受众知晓，才能产生其影响，发挥其作用。正如一位前辈所说："出书是件好事儿，把好东西放在书里，让更多的人学会看懂，就会有更多的人去保护文物。"

地下的宝藏和奥秘是无穷的。一代人有一代人的发现，一代人有一代人的解秘。每一件藏品都是文化的积淀，都是科技的结晶，都是生产力水平的反映。我们通过把玩收藏、研究收藏，更爱我泱泱中华、颂我伟大先民、扬我古老文明，励我民族复兴，助我科学发展。本书只是笔者对鱼国祭祀古玉一些粗浅的认识，敬请方家予以更深层的解读，揭示出更多的关于中华各民族和谐共生的奥秘。

第二章　玉石铭文揭开失载的华夏文明

第一节　玉琮铭文打开商代鱼国历史

在我收集到的鱼国祭祀古玉中，发现有些玉琮器上刻有铭文和图案。虽然这些玉琮大小不一，玉质也各不相同，但玉琮器上所镌刻的图案及铭文字义却极为相同，这些雷同的图案究竟在彰显着什么，而相同的铭文字义又在解读着怎样的亘古内容。

这些玉琮器上的铭文图案，所采用的是商代最典型的减地浮雕制作手法，以正反两面为象形文字，另外两面则刻有人面图像内容。要知道，想要了解这些玉琮器究竟承载着怎样的历史，我们必须先得破译玉琮器上的文字内容。(图 1-3)

为了破译玉琮器上的铭文字义，我查阅了大量甲骨文和金文资料以及象形文字的对照表，经过三个多月的反复研究比对后，终于破译出了玉琮器铭文上的字义内容，上面所镌刻的文字是："邑鱼癸月揆兑生，弘龙鱼癸中巳兑"。

那么，这两句铭文字义究竟是什么意思呢，下面我将逐字、逐句地介绍一下所破译的文字内容。

第一句，"邑鱼癸月揆兑生"，先说"邑鱼"二字中的"邑"字，在商周时期为国也（《说文》）。段玉裁注："《左传》凡称人曰大国,凡自称曰敝邑。古国邑通称。"朱骏声通训定声："《书》'西邑夏'、'天邑商'、'大邑周'，皆谓国也。"而第二个酷似"鱼"的象形文字，应该就是"鱼字"。既然"邑"是国家的意思，那么"鱼"也就应该是这个国家的"名称"。因此，该铭文中的"邑鱼"二字，其字义应该被解读为"鱼国"。

图 1-3　商代鱼国社稷玉琮

下面"癸月"中的"癸"字，应该所泛指的就是"天干"的第十位"癸"字。《说文》解释："癸，冬时水土平，可揆度也。于时为冬，方在北，五行属水，五运属火。"《史记·律书》载到："癸之为言揆也。言万物可揆度也。"《前汉·律历志》则　"揆于癸。又岁月日名"。《尔雅·释天》："太岁在癸曰昭阳。月在癸曰极。”

我国夏代已有天干纪日法，即用甲、乙、丙、丁、戊、巳、庚、辛、壬、癸十天干周而复始地记日，夏朝末代的几个帝王有胤甲、履癸等名称就是佐证。因此，这里的“癸月”应该代表的是季节、时令的意思，指的应是农历二月。

农历二月包含着一大民俗，就是二月二“龙抬头”，它象征着春回大地，万物复苏。据传说，“二月二”在商周时期本是一个祭祀的日子，到唐代后才演变成一个民俗节日。农历二月初二前后又是二十四节气之一的惊蛰。《月令七十二候集解》中说：“二月节，万物出乎震，震为雷，故曰惊蛰。是蛰虫惊而出走矣。”因为，惊蛰也是冬春交替天气回暖的重要时令。所以“癸月”所指的是“时节”。

“揆兑生”，其中的“揆”字乃“度也”。《说文》：初率其辞而揆其方。《易·系辞》：南北之揆七同也。《国语·周语》中所载，“揆”意为“揆度,或者是大致估量现实状况的意思”。

而“兑”字，为说也。《说文》：兑为口。《易·说卦》：兑者说也。因此，“兑生”，就是“宣布诞生”的意思。(图 1-4)

图 1-4　商代鱼国铭文玉琮

将以上每个字的字义合在一起解读，“邑鱼癸月揆兑生”的这句铭文是：鱼国在癸月里经过祭司揆度诞生了。

第二句“弘龙鱼癸中巳兑”中的“弘龙鱼”，其字义应该是“鱼国的弘龙王”。学界普遍认为：“甲骨文中出现的龙方部落名，应该对应的是焉耆的龙部落。后来属于吐火罗人一支的焉耆族群，就是以‘龙部落’为名。”既然焉耆族群为龙部落，那么他们的首领也就自然被称之为‘龙王’。而铭文中“弘龙王”的“弘”字，很可能是‘龙王’的“庙号”。

而“癸中”的“癸”字，在这里应该与干支无关，它所泛指的是“方位”或“月份”。《说文》：“冬时水土平，可揆度也。”《正韵》：“癸者，归也。於时为冬，方在北，五行属水，五运属火。”《史记·律书》：“癸之为言，揆也。言万物可揆度也。”《前汉·律历志》：“揆于癸。又岁月日名。”《尔雅·释天》：“太岁在癸曰昭阳。月在癸曰极。”《礼·月令》：“孟冬之月，其日壬癸。”因此，这里的“癸”字应该所指的是北方的冬季。

“巳”字，地支的第六位，属蛇。《淮南子·天文》：“巳则生巳定也”，其意为“蛇一出生就已经注定了它的命运”。巳又为起，意为“万物至此已毕尽而起”的意思。

“兑”字，为泽，上坡崩裂之地。“巳兑”应解释为水泽中的蛇或龙。

将以上每个字的字义串联一起解释则是："弘龙鱼癸中巳兑"。意思是：弘龙王在二月的北方，一个有龙寄居过的湖边建立了都邑。

而将两句铭文字义合在一起解读则是：鱼国是经过大祭司揆度后诞生的；而鱼国的弘龙王，则是选择了一个有湖水的地方建立的都邑。

用通俗的话解释则是：鱼国的弘龙王经过象卦推算，在二月二龙抬头的日子里，在北方的一个山岗上，率领着一支以鱼为姓的部落族群，举行了一次盛大的祭祀活动，在此期间弘龙王宣布"鱼国"诞生，并选择了一个群山环抱且有龙居住过的湖边，建立了一个以鱼为姓的都邑王国"鱼国"。

被发现的鱼国铭文玉琮，应该就是为了纪念鱼国诞生而制作的社稷玉琮。鱼国的社稷玉琮，不仅从铭文字义使我们了解到了鱼国诞生的时间，并且还使我们了解到鱼国都邑所处的地理位置和周围环境。那么鱼国诞生的时间，为什么要选择在冬春交替的二月二龙抬头这个日子呢？ 经研究发现，古人习惯将大型的祭祀活动安排在一年四季的交替时间举行，因为选择不同的季节预示着不同的寓意与结果。由此可见，鱼国人选择二月二龙抬头这个冬春交替的日子，很可能是想借助万物复苏的寓意，去祈福刚刚建立的鱼国都邑能长治久安兴旺发达。

当鱼国玉琮器上的铭文字义被破译后，我们才真正领悟到鱼国铭文玉琮的作用及文化属性，它们应该相当于今天纪念重大事件所制作的历史丰碑，或者说是垂名迹，以记载鱼国万年不朽！ 也就是说，这些刻有铭文的鱼国玉琮，是为了纪念鱼国都邑的诞生而专门制作的"鱼国社稷玉琮"。

第二节　玉琮铭文在古文字研究中的价值

随着笔者收藏到的鱼国器物不断丰富，在一些玉琮器和玉璧以及琉璃器物上，发现了很多类似于甲骨文的铭文，但这些铭文又比甲骨文书写的笔画趋于简单。原本，在商代器物上发现铭文并不为奇，因为在殷墟甲骨以及青铜器上早就发现了甲骨文和金文，但在我国商早期的玉器上出现铭文却实属罕见。然而令人费解的是，有些商早期的玉石铭文却无法用甲骨文的字根进行破解，原因是有些铭文笔画太过简单，文字的书写形式也比甲骨文和金文更加随意。如果站在器物的所属年代看，这些笔画趋于简单的文字很可能是甲骨文和金文之前的书写形式，也就是说，是商代中早期甲骨文和金文出现之前所使用的文字。

众所周知，文字主要是为记录语言和传达信息所形成的一种符号体系，而文字又是文化的主要载体，使人类得以系统记录历史与社会发展的活动。因此，一般认为，文字是文明社会产生的重要标志之一。

从人类文字发展史来看，各种文字在其发展早期都是图画形式的表音或表意文字，即象形文字，而发展到后期，除汉字外，都已成为了记录语音的表音文字符号。

中国目前已知最早的文字是甲骨文和金文。甲骨文为商代中晚期，即盘庚迁殷至纣辛亡国的八世十二王这二百七十三年的记载（约公元前 1395－1122 年）。甲骨文卜辞《尚书·多士》 写道："惟殷先人，有册有典"。那么甲骨文究竟记载的是什么内容呢?《礼记·表记》 记载："殷人尊神，率民以事神，先鬼而后礼。"也就是说殷人尚鬼，遇事好占卜，所以甲骨文记载的多是占卜或与占卜有关的活动，也有部分是偶然的记事文字。

从文字结构看，虽然甲骨文基本上还是一种象形文字，但已不再是图画，而已将象形定型化，简化成为一种相对固定的文字。从文字排列上看，已经行成了固有的规律，即在书写当中有一定格式，同时还出现了一些合体的形声字。

甲骨文是中国发现的最早文字记载，因此世界历史学界对中国文明史的开端以此作为依据，将华夏文明定性为只有 3400 年文明史。

金文是另一种中国古代文字，金文旧称钟鼎文，即雕刻在商周青铜器上的铭文。商代早期青铜器壁薄，花纹简单质朴，一般没有或仅有少量铭文出现。而商代晚期青铜器壁厚，体型高大，铭文较多，一般以十几至几十字不等。商代的金文字体与甲骨文比较接近，至西周逐渐以小篆为多。发现的金文字数与甲骨文也近乎相同，但目前能够被解读出来的文字也仅有五千字左右。

以上两种文字，由于发现的数量较多，记载具有系统性，因此信息量大，可研究性强，被普遍认为是中国古代文字对上古历史研究最重要的线索。

虽然在商代遗址的考古中，还发现了其他类型的文字资料，如陶文和玉石文。最近几十年，我国考古界也先后发布了一系列较“安阳殷墟甲骨文”更早、与汉字起源有关的出土资料。但这些资料，主要是指原始社会晚期及有史社会早期出现在陶器上所刻画的彩绘符号，另外还包括少量的刻写在甲骨、玉器、石器上的符号。虽然，这些符号为解释汉字起源提供了新的依据，但它们仍然不能成为中国文字最早的成因依据。理由是，这些符号发展到文字，仍需要一个发展演变的过程。换句话说，在两者之间缺少了一种具有居间性质的文字。而这种具有居间性质的文字，究竟应该是怎样的书写方式，又是怎样的一种演化过程，至今仍是一大未解之谜。

然而，鱼国琉璃器物上出现的文字，恰恰填补了我国文字从符号演进到文字的居间空白，这些文字不仅比符号更具针对性和表意性，而且比起甲骨文和金文的书写方式也趋于简单。可以说，这些文字应该就是学界在寻找的甲骨文早期所使用的文字体系。(图 1-5)

图 1-5　四川民间收藏的三星堆玉石铭文（图片引自网络）

而另一个证据显示，笔者在四川民间看到的三星堆玉石铭文，与商代鱼国琉璃器物上出现的铭文，虽然书写方式有些差异但基本上是相似的。这种情况，只有具备承袭关系的文化现象才有可能出现。而面对这些存世数量极大，并且很难用甲骨文字根去破译与试读的文字，我们究竟如何将其定性或理解是个关键。

如果站在三星堆历史年代的角度，四川民间收藏的三星堆玉石铭文年代，应该属于夏代晚期至商代早期使用的文字，商代鱼国宗教作为三星堆宗教的承袭者，鱼国古玉中出现的文字体系应该属于商代早期到中期的居间文字，因此在三星堆和商代鱼国发现的文字体系，应该比较符合我国文字空白期的文字。例如，我国新石器晚期是采用符号代替文字的历史阶段—夏代晚期至商代早期恰恰是符号过度到文字的空白期—而商代中晚期出现甲骨文和金文应该属于文字进入成熟期所使用的文字。而三星堆宗教和鱼国宗教的历史年代，恰恰是我国文字出现空白期的历史节点。因此可以肯定的讲，三星堆宗教和商代鱼国宗教所使用的文字体系，应该就是我们长期在寻找的甲骨文早期所使用的文字体系。虽然这一发现并非巧合，但是作为“第四重证据法”的民间收藏是否能够被承认却是关键，但是我相信这只是时间的问题。因为在近一个世纪的田园考古发掘中，学界至今仍没有找到甲骨文和金文是如何从符号演变到文字的证据，因此也就足以说明我国固有的考古研究方法存在着滞后观念，因为人们忽视了“第四重证据法”应该成为考古学不可或缺的重要依据。

第三节　玉琮铭文所彰显的文字演变

鱼国铭文玉琮上所镌刻的象形文字极有特点，这些文字无论从画成其物的象形字体还是随体诘诎的间架结构，都彰显出比殷墟甲骨文更为先进而成熟的文字体系。

我国殷墟发现的甲骨文，已是文字产生与发展的成熟阶段。甲骨文，既是象形字又是表音字，其文字的结构和书写方法都是以方笔直笔居多，而圆笔和带有流线型的笔顺很少。因为甲骨文的书写工具，主要采用的是以刀代笔雕刻而成，主要是以记录占卜象卦的结果，其书写内容相当于我们今天所使用的速记形式。所以，用刀笔刻划文字时随意性很强，线条虽然纤细但字型不够统一。因为这一时期的文字象形程度很高，正处于繁简悬殊的文字进化与演变的过程，文字与字体并没有形成统一的模式，往往一个字会出现多种不同的写法。当时文字的数量还不能满足记录所有事物和完整词汇的功能，只能把所述之物以简单化的特征表示出来即可，这就是甲骨文突出的文字使用特点。

然而，鱼国铭文玉琮所彰显的文字，却是另一种文字的书写方法，它主要以象形文字为基础，字形已趋于方正，笔划匀圆娴熟，在横竖弯钩的折角处笔势圆润流畅，已显现出脱离象形文字的古板拘束的行笔方式。字体不仅接近篆书，文字的间架结构也极为适度，使得曲折弯转的字体极其优美。

值得注意的是，鱼国玉器铭文的书写方法与金文极为接近，从镌刻的角度讲两者相通是符合逻辑的。因为在玉石器上镌刻文字，必须先将文字书写在玉石上，然后才能延其墨线进行雕刻。因此，玉琮铭文是经过了先写后刻的这一程序。而青铜器金文，主要采用范铸法浇铸而成，因此即使笔画书写得纤细，浇铸出来的铭文也会变粗，并且会出现肥厚的笔迹，转折之处会出现过渡圆浑或带有棱角的瑕疵。

因此相比之下，甲骨文以刀带笔的速记方式，远不如玉石铭文和金文还原当时文字原型更趋于准确。由此可见，鱼国玉器铭文与青铜器金文，更能真实的反映出商代文字的真实书写情况以及文字的体型原貌。鱼国铭文玉琮器的发现，不仅改写了中国商代文字仅限于甲骨文和金文的两种载体格局，同时它还让我们看到了商时期人们日常书写文字的随意方式。从这个角度讲，鱼国铭文玉琮不仅保留了商代文字的书写原貌，同时还为世人了解中国早期文字的发展演变提供了更为翔实的参考依据。

鱼国玉石铭文的发现，还不能说明已揭开了我国商代文字书写载体的全貌。因为当时还应该存在着用其他载体书写文字的可能，例如会选择：木板、树皮、植物叶片、麻织物品如丝帛等类物质，但只因这些物质极易腐蚀所以没能留存下来。

查阅中国文字发展史，缣帛作为文字的书写载体最早出现在春秋战国时期，并盛行于两汉，它们与简牍并存了相当长的历史阶段，但这些记载并不等于我国商时期没有借助缣帛书写过文字。据文献记载，在春秋两汉期间由于缣帛柔软轻便，宜于写字画图并便于携带传播，因此具有简牍所不具备的优点。但同时，因其价格昂贵，普通人又用不起，而且一经书写，不便更改，所以缣帛一般只用作定本。正由于其成本高昂，缣帛最终未能得到延续，也未能取代简牍作为记录知识的主要载体。当时的丝帛只局限于贵族群体书写及绘画所用，而民间则多用简牍。至晋代纸张普遍使用之后，缣帛虽仍有使用，但基本上只在极小的范围内作为文书、书法、绘画的珍品出现。

要知道在甲骨文中，有很多记载着蚕、桑、丝、帛的象形文字，这说明商代已进入了蚕桑养殖和丝帛生产的成熟阶段，在一些古墓出土的器物中除了麻织品外还出现过织出花纹的商代绮类丝织物。

例如，在河北槁城商遗址（公元前 14~15 世纪）出土的青铜器上，发现了丝织物残迹。北京故宫收藏的商代玉刀表面，发现包有雷纹绮遗留残痕，雷纹由 36 根纬线组成，平地纹饰斜纹显花。河南安阳殷墟妇好墓的青铜器表面上，也有包覆过纱、纨、绢、大孔四经绞罗和菱纹、回纹绮等实物的残迹。

这些残留在玉戈和铜钺上的商绮图案极为清晰，这不仅反映出商代丝织物已达到了极高的丝织技术水平，还反映出先民既然能够在丝织物上设计纹饰图案，也就不排除将丝织物成为文字书写载体的可能。笔者认为，商代丝织品很可能也是中国古文字发展演变的重要书写载体。因为文字的诞生与发展演变曾经历过极其漫长的历史阶段，在这期间文字则需要各种书写载体才能满足文字的逐步进化。

例如，先书后刻的金文和玉石铭文以及以刀代笔的速记甲骨文，虽然都属于比较成熟的文字，但是它们仍属于文字发展中的过度性文字。要知道，在当时纸张还没有出现之前，古文字决不会没有一个发展演变过程就直接跨入到甲骨文的成熟阶段，更不可能骤然演进到金文和玉石铭文的娴熟文字体系。

因此笔者推测，商时期出现的纱、纨、绢、绮等丝织物，都有可能是当时古人书写文字的载体。但遗憾的是，由于丝织物难以保存，我们很难发现这类物质的考古遗存罢了。

就鱼国祭祀礼器中的古玉和琉璃器物而言，在这些器物中不仅发现了大量刻有铭文字义的器物，而且所镌刻的铭文又很难用甲骨文字根进行破解，理由是这些铭文笔画不仅简单，而且书写形式也流畅自如，说明在我国商时期的文字载体中，不仅有甲骨文、金文和玉石铭文，还应该存在着为文字书写所提供的其他载体。因此，商代鱼国玉石铭文的发现并非要晚于甲骨文，因为还有很多诸如此类的文字载体还有待于我们继续发现。

第二部分

鱼国古玉所彰显的文化现象

第三章　鱼国古玉的文化性质

商代鱼国历史的发现，最初是从破译出了上古玉琮器上的铭文字义开始的。在玉琮器上所镌刻的象形文字“邑鱼”被破译出来之后，一个被尘封了3000多年的商代鱼国历史，也就缓缓地被拉开了神秘的序幕。

众所周知，我国陕西考古队早在1974年，就已经在宝鸡茹家庄发现了“鱼伯”和“鱼季”墓葬，只因这个墓葬所属年代为西周早期，因此所有的研究也就随之被定性在西周历史的框架之内。例如，从墓葬出土的信息看，该墓葬的主人鱼伯是西周早期被周王朝分封的一位诸侯，至于他所承袭的鱼姓究竟从何而来，以及他又因何会被周王朝分封为诸侯国君，却只因没有文献记载而最终只得将墓葬的主人鱼伯，定性为只是被周王朝分封的一个小诸侯国君。因此，这次考古发掘研究也就至此落下了帷幕。

然而，在鱼伯墓葬被发现若干年后，1999年，山西考古研究所在太原却又发现了一个北朝隋代的墓葬，经墓志记载该墓葬的主人“虞弘”曾是鱼国的后裔，而且生前地位显赫，曾出使过波斯、吐谷浑等国，并在北齐、北周和隋朝任过官职，隋代被封为仪同三司。

鱼国后裔“虞弘”墓葬的发现，使人再次联想起了陕西曾发现的“鱼伯墓葬”。经研究发现，陕西的鱼伯和山西的虞弘不仅源于同一个族属，而且他们都属于鱼国王族的后裔，因为从两人墓葬出土的器物和文化现象看，鱼国不仅历史积淀厚重，而且也应该有过昔日的辉煌。人们这才意识到，鱼国并非人们想象的只是个诸侯小国，而且很可能还是一个曾经发达过的国家。

但遗憾的是，虽然人们了解到鱼伯和虞弘都是鱼国的后裔，但是不清楚鱼国究竟是在何时创建的，他的世袭后裔又是怎样的一种传承。另外，鱼伯究竟为周王朝做过哪些贡献才被封了诸侯？虞弘石椁上的图案又在彰显着鱼国怎样的信仰？为什么鱼国后裔会被周王朝重用，他们又凭借怎样能力在那个多事之秋顽强的生存到了北周。然而，这一系列有待解开的谜题，却因墓葬信息太少以及文献失载，至今都无法找到合理的解释。因此，要想真正还原出鱼国完整的历史，必须先要找到比西周更为早期的遗址发现才行，否则以上诸多谜题将无法得到解释。

然而，商代鱼国祭祀古玉被发现后，不仅为揭开鱼国完整的历史提供了弥足珍贵的佐证，同时也为揭开鱼国人的族属问题提供了线索。可能有人会问，为什么将这些祭祀古玉界定为是商代鱼国的器物，理论依据是什么？

理论依据一，古玉上所雕刻的图案和铭文，所采用的工艺都是减地浮雕的制作方法，而这种制作工艺则是商代最为典型的时代特征；理论依据二，玉琮上镌刻的铭文，大都采用着象形文字，特别是“邑鱼”的“鱼”字，所采用的就是鱼的象形图案，这种书写方式只有未成熟的商代中早期才会这样使用。因为，文字发展到商末周初已经基本进入了成熟阶段，所以在西周出土的器物中很少见有象形文字出现。理论依据三，鱼伯墓葬属于西周早期，虽然他被周王朝封为了诸侯，但从之后发现的鱼季墓葬看却已出现了衰败迹象，如果说祭祀古玉是鱼伯晚期的器物，无论从古玉的繁盛程度还是从古玉所承载的文化现象，都与鱼伯和鱼季墓葬出土的器物极不相符。因此，这些祭祀古玉唯有早于鱼伯和鱼季墓葬的出土时间方能成立。既然鱼国古玉早于鱼伯和鱼季墓葬，那么这些器物的所属年代唯有商代这一种解释。因此，将这些祭祀古玉界定为商时期的鱼国祭祀古玉理由极其充分。

不仅如此，商代鱼国古玉的物象符号，还将我们探究的视野带向了三星堆文明。例如，祭祀古玉中的大将军人像，其五官相貌大都是三星堆人的长相。从这一点看，创建鱼国古玉和三星堆青铜器的人应该源于同一个族属。另外，古玉所彰显的文化现象也与三星堆极为相同，例如两者对宇宙的崇拜信仰、对超自然力的崇拜、对齿轮环状器物的追求与崇拜等等。从这个角度分析，鱼国古玉和三星堆青铜器所彰显的已经不仅仅只限于物质文明的层面，而且又升华到了人类宗教文明的高度。因此这两种文化现象，应该被纳入到人类宗教历史文明的范畴才对。

另外，三星堆城垣和祭祀坑北偏西 45 度朝向，又将我们探究三星堆起源指向了新疆罗布泊太阳墓地和小河墓地，并且墓葬的主人 DNA 又为我们提供了这群人的族属关系，他们应该是最早生活在吐鲁番盆地的原始居民，其族属为印欧语系的吐火罗人。

因此商代鱼国祭祀古玉的发现，不能将其简单定性为商时期的巫玉或祭祀礼器。因为它们所承载的文化现象，并非一般部落族群所能创造，而应该是一个承载着亘古宗教信仰或传承有序的宗教王国才能完成。因此，鱼国的祭祀古玉应该有一个准确的属性才对。笔者认为，既然鱼国祭祀古玉所承载的文化现象属宗教范畴，那它就应该被视为“鱼国宗教古玉”；但是，鱼国古玉所彰显的文化内涵，又可纳入华夏上古宗教体系的文明范畴，因此我们还应该在鱼国宗教古玉之后再加上“文明”两字才更为贴切。因此，鱼国宗教古玉应该被视为是“鱼国宗教古玉文明”才更为准确。

第一节　鱼国古玉是上古宗教的文化载体

卡西尔曾经说，历史家的一件重要事情是历史话语的重建：“历史学家必须学会阅读和解释他的各种文献和遗迹——不是把它们仅仅当做过去的死东西，而是看作来自以往的活生生的信息，这些信息在用它们自己的语言向我们说话，然而，这些信息的符号内容并不是直接可观察的，使它们开口说话并使我们理解它们的语言的正是语言学家、语文文献学家以及历史学家的工作。历史就是力图把所有的这些零乱的东西、把过去的杂乱无章的支梢末节融合在一起，综合起来浇铸成新的样态”①

由此可见，探究中国上古历史文明，还要借助诸多出土文物的符号信息方能实现。我在几十年的漫长收藏生涯中，收藏到了数以千计的鱼国祭祀古玉。随着收藏的日益丰富，呈现在眼前的是一个繁盛的以古玉为载体的上古宗教文明，而我的工作，就是发现它们所蕴含的各类信息，并像卡尔西所说的那样，使它们开口说话，并将这些零乱的东西、杂乱无章的枝梢末节融合在一起，浇铸成新的样态并还原出它们的历史本源。

① 引自〔德〕卡西尔《人论》。

我所收藏的鱼国宗教古玉，多数为大型的祭祀礼器。其中有：宗教神像、大将军像、武士兵勇、大玉鼎、玉琮、玉璧、兽樽、生肖玉璧、玉璋、玉刀、乐器、祭祀饰品等数十个系列。

此外，那些以牛、马、猪、羊造型制作的酒樽，更是独具匠心别具一格。虽然这些器物只是祭祀时盛酒的容器，但是它们的造型却古朴而酣畅，体态硕大而不显笨重，粗犷雕工却不失精美，可以说在历代出土的玉质酒樽器中它们可称得上是魁首。

在鱼国宗教的古玉中，还有其他种类，例如：斧、锛、铲、凿、钺、璜、圭、瑗、佩、镯、环、管、勒子等等，但这些大都属于中小型器物。但为数最多的器物，是那些用于祭祀的玉刀和玉璋了。走近这些藏品，就好像进入了鱼国宗教的兵器库，从玉刀和玉璋的造型纹饰可直观的分辨出它们的前后年代顺序。例如：早期的器物大都为素面，只有钻孔而没有任何纹饰；中期的器物，已逐渐显现出了简单的纹饰造型；晚期的器物，图案造型不仅极为丰富，并且还出现了人物图案和各种动物的造型，甚至有些玉璋上还出现了铭文。特别是，这些玉刀和玉璋加工工艺最值得称赞，因为有些玉璋的最薄处仅有 2~3 毫米，作为一把一米多长，十几厘米宽的玉刀和玉璋来讲，其加工难度恐怕今天的加工技术也会望尘莫及。（图 2-1）

图 2-1　鱼国古玉中的三星堆人头像

由此可见，鱼国宗教的制工水平和加工技术是何等的高超，能够加工出这种高精度水准的玉器在当时又是何等的艰辛万苦。从鱼国宗教的制玉水平能够看出，当时鱼国的生产力已经进入了高度发达的历史阶段，但如果制作这些器物的人没有宗教信仰，再好的加工工具也不可能制作出这些具有灵异色彩的祭祀礼器。因此，鱼国的祭祀古玉无疑是上古宗教的文化载体。

第二节　古玉符号所彰显的宗教含义

从鱼国古玉的加工制作特点及纹饰图案造型，我们可以勾勒出当时制玉工艺的演进过程，鱼国早期玉器，普遍采用减低雕和双钩线浮雕制作工艺，纹饰图案简洁而粗犷，但表现得却精美流畅。而鱼国后期的玉器则采用高深浮雕的制作手法，纹饰图案制作更加精细繁琐，纹饰线条细腻、人物造型传神生动，采用了写实与夸张相结合的艺术表现形式，使图案内容表现得更加凝重肃穆。这一时期的表现风格，在纹饰图案及雕工技术都出现了很大的发展。

鱼国古玉的造型图案，主要是以祭祀礼器为核心彰显着每个神器的灵异功能。而图案内容，主要是以人类生活和祭祀场面作为主题，例如：男狩猎，女捕鱼、男拜日，女拜月、男欢女爱、武士斗兽等等。这些人物雕像有的稚拙简朴、有的纹饰繁复、有的追求写实、有的夸张变形，但图案所彰显的内容却反映了鱼国宗教当时的现实生活场景和治理有序的和谐社会。

商代社会是崇尚玉的时代，在玉器演化的过程中，我们也可以清晰地观察到商代古人从最初的“崇拜神”逐渐转向“崇拜人”的理念转化过程，即从神格化转向人格化的崇拜信仰。

而被崇拜的图腾有：龙图腾、蛇图腾、牛图腾、羊图腾，被崇拜的对象有：各种自然神的造像、人格神像、十二生肖兽首人身造像以及对大象的崇拜等等，其中还有一些极具抽象的器物造型，如 C 型龙、玉猪龙、龙饰配、饕餮饰物等等。

当时用于装饰性的图案有：柿蒂纹、涡纹、齿纹、竹节纹、方格纹、蕉叶纹、连弧纹、虎鳞纹、蛇纹、龙纹、兽纹等等。

总之鱼国古玉的纹饰图案极为丰富，图案造型繁缛适度、结构准确抽象、人物以写实夸张兼备为美、神形以生动传神为佳。这些不仅反映出鱼国当时的制玉工艺特点，同时还体现出设计者超凡脱俗的艺术创意理念。

不仅如此，鱼国所采用的纹饰线更是独具特色，加工的技术手段也多种多样，线种繁缛复杂千姿百态，主流线条大致有线形隽永，线底圆润的窄阴线；由窄阴线反复磨研而成的宽阴线，在宽阴线上，由于受研磨工具转速限制，阴线纹中含有繁密的细丝痕迹；还有双勾阴线，双勾阴线是商代中期最盛行的工艺手法，俗称“双阴挤阳”，是由两条平行的均匀细线所组成，此类双阴线工艺是大多用于表现图案轮廓的一种琢玉手法。

除了这些较为简单的雕刻工艺外，还有更加丰富的表现形式，例如：减地平凸：它是把双沟阴线两侧地子雕成斜面，凸露中间，造成“阳纹”，俗称“减地雕”，是商代常见的线形。

剔地阳纹：除了减地雕外，商代后期常见完全磨平双沟阴线外的地子的真阳纹线，俗称“剔地阳纹”。

隐起：以较大的倾斜的倾斜角磨去纹线一侧地子，使纹线自然显露，俗称“隐起”，商周时期都具备这种线条的加工方式。

弧形：商代和周代的弧线都是磨接而成，经常出现“毛碴”，俗称“歧出”，歧出是商周时期玉器的一个重要特征。

勾撤线：所谓“撤”，就是玉件和刀面之间形成一定的倾斜角度，加工而成的纹线一边为直岸，另一边为斜面。勾撤线在商代中期就已经出现，但大多数是“勾不深、撤不斜”。

鱼国古玉的纹饰图案极具特点，除部分古玉是素面无纹饰外，大多数玉器表面都雕琢着各种纹饰图案，甚至包括较高水准的镶嵌工艺，其装饰手法主要有阴线雕琢、浅浮雕、浮雕和圆雕以及嵌绿松石等。常见的是细线平行线阴刻装饰，这是鱼国古玉纹饰最突出的特征。不少玉璋的阴刻细线，细如发丝，线条极其规整娴熟。部分浮雕装饰，可看到琢磨十分均匀的远弧线，而圆雕的人物、鸟兽或不可名状的变体鸟兽形玉器，琢磨工艺很精细，造型栩栩如生。值得一提的是镶嵌绿松石的鱼国古玉，其工艺是在玉石上刻出凹槽后再将绿松石镶嵌其中，即保持了装饰图案的准确度同时又保证了粘镶松石的牢固性。这种雕刻图案以及镶嵌工艺并用的装饰手法，使得鱼国古玉的制作风格更加丰富多彩。

第三节　鱼国发达的生产力水平

如前所述，鱼国古玉的雕刻研磨工艺体现出较高的水准，小至发丝细线，线条规整流畅，大到巨型玉鼎及玉琮的钻孔剖光也都精确娴熟。

以钻孔工艺为例，其中最大的一件玉琮器高达 120 厘米，孔心直径达 32 厘米。那么，商代古人究竟采用什么工具来完成如此之大的口径钻孔？

通过那件高达 1.8 米的巨型玉鼎看，其鼎腹的掏空部位采用的是排列钻孔手法：工匠将需要掏空的部位首先钻出若干个小孔，最后再切掉相互连接的孔壁，然后再进行研磨和剖光。通过观察玉鼎内部的腹壁和鼎底部，能够清楚地看到多孔钻留下的痕迹。

那么，古人当时究竟采用着怎样的工具来进行的钻孔，如果像一些人所猜测的那样，古人是借他山之石磨他山之玉，那么加工一件玉器真的需要一代甚至几代人才能够完成。

然而事实并非如此，我针对夏商不同时期所制作的玉器进行过研究，再结合不同时期玉器上留下的工艺痕迹进行了分析，其结果是，古人当时钻孔所用的工具极有可能就是竹子。

先民们先将巨大的竹子截断，再借助竹子的中空管状结构，在竹子与玉石的研磨面上加上解玉沙，进行反复的研磨。

因为昆仑玉的硬度大部分在 6 度左右，而最普通沙子其硬度也在 7~9 度，这样，借助沙子的硬度，在玉石上左右旋转竹筒进行研磨钻孔。竹子的纵向纤维组织是一些密密麻麻的高强度硬筋，在研磨中这些硬筋不仅能降低竹子自身的耗损，同时还非常利于解玉沙的附着。

因此，先民采用风干后的竹筒，配上解玉沙，并通过浇水的方式为竹筒在研磨中降温，这种制作方法很可能是当时为玉器钻孔的主要方式。而且，我们在现存的古玉器上也能够看到这种方式留下的痕迹。

那么，一个疑问随之而来：在西北陕甘地区，当时是否存在着能够生长如此巨大的竹子和竹林的可能性？ 它决定着一种加工方式是否存在的可能性。

我查阅过中国古代气候的变化和生态环境变迁的史料，发现在距今 3,000~4,000 年的夏商时期，地球处在高温期向降温期转变的过渡阶段，属气候温暖期，当时我国的西北地区属于亚热带的高温潮湿气候，特别是陕甘地区，在 3,000 多年前仍保留着很多原始状态下的竹林，这些成为了制玉行业取之不尽的理想工具。

但随着地球的造山运动，西北地区的气候逐渐开始改变，同时也因为人口数量的增多和对自然环境的破坏，那些广袤的竹林与其他自然资源一样，最终被消耗殆尽。这样的例子在我国历史上数不胜数，比如在秦代，陕西和山西的大部分地区还覆盖着广袤的原始森林，但随着气候的变化和人类活动的不断加剧，土地被过度的开发造成水土流失，已经使大部分山陕地区昔日水草广袤的山川成为了贫瘠的黄土高地。

古人的智慧，已远远超出世人的想象。

在鱼国古玉中，有几件酷似小玉璧的器物非常引人瞩目，这些器物冷眼一看像个圆形的玉璧，但仔细端详却又不是玉璧的模样。虽然，这些器物中间也有圆孔，但是圆孔处却呈现出突起状，中间厚边缘薄，就像铁饼一样。它们大小不等，最小的直径只有 4 厘米，而最大的直径在 7 厘米左右。器物表面非常粗糙，就像粘上了一层砂砾；在高倍放大镜下观看，其表面纹理呈沟壑状，像软组织被腐蚀掉了一样。

经研究发现，这些酷似玉璧的器物，很可能是制作玉器的工具。理由是，它们的硬度不仅非常高，而且往古玉上刻划就像用砂轮一样会深深的出现一道沟槽。而且，用它们薄厚不均的边缘，去对应古玉宽窄不等的纹饰沟槽几乎完全吻合。说明这些器物，就是先民用于加工玉器所使用的砂轮片，不过这些砂轮要依托传动系统的砣机才会真正发挥出它们的效应。

笔者发现的这一物证，揭开了我国上古玉制作工艺所争论的两大未解谜题。第一个谜题是：我国上古先民加工玉器时所使用的工具，并非人们以往所想象的那么落后，而是已采用类似于砣机的传动系统，再将大小不等的雕玉工具安装在传动器的顶端，去雕刻出他们所需要的纹饰图案。第二个谜题：今天制玉所使用的砂轮片，在我国上古时期就已经开始使用了。只不过，当时所使用的砂轮片与今天的截然不同，今天所用的砂轮片是磨料中加入粘合剂经压坯、干燥和焙烧制作而成；而鱼国时期所使用的砂轮片，则是用硬玉作为胚胎经过焙烧和退火工艺制作而成，其工艺流程如同将铁退火后会变成刚的道理。然而，这种工艺制作出的砂轮不仅坚硬，而且还可以制作出不同规格的雕刻工具，甚至还可以做出较大的轮盘砂轮以便用于切割大型玉料所用，例如金沙博物馆所陈列的那块玉料很可能就是这类工具切割而成的。(图 2-2)

图 2-2　金沙博物馆陈列的玉石．切割痕

以上所说，并非源于笔者的大胆推论，而是通过鱼国所遗留的实物证据得来（见砂轮图片)。另外，三星堆博物馆那块玉料的切割痕迹仍可佐证上述推论。因为，这块玉料的切割弧形线，是一种中间下垂两边翘起的下抛物线形状，而出现这种下抛物线，只有采用坚硬的切割玉料工具才可以形成。因此可以肯定地讲，这块玉石并非是用兽皮切割而成的，因为如果是用兽皮加解玉砂切割而成，切割断面会出现中间凸起两边下垂的上抛物线才对。然而，这种下抛物线却证明了一个事实，那就是古代先民当时切割玉料已经制作出了一种特殊的工具，而这种特殊工具就是类似于砂轮的轮状锯，那么这种轮状锯又是采用什么材料制作而成的呢？ 笔者认为，既然鱼国能够采用玉石制作出小砂轮片，那么他们也会采取相同的方法制作出能够切割大型玉料的轮盘锯。(图 2-3)

三星堆和鱼国古玉中出现的玉刀和玉璋，也同样可以成为最好的佐证依据。例如，这

图 2-3　商代鱼国加工玉石的切割片

些玉刀和牙璋，最长的尺寸可达一米多长，宽度在 20 多厘米左右；而最小的玉刀和牙璋，却仅有十几厘米长。但无论这些器物的长短，其切割制作工艺都应该是一样的。我要说的是，这些玉刀和牙璋类器物非常薄，最薄的只有 2~3 毫米，而且切割面极为平直光润。这并非取决于玉石材料的好坏，而是因为手动工具的转速缓慢才致使切割不易破损，再加上当时所使用的加工工具（砂轮片）较为接近被雕刻的玉器硬度，因此那些玉刀和玉璋才会被加工得如此之薄。但是，今天人们所用的电动切割机，因转速过高会产生高热，而高热又会导致玉料受热不均出现断裂，因此用机器很难切割出低于 5 毫米以下的玉片，即便能够切出其损耗也会大得惊人。

上古砂轮片的发现说明，中国上古先民加工玉器所使用的工具，并非像有些人想象的那么原始落后，因为有些人一直坚持古玉是用兽皮切割的，雕工是用鲨鱼牙雕刻的。但从今搜集到的实物看，以上推测已成为了假说。以下提供一个真实的示例，希望能够改变那些持有世俗观念的人早日警醒。

就北京玉器厂而言，北京玉器厂工艺技术发展的历史沿革，已经被《北京市崇文区地方志》所收录记载：在新中国成立后成立的合作社时，手动脚踏的砣机仍是制玉行业的主要加工设备。直到 1958 年北京玉器厂成立后，电动机才开始进入该厂的制玉行列，但固有的砣机仍是该厂生产加工的主流设备。直至 1964 年，使用电动机器加工玉器才真正取代了砣机的主导地位，但是直到 1980 年，北京玉器厂的一些老先生（工匠）仍喜欢使用砣机加工玉器。理由是，用砣机加工出来的玉器具有温润质感，而且线条细腻不会有崩裂痕，特别是残损率很低，这些都是机械加工所无法达到的。因此，砣机的使用直到 80 年代中期，才真正从北京玉器厂退出历史舞台。

以上示例说明，我国使用砣机加工玉器的历史极为悠久，时间可以追溯到上古时期。当然，随着人类的进步发展，我们今天看到的砣机肯定和上古先民使用的砣机有很大的差异，但是从砣机所带动砂轮片的运转原理看，古今所用的砣机也应该不会出现太大的差别，如果出现差别也不过是前者的结构简单，而后者的结构复杂而已。

但遗憾的是，我们距砣机退出历史舞台才不过 30 年，有些人却罔顾现实胡乱妄议我国先民的制玉成就，甚至主观臆断出当时制玉工艺是何等的原始落后，实为可笑之举。笔者认为，我们研究上古历史一定要客观，不要总是用世俗的眼光去审视华夏古玉，用平庸的知识去妄议华夏古玉文明。因为，我国上古先民的聪明智慧以及社会生产力发达程度，是当今世人根本无法想象的。就鱼国所遗留的砂轮工具而言，这一发现不仅颠覆了我们以往的想象，同时它还将改写华夏古玉制作工具的历史进程。

第四节　玉璋所诠释的宗教脉络

华夏历史悠久，且博大精深。这并非是民族自尊心的口号，更不是西方所认为的中国人有五千年历史情结，而是源于华夏所埋藏着数不胜数的人类文化遗迹。有些文化遗迹，不仅包含着今天西方祖先的起源史，而且所彰显的文化内涵更具有一定的颠覆意义。例如，蜀地三星堆和金沙被发现之前，国内外学者普遍认为那里不过是个蛮荒之地。但是三星堆和金沙被发现后，那里所发生的文化现象不仅惊动了国内外考古界，而且其发达的文明程度更让全世界都感到了震惊。遗憾的是，直至今日国内外学者也没有弄清它们属于何种文化现象，更没有找出那里究竟是哪一支人类族群创造的文明。

要想揭开三星堆所承载的文化现象，我们必须还得借助发现的物证去寻找线索。就三星堆和金沙出土的玉璋而言，这些器物不仅造型各异而且数量也大得惊人，最小的玉璋只有十几厘米，而最大的玉璋其长度可达一米多长，可以称得上是玉璋之中的魁首。令人振奋的是，在四川民间所收藏的玉璋和玉刀，不仅器型种类繁多其收藏量更是惊人，可以说在全国发现的玉璋总量也无法与之相比。(图 2-4)

图 2-4　三星堆出土的硕大玉璋

然而，能够与三星堆玉璋数量相比的，还有陕甘地区发现的商代鱼国古玉。因为在鱼国祭祀古玉中，玉璋和玉刀的数量仍是大得惊人，而且器物的尺寸都非常大，最长的玉璋可达一米多长。虽然鱼国作为三星堆宗教的承袭者，能有如此之大的玉璋存储量也不足为奇，但是我们却不能忽视它对西北地区古玉发展所产生的影响。因为在西北地区鱼国没有诞生之前，甘肃的齐家古玉就已经在那里独霸着一方，况且齐家古玉中也有很多和三星堆相同的玉璋。因此最为关键的是，我们如何才能将两者区分开来，厘清哪些属于齐家生产的古玉，哪些才是鱼国制作的玉璋。

要知道，商代鱼国古玉虽然在陕甘交接地区也有出现，但决大部份器物还是在甘肃境内分布较多。唯有通过古玉的加工工艺和文化现象，才能真正厘清两支古玉的各自归属，才能真正弄清谁在影响着对方。

就齐家古玉而言，自齐家古玉在甘肃齐家坪被发现后，人们并没有对齐家古玉进行深入研究，就将它们陈列到了博物馆似乎已经大功告成。但是，齐家古玉究竟是由哪个民族所创造，它所彰显的内涵又究竟属于怎样的文明，这一系列未解之谜至今考古界也没能给

出合理的解释，似乎这些根本就不是什么问题根本就不需要去研究和解释。(图 2-5)

其实则不然，因为在齐家古玉的晚期已经融入了商代鱼国古玉的成分，如果不能厘清哪些属于齐家古玉、哪些又属于商代鱼国古玉，恐怕我们对不起的不仅仅是今天的考古学，更对不起曾经制作这些古玉的造物民族。因此，我们必须要厘清两者的历史关系，界定出它们各自所承载的文化现象，方能告诫后人我们也曾做出过努力。

图 2-5　商代鱼国制作的玉璋

齐家古玉，应该属于夏至商代的居间文化。如果我们站在西北齐家古玉的角度，似乎西北地区从早商—中商—直至晚商都能看到齐家文化的影子，这也就造成很多学者将那些无法界定出年代的西北古玉，统统将它们归属到齐家古玉的文化范畴。

纵观西北古玉的发展，在夏代至早商时期的古玉大都以素面为主，即便有纹饰图案也较为简单，雕刻工艺大都以阴刻线为主，刻线普遍浮浅花纹模糊。

齐家古玉发展到商代中期，古玉中便出现了繁缛的纹饰图案，内容也开始丰富起来，加工手法主要以减地浮雕和双钩线为主，纹线雕刻线也比较深，并且出现了与人物和动物有关的图案内容。从这一点看，说明这一时期的古玉加工已经开始融入了外来思想；进入商代晚期，西北玉器才真正进入到了它的黄金时代，纹饰图案不仅出现了高深浮雕，在阴阳刻线互衬下，纹饰图案呈现出一种刚劲有力的效果，并且出现了一些神像崇拜与人身兽首的十二生肖崇拜等大型圆雕器物。这一时期出现的古玉，恰恰是鱼国在西北地区的诞生年代（约公元前 1400 年左右），因为在这一时期出现的古玉不仅器型硕大，而且纹饰图案也雕刻得极为繁缛玄妙，器型不仅端庄大气且精美绝伦，所彰显的文化现象明显围绕着宇宙崇拜和多神崇拜作为主题。说明这一时期的古玉，已经受到了三星堆宗教文化的影响，并且借助物象符号在阐释着我国上古宗教信仰的含义。(图 2-6)

图 2-6　商代鱼国制作的人物灯盏

然而，也正因为西北古玉的造型与纹饰图案出现的这次突变，我们才有可能对应出商代鱼国在西北地区的诞生年代。因为当鱼国在西北地区诞生后，西北古玉的内涵不仅融入了三星堆宗教的文化元素，同时玉器的加工技术也出现了质的飞跃。例如古玉的切割技术，从软切割变成了硬切割；加工工艺，从浅浮雕变成了高浮雕；而制作风格，也以小型古玉的制作方法变成了追求大型祭祀古玉的制作风格，这种质的飞跃无疑离不开加工技术的提高，而加工技术的提高却又离不开创意理念的文明程度。由此可见，如果西北古玉没有新的技术力量和发达的加工工具融入，是根本不可能在短时间内达到这种飞跃的。

第五节　被低估的上古玉文明

英国剑桥大学考古学家伦福儒勋爵在第二届世界考古论坛上被授予了“终身成就奖”。也正是在这次世界考古论坛中他提出：中国新石器时代是被考古学远远低估的时期。并预言在十年内，学者们将在新石器时代的范畴内重新讨论中国文明的起源问题。

谈到我国夏代文明，国内学者几乎都能列举出很多事实依据，但能够被西方学界所认可的却一件也没有。因为西方学界普遍持有一种观点，认为中国根本就没有诞生过夏王朝，只是中国人有一种“五千年历史情结”，因此坚信华夏民族有比其他民族更为悠久的历史文明。因此在相当多的西方书籍中，中国古代文明虽被列入四大文明古国之列，但其历史年代却被排到了倒数第一。因为按照西方文明的三要素原则，青铜器和城垣都被认为要晚于其他三个文明古国，而我国只有甲骨文才被列入其中，由此华夏文明也被定性为只有3400年的历史。因此，我们要想凑够五千年历史文明谈何容易！ 致使国人在西方学界面前，讲起5000年历史文明时都会小心翼翼，因为就连他们自己也不敢笃定中国具备5000年历史文明。但可喜的是，在1996年5月，中国正式启动了史无前例的夏商周断代工程。

就夏商周断代工程而言，我们花费了四年多时间所得出的学术成果，却被西方学界仅用一天时间就将其打回到了起点。据夏商周断代工程“夏代年代学研究”课题组的组长邹衡先生透露，自己虽然是专家组成员，也是“夏代年代学研究”课题组组长，但由于种种原因，参加的工作非常有限。邹先生说，“断代工程”关于夏文化的工作没有什么新鲜的，无非是在偃师二里头、登封王城岗和禹县瓦店新开掘了几个探方，发掘的结果同过去的也没什么不同，并没有什么新的发现。

然而造成这一尴尬局面的主要原因，则应该归咎于我们太过于依赖王朝历史文献。文献记载固然重要，但是书写历史的人会经常扭曲历史，因为我们看到的文献大都是王朝所留下的记载，它们是由那些希望表述自己观点的人所杜撰，是由希望证明自己合法的权力者写成的。例如，关于我国公元前3000年至公元前2000年之间的古玉文化遗存，我们在文献中根本找不到有关它们的记载。究其缘由，一是这些发现都出现在王朝辖区以外的方国之地；二是该地区的民族宗教信仰与王朝意识形态相背。

虽然，这一时间段的历史没有被王朝文献所记载，但是越来越多的考古新资料却在彰显着华夏区域的文明进程，比如一些可以证明中国早期宗教体系形成的证据，如红山文化古玉、龙山文化古玉、齐家文化古玉、良渚文化古玉、三星堆青铜器和金沙古城遗址等等，这些文化现象不仅诠释着中国上古宗教的历史形成，而且还彰显着该宗教信仰体系传播发展的演变过程。要知道，如果将这个如此恢宏的宗教历史付诸笔端本就非易事，再加之王朝文献没有留下任何记载，因此考古的实物佐证便成为了我们唯一可供研究的历史凭证。

但遗憾的是，这些珍贵的实物佐证却被夏商周断代工程所忽视。是因为它们历史年代不够古远，还是它们所体现的文化现象不够文明呢？ 我认为都不是，其主要原因还是因为它们没有被王朝文献所记载，而且文化现象所在区域也不属于正统学术观念的中原文明。

要知道，考古学有其特殊性和独立性，这其中也包括我们的主观意识。如果我们的主观意识都没有将华夏古玉纳入到文明范畴，又怎么可能让西方学界认同华夏古玉曾承载过人类历史文明呢。其实要让中国学界走出疑古并非难事，因为近些年的考古新资料早已颠覆了疑古派思潮，但即便如此学界仍没有摆脱固有的保守观念，因为他们并没有凭借考古新资料来调整自己的思路，用客观的视角重新审视夏代古玉所承载的文化现象。

王国维提出的二重证据法和黄现璠提出的三重证据法固然重要，但是凭借此方法想厘清夏代古玉文明也绝非易事。因为无论二重证据法还是三重证据法，都是依托发现的史料与古籍记载结合起来以考证古史的方法。但夏代恰恰缺少文献记载，因此二重证据法和三重证据法在此就失去了它的作用。虽然我们通过田园考古，已经掌握了很多夏代物质文化遗存，但只因没有文字记载至今仍无法揭开古玉文化所承载的文化现象。因此，才会导致考古学针对诸多出土的文物至今仍采用出土地名在命名着这些文化现象。那么，我们究竟采用何种方法才能揭开夏代古玉的本真面目呢？ 笔者认为，只有凭借“四重证据法”才能补正夏代文献失载的不足。

第六节　民间收藏应该成为第四重证据

可能有人会问，什么才是“第四重证据法”？ 第四重证据法，就是散落在我国各地区的“民间藏品”。

对此可能有人会提出反对意见，认为民间收藏不能成为考古学的第四重证据，因为民间藏品不仅没有具体的出土地点，而且也没有田园考古的发掘数据资料。我认为这就是教条！ 请问甲骨文的最初发现是源于田园考古吗？ 如果不是王懿荣在 1899 年，因害怕疟疾吃药偶然发现了草药中‘龙骨’ 刻有古代文字，甲骨文不知会等待何时才能被世人所知，河南安阳又不知道何时才能被界定为殷墟文字的发祥地。假如，不是王懿荣偶然发现了甲骨文，而是等待我国田园考古没有目的的发掘，恐怕甲骨文和殷墟历史能否被发现都很难说。

就陕西神木县发现的石峁遗址而言，如果不是当地民间收藏的古玉作为旁证，人们在发掘现场决不会相信石墙中会嵌有玉刀和玉斧之类的器物。换个角度看，如果之后考古人员在考古现场没有发现墙中嵌有古玉，恐怕当地民间收藏的古玉也不会被承认，甚至更不会被陈列在石峁博物馆作为它的历史物证。从这一点看，田园考古固然重要，但民间收藏更不能被忽视，因为两者所起到的作用是一种互证的关系。

由此可见，中国的民间收藏决不能被忽视，因为民间所收藏的古玉不仅数量庞大而且种类繁多，它们不仅是田园考古研究不可或缺的重要佐证依据，而且还应该是一个区域文化不可缺少的组成部分。为什么这么说呢，因为田园考古所发掘出的器物不过是一个遗址群的物证，它所彰显的文化也仅能代表一个发掘地点的现象；而民间收藏的古玉，不仅来源于遗址群周边的广袤区域，而且所彰显的文化现象则是一个区域整体发展的社会进程。

另外中国与其他国家相比，民间收藏在中国具有一定的特殊性和区域优越性，因为中国自古以来就有着对于历史和过往遗物的尊重，比如上古青铜器很早就已成为了民间的收藏品，古物藏家早在春秋战国时期就已经进入了中国的历史舞台，虽然这些和考古学不是等同的概念，但是它至少说明，针对古物研究与收藏的传统在中国由来已久。例如，自中国改革开放以来，全国兴修水利铺路架桥，贯穿全国各地的高速公路不仅促进了经济飞速发展，同时土方工程也唤醒了沉睡已久的地下文物。有些已成为了我国田园考古的重大科研项目，而有些则成为了散落民间的文物收藏品。由此而引发的，不仅是全国各省市兴起的文物市场，而且民间的收藏大军每年都在飞速递增，据说现如今收藏的人群已经突破了一个亿。这种已演变为全民收藏热的盛况，恐怕在世界范围内也是绝无仅有的。

就三星堆和金沙考古而言，虽然国家组织的田园考古已经发掘出了三星堆和金沙遗址，但是遗址区周边究竟还散落着多少小型遗址却无人知晓，也正因为周边诸多小型遗址未被发现，才会在成都民间能够看到数目惊人的大量出土文物。我曾专门到四川成都拜访过几位资深的收藏家，在这些人那里不仅看到了很多与金沙博物馆相同的金箔“太阳神鸟”，而且还看到了数目惊人的各类造型的三星堆古玉。据说，有些学者将这些收藏定性为仿品，听起来真是令人可笑。我认为，说这种话的人根本就不懂如何鉴定古玉，甚至就连鉴定所具备的基本常识都不懂。因为，鉴别古玉真假最起码要懂得如何鉴别材料的知识，例如如何甄别玉质材料，如何鉴别玉质埋藏后不同年代所形成的历史变化，特别是古玉被土侵蚀后所形成的玉沁和包浆，这些对明眼的人来讲一看便知真假，再通过器物造型和纹饰图案就能知道它们的隶属年代。要知道，这些基本常识早在西方考古学没有进入中国之前，我国历代前辈就已经利用这些知识在收藏和解读着中国的历史文明。

例如，北宋时期，产生了以古器物和碑刻为研究对象的金石学。金石学的兴起，极大地提高了人们鉴赏和收藏古代器物的兴趣，古代玉器与三代青铜器一起成为文玩和“古董”。在皇帝的倡导和金石学研究风气的影响下，文人士族阶层亦购买收藏古玉，并对其进行考证研究，收藏玉器成为上层社会的一种时尚。北宋学者吕大临精于文物鉴赏，在宫内兼职监管文物，由他编纂的《考古图》 10 卷，收录皇宫中收藏的铜器 210 件，玉器 14 件，该书不仅是中国最早的收录玉器的图书，同时也是开启中国玉器收藏与研究先河的起点。

乾隆尤其喜爱“三代”古玉，亲自组织收集，并鉴别定级，对其中佳品题诗咏赞，并命玉工将诗镌刻在该件玉器上。乾隆皇帝爱玉成癖，耗费了大量的人力和财力致力于玉器的生产和收藏，因此乾隆朝收藏的玉器甚丰。今北京故宫博物院有上万件玉器，多半是乾隆时期收藏的珍品，在台北故宫博物院和一些收藏家的藏品中，有很大数量的古玉就来自于清宫旧藏。

又如，河南司母戊青铜鼎的发现过程，被称之为“中华第一龙”的内蒙古 C 龙的发现过程、齐家古玉的发现过程、三星堆文明的发现过程以及商代鱼国古玉的发现过程等等，又有哪个重大发现不是最初源于民间收藏诱发了田园考古。当然，这种案例还有很多在此就不一一列举了。

由此可见，田园考古固然重要，但是民间收藏也是考古学不可缺少的组成部分，可以说田园考古与民间收藏相得益彰，二者互为补充，缺一不可。

第七节 四重证据法的重要价值

民间收藏虽然带有独立性，但这种独立性却包含着两种最高境界。一种是，收藏者通过自己的收藏学到了很多知识，并将这些知识又回报给了社会；第二种是，收藏者通过收藏又有新的发现，并通过藏品直接进入到历史的某个阶段去获取未知的信息，并通过这些信息完成穿越时空的旅行与采风，并能够将从前的事物与消息带给现代人和后来人。

就笔者收藏的商代鱼国古玉而言，鱼国古玉的发现不仅使我们看到了华夏上古玉所承载的宗教历史，同时它延伸出的宗教脉络又将我国诸多未解的文化现象串联了起来。例如，在寻找鱼国古玉上线文化的过程中，我们不仅发现了鱼国人雕像与三星堆青铜人像相貌相同，而且很多器物造型与物象符号也与三星堆极为相似。例如，两者对同一族属相貌的崇拜、对鱼图腾的崇拜、对宇宙超自然力现象的崇拜（齿轮状器物）、对祖先鼻祖的崇拜，以及两者对玉璋和玉刀礼器的推崇等等，很显然鱼国古玉不仅是三星堆宗教文化的承袭者，而且物象符号还在延伸解读着三星堆宇宙信仰观的崇拜理念。也正因为，鱼国宗教是三星堆宗教的承袭者，因此笔者才将探寻的目光转向了三星堆区域。

既然鱼国宗教是三星堆宗教的承袭者，而且他们所崇拜的祭祀神像又相貌相同，无疑两者的族属也应该是相同的。既然两者源于同一个族属，那么只有找出三星堆文化的上线才能解开他们的族属关系。要知道，三星堆城垣和祭祀坑以及金沙古城遗址，都是北偏西45度的朝向，而在成都市北门外的驷马桥发现的羊子山祭祀土台，也同样是北偏西45度。

虽然这种北偏西45度的朝向，早就引起了考古人员的注意，并且普遍认为北偏西45度所指的方向是岷江上游的岷山，那里很可能是三星堆人的族属发祥地。但遗憾的是，考古人员在岷江上游寻找了若干年也没有发现支持上述观点的佐证。然而究其缘由，主要是因为我国地方考古机构是按照省界划分的，这种行政划分制度恰恰阻碍了考古人员的探究视野。

对北偏西45度的朝向，笔者的研究思路并没有受到省界划分的影响，而是在中国版图上以三星堆为轴心画了一条北偏西45度线，然后再以三星堆作为起点延45度线按区域逐一进行排查，查看有哪些区域曾出现过人类文化遗迹。排查的结果表明，北偏西45度线所指的方向恰恰是我国新疆塔里木盆地的“罗布泊”和“焉耆”。于是，笔者马上将探索的重点放到了这个区域。众所周知，在罗布泊我国考古曾相继发现了太阳墓地和小河墓地，而针对两个墓地的认真研究后发现，三星堆与太阳墓地和小河墓地存在着很多相同与相似之处。例如，两者都崇拜鱼图腾、都崇拜太阳神、都将自己称之为鼻祖（即人鼻崇拜现象），最为关键的是罗布泊小河墓地出土的男性干尸，其相貌也与三星堆青铜人像极为雷同。由此可以判定，罗布泊应该就是三星堆人的族属发祥地，而创造三星堆文明的人应该就来自罗布泊的原始居民“印欧语系吐火罗人”。据查证，焉耆也是吐火罗人曾居住过的区域。

对以上观点，可能会有人提出反对意见，认为在罗布泊目前并没有发现早于三星堆3800年的墓葬遗址。针对这个问题，笔者却持有自己的观点。虽然我们在罗布泊只发现了距今3500年左右的墓葬，但这并不等于罗布泊就没有早于3800年的人类文化遗存，只是我们目前还没有发现而已。剑桥大学教授考古学家伦福儒勋爵曾提出："新疆是个范围很大的区域，在我们今天下午刚刚听到的报告中，考古学家已经在西伯利亚地区出土发现了距今13000~14000年的人类遗骸，那里离新疆不远。我们知道智人大约在65000年前离开非洲大陆，在中国的其他区域也有不同的发现，基于此，设想在新疆如此大的区域内会有更早期的人类遗迹似乎也不奇怪，因为据我所知考古学家尚未在新疆地区发现旧石器时代的遗物。"①

由此可见，今天在新疆发现的人类遗迹不过是冰山的一角，很可能还有更为早期的人类遗存在等待着我们去发现。但是，如果我们仍旧依赖田园考古而忽视第四重证据，即便有新的发现恐怕还得借助第四重证据法即民间收藏的信息资料去补正。

商代鱼国宗教历史的发现，其实就是"四重证据法"最好的价值体现。我们通过鱼国祭祀古玉，不仅了解到鱼国曾是西北地区的一个宗教王国，而且还发现了鱼国宗教是三星堆宗教的承袭者；之后通过三星堆北偏西45度的朝向，不仅发现了三星堆人的历史发祥地在罗布泊区域，而且还通过罗布泊墓葬干尸（DNA）确定了他们的族属关系。这就是田园考古与四重证据相互补正的结果，也是"第四重证据法"即"民间收藏"不可小视的价值体现。

---

① 引自《东方早报．艺术评论》1915年12月31日。

第四章　图腾崇拜显示的民族属性

第一节　鱼国的图腾崇拜

鱼国社稷玉琮的发现，不仅为我们打开了一扇通往商代鱼国历史的神秘之门，并且还使我们看到了我国文献失载的一段方国历史文明。不仅如此，鱼国玉琮器所镌刻的神秘图案，又将笔者带入到一个更为神秘的研究领域，因为玉琮器上的图案，不仅超出了世人对我国上古历史的想象，同时也在超越着我们所能理解的文化内容。如果不信，就请你跟我一同走进玉琮图案所彰显的文化现象，看看你是否能凭借想象揭开它们所承载的文化含义和内容。

第一个值得研究的图案是，一面玉琮器上的图案，是用减底浮雕镌刻着两个人物头像，他们是以一上一下的顺序排列而成，每个人头上都戴着一顶放着光的帽子，关于这顶帽子的寓意可能还比较容易解释，因为古人经常采用这种艺术手法来形容他们心目中的神山；但令人疑惑不解的是，下面人头上所戴的神山尖帽，其顶端刻有一轮弯弯的新月，而上面那幅人像所带的那顶神山尖帽，其顶端我们却没有找到太阳的图案，因为只有日月图案相匹配，才较为符合古人祭祀日月神山的信仰习俗。但是，上面这幅人像的尖帽顶端，我们却没有找到太阳图案。因此，这幅图案如果要按照祭祀日月神山的理念进行解读，肯定是解释不通的。为什么图案上只雕有月亮而没有雕刻出太阳呢？ 难道鱼国人只崇拜月亮而并不崇拜太阳吗？ 但是，这种表现形式又和鱼国其他器物上出现的拜日、拜月内容形成了巨大的反差。究竟是我们读解图案的思路出现了问题，还是我们解读图案的角度存在着偏见？ 那么，我们究竟应该如何去解读这幅图案只有月亮而没有太阳的含义呢？ 对此笔者在相当长的一段时间里陷入了茫然。（图 2-7）

图 2-7　鱼国社稷玉琮的日月神山崇拜

虽然，我国先民有过对日月神山崇拜的信仰习俗，但如果该图案上没有找到太阳，也就说明上述解读不能成立，也就意味着这种解读方式和探究思路出现了问题。

然而，当有一天我再次站在玉琮面前重新审视玉琮的这幅图案时，可能是我从上至下观看角度的不同所致，玉琮中心那圆圆的洞孔赫然印入了我的眼帘，这个圆圆的洞孔不正是图案上缺失的那个太阳图案吗？ 到这时我才恍然大悟！ 终于让我明白了一个道理，任何事物都有其多面性，站在不同的角度会出现不同的结果。这幅距今已有 3400 多年历史的玉琮图案，不仅设计理念超出了我们的想象，独具匠心的艺术创意也在颠覆着我们的自命不凡。这种极其绝妙的创意手法，不仅玄妙绝伦，恐怕当今的世界艺术大师们也会对此赞叹。

第二个值得研究的问题是，铭文玉琮器另外一个面上所雕刻的图案，该图案上面雕刻的是“牛图腾”，而下面的图案则雕刻的是“羊图腾”。也正因为牛羊图腾在华夏文明中曾承载过一段厚重历史，因此也就再次让笔者陷入到了不知如何解读的另一种茫然。

请看图案：这一面玉琮图案所雕刻的是，两幅长着兽角人面图腾。他们是以一上一下的顺序排列，上面的这幅头像，是头上长着一对牛角的人面像，而下面的那幅头像，则是头上长着一对羊角的人面像，如果站在该玉琮是鱼国社稷玉琮的角度，这两个牛羊图腾的人面像，应该所代表的是两个民族所崇拜的图腾，一个是崇拜牛图腾的民族，而另一个则是崇拜羊图腾的民族。(图 2-8)

从直观的角度分析，将这两幅图案被解读为牛羊图腾是比较准确的。但是，这种解读却引申出一连串的问题无法解释。

众所周知，“牛图腾”是我国黄帝部族所使用过的图腾，而“羊图腾”则是我国炎帝部族所崇拜的图腾标识。既然，炎黄二帝是华夏民族的共同始祖，那为什么鱼国人却要将牛羊图腾都雕刻在他们的社稷玉琮上，这种将牛羊图案结于一身的设计理念究竟是一种巧合，还是在刻意彰显着鱼国民族结构？ 如果说，鱼国人是牛羊图腾的后裔民族，那他们究竟属于黄帝民族的后裔，还是炎帝部落的民族族属？ 如果说这两个图腾都曾是鱼国人的图腾，并且与黄帝和炎帝又有着密切关联，难道黄帝和炎帝的族属关系也属于印欧语系的族群吗？ 如果不是，那为什么在中原出土的诸多墓葬遗址中，我们至今没有发现以牛羊图腾作为国家象征物的图案载体，也没有发现将牛羊图腾结于一身的图案标识呢？ 这种文化现象，我们又究竟该如何去解释呢？

图 2-8　鱼国社稷玉琮的牛羊图腾崇拜

据《左传》云：“神不歆非类、民不祀非族”。也就是说，神不会去佑护一个不信奉神的民族；而一个民族更不会去祭拜其他民族的祖先。因此，各民族所崇拜的图腾标识，也应该以此类推。这种信仰习俗，不仅适用于世界各民族而无一列外，而且还是人类划分种族性质和区别民族属性的重要标准。

那么，鱼国人为什么要将牛羊图腾雕刻在具有国家象征意义的“社稷玉琮”上，他们是想借此弘扬牛羊图腾至高无上的地位，还是想告知后人他们才是炎黄二帝的后裔民族呢？对此曾有人提出，鱼国出现的这种文化现象，很可能是受到了中原牛羊图腾崇拜信仰的文化影响所致，或者说是鱼国向中原王朝示好的表现方式等等。

笔者却不这么认为，如果说这种文化现象是源于中原强势文化的影响和示好的表现，那么鱼国可以采用多种方法来表达他们的顺从与示好，而绝不会将这种具有国家象征意义的图腾随意刻在自己的社稷玉琮上，来提高鱼国民族的社会地位。因为这种表现形式，不仅不属于示好的表现，反而会引来牛羊图腾后裔民族的不满甚至还会引发战争。

由此可见，探究牛羊图腾究竟是我国哪一支民族最先使用过的图腾，炎黄二帝又究竟属于哪一个民族的属性，才是我们需要认真去思考的问题。如果我们仅凭主观意识，去揣测炎黄二帝的民族属性，再加上忽视我国四方民族的历史存在，忽视四方民族曾对华夏历史的发生与发展曾作出的贡献，恐怕我们永远也无法厘清这些问题的本真历史。

站在牛羊图腾崇拜的角度，为什么这种文化现象在鱼国历史中会延续了近千年之久？而在中原历代文献中却找不到牛羊图腾发展的相关记载，更没有像鱼国社稷玉琮那样以牛羊图腾作为民族或国家的象征物，难道这种文化现象，不值得让我们去认真研究与思考吗？ 由此可见，这个问题不仅是当今考古界无法回避的问题，而且也是我们这一代人需要认真思考与商榷的问题。

要想找到这些问题的答案，我们首先要持有一种客观的态度，才能真正厘清华夏5000年曾经历过哪些历史变故，才能向世人说清华夏民族曾对人类历史的发生做出过哪些贡献。

就四大文明古国而言，古巴比伦文明并非是由伊拉克人所创造；古埃及文明也并非是由今天的埃及人所创造；而古印度文明也并非是由今天的印度人所创造；那么，为什么古华夏文明必须要被解释为是中原主流民族所创造的才行呢？

这就好比三星堆被发现的过程一样，三星堆被发现至今已过去了30多年，但是我国学界至今却无法说清三星堆文明究竟是由哪个民族所创造。虽然我们将责任归咎于文献失载，但究其缘由，是因为我们遗忘了56个民族以外还存在着上古四方民族历史，忽视了王朝文献以外还失载了很多失落的华夏历史文明。

要知道，已发生的历史并不会随着人们的意愿所改变，更不会被华夏中原一统观所淹没。虽然固有的学术观念可以改变现实，但它却无法改变已发生的历史。

第二节　炎黄二帝所崇拜的图腾

据文献记载，在我国上古时期黄河中游出现了炎、黄两大部落。炎帝姓姜，“姜”、“羌”两字本一字之分化，是同一图腾在母系社会与父系社会的不同表达，甲骨文中两者亦常互用。姜、羌均为头戴羊角头饰之人，代表以羊为图腾的起源于我国西北的原始游牧部落。《说文·羊部》载：“羌，西戎牧羊人也，从人从羊，羊即声。”“羌”，属他称，即当时中原部落对西部（陕西、甘肃、宁夏、新疆、青海、西藏、四川）游牧民族的泛称。

羌族先民在对羊崇拜的过程中，逐渐将羊注入了人类特有的血缘和族亲的观念，羊伴随着羌族部落自身的来源与传说，以及种族繁衍的历史世代传承着，并最终发展成为了羌人氏族中的图腾和标志性徽号。当然，从更加实用的角度还有另一种解释，即羌族先民很早就开始驯化和饲养羊了，由于羊性情温顺，易于驯服，肉食鲜美，皮毛能够御寒，羌族先民将它视为天赐的圣物，于是逐渐产生了对羊的崇拜，人们将羊的头骨制作成图腾经常对其进行祭拜，以感天恩。

传说中的神农氏，是中华民族的祖先。“神农”即农神的形象，竟是半人半兽、人兽混杂的“人身牛首”形象。神农氏的“人身牛首”形象，是原始社会对牛图腾神格化的解释，说明神农氏是一个以游牧业为主并以牛图腾为族徽的部落。

但是据考证，又有炎帝原籍在今陕西省宝鸡县天台山的说法。《史记》记载：炎帝“起于烈山，居姜水”是姜氏部落首领，说炎帝牛首人身，实际是以牛为图腾的部落。关于中华民族的起源和中华文明是如何发展演化的问题，长期以来一直夹杂在历史和考古的双重辨证而发展起来的。我国考古学界的泰斗严文明先生曾指出“历史的论证不同于考古发现。考古学科讲究的是实证，因而在考古中，黄帝、炎帝究竟是否存在，它们是否具有不同文明体系，这些问题都是被忽略的。考古是拿具体的发掘实物—比如说石器物、骨器来说话。”①

而有关牛羊图腾崇拜，它们究竟是在黄帝和炎帝的部落怎样形成的，它们又源于哪种文化的影响和来自哪支文明的传承，这些问题都需要我们去认真地研究与思考。

但有一点是可以肯定的，那就是牛羊图腾是中国原始氏族公社早期形成的一种文化现象。一般人认为，这种观念形成于人类对生存所依赖的动物崇拜理念，在我国最常见的图腾崇拜有牛羊图腾、龙凤图腾、虎狼图腾和鸟蛇图腾等等。目前对于图腾崇拜的研究已成为了研究原始社会的重要组成部分，因此揭秘图腾文化背后所蕴含的人文历史现象具有重大的意义。

我国的中原民族，是一个以刀耕火种为主的农业民族。从考古学和民俗学的角度来看，在“耕作文化”中，最早体现出的文明就是“牛耕文明”，随之产生了“对牛的崇拜”，最终导致了“牛图腾文化”的诞生。

同样，牛羊图腾崇拜的文化现象在我国的游牧民族地区也极为盛行，特别是在西北地区的胡人部落中，牛羊图腾崇拜不仅历史悠久，而且分布区域极广。但是，随着中亚胡人的突厥化，这些部族在人种和文化方面都逐渐与突厥语族群融为一体，牛图腾文化也最终被湮没在了历史之中。

但是，如果我们能够以这一文化现象为源头入手，进而探索古代先民各族群所居住的地理分布情况，以及牛羊图腾崇拜的发展与传播路径，既有助于探讨西北地区和中亚地区的人类上古历史的演变，也有助于对中国上古历史文化进一步的延伸解读。

第三节 为什么鱼国崇拜牛羊图腾

在我收藏到的鱼国祭祀古玉中，最多的图腾是对牛图腾和羊图腾的崇拜，如其中一对人像最具代表性。这对人像是用新疆和田墨玉雕制而成，它器型硕大，人像器高达 1.5

① 引自《新京报—神话传说不能做考古推论》。

米，重约500多公斤。这对立人像身材魁梧，其相貌有些像类人猿，圆眼突出，目视前方、尖耳向上竖立、鼻孔外翻、阔口痄腮，好不威风。这对人像为一雌一雄，生殖器外露，头上各顶着一尊卧式独角神兽（酷似貔貅），但令人费解的是，在他们胸前所抱的牛图腾却极其醒目，似乎它才是要被歌颂的主题。

由于鱼国是三星堆文化的承袭者，因此该人像所彰显的文化现象，也就理所当然地与三星堆崇拜的蚕丛王联系到了一起。因为人像的奇特相貌，与蜀人所描述的“蚕丛王”极为相同与相似。曾有学者认为，三星堆出土的青铜纵目人像应该就是“蚕丛王”。那么，为什么“蚕丛王”在鱼国，却被塑造成了类人猿的相貌？ 而不是三星堆“纵目、立耳”的主神形象呢？

笔者猜测，蚕丛王虽然在三星堆是该族群的主神和人文始祖，但站在鱼国宗教集团的角度，三星堆却因某些过失而遭到诸神的惩罚。虽然三星堆的毁灭，在今天看只是源于地震所引发的自然灾害，但在当时的上古时期却没人知晓地震是一种自然现象，而普遍认为三星堆人肯定惹怒了天神才会造成三星堆的灭亡。因此蚕丛王在蜀地神的地位，也就被鱼国宗教集团降为了人格之神，成为了我们今天所看到的类人猿形象。（图2-9）

通过鱼国古玉所彰显的文化现象，我们不仅了解到鱼国曾是一个宗教国家，而且还是一个以各城邦部落联合起来的宗教集团。在这个联盟国家的宗庙里，不仅供奉着各城邦部落所崇拜的图腾，同时也供养着各部落族群的祖先形象。因此，鱼国古玉中出现的那对相貌怪异的人像，很可能就是三星堆所崇拜的祖先神蚕丛王。

图2-9 鱼国祭祀古玉中的蚕丛王像

蚕丛王在鱼国，被雕刻成类人猿形象很可能还有另一种原因，那就是他在鱼国宗教集团中的地位。虽然“蚕丛王”在蜀地已被塑造成三星堆的主神和人文始祖，但他在鱼国宗教集团中却只能代表三星堆族人的祖先。因为在鱼国宗教的信仰中，任何一个族群的祖先神都不能超过核心主神的地位，这位核心主神就是“宇宙万物的创造之主”、“诸神之中的主神”。因此，蚕丛王在鱼国宗教集团中，不仅被降为了人格神而且其他部落的祖先也同样被降为了人格神。例如，我们在鱼国古玉中看到的那些大将军人像，所彰显的很可能就是各部落族群祖先神的人格形象。

两尊雕像所抱着的牛图腾，很可能也绝非承载着一般的含义。因为，如果说牛图腾是蚕丛王所崇拜的图腾，那为什么在三星堆却没有发现牛图腾崇拜的迹象呢；如果说牛图腾，是在鱼国宗教集团创建后才开始崇拜的图腾，那么他所承袭的历史脉络又源自哪里？

从鱼国宗教所承袭的历史法脉分析，鱼国宗教的文化上线是三星堆宗教，而三星堆宗教的文化上线则是源于新疆的罗布泊。也就是说，鱼国宗教集团所承袭的牛图腾崇拜，可上溯到新疆罗布泊的太阳墓地和小河墓地，在那里我们不仅能够看到很多供奉牛图腾和羊图腾的骸骨，而且墓内所随葬的公牛角和公羊角也多达 26 个之多，并且有些木棺还用整张牛皮或羊皮覆盖或包裹。这不仅说明，墓主人生前曾是以畜牧业为主的民族，而且还是以牛羊为食物链和崇拜牛羊图腾的民族。虽然鱼国宗教集团的牛羊图腾崇拜，早在 3,800 年多年前的罗布泊就已经形成，但为什么在三星堆却没有发现牛羊图腾的崇拜迹象，这又应该如何去解释呢?

笔者认为，这种现象可能存在着两种原因。

第一种原因是：创建巴蜀三星堆宗教的人群，虽然也是来自新疆罗布泊，他们的族属关系也是罗布民族，但在那里居住的城邦族落群却有着各自不同的族群徽号和图腾信仰。因为吐火罗族群，一直习惯以城邦自治的形式分别居住在西域的不同区域，每个城邦部落都有自己所崇拜的图腾，例如居住在罗布泊的人群属于牛图腾崇拜部落、而在焉耆居住的族群则崇拜龙图腾，又如西北地区散居的马方、土方、鬼方等等，他们都应该有着各自所崇拜的图腾或徽号。

第二种原因则是，鱼国人，虽然是源于一个以鱼为食物链、以鱼为部落图腾、以鱼为宗族姓氏、以鱼为都邑名称发展起来的国家。但是“鱼”在其历史的发展过程中，所彰显的主要还是以这个民族的徽号为主，而并非是这个民族所信仰和崇拜的图腾。所谓图腾，是原始社会人们将某种动植物当做自己的亲属、祖先或保护神，相信他们有一种超自然力，能够保护自己，并且还能够获取到他们的能量。在原始人的眼里，图腾实际上是一个被人格化的崇拜对象，其主要不在它的自然形象本身，而在于它所体现的宗族血缘关系。因此，“鱼”应该只是鱼姓民族的族姓徽号，而“牛”图腾才是鱼国宗教集团所崇拜的图腾。

当然，在鱼国的祭祀古玉中，羊图腾崇拜的器物也比比皆是，如四羊方尊、羊头玉琮、羊首玉刀、四羊玉璧、羊首挂件、羊首人身生肖等等。这种歌颂羊图腾的器物虽然不少，但是要比起牛羊图案混为一体的器物还是有些逊色，如牛羊图案玉琮、牛羊图腾面具、牛羊图腾玉璧以及带有牛羊图案的各种装饰物等等，不仅数量庞大而且器物的尺寸也普遍都硕大无比。

从这个角度分析，牛羊图腾不仅是鱼国宗教两大部落联盟的标志，而且还应该是两大部落各自所崇拜的图腾。它们独立使用，所代表的只是各部落族群的图腾徽号，而合在一起所代表的则是鱼国宗教集团所使用的标志性图腾。

第四节　域外对牛图腾的崇拜信仰

在世界范围内，虽然崇拜牛图腾的文化现象很多，但是最为虔诚，并且将这种崇拜提高到信仰高度的只有印度区域。众所周知，印度崇拜牛的习俗有着悠久的历史，牛在印度的地位非常高，牛走在街上行人和汽车都必须避让，特别是纯白色的母牛更是神圣。据印度神话故事记载，曾有一头纯白色的母牛为了拯救印度人的上帝牺牲了。印度人为了感谢这头牛，从此便产生了不许杀牛、不许撞牛、甚至不许无端惹怒牛的风俗习惯。

更重要的是，根据印度教的教义，牛是主神“湿婆”的使者，因此它神圣不可侵犯。在印度，约有 82%的国民是印度教徒，所以，印度人不仅不伤害牛，连牛肉都不敢吃，而且听任牛按照自己的方式生活：牛走累了，可以就地卧倒睡上一觉，绝没有人敢去惊扰它的美梦；牛饿了，随便走到一户人家或是菜市场，马上就会有人把“饭菜”奉上，印度每天有人会定时的给一些流浪牛送去食物，就连在马路上遇到牛时，行人和车辆都必须要避让这些“神牛”以示尊崇。

也正因为牛是湿婆神的坐骑，所以在印度素有敬牛如敬神的说法。同时印度人还认为，每头牛都有可能成为湿婆神的坐骑，特别是白色的牛更是人们尊重的对象。圣雄甘地曾说过：“牛是印度千百万人的母亲。古代的圣贤，不论是谁，都来自牛。”“保护牛是印度教送给全世界的礼物，只要印度教徒保护牛，印度教就将永远流传下去。”

以牛图腾的基本特征为依据，探究印度对牛崇拜是何属性。在印度国大党举行的全民选举中，将母牛和牛犊印在宣传单上作为印度国家的标志，那些不识字的民众只需要画叉即表示选中国大党。由此可见，牛不仅在印度是人们尊重的对象，而且已经成为了印度国家的一种象征。综合以上几个方面，印度对牛的崇拜与图腾崇拜特征基本吻合，牛在印度属于人们所崇拜的一种图腾。

然而印度对牛图腾的崇拜，为何与中国上古时期的牛图腾崇拜现象如此的相像，两者之间究竟有没有必然的联系，如果有，两者又究竟是谁在影响着对方呢?

从时间的角度分析：中国的牛图腾崇拜可上溯到原始社会的黄帝部落，遗址发现可追溯到我国新疆的罗布泊小河墓地；从宗教符号的角度看，可上溯到我国新石器时期的阴山岩画、6000 多年前的红山文化古玉、4000 多年的齐家文化古玉以及商代鱼国宗教的祭祀古玉等等。

而印度对牛的崇拜，则起源于古印度的吠陀教和婆罗门教的诞生时间，约公元前 1800 年左右。据印度文献记载，入侵古印度并摧毁过印度河文明的雅利安人是一支游牧民族，他们与牛马羊等动物相伴为生，因此雅利安人选择了崇拜牛图腾。

站在对牛图腾崇拜时间角度，中国要远远早于古印度崇拜牛图腾的历史，至于是谁在影响着对方已经不言而喻了。然而最为关键的一点是，中印两国不仅是近邻，而且还同属于一个文化圈之内，因此两国不仅在文化传承方面有着相互影响的渊源历史，在宗教信仰方面也应该存在着交替发展与传播的关系。

有证据显示，鱼国宗教退出华夏历史舞台的时间，恰恰是古印度婆罗门教的诞生年代。不仅如此，从中国上古宗教和古印度教的信仰来看，两教不仅有着同样的宇宙崇拜观和宇宙创世学说，两者对宇宙主神的崇拜也存在着相同与相似之处，例如对宇宙创世主神的崇拜，中国是开天辟地的盘古、印度则是创造世间万物的大梵天，虽然两者对宇宙主神的称谓不同，但是两者所崇拜的对象却源自宇宙同一位神仙。

不仅如此，两教对宗教圣物的崇拜也仍然存在着相同之处，例如对蛇（龙）神的崇拜、对大象神的崇拜、对男女生殖器的崇拜、对天鹅的崇拜以及对诸神的崇拜等等。也正因为，商代鱼国宗教与古印度教存在着诸多相同与相似之处，因此笔者才有幸发现了两者的承袭关系与发展脉络。关于内容详情，在本书的以后章中会有详细介绍，在此就不再重复介绍了。

第五章　鱼国宗教的承袭发展脉络

第一节　鱼国宗教的发展

提到鱼国，可能很多人很陌生，但它在我国考古界却曾是轰动一时，并具有极高考古价值的发现。1974 年，我国考古工作者在陕西省宝鸡市茹家庄纸坊头村发现了一座西周时期的贵族墓葬，因在墓主人随葬的青铜器上镌刻着表明其身份的铭文“弓鱼伯”，因而被命名为“鱼伯墓葬”。（图 2-10）

1976 年，又在距茹家庄 3 公里外的竹园沟村，发现了一个拥有 22 座墓葬和 2 个马坑的西周时期的古墓群。据墓中出土的青铜器铭文记载，墓主人名叫鱼季。这是一座西周早期偏后、约周昭王时代的墓葬群。根据墓葬的形制及出土的青铜礼器、玉器来判断，这座墓葬与茹家庄一号墓在时代上相互衔接，略早于茹家庄出土的鱼伯墓。

图 2-20　青铜簋．西周早期-弓鱼伯墓出土

在 1980 年秋天，由于连降大雨，纸坊头村一家农户的墙壁突然坍塌，从塌面内又发现了一座古墓。依据对随葬青铜器的分析，考古学家认定这批青铜器是周文王晚期至周武王时期的器物。从该墓葬形制、随葬青铜器造型和文饰图案，以及青铜器上的铭文“鱼伯自作用簋”来判断，这个墓葬应是迄今为止发现的西周时期最早一代鱼国国君的墓葬，下葬时间大约在周成王初年。

考古学家卢连成先生认为纸坊头墓地在渭水北岸，是鱼国的早期墓地，大约形成在周初时代，而竹园沟墓地大约是鱼国中期的墓地，应该形成于西周的康昭时期，已退至渭水南岸。而从茹家庄鱼国墓地的衰败景象分析，且位置有愈加南退的趋势，这里应是鱼国后期墓地，时代大约是在周穆王初年。①

① 《宝鸡弓鱼国墓地》文物出版社，1988 年—作者：卢连成 胡智生

鱼国王室墓葬的变化表明，西周中期鱼国已呈现出了明显的衰败迹象。但是，鱼国到底存在了多长时间，鱼国后裔国君的世系发展情况，由于之后一段时间没有发现年代更晚的鱼国墓葬，一直不为人们所了解。

鱼国墓葬的发现，尽管从考古学的角度来讲是一个激动人心的发现，但很多学者认为鱼伯仅是西周王朝分封的一个小诸侯国君，在历史学角度似乎并无突破性意义。

时间过去了将近 20 年，1999 年，我国考古工作者在山西太原发现了北朝时期的“虞弘墓葬”。虞弘墓的墓志清楚地记载着虞弘的祖辈是鱼国人并担任过“检校萨保府”的官职。①奇特的是，虞弘墓志上原来用的是“虞”字，而后来在下葬前，将“虞”字抹去，重新又改为“鱼”字，这一罕见的历史现象引起了专家的高度兴趣和关注。(图 2-11)

图 2-11　北周《虞弘墓志》山西太原出土

这些墓葬被发现后，通过考古学家多年努力，基本复原出鱼国部族从西周至北朝这段时间的发展脉络，填补了我国历史文献中缺失的一段空白。

但是鱼国人的族属问题，一直是我国考古界悬而未决的难题，有人猜测鱼国人可能是稽胡、大月氏、柔然极其先民马萨革泰人，而大部分学者却习惯将虞弘、安伽、史君和康业墓统称为“粟特人”的墓葬。令人遗憾的是，以上推断都因没能找到令人信服的依据而成为了假说，因为这些鱼国后裔的墓葬遗址，并不能清晰诠释出鱼国人的完整历史以及族属关系。

如果要想揭开这些谜题，唯有找到比鱼伯墓葬更为早期的文化遗存或鱼国都邑的所在地，方能厘清鱼国历史脉络。商代鱼国祭祀古玉的发现，不仅复原出了鱼国一段完整的历史，而且顺延承袭脉络还发现了他们的发祥地以及族属关系。

---

①《太原隋虞弘墓》，山西省考古研究所编著，文物出版社出版。

第二节 鱼国古玉所提供的信息

英国著名历史学家，阿诺德·约瑟夫·汤因比在《历史研究》中提出：可以采取三种不同的方法来观察和表现我们研究的对象，其中也包括人类生命的现象。第一种方法是考核和记录“事实”；第二种方法是通过已经确立了的事实的比较研究来阐明一些一般的“法则”；第三种方法是通过“虚构”的形式把那些事实来一次艺术的再创造。①

自从笔者第一次买到两件玉琮器后，在十几年的漫长收集过程中，又陆续收藏到数百件祭祀古玉。随着收藏库的日益丰富，呈现在我们眼前的是一个繁盛的以古玉为载体的上古宗教体系。

这些祭祀古玉多数为大型的礼器，器物分为神像、鼎、樽、璧、俑、兵器、乐器、饰品等十数个系列。这些系列综合起来，勾勒出一个宗教思想明确，仪轨严格，场面宏大的原始宗教王国的轮廓。

尤其是“鱼国社稷琮”，这件带有铭文图案的大玉琮的发现和对其文字的破译，成为了破解鱼国历史的关键所在。这件玉琮采用的是商代最典型的减地浮雕制作手法，正反两面雕刻着象形文字而另外两面为人物图像。为读解这些铭文，我参考了大量甲骨文、金文和有关象形文字的资料，经过反复查对，最终破译出了这些铭文的字义内容：“邑鱼癸月揆兑生，弘龙鱼癸中巳兑”。

图 2-12 鱼国社稷玉琮

这句铭文翻译过来是：在冬季癸月北方的山岗上，夜幕降临，新月当空，鱼国的弘龙王（大祭司）率领着以鱼为姓的族人，举行了一次盛大的祭祀活动，并宣布创建起以鱼为都邑名称的国家“鱼国”。(图2-12)

在笔者十多年的研究中，通过对鱼国祭祀古玉的人物造像、铭文字意、文化内涵、制作工艺、以及诸多历史信息的考证，再通过比较学和符号学的对比性研究，从横向上看，我们剖析出了历史的截面，解读出我国上古宗教历史的发展原貌，看到了3,000~4,000年前我国夏商时代文明的各个方面；从纵向上看，我们由此破译并推断出中国上古宗教文明的传承发展以及后续传承。

由于鱼国祭祀古玉所蕴含的丰富信息，以及它所占据历史节点的重要地位，对于破译中国上古历史和还原华夏上古宗教文明无疑是一把弥足珍贵的钥匙。

① 汤因比《历史研究》上册 上海人民出版社 1986年第54页。

第三节　鱼国的坎坷命运

如前文所述，针对西周鱼伯墓葬的考古发掘，学术界普遍认为鱼伯只是西周王室分封的一个小小的诸侯国。但是，当商代鱼国都邑所遗留的诸多祭祀古玉被发现后，我们不仅看到了鱼国完整的历史，同时还顺延出了鱼国宗教承袭发展的演变脉络。

就鱼伯而言，虽然他只是周王朝分封的一个小小的诸侯国君，但是鱼伯的姓氏却暴露出他曾是我国西北地区盛极一时的宗教国家—鱼国的后裔。

据考证，鱼国大约始建于商代中期，其都邑所在地位于今天陕西和甘肃的交汇处（平凉），他是一个以宗教联盟形式组成的宗教王国，它所承袭的法脉，则应该是巴蜀三星堆宗教文明。理由是，自三星堆消亡后，曾出现过两支人群向不同方向迁徙。其中的一支，越过了秦岭迁徙到了陕甘一带，不久后那里便诞生了一个宗教方国。而另一支人群则迁徙到了成都，并在那里创建了“金沙宗教文明”。从两地出土的器物看，鱼国宗教和金沙宗教应该是在同一时期，在不同区域所建立起来的两个宗教文化圈，而他们所承袭的法脉却都来源于三星堆宗教体系。然而溯源其历史脉络，三星堆北偏西 45 度所指的方向却揭示了这支人群，是来自我国新疆罗布泊地区的原始居民（即印欧语系的吐火罗人)。关于这一推论的佐证依据，笔者会在后面的文章中详细阐述。

经研究发现，鱼国宗教应该是目前人类已知最古老的宗教体系，无论是从文化起源、承袭脉络、宗教信仰以及人类意识形态的发展等诸多方面，都达到了让世人难以想象的文明高度。

然而，一个曾经有过如此辉煌业绩的宗教王国，其后裔鱼伯为何会在中国的历史文献中难觅其踪，又为何会在周王朝建立后成为了毫不起眼的诸侯小国呢？ 一个又一个的历史谜题困扰着我们，比如：周王是在什么条件下分封鱼伯为诸侯国君的？ 而鱼伯当时所代表的是鱼国王室宗亲还是以鱼国宗教集团首领的身份接受的分封呢？

要知道这个问题尤为重要，如果说鱼伯当时所代表的是鱼国宗教集团接受的分封，那么在他的墓葬中就应该能够找到和鱼国宗教有关的信息，例如鱼国的祭祀古玉或礼器等等？ 如果鱼伯是以鱼国王室后裔接受的分封，那么他和鱼国宗教又究竟是怎样的一种关系？

笔者认为，鱼伯极有可能是以鱼国王室宗亲或后裔身份接受的分封。理由是，在鱼伯的墓葬中我们并没有发现和鱼国宗教有关的陪葬品。既然鱼国是一个以鱼姓族群建立起来的宗教国家，想必他们的后裔族群也应该是鱼国宗教的信徒才对。既然鱼伯是鱼国宗教的信徒，那么在他的墓葬中本应留下鱼国宗教的信仰信息才对。然而令人匪夷所思的是，虽然我们在墓葬中没有发现有关鱼国信仰的文化现象，但是却发现了与三星堆青铜立人像相同的遗物—如一对双手呈现出环状的三星堆青铜立人像。

那么，在鱼伯的墓葬中为什么没有发现鱼国宗教的信仰信息，反而却出现了一对三星堆时期的青铜立人像呢？ 笔者认为，这一现象背后肯定隐藏着一段不为人知的惊世历史还有待于日后研究破解。而至于鱼伯为什么会成为周王朝的诸侯国君，也只有用一种比较符合逻辑的思路去推测他的历史角色与命运了。

例如，鱼伯很可能是商武丁伐鬼方时被周捕获的战俘后裔，他们在不得已的情况下才臣服于周王，不仅接受了分封还成为了一个傀儡诸侯国君，并替周王朝管理或约束鱼国后裔臣民；而另一种可能是，鱼伯是鱼国宗教集团的投降派或者说是内奸，因在武王讨伐鱼国宗教时发挥过作用，因此才得到了周王朝的分封加冕。有关这段历史，也许在之后的研究中才会找到新的佐证依据。

那么，鱼国人究竟来自哪里，其历史前身又是怎样的一种社会环境，他们的信仰又因何如此的神秘？ 带着这些问题我又回到了鱼国祭祀古玉的物象符号，看看能否从中找到与之相关的历史信息。

第六章　鱼国大将军可能来自三星堆

第一节　发现鱼国铠甲兵团

在笔者收藏到的鱼国祭祀古玉中，一些身穿半身铠甲或全身甲胄且手持兵器的武士人像，极为引人瞩目。他们所穿戴的铠甲，不仅与文献记载存在着很大差异，手中所持有的兵器也在颠覆着我们的想象。为什么这么说呢，让我们先来看看铠甲兵团中的兵勇，他们身披半身铠甲，头带短小幞头冠帽，脖子上系着一条防风飘带；其神态，有的嘴唇努起胡子上翘，似乎心中聚结着一股怒气；而有的则是立眉圆眼，眉间的肌肉拧成疙瘩，似乎有着超人的力气；有的是浓眉大眼，阔口撇腮，性格憨厚倔强；而有的则是舒眉秀眼，昂首挺立且透着几分自稚气；虽然两者所表现的形式不同，但前者给人的印象是气宇轩昂而带有傲骨，后者则是秀眼圆睁透出一股杀气。有的双臂下垂紧握双拳，有的则是右臂下垂，左手似乎握着某种兵器，还有的是，双臂下垂双手扶腰站立，一看便知这支铠甲兵团不仅骁勇善战，而且还是一支久经沙场的主力。(图 2-13)

图 2-13　鱼国铠甲兵勇

让我们再来看看披着全身铠甲的武士人像，他们每个人都头戴不同的鹖冠，战袍外罩全身铠甲，右手下垂左手扶刀，昂首挺胸，巍然伫立，很显然他们是铠甲兵团的首领或大将军。从他们所穿戴的全身铠甲看，鱼国的经济实力不仅非常富有，而且也有超越其他地区的军事实力。

“铠甲”又称之为“甲胄”，诞生于我国原始社会末期，因氏族之间的战争日益频繁，进攻性武器逐渐锐利等因素，因此铠甲在我国沿用了数千年之久。这期间，甲胄的形制不断得到改进，制作甲胄的材料也多种多样，其防护功能也逐渐趋于完善。甲胄发展到我国商代，先民们已将原始的整片皮甲改制成了可以部分活动的皮甲，即按照护体部位的不同，将皮革裁制成大小不同、形状各异的皮革片，并把两层或多层的皮革片合在一起，表面涂漆，制成牢固、美观、耐用的甲片，然后在片上穿孔，用绳编联成甲。皮甲在车战中与盾相配合，可以有效地防御青铜兵器的攻击。在使用皮甲的同期，有些铠甲上还出现了青铜扣件以增加防护作用，但当时并没有得到普及。铠甲发展到我国战国后期，因锋利的钢铁兵器逐渐成为主导，促使防护装具也发生了巨大改变，我国用金属制作的铁铠甲也在顺应着时代潮流应运而生。

据文献记载，我国战国早期制作的铠甲，主要仍以皮制铠甲为主，直到战国晚期才出现了铁制铠甲，到西汉中期，铁铠甲已经占据了主要地位，从秦始皇陵兵马俑坑和石甲胄陪葬坑的甲胄资料来看，秦代的铁质甲胄虽然已经占据相当大的比例，但仍有很大部分甲胄是以皮质材料为主，这可能与秦汉甲胄材料恰逢转换期所致。要知道铠甲作为将士的防护装备，在冷兵器时代充当着极其重要的作用，它类似于现代战争中的防弹服，可以较大程度地保护将士躲避敌方兵器的重创，这不仅增强了战斗力同时还能给予敌方猛烈的回击。

另外，铠甲还是车兵或步兵常用的防卫装备，铠甲披在身上，形如保护服。据《周礼·考工记》记载，当时的铠甲曾是“犀甲七属、兕甲六属、合甲五属”。属，即是排的意思，五、六、七属，就是由五、六、七排列的甲片组成。据专家推测，铠甲发展到周代，已经出现了青铜铠甲，例如山东胶县西庵的西周车马坑就出土了一件铜制的胸甲。但是中国古代铠甲，由于所使用的材料不易保存，所以能够保存下来的完整铠甲却很少，目前只能依靠史籍和出土的零散残迹进行推测。因为，中国古代的铠甲基本使用札甲制作而成，因此年代一久连接铠甲的麻绳或皮条就会腐烂，所以能够保存下来的实物至今还没有发现。

就我国殷墟发现的妇好墓而言，据专家们推测，妇好作为商王朝的统帅，她曾多次带兵出征，常常亲自身穿甲胄，手执青铜刀，在沙场上飞马冲杀，威风凛凛不逊色于男儿。但是，她身披甲胄的飒爽英姿也只不过是学者们的猜测而已。虽然我国考古在商代的诸多遗址中没有发现青铜甲胄，但是却发现了另一种能够佐证甲胄已经出现的青铜泡钉。这些青铜泡钉，是为了保护身体上的重要部位所添加的一种装置，除了比较常见的圆形甲泡钉外，还有一些比较复杂的各种颇具装饰效果的铜甲饰出土，这些缝制于胸腹之间并拼成狰狞怪兽的铜饰，不仅在战争中能够增加防护作用，而且还能够起到威吓敌人的效果。这些实物佐证说明，在我国商代随着青铜冶炼技术的不断发展，用青铜制作的铠甲在逐渐取代着皮制铠甲的防护作用，甚至在商晚期铠甲中还增加了用青铜制作的护面具。但遗憾的是，只因至今还没有发现完整的甲胄实物，以上说法仍停留在推测与假说的层面。

商代鱼国铠甲兵团的发现，不仅补正了我国商时期铠甲的模糊记载，而且也彻底颠覆了人们对商代铠甲穿戴的认知程度。就鱼国的铠甲兵团而言，在他们之中不仅能够看到穿着半身铠甲的兵勇，而且还能直观的领悟到身披全身铠甲的披挂规制。

让我们先来看看其中的一位大将军人像，该人像通高 120 厘米，肩宽 30 厘米，铠甲下摆宽度为 34 厘米。他内穿战袍，外披全身铠甲，脖子上反系着一条遮蔽风沙的方巾，腰系一条锁甲皮带，皮带上配一弯刀，右臂下垂左手扶刀，挺胸昂头，好不威风。值得一提的是，铠甲兵团从兵到将军都佩戴着冠帽，例如身穿半身铠甲的兵勇，他们每人所戴的都是统一级别的幞头冠帽，这种冠帽说明，这些兵勇并非是普通的士兵，而应该是领兵打仗的士官。对这些兵勇，曾有几位专家学者看过后，都认为兵勇是秦代产物，但是当看到古玉上镌刻的鱼国铭文后，才知道在我国商代就已经出现了铠甲兵团。由此可见，秦始皇当年的焚书坑儒对华夏文献破坏的是何等严重，以至于人们只知道兵马俑是秦始皇创造，却无人知晓他也是从商代鱼国铠甲兵团承继而来，因此秦始皇兵马俑并非是嬴政的原创，而是秦始皇将兵马俑的承袭而已。（图 2-14）

而那些身披铠甲的武士人像，从他们所披的全身铠甲分析应该是鱼国兵团的官佐才对。值得注意的是，他们头上所戴的冠帽也各不相同。例如有的头戴鹖冠，有的则是头戴方形幞头官帽、有的是陀螺形幞头官帽或鹊尾幞头冠帽、有的则是不分鹊尾的幞头冠帽、还有的是酷似圭形的幞头冠帽。这些形制各异的冠帽说明，鱼国已经建立了极其完善的行政管理体制，他们不仅通过冠帽在区分着官职的管理权限，同时他们的管理权限又在制衡着其他官员的权利范围。要知道，虽然冠帽是我国古代“头衣”的一种，但是有关“头衣”帽子、巾、幞、头、冠、冕、弁的记载，却起源于东晋。但作为正式“官服”的一个组成部分，却兴盛于唐朝。据《唐书·与服制》记载：“乌纱帽者，视朝及宴见宾客之服也。”也就是说，乌纱帽是在官员们上朝和宴请宾客时才戴，颇类似于今天行政部门的职业着装。

图 2-14　鱼国铠甲大将军

值得一提的是，鱼国大将军手中所持有的兵器也都各不相同，有的手持长长的弯刀，有的则是腰佩长把大钺，有的怀抱长柄双刃利斧或三股钢叉，还有的手里拿着大锤或酷似铁棒的兵器，总之有些兵器极为稀奇古怪。虽然有些兵器在中原文献中也能找到记载，但是那些记载要比鱼国兵器晚了几个世纪。也就是说，鱼国所使用的兵器要远远早于中原记载，这些怪异的冷兵器不仅填补着我国文献模糊的记载，同时也在颠覆着人们的想象力。我们有理由相信，西域冷兵器的进步程度要远远发达于我国中原地区。（图2-15）

图 2-15　鱼国大将军

这让我想起了《史记·大宛列传》有关张骞的记载，虽然张骞当时出使西域的主要目的是寻求战略同盟，但是在这一过程中，他终于发现，汉人抵挡不住匈奴不仅仅是机动性能不如敌方，在武器和装备上例如“汗血宝马”和铸剑的“玄铁”以及草原游牧民族的生活习性，都是不如敌方的地方。当他归国后，不但将自己的所见所闻描写给汉武帝听，最关键的是他还带回了“汗血宝马”和铸剑的“玄铁”。

由此可见，我国中原冷兵器直至西汉还远不如西域铸造的玄铁剑，更何况商代鱼国人原本就是西域的后裔，他们制作的兵器肯定中原也无法比拟。也正因为如此，在上个世纪80年代某些武侠小说家的书中，才会经常出现一种怪异的故事情节：例如每逢中原比武，在双方打得难解难分的时候，总会出现一位来自西域的高僧，他身高丈二，红发碧眼，手持一种神秘的玄铁将比武者的兵器崩断并将他们分开，来人高超的武功不仅令所有人佩服，那削铁如泥的兵器也令在场的人无法与之相比，虽然这位高人的出现是为化解矛盾而来。但是这种经常出现的故事情节，却让笔者多年都无法释怀。我心中纳闷儿，为什么西域会有如此之多的武林高人，他们手持的玄铁兵器为什么中原没有，是西域冶铸技术超越着中原？ 还是那些神秘的玄铁才造就了西域更加神秘。

如果站在西域是个神秘之地的角度，我们不难发现《周书异记》所记载的：“西方有大圣人出世”和“西方有大圣人灭度”的记载；以及明代小说家吴承恩所著的《西游记》，描述唐僧师徒弟西天取经的神话故事；西晋道士王浮撰写的《老子化胡经》，所描述老子入天竺变化为佛陀的记载等等，无一不是将西域描绘成人间天堂或神秘之地。从客观的角度分析，无论是《周书异记》还是《老子化胡经》以及《西游记》，这些著作其实都在借助西域诸多的未解之谜在烘托着西域更加神秘。

那么，为什么西域会成为历代史学家和小说家们笔下的故事源泉？ 又为什么那里会成为人们向往的神秘之地？ 究其缘由发现，西域的广袤区域不仅蕴藏着诸多疑迷难解的文化现象，同时还承载着很多至今无法破解的历史之谜，因此文人墨客才将他们的奇思妙想发挥在这片沃土之上，甚至还将那里描绘成人间天堂或人文历史的发祥地。站在客观的角度，无论他们将西域说成是天堂还是人文历史的发祥地，其实都不为过。从目前在西域所发现的古人类遗迹看，那里确实是人类历史文明的摇篮，或者说是华夏上古宗教的历史发祥地。如果不信，就请你跟我继续去探究鱼国人的族属，看看他们是否和西域存在着某种必然的联系。

第二节　发现鱼国和三星堆的族属关系

让我们再回到鱼国的铠甲兵团，看看能否从他们的相貌找到问题的答案。先说说兵勇，这些鱼国兵勇头戴幞头冠帽，发髻高挽、眉弓突出眼角倒立，那双单眼皮的眼睛透出杀气，长鼻梁、八字胡须、嘴唇下撇紧绷，表情庄严带有一丝怒气。从五官相貌看，明显是北方的游牧民族，准确地讲更像是蒙古人种的长相，为什么说他们像蒙古人种呢？ 因为冷眼看去他们与秦始皇兵俑极为相似，所以很多人都曾误认为他们是秦始皇兵勇。（图2-16、图2-17）

图 2-16　鱼国兵勇

图 2-17　秦始皇兵俑

要知道，大多数秦始皇兵马俑都有一个共同的特点，那就是所有的兵勇都是单眼皮。这种单眼皮，应该是汉族人最原始也是最传统的特征之一，也就是说汉人祖先的基本面貌就是如此。而那些双眼皮、高鼻梁，都属于混入其他民族的血统之后才出现的。对此，曾有人类学家进行过考证，北蒙古人种一般都是单眼皮，这是古中原人的特征，而南蒙古人种则普遍是双眼皮。

蒙古人种是世界四大人种之一，又称亚美人种或黄色人种。其起源地在中亚和东亚，由此逐渐向南亚、东南亚扩散。西伯利亚的楚克奇人和通古斯人，北极因钮特人（以前一般被称为“爱斯基摩人”）、美洲印第安人也都是起源于中亚和东亚，并属这一人种。肤色在世界所有人种中居中，呈黄色或黄褐色，头发大多色黑且直而硬，少部分人有轻微的卷发或浅色黄发，胡须和体毛不甚发达；脸型有扁平，也有窄长，下巴不凸出，但是有些人较尖，有些则为扁圆。颧骨突出，鼻宽度中等，鼻梁不高；唇厚适中，大多略向前突出；眼裂中等，眼球呈褐色，大部分都是单眼皮，上眼睑褶发达，有内眦褶遮盖泪阜，眼外角一般高于眼内角。头骨上表现的特征是，鼻尖点指数中等，眼眶较高。

因此西方人类学家，习惯把黄色人种统称为“蒙古利亚人”。纯蒙古利亚人种主要分布在东亚的中国、蒙古、朝鲜、韩国、日本；南亚的不丹等；这是新蒙古人种，或者叫北蒙古人种。蒙古利亚人种是从两万年前，开始从东亚向周围迁徙。所以，今天的中亚、西亚、南亚、东欧、中欧、北欧，很多的民族是黄白混血种，比如哈萨克人、维吾尔人、乌兹别克人就是由欧罗巴和蒙古人种的混血型。

人类学家通过对我国石器时代人骨标本的考察研究发现，我国人种所反映出的基本事实说明，中国是蒙古人种的主要发祥地之一。从旧石器时代中期以来，我们的远古先民就在这块土地上开始了向蒙古人种的发展历程。这一人种的形成、发展和分化的过程基本上是在单一的蒙古人种主干上发生的。这种相对来说比较单纯的人种学背景，为阐明东亚、美洲文明几千年来持续稳定的发展奠定了坚实的基础。

就秦始皇兵马俑而言，很多人类学者普遍认为大部分兵勇的体貌特征，应该就是蒙古人种。由此可见，我国从商代至秦朝，蒙古人种一直在华夏区域的民族兼并与讨伐之中站在最前沿，他们为华夏民族大兼并与大融合作出过突出的贡献。

值得注意的是，鱼国铠甲大将军与兵勇却有着一副截然不同的五官相貌。他们的相貌大都是，方脸痄腮，宽眉阔目，明显有别于兵勇的族属关系，所反映出的却是欧亚西部人种的特征。那么什么样的人才是“欧亚西部特征”呢？ 所谓的“欧亚西部特征”是从体质人类学、人的形体、骨骼结构来判断的，而具有这种特征的人主要是欧洲人。要知道，世界上有三个基本人种，黄种人、黑种人和白种人，而大多数的中国人都属于蒙古人种，属于黄种人。而具有“欧洲西部特征”的人主要是指印欧人种，属于白种人。他们之间的区别，不但从外表上能够看出，从骨骼上也有区别，比如印欧人种的鼻子比蒙古人种的高，眼睛往里陷，颧骨也高于蒙古人种。当然，除了这些还有一些器官上的区别，在此就不一一列举了。

由此可见，鱼国铠甲兵团的大将军们应该是由印欧人群所组成，这些人像普遍身高在114 厘米左右，肩宽大约在 30 厘米，铠甲下摆的最大直径为 34 厘米，有的四肢发达体态强壮，而有的则是略显肥胖体态臃肿，他们的相貌，有的狰狞恐怖带着一股杀气，有的则是环眼圆睁透着一股威风；有的双目微睁似乎在冥想着什么，还有的则是纵目立耳似乎在等待着号角去远征。从整体上看，这些大将军都精神抖擞，气宇轩昂，带着一幅战无不胜的豪迈形象。

然而，鱼国大将军的相貌特征与我国三星堆出土的青铜人像极其雷同。到过三星堆的人都知道，三星堆青铜人像的相貌普遍都是“纵目立耳、高鼻深目，颧骨突出、阔口咧腮 ，完全是一幅印欧人的长相。而商代鱼国大将军的相貌特征，恰恰与三星堆青铜人像极其相同。他们长的也是一张方正脸颊、两支耳朵高高竖起、 宽宽的浓眉、眼睛的瞳孔上有一条凸起的细线极为怪异、高鼻梁下垂着鹰勾鼻子、扩口咧腮嘴角下垂，一幅唯我独尊的模样。这种怪异的相貌特征，与三星堆青铜人像所散发出的那股傲气极其雷同。这种将自己赞美成异类的夸张艺术手法，可以说在世界范围内也是绝无仅有的。(图 2-18、图 2-19)

图 2-18　鱼国大将军相貌

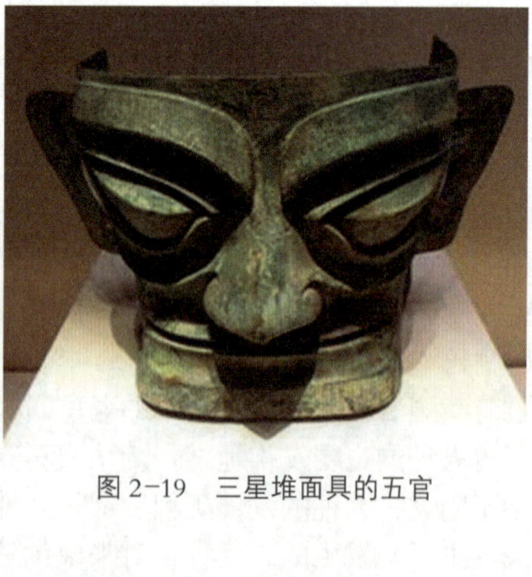

图 2-19　三星堆面具的五官

虽然三星堆人，是采用夸张的艺术手法将自己塑造成纵目立耳的神祇模样；鱼国人，则是采用写实手法将自己塑造成骁勇善战的神格族群。但是，他们相同与相似的五官相貌，却无法掩饰他们来自同一个族属。因为，唯有同宗、同源、同一种血缘关系的族属，才会出现这种如此雷同的体貌特征。虽然两种夸张的艺术手法有所不同，但是从他们的体貌特征仍能看出他们属于印欧人种。《左传》 有句明言：“神不歆非类，民不祀非族。”意思是说，无论是寻找宗族脉络还是认祖归宗，前提首先要弄清种族血缘关系才行，否则祖先神灵是不会享用非族供奉的祭礼，子民也不会去祭拜与本民族无关的祖宗。由此可见，人的相貌特征不仅决定着一个民族的民族属性与血缘关系，同时也在决定着他们祭拜着哪位祖先和哪些神明。

由此可见，我们仅从鱼国大将军的相貌特征就可以辨别出，他们的民族属性与三星堆人应该有着密切的关联。也正因为如此，笔者又将探究的思路转向了巴蜀地区的三星堆文明。下面，就请读者们跟随我一同走近三星堆，去看看鱼国人是否与三星堆人存在着同宗、同源的族属关系，以及更多不为人知的历史秘密。

第七章　谜雾笼罩着三星堆文明

第一节　沉睡的三星堆

谈到三星堆文明，我们必须先要介绍一下三星堆被发现的过程。1929 年，四川广汉的农民燕道诚像往日一样劳作着。这一天，他正在车水淘沟，当水渐渐干涸，沟底显露出来的时候，他忽然看到沟底的淤泥里有一些石头雕的东西。

正是由这个普通农民发现的这些不起眼的玉石器，引出了二十世纪人类最重要的考古发现—三星堆古文化遗址。

1931 年春，在广汉传教的英国传教士董笃宜（V · H · Donnithorne）听到这个消息后，找到当地驻军帮忙宣传保护和调查，还将收集到的玉石器交美国人开办的华西大学博物馆保管。根据董笃宜提供的线索，华西大学博物馆馆长葛维汉（David C · Graham）和助理林名钧于 1934 年春天组成考古队，由广汉县县长罗雨仓主持，在燕氏发现玉石器的附近进行了为期十天的发掘。发掘收获丰富，根据这些材料，葛维汉整理出《汉州发掘简报》遗憾的是，三星堆遗址自 1934 年首次发掘以后，发掘就长期停滞。

20 世纪 50 年代开始，考古工作者又恢复了在三星堆的考古工作。当时还没有认识到三星堆遗址的巨大规模，所以将三星堆遗址北部的月亮湾和南部的三星堆各自当作一个遗址，分别命名为“横梁子遗址”和“三星堆遗址”。

1963 年，由冯汉骥领队，四川省博物馆、四川大学历史系组成的联合考古队再次发掘了三星堆遗址的月亮湾等地点，展现了三星堆遗址和文化的基本面貌。当时，冯汉骥教授认识到，“三星堆一带遗址如此密集，很可能就是古代蜀国的一个中心都邑”。

20 世纪八九十年代以后，三星堆遗址迎来了大规模连续发掘时期，前后长达 20 年。1980~1981 年的发掘，清理出成片的新石器时代的房址遗迹，出土标本上万件，还发现了具有分期意义的地层迭压关系。这次的发掘报告《广汉三星堆遗址》 中指出，三星堆是“一种在四川地区分布较广的、具有鲜明特征的，有别于其他任何考古学文化的一种古文化”，已经具备了夏鼐提出的命名考古学文化的三个条件，建议命名为“三星堆文化”。

1982 年和 1984 年，考古工作者分别在三星堆地点西南和西泉坎地点进行了两次发掘，发现三星堆遗址最晚期的遗存。1986 年出土了大量遗物和复杂的地层迭压关系，根据这年的发掘材料，一些考古研究者开始了三星堆遗址分期的尝试，也正是在 1986 年，两处埋藏有丰富宝藏的长方形器物坑被意外揭露出来，其包含的大量金属器的出土，引起了海内外学术界对位于中国西南的古蜀文明的重视。在三星堆遗址大规模发掘的同时，1985 ~ 1987 年对成都市区的十二桥遗址进行了发掘，该遗址最下层的文化面貌与三星堆遗址最晚期遗存相同，为三星堆文化的去向等问题提供了重要材料。

从 1990 年开始，对三星堆文化和文明的探索从成都平原延伸到了渝东地区和陕南地区。由于早于三星堆文化的四川盆地新石器时代文化现象的初步揭示，并且有多处龙山时代的古城遗址和若干处具有新石器时代文化向三星堆文化过渡阶段遗存的发现，为三星堆文明的研究和深入提供了更为广阔的前景。

三星堆遗址是一个总面积超过 12 平方公里的大型遗址群，包括大型城址、大面积居住区和两个器物坑等重要文化遗迹，位于成都平原北部之沱江冲积扇上，西出广汉市七里许，北临沱江支流湔江（俗称鸭子河）。（图 2-22）

图 2-22　三星堆祭祀坑

现在考古发掘确认这三堆土实际是这个千年古都的南城墙，城墙上有两个缺口，因年代久远，城墙坍塌剥蚀而成。三星堆的实体已在 20 世纪 70 年代烧砖瓦的热潮中夷为平地，而仅存的半个堆也是在 1986 年砖厂取土中发现两个祭祀后停止挖土才保存下来。

三星堆遗址的年代从新石器时代晚期延续到商末周初，距今 4800 ~ 2800 年。在遗址内，存在着面貌不同，但又连续发展的三期考古学文化：1. 即以成都平原龙山时代至夏代遗址群为代表的一期文化，又称“宝墩文化”；2. 以商代三星堆规模宏大的古城和高度发达的青铜文明为代表的二期文化；3. 以商末至西周早期三星堆废弃古城时期为代表的三期文化，即成都“十二桥文化”。

第二节　三星堆复苏

三星堆文化的发现，对我们历史研究具有颠覆性的意义。长期以来，中国史学界一向认为，与中原地区相比古代巴蜀地区是一个相对封闭的地方，与中原文明没有关联或很少有交往。而三星堆遗址证明，它应是中国夏商时期前后，甚至更早的一个重要的文化中心，并与中原文化有着一定的联系，验证了古代文献中对古蜀国记载的真实性。

以前历史学界认为，中华民族的发祥地是黄河流域，然后渐渐地传播到全中国，而三星堆的发现将古蜀国的历史推前到 5,000 年前，证明了长江流域与黄河流域一样同是中华民族的发祥地，证明了长江流域地区存在过不亚于黄河流域地区的古文明，再次证明了中华文明起源的多元学说。

在三星堆祭祀坑出土了上千件青铜器、金器、玉石器，以大量的人物、禽、兽、虫蛇、植物造型为其特征。青铜的人头像、人面像和人面具代表被祭祀的祖先神灵；青铜立人像和跪坐人像则代表祭祀祈祷者和主持祭祀的人；眼睛向前凸出的青铜兽面具和扁平的青铜兽面等可能是蜀人崇拜的自然神祇；以仿植物为造型特点的青铜神树，则反映了蜀人植物崇拜的宗教意识。以祖先崇拜和动、植物等自然神灵崇拜为主体的宗教观念，这是早期蜀人最主要的精神世界。这些器物种类和造型都具有极为强烈的独特面貌，与中原文化截然不同，并因此留下了众多谜团，至今无法破解。(图 2-23)

三星堆的七大“千古之谜”：

三星堆遗址极其出土文物的许多重大学术问题，至今仍是难以破译的千古之谜，虽然专家学者对其中“七大千古之谜”争论不休，但终因无确凿证据而成为悬案。

图 2-23　三星堆青铜器．纵目神像

第一谜，三星堆文化来自何方？ 目前有其来源与岷江上游新石器文化有关、与川东鄂西史前文化有关、与山东龙山文化有关等看法，即人们认为三星堆文化是土著文化与外来文化彼此融合的产物，是多种文化交互影响的结果，但究竟来自何方仍是未解之谜。

第二谜，三星堆遗址居民的族属为何？ 目前有氐羌说、濮人说、巴人说、东夷说、越人说等不同看法。多数学者认为岷江上游石棺葬文化与三星堆关系密切，其主体居民可能是来自川西北及岷江上游的氐羌系。

第三谜，三星堆古蜀国的政权性质及宗教形态如何？ 三星堆古蜀国是一个附属于中原王朝的部落军事联盟，还是一个相对独立的已建立起统一王朝的早期国家？ 其宗教形态是自然崇拜、祖先崇拜还是神灵崇拜？ 或是兼而有之？

第四谜，三星堆青铜器群高超的青铜器冶炼技术及青铜文化是如何产生的？ 是蜀地独自产生发展起来的，还是受中原文化、荆楚文化或西亚、东南亚等外来文化影响的产物？

第五谜，三星堆古蜀国何以产生？持续多久？又何以突然消亡？

第六谜，出土上千件文物的两个坑属何年代及什么性质？ 有商代说、商末周初说、西周说、春秋战国说等，性质有祭祀坑、墓葬陪葬坑、器物坑等不同看法。

第七谜，晚期蜀文化的重大之谜“巴蜀图语”。三星堆出土的金杖等器物上的符号是文字？ 是族徽？ 是图画？ 还是某种宗教符号？ 如果解开“巴蜀图语”之谜，将极大地促进三星堆之谜的破解。

第三节　被惊醒的三星堆文明

但是，三星堆青铜器文明虽然为界定中国上古历史文明提供了弥足珍贵的证据，但是我们至今都未能解读它，甚至在它已经被唤醒一个世纪之后，我们还未找到这个文明的起源，更不知道它的族属和传承。这个曾震惊了世界的人类文明遗迹，又再次昏沉的睡去，等待世人去破解它的历史之谜。

三星堆出土的青铜器文明，无论是青铜器榫卯焊接工艺还是呈现出的文化现象，都大大超越了中原地区同时代的文明程度，但又与中原文明似乎有着紧密的联系。

著名的三星堆青铜神树，它所反映的寓意与中原文献记载的十日神话东有扶桑、西有若木非常吻合，但中原只有传说故事，而巴蜀却制造出事物的载体。从这一点来看，谁是十日神话故事的最初编纂者，恐怕已经不言而喻。

仅从这个意义上讲，揭开三星堆历史谜团，将对谱写出中国 5,000 年文明史有着举足轻重的价值。因此，追寻三星堆造物民族的历史，寻找其文化起源，解开笼罩在三星堆之上的历史迷雾，成为了复原中国上古历史的关键之一。

从三星堆考古资料来看，遗址的文化层以 D 区 DsT2 南壁剖面为例，可划分为五个层次。根据在第一期地层中采集到的木炭标本，经碳 14 测定，距今 4075 ±100，树轮较正为距今 4500 ±50 年。根据发掘者推测，“三星堆的堆积延续年代较长，大致可延续至距今 3，000 年左右的历史，即从新石器时代晚期至中原的夏、商时期”。① 也就是说，一号祭祀坑的相对年代，相当于二里头文化同期，至迟在殷墟文化的第一期。因为在一号祭祀坑出土的器物中，金杖、金面罩、青铜头像和部分玉璋等器物，不仅具有强烈的少数民族历史及文化的特点，这是在中原二里头遗址及殷墟文化中所不见。正如一些学者认为的那样，三星堆早期文化与河南偃师二里头文化都应该属于夏代同时期的历史文化遗存。

从殷墟甲骨文的记载来看，在甲骨文的辞中曾记载着大量的征伐土方、羌方、日方、人方、鬼方等部落方国的战争记录，这种讨伐式的战争数量很多，规模也很大，且延续了数百年之久。据姚孝燧先生主编的《殷墟甲骨刻辞类纂》 粗略统计，有关征伐或敌对行动的卜辞多达 240 余条。

但甲骨文所有的记载中征伐蜀地的战争仅有 8 例，表明商与蜀曾虽然发生过几次短期交战，但并没有成为长期的敌对国，也没有发现蜀曾参加过商王朝对其他方国征伐的记载，这些证据说明蜀国既没有对商王朝构成威胁，但也没有成为商王朝征伐异族方国的同盟，殷商与蜀一直保持着一种相对平等的微妙关系。

卜辞中曾多次出现“在蜀”、“于蜀”、“至蜀”、“蜀御事”的占卜记录，说明殷人不仅到蜀地去，蜀人也曾往来于殷商京畿，我们还发现了殷人去蜀地前占卜吉凶的记录和到达蜀地后举行祭祀仪式的卜辞记载，这些说明双方不仅存在互通往来，而且还存在着某种依存关系。

此外，殷商与蜀地的交往还体现在殷人经常卜问蜀地能否“受年”(即能否获得丰收)的卜辞内容。试问蜀地能否丰收为何在殷人的心目中占据着重要的位置？ 另外，甲骨文中出现过大量的商王向方国及部族索取财物和方国及部族进贡纳物的记载，但从来没有发现过有蜀人进贡纳物的记录。显然，巴蜀与商王朝并不存在进贡的臣属关系，那殷王又为何而关心蜀地的受年呢？

综合以上记载分析，最合理的解释就是，巴蜀与商王朝一直保持着商品贸易的往来，而往来的商品最有可能是蜀地生产制造的青铜器和蜀地最具盛名的丝织品。

那么，三星堆古蜀国到底是一个什么性质的文明呢？

去过三星堆博物馆的人都知道，当进入博物馆的那一刻几乎人们都能感受到一种扑面

---

① 引自《三星堆祭祀坑》简介四川文物考古研究所编著，由文物出版社 1999 年 4 月出版。

而来的古老而神秘的气息。这种神秘气息，并不是精美的青铜器带来的感受，而是三星堆神秘的宗教文化释放出的强大的震撼感，但是面对这些神秘的宗教文化，它是如何形成的？这一宗教现象的文化内涵以及宗教的核心思想是什么？ 其背后所隐藏的究竟是怎样的宗教信息？

经过十多年的研究，笔者认为三星堆人创建的是人类有史以来真正意义上的宗教信仰，该信仰不仅创建了独特的宗教意识形态理论，而且还建立出了一套宗教教义以及宗教管理制度，这一切综合起来才构成了一个完整的宗教文明体系。在这个宗教体系下，满足精神世界祭祀和供养的目的，促使这个社会去谋求经济财富，用以支持其宗教发展。因此，三星堆宗教不仅促进着当地的经济发展，同时又以宗教信仰制约着社会意识形态的发展进程。

宗教信仰显然成为了三星堆推动社会经济发展的动力，例如兴建神庙致使庙会商业链形成，而神庙供奉的青铜神器和礼器，又在促进着铜矿开采业和煤炭业的兴盛、并且还拉动着运输行业和制作业的繁盛；例如为青铜铸造业所提供的服务，如铸造工艺设计、陶范制作加工、青铜礼器铸造和镀金等等，都促进着当地经济的产业链。（图 2-24）

宗教集团的经济来源更是不同凡响，例如宗庙所接受的供奉、信徒膜拜神庙给予的供养、原住民使用宗教田园所缴纳的赋税、其他区域或方国为宗教集团进贡纳物的财富收入等等，这些来自四面八方的经济收入不仅使巴蜀三星堆宗教稳步发展，而且也在逐渐提高着三星堆宗教的神权霸主地位。

图 2-24　三星堆青铜器．太阳崇拜图腾

三星堆宗教体系，不仅成为了巴蜀地区社会发展的有机结合体，同时它也为蜀地居民创建了一个良性循环发展的社会环境。从三星堆青铜器的出土数量看，他们的超前意识以及对神器的制作工艺理念，说明三星堆人不仅具备开创性的思想，而且还拥有将物质转换为经济财富的经营思路。

但是即便如此，按照蜀地封闭的自然环境，有限的人口，仅凭自身运转所创造的经济财富，应该远远满足不了三星堆这个庞大宗教机器的运转。因此，三星堆还应该存在着一条从蜀地以外获取更多经济财富的秘密通道。

结合殷墟甲骨文记载的种种线索，我们不妨采用大胆的假设去推断三星堆经济兴盛背后所隐藏的成功因素：三星堆前卫的青铜冶铸技术和巴蜀名声远扬的桑蚕丝织物，这些紧俏商品极有可能已成为了三星堆人从蜀地以外获取更大经济利益的产品，而当时能够与三星堆建立大规模贸易伙伴关系的对象极有可能就是中原地区的殷商王朝。如果这种假设成立的话，我们不仅找到了三星堆庞大经济财富的来源，就连殷王长期关心的蜀地“受年”的问题，也将会随之找到合理的解释；例如，尽管蜀地距商王朝路途遥远，但是发达的青铜冶铸产品却是殷商王朝垂涎的战略物资，因此殷王才会经常卜问蜀地的“受年”情况。

因为“受”字在甲骨文中的字形，酷似两手中间行有一舟，其寓意有传递东西或接受及承受之意。因此，卜辞中所提到的“受年”，很可能泛指的就是三星堆青铜器的生产以及蚕织物贸易的顺逆差情况。

三星堆不仅需要扩大该宗教信仰的影响力，同时也需要获取更大的经济财富来支撑该宗教事业的发展，因此唯有将巴蜀盛产的青铜器和蚕织物产品出口到中原才是有效的经营手段。而作为殷商王朝，同样迫切需要蜀地为它提供这些商品来富国强兵，这种双赢的贸易伙伴关系也许就是人类最早形成的商贸往来。

第四节　三星堆文明诉说着毁灭与重生

据三星堆考古资料显示，在三星堆出土的一、二号祭祀坑只是三星堆文化中的一个历史阶段。按照出土的遗物及碳十四的测定结果，广汉三星堆文化可分成四个时期：第一时期测定年代为距今 4,740 ~ 4,070 年左右（公元前 2,740~2,070），这一时期正是中原黄帝与苗族蚩尤大战于涿鹿的时代；第二期年代测定为距今 4,070 ~ 3,600 年左右（公元前 2,070~1,600），时逢商汤推翻夏建立商朝的时期；第三期测定年代在距今约 3,600 ~ 3,200 年左右（公元前 1,600~1,200），三星堆祭物坑即属于此期文化；第四期测定年代约在距今 3,200 ~ 8,75 ±80 年（公元前 1,200~875），在公元前 1,122 年之际正是周武王灭商建立周王朝之际。

三星堆两个祭祀坑的文化层则属于第三期，因为一号坑的年代测定又略早于二号坑，所以一号坑中的器物多定为商代中期（亦有一些商早期的文物），而二号坑的文物则多定为商晚期。依据这个碳十四测定年代的结果，三星堆年代上限距今约为 4,500 ±150 年，延续了 1,500 年左右。即从新石器时代晚期至相当于中原夏、商这一历史时期。①

三星堆文明兴盛了大约近 1,500 年之久，在距今约 3，400 年左右的一天里（公元前 1,400 年），兴盛了近千年之久的三星堆文明顷刻间却变成为了一片废墟。究竟是什么原因造成了三星堆文明的毁灭呢?

对此有人持战争说、也有人持水灾说，但是两种说法都因佐证不足而成为了假说。要知道，2008 年在汶川发生的大地震，则为我们提供了三星堆消亡毋容置疑的佐证。中国地质专家解析，汶川地震的原因是印度板块向亚洲板块俯冲，造成了青藏高原快速隆升，高原物质向东缓慢流动而造成构造应力能量的长期积累，最终突然释放，形成挤压型断层从而产生了摧毁性的地震，这也是这一地区地震频发的原因，而这也是古代四川盆地地区地震形成的最主要原因。

三星堆古城的损毁现象和祭祀坑中器物被火烧过的痕迹，都显示出当时的三星堆古城应该是被一次强烈的地震所摧毁。那次大地震，不仅摧毁了三星堆所有的建筑，就连宏大的神庙也被震倒，神庙倒塌砸毁了庙中摆放的祭祀青铜神器；长明的圣火引燃了庙中的可燃物并随之波及了附近的民房，迅速蔓延的大火逐渐吞噬了整个三星堆古城，在三星堆青铜神器中出现的砸毁痕和火烧痕应该能够佐证这种推论。

---

① 引自《三星堆考古发现与巴蜀古史研究》《四川文物》1992 年三星堆古蜀文化研究。

随之而来的是震后的暴雨，暴雨不仅引发了这一地区的洪水泛滥，同时人畜尸体腐烂又污染了水源，细菌的蔓延又引发了瘟疫降临。这场突如其来的地震灾难，就如同天塌下来一样将三星堆拖入了黑暗的地狱。残垣断壁中弥漫着硝烟，空气中漂浮着烈火烧焦的尸臭，瘟疫不断地扩散又增加着新的死亡，恐惧和无助一时间笼罩着整个三星堆古城，它不仅摧毁了三星堆人的意志，同时也在摧毁着人们的自尊。

三星堆人对大自然的巨大灾难茫然无措，认为这次天塌地陷、电闪雷鸣、暴雨洪灾夹杂着人畜大量死亡，是上天的震怒，是诸神的惩罚，因此三星堆人的意志彻底崩溃了，劫后余生的人们认为这里已是不详之地，再也没有勇气留在这里。于是活下来的人，掩埋好亲人的尸骨和昔日宗庙中被砸毁的祭祀神器，在告慰了苍天和超度完亡灵之后永远地离开了这个曾经使他们辉煌和自豪过的三星堆古城。那么，幸存下来的三星堆人究竟迁徙到了哪里？ 他们所创建的三星堆文明难道就这样消失了吗？

笔者依托三星堆考古资料，再借助商代鱼国祭祀古玉所提供的诸多信息，终于在那些繁杂的信息中寻觅到了三星堆人远走他乡的足迹。诸多迹象表明，三星堆古城灭亡后，离开三星堆的人群选择了两条不同的迁徙路线，一支迁徙到了成都并在那里又重新建立起新的都邑，也就是我们今天所发现的"金沙古城"遗址。

而另一支离开的人群，则向西翻越过秦岭到达了陕甘地区才停留下来，不久那里便诞生了一个高度发达的宗教王国—鱼国都邑。

关于这些问题的推断和佐证依据，笔者将会在后面的章节中逐渐进行阐释。

那么，幸存下来的三星堆人为什么会分成了两支人群，迁徙到了不同的区域？ 他们是发生了内部矛盾，还是在宗教信仰方面出现了问题？

俄国历史学家 克柳切夫斯基曾提出：在研究一个民族的历史时，首先遇到的是制约每个民族发展的力量—它的自然条件。一个民族国家的地理特征，对民族的历史生活过程有着强烈的影响。① 由此可见，三星堆人选择两条不同的迁徙路线肯定隐藏着一段不为人知的秘密。

① 引自〔俄〕克柳切夫斯基，《西方著名史学家评介》第220页。

第八章　创建三星堆文明的人来自哪里

第一节　北偏西45度给予的启示

三星堆古城遗址极其出土文物，向全世界展示了一个全新的文化领域。迄今为止，尽管研究者甚多及各种观点的著述甚广，但许多重大学术问题仍未能破解，还有待于人们去探究三星堆真正的历史肇端及早期嬗变的轨迹。

其中，三星堆古城遗址和所其一二号葬物坑为何采用“北偏西45度”的朝向，一直困扰着考古学家，令人百思不得其解。这种北偏西45度的朝向，究竟因何产生，又有何寓意？ 这种违背人类习俗的奇怪现象在世界范围内很罕见，这背后究竟隐藏着何种的玄机？

有学者曾指出，北偏西45度所指的方向是闽江上游的氐羌系，而这个地区极有可能就是古蜀人的发祥地，这种推测当时成为了揭开三星堆族属之谜的重要观点。但事与愿违，我国的考古学者针对岷江上游地区经过多年考察，却没有能够找到支持这一观点的依据。

无独有偶，成都市北门外驷马桥以北，始建于商末周初的羊子山土台遗址同样呈现出这种北偏西45度的朝向。另外，在2001年在成都发现的金沙遗址中，其中的一座挖掘坑中发现了10余件形体较大的石壁，这些石壁的朝向也是北偏西45度。测定，金沙古国遗址是在三星堆消亡之后才兴建起来的，目前历史学界普遍认为，三星堆消亡后离开的人群有一支在成都平原停留了下来，在那里又重新建立了一个新的都邑即“金沙古城”。那么，金沙遗址和三星堆遗址的北偏西45度现象是否基于同一理由？

作为三星堆古城和羊子山土台以及金沙遗址，北偏西45度的朝向也会是先民通过地理测量得出的结果吗？ 如果不是，是否还存在着其他的寓意？针对这个问题，我查阅过很多中外史料，但并未发现有哪个国家或民族有过类似习俗。看来北偏西45度的所指方向，应该与三星堆历史有着某种必然的联系。如果这个方向，果真是三星堆和金沙历史的发祥地，那么为什么考古学者却在岷江上游没有找到相关的证据？究其缘由发现，是因为研究者没有突破行政划分区的界限所至，因为这个所指的方向很可能不是蜀地。看来是我们的测量方法出现了问题。

据文献记载，我国先民是通过观察星象来测量地理方位的，而针对地理方位的测量的正史记载，最远可追溯到公元723年，唐代天文学家僧一行（张遂），曾执导测量队在河南北部的平原地带进行过一次大规模的测量工作，其测得纬度的距离为唐制351里80步，而这个测量结果与现代高科技方法算出的误差仅为20.7公里。

由此可见，古代先民的测绘方法虽然与今天相比不够精确，但是却让我们了解到古今测量存在的差异。笔者决定将这种误差值作为基础，重新测量北偏西 45 度所指的方向究竟隐藏着怎样的秘密。

首先笔者找来一张中国地图，以广汉三星堆的经纬线作为基点，在这条经纬线上再测量出北偏西 45 度的夹角，再沿着这条夹角画出一条无限延长的放射线，穿过各省份的行政划分区，再越过中国边境线一直画到了俄罗斯境内。然后以三星堆作为起点，延着放射线仔细审视沿途所经过的每个区域，审视究竟有哪些区域出现过人类的文明遗迹以及与之相关的历史信息。

通过仔细排查，发现这条放射线所指的方向只有新疆的罗布泊和焉耆承载过人类古代文明的遗迹，而其他地区则是空白。难道三星堆与罗布泊和焉耆存在着某种联系？ 这个测量结果简直令人匪夷所思。要知道，罗布泊与四川三星堆距离太过遥远，更没有听说过两个区域文明间有过某种联系。(图 2−25)

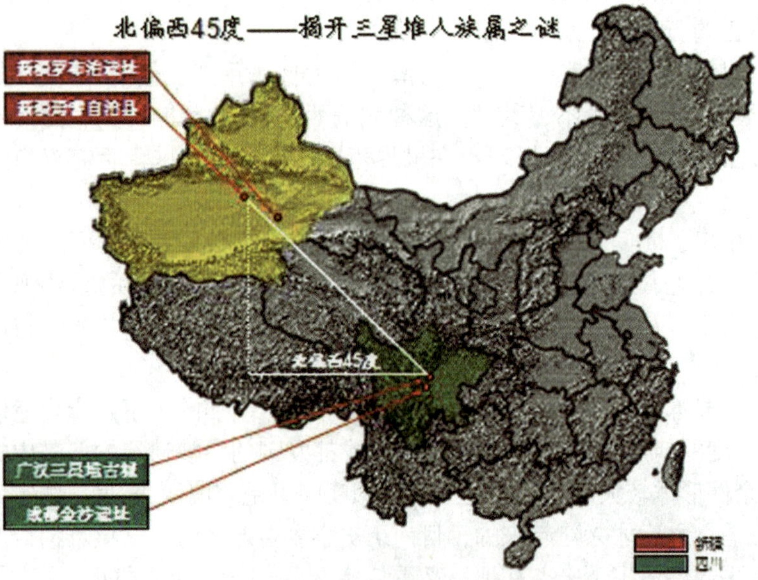

图 2−25　三星堆北偏西 45 度所指的区域

英国哲学家和历史学家 R. G. 科林伍德 曾提出：“历史研究的出发点，不是搜集和思考未加解释的原始材料，而是提出一个问题来引导我们去寻找能够帮助我们回答这一问题的史料。一切历史研究都是以这种方法专注于一些特别的疑点或问题，并以此确定自己的研究对象。” ①

看来，我们必须在未知领域采用开放性的思维，这至少能让我们深入去探讨研究，而只有在研究之后，我们才有可能发现事情的真相，无论肯定还是否定的结果，都必须经过科学论证这一过程。为此，笔者便开始针对罗布泊所发现的墓葬遗址进行了一次深入的排查研究。

① 引自〔英〕科林伍德，《人心中的历史》。

第二节　北偏西45度的罗布民族

美国人类学家摩尔根曾说过：“塔里木河流域是世界文化的摇篮，世界文化的钥匙遗失在了塔克拉玛干沙漠，找到了这把钥匙，世界文化的大门也就打开了。”①

这种说法并非空穴来风，不仅因为这个地区已经发现了许多人类古文明的遗迹，更重要的是，在这些古遗迹存在的年代之后，历史出现了一段空白期，而在这个空白期后，中国和西方，如美索不达米亚、古印度、古巴比伦突然在同一时间出现了若干高度发达的人类文明，而这些文明，随着地域和民族的分化，虽然在发展中渐行渐远，但其早期显然有着很多相似的基因。

因此，找到“塔克拉玛干失落的文明”，对理解中国上古历史以及人类文明有着至关重要的作用，它很有可能不是我们想象的那样只是东西方文化与商贸的枢钮，而是人类上古时期某种文化现象或文明的发祥地。

从新疆各地区出土的众多墓葬遗址来看，塔克拉玛干沙漠确实埋藏着很多人类未知的远古文明。近一个世纪以来，虽然我国已在这片广袤的沙漠中发掘出土了诸多古代先民遗址，并发现了很多至今还未能解读的文化现象，但要想揭开塔克拉玛干沙漠下蕴藏的人类历史文明，仅凭已发掘的考古资料，还不具备连接出这支文化现象背后所隐藏的历史秘密。

有诸多证据显示，在我国夏、商、周时期，陕、甘、宁一带曾活跃着一支古老的民族，因为这个民族所聚居的区域属中原王朝行政辖区以外的方国之地，所以关于他们的历史和民族的发展概况却没有被中原文献所记载。

要知道这个失载的民族，早在6,000多年前就已经生活在了吐鲁番盆地，他们在罗布泊地区留下了太阳墓地和小河墓地遗址。随着20世纪早期小河墓地的发现，以及1979年古墓沟遗址的发现，这个原始社会的部族才呈现在世人面前。经我国著名的人类学家韩康信先生鉴定，发现他们属于古印欧人种，南京大学地理系对其中一具干尸所作的碳14测定显示，它距今已有6,400年的历史；而另一个头骨则与欧洲旧石器晚期克罗马农人（距今5万～1万年）十分相似。（图2-26）

这些最早居住在此地的人群，经过多年研究，已被考古界一致认定为是“印欧吐火罗人”。但是不知出于什么原因，自小河墓地（距今约3,800年）之后这些吐火罗人似乎忽然消失了，至于他们是突然灭绝，还是进行了大迁徙，在当地已找不到任何线索。吐火罗人的历史，直至他们在汉代又以月氏人、龟兹人、焉耆人、车师人和楼兰人等部族的西域民族综合体的面貌再次突然出现为止，进入一个长达2,000年的扑朔迷离的神秘阶段。

然而，当吐火罗人历史再次出现在我们的视野之后，人们才发现他们曾对中国历史的发生以及东西方文化间的交流起过重要作用。吐火罗人曾将西亚起源的小麦引入到中国，龟兹人又将佛教带入中国内地，而他们又将中国的丝绸、茶叶以及大量的技术和文化成果传到了西方，这就是人们已知的“丝绸之路”。

① 美国人类学家摩尔根的《古代社会》。

图 2-26　罗布泊小河墓地

在 20 世纪 70 年代末，中国学者开始参与吐火罗人起源的研究，并在“考古学”、“语言学”和“人类学”三个方面都取得了重大进展。

从考古学的角度看，1980 年，我国考古工作者在孔雀河下游一个叫古墓沟的台地上发掘了一处被称为“太阳墓地”的史前墓葬。墓地的年代标本经碳 14 测定，其中 7 个标本的年代都为集中在公元前 2,310 年至公元前 1,535 年间的遗存。不久后，又在孔雀河下游铁板河一带又出土了一具女干尸，她就是今天被人们美誉的“楼兰美女”。专家曾对其做过精确的年代测定，时间为距今 3,800 年前的原始印欧人种。

从语言学的角度分析，婆罗谜文书写的“吐火罗语”有两种方言：一种流行于龟兹（今库车）称为“西部吐火罗语”或“龟兹语”；另一种流行于焉耆和高昌（今焉耆和吐鲁番），称为“东部吐火罗语”或“焉耆语”。

在语言形态方面，龟兹方言较焉耆方言更早。从数十年来各国印欧语学者的研究中，可以得出一些共识，那就是“吐火罗语”脱离印欧语共同体的时间相当早。

从人类学角度，依据对新疆出土的大量古尸的分析，还有对古代人骨资料的体质人类学研究表明，在 4,000 年前印欧人在新疆的分布已达到天山东部的奇台乃至塔里木盆地东部的孔雀河流域这一地区。

林梅村先生总结道：“在学术上，这些吐火罗人分布区，分成了至少四个民族，北边是游牧民族，南边是绿洲民族，这个游牧民族就是所谓大月氏人，按照《汉书》的记载，实际上说是从敦煌北边的草原地带迁到中亚，而他迁徙的时代是在公元前 2 世纪，在中亚，有很多亚历山大东征时期带来的希腊人，希腊人管大月氏人叫吐火罗人，现在阿富汗的西北这个地方在唐代还叫吐火罗斯坦，所以我们就能知道，天山以北分布的这些吐火罗人，包括后来迁到中亚的，都是吐火罗的游牧人。南边，至少我们知道应该有三个，就是西域 36 国里面至少有 3 个王国的这些民族是属吐火罗人，比如最西边的就是龟兹了，还有一个王国就是焉耆，相当于新疆的中部，然后，还有一个就是楼兰国，因为我们从楼兰出土的公元3世纪、4世纪的文书里面看，实际上他们的土著民族应该是吐火罗人。”①

那么，这个古老而神秘的民族，怎么会在史前时期，在罗布泊这个不毛之地形成了一个高度发达的文明，它为什么会突然消失，又在两千年后突然再次出现，并创造出了另一个文明高峰？ 在它神秘失踪的两千年里，他们究竟去了哪里，又曾创造过怎样的人类奇迹呢？

① 引自《揭开西域神秘面纱之谜》。

第九章　历史的经纬—罗布泊、三星堆、鱼国宗教

第一节　罗布泊的太阳崇拜信仰

罗布泊创建的太阳崇拜信仰，大约在3,800年左右神秘地消失了；而在同一时期，巴蜀地区的三星堆文明却突然进入了宇宙崇拜信仰的繁盛阶段，虽然在约3,300年左右三星堆文明骤然消亡；但是继而在我国西北陕甘地区，又诞生了一支上古宗教信仰：即商代鱼国宗教创建的祭祀古玉文明。

时间是历史的经线，指引我们踏着古人的脚步一步步从远古走来，而历史的纬线，则是不同文明间千丝万缕的联系。

针对罗布泊文明的研究表明，罗布先民有着强烈的太阳崇拜信仰观。4,000年前的罗布泊太阳墓地，是采取将列木排列成太阳光环的形状彰显着人们对太阳的崇拜信仰，这是吐火罗人将自己祖先比作太阳的子孙或宇宙使者，在表达人类早期原始宗教对宇宙崇拜信仰观的理解。(图2-27)

图2-27　罗布泊太阳墓地

继罗布泊太阳崇拜信仰之后，在我国巴蜀地区的三星堆文明也呈现出了较为极端的太阳崇拜理念。要知道，中国神话故事传说中所表达的天圆地方的宇宙观，是将大地形容为

方形的，好像一个木块漂浮在大海上，而天空则是圆形的，像个锅盖罩在大地之上。在东方的大海上有一棵神树名叫扶桑，树上有十个太阳，在大地的西边也有一棵神树名叫若木。每天，一只神鸟都会背着十个太阳中的一个，从扶桑树出发，经过一天飞行，落到西方的若木上，然后经过地下的黄泉再返回到东方的扶桑。就这样，每天都会有一个太阳从东方的扶桑出发到西方的若木上休息，完成着他们每日轮番照耀大地的使命。

三星堆出土的两颗青铜神树恰好应对了“东有扶桑、西有若木”的神话传说。以十个太阳的神话故事作为依托再借助青铜神树作为载体，不仅表现出三星堆人对太阳的崇拜，也反映了这时的三星堆人已经具有了天圆地方的宇宙观。(图 2-28)

图 2-28　三星堆青铜神树

到了鱼国时期，太阳崇拜理念又有了进一步发展。在鱼国祭祀古玉中，玉璧和玉琮不仅沿袭了“天圆地方”的宇宙观，而且还划分出了日阳、月阴的概念，亦即“日者、阳之主”，“月者、阴之宗”的阴阳界定，并出现了男拜日、女拜月的阴阳相互配合与相互依存的对立统一，并在此基础上构建了历法体系。

尽管太阳崇拜是古代先民普遍存在的一种文化现象，但不可否认的是，这种崇拜信仰能够形成发展脉络的却唯有：罗布泊太阳崇拜—三星堆太阳崇拜—商代鱼国祭祀古玉的太阳崇拜信仰，可称得上是一支传承有序发展起来的上古宗教信仰体系。

第二节　人鼻崇拜所显示的法脉传承

针对罗布泊、三星堆、商代鱼国出现的太阳崇拜信仰观，可能有人会认为那只是一种偶然的巧合。但另一种崇拜信仰的雷同，可能更能诠释三者间存在着亲缘关系-即人鼻崇拜信仰。这种针对人鼻的崇拜信仰在世界范围内都实属罕见，甚至可以说是一种非常另类的文化现象。

在罗布泊小河墓地，曾经出土过一对人鼻图腾造像，这个被命名为“木雕人鼻面像”的图腾，是用木杆雕刻成人鼻造像因此而得名。耐人寻味的是，在鼻子上方还刻有竹节状的三道横杠线。关于这对人鼻木雕，考古学者并未说明其用途和寓意。(图 2-29)

但是无独有偶，在三星堆青铜人像中我们却看到了同样的鼻子崇拜现象。例如，三星

堆青人面像突出的人鼻造型，以及在鼻子上刻意装饰出云雷纹等等。(图 2-30)

图 2-29　小河墓地．木雕人鼻面像

然而，这种针对鼻子的崇拜，在鱼国祭祀古玉中也得到了充分的展示：鱼国古玉中一件雕刻着人鼻的玉琮器，它以写实的艺术手法淋漓尽致的将鼻祖观念发挥到了极致。这件“人鼻玉琮”分为上下四层，每一层都分别以独立的四个三角浮雕组成玉琮的方形轮廓。在一层和三层雕刻着人鼻浮雕，而鼻子上方刻有三条横杠，在二层和四层则雕刻的是鱼的头部特写。(图 2-31)

这三种不同形式的人鼻崇拜现象，相互距离不仅有千里之遥，从时间上看其间隔时间也有数百年之久，如果说它们之间没有任何关联恐怕太过牵强。更令人匪夷所思的是，人鼻上出现的三条横杠线的雷同一致，如果用偶然巧合去搪塞这种文化现象的亲缘关系，恐怕就难以使人信服了。那么，这种人鼻崇拜现象是因何产生的？ 又有着怎样的涵义呢？

图 2-30　三星堆青铜器．人鼻崇拜

图 2-31　鱼国人鼻崇拜玉琮

让我们从造字的角度来进行解读，西汉扬雄在其《方言》一书中说：“鼻，始也。兽之初生谓之鼻，人之初生谓之首。梁益之间，谓鼻为初，或谓之祖”。①也就是说，鼻的古意就是始祖，因此人们对某领域开创者称之为“鼻祖”。

“鼻”字的本意为“自”字，东汉许慎《说文解字》一书中说：“自，鼻也，象鼻形”。②也就是说“自”是一个象形字，其本义就是指鼻子。由于人们在说到自己的时候经常会指着自己的鼻子，故“自”的字义后来逐渐演变为作第一人称代词“我”，“自己”

① 引自西汉扬雄《方言》。
② 引自东汉许慎《说文解字》。

解，并进一步引申出介词“从”,“由”和副词“本来”,“当然”的意思，然后又引申出动词“始”的意思，如“法者，王之本也；刑者，爱之自也”。[①]句中的“自”字就是“开始”的意思。在“自”字被作第一人称代词“我”,“自己”之后，人们就又新造了一个形声字来表示“自”字所代表的本义—“鼻子”。

这个新造的形声字就是“鼻”字，其中“自”表形、“畀”表声。而且后起的“鼻”字不仅代替了“自”的本义，还可代表“自”的引申义“始”。也就是说“鼻”亦当“始” 讲。

由此可见，人鼻崇拜所表现的应该就是某个民族的自尊与自豪感。纵观罗布人的太阳墓地，三星堆文明以及鱼国的祭祀古玉文明，不难看出他们创造的这些物质文明已经达到了历史同期的巅峰！ 比如三星堆青铜神器，无论从工艺设计还是创意理念，以及铸造工艺的繁缛技术，不仅超越着人类的想象，同时也在超越着人类智慧的创造才能。就三星堆青铜神树的加工技术而言，它不仅蕴含着极其复杂的多模范铸工艺，而且神树的枝干组合还使用了“二次浇注焊接法”的高超工艺。要知道这种“二次浇铸焊接法”，在当时人类历史的同期是绝无仅有的。值得一提的是，这种榫牟的“二次浇注焊接法”工艺，在我国中原直至春秋战国时期才开始出现，后者竟然晚了几百年之久。不仅如此，他们所创建的人类上古宗教信仰体系，以及人类宇宙创世学说仍可称得上是人类的先驱。因此，罗布人在很多方面都可称得上是“先驱者”或人类的“鼻祖”。

让我们再回顾罗布人制作的木质人鼻雕像，三星堆的青铜器人鼻崇拜以及鱼国制作的人鼻玉琮，就已经不难领悟到它所蕴藏的含义了。“人鼻”正是罗布人彰显人类“鼻祖”象征意义的图腾标识，它不仅带有“先驱者”和“鼻祖”的寓意，同时似乎还在告诫着世人他们曾是人类文明进步的领跑者。由此可见，人鼻崇拜不仅是这个造物民族值得骄傲的图腾，同时也是人类进步到一定文明程度后才会产生出这种民族自豪感的文明标志。

第三节　文化现象所显示的民族属性

很多学者认为，新疆罗布泊太阳墓地和小河墓地，应该是吐火罗先民最早的生存聚集地。在罗布泊小河墓地发现的一千多口的棺椁，是最为典型的“船棺形式的墓葬习俗”。那些盛殓尸骨的木质船棺，正是死者生前捕鱼所使用的独木捕鱼舟。墓葬群中树立的船桨，不仅是行船必备的划行器，它还是对男根、女阴生殖崇拜的标志。

其中一些墓葬中陪葬着雕有花纹的木箭和冥弓，证明死者生前曾是射猎族群中的一名勇士。这些陪葬物清楚地标明聚居在焉耆、孔雀河、罗布泊一带的吐火罗人是依靠河流、湖泊生存的渔猎民族。他们在河中驾舟捕鱼，在陆地上进行狩猎。因此，他们死后仍以船为棺、以弓箭为武器，期盼着仙船能够将他们的灵魂带到重生的彼岸。

在三星堆出土的器物中，最引人瞩目也是最神秘的一件器物，是那支“金权杖”。在这支权杖上，錾刻着“一支箭”穿过“鸟颈” 射进“鱼”的头部的图案。 根据考证，这支金权杖应该是三星堆王权的象征。那么，握在三星堆最高统治者手中，象征权力与地位

① 引自《韩非子，心度》

的权杖，为何带有明显的“渔猎民族”标志？ 最合理的解释，就是这个图腾标识在诠释着一个古老部族的历史起源。(图 2-32)

在金沙滩遗址中，我们同样发现了带有鸟和鱼的图腾器物“鸟首鱼纹金带”，这条金带也应该是金沙最高统治者生前所用之物。另外，在金沙遗址的墓葬区还出现了船棺墓葬形式，虽然由于年代久远，当地气候潮湿，没能留下船棺墓葬的形体实物，但通过对残留的木质碎屑，专家们依然断定这里曾是船棺墓葬习俗的遗迹。

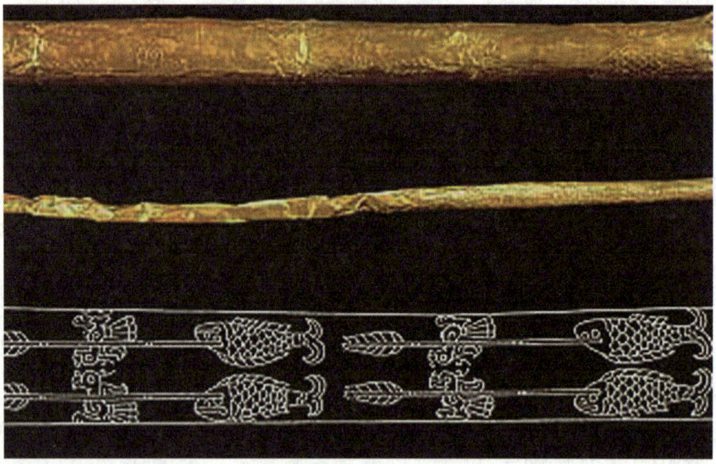

图 2-32　三星堆出土的金权杖

然而在鱼国的文化现象中，对鱼的崇拜和对渔猎的表现形式更是随处可见。首先，以鱼为姓就足以说明这个部族对鱼的尊崇。

而且，在鱼国的祭祀古玉中，以最典型的“减地浮雕渔猎人物琮”为例：正反两面雕有这样内容的图案：太阳下，一赤裸男人手拉弯弓在射一只飞鸟；另外一面，是一轮新月下赤裸的女人手持鱼叉捕鱼。这个祭祀玉琮，生动的描写出鱼国的先民曾是以狩猎、捕鱼为生的部落民族。

1975 年，在宝鸡茹家庄出土的（西周中期）鱼伯墓葬中，一件刻有铭文“弓鱼伯自作用器”的青铜礼器，再一次显现出与“渔猎”民族产生联系的内容。而针对这个“弓鱼”字，大多数人误将它认同于甲骨文和金文中的合体字。但是，在西周时期文字已趋于成熟，“弓鱼”字的书写形式如果不是仅限于少数民族内部的专属名词，这个“弓鱼”字一定会被社会所采用甚至被传承，但遗憾的是它并没有留下任何传播过的痕迹。因此，合体字的推测便成为了假说。

1999 年，在太原出土的隋开皇十三年（公元 592 年）虞弘的墓葬中，其墓志详细地介绍了虞弘本人的生平和家族前辈们曾经是鱼国人。

要知道在那个以血缘为钮带的民族社会，各族群都需要有自己的徽号或称谓，以体现出本民族的特征。因此在图腾中出现了氏族图腾、胞族图腾、部落图腾、部落联盟图腾等分别代表着各单位群体的图腾标识。这些图腾不仅代表着所有成员之间共同的崇拜对象，同时它还标明着部落群体祖先的起源史与发展史。

因此，这些围绕着“鱼”和“箭”的图腾标志，展示出吐火罗人自远古的船棺墓葬习俗逐渐演变成对鱼的崇拜观念的过程，而三星堆“鱼箭图腾”、鱼伯墓青铜器铭文中的“弓鱼”铭文，以及鱼国的称谓，则是吐火罗人民族一脉相承下来的“徽号”，应该是用来将他们区别于其他部落族群的图腾标识。

因此，我们有理由相信“鱼”应该是一个传承有序的民族图腾，在它的发展过程中不仅成为了罗布民族的姓氏，而且还演变成了鱼国的都邑名称以及鱼国宗教的徽号。

第四节　人物相貌所彰显的种族传承

根据古人类学研究，以及先进的基因工程分析，吐火罗人的人种特征呈现出以白种人为主，多民族基因混杂的特征。从已发掘的小河墓地等古代吐火罗墓葬中仍能直观地看到白种人面貌特征。吐火罗人是一个由共同语言和文化传统凝合起来的松散族群，这个民族集团的形成，其族源相当复杂，正如 я. я. 罗金斯基、M. Г. 列文在《人类学》中说"难免受到隔绝程度、种族混血、杂交群团的构成，以及参与杂交的群团成分的数量关系等一系列因素的制约。"①

而三星堆发掘出来的各种青铜人像、面具都是高鼻深目、颧面突出、阔嘴大耳，耳朵上还有穿孔，与中原民族的面貌呈现出显著区别。尽管有些学者认为这是宗教崇拜表现的夸张造型，但大部分学者都认为三星堆的造物民族并非当地原始土著，因此三星堆人的族属和来历才会成为一个重要的课题。

同样，鱼国古玉中的很多人像呈现出与三星堆极为相似的相貌特征。以其中的"鱼国铠甲大将军玉雕人像"为例，其相貌与三星堆青铜人面像同出一辙，四方脸、长浓眉、三角形立眼，长方耳、大耳垂，蒜头鼻、高鼻梁直达额中两眉间，五官轮廓表情显得极为凝重与威严；阔口、闭唇、嘴角下钩，下颌方正；脖戴方巾身穿铠甲，手扶腰间佩刀而立，不仅其相貌的人物刻画的表现手法也同出一辙，就连神态都与三星堆青铜人面像及青铜武士人像极为相像，这绝非偶然。

如前所述，三星堆二号祭祀坑出土的那尊著名的青铜大立人像，双手伸展在胸前，似乎掌握着人世间某件特殊的灵异之物，被专家普遍认为是三星堆人祭司的人像。而在宝鸡茹家庄"鱼伯"的墓中，也出土了两件相同的青铜人像，他们的双手也是握成了同样的圆圈状。在不同的时期和不同的地点发掘出极为相像的器物，表达着同样的宗教文化内涵，这只能是名副其实的同源文化的传承表现。

此外曾有学者认定，三星堆文化像是带有外来文化因素的杂交文化，部分原因也是基于其各种青铜人像及面具的面部特征为高鼻、粗眉、大眼，眼睛呈斜竖状，宽阔的嘴，大耳朵，耳垂上有一个穿孔，这种面貌特征不仅迥异于四川人本地人，甚至根本不像蒙古利亚人种，反而与古埃及人像有很强烈的相似之处，因此有人猜测三星堆与美索不达米亚有一定渊源，甚至还猜测可能与亚特兰蒂斯有一定的联系。

另外，三星堆数量庞大的青铜人像和动物图腾，又有别于中原出土的任何一个地区的青铜器纹饰，且绝大多数都属于祭祀用品，这表明古蜀国的原始宗教体系已经进入到了成熟期。然而，三星堆祭祀神器不仅带有不同地域的文化特色，而且特别是权杖在该文明中的突出地位，这与世界上著名的玛雅文化、古埃及文化极为接近。

三星堆还出土了5,000多枚来自印度洋的海贝，还有60多根外来的象牙。至于它们的来源和性质，是商品还是贡品？ 还有待于进一步研究，但至少说明三星堆与外部世界交流的范围远远超过出了人们此前的想象。

---

① 引自 я. я. 罗金斯基 M. Г. 列文：《人类学》。

第五节　以“兀人”自居的高傲民族

三星堆出土的青铜突目人面具，额头上切割出一个长方孔洞，一直是考古领域未解的重大谜团。关于这个长方孔，学者们一直在猜测它究竟是用何种工具或材料切割而成，更没有弄清它究竟有何实际用途。

在我收藏的鱼国古玉中，一件玉质的突目人面像却揭开了这个方孔的亘古之谜。这件玉质的突目面具，头像的顶端刻有一长方形框线，在框线中刻有两个篆字铭文。经破译，这两个铭文字义为“兀人”二字。经查阅相关资料，文献中对“兀人”或“兀者”存在着两种解释：（图 2-33）

图 2-33　鱼国刻有“兀人”铭文的三星堆面像

第一种解释：“兀者”就是“月氏”，是中国西北地区的一个少数民族，曾对世界历史有过一段重大的影响，很多人认为“月氏”就是先秦时代的“阴戎”或“允姓戎”系。古音“月”亦读作“乌”，吴语（苏州方言）又将“月亮”读作“讹亮”，闽浙方言则将“阴天”读作“乌天”。如是推来，“月氏”可是“乌氏”或“讹氏”，而“阴戎”即是“乌戎”。从族名的语音比较来看，“兀者”是“月氏”最贴近的源音，西方学界也曾对此表现出了极大的兴趣。（图 2-34）

图 2-34　鱼国古玉刻“兀人”铭文的三星堆面像

第二种解释：“兀者”，是通古斯系民族泛称“勿吉”的转音。商代甲骨文记载中的“御方”，汉代“东夷”的“沃沮”，晋代“北狄”的“雍屈”，唐代“木马突厥”中的“饿支”，和“黑车子”等部名，可能都是“兀者”的变译。辽、金、元三代以后，才有“兀者”、“吾者”、“斡者”、“斡拙”、“窝集”、“乌稽”的明确记载，他们是散居在黑龙江–松花江–乌苏里江流域，使犬渔猎为生的通古斯系“野人”部落，现代“赫哲”族，可能就是它们的一支传人。①

这件鱼国玉质突目面具，很有可能是揭开三星堆青铜突目面具额头方孔的重要线索。这个切割出来的方孔，很可能是将其他材料如木质、竹质或玉质镶嵌用于书写某种符号或标识民名那位先录的位置，虽然在三星堆青铜突目面具上没有发现文字，但这件玉质的突目面具却证实它最初应该刻有文字，但因原型模具上雕刻的文字线条过于纤细，没能在铸造中将其显示出来，所以人们在铸出的青铜器额头上再加割出一个长方孔，再用其他材料刻出“兀人”二字来弥补冶铸技术的不足。

这也从另一个角度佐证了三星堆与鱼国之间的密切关系。

第六节　三星堆青铜器加速了古玉文明发展

以上推论，还可以通过西北地区最具代表的“齐家古玉文化”的加工工艺演变过程，以及齐家古玉在前期和后期器物内容的变化中得到印证。

在对鱼国古玉的研究不够深入时，部分鱼国古玉器物往往被归入齐家文化的范畴，因为从出土地域、玉质、艺术风格、年代以及加工工艺等角度看，两者极为相似。但是，当对鱼国古玉文化深入了解以后，我们发现它的文化内涵与齐家文化完全不同。实际上，鱼国古玉文化是从三星堆出走的吐火罗人，到达陕甘地区后，结合了当地已有的齐家玉石文明，也就是以玉石器物为载体，将自身的宗教文明嫁接到齐家玉石文明之上成长起来的。

我们可以看到，在早期齐家文化古工器上，即在三星堆人没有介入西北古玉加工领域之前，齐家古玉的纹饰图案相对简单，加工工艺也比较粗糙，明显还没有金属工具的介入。而到了商代中期，齐家古玉不仅出现了愈来愈多的人物雕像，且纹饰图案也明显精细复杂了许多，其加工过程也明显带有金属工具制作的痕迹。这些证据表明，三星堆人迁入西北建立鱼国对齐家古玉产生了相当大的影响。

正是因为三星堆青铜技术的融入和青铜工具的使用，使西北地区的玉石加工变得更加容易，工艺更为精湛、纹饰线条趋于高深细腻，器型也开始向大的方向发展并出现了一大批硕大器型的祭祀神器，如：高 1.8 米的巨型玉鼎、高 1.3 米的特大玉琮、 高 1.2 米的铠甲军团的立人像、以及 80 多厘米高的兽首人身十二个生肖雕像等此前从未出现过的巨型体量器物。另外，这个时期松石镶嵌工艺也开始得到应用。

从器物所表达的内容上看，三星堆宗教文化的融入，也使西北地区“齐家古玉”发生了彻底的改变，出现了具有宗教理念解读性的祭祀礼器及崇拜器物。骤然出现了男拜日、女拜月、男狩猎、女捕鱼、男女祭拜火祀习俗等一系列展现当时祭祀场景的浮雕人像，还出现了大量成系列的为祭祀烘托气氛的礼乐器，如编钟、组磬、鼓曚、玉箫、玉号等等。祭祀礼器则更为丰富，仅大类就分为玉琮、玉鼎、玉刀、玉璋、玉圭、玉璧、玉熏等。

这些祭祀礼器和乐器的宗教内涵极为丰富，器物造型神秘而诡异，种类繁多数量庞

---

① 引自朱学渊：《朱学渊–西域族国名与东北亚族名之关系》。

大，展示出一个独具特色的庞大宗教体系。

因此，鱼国诞生时点的前后，齐家文化产生了巨大的变化，从中可以看出鱼国文明对当地的古文化产生了积极的推动作用，使其文明程度向前跨越了一大步。

本章结语

除了上述这些方面的佐证外，在三个文明间还存在着其他千丝万缕的联系。比如，在宝鸡茹家庄出土的鱼伯墓葬的考古发掘中，一种钵形尖底陶器屡有出现，数量极为惊人，而钵形尖底陶器则是一种地域性极强的陶器，它们的出现，往往与成都平原的古蜀文化联系在一起。在三星堆也曾出土了大量这样的钵形尖底陶器。西周鱼国人使用这种古蜀国普遍使用的陶器，也能从一个侧面反映出他们之间的历史与文化渊源，民族的性质，往往决定着民族的习惯与所用器物的偏好，所以任何一个民族都不会无缘无故地随意改变这种风俗习惯。

又如，三星堆出土的“金权杖”就是一个很好的例子。权杖的使用，在我国中原地区少有发现，它只存在于西北地区的一些特定民族中偶有使用，但权杖的分布情况却成为了寻找宗族脉络、文化起源与发展迁徙的有效参考依据。

按照既有的权威观点，权杖最早起源于近东的美索不达米亚（今伊拉克），在古埃及的一些墓葬遗址中也曾出土过很多各类材质的权杖。

然而，在中国这种象征着权利和地位的标志物也多有发现，如在甘肃西部的四坝文化遗址曾发现有玉石、水晶和青铜等不同材质的权杖头，经碳十四测定其年代大约在公元前1800~前1600年之间。

1968年，北京大学考古系与甘肃文物考古研究所，在甘肃河西走廊进行考古调查时在若干地点发现了玉石权杖头及残件（距今4000年左右）。1987年夏，在发掘酒泉干骨崖墓地时，在44号墓内也随葬了一件玉石权杖（距今3800年左右）。此前还在玉门火烧沟墓地，也曾出土过四羊兽首权仗头和玉石权杖头（距今3500年左右）。又如1986年，在四川广汉三星堆发现的黄金权杖（距今3800年）。笔者近十年间，也发现了商代鱼国古玉权杖和琉璃权杖（距今3400年左右）。上述发现足以说明，中国的权杖文化不仅历史悠久，其分布以及存有量也大得惊人，这种彰显出传承有序的权杖发展脉络，在其他国家和地区是从未有过的。无论是从权杖出土的数量还是纹饰图案，似乎都彰显着权杖历史就诞生于华夏这片区域的可能。特别是权杖在中国的分布，大部分都出土于西北和西南地区。很显然，上述地区，不仅活跃着一支与中原文化起源截然不同的民族，他们很可能就是权杖的发明者或传播者。因此可以猜测，权杖文化很有可能就诞生于中国，华夏区域就是权杖历史的发祥地。

另外，商代鱼国古玉中发现的十二生肖人身兽首雕像，也是本书要重点介绍的内容之一。据文献记载，十二生肖是中国及东亚地区的一些民族用来代表年份的十二种动物，它一直在很多国家和民族之间被广泛使用着，但是十二生肖究竟诞生于哪个国家或地区，成为了当今考古界争相议论的话题。中国文献最早提到的生肖记录，是动物与地支的关连记载，源自东汉王充（西元27~97年）在西元1世纪所著的《论衡》中所提到。另外中国古代学者，曾多以昼夜十二时辰的角度解说过地支与肖兽的配属关系。从最早的文献记载分析，中国至少是从汉代开始就已经采用十二生肖来假借十二时辰，这种计辰方法是根据太阳升起的时间，将一昼夜区分为十二个时辰并采用十二地支计时法来记录这十二时辰(大时)，每个时辰相当于两个小时，这样一昼夜便是现在所称的二十四小时。

虽然我国文献关于十二生肖的记载很多，但是针对生肖是如何成因的解释几乎没有，以至于至今都是学界争论的话题。有些学者认为，十二生肖很可能是我国游牧民族最早用于纪年的产物，但究竟它成因于什么年代却仍无定论；对此，郭沫若先生曾提出，十二生肖很可能是从古巴比伦传到中国的，因为它从汉时期开始才成为了中国文化元素的一部分。还有人认为，十二生肖是全人类共同使用的一种文化现象，只因世界各民族在选择十二生肖动物时，由于各自生存环境的不同、各地区物种的不同，所以各自选择了最亲近的动物作为生肖动物，从而给生肖文化带来了一定的差异。这些推测比比皆是，但最终都因拿不出实物依据而最终成为了学术假说。

我国商代鱼国的十二生肖被发现后，不仅证明了十二生肖最初是华夏先民的创造，同时它还为十二生肖成因于中国提供了弥足珍贵的实物佐证。

类似的例子还有很多，例如那些有着千丝万缕联系的民族图腾和那些紧密交织在一起的历史文化符号，其实举不胜举，最终才能将罗布泊—三星堆—鱼国这三个历史长达近2000多年的文明体系，以波澜壮阔的历史画卷呈现在当今的世人眼前。

西域吐火罗先民，应该早在4000年前就已经定居在了吐鲁番盆地，并开始创造出令人匪夷所思的原始太阳崇拜文明，然而，随着地球板块的改变，西域的自然条件开始向恶劣的环境改变，昔日的绿洲湖泊逐渐成为沼泽并进入了大面积的沙化，自然环境的改变已不再适合渔猎民族居住，追逐水草而栖的吐火罗人逐渐开始向南方迁徙，去寻找更适宜人类居住的自然环境。大约在公元前1800年左右，已经有一支吐火罗人到达了成都平原，并很快与当地的原始居民融合到一起，随后那里便出现了一个灿烂辉煌的三星堆文明。这也就是为何三星堆文明的前两期稍显平庸，而从第三期突然爆发出极具宗教内涵的青铜器文明的原因。三星堆历史已经存在了1000年的历史，但在第三期却突然进入了文明的繁盛阶段，从这种质的飞跃来看外来文明起到了关键性的作用。

在公元前1200年左右，三星堆文明由于自然灾害（地震）突然遭到毁灭，幸存下来的人群分为两支开始迁离此地。其中的一支，迁徙到了离成都不远的金沙村之后便停留了下来，在那里他们又创建了新的都邑“金沙古城遗址”；而另一支人群，则选择翻越秦岭想返回到他们的祖先发祥地—西域罗布泊。但不知出于何种原因，他们却在陕甘交界一带停了下来，不久那里诞生了一个以鱼为姓的都邑王国—鱼国。

然而离开三星堆的人，为什么会出现两支向不同方向迁徙的人群，是他们出现了矛盾还是另有原因呢？ 经笔者研究发现，迁徙到成都并创建金沙文明的那支人群，应该是三星堆人群中与当地居民有婚姻关系的那部分人，也正因为这些人与当地人建立了家庭并育有儿女，所以才因割舍不下夫妻与儿女之情没有离开蜀地。

而翻越秦岭的另一支人群，则应该是三星堆宗教集团最核心的成员和一些信守种族血缘制度的旧部，其中有宗教的大祭司、神职人员、传教士、宗教武士以及宗教集团的忠实信徒等。虽然三星堆被摧毁，是源于地震所引发的自然灾害，但是针对创建三星堆宗教信仰的人来说却不这么理解，他们认为该宗教信仰可能哪里出了问题，否则神圣的三星堆决不会在顷刻间被毁于一旦。他们认为这是上帝在发怒，是宇宙超自然力对他们的惩罚。因此，这些人是带着一种负罪感和内疚离开的三星堆。虽然这支人群，起初想退回到祖先的发祥地罗布泊进行忏悔和休整，但不知出于什么原因在到达陕甘地区后却停留了下来。不久，那里便出现了一支新的宗教体系，即鱼国宗教从此诞生。

虽然这支带着负罪感的人群，没有到达他们的发祥地就在陕甘地区停留了下来，但是他们在那里所创建的鱼国宗教体系，却以崭新的面貌再次复苏了三星堆昔日的历史辉煌，

以上虽然是笔者的个人推论，但从还原历史的角度似乎也找不出其他更好的解读。我相信，伴随着三星堆宗教历史的深入解读，在学界会掀起新一轮探究三星堆历史文明的热潮，以往那些未解的谜题也将随着研究的深入会一一得到解释。

第三部分

中国是最早发现琉璃物质的国家

第十章　人类琉璃物质的起源说

玻璃，在中国曾被称之为“琉璃”。虽然它在今天人们的生活中无处不在，既重要又具有普遍性。但玻璃物质究竟是怎样形成的，它又是在何时何地被发现的，最先发现玻璃的区域和民族又在哪里，这一系列问题众说纷纭至今仍无准确定论。

根据世界各地的考古发现和民间传说，一些专家推测玻璃是在公元前2,600年左右，出现在美索不达米亚平原。而另一些人则认为是埃及人在5,000~6,000年前最先发现了玻璃物质，后来才将它传播到了欧洲大陆。

而另一种说法则是，在三千多年前，一艘腓尼基人的商船满载着晶体矿物“天然苏打”，航行在地中海沿岸的贝鲁斯河上，由于海水落潮，商船搁浅。于是船员们纷纷登上沙滩。有的船员便抬来大锅，搬来木柴，并用几块“天然苏打”作为大锅的支架，在沙滩上做起饭来。船员们吃完饭发现锅下面的沙地上有一些晶莹明亮、闪闪发光的东西！船员们把这些闪烁光芒的东西带到船上仔细研究，他们发现这些亮晶晶的东西上粘有一些石英砂和融化的天然苏打。原来，这些闪光的东西，就是他们做饭时用来支锅用的天然苏打，在火焰的作用下与沙滩上的石英砂发生化学反应而产生的晶体。后来腓尼基人把石英砂和天然苏打和在一起，然后用一种特制的炉子熔化，制成玻璃球，使腓尼基人发了一笔大财。这也就是人类发现玻璃物质的另一种神奇版本。（图3-1）

图3-1　腓尼基人制作的琉璃珠

针对以上几种说法，笔者认为不仅证据不足而且也太过牵强。事实证明，在中国发现的上古玻璃物质的发现与发展过程并非如此简单，而是通过其他物质的衍生演变过程最终才被人类所运用。因此西方发现玻璃物质的推论，在华夏上古遗留的玻璃物证面前显然苍白无力，仔细研究后又会发现漏洞百出，使人无法信服。

第一节　中国琉璃的成因与发展

玻璃（琉璃），在我国一直被誉为五大名器之首（即琉璃、金银、青铜、玉翠、陶瓷），它也是佛教和道教的七宝之一。大唐三藏法师玄奘翻译的《药师琉璃光本愿功德经》中称："东方净土（与西方极乐世界比肩）就是以净琉璃为地的世界，是药师琉璃光如来（与西天如来佛祖一样）的法物，相传琉璃光可照亮三界之黑暗。"

那么，中国琉璃又是因何而来的呢？翻开我们的教科书发现，中国的玻璃是从西方传入的。然而，据《唐书》和《新唐书》记载：武德二年（620年）吐火罗"遣使贡献皇帝，玻璃水精杯。同年进贡二宝带、金锁、水晶，玻瓈、状如酸枣"。贞观十七年（643年）拂菻国王"多波力遣使献赤玻璃，绿金精等物"。开元天宝年间（713~756年）吐火罗"数献红碧琉璃等"。唐代诗人元稹曾写诗赞誉琉璃，诗曰："有色同寒冰，无物隔纤尘。象筵看不见，堪将对玉人。"由于唐人视琉璃制品为珍奇之物，所以唐僖宗才将素面淡黄绿色琉璃茶盏、茶托等物供奉于法门寺地宫。

但近些年的考古发现彻底打破了这种看法。1954至1956年，在河南三门峡上村岭虢国墓地出土了一些串饰，其中发现了菱形料珠7颗、管形料珠2颗。它们与玉石、绿松石、鸡血石等同一类型的珠管混串在一起组成饰串，其墓葬年代为西周晚期至东周初期，年代下限不晚于公元前655年。

1964年，在河南洛阳庞家沟的五座西周早、中期墓葬中出土了2件白色穿孔料珠。1995年，在北京琉璃河西周墓地M2出土的串饰，由各色料珠与玛瑙珠、小陶管、圆蚌片、穿孔贝壳等组成。这些出土的琉璃管珠器，证明在我国西周时期就已经有了制作琉璃的工艺。

此外，越王勾践剑，剑柄与剑身交接处的"剑格"即为琉璃，战国时期的琉璃剑具（剑鞘上用以佩剑的部分称"剑王遂"）也多有发现。

但仅凭发现的这些零星管珠配饰，还不足以揭示中国玻璃的起源历史，更无法还原出它的发展演变过程。

1975年，在陕西宝鸡茹家庄发掘出的西周"鱼伯"墓葬群中，在其中一座属西周中早期鱼伯夫人井姬的墓中，出土了一千多颗琉璃质地的料珠和料管。它们与红玛瑙、玉石、蚌等珠、管器一起组成饰串或者饰链。与鱼伯墓葬玻璃器物相似的发现还有在陕西省扶风县上宋公社北吕村3座西周早期墓，也出土了一批类似的料珠和料管，共有料珠11颗、料管15件，均为浅蓝色或浅绿色，它们也与红玛瑙珠、绿色玉管等一起串成饰链。1978年在山东省曲阜鲁国故城47号西周晚期墓葬中，出土了夹杂于红玛瑙串饰中的3颗浅蓝色的料珠，它与弓鱼伯墓中出土的料珠类似。陕西省扶风县云塘西周晚期5号平民墓中也出土了料珠33颗，料管19件，均为浅蓝色或浅绿色，它们与白色的石珠等一起组成饰链。

在《西周玻璃的初步研究》一书中曾提到，"1954~1978年的25年间，先后发现西周早期至西周晚期约500余年间，自我国西部的宝鸡至东边的山东曲阜，长约1,000余公里的狭长地带发现了大批的玻璃管珠出土，尤其珍贵的发现是1975年从宝鸡市茹家庄的鱼伯夫人井姬墓中出土了部分玻璃片"。根据故宫博物院院刊极其他考古文献记载，"该物为不透明的烧结料珠，其内部为石英质，外部为铅釉玻璃，这些用于贵重器物上的珠状的玻片镶嵌材料皆属铅钡玻璃的系统物质"。

中国古代玻璃，是一种高铅含量的玻璃（含24%的二氧化铅），所以中国古人将其称之为"琉璃"或"瑠璃"。我国出土的"铅钡玻璃"与西方的"钠钙玻璃"之所以不同，主要原因是因产地不同导致两者的加工配料有所差异。我国古代制作玻璃的助熔剂通常是采用含氧化钠、氧化钾、氧化铅、氧化钙、氧化钡等原料，如石灰石、长石、纯碱、硼酸、铅化合物、钡化合物等加工生产的，这也就成为了中国古代玻璃含铅钡元素的主要原因。

西方科学家对我国出土的铅钡玻璃曾进行过检测，发现它们与西方的钠钙玻璃截然不同，应该是自成体系发展起来的铅钡玻璃系统。但是，目前发现的这些中国早期玻璃遗存却告诉我们，中国的玻璃起源只能上溯到西周早期的萌芽阶段，远远晚于埃及玻璃的起源说。

目前我国出土年代最早的玻璃实物，当属西周早期的鱼伯墓葬出土的器物了。自该墓葬被发现后，考古工作者一直在考证这些玻璃料珠和料管等器物，究竟属于中国玻璃早期的萌芽产物，还是玻璃物质成熟期的文化遗存。如果它们属于后者，那么玻璃物质究竟是由我国哪个民族最先发现的，他们又是怎样加工生产出这些玻璃串珠的呢？ 生产玻璃的核心区域又在哪里？ 这一系列悬而未决的问题，已然成为了我国探究琉璃成因史最大的谜题。(图 3-2)

然而，商代鱼国琉璃礼器的发现，不仅为我们打开了一扇人类通往玻璃起源史的神秘之门，同时这些实物佐证还将为世人展现出一段人类发现玻璃物质并将其发展演变为宗教祭祀礼器的演变过程。

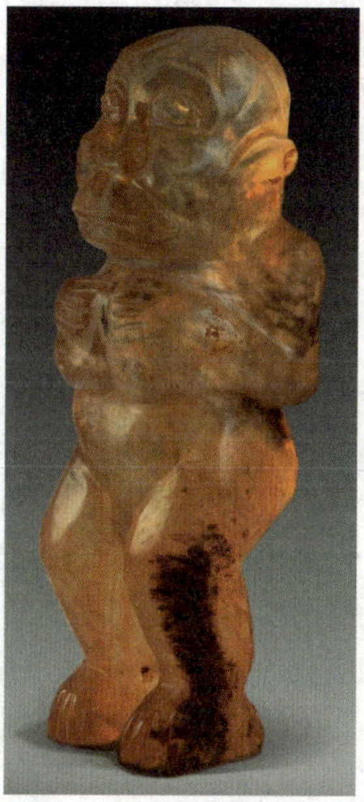
图 3-2　商代鱼国制作的琉璃人像

第二节　商代鱼国琉璃的发展演变

在笔者收藏鱼国祭祀古玉的过程中，同时也发现了一些酷似水晶物质的祭祀礼器，起初笔者一直以为它们只是天然形成的水晶制品。但是，当有一天我用放大镜观看其中的一件器物时，发现里面絮状的物质则是由气泡所组成，这使我意识到这些器物绝非是天然水晶制成，因为天然水晶内部绝不会有气泡产生。因此，我将这些器物送到专业机构进行了检测，检测结果令我大吃一惊！ 这些看似水晶状的祭祀礼器其实是人工制作的玻璃物质。

这次意外的发现，着实让我兴奋不已！ 因为这些器物如果是天然水晶，或是其他种类的矿物质材料制成的产品倒也不足为奇，因为古代先民有使用各种矿物质材料制作祭祀礼器的先例。相反，这些祭祀礼器却是用玻璃制作而成，其历史价值就难以估量了。因为，玻璃在上古时期等同于青铜器产品，不仅珍贵无比而且价值连城。

由此可见，鱼国琉璃礼器的发现，不仅将中国玻璃起源史从西周早期推进到了我国商代，同时还将证明西周鱼伯墓葬中出土的玻璃串珠，并非是华夏玻璃发展史中的萌芽产物，而是我国玻璃发展到鼎盛阶段却骤然消失的残留物证。

然而，当我将鱼国玻璃摆放在一起重新审视时发现，这些琉璃礼器内部所涵的杂质有多有少，甚至还有很多没有任何杂质的琉璃器物混杂其中，这种情况究竟是什么原因造成的呢？ 经研究发现，有杂质的琉璃礼器做工都比较粗糙，而杂质较少的礼器则普遍做工精细。从制作工艺的角度分析，工艺粗糙的器物应该属于早期制作的产品，而做工精细的器物则应该是工艺进入成熟期的产物。用这种区分方法，重新将玻璃礼器再次进行排列后发现，杂质多的器物应该是早期生产的产品，杂质较少的则属于中期制作的器物，而那些没有任何杂质的玻璃礼器，明显属于玻璃生产技术进入到成熟期的晚期制品。

经过这种区分排列，不仅使我们看到了商代鱼国一段清晰可辨的玻璃发展史，而且玻璃的质地与加工工艺还在讲述着它历史成因到发展演变的全过程。

第三节　绚丽多姿的鱼国琉璃

鱼国琉璃与鱼国玉器一样，大都属于祭祀时所使用的礼器和乐器，因为在这些器物中，同样也出现了玉琮、玉璧、神像、人像、牛羊图腾、十二生肖；在礼乐器中，不仅有箫、号、磬和编钟，其中还出现了直鼓和花盆鼓等繁杂系列。

这些琉璃礼器，不仅种类繁多，而且做工精美、造型各异的器物完全超出人们的想象。其中最典型的器物有：具有三星堆相貌特征的人像、埃及服饰的法老跪人、手持石斧的狩猎人物、各种图案形式的太阳神像、牛首人身像、蛇神造像、C 型龙、琉璃方盘、琉璃鼓、琉璃号、琉璃箫等等。

在这些琉璃器物中，有质地呈红色或黄色的琉璃制品，还有呈现出蓝色或绿色的圆雕兽首人身像，质地中都不同程度的含有白色丝状物或雾状的结晶斑体，局部向光看时就仿佛朵朵的白云或细细的丝雨，甚为奇妙美观。

在鱼国琉璃器物中，用于礼乐的器物更是多种多样，如琉璃箫、琉璃号、琉璃鼓、琉璃磬、琉璃编钟等，足以堪称是当时礼乐器之中的精妙绝伦之作。特别是有些乐器其杂质含量极低，给人一种晶莹剔透的感觉，属于质地极佳的琉璃艺术精品。不仅如此，在一些高透明的单色琉璃器物中，在物体的表面还雕有各种人物造型与浮雕图案，其晶莹剔透的质地再配上美妙绝伦的浮雕纹饰，冷眼看去不会有人相信它们是 3000 多年前先民们所制作的产品。

以其中的一件琉璃号为例，该号器长 51 厘米、直径 10.5 厘米，其重量重达 3.9 公斤。这支琉璃号呈喇叭花状，说它像喇叭花，但它粗大的长颈又与喇叭花有所不同，总之这种形状的植物花瓣的极为罕见，很可能是我国上古时期濒临灭绝的某种植物。这只琉璃号的器身上，镌刻着三个人物图案，图案的主人是一对全身赤裸的男女，他们裸露着生殖器官，两人搂腰交颈的双拥在一起，似乎在跳着某种民族舞蹈。男人头上戴着遮阳帽，脖子上向后披着一条长长的围巾；和这个男人跳舞的女人，低首垂目有种羞答答的感觉，长长的秀发飘逸在身后，发髻上戴有一串漂亮的珠饰，她顺从地依偎在男人的怀里，似乎已陶醉在了舞蹈和音乐之中；在两人的身后，远远站立着一名女佣，神情专注地在观看着他们的舞蹈。这幅画面，设计合理紧凑，人物形象栩栩如生，飘逸的围巾与秀发伴随着婀娜的舞姿使画面极富动感而美轮美奂。

更为奇妙的是，这支琉璃号仍能吹出当年的音色，其声音浑厚而低沉，酷似牛鸣一般，传声甚远且余音袅袅。灵异般的号角声，似乎能将我们带回到 3000 多年前的祭祀场景，那宏大的祭祀场面在号角声的烘托下突显庄严肃穆，宏伟而壮观。(图 3-3)

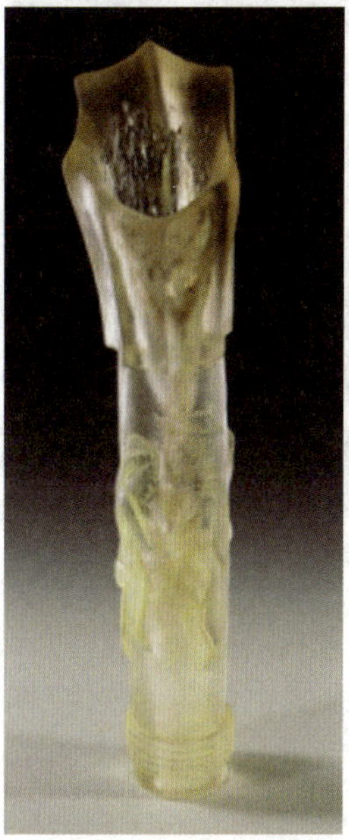

图 3-3 鱼国制作的琉璃号

在琉璃器物中，管状玻璃箫的制作工艺则更胜一筹。晶莹剔透的玻璃材质，再加上器物上雕刻的人物浮雕图案与纹饰，更是精妙绝伦。从加工工艺的角度讲，最短的箫管只有一厘米左右，而最长的箫管竟长达一米多。在这些箫管的器身上，不仅布满了各种纹饰图案，而且有些器物上还专门雕刻着当时的主宰者大祭司的形象。值得一提的是，在有些箫管的边角处，还专门刻有侍奉主人的奴仆和卑微的奴隶，用于烘托图案中主人的形象和社会地位。

管箫器的两端箫嘴，大都采用“太阳神”和“蝉”作为装饰图案，这两种装饰物明显带有宗教含义，其寓意应该是：刻有“太阳神”的一端，是用于大型的祭祀活动时所使用；而刻有“蝉”的一端，应该是为生老病死的人所专用，其寓意代表着能够重生转世的蝉蜕理念。

有些管箫器的纹饰加工更为奇特而绝妙。例如，在有些素面的管箫器上，采用螺旋纹和竹节纹来进行装饰，特别是采用螺旋纹作为装饰纹的管箫器，其螺旋纹不仅旋转自然有序，而且旋转纹饰的加工工艺也极其精湛，加工出的螺旋纹精确度就如同车床加工出的一般。

不仅如此，在有些管箫器上还专门配有象形文字，所镌刻的文字有多有少，但这些文字究竟在承载着怎样的内容含义，正在破译之中暂时还不得而知。

第四节　运城琉璃暴露鱼国脉络

在我收藏的鱼国琉璃器中，有几件金黄色的琉璃方盆可堪称经典之作。这几只方琉璃盆，器形最大的是一件长 62 厘米、宽 32 厘米、高 12 厘米、壁厚 1 厘米、其重量约 10 公斤左右。它的通体呈现出金黄色，从肌理向外反射出一种金色的光芒。器身上刻有图案，一幅图案是一个人在捕鱼、而另一幅图案则是一个人肩扛着一个长长的如意，而其他几件琉璃盆，则普遍是 30 厘米左右见方的琉璃盆，器体铸造的有薄有厚，并且器身都刻有各种不同的人物图案，因有些器物在铸造时硫化的不够均匀，所以在方盆的内侧底部堆积了很多块状金斑，冷眼看去它们犹如黄金铸就的金盆一样，金光闪闪，令人目眩神迷。

然而这几只琉璃盆，与我国古代神话所传说中的“琉璃聚宝盆”神形酷似，难道这些器物就是传说中的聚宝盆吗？ 据记载，传说中作为聚财敛富的最佳信物的聚宝盆，就是由琉璃制成的。(图 3-4)

笔者认为，这几件琉璃盆与中国传说中的聚宝盆，很可能存在着某种直接或间接的历史关联。也正因为这些琉璃盆所承载的神秘历史，才促使我对鱼国制作的这些琉璃器物产生了极大的研究欲望。说到研究，我不得不先要介绍一下买下这些器物时的过程。

那是在 2001 年的夏天，我在潘家园古玩市场遇到了两位操着山西口音的商贩，在他们的摊位上摆放着几件形制怪异的琉璃器物，其中的两件器物酷似花盆但是没有底，呈上大下小的圆筒状，在器物大大的口沿处有一拱起的泥鳅背儿，虽然这件器物造型怪异，但凭我对鱼国玉鼓的熟悉经验，我初步判断它们应该属于鼓形器范畴。

图 3-4 鱼国制作的金色琉璃盆

据商贩讲，这些东西来自山西运城。当然按照古玩行的惯例，卖货人通常是不会将货物的来历告诉买主的，因此我对他所说的话也是半信半疑。理由是，之前我收藏到的鱼国琉璃大都来自陕、甘以及内蒙等地，山西会出现鱼国琉璃不仅出乎我的意料，而且也打破我原来对鱼国分布情况的认识。经过攀谈，两位商贩告诉我他们是山西运城人，这些东西是前几年在运城外修公路的工地上买来的，因搞不清这些器物是什么东西才价钱好商量。经过一番讨价还价，最终我将那几件器物全部买了下来。(图 3-5)

回到家后，我马上查阅运城近些年的考古发现，以及上古时期是否出现过琉璃的相关资料，但遗憾的是没有发现任何有价值的信息。

图 3-5 鱼国制作的琉璃花盆鼓

众所周知，山西运城不仅历史悠久，而且它还是我国第一个王朝“夏”的都邑所在地。也正因为山西运城地处山西、陕西、河南三省的交汇处，所以素有黄河金三角之美誉。据传古代帝王尧、舜、禹都在此建立过都邑，因此这里的历史文化名人荟萃。山西运城，不仅蕴藏着中华民族最为深厚的文化底蕴，同时它还承载着华夏文明最古老的历史起源，因为它既是东西方文化交融的钮带，又是华夏多元文化汇集的摇篮，它所承载的文化应该具备谱写华夏民族架构的重要信息。

在民间至今还流传着这样的一句顺口溜：中国二十年成就看深圳，一百年变迁看上海，一千年沧桑看北京（元、明、清），三千年历史看西安（秦、汉、唐），五千年文明看运城（尧、舜、禹）。也就是说只有你到了运城，才会真正领悟到人类文明始祖发祥地的历史气息。

鱼国琉璃在运城的发现，不仅转变了我以往对山西上古历史的认识，同时也大大丰富了我对鱼国琉璃分布情况的初步判断，因为这两件酷似花盆的琉璃鼓，如果它们的出土地确实来自山西运城，这将对探究鱼国宗教对中原的影响提供出新的理论依据。

1999 年，山西省考古研究所在山西太原发现了虞弘墓葬，从墓葬出土的墓志了解到，虞弘曾是鱼国的后裔并且生前具有显赫的社会地位。但是，只因虞弘墓葬的信息有限，关于虞弘为什么会是鱼国的后裔，鱼国又究竟是什么族属，虞弘所信奉的又是什么宗教信仰，以及他为何会流落到山西太原地区，至今仍是考古界的未解谜题。

虽然在山西运城发现的鱼国琉璃，能为我们提供鱼国人到达山西的最新时间表，但是要想厘清鱼国宗教当时对中原文化曾产生过哪些影响，还需找到更多的相关证据才能揭开诸多未解之谜。其实鱼国花盆琉璃鼓的发现，已经直接或间接的为我们打开了一扇探究鱼国发展演变脉络的历史之门。

例如，山西运城的绛州鼓乐素有“地动山摇闻声十里”之盛誉，特别是新绛县自古就以演奏鼓乐而闻名于世，鼓乐已成为这里民间文艺活动的主要内容，也是当地“社火”活动的核心节目之一。但遗憾的是，当人们被那种气势磅礴、声韵铿锵、粗犷有力的鼓乐声所震撼时，却没有人去追溯这种惊天地泣鬼神的鼓乐之声，究竟承载着我国哪一支文化现象的历史脉络。

那么，为什么河南偃师也会被称之为中国的鼓乐之乡，这种文化现象究竟和山西运城有没有历史关联，却没有人去研究这些问题。要知道，时至今日偃师市的“伟声鼓乐厂”仍然在加工生产着一种花盆鼓，这种花盆鼓究竟源于哪一支文化的影响，为什么这里生产的花盆鼓与商代鱼国所制作的“琉璃花盆鼓”却一模一样？(图 3-6)

图 3-6　河南偃师花盆鼓

笔者认为，这种相同与相似的文化现象，绝非是历史的偶然。因为只有两者存在着传承有序的承袭关系，才有可能出现这种极为相似的文化现象。

鱼国琉璃花盆鼓的在运城的发现，不免使我们有些感慨！ 因为，如果不是鱼国琉璃花盆鼓的出土地引出了这段亘古历史，有谁会知道偃师花盆鼓的历史能够追溯到我国商时期；如果不是太原虞弘墓志记载他曾是鱼国人，又有谁会相信鱼国人早在商时期就已经进入到了中原腹地山西呢。

正如笔者在本书开篇中提到的那样：“新材料会带来新探索，新探索会催生出新的观念”，但愿我国的考古学研究，也能在发现新的资料后催生出新的探索，用新探索催生出新的观念，再用新的观念去解析华夏上古先民留给我们的诸多未解之谜。

第五节　五色神石所承载的历史

如果要将中国的琉璃文明史，以商代鱼国琉璃的发现作为历史的开篇，恐怕还有些牵强。例如，鱼国人究竟是怎样发现琉璃物质的？ 发现琉璃物质后又如何将其转变为产品？ 当时的生产加工技术又是怎样的一个过程？ 只有弄清了这些问题，我们才能谱写出一段完整的华夏琉璃成因史与发展史，以及琉璃在中国区域的发展演变过程。

经过对鱼国琉璃的研究发现，中国琉璃物质的发现过程应该与我国商代青铜器的发达程度密不可分。理由是，我国早期的青铜冶炼技术，是将孔雀石与铅、锡等矿石一起合炼，而在这些矿石中的伴生矿物，即铜矿石中的石英、绢云母、绿泥石，石棉矿石中的白云石和方解石等，往往在这些矿石中占有一定的比例。在许多金属矿石中，这些脉石矿物的比例往往远超过铜矿石所占的比例。所以，在针对铜矿石的冶炼前一般先要完成选矿这道程序，将那些没用的杂质矿石挑选出之后才能进行铜矿石的冶炼。而很多铜矿是以石英结构形成的矿脉，其围岩界线清晰，脉壁与矿石形成了犬齿交错的脉状构造。因此，即便铜矿石经过挑选，仍很难将矿物集合体中所包裹的块状石英和栉状石英从铜矿石中分离干净。

另外，铸造青铜器时的炉温必须要达到 1,200 度左右才能熔化铜矿石，而熔化琉璃的主要原料二氧化硅所需的炉温只需要 800~1,000 度左右。所以，在青铜冶炼的过程中，这些含石英类的脉石矿物最终被熔化的铜水所遗弃成为废渣。在废渣中，含二氧化硅的化合物相互凝结，并形成不同形状的丝状或块状物体，因受到氧化铜和氧化铁等元素的侵蚀，它们会呈现出五颜六色的结晶物质。

从成分上看，我国青铜器铸造所使用的配方，是在熔炼铜矿石中加入铅（方铅矿）和锡矿石，因此商代青铜器才有：铜、锡、铅青铜器之称。另外，商代鱼国琉璃的主要化学成分是铅和钡，而钡则是方铅矿的共生物，这两种矿物质成分很难从方铅矿中分离，因此中国古代制作的玻璃又被西方人称之为“铅钡玻璃”。

至于琉璃那流光溢彩的颜色，是由其中含有的各种矿物质成分造成的。中国古代琉璃，是用琉璃石加入琉璃母烧制而成的，琉璃石是一种有色水晶材料，主要成分应该以二氧化硅为主，琉璃母则是一种采自天然，后又经人工炼制的古法配方，它可以改变水晶的结构和物理性质，它会使琉璃造型、色彩与通透度程度上有明显的不同。据《天工开物、珠玉篇》记载：“凡琉璃石与中国水精、占城火齐，其类相同……其石五色皆具……此乾坤造化，隐现于容易地面。”由此可见，天然琉璃石一直属于稀缺物，因此才尤为珍贵。也正因为我国上古琉璃的元素丰富，因此用铝和钠的硅酸化合物烧制成的琉璃，才会出现有绿色、黄色和金黄色的质地，而用含有氧化铁红制作出来的琉璃，会呈现出红色的棉絮状物质。(图 3-7)

另外，琉璃的主要成分为二氧化硅，一般琉璃制品多添加稳定物质来增强化学耐久性或添加助熔物质降低熔融温度。不同的金属氧化物可使琉璃呈现不同颜色，例如十六世纪的欧洲森林琉璃，其独特的绿色即来自于内含的氧化铁成分。其他如氧化铜成分能使琉璃呈现蓝绿色、氧化钴产生蓝色、氧化锰产生紫色等变化。一般说来，金属氧化物对琉璃的成色作用，会因琉璃类型不同而产生差异。

图 3-7　商代鱼国制作的琉璃塔

含氧化铅的琉璃，因其透射度与澄重感似天然水晶，故称为水晶或水晶琉璃（crystal）。各国对水晶琉璃的氧化铅比率规定不同，如欧盟的10%、捷克的24%等，氧化铅可使琉璃制品折射率高，看起来会通透晶亮，目前用于创作的制品多有10%以上含量。

而我国的古法琉璃晶莹剔透，色泽醇厚多变，手感沉重，敲之有金石之音，具有明显的有色水晶特征。在古玩市场最为特别的器物当属那些浅蓝绿色底，镶嵌有24个白边深蓝圆点的球状器物，因为它们酷似蜻蜓的眼睛而得名，是春秋晚期的蜻蜓眼琉璃珠、球形类器物，这些器物两端略平，中间有圆孔，应该是当时最流行的串状配饰。

站在文献的角度，中国有关琉璃的最早文献记载是《穆天子传》 中的“铸石记事”。有学者曾推断，它所指的很可能就是中国最早发现的琉璃物质。我国民间流传中的“女娲补天”故事，也应该是一个最好的佐证。据说，女娲曾炼就过“五色神石”来弥补苍天的漏洞。根据古籍对这个神话的描写，以及各种古文献中的记载，我认为传说中的“五色神石”应该泛指的就是我国先民发现的琉璃物质。而“五色神石” 中的五色，应该就是琉璃物质中呈现出的红、黄、蓝、白、绿等五种颜色。

站在承袭的角度，商代鱼国是巴蜀三星堆消亡后，其中的一支人群迁徙到陕甘地区后建立起来的宗教体系，因此鱼国制作的琉璃礼乐器应该与三星堆发达的青铜器文明有着密切的联系。例如，鱼国琉璃礼器的生产加工，应该首先是在借鉴了青铜器陶范铸造方法的基础上发展起来的，因为三星堆青铜器所采用的是一范只铸一件器物的铸造方法，而鱼国琉璃的制作也同样采用着一范只铸造一件琉璃器物的加工工艺。因为在我收集到的上千件鱼国琉璃器物中，无论器物大小，至今还没有发现有两件一模一样的器物出现。这足以说明，当时的琉璃制作与青铜器所采用的范铸方法一样，都是一只陶范只能铸造出一件器物的工艺流程。

中国琉璃物质的最初发现，是否就可以定性为是商代鱼国人发现的呢？ 答案是否定的。据笔者研究，中国玻璃物质应该是青铜器的衍生产品。既然它是青铜器的衍生品，那么在中国上古时期青铜器最为发达的地区，应该当属三星堆发现的青铜器最为发达。但只因当时的三星堆人，一直沉浸在追求铸造青铜礼器的狂热阶段，因此对这种青铜铸造的衍生品只产生过好奇，而并没有意识到这种神秘晶体对人类有何实用价值。

然而，直到商代鱼国宗教的诞生，这种琉璃物质才被人们所重视。理由是，随着鱼国宗教日益壮大，又因传播宗教文化的玉石资源日渐短缺已不能满足弘扬宗教的需要，因此人们才想起了青铜铸造的衍生品琉璃物质。于是鱼国工匠对其进行了反复试验，先是掌握了如何融化含二氧化硅的矿石材料，然后又在其基础上进行加工提纯并终于掌握了这项技术。起初人们只是用这些物质做一些小型的适配，但随着加工技术的不断成熟，人们终于能够借助这种物质来取代短缺的玉石材料，并为鱼国宗教加工出了很多用于弘扬宗教文化的祭祀产品。这就是商代鱼国为什么会发现琉璃物质并制作出诸多祭祀礼器的发展演变过程，也是中国琉璃最初是在三星堆时期被发现的理论依据。

第六节　琉璃权杖显示的加工技术

在鱼国琉璃器物中，有一些明显属于权杖类型的器物却又不同于权杖的制作原理，一直困扰了我很长时间。这些器物的形状，冷眼看酷似箫笛但又没有箫笛的吹孔，但是从整体上看，在器物的一端又带有类似于权杖头的造型，难道它们就是传说中的权杖吗？

但是，从器物形制综合来看，它们更像是箫笛。而且仔细观察这些器物时，在它们的中心部位，却都有一条细而清晰的气道线，但不知什么原因，这些气道的中间都出现了断线和错位，造成内部无法形成连贯的空腔，因此无法吹奏。那么，这些气道是如何形成的呢？ 这些中断了的气道在器物中究竟有着怎样的作用？ 还有，琉璃箫和琉璃号的中空管状体又是怎样加工制作成的呢？ （图3-8）

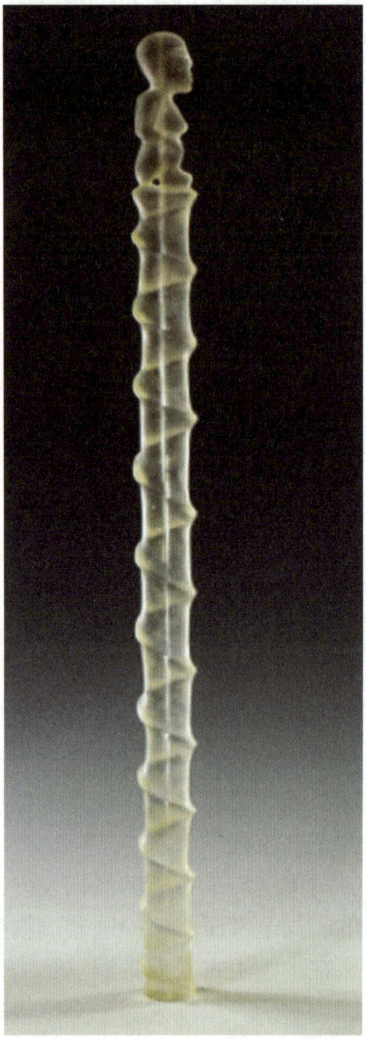

图 3-8 商代鱼国制作的琉璃权杖

带着这些疑问，我仔细观察和研究了每一只箫和号的管状内部孔壁，想从它们的加工痕迹中找到答案。其结果发现，一些器物的中空内孔呈现出中间细两头宽的放射状喇叭口形，这应该是在加工流化的过程中特意制作出的中间气穴。根据物质流化过程的原理，以及器物孔壁中残留物质的流动痕迹，我终于知道了这些玻璃管箫器是怎么加工制作而成的了，以极为什么会在很多器物中只有气穴线而最终没能做成箫笛的原因。

这些器物说明，鱼国人当时制作箫管和权杖所使用的技术，是借助青铜铸造所使用的范铸法来浇注这些玻璃管箫器和权杖的。

首先，他们用泥雕出所要制作的器物原型，再将原型翻制成两端相通的管状陶范，然后将融化好的玻璃溶液从陶范一端注入，并快速旋转陶范，借助高温玻璃溶液的流动使溶液均匀的附着在范壁上，同时使流动的溶液从陶范的另一端流出（借助细竹管对准充满溶液的范孔两端均匀吹气），强行吹拉出一条气道，然后再借助这条贯通的气道线选择由细至粗的竹条，加上解玉沙，反复地抽拉研磨内壁，直至内壁孔达到所需要的粗细程度为止。我相信，这就是当时玻璃管箫器加工制作工艺的全部过程。(图 3-9)

然而在这一加工的过程中，如果打开陶范后发现器物中并没有形成贯通一气的孔洞，而是出现了孔线错位或中间闭死的现象，这些器物将无法进入下一步研磨扩孔的程序并成为了废品，因为当时还没有出现能够打通玻璃孔洞的加工工具和有效方法，因此人们只能忍痛将它们作为权杖使用。要知道，在当时琉璃材料稀缺珍贵且制作加工工艺又极为复杂繁琐的那个年代，出现这些残次品对制作器物的工匠来说是极为可怕的事，很可能有些人还会因此而丢掉他宝贵的生命。

在发现琉璃物质当初，人们只能制作一些小件的管珠状饰品，之后在不断地摸索试验中经过技术改良，才最终得以制作出鱼国那些硕大的琉璃礼乐器。这些不同形制的玻璃祭

图 3-9　商代鱼国制作的琉璃箫

祀器，仅从材质本身的玻璃质感和物质中的杂质含量，就能区分出器物生成的前后顺序。

例如，最早制作出的琉璃器物，材质中都会夹杂着黑、黄、褐、灰和白等五种颜色，如三星堆相貌的祭司人像和埃及头饰的跪人像等，这些器物中有明显的拉丝纹、絮状、片状、点线状物质，这是因为矿石选料不纯杂质混淆其中所导致，并且也是人们对琉璃物质提纯技术不够成熟的一种表征。

而中期制造的玻璃，如太阳神人面像、牛头人面具、狩猎人物等，在物体中已形成半透明状的玻璃体并出现了絮状和片状的白色物质，而那些黑、黄、棕色的硫化斑纹已经消失，说明人们已懂得了如何精选矿石去提高玻璃的纯净度。

而那些高透明的琉璃箫和琉璃号，以及那些晶莹剔透的小件饰物如：太阳神挂件、枭佩、鹰佩、龙佩、蝉佩、人物饰佩等等，则都属于玻璃生产进入成熟阶段的明显标志。

第七节　青铜器衍生了琉璃物质

在前文，我们已经详细论述了中国玻璃的历史成因，是源于青铜冶炼过程中的衍生品，以及琉璃物质被发现后的发展演变过程。在这里，让我们借助青铜器的成因史，去探究还原出人类最早发现玻璃物质的地区究竟是哪个国家。

据世界各地的考古资料显示，人类进入青铜器时代的排列顺序是：

一、伊朗南部、土耳其和美索不达米亚一带，约在公元前 4000 ~前 3000 年就已经发现了青铜器；

二、欧洲，约公元前 4000 ~前 3000 年；

三、印度和埃及，约公元前 3000 ~前 2000 年；

四、埃及、北非以外的非洲地区，虽然进入青铜器时代的时间较晚，但也不晚于公元前 1000 年 ~公元初年；

五、美洲，直到公元 11 世纪，才发现了冶铜中心。

中国的青铜器时代，据我国目前的考古资料显示，则起始于公元前 2,100 年左右。从世界的青铜器时代列表看，中国进入青铜器时代的时间要晚于西方的某些国家。但是，在那些所谓较早进入青铜时代的国家里，不仅没有发现像三星堆那样的恢宏而壮观的青铜器文化，也没有发现像中国这样具有传承有序的青铜器以及历代王朝所遗留的诸多精妙绝伦的青铜器礼器及物质文化遗存。

针对西方这种有悖于事实的排列顺序，我们应该如何去理解被忽视的华夏青铜器文明？ 造成这种局面的原因，究竟是西方青铜器的确早于我国，还是我们解读华夏历史文明的滞后所导致？ 是西方学界对青铜器的断代出现了问题，还是因为我们未能找到华夏更为早期的青铜器成因依据？ 这一系列问题，才应该是我们需要认真思考与研究的问题。

从目前世界发现的青铜器排列顺序看，虽然很多国家发现的青铜器时间都早于我国，但是能将这种物质提升到人类意识形态文明高度的，恐怕唯有巴蜀三星堆青铜器宗教文明才达到了这个节点。因为，有些国家虽然发现青铜器的时间比中国早，但是对于青铜器的使用却一直停留在农耕用具的层面而没有发展。然而，在中国发现的三星堆青铜器文明，它不仅承载着人类用意识形态所打造的精神世界，同时它还成为了人类上古宗教信仰体系的物质文化载体。如果从这个角度看，恐怕在世界范围内没有哪个国家或区域的青铜器能够与之相媲美。

也正因为中国具有世界最为发达的青铜器文明，因此我国先民才有可能通过青铜冶炼过程又发现了人类第二大物质财富，即“玻璃—琉璃物质”。依据前文所述，在中国发现的玻璃物质是源于青铜器的衍生。但是，如果中国没有发达的青铜器冶炼技术，又何谈能够发现人类第二大琉璃物质财富呢？由此可见，虽然中国发现青铜器的年代晚于西方，但这并不影响中国是最先将青铜器打造成人类精神世界文明的先驱者，并且是最早发现青铜器衍生物质琉璃并将其运用在宗教领域的缔造者。从这个角度看，华夏上古先民才是青铜器和琉璃物质的主宰者，才是驱使这些物质文明为宗教意识形态服务的鼻祖。

针对琉璃物质是源于青铜器的衍生推论，可能会有人提出质疑，认为琉璃既然是三星堆青铜器的衍生品，那为什么在三星堆考古发掘中却没有发现有玻璃物质出现呢？ 我认为这其中存在着两个原因：

1. 虽然在三星堆考古发掘中没有发现琉璃器物，但这并不等于三星堆时期没有发现琉璃物质的可能。这就好比三星堆青铜器的发现过程一样，虽然田园考古发现了三星堆青铜器文明，但是人们至今仍没有找到铸造青铜器的生产加工基地。如果没有找到生产加工基地，是否就可以否定三星堆青铜器不属于巴蜀地区的原创文明呢？ 因此笔者相信，如果有一天人们能够找到三星堆青铜器的生产加工基地，很可能青铜器的衍生品玻璃物质也会一同被发现的。

2. 在三星堆时期，虽然三星堆人已经发现了青铜器的衍生品琉璃物质，但只因三星堆人还不知道这种物质有何实用价值，因此在三星堆出土的祭祀器物中没有发现琉璃礼器也在情理之中。但有一种现象是不能被忽视的，那就是四川民间收藏的琉璃礼器，因为我在四川考察时，在民间收藏品中已经看到了很多与三星堆有关的琉璃器物。按照当地人的说法，这些被发现的琉璃礼器都来自三星堆周边地区。

如果站在笔者提出的“四重证据法”角度，这些源于四川的民间收藏的琉璃物证，仍是田园考古不可或缺的重要佐证依据。

第八节　图坦卡蒙玻璃项链的产地

到目前为止，人类考古发现时间最早也是最具影响力的玻璃遗物，当属古埃及十八王朝图坦卡蒙的那条“玻璃项链”。

1922 年，考古学家从古埃及“黄金法老”图坦卡蒙的墓中挖出了一条精致的项链，该项链中心镶着一个黄绿色的玻璃甲虫，然而针对它的真实来历却让科学家们迷惑不解。各国的科学家，都曾对这块玻璃的成因进行过推测，前几年，一位英国的科学家声称已经解开了这个谜团，他认为制作出这颗甲虫的玻璃原料是来自埃及一个称之为“大沙海”的地方。他推测，在几千年前，一颗易碎的陨星在进入大气层时分解，产生了一个温度高达 1,800 摄氏度的火球，火球落在埃及的沙漠中，将沙子和岩石变成了熔岩，当熔岩冷却后，即凝结成了玻璃，这种假说得到了一些科学家的支持。一位供职于美国新墨西哥州桑迪亚国家实验室的物理学家 马克·鲍斯洛夫曾提出：“一个移动速度比飓风席卷大地速度更快的火球意味着，它能产生一股非常热的气流，足以将地上的所有沙子和沙岩融化”。[①]（图 3-10）

但是，以上这种推论很快被一些地质学家给否定，因为人们并没有在埃及大沙海地区发现陨石坑，因此陨石撞击地球的假说也就不攻自破，以致图坦卡蒙玻璃项链的成因之谜至今仍未找到确切的答案。

图 3-10　埃及图坦卡蒙玻璃项链

然而，正当世界科学家们围绕着图坦卡蒙玻璃项链的来历争论不休时，中国商代鱼国宗教所制作的玻璃礼乐器却横空出世，并为探究人类玻璃成因史与发展演变史提供出弥足珍贵的线索。

站在时间的角度，美国康宁公司的玻璃博物馆中收藏了一件古埃及“玻璃法老像”。据专家推测，该器物的产生年代大约在公元前 1,400 年左右。而图坦卡蒙法老的下葬时间，大约在公元前 1,323 年左右，说明这两件器物的所属年代，应该是同一个时代的产物。

然而按照这种时间推算，埃及玻璃法老像和图坦卡蒙玻璃项链的诞生时间，恰恰是我国商代鱼国使用琉璃物质在制作宗教礼器的年代（即公元前 1,400 年~前 1,300 年）。这种从时间以及物证上出现的巧合，足以说明古埃及发现的琉璃应该与我国商代鱼国生产的琉璃有着密不可分的关联。

从各国博物馆琉璃的存有量看，无论是埃及博物馆还是美国康宁公司的玻璃博物馆，

① 引自 2006 年 6 月 26 日的《重庆晨报》。

他们所收藏的古代埃及玻璃实物都不过是些繁杂无章的孤品，而中国发现的商代鱼国琉璃礼器则不然，这些琉璃礼器不仅诠释着鱼国宗教发展演变的历史脉络，器物造型还在彰显着琉璃加工技术的有序发展进程，那些数以千计的各类型琉璃器物，其高超的加工工艺不仅超越着当时社会生产力的进步程度，它所承载的宗教文化现象也在颠覆着世人的想象。

也正因为鱼国所遗留的琉璃礼器数量庞大，才使我们能够通过琉璃器物中的杂质含量和透明程度，区分界定出每件器物生产时间的先后顺序。如鱼国早期生产的琉璃产品，普遍杂质含量较高并且浑浊，而只能在局部呈现出星星点点的透明玻璃质感；鱼国中期制作的玻璃产品，明显杂质含量见少，已呈现出半透明的玻璃质感；而鱼国晚期制作的玻璃产品，在器物中不仅找不到杂质而且已呈现出通体透明的玻璃质感，这些晶莹剔透的祭祀礼器足以说明鱼国晚期所制作的产品已经达到了无法超越的最高境界。

值得注意的是，在我收藏的鱼国琉璃器物中，一对用琉璃制作的古埃及法老和艳后神像，似乎也在证实着图坦卡蒙玻璃项链是源于商代鱼国制造。

其中一尊是古埃及法老雕像，他赤裸着全身扶膝蹲坐，头上带有一顶法老所佩戴的王冠，在王冠顶部站立着一只翘起翅膀的雄鹰。熟悉埃及历史的人们都知道，古埃及王冠上的鹰和蛇，分别代表着上埃及和下埃及的图腾信仰。北部的下埃及王朝，国王头戴红色的王冠，以蛇作为他们的保护神；而南部的上埃及王朝则是国王头戴白色的王冠，以鹰作为他们的保护神。鱼国制作的这尊玻璃法老雕像，恰恰符合上埃及国王以鹰作为保护神的图腾标识。(图 3-11)

另一尊琉璃雕像则是一位女性，她全身赤裸着，双膝跪地，双乳前倾暴露着女性生殖器官，双手托举着一只站立在头顶上扇着翅膀的雄鹰。她下颚翘起目视着前方，似乎是在聆听着神的旨意。这两尊神像的尺寸大小一致，材质与制做工艺也完全相同，这尊女性神像应该是法老的妻子。(图 3-12)

图 3-11　鱼国祭祀礼器中的古埃及琉璃法老像

图 3-12　鱼国祭祀礼器中的古埃及琉璃艳后造像

这两尊雕像的质地浑浊，但颜色却非常丰富，酷似传说中女娲炼就的五色神石。如果从器物所含的杂质和透明度分析，这两尊雕像应该属于鱼国早期制作的产品。

古埃及琉璃法老像的发现，不仅为探究鱼国宗教对世界产生的影响提供了线索，同时也诠释着鱼国制作的琉璃礼器不仅仅限于自己使用，而且还会以宗教传播的方式影响其他国家或地区。

但是有一个问题是值得研究的，那就是在鱼国的祭祀礼器中为什么会出现两尊古埃及的玻璃法老雕像，它究竟隐藏着怎样的亘古含义？ 如果说是鱼国代为制造，那么为什么在制作完成后没有送交给埃及，反而被遗留在鱼国的祭祀礼器中？ 针对这个问题，笔者认为唯有一种解释能够成立，那就是华夏区域曾是人类宗教信仰的发祥地，因此古埃及法老才会派人来我国求法，这等同于唐代玄奘去印度求法取经的过程。当时法老为了证明他的虔诚，才专门制作了他们夫妻二人的雕像，将其摆放在鱼国的神庙之中以表示他随时能够聆听到诸神的旨意，因此在鱼国的祭祀礼器中，才会出现了这对古埃及法老的雕像。

如果以上推论能够成立，不仅证实了鱼国曾是人类宗教信仰的圣地，同时图坦卡蒙的玻璃项链也就合理的找到了出处，这枚玻璃神虫应该就是由商代鱼国所制造，而并非是陨石撞击沙海赐予法老的圣物。

由此可见，鱼国制作的琉璃法老像的发现，不仅能够证实华夏上古宗教早在商时期就已经影响到了古埃及，同时还在证明中国才是人类最先发现玻璃物质的最早国家。

第九节　中国琉璃的后续发展

既然中国是最早发现琉璃物质的国家，其加工技术早在商代就已经相当成熟，并且还形成了较大规模的生产体系，那为什么这种具有实用价值的琉璃财富却在中国看不到发展传承呢？

有关这个问题，可能存在着以下两种原因：

一、从历史上看，任何一个国家和族群对于自己独有的工艺或技术以及种植业，都存在着艺不外传的保护意识，这种例子比比皆是。比如中国一直到清朝中叶，一直对外封锁着优质茶种和茶树种植养护技术，直到英国东印度公司派遣一名叫罗伯特的植物学家到中国各地盗取茶的种植技术，导致中国为此蒙受了不可估量的损失。在罗伯特的有生之年，印度种植技术方面甚至超跃了中国，成为世界上最大的茶叶生产国。又例如，中国具有500多年历史的景泰蓝工艺，在上个世纪80年代被日本的工业间谍轻易盗走，为我国造成了不可估量的损失。因此，鱼国的琉璃生产加工技术，因为它的稀缺性和完美性已成为了鱼国宗教集团的专属产品，该项技术为了长期控制在宗族的手中，它应该属于密不外传的核心技术并一直掌控在为数不多的核心人员手里。也正因为如此，才导致鱼国被周王朝所灭之后，这一特殊的琉璃加工技术也随着鱼国宗教的消失淡出了华夏历史舞台。

二、当时鱼国生产的琉璃制品也仅限于鱼国宗教内部祭祀所用，而流入中原王宫贵戚手中的那些少量的琉璃管珠，很可能是以商贸形式传到中原的一种奢侈品。再加上中原人没有宗教信仰，而鱼国宗教制作的琉璃礼器也就不可能被中原人所接受。也正因为如此，这种稀缺的琉璃物质不仅没被中原所重视，而且更谈不上被承袭发展。

如果说商代鱼国的玻璃生产加工技术，是随着鱼国宗教退出华夏历史舞台而彻底失传了，恐怕也不全对。因为在《魏书・西域传・大月氏》中曾有过这样的记载："其国人商贩京师，自云能铸石为五色琉璃。于是采矿山中，于京师铸之。既成，光泽乃美于西来者……自此中国琉璃遂贱"。根据历史记载，在大月氏工匠来中原之前，外来的琉璃制品十分贵重，自从大月氏人在京师将琉璃造出后，外来的琉璃失去了市场，才逐渐消失。

前文已经提到，根据学术界的普遍观点："吐火罗人即是月氏人，而月氏人即是吐火罗人"，这已经被世界人类学家和语言学家们所共识。文献《魏书・西域传・大月氏》记载说明，吐火罗人的后裔月氏人一直承袭并掌控着琉璃的生产加工技术。这门技术，之所以没能得到传承发展，主要是因为时局的动荡和王朝更迭等诸多原因所致。

从表面上看，鱼国制作的琉璃似乎伴随着鱼国消亡已经灰飞烟灭，但实际上并非如此。各种迹象表明，鱼国的琉璃不仅没有泯灭反而以其顽强的生命力在中国传承了相当长的时间；例如，中国春秋末期和战国初期墓葬，出土了很多眼球状的琉璃制品，被俗称为"蜻蜓眼"。这些蜻蜓眼多为球类形器物，造型也并不规整统一，有些呈扁方形或扁鼓形，尺寸也比较小，绝大多数直径不足二厘米。其颜色有：绿、蓝或黄色，母体均为半透明。

又如在山西长治分山岭 270 号墓、山东临淄郎家庄 1 号墓、洛阳中州西工路基、河南固始候古堆墓和湖北随县曾侯乙墓都出土过这一类型的蜻蜓眼。然而，也正因为我国商代鱼国琉璃的文献失载，以至于那些出土于我国春秋战汉时期的蜻蜓眼，至今仍被很多学者误读为是从埃及或印度传入。

其实将其归咎于文献失载所致，也不全对。在汉乐府民歌《陌上桑》中说罗敷"头上倭堕髻，耳中明月珠"，明月珠，在当时是名贵的琉璃饰物。秦汉时，烧制琉璃已为人所知，东汉王充在《论衡》一书里，就说，五月丙午日中，用阳燧（古代一种取火器），就可"消炼五石以为器"。令人庆幸的是，这种玻璃技术发展到南宋时期又逐渐的兴盛起来。但遗憾的是，因为这门技术因长久停滞没能得到有效发展，以至于重新复出的本土琉璃已远不如西方传入的琉璃质量高。

另外，在《演繁露》中还有过这样的记载："中国所铸玻璃色甚光鲜，而质则轻脆，沃以热酒、随手破裂。凡其来自海舶者，制差朴钝，色亦微暗，其可异者，虽百沸汤注之，与磁银无异，了不损动"。从这段记载可以推断出，虽然南宋复出的本土玻璃因材质问题被世人排斥，但通过玻璃色质光鲜、质则轻脆、怕热和随手破裂等诸多缺陷来看，它与鱼国时期生产出的玻璃存在同样的物质缺陷。因此可以断定，鱼国玻璃和南宋复出的本土玻璃是在同样的技术条件下加工制作完成的，准确地说南宋玻璃采用的应该就是鱼国玻璃的配方，正因为该技术一直还停留在商代鱼国时期的技术水平上没有得到发展，所以质量落后于西方传入的琉璃也成为必然。

沿袭这一脉络观察，琉璃发展到明代已进入到了工艺残缺的时代，但它依然承担着区分官宦品级的作用，因为当时制作的琉璃不够通透，所以被人们称为药玉。据《明制》载：皇帝颁赐给状元的佩饰就是药玉，四品以上官员才可以佩戴。

以上这些记载，充分佐证了笔者的上述推论，虽然中国玻璃被发现的年代最早，但是这个源本就诞生在中国的玻璃物质却只因鱼国消失而被迫停滞了下来。从这个角度看，虽然我国是最早发现琉璃物质的国家，但只因它生不逢时，致使这门独有的技术流传到了海外并得到了长足发展，并回过头来又成为了遏制华夏传统琉璃工艺发展的对手。更可悲的是，琉璃悠久的因历史以及它辉煌的业绩，也被湮没在了历史的尘埃之中至今无人知晓。然而庆幸的是，商代鱼国留下的诸多琉璃祭祀礼器，又重新点燃了华夏琉璃文明的圣火，使中国能够在世界之林重新树立起自己的自尊，这些实证不仅填补了国内外琉璃文明史的历史空白，同时还为研究世界琉璃起源史提供了弥足珍贵的实物佐证。

第四部分

上古宗教的信仰理念

第十一章　阴阳五行起源旧说

长期以来，对于中国古老的阴阳五行学说，人们往往将它与《易经》联系到一起。但是，这种解释也受到了学术界的质疑，一些专家认为《易经》与阴阳五行并无直接的关联。

因为阴阳是中国古人的一种世界观，古人是把宇宙与自然界的一切事物，用简单的形式分其为阴阳两大类，而阴阳的概念是古人通过对太阳光的观察而得来的，阴阳观念应该属中国古代哲学的范畴。

阴阳的最初涵义是很单纯质朴的，这种观念是源于阳光的向背区分，如向日为阳，背日为阴；之后又引申出人类的男为阳，女为阴；气候的寒和暖，方位的上下、自然界的内外等。我国古代的哲学家们，进而又体会到在自然界中的一切现象都存在着相互对立和相互作用的关系，就用阴阳这个概念来解释自然界两种对立和相互共融的物质理论，并认为阴阳的对立和共融是事物本身所固有的，进而认为阴阳的对立和共融也是宇宙的基本规律。

那么《易经》的来历又是什么？据《山海经》记载，伏羲得到了河图，夏人沿袭下来，称做《连山》；黄帝得到了河图，商人沿袭下来，称做《归藏》；列山氏得到了河图，周人沿袭下来，称做《易经》。

因为《易经》里零星提到过阴阳两字，于是有人据此得出结论：阴阳源于易经，阴阳起源于夏的学说。但据史料记载，“阴阳”学说见于《八神》，而“五行”观念较早见之于《墨子·贵义》篇。《贵义》篇有“常以甲乙杀青龙于东方，以丙丁杀赤龙于南方，以庚辛杀白龙于西方，以壬癸杀黑龙于北方”。

因此，中国古人用“阴阳”这一自然的力量去概括自然界和人类社会发展的动因，又用“五行”这种自然的模式去描绘自然界与人类社会的发展规律。但是，我国“阴阳五行”学说究竟源于何时，又是因何产生的，迄今还没有形成统一的结论。

第一节　鱼国宗教的阴阳观念

要知道，原始的吐火罗教发展到商代鱼国时期，一改三星堆“扶桑太阳神树”的太阳崇拜观念，将拜日理念升华演变成男拜日、女拜月，用男女对应日月阴阳的互应关系。在鱼国祭祀古玉中，在很多琮形器上雕刻着很多裸露着生殖器的男女信徒，他们分别在进行着男拜日、女拜月的祭祀仪式，这表明在我国的商中期已经产生了明确的阴阳观念。这就是在中国远古文化和上古宗教信仰中首次发现阴阳相配与阴阳互补的形成。也是女属阴拜月、男属阳拜日，区分着人类阴阳观念形成于宗教体系的实证，同时又显现着阴阳互补走出萌芽阶段的发展演变过程。

众所周知，阴阳相配与阴阳互补的转换规律，乃是自然界一切事物发生、发展、演化以及消亡的自然法则，但这种观念究竟是因何产生的，又是在何时明确了阴阳关系的最初界定，在学术界各持己见且争论不休。而鱼国的祭祀古玉，为我们找到了这一问题的答案，使我们了解到这种观念源于人类最早形成的上古宗教。正如《素问·阴阳应象大论》中所说："阴阳者，天地之道也，万物之纲纪，变化之父母，生杀之本始"。

由此可见，厘清阴阳观念的历史成因，不仅使我们对中国上古宗教体系的形成肃然起敬，同时也为进一步探寻阴阳五行学说的演变过程提供了佐证依据。

第二节　生殖崇拜的阴阳互补

德国哲学家恩斯特·卡西尔，在他的《人伦》中提出：历史学不可能预告未来的事件，它只能解释过去。但是人类生活乃是一个有机体，在它之中所有的成分都是互相包含互相解释的，因此对过去的新的理解同时也就给予我们对未来的新的展望，而这种展望反过来成了推动理智生活和社会生活的一种动力。①

人类将天地分为了阴阳，日月分为了阴阳，同样也将自己的生殖器分为了阴阳。

要知道，生殖崇拜是原始社会的一种普遍现象。在生产力低下的年代里，每一个新生命的出世，都代表着劳动力资源，代表着部落种群的生存与扩张，而生命繁衍来自于男女两性的交媾。基于此，男女两性的生殖器官便成为了人们膜拜的偶像。在母系氏族社会，人类崇拜的是女性的生殖器官，故在最早的岩雕岩画中大都突出女子的乳房和外生殖器。而到了父系社会，人们转为崇拜男性的生殖器官，并在岩雕和岩画中出现了很多以突出男性阴茎为主题的图案。生殖崇拜，是人类对生物界繁殖能力的一种赞美和向往，也是古代先民寻求幸福期盼族群兴旺的表达。

然而，随着性崇拜的出现和发展，以此为基础的神学概念便由此产生了，并成为了人类生成法则的理论依据。

在公元前3,800年形成的罗布泊小河墓地遗址，吐火罗先民在墓前采用卵形立柱象征着男根、而用桨形立柱象征着女阴，这就是目前在我国发现的最早也是最古老的人类生殖崇拜遗迹。

生殖崇拜发展到鱼国时期，吐火罗人借助古玉这种资源又创建了新的艺术平台，他们将生殖崇拜观念以玉雕和图案的形式进行了展示。只不过，随着鱼国宗教的有序发展和演变，这种看似世俗的生殖崇拜又被融入了新的宗教解释，它不仅诠释着古人男女、日月阴阳的互配关系，同时又将社会属性与种姓等级制度结合到了一起，并成为了日后该宗教在发展、演变与传播的过程中成为了衍生教派神的化身，例如在古印度婆罗门教中已成为了湿婆的化身—林伽。

① 引自〔德〕卡西尔《人论》。

第三节 《易经》起源新说

论述完阴阳起源之后，我们不妨再讨论一下我国的《易经》历史起源问题。在我的鱼国古玉藏品中，一支鱼国时期的玉质龟甲，给我们带来了新的线索。这支玉龟甲长18.6厘米、宽19.3厘米，造型生动逼真，雕工细腻。最令人惊叹的是，在这只玉龟甲的脊背部位雕着一支玉猪龙（玉蝉）图案，在图案的两侧则分别雕刻着四个象形文字。经查证，雕刻在猪龙左边的铭文是“易”、“彖”二字，而雕刻在猪龙右边的铭文为“子、目”。（图4-1，图4-2）

图4-1 鱼国祭祀古玉中刻有铭文的玉龟

图4-2 鱼国玉龟的内部结构

左上铭文的第一个字，“易”字，将它雕刻在占卜用的龟甲上本身就已经解释出了它的字义，即古人卜筮、谈星、看相所用的“易”。它所代表的就是易经的“易”字；

左下铭文第二个字，“彖”字，属于上古时期所使用的文字，在古书或《周易》中，是解释卦义的文字，属《易经》的专用术语。在其他任何古书中都很少使用，因此该字在当今已接近失传，就连《说文解字》也只能勉强地将其解释为“下结论”的意思。因此，它应是占卜过程中专为解释卜辞的“彖辞”，也就是古经六十四卦中每一卦开头的卦辞，它与“爻辞”相对。例如乾卦，起始的“元亨利贞”就是彖辞或者卦辞，而其余六爻的筮辞就是爻辞。爻辞只断定该爻的吉凶，而彖辞则断定整卦的吉凶。古人把“彖”解释为“断”，就是“断定”（吉凶）的意思。这种断定是根据整个卦象来进行的，所以《系辞上》说：“彖者，言乎象者也。”彖辞是对卦象的吉凶断定，而《彖传》则应该是为彖辞作的“传”，也就是对彖辞的解释。

而将两个字合读即为“易彖”。众所周知，《周易》中的每一卦，都是由“易象”与“易彖”两部分构成，而《周易》的前身则正来自于《易彖》。《易彖》是一本占筮书，是记载占得64卦，384爻的每一卦、每一爻的吉凶悔咎的彖辞，就象民间流传的相面书标明某种面相与某种运程相对应一样，每一卦对应的吉凶悔咎叫做彖辞，每一爻对应的吉凶悔咎叫做小象辞，所以每一卦都有一个象辞，六条小象辞。

因此，周公是借用了《易象》这一卜筮书的外壳，对《易象》做了一些修改后才形成了流传至今的《周易》。《易象》是上古文化官员占卜的经验总结，《周易》则是周公编写出的针对周王室成员和其他贵族子弟进行教科书式教育的“大百科全书”。

而玉龟甲右边的两字经辨认，为“子”、“目”二字。《朱子语类》卷七云：“《乾》、《坤》乃是《易》之子目。”这里的“子目”就好比《中国丛书综录》中的《子目书名索引》一样。

这四个铭文字义被破译后，我们又应该怎样理解或读解它呢？就甲骨文的刻写格式和读解方式而言，卜辞的读解规律分为两种方法：一、刻在甲骨左右边缘部分的，需由外向里读，具体而言，就是刻于左甲边的文字，必须从左向右读，而刻于右甲边的，则必须从右向左读。方法二、龟甲中缝两边的文字，皆是由里向外刻，即在中缝左侧的文字，是由左向左读，在右侧的，由右向右读。如遇几条卜辞刻在一起的，则一般是由下而上排列然后再由上向下读解。

这只刻有铭文字义的玉龟，应该是以中心图案两边各占两字，通过反复试读发现，它符合从左侧由上至下读，然后再从右由上至下读解的规律，即“易象子目”。意思是，“易”是由“象”归总出来的“子”和“目”。直白的讲，通过“易经象挂”能得知“乾坤”即“天下大事”。由此可见，“易象子目”四字应理解为：易象万物、易象乾坤、易象384爻的每一卦等诸多意义。

乾坤乃八卦中的两爻，它代表着天与地，衍生为阴和阳、男和女以及人生的世界观。卦《易》中有乾卦、坤卦，《易·说卦》曰：“乾为天……坤为地。”它是中国古代哲人对世界的理解。聂文涛说：“《系辞》上认为乾卦通过变化来显示智慧，坤卦通过简单来显示能力。谁能把握变化和简单，谁就把握了天地万物之道。所以古人云：“乾以易知，坤以简能。易简，而天下之理得矣”。所以，《易》是古人以此来研究天地万物，人类社会、生命与生存的法宝。而这只玉龟甲，应该是鱼国国王或大祭司所持有的圣器，虽然它不是用于占卜的实用器，只是一件象征性的器物，但它所代表的含义却是谁能持有此玉龟，谁就能够“易象乾坤”知“天下大事”。

第四节 “蝉蜕理念”与“太极图”

那么，雕刻在龟背中间的“玉猪龙”图案，又有着怎样的涵义呢？按照龟甲上文字的意思，它们代表应该是“乾坤”的概念。那么，既然“易象子目”阐释了《易经》的来历，这个“玉猪龙”（蝉）是否与太极图案的原型有关呢？（图 4-3）

要知道，八卦太极图，俗称八卦图，是用图形解释八卦易理的一种方式，它表现的是自然界的时空概念的动感形式，其中的阴阳就是宇宙空间呈现的两种形式：白昼和夜晚。宇宙空间白昼和夜晚的呈现，是太阳的光明造成的。白昼时，自然界中的一切有形物都能看得清；而夜晚则什么也看不到。白昼的天空中最醒目的自然物是日，而晚上则是月。自然界的这种一明一暗的现象就是太阳和月亮造成的，古人就把这种情况称为“阴阳”。白天为阳时，是万物动变的最佳时机；而夜晚为阴时，是万物静休的最好时段。白天和夜晚交替着，宇宙的动变形象在永无休止，有规律的循序转变着。引申为阴阳在永远不停止，有规律的转化着—古人把这种现象叫做“易”，也就是宇宙的两种呈现形式，是由日月显现的，而日又是“易变” 的主要能动力。因此，古人就把日字写在了“易”字的上部，以象征易之主导；月字写在了下部，象征月之顺遂。

图 4-3　红山玉猪龙

古人以这种方式告诉人们，大千世界的易变情况是日所为，它的动变形式简而称“易”。所以，“阳”字—就是“乃、易”的合体变形字，而“阴”字—就是“乃、月”的合体变形字。阳表示白昼的动态之象，阴表示的是夜晚的静止状态。

由此我们是否可以判断，这只所谓的玉猪龙（蝉）是否就是《易象》中最初使用的“太极”图形呢？ 因此，鱼国的玉龟甲，不仅为《易经》成因于商代提供了珍贵的实物佐证，同时它还为我们探究阴阳、五行、《易经》 以及八卦图的形成打开了新的探索窗口。

第十二章　龙图腾新解

第一节　C 形龙的前世今生

C 形龙是中国上古时期具有标志性意义的图腾，早在 1971 年发现于内蒙古赤峰市的三星他拉村。但因我国当时的考古水平滞后，导致了时隔 15 年之后的 1986 年，才被我国考古界所认知，被认为是中国最早的祭祀礼器，这件器物代表的文化现象被命名为红山文化。

当时，人们只是为这一文化现象的发现而欢欣雀跃，然而这一漫长的认定过程，却并没有使国人警醒或意识到考古学滞后的负面影响，更没有认识到至今仍以“红山文化”来命名这种文化现象已不能满足该图腾所承载的深邃历史。

仅凭 C 形龙最早发现于赤峰，就将该文化命名为红山文化的代表或该文化现象的诞生地，太过牵强。因为面对一种文化现象，必须先找出该文化现象的发祥地，才能了解到它的成因历史以及发展演变对社会所产生的影响，并由此才能彻底揭开该文化现象的本真历史。

在我国多年的田园考古中，不仅在红山文化区域（内蒙古东南部、辽宁西南部和河北省北部），而且在其他很多区域都相继发现了 C 形龙器，例如在我国的陕、甘、宁地区已有发现，特别是商代的鱼国，在其祭祀古玉中和琉璃器物中都出现了大量的 C 形龙器，这些发现难道也都归属于“红山文化”的器物吗？

就鱼国古玉中发现的 “C 形龙”而言，无论从数量、器型、精美程度以及蕴含信息的丰富程度，如果将赤峰地区的发现的 C 形龙器与陕甘宁地区的鱼国发现相比，真就显得相形见绌了。

由此可见，赤峰并不是 C 型龙文化现象的发源地，因为无论从数量还是区域文化的深邃程度都无法成为该文化形成的基础，多年来很多历史学家和考古学家一直没有找到这种文化现象的发展脉络，更没有发现它们的成因依据。

因此，要想厘清这种文化现象的真正出处，就必须寻找到该文化现象的发祥地以及它的成因依据，方可得出这种文化现象的真实属性和准确命名。

第二节　创造龙图腾的民族—焉耆龙部落

在笔者收藏的鱼国祭祀古玉中，各种造型的 C 型龙器五花八门，其中最大的一对 C 型玉龙器可高达一米多，即一只独立的C型公龙和一只环抱着小C型龙的母C型龙，该器物玉料属于昆仑山玉，是用黑色白斑相间的墨玉料雕刻而成，造型传神古朴、沁色晕散自然、斑驳陆离的沁点带有远古浓郁的沧桑质朴神韵，龙背正中留出的系绳用穿孔是以两面对钻而通的工艺加工而成，孔壁钻孔遗留下的螺旋纹是商代慢速旋转钻孔工艺的典型特征。

另外收藏的两件小型C形龙器，也是用墨玉材料制作成的。器高24厘米，与赤峰翁牛特旗出土的那件“中华第一龙”如出一辙，两者的器物造型和尺寸、质地沁色、钻孔工艺等均完全一致，而唯一的差别只是玉料不同（即墨玉）。然而值得注意的是，这几件C形龙的出土地并非源自赤峰，而是来自距内蒙红山文化十分遥远的陕、甘、宁、青等地。（图4-4）

图4-4　商代鱼国制作的子母C型龙

站在比较学角度，虽然这些C形龙器源自我国西北地区，但是通过与内蒙赤峰出土的C形龙器比较，两者又都属于同一支文化现象的有序传承。那么两者究竟谁在影响着对方呢？ 从两地所发现的C形龙器来看，无论从两地出土的数量、还是从C型龙的硕大器物造型，虽然陕甘地区略胜一筹，但是两者的文化源头却都指向了我国西北地区的焉耆龙部落。要知道各部落所使用的图腾，能够体现出这支部落所处的区域以及该部落的部族名称。从这个角度看，我国文献最早记载龙部落应该诞生于新疆焉耆。林梅村曾在《吐火罗部落与匈奴的起源》中提出：“在匈奴的主体南下以前，河套、陕甘宁北部地区本为吐火罗部落所居。殷商时期，甲骨文中有‘马方’、‘龙方’、‘卢方’ 等部落名，这些都与吐火罗人有关，马方对应于后来的义渠，龙方对应于后来焉耆的龙部落，卢方则与卢水胡有关。后来属于吐火罗人一支的焉耆人即以‘龙部落’ 为名，焉耆人的首领也被称为‘龙王’”。①

由此可见，内蒙赤峰与龙有关的文化现象，应该更像是龙图腾崇拜的承袭者或者说是集大成者。另外在鱼国古玉中，我们还能找到支持这一观点的大量实证，因为无论是鱼国社稷玉琮上的铭文记载，还是C型龙器的硕大器型以及出现在鱼国古玉中的C型龙图腾，最终都将探究思路带到了焉耆龙部落。也就是说，各方面证据显示龙图腾的历史成因以及发展脉络都指向了我国鱼国宗教所崇拜的龙图腾。还有，鱼国社稷玉琮上的铭文字义也在支持着这一推理，如鱼国宗教首领被称之为“弘龙王”，他不仅来自焉耆的龙部落而且该部落所崇拜的仍是龙图腾。

当然就C形龙而言，它究竟源于焉耆的龙部落还是成因于内蒙的赤峰，这些都不会影

① 引自《吐火罗人研究札记之六》。

响到C形龙的厚重历史以及“天下第一龙”的美称。但是，如果站在严谨的科学角度，能否找到C形龙的历史发祥地会直接影响着该文化现象的探究结果。因为，它不仅决定着我们的探究思路，而且也在挑战着我们能否准确还原出该文化现象的属性。

第五部分

从井田符号演进到卍字的过程

第十三章　发现了鱼国神秘符号

在笔者收藏到的鱼国 C 型龙器物中，一种神秘的符号引起了我的注意，这种神秘符号，大都出现在较小的 C 型龙额头与下颚处。该符号分为两种：一种是在 C 型龙的下颚处刻有一凸起的方块，在方块的中心雕刻着一个井字符号；第二种是，在 C 型龙的额头上，雕刻着一种纵横交错的网状形符号。值得注意的是，这两种神秘符号都出现于那些玉质精美且做工精良的小件 C 型龙器物上，而在那些较为大的 C 型龙器物中却找不到这种符号的出现。(图 5-1)

那么，这种神秘的符号究竟是一般装饰性图案，还是另有其他寓意？如果说它是一般装饰性的图案，那为什么只有较小的 C 型龙器上刻有这种符号，而在那些较大的 C 型龙器物上却没有发现呢？ 如果说这些符号另有其他寓意，那这些井字符号和网状符号又承载着怎样的文化含义，持有这类法器的人又是鱼国宗教集团的何许人也？ (图 5-2)

图 5-1　商代鱼国 C 型龙下颚上的井字符号

笔者针对我国在不同时期，出现的这一类型符号进行了系统性的归类考证，再借助比较学进行对比性研究，发现这种井字符号与网状符号几乎与上古历史相随相伴，而且延续了相当长的一段时间。这种神秘符号不仅在我国阴山岩画上能够找到，而且在很多石器、陶器以及上古玉中也多有出现，说明鱼国 C 型龙上镌刻的这种神秘符号，并非偶然或一般装饰性图案，应该属于一种特定符号标识。

图 5-2　商代鱼国制作的 C 型龙

据史料记载，夏代曾实行过井田制，而商、周两代的井田制则是承袭了夏代井田制演进而来。要知道当时的井田制度，是在国王或大祭司的权力掌控之下，而唯有他们才拥有土地所有权或分配给奴隶主的使用权，但奴隶主却不得将这些井田买卖或转让，奴隶主强迫奴隶集体耕种这些田园，并向国王定期交付贡赋。当时的“八家为井”、“同养公田”就是统治阶层对土地国有化所实施的一种管理手段。

探究我国井字符号的历史起源，发现它的上线可追溯到新石器晚期至夏代，这类符号在我国商周时期的器物上也随处可见。那么，这种井字符号是否就是我国井田制度的符号标识呢？站在商代鱼国古玉的隶属年代看，这些 C

型龙上出现的井字符号恰逢我国商代盛行井田制度的历史阶段，说明这些神秘的符号，很可能与我国商代推行的井田制度有着直接的关系。

要知道，在我国上古时期的氏族社会，能够彰显王权社会地位的标志，莫过于他们所拥有的土地与所管辖的疆域面积了。由此可见，在鱼国C型龙上出现的井字符号与网状符号，很有可能就是鱼国推行井田制度的符号载体。

中国井田制度的诞生，不仅是土地进入国有化之初所形成的一种土地分配制度，同时它还是人类进步到文明社会的时代表征。探究我国夏商周时期的井田制度，当时井田制度的分配系统为：八家为井，中有公田，需行助法者自当实行于夏，盛行于商。其九夫为井而无公田者当始实行于周代。周朝行助法地区仍沿用八家为井之制，惟改私田、公田之数为百亩；而行贡法地区则将原为公田的一份另分配于人，故有九夫为井之制出现。该制度虽然形成于夏，但是却盛行于商、周两代。

虽然，我国文献也曾记载过井田制度的发生与发展，但是该制度究竟由何人所创却没有留下任何记载。然而，鱼国C型龙上出现的井田符号，不仅为探究中国井田制度的历史发生提供了重要线索，而且顺延其脉络上溯，还将使我们猜测中国的井田制度很有可能源于上古宗教。

让我们再回到探究的主题，为什么鱼国的小件C型龙器刻有井田符号，而大型的C型龙器却没有镌刻这种符号标识呢？ 笔者认为，那些大小不同的C型龙器，只因持有者隶属于两个不同的社会阶层，因此才会出现较小的C型龙刻有井田符号，而较大的C型龙却没有镌刻井田符号的差别，这种现象不仅是鱼国社会等级制度的充分体现，同时也证明了没有符号的器物绝非偶然和工匠的疏漏。比如，那些精小的C型龙器的持有者，应该隶属于鱼国贵族阶层或大祭司所使用的专属法器；上面所镌刻的那些神秘符号，不仅是持有者身份地位的权属象征，同时也是他们拥有土地支配权的标志性符号。（图5-3）

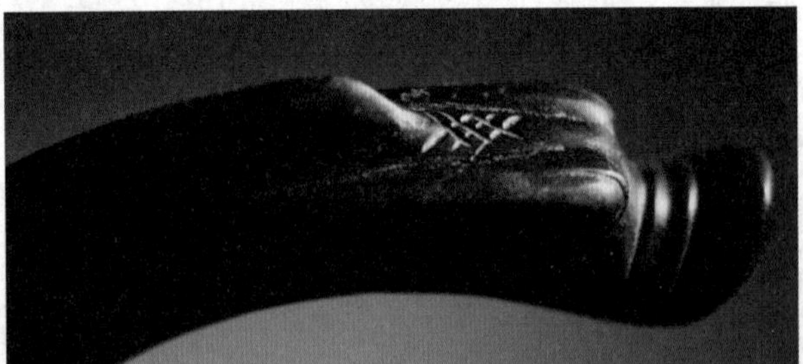

图5-3　鱼国C型龙额头上的疆域符号

鱼国制作的大件C型龙器，它们不仅是鱼国宗教集团所使用的祭祀礼器，同时它们的所有权也隶属于该宗教集团，因此大型的C型龙上没有雕刻井田符号也就不足为奇了。

既然这两种符号都属于鱼国井田制度的符号标识，那么又为何在C型龙上会出现一繁一简的井田符号标识呢？为什么繁缛的网状符号雕在C型龙的额头上，而简约的井田符号却雕刻在C型龙的下颌处呢？ 这两种位置又承载着怎样的寓意呢？ 笔者认为，将井田符号雕刻在C型龙的下颚处，其寓意明显带有一种从属关系或者说是附庸的含义，也就是说持有这类器物的人虽然也拥有井田，但他们却没有井田转让的出卖权。持有井田符号器物的人，应该属于鱼国宗教贵族或高级别的祭司附庸阶层；然而，在C型龙下颚及额头上都刻有符号的器物，应该是鱼国最高级别的人所持有的法器。持有这类器物的人，他们不仅拥有井田制度的掌控权，而且手中还控制着鱼国“疆域领地”的管辖权。也就是说，在C型龙上既有井田符号又有疆域符号的这类器物，应该是鱼国的最高统治者国王或仅次于国王的大祭司所拥有的专属法器。这两种符号集于一身，不仅是“国王”或“大祭司”地位的象征，同时还应该是疆域领地控制权的权属标志。

虽然在鱼国制作的小件 C 型龙器物中，偶尔也能看到没有雕刻符号标识的小 C 型龙器出现，但这些器物普遍玉质材料较差，雕刻的工艺也不甚理想。经研究发现，这类器物很可能是鱼国宗教集团中，没有土地掌控权的神职人员或普通祭司所拥有的法器。商代鱼国井田符号的发现，不仅是我国井田制度诞生于夏、盛行于商、周两代的重要依据，同时还将为探究井田制度的发生与发展提供了弥足珍贵的实物佐证。

第一节　井田符号的发展演变

从人类历史的发展来看，那些具有时代影响力的远古符号大部分都会被承袭下来，虽然有些符号在后续的发展中与最初时产生了差异，或难以辨认，但它仍会围绕着原始意义诠释它的定义范畴。我国上古时期形成的符号很多，例如：日、月、山、河、牛、羊、龙、蛇、鱼、饕餮、巫、卍等等诸多符号，都曾经历过漫长而曲折的发展演变过程，人类在使用它们的过程中经过不断发展演化，最终形成了会意、指事、形声、转注、假借的象形文字和表意文字。在我们今天使用的文字体系中，很多文字仍能通过它们的结构看到它历史成因的影子。

例如巫字，从它的成因之初就一直伴随着宗教发展至今，“巫”字已成为了我国宗教承上启下的关键性符号。(图 5-4)

“巫”字，在甲骨文中，其结构是由两个“工”字的横竖交叉所组成，但是，对于“巫”字构型如何形成和之后的演变，就连《甲骨文字典》也没有给出明确的解释，只是认为它属于“构形不明”的文字体系。也就是说，截至到目前，还没有人找到巫字成因及演变的发展规律。

图 5-4　殷墟出土的甲骨文 · 巫字

虽然很多历史前贤，都曾对“巫”字的构架形成作出过分析解释，但那些解释都比较牵强模糊，仍局限在把字形结构与字义结合在一起来解读，而对于巫字形成的起因和演变则尚无分析研究。

例如，东汉许慎所著的《说文解字》，巫字的解释为：“甲骨文‘巫’字是由两个‘工’字组成，而两个工字则分别代表着‘规’和‘矩’这两种工具。”

然而，“规”和“矩”又代表着什么呢？ 汉代名画《伏羲女娲人首蛇身交尾图》 中，伏羲手中拿的就是“矩”(用来画方形)，而女娲手中拿的则是“规”(用来画圆形)。古人认为天圆而地方，因此无论谁，只要掌握了“规”和“矩”这两件工具，他就是懂得天地之道和宇宙秘密的人，也就是“巫”。

近代一些学者根据甲骨文和金文中出现的巫字进行过分析，认为巫字像两玉的交错形。即巫字来源于巫师双手持玉在降神，因工和玉在古文字中的写法常常相同，巫字里的工即是玉，而玉又是古代巫师降神的工具。

历史学家郭沫若先生，也曾对甲骨文中的“巫”字做过考证，他认为“巫”和“舞”是一回事。一些学者也赞同此观点，认为古老的“巫”字就来源于两个人相对起舞的形象。

以上几种说法和解释，看似都有各自辩解的道理，但殊不知进一步探究却很难令人信服。例如，为什么“巫”字要用两个工字交叉来表现？ 如果工真的代表着“规”和“矩”,那么“巫”岂不成了规矩的标准？另外，如果“巫”真的与“舞”有关，那舞字为什么没有像巫一样演变成宗教的符号标示呢？ 总之以上各种推测最终都因理论依据不够充分而莫衷一是。

对此笔者认为，我们应当从人类符号学的发展演变规律出发，寻找出“巫”字最初成因的历史原型，通过它的演变规律才有可能探究出巫字所承载的历史内涵，否则，就无法厘清“巫”字所承载的本真历史，更无法引申出它最终演变成宗教符号的发展过程。

就巫字的形成而言，它从古至今一直都在充当着宗教的化身，并与人类的大智慧者、历代的圣贤，以及那些能够与神相沟通的祭司或萨满巫师相随相伴。然而，巫字究竟是怎样形成的，难道它的历史成因真就像人们所解释的那样，是“规”和“矩”的使然吗？

经过多年的研究发现，巫字成因并非人们所想象的那么简单。通过查阅国内与国外的文献资料，笔者得出了以下结论：巫字应该是从我国“井田符号”发展演变出的定义性文字，它即承袭着井田制度的历史变迁，又承载着宗教发展演变的社会现象。理由是，在中国的岩画、古玉、陶器以及石窟壁画中，我们不仅随处都可以找到“井”字符号、“田”字符号、巫字符号、“十”字符号以及“卍”字符号的历史缩影，同时还能看到它们承袭发展的演化过程。首先将这些符号按其诞生时间以及历史沿革的顺序进行排列，最先出现的符号应该是井字符号和田字符号，而后则是巫字符号和十字符号的相继出现，最后才是卍字符号的普遍运用。(图 5-5)

按照上述排列顺序，再将它们的诞生时间分为三组进行比较性研究（以上下排列为一组），将会发现每一组符号不仅存在着因果关系，而且与下一组符号的产生还存在着承袭发展的密切关联。

图 5-5　在我国马家窑陶器上出现的井田符号

首先需要说明的是，古代中国人的造字方法可归纳为六种，总称为“六书”，即所谓的“象形、指事、会意、形声、转注、假借”。这六种方法，基本反映出我国汉字的结构和使用情况与认读方法。例如，象形：用文字的线条或笔画，把要表达物体的外形特征，具体地勾画出来。指事：含有绘画较抽象的东西。形声：由形旁和声旁两部份组成，形旁是指示字的意思或类属，声旁则表示字的相同或相近发音。会意：由两个或多个独体字组成，以所组成的字形或字义，合并起来，表达此字的意思。转注：不同地区因为发音有不同，以及地域上的隔阂，以至对同样的事物会有不同的称呼。当这两个字是用来表达相同的东西，词义一样时，它们会有相同的部首或部件。假借：假借就是同音替代。口语里有的词，没有相应的文字对应，于是就找一个和它发音相同的同音字来表示他的含义。

下面我们就采用中国古代的“六书”造字方法，去拆分解释以下三组符号的内容与内涵，看看它们之间是否存在着承袭发展与演变的必然联系：（图 5-6）

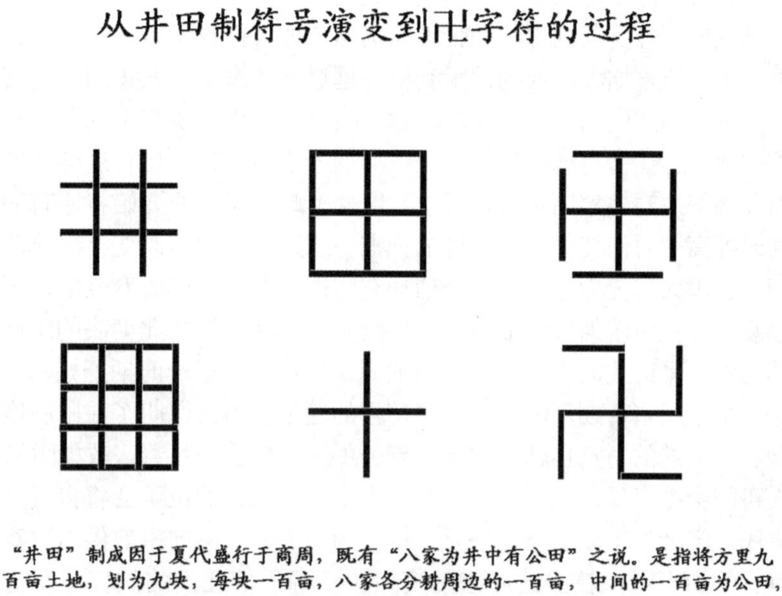

图 5-6　从井田符号演变到卍字符号的过程

第一组符号是：井字符号和“▦”符号，这两个符号其实也可以被视为是一个符号，因为九宫格之中就是一个井字，因为这九个方格“▦”，所泛指的是将九百亩土地，划为九个方块，每个方块为一百亩，八家各自分耕周边的一百亩，而中间的一百亩则为公田。因此这个符号也被称之为“八家为井中有公田”符号。这两个符号的出现，不仅诠释了中国井田制度的形成，同时还彰显出土地使用权已经掌控在统治者手中。

第二组符号是：田字符号和十字符号。田字的本义，是指“树立五谷的方形土块”。“田”字又可转义为“五谷”、“粮食”、“果腹之物”。田字作为独立符号使用，不仅诠释着井田制度的诞生，而且还彰显出从政教合一体系中演化而来的发展规律。例如，田字中间是个“十”字，而十字又是一种可以独立使用的宗教符号，它在我国上古时期不仅出现在具有宗教内涵的岩画、壁画、彩陶以及古玉之中，同时它还是巫字符号书写过程中的简写形式。因此它不仅等同于巫字所承载的宗教含义，而后还演变成了西方某些宗教信仰的专属符号。例如，十字架在西方不仅代表着太阳，同时还是巴比伦太阳神的重要标志；又如天主教所使用的十字架，以及西方军队所使用的十字勋章等等，都足以证明十字符号与巫字符号同样等同于宗教的专属符号。既然田字符号中间的十字等同于巫字符号，那么也就意味着“田”的所有权已被宗教所掌控，而且井田制度也在为当时的政教集团所服务。

第三组符号是，巫（⊞）字符号和卍字符号。首先要说明的是，巫字与卍字符号的出现，应该是在田字符号的基础上演变而来的一种划时代意义的宗教符号。为什么这么说呢，例如田字符号代表的是井田制度，而田字四角不封口则演变成了两工交叉的⊞字符号，那么这种变化究竟诠释着怎样的含义呢。如果借助六书的象形、指事、会意进行分析，得出的观点则是，井田制度已经不能满足当时政教的需求，而必须在原有的井田制度上每亩再加收一成的田赋方能满足政教的经济需要。因此，田字的四个角也就出现了四个缺口，随之演变成了两工交叉的⊞字符号，从此这个作为加收四成田赋的标志性符号便由此而产生。

然而，紧随其后的便是卍字符号的出现。其实卍字符号与巫字取代田字符号的意义是一样的，也就是说该符号所反映出的社会现象仍然与加大征收田赋有关。因为随着政教集团的不断发展壮大，原来加大四成的田赋制度仍远远不能满足政教集团的财富需要，因此只有彻底改变井田制度才能从根本上解决问题。当时政教集团所想出的办法是，升华演变固有的宗教信仰理念，让所有的信徒们对该信仰理念产生依赖，只有这样才能改变固有的井田制度从而彻底解决政教集团扩张的需求。因此，政教集团便开始将原有的信仰理念演变升华，并同时提高了对信徒们虔诚信仰的标准。通过这一调整改变，很快政教集团便得到了预期的回报，因为信徒们已经开始坚信只有将所有财富无偿的奉献给神祇，才能换取更大的财富以及对神祇虔诚信仰的最高标准。因此井田制度便从此彻底的土崩瓦解，而劳动者们所创造的财富也因此成为了政教集团的囊中之物。从这一时期开始，两工交叉的⊞字便各自失去了半个封堵变成了卍字。卍字符号的诞生，不仅说明了井田制度已从此不复存在，而劳动者所创造的财富也伴随着飞速旋转的卍向轮在满足着宗教集团的财富需要。

对此有人可能会提出反对意见，认为即便在上古时期人们也不会将自己创造的财富无偿献给政教集团。笔者认为以上质疑缺乏依据，因为人类自愿向宗教供奉财富从古至今一直都在延续着，例如当今佛教修建庙宇的资金主要源于信徒们的供养。而这种虔诚的供养，很像佛教传入中国后出现过的三个鼎盛时期，而每个鼎盛时期却都因为灭佛运动戛然而止。

在中国历史上曾发生过三次反佛运动，也被称之为“三武灭佛”。三武灭佛运动的主要原因，是因为佛教与国家在经济利益上出现了冲突所导致。因为随着佛教的不断发展，各地争相建造寺院，不仅占据了大量的田地，而且佛教僧侣不税不征，甚至有很多信徒还将自己的土地与财富全部捐给了寺院，这不仅影响到统治者所征收的田园赋税，更重要的是还夺走了统治阶级的向心力，也正因为佛教触犯了统治阶级的底线才会招来三次灭佛运动。

由此可见，信徒们向宗教供奉财富古今有之并不稀奇。而唯一不同的是，三武灭佛还源于当时政教分属于两个不同的体质，如果佛教当时已是统治阶级的国教或者说是政教合一的联盟体，恐怕中国历史上就不会出现三武灭佛运动了。然而，也正因为井田制度诞生于我国政教合一的历史年代，才能促使井田制度的诞生与不断改革的持续发展，我们今天才有可能通过符号的发展规律厘清井田制度的发展演变过程。因此，笔者的上述推论应该比较符合中国的国情，也符合卍字符号源于井田制度的发展演变规律。

第二节　“卍”字符号所承载的史命

当我们在猜测各种文明是否相通，是否在历史上的某个阶段有过共融，是否它们之间存在着起源与传承的演变关系时，往往会被中国文化一元论断然否定。确实，地球如此辽阔，各种文明会因海洋、山脉、荒漠所阻隔，何况在数千年乃至上万年前，那时交通工具更为落后、道路遥远且又险阻艰难、丛林中的毒蛇猛兽不仅威胁着人类的正常迁徙，还致使东西方文明与文化交流变得没有可能。

但是，我们却不能小视我国先民们曾有过的超凡智慧与执着精神，因为中国的进步发展与文明的诞生，正是在这种超凡智慧与执着精神的感召下才得以完成的。

在研究中国上古宗教历史的过程中，发现中国上古宗教和古印度教以及佛教存在着诸多相同与相似之处。例如，为什么中印两国的上古宗教都在普遍使用着卍字符号？ 卍字符号的历史成因究竟是在中国还是在古印度？ 两者究竟是谁在影响着对方？ 这些问题是需要我们认真思考的问题，否则两国宗教所存在的诸多相同与相似的文化现象将永远得不到合理解释。

本节将从卍字符号的角度入手，分析研究中印两国的上古宗教究竟谁是“卍”字符号的创建者，谁又是卍字符号的承袭者或使用者。(图 5-7)

图 5-7　释迦牟尼胸前的卍字符号

关于“卍”字符号，人们似乎一直关心的只是它的左旋和右旋的使用意义与区别，而很少有人关心或研究“卍”字符号的成因历史，以及它所承载的人类宗教历史价值。例如“卍”字符号，通常被认为只是佛教的专属符号。在中文里，它被读作万（wà n）字，成为了一种象征着吉祥、富贵、祥瑞的符号，有人称它为“万字不到头”，佛祖释迦牟尼的胸前所镌刻的即是这个符号。对于“卍”字符号的来历，通常认为它是古印度宗教的吉祥标记，它象征火炎上升的意思，后来发展为佛教中佛陀的“三十二相”之一。武则天，则将其读音定为“万”字。按照我国文献记载，“卍”字符号是随着佛教传入中国的。在印度，这个符号的梵文读音是“室利踞蹉洛刹那”，意思是“吉祥海云相”，也就是说呈现在大海与云天之间的吉祥气象。而在中国佛教中，对“卍”字的翻译解释也并不统一，北魏时期在一部经书中把“卍”译成了“万”字；唐代的玄奘却将它译成了“德”字，并因此来强调佛的功德无量；而唐代女皇武则天，又再次强调将“卍”字符统一定为“万”字的读音，意思是集天下一切吉祥功德永传后世。

以上诸多记载，无论人们将“卍”字符号命名为“万” 字还是“吉祥海云相”，以及印度所认为的“吉祥标记”或佛教将其命名为“三十二相”之观点，笔者认为这些命名都是出自主观意识的世俗想象，而绝非是它所承载的本真历史属性。如果站在符号学角度分析，卍字符号在世界各地不仅流传甚广，而且它所承袭的历史沿革也极其久远，因此卍字符号并非是人们想象的那样属于区域或民族属性的吉祥符号，而是承载着人类宗教信仰特殊含义的一种专属符号。

例如在古代印度、波斯、希腊、埃及、特洛伊等国的历史上均有出现，后来被古代的一些宗教所沿用。“卍”字符号最早被人类解读为太阳神或火神的象征，世界上许多民族都曾把“卍”字符号作为古代宗教的标志。在我国六千年前的甘肃马家窑彩陶文化上出现过这种符号，在西藏阿里日土县发现的日土岩画上也有“卍”字符号的演变进程序列图，在古希腊、波斯、古巴比伦等欧亚许多民族的文化中这个符号均有出现，也被一些古代宗教所沿用，如婆罗门教、佛教、耆那教等都曾使用过。又如在古代美索不达米亚的货币上有“卍”字符号，在早期基督教艺术和拜占庭艺术中仍可见到“卍”字符号。玻里尼西亚人、南美洲和中美洲的玛雅人、北美洲的纳瓦霍印第安人也都用过“卍”字符号。早期日耳曼民族共有的神祇托尔是个雷神，“卍”字符号是他的槌子。在西亚的新石器时代遗址伊朗法尔斯省波斯波利斯之南的巴昆遗址，出土有公元前 3,500 年的彩陶，其中有象征生育的女神陶象，她的肩上就刻着这种“卐”字符号标记。巴西原始民族卡拉耶人装饰品上也印有“卍”字符号，以及佛祖释迦牟尼胸前所浮现出的“卍”字符号等等，其实卍字符号一直都在以它神秘的宗教属性在弘扬着它亘古演变而来的历史含义。（图 5-8）

以上列举的事实证明，虽然我们在很多宗教体系中都能发现卍字符号的使用迹象，但是却没有哪个国家能够提供该符号的成因依据以及发展演变过程。而唯有华夏文明，不仅承载着卍字符号是源于井田制的发展演变，而且通过井田制度发展还能看到井田符号升华演进到巫字、卍字、十字符号的发展进程。不仅如此，在华夏文明区还有诸多实物佐证在诠释着卍字符号的历史由来，以及通过上古宗教向西传播的实物佐证。德国历史学家 迈纳克，曾在 1936 年 1 月 23 日普鲁斯科学院发表的纪念演说中指出：“必须严格核实人类生活中的各种见证物，必须无条件地要求具有最真实、最原始的资料，并厌恶一切模棱两可和混乱不清的东西。”由此可见，厘清卍字符号的历史成因，对溯源人类上古宗教的成因史与发展演变脉络，具有极其重要的意义。

图 5-8　我国马家窑陶器上出现的卍字符号

第三节　希特勒所误用的卍字符号

提到卍字符号，人们肯定会联想到德国独裁者希特勒使用过的卐字符号。但需要说明的是，虽然希特勒也用过“卐”字符号，但是通过他对人类所犯下的滔天罪行不难看出，他对卍字符号的属性并不了解。在前文笔者曾提到，卍字符号最初起源于我国上古宗教的井田符号（即井田制度）。随着井田制度的发展演变，井田符号便成为了彰显人类精神文明的标志性符号。准确的讲，它应该属于人类社会进步到文明阶段的时代表征。

而希特勒对卐字符号的理解，我们可以在他撰写的《我的奋斗》一书中找到答案，该书是这样描述的：“红色象征我们这个运动的社会意义，白色象征民族主义思想；而‘卐’字则象征着争取雅利安人胜利斗争的使命。”通过这段描述不难看出，希特勒不仅曲解了卍字符号的文化属性，而且还在玷污着该符号具有正能量的神圣使命。(图 5-9)

据相关文献记载，在希特勒寻找超自然力现象的过程中制订了很多秘密计划，这其中包括组织各色“专家”，对人种、血统、古代宗教、古代遗址、神话传说等进行过逐一筛查研究，甚至还专门组建了一支‘祖先遗产委员会’，对圣杯、圣枪的寻找计划以及对古文字的探索研究。不仅如此，希特勒还通过占卜、占星术等手段指导过德军的军事行动。他最为推崇的则是，针对日耳曼人“优秀”人种进化为具有超常能力的新人类学说。他的追随者希姆莱，对这些神话传说更是深信不疑。他们相信，一旦证明雅利安人的祖先是神族，只要借助选择性繁殖等种族净化手段，便能创造出具有超常能力的、所向无敌的雅利安神族部队。

图 5-9　希特勒使用卐字符号

要知道诱发这一事件的起因，则是源于欧洲流传着一段关于亚特兰蒂斯（大西洲）的神话传说。在传说中，亚特兰蒂斯大陆被描述成无比富有，那里居住的人都具有超凡能力属于神族。有关它的文字描述，最早出现在古希腊哲学家柏拉图于公元前 350 年撰写的《对话录》一书。书中提到：“在 1.2 万年前，地中海西方遥远的大西洋上，有一个令人惊奇的大陆。它被无数黄金与白银装饰着，出产一种闪闪发光的金属——山铜。那里有设备完好的港口和船只，还有能够载人飞翔的物体。”亚特兰蒂斯的势力远及非洲大陆，但是在一次大地震后，这块大陆沉入海底，一些亚特兰蒂斯人便乘船逃离。传说那些亚特兰蒂斯人的后代，曾在中亚创建过一段辉煌的文明，之后一部分人又向西北和东方迁移，最终在中国西藏和印度落脚，便分别成为了雅利安人和印度人的祖先。

对这些记载，一些纳粹专家深信不疑并因此宣称亚特兰蒂斯文明确实存在，认为雅利安人只因后裔与凡人结合才失去了他们祖先的神力。因此在 1938 年和 1943 年，经希特勒批准，纳粹党卫军头子希姆莱亲自组建了一支探险队，他们两次深入西藏，其目的则是寻找“日耳曼民族的祖先”以证明亚特兰蒂斯神族存在的证据，同时还在寻找能够改变时间、打造“不死军团”的“地球轴心”武器。据说谁能找到它们，谁就能够得到一种生物场的保护，不仅“刀枪不入”，而且还能任意控制时间的变化与事态的发生。

从表面上看，希特勒在寻找的超自然力现象极其荒诞不羁。但是，如果我们站在客观的角度去审视该事件的历史诱因，却又不难发现那些传说与记载并非空穴来风，而是另有其出处。首先需要说明的是，在人们没有弄清雅利安人祖先为什么会是神族之前，肯定所有的人都会认为希特勒是个神经病。但如果我们能将这一事件，与创建华夏上古宗教信仰的人群联系到一起，就不难发现希特勒所做之事并非源于癫狂。

为什么这么说呢，因为创建华夏上古宗教信仰的这支人群，恰恰是源自上古时期从雅利安族系中脱离出来的一支原始族群，从这个角度看他们仍可被称之为是雅利安人的祖先。也正因为如此，我们才有可能在巴蜀地区看到三星堆人将自己塑造成神或神的使者雕像，和诸多能够与神进行沟通的祭祀神器，以及那些预示着能遨游太空的宇宙飞行器造型。由此可见，华夏先民所创建的人类上古宗教信仰，不仅诠释着宇宙超自然力的神秘现象，而且诸多实物佐证还在支撑着该宗教信仰的发展演变过程。又如，在我国青海发现的 12000 年前的杜立巴石碟、内蒙古新石器时期的阴山岩画及外星人画像、以及在 6000 年前的红山古玉、5000 年前的良渚古玉、4000 年前的齐家古玉、3800 年前的三星堆和金沙古玉、以及 3400 年前的商代鱼国古玉中出现的形状各异的齿轮状器物等等，这些实物佐证不仅采用器物造型在讲述着人类对宇宙超自然力现象的崇拜信仰，同时还在借助物象符号在彰显着该信仰传承有序的发展演进过程。

既然华夏曾是人类最早创建宇宙崇拜信仰的发祥地，想必这里也曾被人们公认为宗教的圣地；既然华夏曾是人类所公认的宗教圣地，想必圣地的人肯定具备与神进行沟通的能力并被称之为神的信使；既然圣地的人能够被称之为神的信使，想必他们所做的一切事物都会与神有关，既然他们所做之事都会与神有关，那么他们所建立的卫队也会被人们称之为是一支保护神的部队；既然他们属于保护神的部队，那么也就意味着该部队属于神族建立的兵团；既然他们是神族建立的兵团，肯定每个人都具有超常的能力并且刀枪不入；既然他们都具有刀枪不入的超常能力，那么也就意味着这支部队属于一支战不死的兵团；既然他们属于一支不死的兵团，那么也就不难理解在西方的神话故事中因何将我国西藏描绘成“地球轴心”，以及雅利安神族曾居住过的神秘地带了。

第四节　地球轴心与轴心时代理论的互证

对笔者的上述推论，很可能会有人提出反对意见。认为，如果创建三星堆宗教信仰的人群，就是希特勒在寻找的雅利安神族，那为什么希特勒没有派人到四川地区去寻找反而跑到西藏寻找“雅利安神族” 以及传说中的“地球轴心”武器呢？

笔者认为，这很可能与希特勒所掌握的资料受到局限有关。因为当时他们所能找到的文献，也仅限于上古宗教传播到西藏所彰显的那段历史，而有关该宗教承袭的宗教法脉却不得而知。就希特勒到西藏寻找“地球轴心”的事件而言，该事件其实已经证明了华夏曾经是人类宗教圣地的事实。因为在我国西藏，不仅遗留着古象雄文化与苯教的亘古历史，顺延其法脉还可上溯到川藏地区的三星堆和金沙文明。(图 5-10)

要知道，希特勒派人到西藏寻找的“雅利安神族”和“地球轴心”并不存在。特别是传说中的那个“地球轴心”，其实这个所谓的“地球轴心”与德国哲学家雅斯贝尔斯在1949年出版的《历史的起源与目标》中提出的“轴心时代”理论具有同等的意义。

图 5-10　希特勒派人到西藏寻找“地球轴心”

雅斯贝尔斯提出：公元前 800 至公元前 200 年之间，尤其是公元前 600 至前 300 年间，是人类文明的“轴心时代”。“轴心时代”发生的地区大概是在北纬 30 度上下，即北纬 25 度至 35 度区间。这段时期是人类精神文明的重大突破时期，在这个轴心时代里，世界各文明都曾出现过伟大的精神导师或哲人—例如，古希腊有苏格拉底、柏拉图、亚里士多德，以色列有犹太教的先知们，古印度有释迦牟尼，中国有孔子和老子……。这些先知们所提出的思想原则，不仅塑造出了各自不同的文化传统，而且还在影响着人类的生存与生活方式。虽然，中国、印度、中东和希腊之间有着千山万水的阻隔，但是在轴心时代各地区所创造出的文化传统却存在着很多相通与相似之处。

要知道，雅斯贝尔斯提出的轴心时代理论，所泛指的应该是一个历史阶段世界各地的精神导师，所打造出的类似的文化思想与相通的文化传统。然而值得注意的是，这种近乎于类似和相通的文化现象，如果没有某种启示或诱因是根本不可能形成的。那么，究竟是何种启示或诱因，才促使这个“轴心时代”的产生呢？ 遗憾的是雅斯贝尔斯并没有给出合理的解释。

探究人类文明史，其实早在人类上古时期就已经出现过一次“轴心时代”，那次“轴心时代”所彰显的文化现象，就是四大文明古国共同秉持的宇宙崇拜信仰和宇宙创世学说。例如，在四大文明古国之中的古埃及文明，埃及创世主是宇宙之主太阳神“拉”，他诞生于一枚宇宙金卵，是“拉”开创了古埃及文明的历史先河；而古印度文明的创世主则是宇宙大梵天，梵天神是从混沌的宇宙中驾着一枚金卵而来，也就是说他是由这枚宇宙金卵所生；而华夏的创世主则是“盘古”英雄，他是源于一枚混沌的宇宙鸡蛋，在沉睡了 8 万年苏醒后劈开了那枚宇宙鸡蛋，清澈的一半为天、浑浊的一半为地，这段传说便成为了华夏文明的历史开篇。值得注意的是，为什么在四大文明古国之中的三大文明都秉持着宇宙金卵创世说，这种极为雷同的宇宙金卵创世说难道不应该属于人类第一个“轴心时代”

的文化现象表征吗?

由此可见，雅斯贝尔斯提出的“轴心时代”理论并非出于偶然，而应该是受到了第一个“轴心时代”的影响才得以形成。因为，如果没有上古宗教的宇宙崇拜信仰和宇宙金卵创世学说的理论基础，恐怕第二个“轴心时代”根本就无法形成。因此，雅斯贝尔斯提出的轴心时代理论，应该属于人类第一个“轴心时代”的承袭者或集大成者才对。因为，能够将世界各地的精神导师和哲人的思想凝聚在一起，并分别能够创造出类似的文化现象与相通的文化传统的钮带，恐怕唯有人类上古宗教创建的宇宙崇拜信仰和宇宙金卵创世学说能够做到这一点。

就时间的生物场而言，要知道唯有宗教信仰才能创造出能够改变时间的生物场，而只有宗教意识形态才有可能打造出精神层面的不死兵团。可以肯定的讲，希特勒到死都没有弄明白他派人到西藏寻找的那个能够改变时间的生物场、并能够打造出“不死军团”的“地球轴心”武器，其实就是我国先民所创建的“上古宗教信仰”。因为只有宗教信仰，才能改变时间的生物场，只有宗教信仰才能创造出精神层面的不死兵团。

让我们再回到本章节的主题，虽然卍字符号一直伴随着人类历史发展至今，并且被世界各民族广泛传播和运用，但却没有哪个区域民族能够厘清卍字符号的历史成因以及它所承载的亘古使命。然而值得庆幸的是，中国上古宗教创建的井田符号体系为揭开卍字符号的历史成因，以及它所承载的历史使命提供了弥足珍贵的佐证依据。因为该宗教的符号体系，不仅诠释着卍字符号源于我国井田符号的发展演变，而“井田符号”的演化过程又在阐释着井田制度为宗教发展所起到的作用。

第六部分

礼乐制度催生礼乐器文明

第十四章　华夏礼乐制度的成因史

据文献记载：中国的“礼乐制度”起源于西周时期，相传为周公所创建，它和封建制度、宗法制度一起，构成整个中国古代的社会制度，对后世的政治、文化、艺术和思想影响巨大。

周灭商后，西周统治者为了巩固其统治地位，建立了一系列政治制度以支撑周王朝天下太平，当时最主要的四大制度为：分封制、井田制、宗法制、礼乐制。其中的礼乐制度尤为重要，似乎已成为了当时社会的导向，因为周朝想通过礼乐制度来规范贵族的身份地位，要求贵族在衣、食、住、行等方面都要符合自己的身份，贵贱长幼之间要有明显的差别。周公制礼作乐，规定了吉礼（祭礼)、凶礼（丧礼)、军礼（行军，出征)、宾礼（朝觐，互聘)、嘉礼（婚宴，加冠）等，使贵贱有差、尊卑有别、长幼有序，实行所谓“刑不上大夫，礼不下庶人”。

礼乐制度又分礼和乐两个部分。礼的部分主要对人的身份进行划分和社会规范，最终形成等级制度。乐的部分主要是基于礼的等级制度，运用音乐进行礼的仪式。

礼乐制度的形成，是维系奴隶制等级观念的规范，也是奴隶主阶级借以巩固其统治地位的重要手段。《礼记·曲礼》云：“夫礼者，所以定亲疏，决嫌疑，别同异，明是非也。”又云：“君臣、上下、父子、兄弟，非礼不定。”在举行祭祀、宴享、朝聘、婚冠、丧葬等宗教和政治活动时，均使用礼乐器。礼乐器是表明器主身份、权位的标志物。正如《左传·成公二年》所云：“器以藏礼，礼以行义。”又云：“唯器与名不可以假人。”丧葬礼是礼乐制度的重要组成部分。死者入葬时所享受的待遇，依生前的品级和社会地位而有所不同。

然而随着西周社会制度的土崩瓦解，礼崩乐坏，中国历史进入了东周的春秋和战国时期。春秋时期的儒家创始人孔子面对春秋时期的社会乱象，极力主张恢复西周的礼乐制度，提倡“克己复礼”，认为只有恢复礼乐制度，实行仁爱，才能解决当时的社会问题，实现“天下有道”的和谐社会。孔子对礼的解释是：“君君，臣臣，父父，子子”，“发乎情，止乎礼”。孔子不但主张和提倡恢复礼乐制度，还身体力行。传说他曾向老子问礼，又曾痴迷于乐，达到“三月不知肉味”的境地。

由此可见，中国礼乐制度形成于西周，盛行于春秋战国，似乎已经成为了不争的事实。但是，当我国商代鱼国宗教的祭祀礼乐器被发现后，我们所看到的却是一段与文献记载截然不同的礼乐制度的成因史与发展史。例如在商代鱼国的祭祀礼器中，我们不仅能够看到用大型组合件支撑起来的横梁式玉编钟和玉磬以及玉鼓，而且在琉璃礼乐器中还出现了形状各异尺寸不等的诸多琉璃箫、琉璃号、琉璃磬、琉璃编钟、琉璃直鼓以及花盆鼓，这些足以组建出几个大型乐队的各种礼乐器，不仅器型硕大材料精良而且制作工艺水平也极其精湛。

这些实物佐证说明，我国商代鱼国宗教不仅制作了诸多用于祭祀的各种乐器，同时还创建了一整套服务于祭祀活动的礼乐制度。

第一节　礼乐制度的发展演变

据史料记载，商民尚鬼神重享乐，乐舞源于祭祀，神秘色彩虽浓，但其娱乐功能并不缺失。狂热的宗教信仰体现着巫乐的本质，他们的音乐基本可分为两大部分，即“巫乐”和“淫乐”。“巫乐”中体现的是狂热的宗教意识形态，而“淫乐”的主要特征表现在酣歌狂舞和漫无节制。这是商代贵族阶级纵情声色、为欢作乐的产物。在史料中曾有“大聚乐戏于沙丘，以酒为池，悬肉为林，……为长夜之饮”的诸多相关记载。

商时期六曲七舞风靡一时，它不仅是歌舞享乐的形式，更重要的，它还是人与神沟通的语言。在古人的观念里，有礼而无乐相伴，是不能成为真正的大礼。我国自上古时期开始，凡是举行大型的庆典和祭祀活动，都必须以声乐歌舞相伴。在祭祀频繁的商代，隆重的乐舞已是祭祀仪式中必不可少的一部分。“礼乐”一词，足以说明礼仪与乐舞的密切关系。商代人用音乐招募鬼神，通过歌词倾诉祈祷者的内心愿望，而乐舞是人们向鬼神奉献的供养，以此才能获得人与鬼神相沟通的境界以及得到他们的庇佑。

由此可见，我国商代就已经出现了两种礼乐制度，一种是宗教祭祀所使用的“巫乐”；而另一种则是商贵族阶级为欢作乐而纵情声色的“淫乐”。然而这两种不同的礼乐制度，恰恰暴露出商时期所存在的两大社会环境，例如“巫乐”所泛指的文化氛围，应该是商时期具有宗教信仰的社会环境；而“淫乐”所泛指的文化氛围，则是商王朝贵族阶级所生活的社会环境。那么问题也就随之出现了，众所周知商王朝从未建立过自己的宗教信仰体系，既然商王朝没有创建过宗教信仰，那文献所记载的巫乐又所指的是哪个区域的社会环境呢?

从我国近些年发掘出土的夏商礼乐器看，夏代只出现过三种乐器，即石磬、陶埙和陶铃，其材质不是石头就是陶土。然而乐器发展到我国商代，伴随着青铜材料和玉石器的普遍使用，制作乐器的材质也产生了质的变化，例如在这一时期出现了玉铃、铜铃，玉鼓、铜鼓，玉磬、铜磬，玉编钟和铜编钟等乐器，这些乐器不仅制作精美，而且造型品种繁多。其材质的改变不仅丰富了古代乐器的种类，同时也提高了乐器的音色与音质。《说苑》中引用墨子的话说商纣王“钟、鼓、管、弦，流漫不禁”。这一记载说明，商代就已经出现了鼓、磬、编钟、琴瑟、管箫之类的乐器，其流漫不禁的场景叙述也诠释着礼乐制度在我国商代就已经形成。

然而，从西周出土的诸多文物来看，礼乐器在西周时期并没有发生太大的改变。据文献所载，在周朝建立后，周公对于殷商王族给予了足够的宽容和尊重，他曾邀请殷商遗民协助其制礼作乐以规范制度、并以达到重建社会秩序的目的。由此可见，周朝制定的礼乐制度是以前朝殷商文化作为依托才得以编修出了《周礼》。

从另一个角度分析，我们仍能找出商代就已经创建了礼仪制度的佐证依据。例如，孔子对周朝的礼仪制度曾作出过客观的评定，并提出了三代礼仪制度都有所损益的观点。《论语·为政》中孔子曰：“殷因于夏礼，所损益可知也；周因于殷礼，所损益可知也。”子曰：“周监于二代，郁郁乎文哉！ 吾从周。”意思是说：“周礼是借鉴于夏礼和殷礼，并在夏礼和殷礼的基础上发展演变而来的，不仅丰富多彩而且完备之至！因此我遵从周礼。”

既然我国夏、商、周三代的礼乐制度存在着损益，那么也就意味着三者之间应存在着承袭发展的必然联系。既然三代的礼乐制度存在着承袭关系，那么理应在考古发掘中能够找到支持孔子观点的物证依据，但遗憾的是迄今为止田园考古仍未发现相关的线索。

然而值得庆幸的是，在中国民间收藏的上古玉和上古琉璃器物中，却出现了大量支持孔子观点的实物佐证。例如，商代鱼国宗教所使用的祭祀礼乐器，不仅从物证角度补正了孔子提出的三代礼乐制度都有损益的观点，同时还界定了我国巫乐制度与淫乐制度分属于两个不同社会环境所使用的两种礼乐制度。巫乐所泛指的，应该是我国商代鱼国宗教集团所使用的祭祀礼乐制度；而淫乐所泛指的，应该是中原商王朝贵族集团用于庆典和淫乐所使用的礼乐制度。

然而，也正因为这两大礼乐制度所处的社会环境不同，所以两种礼乐制度的性质与服务对象也有所不同，因此在文献中才会出现“商用音乐招募鬼神，用乐舞向鬼神献祭”以及“大聚乐戏于沙丘，以酒为池，悬肉为林，……为长夜之饮”这两种不同记载。

第二节　鱼国礼乐器—鼛曚

鱼国的祭祀古玉，不仅向世人彰显出鱼国宗教当年恢宏的祭祀场景，而且那些形状各异的祭祀礼乐器还诠释着鱼国宗教礼乐制度传承有序的发展演变过程。

在鱼国祭祀礼乐器中，最令人震撼的则是一件硕大的祭祀玉鼓。这件玉鼓器高 90 厘米，直径 32 厘米，器重约 200 多公斤。这件玉鼓的器身，正反两面雕刻着两幅立人神像，神像为方脸表情肃穆，其双目是由两个大小不等的圆环所组成，双眸圆睁着向外凸起，瞳孔则是采用绿色松石镶嵌而成，二目圆睁注视着前方，显得炯炯有神；神像眉弓与鼻梁直通而下，呈现出 T 字状，鼻根丘直挺饱满俗称通鼻梁；鼻子与上唇之间的人中深而细长，彰显着长寿之相；神像的嘴俏丽而美观，上唇薄而且结节下垂，下唇厚则突显饱满，嘴角上翘呈抿嘴微笑状；该神像身穿朝服，双手抱于胸前呈行礼状，大腹便便憨态可掬，脚踏花边朝靴被朝服半遮半掩，俨然一幅神圣不可侵犯的气质。(图 6-1)

图 6-1　鱼国祭祀古玉中的鼓曚

这件玉鼓不仅器形硕大，而且器物造型设计也可堪称为精妙绝伦之作。最初，笔者认为这件器物只是一件玉琮器，但是只因它与玉琮器又存在着很大的差异，所以迟迟未能将此器物归纳到玉琮器的范畴。

理由是，这件器物并非像玉琮器那样呈现出外方内圆的“天圆地方”造型，而是从上到下呈现出圆柱体的形状。而且在器物的圆柱体上，还以高浮雕的制作手法雕刻着正反两幅立人神像作为器物的装饰图案，仅从这一点看就足以说明该件器物不属于玉琮器类。特别是在器物的口沿处，形成了外高内低的 10 度倾斜角，并在倾斜面的下端约三厘米处刻有一道很深的凹槽，其形状酷似圆箍，后经研究发现，这件器物应该是件玉鼓而绝非玉琮。(图 6-2)

图 6-2　鼓曚口沿处的 10 度倾斜角

既然这件器物为玉鼓，那它就应该有它最初始的历史称谓才对。查阅了很多古史文献后发现，在我国商周时期曾出现过一个极其怪诞的“瞽曚”一词。然而针对“瞽曚”一词的解读，有些学者曾认为它是指商周时期为统治阶级服务的神职人员，因为他们生下来就是瞎子，所以人们普遍将他们称之为瞽曚。

据《春秋左传正义・卷三十二》记载：瞽为诗，瞽，盲者，为诗以风刺。○瞽音古。盲，莫庚反。风，芳凤反。[疏] 注“瞽盲”至“风刺”。

正义曰：《周礼》乐官、大师之属，有瞽曚之职。东汉经学家郑玄云：“凡乐之歌，必使瞽朦为焉。命其贤知者以为大师、小师。”、“无目联谓之瞽，有目联而无见谓之曚。”无目是盲者也。诗者，民之所作。采得民诗，乃使瞽人为歌以风刺，非瞽人自为诗也。

《周语》云：“天子听政，公卿至于列士献诗，瞽陈曲。”韦昭云：“公以下至上士，各献讽谏之诗，瞽陈乐曲献之于王。”是言瞽为歌诗之事。

在《周颂》中有一篇《有瞽》诗：“有瞽有瞽，在周之庭。设业设虡，崇牙树羽。应田县鼓，鞉磬柷圉。既备乃奏，箫管备举。喤喤厥声，肃雝和鸣，先祖是听。我客戾止，永观厥成。”这是为周公摄政六年制礼作乐祷告祖先而作。

而在《周礼・春官序》中对瞽曚又有详细的描述：“瞽曚。上瞽四十人，中瞽百人，下瞽百有六十人，视瞭三百人”。综上，史料中对“瞽曚”有两种解释，一种为“盲者”，即“瞽盲”；而另一种为“乐”为“师”，“瞽曚”实为乐手。

众所周知，鼓在中国有着悠久的历史，相传在黄帝征伐蚩尤的涿鹿之战中，因九战不胜，后受元女之教，造“夔牛鼓”80 面，一震 500 里，连震 3,000 里，以鼓声大壮军威，最后终于擒杀了蚩尤。鼓不仅是远古先民尊崇的神器，同时它还是祭祀活动驱邪辟鬼与天地沟通的神器，它在歌舞及礼乐活动中扮演着极其重要的角色。

如果按照“瞽曚”就是鼓和乐的解释，那么这件类似于琮状的圆形器物很可能也就找到了它真实的属性。

让我们再来仔细观察这件鼓曚器的制作工艺。该器型的顶部内口沿，是以外高内低呈现出 10 度的倾斜角制作而成，而且在器物的外口沿下方两厘米处，还刻有一道深深的箍状形凹槽，这种刻意雕琢出来的凹槽，我们不应该简单的将其视为器物的装饰线，否则器物口沿处的 10 度倾斜角与这条凹槽将无法解释，因此两种奇怪的制作工艺应该有它更为实用性的用途才对。如果站在实用的角度分析，这件器物很可能是一件鼓形器物，因为只有从这个角度分析，该器物口沿 10 度的斜度角以及口沿下方雕刻出的凹槽才能找到它合理的解释。

也正因为器物造型的启发，笔者找来了一块擦汽车的麂皮暂且充当牛皮使用，并将其用水沾湿后蒙在了琮形器的口沿上，然后在器口下沿的凹槽中用绳子将麂皮系紧，再用剪刀将多余的麂皮毛边剪去，眼前赫然呈现出一只精美绝伦的玉鼓。在等麂皮风干后，鼓面上的麂皮紧紧的和玉鼓绷在了一起，用手敲击鼓皮即可发出低沉而洪亮的咚咚之声，其音质雄浑且震耳欲聋。这一实验结果表明，这件圆柱体的器物应该就是鱼国祭祀所使用的玉鼓，而器物顶部所呈现出的10度倾斜角，原来是为了减少鼓皮与鼓壁的接触面而专门制作出的斜度，因为只有这样才会使鼓面在被击打时能够达到最大的震颤幅度而不会影响鼓的音质，而玉鼓口沿下方所雕刻出的凹槽，恰恰是为了蒙鼓皮时为系绳而专门制作出的凹槽。(图6-3)

让我们再来看看玉鼓的传声系统又在哪里。当时设计玉鼓的艺术大师，则是采用玉鼓双面浮雕神像长袍的下摆所分出的三角形孔洞来作为玉鼓的传声系统，虽然神像长袍下摆的三角孔洞只占该器物的五十分之一，但是作为传声系统已经足够了。这种即巧妙又大胆的设计理念，不仅精妙绝伦而且还在颠覆着当今世人的所有想象。

图6-3　包上鼓皮的鱼国鼓曚

如果按照《说文解字》中：象形、指事、会意、形声的造字规律，去分析研究“瞽曚”一词的最初构成，仍不难发现“瞽曚”一词与商代鱼国玉鼓存在着异曲同工之处。

首先说说“瞽”字的结构：瞽字上面是个打击乐的“鼓”字，在鼓字下面则是个“目”字。而鱼国的祭祀玉鼓，整体造型为鼓，在鼓皮之下则刻有两幅神像二目圆睁，冷眼看去圆睁的双眼极其醒目。如果按照“瞽”字的造字结构，这件玉鼓已基本满足了“瞽”字所拆分出的“鼓”和“目”的条件，也就是说玉鼓与“瞽”字的造字结构完全吻合。

另外再说说“曚”字，曚字左边是个“日”字，右边则是个遮盖东西的“蒙”字。如果结合造字法的象形、会意与形声的解释，“曚”字应该是有东西将“日”蒙住的意思。在本书“玉琮铭文揭示鱼国历史”的一章中，曾详细介绍过鱼国社稷玉琮的中心圆孔具有象征着日的意思。因此，鱼国玉鼓上方的圆孔也应该具有“日”的象征寓意才对。所以，我们将玉鼓上方象征着“日”的圆孔用兽皮蒙住，这件器物便马上还原出了“鼓”的原型。由此可见，鱼国玉鼓无论从器物造型还是蒙皮后即可变为玉鼓的制作工艺，恰恰满足了“日”和“蒙”组合在一起即为曚字的造字过程。

由此可见，“瞽曚”一词，无论通过形声字义和鱼国玉鼓的相互印证，还是借助造字法对鼓曚一词的拆分解读，无不彰显出鱼国玉鼓就是瞽曚一词的造字原型。当然，这个即怪诞又令人生疏的“瞽曚”一词，如果没有鱼国玉鼓的这次研究过程，恐怕永远也无法还原出鼓曚的真实历史属性。然而，这次商代鱼国玉鼓与鼓曚一词的偶然邂逅，不仅让世人会重新审视我国先民的造字水平，同时它还会成为日后寻找古代文字造字原型最为典型的成功范例！

第三节　鱼国礼乐器—琉璃箫

要知道，“箫”是从我国远古时期的骨哨演变而来的一种乐器。箫的历史成因极其悠久，在古代称之为“篴”或“羌笛”。在新石器时代，先民们最早是用竹子和苇类的“丛文依草”制作箫。古籍中曾有记载，箫是古代居住在四川、陕甘一带的羌族先民所使用的一种乐器。它一般为竹制，也有玉制的玉箫和铜制的铜箫等等。羌笛竖着吹奏，音色清脆高亢，并带有一种悲凉与惆怅之感。例如王之涣的“羌笛何须怨杨柳，春风不度玉门关”是形容羌笛悲壮苍凉最为真实的写照。由此可见，羌笛一直是我国陕甘地区以及四川等地的羌族最为喜爱的一种古老乐器。

然而，在笔者收藏的鱼国祭祀礼乐器中，箫却是用琉璃材料制作而成的，它们不仅材质精良，而且制作工艺也可称得上是精美绝伦之作。这些采用琉璃材质制作的琉璃箫，不仅数量庞大而且箫管上的浮雕图案也被雕刻的令人瞠目结舌。虽然它们的大小尺寸不等，最短的只有一厘米，而最长的可达一米多。

令人惊奇的是，这些琉璃管箫器在制作之初并没有作出分音孔，不同之处则是有长有短而且长短有序，短箫之间的差距大都控制在一厘米左右，而长的则相差一尺有余。一位当今制作管乐的大师观看后，提出了自己的独特见解。他说在制作管箫器时，箫管的长度是决定音质高低的关键，在业内被称之为“三分损益法”。(图6-4)

图 6-4　鱼国礼乐器琉璃箫

经查证，发现在司马迁的《史记》“律书第三”中曾写到：“……九九八十一以为宫。三分去一，五十四以为徵。三分益一，七十二以为商。三分去一，四十八以为羽。三分益一，六十四以为角。意思是取一根用来定音的竹管，长为 81 单位，定为“宫音”的音高。然后，我们将其长去掉三分之一，也就是将 81 乘上 2/3，就得到 54 单位，定为“徵音”。将徵音的竹管长度增加原来的三分之一，即将 54 乘上 4/3，得到 72 单位，定为“商音”。再去掉三分之一（三分损），72 乘 2/3，得 48 单位，为“羽音”。再增加三分之一（三分益），48 乘 4/3，得 64 单位，为“角音”。而这宫、商、角、徵、羽五种音高，就称为中国的五音。

中国音乐中用来定音律的“三分损益法”，与古希腊“毕氏学派”中的“五度相生律”的方法相同。

另外在声学中，声音的高低（如西洋音乐中的唱名

Do、Re、Mi、Fa……）指的是与物体振动的频率。当我们取一简单物体用来定音高时（如竹管、丝弦），则它的频率与其长度是成反比的关系。如果物体的材质固定，长度愈长，声音愈低。除此之外，当长度减为一半时，频率将变为原先的两倍；长度增成为原先的两倍时，频率成为原先的一半。我们将这种互为二倍数的特殊比例，定义为彼此互为“八度音”。（图 6-5）

图 6-5　不同尺寸的鱼国琉璃箫

由此可见，虽然这些琉璃箫管的尺寸长短不一，但是这种差异却决定着每支箫管的音律高低。因此，笔者提出了一个大胆的推论，是否这些长短不齐的箫管就是我国“笙”和“竽”的历史前身呢？笔者试着将这些长短不齐的琉璃管箫捆在了一起，眼前赫然显现出了“笙”和“竽”的形状。如果站在“笙”和“竽”的发声规律角度，会发现上述推论并非没有道理。例如，笙和竽的每根笙管只能发出自己的单音节，而笙管的长短尺寸又决定着它们各自的音律高低，如果将这些捆绑在一起的“笙”管拆散，被拆散的笙管不就是一堆长短不齐没有分音孔的箫笛吗？由此可见，鱼国的这些没有分音孔的琉璃箫很有可能就是我国“笙”和“竽”的历史前身。

下面让我们再从笙和竽的角度，去分析解读鱼国琉璃箫是否与箫和竽存在着必然的关联。

众所周知，笙是我国古老的簧管乐器，历史悠久，能奏和声。它以簧、管配合振动发音，簧片能在簧框中自由振动，是世界上最早使用自由簧的乐器。远在 3000 多年前的商代，我国就已有了笙的雏型。在殷墟出土的甲骨文中（公元前 1401 ~前 1122）已有“和”的记载。“和”即是后世小笙的前身。《尔雅・释乐》记载：“大笙谓之巢，小者谓之和。”在我国古代乐器分类中，笙为匏类乐器。《诗经》的《小雅．鹿鸣》中写道：“我有嘉宾，鼓瑟吹笙。吹笙鼓簧，承筐是将”，可见笙在当时已经甚为流行。

从战国到汉代的文献中，共同记载着笙和竽两种同类乐器。《周礼・春官》中有：“笙师，……掌教龡竽、笙、埙、籥、箫、篪、篴、管。”“笙”为官名，其职务是总管教习吹竽和笙等乐器。竽和笙的区别是：笙体小、簧少；竽体大、簧多。二者早期都是用嵌簧的编管插入葫芦内，并以葫芦作为共鸣体，故一些文献认为竽就是不同形制的笙，如《吕氏春秋・仲夏纪》高绣注：“竽，笙之大者”。春秋战国时期，笙竽是重要的吹奏乐器，竽还一度在宫廷、贵族或市民中广泛地流行。

东汉时期的《说文解字》记载竽为 36 簧。长沙马王堆一号汉墓中出土了一支竽，26 管，并设有折叠管，用于产生低音，簧是用铜片制成的。从出土的西汉百戏陶俑和东汉石刻百戏画像中，也可看出竽在百戏乐队中占有的重要地位。

隋唐时期竽还存在，但在九、十部乐中已不用，而笙在隋九部乐和唐十部乐中的清乐、西凉乐、高丽乐、龟兹乐中均被采用，因此唐代涌现出许多演奏笙的名家，他们的技艺都达到了较高的水平。竽发展到宋代，却骤然销声匿迹，因为在教坊十三部中，我们只能看到笙色而无竽色。（图 6–6）

据考证，我国最早的“竽”曾拥有过三十六根管，然而经过一段时间的发展演变后，最终减到了二十三根管，其管的长度各不相同，最长的能达到 78 厘米，而最短的才只有 14 厘米，每排是一根，加上蔑箍固定，看起来就像是长短不一的管子捆在一起，底部则带有两个按音孔。以上，就是我国古代文献对“竽”的详细描述。

图 6–6　中国古代最典型的吹奏类乐器・竽

然而，我国“笙”的最初形式，则是与同排箫相似，既没有簧片，也没有笙斗，是用绳子或木框把一些发音不同的竹管编排在一起的乐器，后来才逐渐增加了竹质簧片和匏质（葫芦）笙斗。

古代的笙，用葫芦作笙斗，后来吹奏者觉得笙斗体大、质脆，吹奏费气，于唐代以后改为木制，经过世代的流传，最后铜斗又取代了木斗。

在东汉的古籍里，记载笙的形制。《说文解字》中有：“笙，十三簧，象凤之身”。《宋书・乐志》说：“十九簧至十三簧曰笙。”

隋唐时期的笙有 19、17 和 13 簧多种；后来又流行一种 17 簧义管笙，这种笙在 17 簧以外另备两支“义管”供转调时替换用。后来 19 簧笙也失传了。

北宋景德三年，宫廷乐工单仲辛制作 19 簧笙，此后 19 簧笙在宫廷和民间又得到了普遍的应用。

自明、清以来，流行的笙多为 17 簧、14 簧（方笙）、13 簧和 10 簧。而当今民间所使用的笙，有 13 簧、14 簧、15 簧、17 簧等多种，但总体上讲还是以 14 簧和 17 簧最为流行。

虽然今天我们看到的笙和竽，最终是采用十三根长短不同的竹管制作而成，但通过管箫乐理的结构分析，每件管箫也只能发出一个单调的音律，这是因为管箫器的尺寸长短在决定着音调的高低。

以上诸多记载说明，商代鱼国所使用的这些琉璃管箫器，应该就是我国笙和竽未出现之前的历史雏形。由此可以判断，鱼国制作的这些长短不一的琉璃管箫器，在当时应该是由很多乐师合在一起才能吹奏出完整的曲目。如果按照我国最早出现的“竽”为三十六根管来计算，而且每个乐师还需要每支手各拿一支箫管进行交替吹奏，当时演奏一段曲目也得需要十八个人才能达到竽的独奏效果。不仅如此，这种需要多位乐师合在一起才能吹奏出曲目的合作方式，不仅需要每位乐师对所奏的曲目娴熟于心，而且还需要每位乐师所吹的单音节与其他乐师的音律紧密衔接到一起，方能演奏出一段流畅而完美的曲目。可想而知，这需要有多么高深的音乐素养以及合作精神的乐队才能做到这一点。

第四节　鱼国礼乐器—琉璃号

介绍完琉璃箫，再来让我们说说鱼国礼乐器中的琉璃号，曾为中国礼乐器的发展作出过怎样的影响和贡献。

众所周知，号角在我国有着极其悠久的历史而且传承至今。号角在我国考古发掘中，最早实物见于新石器晚期大汶口出土的陶号角，以及仰韶文化的华县井家堡出土的陶号角。这些号角,大都是仿照牛角号的结构制作而成，例如将角尖处磨平，中心旋孔与角内腔相通。陶号角发音低沉，多用于军旅集合号令和祭祀活动时所使用。

我国古代军旅中使用的号角是用兽角做成的，故称角，东汉时由边地少数民族传入中原，由于号角发声高亢凌厉，在战场上用于发号施令或振气壮威，如“鸣角收兵”，后来角也用于帝王出行时的仪仗。随着角被广泛使用，制角材料也改用轻易获得的竹木、皮革、铜角、螺角等材料所代替。然而，以竹木和皮革制作的角号发展到元明以后便逐渐消失，取而代之的则是用铜制作的角号开始广泛使用，直到清末新军创建洋式军号开始盛行，中国传统的号角从此便正式的退出了华夏历史舞台。以上这些记述，似乎就是我国号角成因与发展演变的全部过程。

然而，在笔者收藏的商代鱼国祭祀礼乐器中，我们却看到了与中原文献记载截然不同的号角成因史与发展史。例如，在鱼国的琉璃礼乐器中，我们不仅看到了有花瓣形状的琉璃号、人体造型的琉璃号、圆筒状的琉璃号、植物状的琉璃号以及酒瓶形状的琉璃号等达十几个种类，但唯独没有发现与牛角号类似的器物出现，这又该将如何解释呢？（图 6-7）

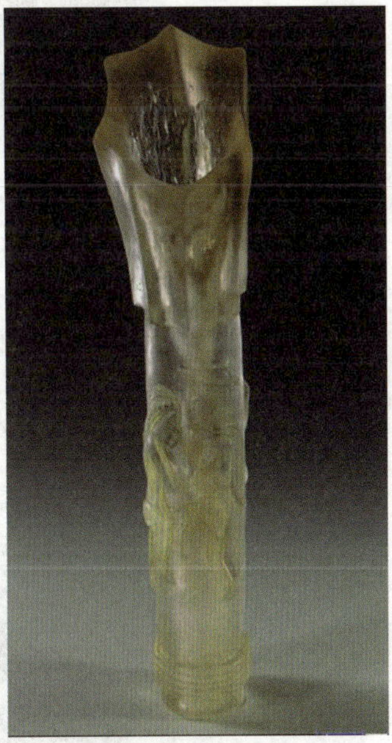

图 6-7　鱼国制作的琉璃号

笔者认为，虽然我们在大汶口和仰韶遗址发现了新石器晚期的陶号角，但这并不等于华夏区域的号角都是通过牛角号演变而来的。站在各区域民族的生存角度，大汶口文化和仰韶文化都地处于中原腹地，而且都是依靠牛耕文化发展起来的农业民族，而地处我国西北地区的鱼国人则属于游牧民族。虽然他们也崇拜牛图腾，但迄今为止还没有在鱼国制作的祭祀礼器中发现有牛角形状的器物出现，说明牛角并没有被鱼国人和鱼国宗教列入到可用来祭祀使用的神器行列。也就是说，牛角并不属于西北游牧民族的祥瑞之器，因此鱼国制作的琉璃号也并非一般人想象的那样是从牛角号演变而来，而应该是在制作琉璃管箫器的过程中，发现了管壁越粗发出的声音越为低沉的原理后，才启发了先民采用粗壮的植物花瓣以及人体臃肿的身躯作为琉璃号的器身，否则在鱼国制作的各种琉璃号造型中应该能够看到牛角的身影。

由此可见，鱼国宗教所制作的各种类型的琉璃号，不仅诠释了我国号角文化并非都源于牛角号的发展演变，而是不同区域民族有着自身对号声的理解和解读，才会出现中国南北号角存在着如此差异的文化现象。

第五节　鱼国礼乐器—琉璃磬

前面已经介绍了琉璃箫和琉璃号，下面将要介绍的是鱼国礼乐器中的琉璃磬。“磬”是中国古代民族最早用玉石制作的一种打击乐器，也是礼乐制度中的主要核心组乐。甲骨文中磬字左半像悬石，右半像手执槌敲击。磬起源于某种片状石制劳动工具，其形状在后来有多种变化，质地也从原始的石制演进到了玉制材料、琉璃材料和铜制材料制作的磬。(图 6-8)

图 6-8　鱼国制作的玉组磬

从黄帝使伶伦造磬以来，取片状石材，制成曲尺形，上钻磨一孔，悬挂敲击，器物造型酷似古人祭祀神明时曲身鞠躬的形状，因此才故有“磬折”之说。磬，有单个特磬与按律吕依次编排的“离磬”和“编磬”之分。单个特磬，作为氏族“鸣以聚众”的信号乐器；编磬则是在宗庙祭祀、宗族盛宴等大典时与编钟一起合奏的乐器。因此有“既和且平，依我磬声金石之声，煌煌乎位列圣殿，灿灿哉史载”《尚书》 的记载。在礼制严明的古代，用灵璧磬石制作的乐器已成为皇权、礼治的象征。(图 6-9)

图 6-9　鱼国的玉磬造型与图案

不管是在“乐声盈盈、万舞翼翼”的夏、商、周，还是在诸侯迭起的春秋战国，乃至汉、晋、南北朝、隋、唐、宋、元、明、清等朝代，灵璧磬石都有她显尊的位置。例如：安阳殷墟大墓的虎纹磬，蚌埠双墩1号春秋古墓的编磬，随州战国曾侯乙墓的编磬……等，都有着灵璧磬石神圣的魅影。崇尚礼制的古人认为逝与生只是生命的轮回，生前所用的东西，逝后也应相同，这也反映了当时社会的情形。而渐渐的昔日宫廷重乐、祭祀之器，带着她神秘的色彩走进了人们的生活。因此，灵璧石磬不仅被历代帝王视为珍宝所尊崇，也为历代文人雅士所衷情颂扬。《晋书》有载,《全唐诗》有篇,《宋史》有记,《元史》有章……。磬的历史悠久，据先秦文献《尚书·益稷》记载:“戛击鸣球”，“击石拊石”。这“鸣球”与“拊石”，即是磬在远古时期的称呼。磬的名称，见于《世本·作篇》，传说为尧、舜时人无句所作。或传:“磬，叔所造。”可见，至新石器时代晚期,相当于尧或舜做部落联盟酋长时，磬已在使用。《吕氏春秋·古乐篇》载：尧命夔击磬“以象上帝”、“以致舞百兽”，描绘出一幅古老的原始社会的乐舞生活场景。20世纪70年代在山西夏县东下冯遗址出土了一件大石磬，长60厘米，上部有一穿孔，击之声音悦耳。经测定，此磬距今磬约4000年，属于夏代的遗存，这是迄今发现最早的磬的实物。

由此可见，磬在商代已经广为流传其制作工艺已趋于精美，已被王室宫廷乐队所使用。1950年春，在河南安阳市武官村大墓出土一件虎纹大石磬，用一块白而青的大石琢成，长84厘米，高42厘米，厚2.5厘米，正面以刚劲而柔和的阳纹线条，雕刻出一只虎形纹饰，瞠目踞伏，作张口欲吞状，形象刚猛壮美，其音色悠扬清越，近于铜声，发略高于升C1音。单个的大石磬，称特磬；多枚音高不同的磬，称编磬。1935年安阳市侯家庄西北岗商代大墓出土的3枚刻有铭文的石编磬，经测定，其发音分别为：永启↑降b2，永余c3，夭余↑降e3，可演奏简单的曲调。 商石磬大多呈上弧下直的不等边三角形。(图6-10)

西周至战国时期，磬的形状上为倨句形，下为微弧形；汉代以后上下均为倨句形。 1978年，湖北随州曾侯乙墓出土了战国初年的一套石编磬，共32枚（大部已压碎、粉化,完好的共9枚)，原分上下两层，依次悬挂于精美的兽座龙首铜架上。这4组32枚石磬上，都刻有关于乐律的铭文及磬的音名，是研究中国古代音乐及编磬的珍贵资料。

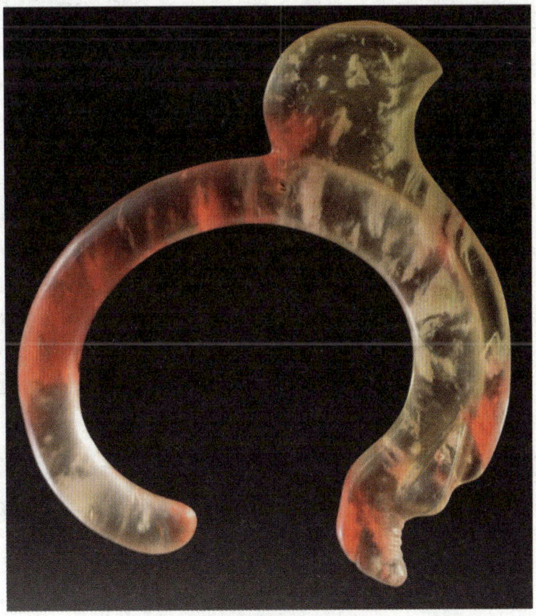

图6-10 鱼国制作的琉璃磬

然而，在笔者收藏的商代鱼国祭祀礼器中，我们不仅能够看到用玉石制作的玉磬，而且还有用琉璃材料制作的琉璃磬。值得注意的是，鱼国制作的这些琉璃磬并非是“磬折”的曲尺造型，而是采用红山文化的C形龙器作为琉璃磬的器身。起初，笔者将这些琉璃材料制作的C形龙，视为鱼国祭祀礼器中的龙形礼器。但一次偶然的碰撞，C 型龙器却发出了一种极其清脆的声音。当笔者再敲击其他部位时，发现这件 C 形龙器的每一个部位发出的声音都有所不同。 例如 C 型龙的吻部和尾部发出的声音为降 B 音，延音中还伴有 F 和 E 的尾音；C 型龙的飞翅部位所发出的声音，则是非常清脆的 D 加升 F 音；而 C 型龙的背部所付出的音律则是升 C，延音则是 D 的尾音。通过定音器的检测发现，C 形龙器基本都能发出五个音律，如降 B、E、 D、C、升 F，而在每个音律之间又伴随着不同音质的延音，如升 D、升 F、升 C 的尾音。笔者又拿来几只尺寸不一，大小不等的 C 型龙器再进行测试，发现较大的 C 型龙所发出的声音虽然也是五个音律，但音调较为低沉；而较小的 C 型龙器虽然也是五个音律，但所发出的音调普遍都为高音。（图 6-11）

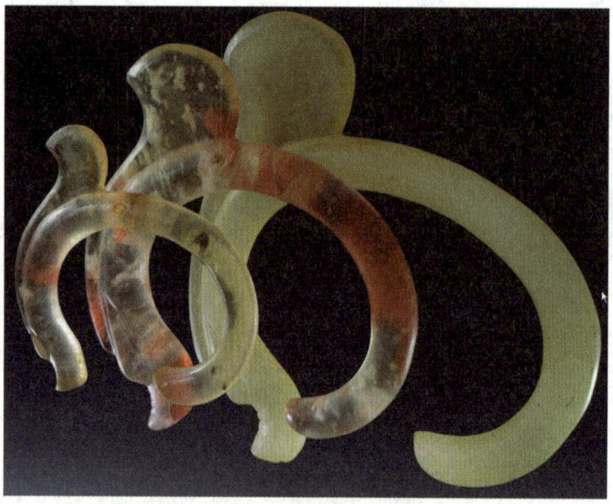

图 6-11　鱼国制作的琉璃组磬

由此可见，这些用琉璃材料制作出的 C 型龙并非是礼器，而应该是商代鱼国祭祀礼乐器中的编磬才对。要知道，磬作为古代的乐器，一般多为几件合成一组成为编磬，并且是按照音律高低的顺序排列使用。如果按照已发现的鱼国玉质的玉组磬的数量看，每组编磬一般七磬为一组或八磬为一组，因玉磬的声音是取决于玉磬的长短和厚薄差异来决定音律，因此编磬的数量也在决定着音律的使用范围。如果按照这一规律，鱼国制作的 C 型龙琉璃磬，也应该是按照高低音律的顺序编排而成的，也就是说，C 型龙琉璃磬也应该是以七个为一组或八个为一组排列而成。而掌控音律的高低，则是以 C 型龙大小和粗细以及长短来决定的。

在鱼国制作的礼乐器中，虽然我们看到了两种不同材料制作的玉磬和琉璃磬，但是它们所发出的声音却存在着天壤之别。例如，用玉石材料制作的玉磬虽然音色清脆，但是其音质却非常弱小，玉磬的振动频率也不甚理想。当然，在没有其他可比物的情况下，玉磬所发出的声音还是比较迷人的；但是当鱼国的琉璃磬被发现后，玉磬简直无法与琉璃磬的声音相提并论。因为琉璃磬发出的声音，不仅高亢洪亮，并且传声甚远，犹如金声玉振一般；其音律，铿锵悦耳，似乎能够裂石流云；特别是琉璃磬所发出的振动频率，不仅声音回荡不绝，而且延音中还伴有其他尾音，音调丰富悦耳，令人心旷神迷，真可称得上是：余音袅袅，不绝于耳。要知道，在我国青铜礼乐器没有诞生之前，鱼国琉璃磬发出的绝妙音律，可能是人类有史以来能听到的最美妙的音色了。鱼国制作的琉璃磬，不仅是我国礼乐材料史上的一次重大突破，还应该是人类音乐史上的一次升华演变；我们不禁要为上古先民的创造智慧而感到骄傲，同时还要为琉璃磬能够发出魂牵梦绕的音色所感到震惊。

第六节　琉璃礼乐器上的篆字铭文

在鱼国制作的琉璃礼乐器上，我们不仅能够看到当时的祭祀场景和人物狩猎的浮雕图案，而且在器物上还发现了很多单字或双字的篆书铭文。有些铭文字义像是乐器的音律注解，而有些铭文则像是对长者的尊称或宗族的庙号。

在这些祭祀礼乐器中有两件礼乐器尤为引人注目，一件是做工精美的琉璃箫，而另一件则是造型极为别致的琉璃号。这两件祭祀礼乐器，不仅质地晶莹剔透而且器物通体没有一点瑕疵和杂质，说明它们是鱼国晚期制作的产品。理由是，在鱼国中期制作的琉璃产品其杂质含量明显减少，而鱼国晚期制作的琉璃产品已普遍看不到杂质出现。由此可见，鱼国晚期制作的琉璃产品已极为成熟，并且对琉璃中的杂质提纯已经达到了登峰造极的技术水平。(图 6-12、 图 6-13)

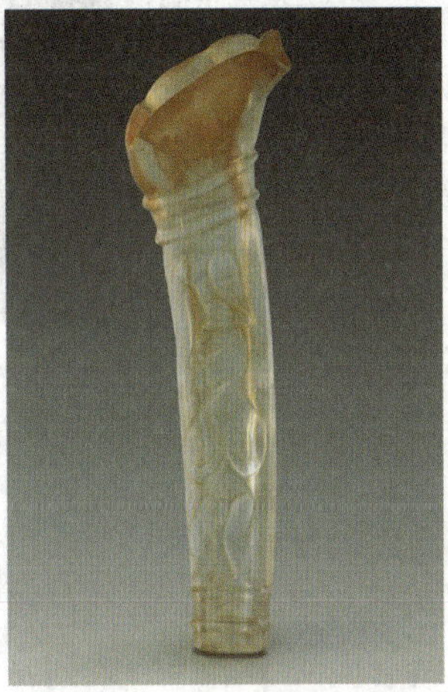

图 6-12　鱼国琉璃号上的图案纹饰—1

图 6-13　鱼国琉璃号上的“父癸”铭文—2

首先让我们介绍琉璃号：这支琉璃号，器长为 30 厘米；号体为扁方形，号的吹嘴为 3. 8 ×2. 5 厘米的长方形，距离吹口约一厘米处刻有两道躬起的圆箍作为装饰线条，号的喇叭口为 9 ×6 厘米的扁方形，呈现出某种植物的花瓣状；在号的器身正面，雕刻着一个头顶雄鹰的人物图案，他双手合十目视着前方，似乎是在做着某种祈祷；在号的背面，则刻有两个字形极其怪异的篆字铭文，经查证铭文为“父癸”二字。

而另一件器物则是琉璃箫，箫的长为 41. 5 厘米，直径为 2. 5 厘米。箫笛上刻满了纹饰图案，上边的吹口刻的是太阳神（实为牛图腾），而下边的吹口则刻着两支蝉图腾；在太阳神吹口的下端一厘米处，雕刻着一个头戴遮阳帽的男祭司，他双手各持着一支箫笛，二目则视着前方。为什么说他是位祭司呢，因为在他的胸肌处刻有一个十字形状的符号，在前文笔者曾介绍过该符号是由田字符号演变而来，并且也是巫字的一种简写形式。在祭司的下方，刻有一位全身赤裸着的女性，她一头卷发，高鼻阔目，双手合十的站立在祭司的下方。然而在箫笛的最下方，也就是刻有蝉的吹口一端镌刻着一个篆书铭文，经查证该铭文为“乍”字。

然而，这种将“乍”和“父癸”的篆书铭文，分别雕刻在两件琉璃箫和琉璃号的乐器上，不仅标志着两件器物是属于一位至高无上的大祭司所使用，同时铭文字义又佐证了两件器物属于我国商时期所制作的产品。据考古资料显示，在器物上出现“乍”和“父癸”的字义铭文多见于商代青铜器之中，例如在青铜器<戍嗣鼎>上就刻有“用乍父癸宝餗”铭文，又如山东桓台史家遗址出土的商代“父癸”铜觚，其圈足内也出现了“父癸”铭文二字。由此可见，刻有“乍”和“父癸”的器物大都属于殷商时期的产物，但是关于该铭文所承载的历史含义却仍是学界未解的一大谜题。如果我们借助其他与之相关的铭文字义进行分析，似乎也能从中窥探到该铭文字义所泛指的内容。(图 6-14，图 6-15)

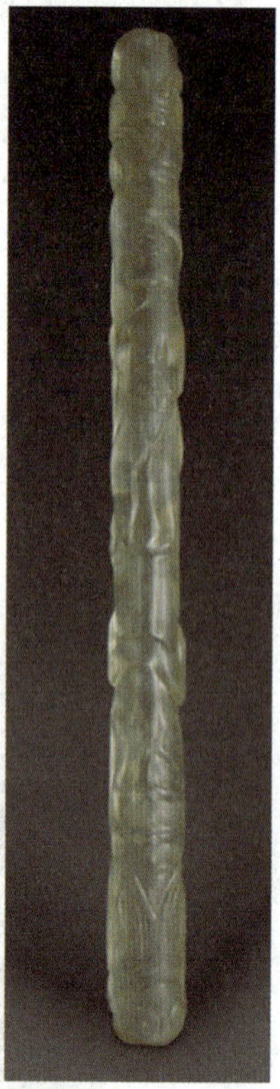

图 6-14　鱼国琉璃箫上的“乍”字铭文-1

“乍”字铭文，在甲骨文中多见此字，此字过去多有学者注意并考释，并基本上得到了一致认识，但对其构形，释意多有分歧。《说文解字》：乍，止也，一曰忘也，从忘从一。 鉏駕切 〖注〗 徐鍇曰：“出亡得一則止，暫止也”。

近代有学者认为，“作”所从之“匕”，即“耒”之粗写。后世加“人”又是会意兼形声方法的繁变，因此“乍”字亦是“作”之意。因此“乍”与“治做”、“制造”等有关，并且与后世的“作”义同。故《尔雅·释言》谓：“作，造，为也”，因此用于辞均近此意。说道这里，“乍”字本义及演变关系应该比较清晰了。直白的讲，“乍”与“作”义同，而且与治做、制造、为近义词。

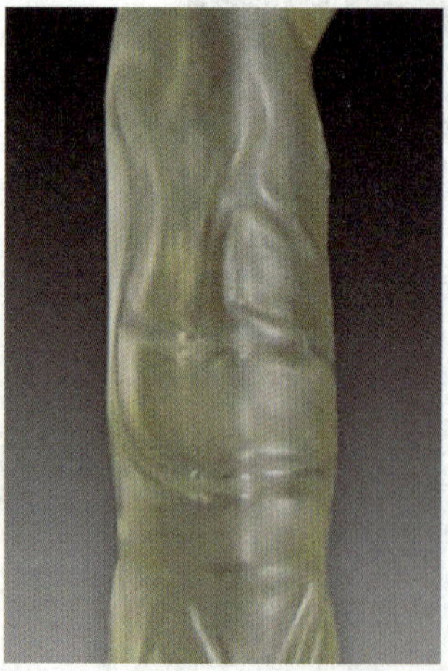

图 6-15　鱼国琉璃箫上的纹饰图案

“父癸”二字铭文，在商周时期的青铜器上多有出现，例如：父甲鼎、父丁鼎、豕形父已爵、龟父丙鼎、子刀父己方鼎、鱼父丙爵、虎父丁爵等一系列带有“父”字的铭文现象，而这些铭文中的“父”字，按照今天的理解，仅表示对上了年纪的老人的尊称或对男性长辈的称呼，并没有任何指代姓名的意义。但在上古时期，“父”却有着极为特殊的时代内涵：如，古人以为天地生万物，故称天为“父”。又如，“父天”表示以天为父，“父母国、父国、父母之邦”指代祖国或故土。此外，上古时期对官和长辈的称呼为“父”：又如《易经·说卦》上说：乾，天也，故称乎父；坤，地也，故称乎母。再如，“父至尊也”。又如：“父者，家之隆也。”“隆”，高出其他物体之上者。“父”，一国或一部族的长者，亦指古代宗族中管理公众事物的人。

由此可见，以“父”作为命名已在商代颇为流行，商代先民一般将父字放在“名”或“干支纪法”的前面所使用。如：父甲、父已、父丙、父丁、父辛、父癸等。“父”乃尊称，如“虎父丁爵”，表示父丁是国家统军的最高将领。而“鱼父丙爵”，则表示这位父丙应该是鱼国宗族的尊贵一员。又如，在我国商晚期出土的青铜器中的铭文还有（鱼父丁鼎）（父丁鱼尊）（鱼父丁爵）（鱼父己卣）（鱼乍父己尊）（鱼乍父庚尊）（鱼父癸鼎）（鱼父癸簋）（鱼父癸觯）（鱼父癸壶）（父癸鱼卣）（鱼鼎）（鱼鬲）（鱼盘）（鱼觚）（鱼爵）……等等这些和“鱼”姓有所关联的青铜器铭文，都应该是我国商代鱼国宗教以及他的后裔民族所使用过的器物。

其佐证依据是，在华夏这片区域唯有西北地区的鱼姓民族是一支以鱼为食物—以鱼为部落图腾—以鱼为宗族姓氏—以鱼为宗族庙号—以鱼为都邑名称—以鱼为宗教徽号发展起来的鱼姓民族。因为无论在他们的发祥地，还是在他们迁徙过程中所留下的文化遗迹，以及他们所创建宗教物质文化的体系中，随处都能够看到有关鱼图腾的标识和带有鱼姓标志的铭文。因此可以肯定地讲，凡是带有“鱼”图腾的器物以及“鱼”姓铭文的青铜器，都应该是我国商代鱼国以及他的后裔民族所加工生产的器物。

因为“鱼”不仅是这个民族的图腾标识，而且还是鱼国宗教集团独有的象征物。既然这些带有鱼姓和干支相配的：鱼父丁鼎、父丁鱼尊、鱼父丁爵、鱼父己卣、鱼乍父己尊……等等，都应该是鱼国以及后裔所使用的器物，那么我们是否有理由相信这种将“父” 和“干支”相配的文化现象，也是源自鱼国宗教的最初使用和创建呢？

如果以上推论能够成立，那么鱼国琉璃箫和琉璃号上出现的“乍”和“父癸”铭文，也将成为有脉可寻的依据佐证。因此笔者认为，琉璃号上的“父癸”铭文所泛指的应该是创建鱼国宗教的先王或大祭司，而这种文化现象，发展到商代中期至晚期已然被后代广为推广使用，并成为了商周时期能够彰显文明程度的历史缩影。

由此可见，鱼国琉璃箫和琉璃号上出现的“乍”和“父癸”铭文，其字义通俗的解释应该是：“父癸年治”、“父癸年造”、“国王专属”、“祭司专用”等含义。因此可以推断，这两件带有“乍、父癸”铭文的礼乐器，应该隶属于创建鱼国宗教集团的国王或大祭司所使用的祭祀专用法器。

第七节　华夏礼乐制度的成因年代

溯源中国礼乐制度的成因史，发现唯有商代鱼国宗教创建的礼乐制度不仅时间最早，而且与之相伴的礼乐器也最为丰富多彩传承有序。

如果将商代一政一教所使用的礼乐制度相互比较，我们不难发现鱼国宗教所创建的礼乐制度要远远早于商王朝。为什么这么说呢，商王朝所创建的礼乐制度，应该是在王朝地位稳固的基础上才得以创建的，宫廷礼乐的宗旨是专门为庆典与酣歌狂舞建立的一套娱乐性质的礼乐制度，因此后人普遍将其称之为“淫乐”；而商代鱼国宗教所创建的礼乐制度，不仅是鱼国宗教祭祀活动的重要组成部分，而且还是该宗教借助音乐向诸神献祭的重要礼仪，因此后人将其称之为“巫乐”。

由此可见，前者是为庆典和娱乐需要创建的礼乐制度；而后者则是宗教祭祀活动不可或缺的重要组成部分。前者可有可无，即便没有也不会伤其根本；而后者则是不可或缺，如果没有不仅伤其根本而且祭祀活动将无法进行。如果站在历史年代的角度分析，商王朝不过只有 600 年的历史；而鱼国宗教，可上溯到 12000 年的青海杜立巴石碟，即人类对宇宙崇拜信仰的形成。从以上提供的诸多依据佐证可以看出，商代鱼国宗教所创建的礼乐制度无论从他所承袭的宗教法脉，还是通过政教两种不同体制对礼乐需要程度的对比，都足以证明鱼国宗教的巫乐要远远早于商王朝淫乐的创建时间。

要探究中国礼乐制度的历史成因，首先需要厘清创建我国上古宗教的这支人群来自哪里才行，据考证这支人群就是新疆吐鲁番盆地的原始居民 印欧语系的吐火罗人。只因这支人群习惯以“城邦自治”的生活方式散居在新疆、甘肃、陕西、内蒙等各辖区领地，所以上古宗教才急需一种能将他们紧密链接在一起的管理方式，于是祭祀制度便从此诞生并开始发挥着凝聚作用。随着祭祀制度的建立，与祭祀活动相随相伴的礼仪和礼乐制度也逐渐形成，并最终成为了上古宗教（鱼国宗教）不可或缺的重要组成部分。

商代鱼国礼乐制度的诞生，应该要比史学家们所推断的西周礼乐制度早了几百年之久。鱼国创建的礼乐制度，是以乐从属于礼的思想制度，也就是以“礼”来区别宗法远近的等级关系，同时又以“乐”来和同共融“礼”的等级秩序，两者是相辅相成的一套管理体系。当时的“礼乐”已成为了“礼仪”的附庸，致使礼乐成为以礼仪为核心的巫乐模式，这种模式也逐渐成为宗教管理制度的一种固定模式。

鱼国宗教礼乐制度的建立，不仅巩固了鱼国的社会地位和影响力，同时还有效促进了该宗教的飞速发展与传播。然而，当我们站在那些硕大的祭祀礼器，以及那些形状各异做工精美的琉璃礼乐器面前，我们似乎能够窥探到当时那宏伟壮观的祭祀场景：在癸月的午夜时分，星月当空人头攒动，熙熙攘攘的人群围拢在祭祀神庙的圣坛周围，祭坛的圣火将夜晚映如白昼，神庙中供奉着鱼国宗教所崇拜的各种神像，两边依序摆放的各种祭祀礼器以及祭祀贡品。鼓声响起，在祭祀圣火的映照下大祭司手持法器披发跣足登上祭坛，宣布祭祀诸神的盛典活动正式开始！ 耳边骤然响起震耳欲聋的鼓乐之声和此起彼伏的箫号伴奏……，这场隆重的祭祀活动直至太阳升起才逐渐进入尾声。要知道在当时的历史条件下，能够营造出这种宏伟壮观的祭祀场景，唯有我国上古宗教信仰体系以及它繁缛的祭祀礼乐制度才有可能做到。

据文献所载，西周时期的礼仪制度是在商礼的基础上建立起来的，因此周礼才会出现与商礼同样的男拜日女拜月，巫师参星拜斗祭祀星辰的礼仪习俗，并形成了“祭日于坛，祭月于坎”的祭拜规律，并由此才形成了严格的周祭礼仪制度。然而，当鱼国宗教制作的祭祀礼乐器被发现后，我们不仅找到了周礼承袭于商的佐证依据，同时还厘清了商礼淫乐是从上古宗教演变而来。因为在鱼国的祭祀古玉中，我们不仅发现了数量庞大的祭祀礼乐器实物，而且器物的种类也多达百种有余。

采用古玉制作的礼乐器有：一吨多重的大玉鼎、雌雄牛尊和雌雄猪尊、十三层玉琮宝塔、一米多高的玉熏、尺寸大小不等的玉琮、大型组合式玉编钟、大型组合式玉磬、硕大型玉鼓、十二生肖兽首人身像、大将军人像、玉质兵勇等诸多器物种类还有很多；采用琉璃制作的礼乐器有：从一厘米到一米多长的琉璃箫、形状各异的琉璃号、琉璃编钟、琉璃磬、一米多高的花盆琉璃鼓、尺寸不一的琉璃直鼓、以及各种生肖动物琉璃尊，一米多高的牛羊图腾、大小不等的各类神像等可多达几十种之多。

这些专为祭祀所制作出的礼乐器，不仅数量庞大而且种类繁多，可以说在世界范围内也是绝无仅有的。最为关键的是，这些礼乐器并非源自一个年代的制作，而是经过了几个世纪才得以完成。这种跨越了几个世纪才得以实现的惊世之作，如果不是一个传承有序发展起来的宗教体系是根本无法完成的。

由此可见，商代鱼国宗教不仅没有辜负上古宗教法脉给予它的厚望，而且还将所继之大成发挥的淋漓尽致，它不仅建立了一整套完整的祭祀礼仪制度，而且还创建出了趋于完美的宗教礼乐制度。因此我们有理由相信，中国的礼乐制度成因是源于我国上古宗教的亘古创建，而周祭礼仪制度则是在商代鱼国宗教的祭祀礼仪的基础上才得以完成的，周礼也只不过是集大成者而已。

第七部分

华夏纪年法与计时法的成因史

第十五章　十二生肖与天干地支

十二生肖之所以在中国具有旺盛不衰的生命力除了它已经成为民俗文化的一部分，更重要的原因是它与中国古代历法密不可分，因而成为了人们日常生活中必不可少的要素。

众所周知，中国古代历法的最核心思想即是“天干地支”。“干支纪年法”就是用 10 个天干符号（甲、乙、丙、丁、戊、己、庚、辛、壬、癸）与 12 个地支符号（子 、丑、寅、卯、辰、巳、午、未、申、酉、戌、亥）相配组成的纪年符号。文献记载，中国最早使用“干支纪年法”的区域是中原。

相传我国自帝舜时代，就开始使用“干支纪年法”，另一种说法认为“干支纪年法”出自黄帝时代、萌芽于西汉、始行于王莽、通行于东汉后期。安阳殷墟出土的我国年代最久远的干支表，说明在殷商时代干支纪日已娴熟自如。之后随着时间的推移干支的功能逐渐多样化，它作为充当时间单位的标号，一方面扩大了，用于纪年；一方面缩小了，用于纪时（一日的十二个时辰)。《周礼・春官・冯相氏》 载：“掌十有二岁，十有二月，十有二辰，十日，二十八星之位，辨其叙事，以会天位。”时间的分割以十二累进，一纪十二年，一年十二个月，一日十二时辰。

至于为何用 12 这个数字作为划分时间的标准，有着天文学的背景。在原始时代，先民们体验着寒暑交替的循环往复。宋代洪皓《松漠纪闻》 载：“女真旧绝小，正朔所不及，其民皆不知纪年，问则曰‘我见青草几度矣’，盖以草一青为一岁也。”宋代孟珙《蒙鞑备录》 也记：“其俗每草青为一岁，有人问其岁，则曰几草矣。”年又有观天者发现月亮盈亏周期可以用来丈量岁的长短，发现十二次月圆为一岁，这一发现，是初期历法最精度的成果之一，“十二”便视为传达天意的“天之大数”。天干需地支为伴，日月相对，天地相对，就非“十二”莫属了。也正因如此，在中国古代 12 是个重要的数字，如《国语・晋语四》 载：“黄帝之子二十五宗，其得姓者十四人，为十二姓。”甚至天子妻妾也有“十二女”之说，《后汉书・荀爽传》：“故天子娶十二妇，天之数也；诸侯以下各有等差，事之降也。”

十二生肖是以十二种动物是对十二地支的一一对应，以动物作地支标志。历史记载及研究表明，生肖是“干支纪年法”创立后才出现的。大约成书于公元 86 年东汉王充所著的《论衡》 成为了中国记载十二生肖的最早文献。据《论衡・物势》 所载：“寅，木也，其禽，虎也。戌，土也，其禽，犬也。……午，马也。子，鼠也。酉，鸡也。卯，兔也。……亥，豕也。未，羊也。丑，牛也。……巳，蛇也。申，猴也。”因该引文中，缺少生肖龙，所以在该书《言毒篇》 中又载：“辰为龙，巳为蛇，辰、巳之位在东南。”由此十二生肖得以齐全。那么，是谁最早采用了这种形式呢？ 对这个问题，学术界提出了各种观点，至今仍争论不休。

文献记载，以动物纪年的方法，最早起源于我国古代的西北部地区，是那些从事游牧的少数民族最先发明使用的。

而有些学者则认为，十二生肖应该是由古巴比伦传入中国的。郭沫若先生是持有这种观点的最具代表性人物，他在《甲骨文字研究·释支干》中提出："十二肖象于巴比伦、埃及、印度均有之，然均不甚古，无出于西纪后百年以上者。意者此始汉时西域诸国，仿巴比伦之十二宫而制定之，再向四周传播者也"。郭沫若认为，生肖为中东地区居民模仿巴比伦黄道十二宫而制定，其传入中国的时间，当在汉武帝通西域之时。而西方学者曾提出，十二生肖是由天竺传入中国的，其理由是，在佛经《大集经》中曾记有十二生肖轮流游行的故事，但因为在十二生肖中无虎有狮子，所以人们猜测这种以狮带虎的习俗应该是古印度将生肖传入中国的证据，因为中国不产狮子。

但另外一些学者推断，我国使用生肖纪年远在秦始皇称帝之前就已经开始了。还有人提出，十二生肖应该起始于夏，流传于商周。因为有学者发现十二地支的古字里隐含着生肖的信息。他们将十二支与十二生肖古字相比较，发现十二支的古字形与十二种动物有一些联系。东汉许慎《说文解字》中即讲到"巳"字为蛇的象形，类似的还有"亥"和"豕"。近人还考证甲骨文、金文中地支字与生肖字有相近之处，令人猜想，十二支是否就是十二生肖动物的象形字，由于十二支子丑寅卯容易记混，民间便用十二种动物代替，以动物来借代序数符号，与地支相配，成为纪年的符号系统？

虽然以上的各种观点各有道理，但都因拿不出可信的证据，最终无一被世人所公认。

第一节　鱼国生肖否定西来说

在我收藏到的鱼国祭祀古玉中，有两套极为完整的鱼国十二生肖兽首人身雕像最为醒目，其中一套是用玉石制作而成，而另一套则是用琉璃材料铸造的。其中用玉石制作的十二生肖雕像，器高均在 70 厘米左右，所选用的玉石材料温润无暇可堪称为昆仑玉中的最佳材料。用琉璃材料制作的十二生肖器更是惹人喜爱，每件生肖高度均在 63 厘米左右，所用琉璃不仅晶莹剔透而且杂质含量也极为稀少，可称得上是鱼国琉璃礼器中的绝佳制作。（图 7-1，图 7-2）

图 7-1　鱼国祭祀古玉中的十二生肖-1

图 7-2　鱼国祭祀古玉中的十二生肖-2

十二生肖器的每件兽首，全部采用写实艺术的雕刻手法制作而成，每件生肖不仅造型生动而且形象逼真，表情神态也被刻画得与人们的印象极为吻合，例如憨态可掬的生肖猪、凶猛残忍的生肖虎、兴云降雨的生肖龙、神出鬼没的生肖蛇、聪明绝顶的生肖猴、驱邪报晓的生肖鸡、招财进宝的生肖鼠等等，每一件生肖器都被刻画得惟妙惟肖无可挑剔，虽然有些生肖略带夸张却增加了几分灵动之美，足以堪称为大师级的创作。需要强调的是，这些艺术品并非出自当今的艺术家之手，而是源自距今 3000 多年前的古代先民的创作。为此，我们不禁要为古代先民高超的艺术创作理念而感叹，同时也为当今艺术无法将其超越而感到惭愧和内疚。

由此可见，鱼国十二生肖，不仅显示出它所处区域的民族属性，同时还在佐证着十二生肖应该隶属于华夏区域的原创。商代鱼国十二生肖的发现，应该是迄今为止在世界范围内历史年代最早，历史沿革时间最长的十二生肖实物佐证，它将为研究十二生肖的历史成因，以及十二生肖与丨二地支互配的切确年代发挥出重要作用。

关于十二生肖为什么会出现在鱼国宗教，它与中原“十二地支”又是在何时产生的关联，当今学界仍无法做出合理的解释。对此曾有人提出，我国商时期只有“天干”而没有“地支。”照此说来，商代中期鱼国制作的十二生肖又应该如何理解，它们究竟是十二地支的未婚妻还是干支相配的历史雏形呢?

郭沫若先生曾在《甲骨文字研究 · 释干支》 中提出，以往人们对干支的解释，都是望文生义的臆测。“十天干”纯属十进位记数法的自然产生，其中多半是殷人所创制。至于“十二地支”，则起源于古巴比伦。在比较中国古代的十二时辰和古巴比伦的十二宫后，他指出中国古代的十二辰和十二地支，都是从古巴比伦的黄道十二宫演变而来。其传入中国的途径，可作大胆推测：也许商民族“本自西北远来，来时即挟有由巴比伦所传授之星历知识，入中土后而沿用之”，或许“商室本发源于东方，其星历知识乃由西来之商贾或牧民所输入”。

当然，有关十二生肖的臆断猜想还有很多，但都因拿不出确切的实物佐证而最终没被学界所公认。然而当商代鱼国的十二生肖被发现后，它不仅为十二生肖诞生于中国提供了弥足珍贵的物证依据，而且也推翻了星历知识西来说以及十二生肖是从巴比伦传入的臆断猜想。

第二节　新发现填补了文献空白

近年来我国考古新发现，在陕西、甘肃、内蒙等地也相继发现了很多用石器制作出的生肖题材器物，如果这些石制的生肖器与商代鱼国所制作的十二生肖有所关联的话，或许生肖历史的上溯时间比我们发现的年代还要早。又如，在甘肃齐家坪近期搜集到的齐家玉刀，上面就出现了刻有十二生肖题材的图案内容。在商王朝制作的玉镜上，以及同期制作的图章印钮上也同样看到了十二生肖的普遍使用。这些足以说明，十二生肖在我国商时期已渗入到了很多领域被广泛的使用。

以上这些实物佐证说明，十二生肖在中国的历史成因曾经历过极其漫长的发展演化过程，直到商早期它才真正成为了上古宗教的祭祀礼器，以及它与中原文化十二地支互配使用的纪年开端。当然，关于我国十二生肖与十二地支相匹配的确切时间，还需要找到更多相关的依据方能揭开这段历史。

然而，关于生肖与地支的配属时间，笔者认为，我国十二生肖与天干地支的相互对应的起始时间，应该是从商代中期开始的。它应该是起始于商、演进于周、普及于春秋战国、盛行于两汉。理论依据是，在殷墟甲骨文中已发现有用干支来纪日、纪月、纪年的实物证据。另外在历史同期的商代鱼国祭祀古玉中，也同样出现了用天干来纪月的现象，例如社稷玉琮上的“邑鱼癸月揆兑生”铭文，以及十二生肖祭祀礼器的普遍使用。提出生肖演进于周的理论依据是，十二时辰的历法正是从我国西周时期开始使用的。而提出十二生肖普及于春秋战国的理论依据是，十二生肖的最早记载见于世界上的第一部诗歌总集《诗经》。《诗经·小雅·车攻》 曰：“吉日庚午，既差我马。”又见于《礼记·月令·季冬》：“出土牛，以送寒气”。此外，在20世纪70年代中期，湖北云梦睡虎地区出土的上千支竹简中清楚地记录了用生肖占卜盗贼相貌特征的记载。这些竹简足以说明，我国在春秋战国时期已进入到了十二生肖使用的成熟期。由此可见，说生肖盛行于两汉的证据自然也就不用再一一列举了。

因此笔者相信，随着我国近些年考古新发现的不断涌出，新的考古资料不仅能够与“第四重证据法”的民间收藏产生互补，同时还能填补很多文献失载的历史空白，到那时人们才会真正领悟到华夏历史博大精深的含义。但是要想做到这一点，我们必须要用客观的态度去重新审视华夏历史，用新的视角催生出新的解读，用新的解读去解析华夏上古先民所留下的诸多物质文化财富，方能让世人真正看到华夏历史文明博大精深之所在。

第十六章　鱼国宗教的流沙计时器

第一节　尘封的计时秘密

在我收藏的鱼国祭祀古玉中，有几件造型奇特的人物雕像，因一时弄不清它们的器物属性，困惑了我相当长的一段时间。这些器物冷眼一看，谁都会认为它们属于人物雕像类，但仔细观察后发现在人物造像的头顶还钻有一道直通体内的圆孔。站在这个圆孔的角度分析，它与玉琮类器物极为相似，但是只因这个圆孔没有被钻通又有悖于玉琮的原理，因此笔者迟迟无法将其定性为玉琮。（图 7-3）

尽管如此，一对仅有 19.5 厘米高的男女玉童仍是我的最爱。这对玉童是采用和田墨玉制作而成，他们圆圆的脑袋胖胖的脸，弯弯的眉弓下一双圆圆的眼睛闪烁着惊奇，这与我国内蒙古阴山岩画上雕刻的眼睛崇拜几乎一般无二，小巧的鼻子下嵌着一张娇媚的长方形小嘴，两只乍耳中间各钻有一个小圆孔似乎为系绳所用。

图 7-3　鱼国制作的流沙计时器

然而在两个小玉童的头顶处，仍各自钻有一个直通体内的圆孔，并且发现圆孔与男女玉童的生殖器相连不知有何妙用。虽然我一直将这类器物当作玉琮器收藏，但直到有一天我儿子看见我在把玩它们时却一语道破天机。他提出：它们会不会是放沙子用的计时器呢？ 我随即反问：你凭什么说它们像计时器呢？ 儿子说：这里放水肯定存不住，只有放入沙子才会体现出它的功能，不信您看另外几件与它们相同的器物顶端圆洞形成的斜面酷似漏斗，这不正是沙漏所具备的主要特征吗。我顿时眼前一亮，并用力拍了一下他的肩膀，真是我的好儿子！ 你说的有道理，我怎么就没有想到呢？

第二天，我立刻找来了用于制作沙画的细沙并将其倒进玉童的体内，发现果真从小孩的生殖器处均匀地流出了一缕细细的沙线，再将两件玉童的流沙量进行比较，装满细沙后女玉童细沙流出的时间在五分半钟左右、而男玉童细沙流出的时间则在四分三十秒。从两件器物测试出的时间看，与今天所用的时间对比几乎找不出有何关联，这么短的计时又究竟说明着什么呢？

我猛然想起几天前曾做过的一件傻事，在我清洗这两件器物时发现，在两个小玉童的尿道里都堵着一颗大小不等的坚硬砂砾。为了将它们取出，不知费了多少根牙签都没能将其剔掉，最后找来了一只小螺丝刀才将它们取出。现在想想真是后悔不已，我执着的这一剔不要紧，却将3000多年前保留至今的原始计时法给毁掉了。如果当时我没有将那颗砂砾剔掉，很可能借助沙漏保存的原始状态测试出当时所使用的计时方法。(图7-4)

要知道，世上是找不到卖后悔药的。如若做错某事，换来的肯定是无穷的懊悔。在自责之余，我开始研究如何能够弥补这一过失。我找来了一些牙签，将其塞入玉童的尿道口里试着降低沙子的流量，经过测试沙子流出的时间确实延长了很多，最长时间能够控制在一小时左右。用这种方法我又进行了几次试验，发现最长时间可调控到近两个小时左右。由此可见，这些类似于玉琮器的人物雕像，应该就是商代鱼国宗教用于计时所用的沙漏。

图7-4　鱼国计时器的流沙效果图

此后，笔者又陆续收藏到了几件大小不一尺寸不等的流沙计时器，最大的可高达70多厘米。由此看来，沙漏计时法已经在鱼国成为了被推广使用的钟表，对此还很可能制定出了一套完整时间管理制度，因为只有如此才比较符合沙漏计时器存在的意义。

笔者认为，这些用玉石材料制作的计时器绝非是普通百姓所用，应该是国王或大祭司才有资格使用的钟表。让我们设想一下，如果在鱼国只有国王或大祭司才使用沙漏计时，而普通民众却没有计时观念，那鱼国制作的沙漏计时器还有什么意义呢？因此我们有理由相信，鱼国还应该存在着一种民用的低成本计时器才对，否则鱼国将无法借助时间来统一管理这个国家。

第二节　鱼国沙漏颠覆了水漏计时

人类最早使用的计时仪器，是利用太阳的射影长短和方向来判断时间的。前者称为圭表，用来测量日中时间、定四季和辨方位；后者称为日晷，用来测量时间。二者统称为太阳钟。

公元前1300~前1027年，中国殷商时期的甲骨文，已有使用圭表的记载。《诗经·国风·定之方中》篇有，“定之方中，作于楚宫。揆之以日，作于楚室……”。确切记载使用圭表的时间为公元前659年。

但是，圭表等太阳钟在阴天或夜间就失去效用，为此人们又发明了漏壶和沙漏、油灯钟和蜡烛钟等计时仪器。

商周之际，中国古人已经采用“百刻计时法”，即将一昼夜均分为一百刻（一刻等于今天的14.4分钟)。这是人类已知最为古老的计时方法，也是沿用最长的计时手段，把昼夜分成均衡的一百刻，其产生与漏刻的使用有关。

漏刻是古代的计时法，“漏”是盛水计时器具，通常为铜制。把一昼夜分一百份，每份即为一刻。《隋书》 卷十九《天文上》：“昔黄帝创观漏水，制器取则，以分昼夜。其后因以命官,《周礼》 挈壶氏则其职也。其法，总以百刻，分于昼夜。冬至昼漏四十刻，夜漏六十刻。夏至昼漏六十刻，夜漏四十刻。春秋二分，昼夜各五十刻。日未出前二刻半而明，既没后二刻半乃昏。减夜五刻，以益昼漏，谓之昏旦。”漏刻历代都设有专职机构负责管理与开发，民间应用也相当普及，是古代中国最重要而普遍的定时器。

但是，水漏刻有两个致命的毛病：一是冬天一上冻就不能使用了。据《周礼》 记载，要“以火爨鼎水而沸之，而沃之。”二是在晃动不稳定的环境下不能使用，比如在马上和船上，而沙漏则避免了这两个毛病，所以军旅和海上船员一般都用沙漏计时。

据现有史书记载，中国刻漏出现最早记载见于《周礼》，已出土的文物中最古老的刻漏是西汉遗物，共 3 件，均为泄水型。

因此，此次发现的鱼国玉俑计时器将中国的刻漏产生的时间从周代上溯到了商代。那么，计时器为何又有男女之别呢？（图 7–5）

漏刻制早就与夜间的更点制结合，古人把漏刻分昼漏和夜漏两种，干支有阴阳之别。依据各国史官长期积累下来的材料编成的史书《世本》 记载：“容成作历，大桡作甲子”，“二人皆黄帝之臣，盖自黄帝以来，始用甲子纪日，每六十日而甲子一周”。大桡“采五行之情，占斗机所建，始作甲乙以名日，谓之干；作子丑以名月，谓之枝，有事于天则用日，有事于地则用月，阴阳之别，故有枝干名也。”

据此，男俑计时器，应是白昼计量时间所用（男为阳)，而女俑计时器，则是夜间计时专用（女为阴)。从两件玉俑的表面磨损程度来看，女俑的磨损程度要比男俑严重得多。这说明，夜间计时器使用率要远远高于白天的使用，而且也符合白天可利用太阳计时的自然规律。

此外，目前普遍认为沙漏是亚历山大于三世纪发明的，在那里他们随身携带，就像今天人们佩戴的手表。也有很多人推测，沙漏在 12 世纪与指南针同时出现，作为夜晚海上航行的仪器被发明（在白天，水手们可以根据太阳的高度来估算时间)。

图 7–5　鱼国最大的流沙计时器

截至目前，全世界已知的最早的有关沙漏存在的证据，是英国船舶“香格里拉乔治”上的文员托马斯 Stetesham 在 1345 年购买沙漏的销售收据。

从 15 世纪起，沙漏在航海、宗教、工业和烹饪中被广泛应用。麦哲伦世界各地的航行期间，他的每艘船装有 18 只沙漏计时。

根据现有资料，沙漏是从西方传入中国的。耶稣会士罗明坚和利玛窦分别于 1581 年、1582 年来华，他们不仅携带钟，而且有钟表修理匠随行。欧洲人普遍使用的沙漏、水钟（即水日晷）和重锤驱动的自鸣钟同时传入中国。沙漏传入中国后，曾在航海上用作计时器。乾隆二十三年（1758年），周煌撰《琉球国志略》，言及从福州开船到琉球，船行“一更为六十里”，并用沙漏计时，“每二漏半有零为一更”。

按照上述记载，无论站在东西方使用沙漏的最早年代，还是通过已发现的实物佐证依据，在中国诞生的鱼国沙漏计时器足可堪称为世界之最。因此，商代鱼国沙漏计时器的发现，不仅为沙漏诞生于中国提供了弥足珍贵的佐证依据，同时也颠覆了学界秉持的沙漏西来说的臆断猜想。

第三节　鱼国沙漏引申出的华夏文明史

鱼国沙漏计时器的发现，证明商代鱼国人已经具有了严格的时间观念。而那两件小巧精美的玉俑沙漏，耳朵上出现的穿孔，应该是专门为将其悬挂系绳所用的孔洞；它们容积不大，说明计时不长，属于一刻或数刻精确计时所用的沙漏。

要知道，在那个相对落后的社会生产力年代，对时间的运用不可能形成过高的要求，而唯有那些需要精确时间概念的工作，比如青铜冶炼和玻璃冶铸技术才需要精确的时间来掌控。这也从另一个侧面解答了我们的疑惑，即中国商代青铜器的如此发达，是不可能仅依靠工匠的经验去掌握冶炼技术的，很可能也在借助计时法。由此可见，没有准确的时间观念，古人是不可能创造出像三星堆那样的青铜文明以及鱼国玻璃礼器文明的。

从女玉童夜漏的磨损程度看，仍能看出它被频繁使用的较高频率，说明鱼国人在夜晚也在进行着繁忙的工作。按照世人想象，在生产力低下的农耕社会，夜晚并不需要，也不方便进行劳作。但是，女玉童夜漏却暗示着我们，鱼国人并非过着“日出而作、日入而息”的闲散生活，他们在夜间仍在进行着某些活动，而且这些活动对时间计量有着较高的要求。那么，这两件沙漏计时器究竟陪伴着怎样的人在夜以继日，他们究竟又在忙些什么？ 是在夜间进行着宗教仪式？还是在夜间忙于青铜器和琉璃的冶炼、以及仰望星空观测着星象？

不可否认的是，在遥远的社会生产力较低下的商代，漏刻已经成为了鱼国极为重要的时间计算法。据《周礼》 记载，“挈壶氏”是掌管刻漏的世袭官职，凡有军事和丧事，都要使用漏壶，伴以水火，分昼漏、夜漏，全天值守。既然漏刻这么重要，那么使用这些沙漏计时器的主人又是什么身份呢？ 沙漏计时器在揭开了某些历史谜团的同时，又为我们留下了更多的历史迷雾在等待着读解。

我常常凝视着这对玉童计时器，欣赏着两个小玉童的造型是如此的质朴端庄，赞叹着生殖器作为流沙出口的设计理念是如此的绝妙，这件器物不仅反映出先民对生殖崇拜的信仰理念，同时又彰显出鱼国人针对时间使用与分配的前瞻技巧。(图7-6)

陆机《短歌行》曰："人寿几何？逝如朝霞。时无重至，华不在阳。"庄子曰："人生天地之间，若白驹之过隙，忽然而已。

但愿鱼国沙漏计时器的发现，能够唤醒民间收藏的朋友们对自己的藏品重新进行审视，看看他们的背后是否也隐藏着一段不为人知的历史秘密；同时也希望中国的民间收藏能够成为田园考古的"第四重证据"，去填补因文献失载而出现的诸多历史谜题与空白。

图 7-6　鱼国以男计昼女计夜分别计时

第八部分

权利的凭信物——权杖与印章文明

第十七章　使用权杖的民族

根据记载，权杖最早起源于近东的美索不达米亚，即今天的伊拉克。在古埃及的一些墓葬遗址中也曾出土过很多各类材质的权杖。这种象征着权利和地位的标志性器物在中国也多有发现，我国最早发现的权杖是20世纪60年代在甘肃西部的四坝文化遗址中发现的玉石材质、水晶材质和青铜材质的不同形状的权杖头，经碳十四测定其年代大约在公元前1,800~前1,600年之间。四坝文化主要分布在甘肃河西走廊中西部地区，东起山丹，西至安西以及新疆东部哈密盆地一带。四坝文化将内地文化与新疆文化连结，在文化交流中起到了不容忽视的作用。

此外，1968年，北京大学考古系与甘肃文物考古研究所，在甘肃河西走廊进行考古调查时在若干地点发现了玉石权杖头及残件。1987年夏，在发掘酒泉干骨崖墓地时，在44号墓内也有一件玉石权杖。此前在玉门火烧沟墓地，也曾出土过四羊首权仗头和玉石权杖头。1986年，在我国四川广汉三星堆又发现了一支黄金权杖，据一些专家推测它可能是鱼凫王所使用的器物或者是古蜀王及大巫师象征王权或神权的法杖。(图8-1)

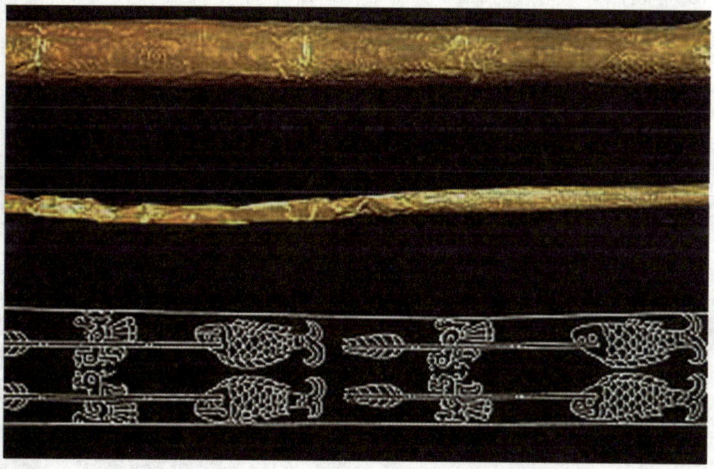

图8-1　三星堆出土的金权杖

从我国权杖出土的区域来看，大部分都出土于我国的西北和西南地区。这说明了两点，一、这些地区曾活跃着一支曾接受过权杖文化影响的部落群体，也可能他们就是权杖的发明者和使用者；二、权杖遗存的分布暴露了一个使用权杖的部落群体的迁徙脉络，我们很可能因此而解开三星堆的族属关系。通过以上在各地区出土的权杖材质分析，这支人群不仅通过权杖的材质来区分界定各部落之间的权属地位，同时还将权杖这种具有象征性器物传播到了四川蜀地，并在三星堆这个用吉金（青铜器）打造出来的宗教世界中显现出它的尊贵与权属地位。

然而，这支人群究竟是什么部落族群和族属？ 所传达的又是何种信息呢？ 黄金权杖作为当时稀有的贵金属，不仅成为了三星堆最高统治者的权力标识，同时它还向我们展示出一支来自西北地区部落人群的迁徙脉络，从而使我们发现了创造三星堆青铜器文明的人，与我国西北地区使用权杖的这支部落族群同属于一个族系。三星堆黄金权杖上镌刻的“鱼、箭、鸟”的图案，进一步佐证了笔者提出的这支人群源于我国西域的推测。

第一节　鱼国神奇妙用的权杖文化

在我收藏的鱼国祭祀礼器中，不仅出现了很多玉质权杖而且还有很多琉璃材质的权杖。这些权杖的杖首形状各异，精巧诱人。它们之中不仅有太阳神权杖，而且还有玉猪龙权杖、生殖器权杖、玉蝉头权杖、人神权杖等等。而最为典型的一支权杖，则是一件用琉璃材质制作而成的骷髅头权杖。

这支骷髅头权杖，器身长530毫米，头部直径为51毫米，杖身直径为35毫米，权杖顶部雕刻着一个骷髅头，在骷髅的眼窝处还留有一个系绳的穿孔，而骷髅的脖颈则是采用四层竹节纹作为装饰一直延伸到第五层图案，这层图案正面雕刻的是一只鹰，而另一面雕刻的是一只蝉；在鹰和蝉的图案下方，雕刻着一位正在起舞作法的女巫师。从权杖上雕刻的图案内容分析，这件琉璃权杖应该是鱼国的某位国王或大祭司所使用的专属法器，因为那只蝉不仅在彰显着生命的蝉蜕理念，苍鹰还在预示着权杖主人与神明沟通的能力。（图8-2）

值得注意的是，权杖上为什么会采用竹节纹去装饰器物，而且这种习俗不仅仅在权杖上得到了体现，在鱼国其他琉璃礼乐器上也同样能够看到它们的缩影。例如，在鱼国的琉璃礼乐器中，很多管箫器上就曾出现过很多用竹节纹作为装饰性的图案，以及采用竹节纹去修饰器身的习俗。起初，我对竹节纹的使用百思不得其解，因为我深知任何一种图案的背后都会隐藏着某种象征性的寓意，因此我们不能将竹节纹简单地理解为是审美的需要。

在《史记·大宛传》中，我却找到了有关古人喜欢竹子的文献记载：张骞出使西域，“在大夏时，见邛竹杖、蜀布”。又如《史记·西南夷列传》中载：“南夷之端，见枸酱番禺，大夏杖邛竹。”

要知道史记中提到的邛竹杖，是采用罗汉竹制作的一种竹杖。邛竹又名石竹、罗汉竹、佛肚竹或密节竹，原产地在我国四川邛崃。此竹极为独特，非常稀有。它与一般竹子的不同之处，在于竹结较细，节间短而膨大，就好似弥勒佛的肚子和叠起的罗汉，又得名佛肚竹。从汉代起，邛（笻）竹杖便成了士大夫常常提起的事物，历代文人对其吟咏不绝，乃至“笻”成为了手杖的代名称。王羲之《邛竹杖帖》就记述了邛竹杖的一段趣事，文曰：“周益州（周抚）送此邛竹杖，卿尊长或须，今送。”即羲之将周抚所送邛竹杖分布友人之尊长。由此看来，王羲之在晚年某夏得到

图8-2　鱼国制作的琉璃骷髅权杖

周抚所送的邛竹杖，数量不寡。之后，王羲之将这些邛竹杖分送给诸友中年长者，并宣明乃周抚“远惠”之物。(图 8-3)

由此看来，邛竹杖自古就有尊者之范和“扶老竹”之称。那么，这种带有尊者象征意义的文化习俗，又究竟是从何时何地开始盛行起来的呢？ 遗憾的是在文献中却找不到任何记载。

然而，自商代鱼国宗教的礼乐器被发现后，我们不仅在古玉权杖和琉璃权杖上能够看到邛竹的身影，而且在鱼国的琉璃管箫器中仍可看到它们的存在。这些实物佐证说明，鱼国先民对邛竹所产生的敬畏与崇拜，要远比后人对邛竹的解读和使用神圣得多。例如鱼国宗教不仅将邛竹视为宗族图腾的一部分，而且还赋予了它神圣不可侵犯的权力使命。要知道，权杖上所使用的纹饰图案不仅会彰显出宗族所崇拜的图腾、宗教理念的象征、以及驱邪避凶的功能，而且还应该具有彰显权力地位的属性。简言之，它所象征的理念就是神权至高无上的地位，以及它超自然力的强大功能，其实“骷髅邛竹权杖”的纹饰图案就是最好的范例。

值得一提的是，在一次偶然中我却发现了隐藏在琉璃骷髅权杖中的另一个秘密！

在本文前面我曾提到过，在骷髅权杖的两眼之间钻有一个系绳用的小孔，起初它的存在并没有引起我的注意。当有一天，我想在这个系绳的小孔上加配一条装饰绳时，绳子上的玉珠无意中与玻璃权杖碰到了一起，突然发出了一种轻微的金属响声！ 这种声音使我惊讶不已，这支琉璃权杖怎么能发出金属的响声呢？ 我再次用玉珠敲击了一下权杖，发现这种清脆的声音确实从权杖发出。

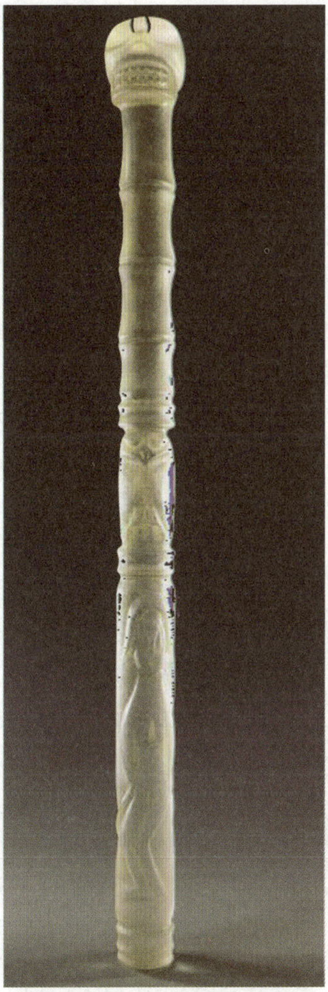

图 8-3　鱼国骷髅权杖的图案造型

我找来了一只木锤，在权杖上轻轻敲击着不同部位，发现每个部位都能发出不同音律的金属响声，虽然音律有高有低但是清脆之声都酷似铜铃，准确地讲更像是西洋乐中“音叉”所发出的声音。这种清脆的声音不仅持久，而且权杖还产生着一种震颤的频率，从重至轻延绵不断。这种动听悦耳的声音，就如同苏轼《前赤壁赋》 所云：“其声呜呜然，如怨如慕，如泣如诉；余音袅袅，不绝如缕。”

由此可见，鱼国的这支琉璃骷髅权杖不仅具有权利的象征，而且它还肩负着礼乐活动的指挥与定音功能。我望着这支琉璃骷髅权杖，敬畏的心情久久不得平静。因为我已被它那超凡脱俗的设计理念所折服，更为它能将权利象征和礼乐功能巧妙的融为一体而赞叹。

商代鱼国制作的这些权杖，从一个侧面反映出中国的权杖文化，它与美索不达米亚的权杖文化以及古埃及的权杖文化，很可能存在着一种同根、同源、同一种文化现象的发展演变传承。因为在三者之间，不仅存在着诸多相同与相似之处，最为关键的是三者共同赋予权杖的属性与功能也极其相同。这种象征着权力与权属地位的权杖文化，究竟是谁在影响着对方，谁才是权杖文化的开创者，谁又是承袭者与传播者呢？

第二节　鱼国权利的凭信物—印章文化

印玺，是中国古代社会交接凭信的一种工具。《周礼·掌节》云："货贿用玺节"《左传》中亦记载了"襄公十九年，季武子取卞，使公冶问玺书，追而与之"的故事。古代印玺的功能，主要是用来彰显权利和地位的象征物，其次则是用于行政管理的平信物，常用于抑压封泥以封检文书或物件以防止他人随意开拆（俗称封印），或系于腰间以祛祸辟邪之用。因此，印玺上端都刻有可供手捏和系绳的"印钮"。

通过近些年出土的印玺实物看，我国印玺在长期发展演变的过程中，印钮的造型设计和雕镂风格，一直伴随着社会发展与时代紧密相连。或因技术条件的影响，或因玺印制作的自然演变，或受统治者思想意识的支配，所有这些因素使印钮形成了丰富多样的造型与不同时代的历史风格。从出土的古代印玺来看，印钮一直与印玺相随相伴，并逐渐发展演变成了区分社会等级地位无法取舍的权力规制。

1998 年，在河南安阳西郊水利局出土的商代晚期饕餮纹铜玺就是鼻纽，这是我国目前田园考古发掘具有地层资料的印玺实物。此式鼻纽在较薄的印台平面上直接铸一拱形捏手，中有小孔可系绳带，钮身近似圆条形，且与印台之间无过渡斜坡面，与商代铜镜上的穿纽极为相似，这体现了早期鼻纽粗简拙朴的特征。

由此可见，商代印章的出现不仅意味着私有制的出现，而且还意味着商品经济和信用制度的发展进程。因此，研究印章文化的出现时间，对于探究我国古代社会以及社会的经济发展，有着极其重要的意义。

从印玺雕刻的铭文角度分析，年代最古老的可堪称殷墟甲骨文，周代的钟鼎文，秦代的刻石工艺，凡在金铜玉石等素材上雕刻出的文字，则通称"金石"铭文，因此印玺上雕刻的文字应该属于"金石"文的范畴。然而，有关印玺的历史起源有人说商代，也有人说是周代，但至今尚无统一定论。根据出土文物和文献记载，至少在春秋时期印章已有出现，战国时代已进入到普遍使用阶段。很多人认为，印章起初只是作为商业交流与货物的凭证。到秦始皇统一中国后，印章便成为了证明统治阶级权属地位的法物，不仅被当权者所垄断，而且也成为了统治阶级权属地位的凭证与权力象征。

然而，笔者在收藏鱼国古玉的过程中，收集到了一些大小不一且尺寸不等的玉质印章和琉璃印章。看来，权杖文化并非是鱼国唯一的权属凭证，而应该还存在着一种用文字符号阐释权力地位的印章文化。其中一枚最具代表性的印章是"蝉首人身"印章，这枚印章是采用墨玉材料制作而成，印章通高为 13.4 厘米，章面是长 4.9、宽 4.9 厘米的正方形，印章的钮，是用一只玉蝉作为人首的人身雕像，章面刻有两条上下排列的鱼形图案，他双手扶膝而坐，目视着前方。（图 8-4）

为什么将这枚印章说成是鱼国具有代表性的印章呢？ 理由是，因为该印钮的蝉首人身雕像承载着鱼国宗教对生物进化论的一种解释：该宗教认为，所有生命都是经过蝉的不断蜕变衍生演变而来。换句话说，该宗教认为世间万物生灵都是经过蝉的不断蜕变过程，逐渐衍生演化后才形成了今天的模样当然这其中也包括人类，因此俗称蝉蜕理念。

图 8-4　鱼国蝉首人身双鱼印章

而印章上所雕刻的两只双鱼图案，应该承载着当时权属地位的象征。在本书前文已经介绍过鱼图腾，它不仅是以鱼为姓的鱼国人所使用的族属标识，而且还应该是鱼国宗教具有象征意义的宗教图腾。因此，持有这枚双鱼图案印章的人，应该是分管着两个鱼姓部落族群的大统领或大祭司所使用的印章，或者说是分管着两个鱼姓部落辖区的某位王所拥有的权力信物。

商代鱼国印章文化的发现，不仅使我们了解到鱼国当时并非只有权杖是唯一彰显权力的信物，同时还有印章文化在表现权力持有者的身份象征。这枚刻有双鱼图案的印章说明，鱼国不仅创建了各个辖区领地的统管体制，而且还通过印章在区分着各部落首领的地位与权属职能。虽然，商代鱼国创建的印章文化没有被中原文献所记载，但在时隔了3,000 多年后的今天却借助民间收藏到的鱼图腾，在讲述着他们创造过的印章历史辉煌。

第三节　印度河哈拉帕印章文化

在世界四大文明古国之中，无论是古巴比伦、古埃及还是古代印度以及古代中国，他们不仅都创建过自己的印章文化，而且与其他印章文化又紧密的交织在一起，并形成了各自带有区域特征的印章文化体系。尽管如此，被当今学术界所公认的印章文化，也只有古印度的哈拉帕印章文化被世人所熟知。

根据西方史学家的研究，印度的印章最早出现于公元前 3,000 年代的中期，人们将其命名为“哈拉帕文化”，它与中国传说中的夏朝约为同一时期。在该地区发现的古印将近3 万多枚，印章上雕刻的文字约有四五百个符号，与印章同时出土的还有刻字的泥版、货币和盖有印章的陶封等。

这些古印从材质上看，有天青石、陶土、象牙，还有钢做的。印章的形状一般为边长2.5 厘米的正方形，也有的呈长方形。这些印章上刻有牛、鱼和树木的图形文字，山川河流等自然物也很常见，很像古埃及的象形文字和苏美尔人的楔形文字。据专家判断，印度印章文字是目前世界上已知的最早文字体系，因此有些学者甚至将其称之为印章文明。

有学者认为印度的这些印章文化，应该属于印度河流域那些地位显赫的人所拥有，他们在印章上往往雕刻出属于自己的独特标志或图案，作为社会交往的信物以显示其身份地位。因此这些印章文化，被认为是随着人类迁徙与社会的交往飞出了印度河流域，人们不仅在两河流域发现了它们的踪迹，在印度的近邻中国也同样发现了印章文化的使用与传播。虽然一枚印章很小，但它却暴露出人类文化传播的路径，以及人类社会发展到凭信时代的历史信息。

然而，在哈拉帕文化没被发现之前，学术界一直认为古印度历史是从公元前 1,000 年左右才开始的。但是，古印度的印章文化被发现后人们改变了这种认识，那些印章上的图案符号也被认为是古印度河流域最早的文字体系。（图 8–5）

图 8–5　古印度的哈拉帕印章

但是，哈拉帕文化在公元前1,800年左右的骤然消失，却带给了人们诸多的遐想与猜测。至于哈拉帕文化为什么会消失，很多学者也曾提出过各种观点与推测。一种观点认为：哈拉帕文化是毁于自然灾难，认为是由于信德地区降水量日益减少，土地干旱并逐渐沙漠化所导致了该文明的消亡；还有人认为，是突发的地震或泥石流等灾难导致了这一文化现象的摧毁；另一种观点则认为，是雅利安人的到来才摧毁了哈拉帕文化现象。但是，雅利安人入侵印度是在公元前 1,500 年以后才发生的事，在此之前哈拉帕文化早已经消失了近 200 年之久。因此以上各种观点与推测，都因拿不出确凿的证据而莫衷一是，至此“哈拉帕文化”的离奇消失至今仍是学界难以解答的旷世之谜。

对于哈拉帕文化的起源，目前主要有两种说法，第一种认为该文化起源于西亚，特别是伊朗，经俾路支和阿富汗抵达印度河平原。第二种则认为主要从前哈拉帕文化（俾路支和印度河平原的铜石并用时代文化）发展而来，在发展中存在西亚影响，目前后者说法较为流行。

至于该文化的创造者，一般认为是达罗毗荼人，但也有学者推测为苏美尔人、雅利安人或《吠陀》 等文献中所载的其他民族。关于该文化衰落的原因也是众说纷纭。有人持雅利安人入侵说；有人则用地质学和生态学的因素来解释，如洪水的泛滥，河流的改道，沙漠的侵害，海水的后退以及对沿海城市的影响等，还有人归结为内部的削弱。关于这一文化的年代，认识也不一致，有人认为当在公元前 2,550 年 ~前 2,000 年之间。

就哈拉帕文化中的印章文化而言，我们通过文字符号可以看出中印两国的印章文化存在一种必然的联系。例如，从符号学的角度对比，在哈拉帕印章中我们不仅能够找到卍字的身影，而且还能看到与中国甲骨文极为相似的牛的象形文、鱼的象形文、父的象形文、水的象形文、山的象形文以及树的象形文字等等。

对“哈拉帕文化”的消失及年代，笔者认为这其中存在很多疑点值得我们商榷。因为在该文化现象的发掘考古研究中，人们并没有在古印度以外找到哈拉帕文化的承袭脉络，以及该文化现象的发展演变传承，因此才会导致至今人们仍无法解释它因何会突然出现，又因何会骤然消失。

要知道，在世界各地出现的文化现象，没有任何一种文化是在没有因果关系的情况下会偶然出现或骤然消失，虽然有些学者将这种文化现象称之为文化飞地，但到头来会发现这种所谓的文化飞地仍存在着承袭与发展传播的因果关系。因为任何一种文化现象，都必须要经历过其萌芽阶段、起步阶段、发展阶段、传播演变阶段、衰退与消亡阶段方可成为完整的文化体系，否则只能被视为文化飞地或历史断层的缩影。(图 8-6)

图 8-6　古印度哈拉帕印章上的文字

然而，在印度发现的哈拉帕印章文化，恰恰是一种已发展到成熟阶段却又找不到承袭脉络的文化现象。因此笔者认为，人们之所以没有找到该文化现象的承袭脉络，主要是因为没人将这种文化现象作为亚洲区域的整体文明去考量，也没有将探究的视野辐射到周边其他国家或区域，去寻找这一文化现象所缺失的历史断层。溯其根源，还要归结于人们对考古学的宗旨缺乏正确认识。例如，有些国家只对主体民族的考古发掘感兴趣，而对与本民族无关的文化现象不是将它束之高阁，就是不投入研究漠视其存在。这种行为，不仅暴露出狭隘与自卑的民族意识，同时还将成为民粹主义的牺牲品。

另一个原因则是，各国的考古学一直受到国与国之间人为划分的疆域版图的桎梏，并以世俗的观念在区分界定着本区域发掘出的文物与文化属性，将先民留下的历史文明宁可进行人为的误读与误判，也不愿意与其他国家分享这份文化财富。因此导致了很多本就属于全人类的共同文化遗产，成为了极不完整的历史碎片。这种狭隘的考古观念，不仅使某些国家的文明出现了文化断层，更为严重的是还导致了诸多历史文明出现了年代错位现象，并因此失去了它原本完整的本真历史价值和本来面目。

由此可见，上古先民所留下的这份文化遗产，不仅是全人类的共同财富，还应该是将各民族文化交织在一起的互信钮带。虽然疆域能够阻碍各民族的共融，但它永远无法限制文明与文化的互通。就印度的哈拉帕文化与中国的印章文化而言，尽管各区域民族的意识形态与文化现象各异，但印章文化仍以它惊人的相似性在否定着我们的狭隘意识，和已被误解得面目全非的文化属性。

如果说，印章文化曾在四大文明古国产生过深远的影响，那么它也应该为当今世人的狭隘意识富有责任，因为印章文化并没有明示后人它的初衷是建立在互信基础上才能体现的凭证。因此，我们应该打破人为的疆域界限去共同链接出印章文化的起源与发展脉络，才能对得起先民留下的这份宝贵的文化财富。

第四节　美索不达米亚的印章文化

众所周知，美索不达米亚是世界最早的文明之一，（又称两河文明）发源于底格里斯河和幼发拉底河之间的流域——苏美尔地区（中下游地区）。美索不达米亚是古巴比伦的所在，在今伊拉克共和国境内。 美索不达米亚地区在远古时期居住着许多种族。两河文明的中心大概在现在的伊拉克首都巴格达一带，北部古称亚述，南部为巴比伦尼亚。而巴比伦尼亚北部叫阿卡德，南部为苏美尔。美索不达米亚文明主要包括苏美尔，阿卡德，巴比伦，亚述等文明。

本文主要探究的则是在美索不达米亚文明中出现的印章文化。从目前考古已发现的证据看，印章所使用的材料主要有：来自安那托利亚的黑曜石、来自阿富汗东北部的青金石、来自迪尔蒙（今天的巴林）的珠串、来自东方某区域的玉髓（实际是琉璃）以及刻有印度河文化现象的印章。这些印章材料的来源说明，当时在波斯湾沿岸有着极其繁荣的贸易往来。

然而，在美索不达米亚三千年的时间里，圆筒印章与馒头形印章文化的历史印迹，用图画向人们展现了古代美索不达米亚的神话故事、宗教信仰以及日常生活等社会状况。而唯一的缺点是，这些印章只有图案而缺少文字说明。

美索不达米亚文明中的印章，在许多国家的博物馆也有收藏，如美国波士顿美术博物馆目前就收藏着很多美索不达米亚时期的印章，也正因为这些印章的图片展示，我们从中发现了一些问题。

例如，在美国波士顿美术博物馆，展示的藏品号：65. 1600 图 271a−b：羊羔形平印（护身符）捷姆迭特那色时期，约公元前 3000 纪早期 美索不达米亚（或伊朗，苏撒）光玉髓 14 × 5 × 15 mm（旧式标注）（图 8−7）

该博物馆，藏品号：65. 1612 图 273：新亚述平印 新亚述时期，约公元前 883 ~前 612 年 美索不达米亚　蓝玉髓　16. 5 ×11. 5 ×24 h. mm.（旧式标注）（图 8−8）

该博物馆 藏品号：65. 1638 图 274a−c：新亚述平印，新亚述时期，约公元前 883 ~前 612 年 美索不达米亚 橙色光玉髓 17 ×8 mm（base） ×18 h. mm（旧式标注）（图 8−9）

图 8−7　美索不达米亚印章−1

图 8-8 美索不达米亚蓝玉髓印章-2

图 8-9 美索不达米亚橙色玉髓印章-1

就以上所展示的这几枚印章而言，该博物馆将它们的材质界定为“天然玉髓”明显就出现了问题。为什么这么说呢，因为以上这几枚印章的材质中明显夹杂着很多气泡痕迹，要知道在天然的玉髓中是不可能出现气泡的，而只有人工制作的琉璃物质才会出现气泡现象。比如，从印章图案和符号的阴刻面上，我们能够清楚地看到有一层细细的麻面，这些细微的麻面是因为材料中所含气泡造成的。例如，藏品号：65. 1600 图 271a-b：羊羔形平印（护身符），这件器物从头到脚所暴露出的晶体裂痕，明显是在铸造器物的过程中因气泡未能从二氧化硅溶液中释放殆尽，才留下了这条因气泡破裂所产生的晶体冰裂痕迹。因为，这种因气泡未能释放殆尽所造成的气泡冰裂痕，在我国商代鱼国制作的琉璃器物中，那些有缺陷的产品中几乎都夹杂着这种气泡冰裂痕迹。因此可以肯定地讲，这些夹杂着气泡的材料并非天然玉髓，而是人工制作的琉璃物质。

从这几枚印章的颜色角度看，它们所呈现的红、黄、蓝、紫等颜色，也与我国鱼国制作的琉璃颜色如出一辙，可以说两种材料能够雷同到没有色差可言。站在琉璃物质的角度分析，无论从两者的材料质地、器物的透光度、磕碰边角的冰裂纹、因气泡产生出的晶体麻面，几乎与我国商代鱼国制作的琉璃一模一样。这种即相同又相似的琉璃物质以及文化现象，绝非是历史的巧合，两者应该存在着一种承袭演变关系才比较符合道理。那么，究竟是美索不达米亚的琉璃印章在影响着中国，还是我国商代鱼国制作的琉璃印章和琉璃材料在影响着对方？ 通过以下几种情况的分析对比，从中应该能够找到问题的答案。（图 8-10）

例如，考古界误将人工制作的琉璃界定为玉髓已绝非首例。要知道，埃及考古学者也曾将图坦卡蒙胸前佩戴的玻璃项链界定为玉髓，后经研究发现这枚甲虫的材质并非玉髓而是玻璃并进行了更正。这枚玻璃项链，是英国考古学家霍华德·卡特在卢克索国王谷墓穴中发现的诸多埋葬品中的一件。在卡特的日记中，他将这颗璀璨的宝石称为“黄绿色玉髓”。然而，1999 年，意大利地质学家对这个玻璃甲虫的化学成分进行了检测，检测结果表明它并不是玉髓，而是一块天然形成的沙漠玻璃，据说这种玻璃只能在距开罗西南 500 英里的大沙海里找到。

要知道，许多陨石坑只能从太空中才能看到，所以卫星摄影专家对发现沙漠玻璃的地区进行了仔细排查。波士顿大学遥感研究中心主任法洛克·艾尔-巴兹说："如果这块玻璃来自于陨星，那么就应该留下一个那个年代的陨石坑。但我们并没有发现证明这块玻璃出处的确凿证据。"自该项链于1922年被从图坦卡蒙法老的墓中挖掘出来后，专家们就一直对项链上那枚甲虫状的黄绿色玻璃来源迷惑不解，虽有各种推测但均证据不足。

图8-10　鱼国制作的橙色琉璃印章-2

对甲虫玻璃物质的来源，笔者在本书前文曾阐述过自己的研究观点，认为图坦卡蒙项链上的甲虫玻璃材料应该是我国商代鱼国所提供，而且对玻璃物质的最初发现过程也有详细的介绍，即人类玻璃（琉璃）物质是源自青铜冶铸过程中的衍生物质，也就是说它是青铜器铸造过程中的衍生产品。因为，人类率先发现玻璃物质的国家或地区，首先要有过发达的青铜器文明史和发展史，方可被列入到最先发现琉璃物质的行列。因为只有具备这种先决条件，才有可能在铸造青铜器的过程中发现含二氧化硅的琉璃残留物，才有可能借助青铜铸造的范铸技术加工制作出琉璃系列产品，否则，充其量也只能是琉璃材料的承袭者或使用者。

然而，美索不达米亚使用的琉璃印章，恰恰符合后者所不具备的条件。因为在琉璃印章的历史同期，美索不达米亚的青铜冶铸技术并不发达，而且青铜器物质文化遗存的数量也少得可怜。仅从这一点分析，美索不达米亚所制作的琉璃印章，其材料的原产地并非来自美索不达米亚本地，而极有可能是从其他国家以贸易形式传入的一种商品。（图8-11）

图8-11　美索不达米亚的琉璃印章

要知道，苏美尔文明的印章文化，与古印度哈拉帕印章文化的风格极为相似。因此，曾有学者提出，他们与印度人或许有着某种关系；还有学者认为，苏美尔人可能来自中国或东方的某个地区；甚至有学者干脆提出，苏美尔人与华夏族（黄种人）很可能存在着血缘关系。由于一些很基本的问题学界尚不能回答，所以许多看法尚属推测。例如，人们至今仍不清楚，苏美尔人到底是什么人种，他们究竟来自何方？

笔者认为，苏美尔人是否来自东方，是否与华夏民族有着某种关联其实都不重要。关键的是，我们能否从两国的文化现象中抽丝剥茧地找出共同点，并且解读出这种共同点究竟是谁在影响着对方，这才是问题的首要。

虽然，苏美尔人是最早创造出文明奇迹的族群，已被当今学界所公认。但是，那只是从前的陈旧学术观点。随着我国近些年的考古新发现，以及考古新资料的不断丰富，从前的学术观点已然发生了很大改变。例如，人们已经开始关注中国的上古玉文明、罗布泊文明、三星堆宗教文明、以及商代鱼国制作的古玉文明和琉璃文明，它们究竟对世界曾产生过怎样的影响。

就印章文化而言，如果我们今天没有发现商代鱼国数量惊人的印章文化，恐怕中国印章文化根本就没有资格与美索不达米亚的印章文化所媲美；如果我们没有发现美索不达米亚的玉髓印章酷似琉璃材质，我们也就不可能意识到商代鱼国制作的琉璃会影响到美索不达米亚文明。从这一点看，美索不达米亚所使用的琉璃印章材料，极有可能是由中国提供的材料或是由中国代为加工的商品。

如果上述推论成立，那么波士顿美术博物馆对这些印章的断代也同样出现了问题。因为，如果美索不达米亚使用的琉璃印章材料不是他们的发明创造，那么只有中国才有可能是这些琉璃材料的提供者。因为在世界历史的同期，唯有中国区域才诞生了发达的三星堆青铜器文明和鱼国宗教所创造的琉璃物质文明。由此可见，如果美索不达米亚的琉璃印章材料是从其他国家传入，那么这个国家肯定就是中国。既然这些琉璃材料是来源于中国，想必美索不达米亚的琉璃印章文化决不会早于我国三星堆文明和鱼国琉璃物质被发现的历史年代。（图 8-12）

图 8-12　在中国新疆出土的琉璃印章

支持上述观点的直接证据是，前几年笔者在北京潘家园古玩市场，意外的收藏到了 40 几枚美索不达米亚（萨珊王朝时期）的琉璃印章。这些琉璃印章大都是馒头形状，有的还刻有圆圈状的旋转纹，这种工艺与美索不达米亚制作的琉璃印章完全一样。印章的章面上，大都以人物肖像和动物及昆虫为主，所雕刻的图案纹饰都是阴刻，使其按在柔软的粘土上会使图案呈现出浮雕的效果。每个印章上都钻有一个系绳的小孔，以便主人将它们用绳子系在衣服上，或套在脖子和手腕上以防丢失。据了解，这些馒头形状的琉璃印章，全部出土于我国陕甘地区某地。这些实物佐证，恰恰说明了美索不达米亚使用的琉璃印章材料不仅仅是从中国引入，而且很可能还是一种代为加工的商品。

站在印章图案与文字符号的角度，两国印章所镌刻的图案与文字符号，不仅彰显着人类印章文化从图腾发展到图徽的演变过程，同时还显现出从符号演进到文字的有序发展脉络。例如，美索不达米亚印章上出现的牛、鱼、树木、山川、河流以及印章上所配属的符号文字，同样在我国上古宗教制作的祭祀礼器中都有出现，似乎两者都在依托着“象形、指事、会意、形声、转注、假借”的造字理念，以同一种思维方式在推动着人类从图腾演进到图徽、从符号演进到文字的发展演变过程。

站在历史的角度分析，西方历史学家把从公元前 4000 年到公元前 3000 之间的苏美尔文明称为“早期高度文明”，因为这一时期各苏美尔城邦已经存在，苏美尔人的文字也已经出现，但是这段时期的历史仍然模糊不清。有学者认为，原因可能有几个方面，比如考古发现不充分，或者这一时期的文明才刚刚起步，或者该文明是由其他地区传入等等。因为已发现的同时期楔形文字，所记载的内容主要属于经济或行政方面的文书，因此无法勾勒出当时社会的完整历史。

要知道当时的苏美尔文明，很像我国上古宗教发展到红山时期的社会状况，因为在公元前 4000~前 3000 年，恰恰是我国上古宗教发展到红山时期的历史阶段，当时也因缺少文字记载而无法勾勒出当时社会的完整历史。虽然在红山文化出土的器物中没有发现文字，但这并不等于当时没有文字出现或使用。这就好比三星堆文明被发现的过程一样，虽然在我国田园考古发掘中没有发现器物上带有文字，但是在当地民间收藏的三星堆器物中却发现了大量的文字镌刻在古玉上，而且这些古玉上的文字其发达进步程度已进入到了极其成熟的阶段。

如果站在中国上古宗教发展脉络角度，红山古玉出现的符号体系应该是三星堆宗教文化的历史上线，既然两者存在着一种承袭发展的演变关系，那么两者在文字领域也应该存在着同样的承袭现象才对，否则两者也就不会出现相同的宗教信仰与相似的文化现象了。如果站在这个角度分析，红山时期没有发现文字原因有几个方面，比如我国田园考古发现的不充分，或者说红山时期文字载体不易保存，例如容易腐蚀的丝布文字载体、木简文字载体、树皮文字载体、毛皮文字载体等等。简言之，三星堆时期出现的成熟文字不可能是在短时间内形成的，它也应该有其漫长的发展演变过程才对。因此从这个角度看，创建中国上古宗教的这支人群，无论从宗教的历史成因，还是从他们所创造的青铜器文明和琉璃物质文明，都要比苏美尔人创造的物质文化与文明时间更早，其文明程度更为发达。

如果站在人类方框文字的同源角度分析，不难发现，无论是美索不达米亚的印章文化还是古印度的哈拉帕印章文字，文字的肩架结构都与我国上古象形文字发展到方框文字的进化过程极为相像。这种既有方框文字的演变过程，又有近乎于相同印章文化的发展演变脉络，是无法用历史的巧合解释清楚的。在他们三者之间，应该存在人们无法想象的某种特殊关联，比如三者具有相同的文化起源、相同的宗教信仰、类似的文化传承等等，才会出现这种相同与相似的文化现象。如果我们能够将哈拉帕印章文字与苏美尔印章文化，以及我国上古宗教所使用的文字体系进行比较，再结合我国象形文字和甲骨文的研究成果进行互证，我相信一定能够在三者之间找出谁是该文化现象的创造者，谁又是承袭者或集大成者的佐证依据。

第九部分

松石镶嵌所彰显的玉石文明

第十八章　宝石镶嵌技术的起源

据文献记载，宝石镶嵌工艺最早起源于古巴比伦。在公元前2500年的古巴比伦，已经运用黄金铸造工艺和錾花工艺制成金冠、项链、耳环和手镯等饰品，在这些文物上已出现了用宝石镶嵌的工艺。

最著名的是从淑巴德王后陵墓中发现的镶金嵌石木雕“金牛竖琴”和淑巴德王后“黄金头饰”。“金牛竖琴”是公元前二十六世纪的苏美尔人，用天青石和金箔制成的。琴胎用黄杨木雕刻的，琴身上则用贝壳、红宝石和天青石，镶嵌出苏美尔神话中的一个故事：英雄吉尔伽美什，降服野牛，和一些动物奏乐。琴把上，是戴假胡须的金饰牛头，其眼睛、胡须和牛角尖皆用蓝宝石镶嵌，牛眼炯炯有神，富有生气。

淑巴德王后的“黄金头饰”更是金光夺目，精美无比。上面排列着三个大青石和光玉髓做的花环，最下面的花环套着几只金圈，当中的一只附着几片山毛榉叶，顶端的一只连着直立的金制柳叶和花朵。假发上插着一把五齿梳子，嵌饰以金花和大青石。两鬓的太阳穴处，镶饰着螺旋状的金丝，耳轮上垂附着半月形的大金耳环。这精美绝伦的黄金头饰，表明了四千六百年前“两河文明”的发展水平。

在中国区域出现的镶嵌工艺，最早年代可追溯到新石器晚期和夏代初期。主要出现在骨制品和玉器上，是以绿松石（远古称其为宝石）镶嵌为主。例如，我国山东的大汶口文化（距今约4500~2500年）、黄河中下游地区的龙山文化（公元前2500~前2000年）、西北地区的齐家文化古玉（公元前2200~前1600年）以及商代鱼国的祭祀古玉（公元前1600~前1046年），都相继出土了数量不等的松石镶嵌工艺。从时间的角度看，中国宝石镶嵌工艺的诞生年代并不比巴比伦的历史晚。

在龙山文化中，时间较早的松石镶嵌器物包括一件骨指环，上面镶嵌3块绿松石圆饼和出土一件骨雕筒，上镶嵌绿松石圆饼5个。这两件器物出土于大汶口晚期的文化遗存。山东邹县野店遗址出土的一件镶嵌绿松石的象牙雕筒，上有四个圆形小窝，出土时绿松石已脱落，时代为大汶口文化晚期。江苏新沂花厅遗址出土的一组绿松石饰片，这组饰片共10件，除1件为圆形外，其余9件全为条状圆角形，均正面略鼓，底面平整，发掘者推测其为玉钺柄部的嵌饰，时代为大汶口文化中晚期。 山东日照两城镇遗址中，也出土了一支绿松石镶嵌而成的器物，这件器物可能为头饰。最大规模的松石遗存出土于山东临朐朱封遗址，在一个镂空冠饰上两面共镶嵌了四块绿松石，属孔洞镶嵌法。另外该遗址还出土1,000多片绿松石薄片，只有几毫米厚，且其中一件有穿孔。(图9-1)

又如，河南发现的二里头文化，二里头文化是指以一至四期所代表的一类考古学文化遗存，是介于中原龙山文化和二里冈文化的一种考古学文化。该考古文化主要集中分布于晋南、豫西，首先发现于洛达庙遗址，但尤其以二里头遗址发现的该类文化遗存最具代表性和典型性，故以此命名。二里头文化，既包含了二里头遗址的文化，又包括了二里头遗址之外具有二里头遗址文化特征的上百处遗址所反映的文化现象。二里头遗址和二里头文化成为公认的探索夏文化的关键性研究对象。在偃师二里头遗址出土的镶嵌绿松石兽面铜饰牌和绿松石龙形饰，可以说是我国松石镶嵌最为代表性的器物。绿松石龙饰，是由2000余片各种形状的绿松石片组合而成，每片绿松石的大小仅有0.2~0.9厘米，厚度仅0.1厘米左右。这些松石，原来应该是粘嵌在木、革之类的有机物上，但是只因这件龙形饰所依托的有机物已经腐朽无存，所以我们能看到的仅仅是它入土时的历史构造。松石镶嵌铜饰牌，这些铜牌是一种极具二里头文化特色的艺术品也是礼器范畴的精品。它们是以青铜铸出的圆角凹腰状的牌体正面弧凸，其上铸出兽面纹，再将细小的绿松石片镶嵌其中，目前已经出土了三件，都是贵族墓葬的随葬品。这类器物一般都出土于墓主人的胸部或腹部之间，因铜饰牌两侧各有两个穿孔，因此判断它们应该是被缝制在衣服上的饰品。可以想象的出，当时所佩戴它们的主人是何等的气派。(图9-2)

图9-1　河南偃师出土的镶嵌松石龙形饰

那么，我国的松石镶嵌艺术究竟隶属于哪种文化现象，它最早诞生的区域又在哪里呢？大部分学者认为，在山东出土的那几件大汶口文化中的小型松石镶嵌，应该就是我国松石镶嵌工艺的历史开端。

图9-2　二里头出土的松石镶嵌兽面纹铜饰牌

笔者认为，这种界定方法太过盲从和主观。虽然在田园考古中大汶口发现的镶嵌工艺时间较早，但这并不等于该文化现象就诞生在大汶口文化区。

首先，在该文化现象中松石镶嵌只是几个个案，而且最终也没有成为中原文化的主流，因此将其定性为历史的开端有些盲目；

第二，在该文化现象中，并没有看到它的成因与发展演变过程，人们也没有弄清它所承载的文化含义，而仅凭几件镶嵌文物就将其定为历史的开端依据不够充分；

第三，虽然这种松石镶嵌，在我国西北地区的田园考古中目前发现的实物较晚，但这并不等于西北地区的松石镶嵌成因史要晚于大汶口文化。例如在西北地区最具代表性的齐家古玉中，松石镶嵌几乎成为了该文化现象的主流，并且发现的松石镶嵌实物数量也大的惊人，镶嵌工艺也从简单的点缀逐渐发展成为装饰图案的主体，而且其镶嵌手法及精美程度也可堪称是中国之最。(图9-3)

从松石镶嵌所承载的文化现象看，中国的松石镶嵌工艺一直都在伴随着我国上古宗教

图 9-3　齐家绿松石镶嵌的玉璜

在有序的传播和发展着，这种文化现象从夏代晚期到商代早期已然成为了上古宗教载体中最典型的主流文化。有人会问，为什么在我国西北地区没有发现早于大汶口文化的松石镶嵌实物呢？ 我认为，这可能与我国田园考古发掘的不够充分有关，另外在人们的潜意识中一直认为华夏文明的核心在中原地带，因此对于西北地区的田园考古发掘的投入的太少。例如，在我国民间所收藏的西北古玉中，这种松石镶嵌器物比比皆是而且数量惊人，并且该文化现象一直延续到商代鱼国宗教才达到了繁盛阶段。由此可见，在大汶口文化和龙山文化中出现的松石镶嵌，并不能说明它们就是该文化现象的历史源头，而很可能是随着我国上古宗教传播到了中原地带。

此外，考虑到龙山文化横跨了陕西、山西、河南、和山东的广大区域，且其构成的成分也极为复杂，因此溯源该文化现象的历史源头尤为重要。那么，为什么到了龙山文化晚期才出现了大规模的松石材料遗存？ 龙山文化的松石镶嵌究竟是自身的发展扩张，还是原本就受到了我国西北地区宗教文化的影响所致，我认为后者的因素应该比较大。

据考古资料显示，在陕甘地区发现的新石器时期的石刃骨器，在其加工时已开始采用了胶粘技术，已将不同材质如石材和骨头等牢牢粘合在一起，而这种技术恰恰决定着粘合技术能够辅助镶嵌工艺的先决条件。

从我国的松石产地来看，中国境内的绿松石产地主要集中在湖北郧县和河南淅川、陕西白河、新疆哈密、青海乌兰、以及安徽马鞍山等地。基于以上诸多因素，人们将中国松石镶嵌的历史发祥地定性为是中原地区，无论从所发现的实物数量还是传承的脉络都过于牵强。反观西北地区的松石镶嵌史，就会发现无论从粘合技术的使用时间、还是与松石原料的产地距离、它所承载的宗教文化现象、从其成因发展到繁盛的过程所持续的历史时间、以及最终成为了上古宗教玉石载体的主流文化等等，都足以说明这种文化现象唯有成因于我国西北地区的上古宗教体系才比较接近事实。

第一节　松石镶嵌所承载的文化现象

松石镶嵌工艺，自我国新石器晚期到夏代初期就已经在我国骨器、青铜器以及玉器上开始使用。经研究发现，这一时期恰逢中国上古宗教逐渐向中原推广渗透的历史阶段。这支宗教人群，不仅以青铜器和松石镶嵌工艺为载体，将该宗教所创建的宗教信仰以图腾的方式传播到了中原地带，而且还借助人们对松石镶嵌艺术的审美观将信仰符号渗透到了中原意识形态领域。

这种承载着上古宗教信仰的艺术载体，发展到我国商代鱼国时期，松石镶嵌工艺在制玉领域不仅得到了长足发展，而且鱼国宗教还将这种工艺推进到了鼎盛阶段。但遗憾的是，这种工艺发展到商末周初却突然淡出了华夏历史舞台。究其原由，它与商武丁伐鬼方的那次战役有着直接的关系。

就西北地区的齐家古玉而言，它的发展演变过程其实已经为我们提供了最好的研究依据。例如，从齐家文化出土的玉刀和玉璋来看，在早期的齐家古玉中大部分都是些素面制成的玉刀和玉璋；而发展到齐家文化的中期，该器物上便开始出现了钻孔工艺，比如三孔玉刀、五孔玉刀和七孔玉刀等等；而这种以孔洞多少来界定社会等级关系的艺术形式，发展到齐家文化晚期时，在玉刀上便开始出现了以浮雕图案和松石镶嵌取代孔洞多少的艺术手法。其实，无论采用孔洞多少来区分社会等级，还是借助纹饰图案和松石镶嵌工艺来烘托身份地位，无疑都在彰显着中国上古宗教祭司至上的种姓制度。

就松石镶嵌工艺而言，它的出现不仅取代了以孔洞多少来区分社会等级制度的单一符号形式，同时还一改西北制玉行业长期没有图案纹饰的素面历史。然而，松石镶嵌工艺发展到我国商时期，在鱼国宗教的影响下齐家古玉得到了质的飞跃和发展，该工艺不仅成为了鱼国祭祀古玉的重要装饰风格，而且他们还将松石镶嵌艺术发挥到了后人无法超越的鼎盛阶段。

但遗憾的是，随着鱼国宗教的骤然消失，失去了受众群体的松石镶嵌工艺也随之在制玉行业消失殆尽。更为确切地讲，这种松石镶嵌工艺是在商武丁伐鬼方后，彻底的淡出了华夏历史舞台。因此，我们通过松石镶嵌的兴衰发展，已经基本能够勾勒出该项工艺的发展演变始末。例如，在我国夏末商初时期，是松石镶嵌工艺刚刚兴起的雏形阶段；而发展到商代中期，该项技术已发展到了它的盛行期；虽然发展到商代晚期它已经达到了鼎盛阶段，但是随之而来的却是该项技术的骤然消失。由此可见，松石镶嵌工艺不仅彰显着上古宗教的传播发展路径，同时它也暴露出上古宗教淡出华夏历史舞台的准确年代。

下面就让我们来欣赏一下，松石镶嵌工艺发展到商晚期鼎盛阶段的高超技术水平。这件采用松石镶嵌技术制作的饕餮玉琮，可以说是鱼国宗教祭祀礼器中最具代表性的一件精美器物。(图 9-4)

图 9-4　鱼国用绿松石镶嵌的饕餮玉琮

这件玉琮器，是采用圆雕形式将正反两面饕餮图案组合在一起的琮形器。这件器物最突出的特点是，饕餮图案的眼睛，是采用几十块形状各异且大小不等的“孔雀蓝松石”镶嵌而成，其眼白和瞳孔在松石的烘托下更为美轮美奂栩栩如生。这种用松石镶嵌工艺作为装饰图案的器物，在鱼国的祭祀古玉中却比比皆是，例如大玉鼎上饕餮纹饰的眼睛、玉琮器上出现的各种装饰图案、玉璧上拼接出的生活场景、以及崇拜日月星晨的内容等等，几乎都是以松石镶嵌的艺术手法在烘托着该宗教信仰的主题以及它深不可测的宗教含义。

这种松石镶嵌技术，在我国中原地区也曾有过发现。例如 2002 年，我国田园考古在河南偃师二里头早期的一座墓葬中，就发现了一件用松石镶嵌而成的龙形器。该器物全长 70 厘米，是由2,000余片绿松石粘嵌于有机物上组成的龙身图案，龙身曲张有致，形象生动传神。龙头呈现出浅浮雕状，为扁圆形巨首，鼻、眼则以白玉和绿松石镶嵌而成。在二里头出土的三件铜牌饰品上，也同样出现了用松石镶嵌的工艺手法，这三件铜饰牌的正面，是采用数百片小绿松石镶嵌出的饕餮图案制作而成，出土时这些器物是置放在墓主人的胸前，说明死者生前不是一位大祭司也是一位神职人员。在四川广汉的三星堆，也同样出土过四件用松石镶嵌而成的铜饰牌，它们的装饰图案也是兽面饕餮纹饰，其设计理念与镶嵌工艺和二里头所发现的器物几乎同出一辙。(图 9-5)

这种镶嵌工艺所使用的粘合剂，主要是选自天然的植物胶、动物胶和矿物胶制作而成，这种胶合剂不仅黏合性高，而且极耐腐蚀。在已发现的距今 3000 多年的鱼国器物中，那些镶嵌着松石的饰品仍坚固如初，很少见到松石脱落的现象，可称得上是人类粘合剂发展史中的一大奇迹。

这些在我国不同区域被发现的松石镶嵌工艺，显示出我国青铜冶铸技术与松石镶嵌工艺的先进水平，也为松石镶嵌工艺的起源与传播提供了研究佐证。

图 9-5　二里头出土的三件铜饰牌之一

第二节　文化现象所显示的历史

从纹饰图案的角度分析，它们所选用的装饰图案大部分都是饕餮纹饰，而这种饕餮纹饰恰恰是华夏民族共同信仰的龙图腾。要知道，在那个交通极不发达、而且相互距离遥远的历史年代，能够将青铜冶铸技术、松石镶嵌工艺和宗教所推崇的龙图腾融为一体进行传播和推广的社会机构，恐怕只有中国的上古宗教集团才能够做到这一点。

就铜饰牌的制作难度而言，仅青铜铸造这一道工序就已经是当时最难掌握的一种复杂技术，再加上松石镶嵌工艺和粘合技术而致使加工难度变得更为难上加难。这种制作技术难度高且不易推广的稀缺制作工艺，为什么会有如此之大的流通性？ 另外，这些器物既不是人们生活中的必需品，也不是社会普遍使用的商品，而纯属于某个阶层才有权享用的一种奢饰品。因此我们有理由相信，这种技术含量极高并且制作工艺复杂的艺术品，如果不是当时社会意识形态的需要，恐怕古代先民是不可能花费大量的人力物力去制作这些产品的。由此可见，这些承载着宗教含义的艺术品，应该是我国上古宗教所制作的一种用于推广宗教信仰的饰品，而持有这类器物的人应是弘扬宗教的大祭司或是传播宗教信仰的神职人员。

站在文化的角度看，在二里头发掘出的松石镶嵌龙形器与当地的文化现象截然不同，并呈现出两者无法兼容的文化差距。而这种文化差距，不排除存在着外来文化影响的可能。即便这种文化属于外来影响，那么这种文化现象也应该存在着它自身发展的历史源头才对，那么在它的发展源头也一定会保留着这种文化现象被普遍使用或推广的迹象。

值得庆幸的是，这种文化现象的历史源头和发展演变脉络已经被我们找到，那就是我国西北地区的上古宗教集团所创造。这种能将青铜铸造与松石镶嵌融为一起使用的文化现象，正是我国上古宗教所创造的一大奇迹，也是他们留给世人最为宝贵的文化财富。因为我们通过这种文化现象，不仅能够厘清松石镶嵌工艺已传播的区域，而且还可以通过饕餮符号了解到龙图腾对中原文化所产生的深远影响。

对以上推论，可能会有人提出反对意见，认为松石镶嵌工艺既然出土于大汶口文化、龙山文化和二里头文化，那么它就应该属于中原文化的一部分。笔者认为，它确实属于中原文化的一部分，但是这并不等于该文化现象最初就诞生在中原腹地。如果这种文化现象是诞生于中原，那么该文化现象一定会在中原地区留下它传承发展的迹象，但是这种传承的迹象却没有出现，说明这种松石镶嵌工艺，从一开始就没有被中原文化所接受，究其缘由可能存在着几种原因：

第一种原因，当时能够将青铜铸造和松石镶嵌工艺融为一体的加工技术，不仅需要拥有制作青铜冶炼经验的人，同时还要掌握松石镶嵌工艺和黏土胶粘技术的制作方法方能制作出我们所看到的出土器物。然而，这种即复杂又特殊的制作工艺，在当时很可能只掌握在极少数人的手里，甚至可以说是属于某个民族秘不外传的传承技术。因此，这种松石镶嵌工艺才会在中原地区发现较少，而且没有出现有序发展的传承演变迹象。（图 9-6）

第二种原因，这种松石镶嵌工艺，属于西北某个区域民族所独有的文化现象。虽然它的制作工艺非常精美，但是它所承载的宗教内涵却迫使中原人对其望而却步。要知道，中原人从来就没有建立过自己的宗教信仰体系，对一个没有宗教信仰的民族来讲，即便松石镶嵌饰佩制作得十分精美，但也会因它所承载的宗教内涵致使中原人望而却步。 这就如同今天藏民节日所佩戴的饰物一样，虽然那些用金银、珍珠、玛瑙、玉和松石、翡翠、珊瑚、琥珀等串成的珠串戴在身上极其美观，但是中原人却很少有人去购买这些珠串佩戴，其主要原因是因为它们所承载着宗教含义未被中原人接受。

图 9-6　殷墟出土的镶嵌绿松石兽面饰

第三种原因，虽然松石镶嵌工艺在今天人们的眼里极其精美，但是在当时的历史条件下它们未必是最美的东西，因为当时社会最需要的莫过于粮食和能够换取粮食的财富，而对上古宗教所传播的意识形态载体人们却无暇顾及。也正因为如此，在中原文化中虽然也曾掺杂着这种文化现象，但只因它们并非是生活的必须品，再加上信仰观和审美观存在的差异，因此这种承载着宗教色彩的青铜器文化与松石镶嵌工艺并没有被中原人所接受。虽然这种文化现象，对当时的社会也曾产生过影响，但这种影响也仅限于贵族阶层显示身份和财富象征的层面，而绝非是思想意识形态领域的认可与接受。

由此可见，这种带有宗教色彩的文化现象绝非中原的原创，而应该是外族宗教文化的传入才比较符合事实。虽然这种文化现象，在中原地区看不到它的承袭发展，但是松石镶嵌技术在我国西北地区的祭祀古玉中却显现出承袭发展的清晰脉络。这足以说明，上古宗教集团就是这项技术的创造者和传播者。因为，能够将这项技术发挥到极致并且能将其推广的始作俑者，唯有该项技术的发明者才能做到这一点。

第十九章　上古宗教的载体—玉石文明

第一节　玉石文化的玉料来源

在笔者收藏的生涯中，所收集到的鱼国祭祀古玉的数量早已超过初期的想象，其造型不仅种类繁多，而且器物的尺寸都硕大无比，可以说是惊世之作。那么，这些器型庞大且数目惊人的祭祀古玉，其玉料的来源究竟产自何地？ 为什么一个地处西北的边陲方国，玉石文化的发展会如此的发达，而坐拥着巨大财富的中原王朝为什么古玉文化却远不如鱼国的古玉繁盛？

要知道，在中国的夏、商、周时期，玉石是当时极为难得的重要财富，由于它极为稀缺，因此大部分都只用于礼器和祭祀神器所用。《周礼・春官・大宗伯》 中记载："以玉作六器，以礼天地四方，以苍璧礼天，以黄琮礼地，以青圭礼东方，以赤章礼南方，以白虎里西方，以玄黄礼北方"，是为了"以礼乐合天地之化，百物之产，以事鬼神，以皆万民。"

可以想象，在我国夏、商、周时期的玉石曾占据过何等高贵的社会经济地位，玉器不仅是当时财富与地位的象征，而且还是王朝礼仪制度中最为重要的载体。然而，在那个玉石资源极其稀缺的年代，中原地区只有那些王公贵族才有权享有玉器的时代，地处我国西北边陲的鱼国宗教，为什么会拥有数量庞大的神玉供奉在神庙中，他们究竟是如何获取的这笔巨大财富，又究竟是什么促使着他们制作出这些如此之大的祭祀古玉，难道这一切只是为了显示该宗教信仰的显赫神威吗？

通过对玉石材料的研究考证，发现鱼国宗教所使用的玉料只有少部分产自陕西和甘肃，而绝大部分都是来自昆仑山脉的玉石毛料，准确地讲大部分都来自我国新疆的喀什区域。

喀什，位于新疆维吾尔自治区西南缘，塔里木盆地西部，东临塔克拉玛干沙漠，南依喀喇昆仑山与西藏阿里地区，西靠帕米尔高原，是中国最西部的边陲城市，也是古丝绸之路上的商埠重镇，东西方交通的咽喉枢钮和东西方经济文化和文明的重要交汇点。

据两汉史书记载，喀什噶尔（今新疆喀什市）含义解释为"玉石之国"或是"玉石集中"的地方，在突厥语汇中"喀什"即"玉石"之意，"噶尔"是古代塞种人语言中的"地区""邦国"之意。虽然今日的喀什附近，多为平原绿洲，少有产玉的记载，但是在突厥语"喀什"之称出现时，正是两汉时期当地的莎车国被西域强国疏勒国兼并之时。

莎车境内的"米尔岱山"自商周以来就以盛产青玉出名，故宫收藏的国宝"大禹治水玉雕"所用玉石原料就出自此山。此外，喀什所辖区域内的叶城、塔什库尔干和以盛产大块玉料闻名的叶尔羌河等地都是久负盛名的玉石产地。因此，作为交易市场的喀什，便成为了当时的产玉重地，被人们称为“玉石之城”。按照历史发展规律上溯，喀什地区在上古时期也应该是西域玉石贸易和生产加工的重地或集散地才对。经研究，鱼国宗教所使用的玉料大部分都来源于此。要知道，鱼国宗教制作的祭祀古玉，最突出的特点之一就是器形硕大。而这种习俗可能存在着两种原因，第一种原因是，这些硕大的祭祀古玉属于该宗教集团核心区的重器，是国家的象征器因此才硕大无比；第二种原因是，因为该宗教世代一直掌控着新疆的玉石资源，要知道将玉石作为财富囤积的最好办法，就是将它们制作成国家的象征重器，即便日后有人妄想掠夺也会因它所承载的宗教内涵而失去它固有的价值。然而，支持上述观点的依据是，在鱼国制作的大型祭祀古玉中，我们几乎在每件器物上都能感悟到追求尺寸最大化的证据。例如，在一些大方鼎和大玉琮以及大型的器物上，都能在边边角角找到缺肉的现象，而这些缺失的部位明显不是因磕碰留下的痕迹，而是在器物制作之初就已经出现的缺痕，因为这些部位并非是新的创伤而是原始毛料所留下的玉石山皮。这种情况说明，当时是因为制作者追求器型的最大化所导致，因为要想追求器物的最大化肯定会受到玉料大小的局限，如果要想找到玉料最大化的临界点，势必会在边边角角出现因尺寸不足而出现的缺肉现象，因此在很多器物上我们才会看到缺肉部位呈现出山体毛料留下的原始痕迹。(图 9-7)

这些证据说明，鱼国古玉所采集的玉石材料并非来自玉矿的开采，而是来自玉料风化后脱离山体的玉石山料。这一点，却恰恰为研究鱼国祭祀古玉的玉料来源和采集方法提供了最为直接的佐证。

图 9-7　鱼国镶嵌松石的大玉鼎

然而，随着我国全民收藏热的不断升温，玉石材料需求也在不断地直线上升。据传曾有很多人，进入昆仑山脉去寻找古人曾经开采过的玉矿，但最终都无功而返。因为，在人类还没有发明火药之前，以开采玉矿的形式获得玉料是根本不可能的事。而在人类发明火药之后，也没有任何迹象表明火药曾用于玉矿的开采。因为一方面玉作为一种非金属矿藏，是很难用金属探测仪找到的，另外玉石作为一种稀缺商品一直在以几何级数在增长，人们不可能采用火药这种破坏性的方法去开采玉矿，那样即便找到玉矿也会因炸药爆破导致玉料出现炸纹而无法使用。

那么，古代先民究竟用什么方法去采集玉石呢？ 我国矿物专家和地质学家曾在新疆一带做过细致的考察研究，最终的结论是：“在昆仑山脉并没有发现古代玉矿，先民们所采集的玉石完全是由山川河谷而来。在河谷中发现的玉石，是随着夏季河水的北流离开昆仑山脉到达平原的，其原生矿应该是在昆仑山雪线以上的海拔 5,000 米的高山上，因这种海拔的地质高度风化比较严重，终年积雪，冰川纵横，因此人们很难在此发现玉料的矿脉；然而，这里进入到夏季的融雪时，因风化而导致的矿脉玉料会因表层局部破碎而崩落河谷，这些玉料会随着连年的山洪和冰融的河水才被冲向下游的平原。”①

① 引自骆汉城的《玉石之路探源》2005 年华夏出版社出版。

据史料记载，商周时期在“玉龙喀什河”，随处可见被洪水冲下来的玉石毛料。由此可见，西域古代先民在上古和中古时期所采集的玉石原料，都应来自因大自然风化而滚落山底的玉石毛料。因为在鱼国制作的祭祀古玉中，很多器物上都能找到因高度风化所留下的原始痕迹。经过对鱼国古玉中不同玉料的进一步检测，表明这些古玉料大部分都来源于昆仑山北麓的白玉河、墨玉河、叶尔羌河和玉龙喀什河地带。可想而知，几千年前先民们所使用的玉石材料，应该就是受到大自然风化而滚落山谷后囤积在沿途河床之中的玉石山料。

近年来，在新疆地区仍然能够偶然采集到因风化而脱落山体的玉石毛料。例如，在昆仑山脉1986年曾发现过一块重达1.5吨的玛河碧玉，2002年又发现过一块重达700多公斤的碧玉，而在2005年9月，于首届碧玉奇石展销会上曾展出过一块近3吨重的大碧玉，在同年的10月，在远离石河子市区高山雪线下的河沟里，又发现了一块重达5.2吨重的大碧玉。这些大型玉石山料的发现，不仅证明了专家对数千年前昆仑山北麓曾蕴藏着大量原始玉石资源的推测，同时还佐证了古代先民获取玉石山料的采集方式。

第二节　玉门关所承载的真正历史

相传，玉门关始建于汉武帝开通西域道路所设置在河西走廊的关口，因西域向中原输入玉石时取道于此而得名。既然此关被称之为玉门关，想必此关最初成因也应该与玉石流通有关。(图9-8)

然而，商代鱼国的都邑所在地却在陕西和甘肃的交汇处，此地也应该属于玉石进入中原受玉门关限治的区域范围，那么鱼国宗教所创建的玉石文明又究竟是如何获取到了喀什地区的玉料资源的呢？ 当我们了解到这支上古宗教体系的历史起源及族属关系，以及该宗教族群的生活习俗和发展演变脉络后，这些问题将会迎刃而解。

图9-8　玉门关遗址

在本书前文曾有过详细的介绍，即商代鱼国宗教所承袭的宗教法脉，是源自巴蜀地区的三星堆宗教文明；而创建三星堆宗教体系的人群，却又是来自新疆罗布泊地区的原始居民 即印欧语系的吐火罗人。据考古资料显示，吐火罗人曾是塔克拉玛干地区最早的原始居民，他们早在3,800多年前就已经进入到了塔里木盆地，并以城邦自治的形式分别占据着塔里木盆地的不同区域。也正因为如此，他们不仅成为了西域地区的霸主，同时还在掌控着昆仑山脉的玉石资源。之后这支人群，不仅有计划的将玉石资源打造成了人们所追求的经济财富，而且还将玉石创造成了上古宗教的文化载体，以艺术符号的形式传播着该宗教信仰的内容与内涵。

华夏民族对玉的喜爱和崇拜由来已久，世人皆知。最远的年代，可以上溯到6000年前的红山文化古玉、5000多年前的良渚文化古玉、4000多年前的齐家文化古玉和龙山文化古玉，然而这种对玉的狂热追求与崇拜一直延续到今日仍热度不减，甚至在某些方面还有过之而无不及。因此，研究上古玉文化的历史起源，探究上古玉文化的发展与传播脉络，便成为了研究这一课题的关键所在。

站在考古发掘的角度，如果我们将西北地区发现的古玉与中原地区出土的古玉数量进行对比，不难发现一种奇怪的现象，那就是中原地区历代王朝的墓葬中虽然玉器的陪葬数目不少，但是出土的玉器尺寸却小得可怜。也正因为如此，在中原地区的墓葬中才会出现了一种“事死如事生” 的丧葬习俗，而这种丧葬习俗又恰恰佐证了陪葬品属于死者生前私有物品。 然而，与中原丧葬习俗形成巨大反差的区域，则是我国西北地区的齐家古玉和商代鱼国古玉的使用情况。就甘肃齐家坪出土的古玉而言，那些出土的玉刀和玉璋足有一米长，而那些玉璧和玉琮不仅器型庞大种类繁多，最为关键的是出土的数量大得惊人。而商代鱼国制作的古玉更是如此，比如他们制作的玉璧最大的直径足有一米，其重量达一百多斤；玉琮的最大尺寸，也有一米多高，其重量有四五百斤重；其中最大的器物，当属鱼国制作的硕大玉鼎，这几件玉鼎最高的尺寸接近两米，其重量大约在两吨多。从目前所发现的器物看，无论是器物的重量还是种类都可以说是惊世之作，数量大到无法统计的地步。 很明显，如果站在中原“事死如事生”的丧葬习俗角度，恐怕这些庞大的古玉绝非属于某位君主生前拥有的个人财产，既然它们不是私有财产，那么这些古玉也就不应该属于陪葬品。

站在古玉文化现象的角度，西北古玉所彰显的主要是以崇拜诸神形象和宗教符号为主题的祭祀所用礼器，也就是人们所说的神玉崇拜的文化现象；而中原地区出土的古玉，大都是以歌颂真龙天子的龙玉璜和凤玉璜为主题的适配，也就是人们所熟知的王玉崇拜的文化现象。

要知道，这两种崇拜信仰理念有着天壤之别。

就神玉崇拜而言，它是源于我国上古先民经过几千年的发展演变而形成的一整套完整的崇拜信仰体系；王玉崇拜信仰，则是形成于统治阶级为巩固王权地位所编纂出的一套对王权崇拜的信仰理论。前者，是源于上古先民对宇宙超自然力现象的探索与解读；后者，则是统治阶级为自己所打造出的君权神受的信仰学说。前者所制作的古玉，主要是用于对诸神的祭祀、歌颂、弘扬与传播；后者，则是为了神话自己的王权地位专门制作出的一些道具。前者出土的古玉，主要是用于供奉在神庙中的祭祀礼器，它们不仅隶属于宗教集团并且还可以世代继承发扬；后者出土的古玉，则是某位君主生前所喜爱的个人物品，因此才在他们死后可以按照“事死如事生”的丧葬习俗作为陪葬。

就中原地区为代表的二里岗文化的古玉而言，那里出土的古玉基本都是某位君主生前所用之物，因此它们都应该属于君主的陪葬品。但是，这些出土的古玉无论从器物的尺寸还是数量，可以说根本无法与商代鱼国的祭祀古玉相提并论。从郑州商遗址出土的玉器总体来看，其发展技术水平不仅低下，而且器物的种类和出土的数量也少得可怜；又如，洛达庙三期和南关外时期，商城的玉器更是少之又少，不仅残缺不全而且都是小件器物；虽然发展到二里岗下层一期时，玉器种类及数量开始增多，并在二里岗上层一期时达到了它的顶峰阶段，但发展到二期时却又突然开始减少。然而，在郑州市人民公园的商遗址一期，商城玉器又出现了第二个高峰期，但是至二期时又再次出现了衰落的迹象。

对这种现象，有些学者将其推测为殷墟商政不稳、经济时好时坏所导致。但笔者却不这么认为，因为造成这种现象的主要原因，很可能与中原玉料受到进口的限制有关。例如，我们在中原墓葬出土的器物中，不仅没有发现过像鱼国祭祀古玉之中的硕大礼器，更没有看到如此种类繁多内容丰富的文化现象。如果这种巨大的反差，被解读为商政不稳也太过牵强了，因为商政不稳在某种意义上是不会影响到民间制玉行业的发展；如果归咎于经济的时好时坏，那么在商王朝经济好的历史阶段，为什么仍没有出现过像鱼国那样的古玉繁盛现象？由此可见，中原玉器行业发展的时好时坏，其主要原因还是与玉石材料受到限制有关。

中原墓葬出土的玉器数量不多，而且品种单一残缺器小，应该与西域长期管控向中原输送玉料的尺寸规格有关。笔者认为，器物造型较小的主要原因，很可能是因为西域向中原出口的玉料大都属于制玉行业所剩余的边角料，其目的就是在有意控制向中原出口的玉料尺寸；另一个原因，很可能是西域想通过对玉料数量和尺寸的管控，以达到制约中原地区的制玉行业发展，以迫使向中原进贡的诸侯方国只能到西域定制代为加工的玉器饰品，以此来换取更大的经济财富。

从商代鱼国古玉的存世量看，殷墟出土的玉器无论从数量还是从器物的种类和尺寸，都和鱼国存在着巨大的差距，而这种差距恰恰是西域控制玉石材料向中原出口的最好实证。

据《穆天子传》 记载，穆王西行见西王母："吉日甲子，天子宾于西王母。乃执白圭玄璧，以见西王母，好献锦组百纯……天子于是取玉三乘，玉器服物，于是载玉万只。天子四日休群玉之山，乃命邢侯待攻玉者。"又如,《汉书・地理志》 曾记载："临羌西北至塞外有西王母石室，仙海，盐池……"临羌一般认为在今青海湟源；宁夏海原亦曾有临羌。西王母在甘肃、青海至新疆东部的可能性较大；也就是说，中原王朝与西域的玉石贸易最迟也在西周穆王执政时就已经开始。发展到春秋战国时期，和田美玉已成为西域向中原进贡的珍贵之宝。《史记・赵世家》 曾记载："马、胡犬不东下，昆山之玉不出，此三宝非王有已。"这其中所提到的"昆山之玉"即为昆仑山下出产的美玉。《谏逐客书》："今陛下致昆山之玉，有随和之宝，垂明月之珠，服太阿之剑，乘纤离之马……。"这段记载说明，秦统一中国后仍未能有效掌控西域的玉料资源。

通过上述记载能够看出，创建我国上古宗教的这支人群不仅是西域地区的霸主，而且他们还在长期控制着西域的玉料资源。也正因为如此，西域每年向中原出口的玉石材料多少，直接影响着中原制玉行业的发展与进程。因此创建上古宗教的这支人群，不仅是西域玉石产地的垄断民族，而且他们还应该是制约着中原制玉行业发展进程的罪魁祸首。因此我们有理由相信，既然西域和中原一直存在着玉石材料的供求关系，那么他们也一定是中原制玉发展速度缓慢的始作俑者。

既然西域是中原玉石材料的供应者，那么想必也存在着一种主动与被动的供给关系。如果是主动的，那么在中原墓葬出土的玉器中就不应该出现器型较小数量有限的情况，如果这种供给关系是被动的，也就不排除西域对玉石材料进行管控和计划供给的情况，笔者认为后者的可能性应该比较大。

要知道，“玉门关”最初被称之为“小方盘城”，它位于甘肃省敦煌市西北 90 公里处，相传在西汉时西域和田美玉经此关口进入中原，玉门关才因此而得名。既然玉门关，是源于玉料资源的贸易出口而得名，那么作为需缺方的中原是不可能设立此关限制玉料进口的，相反应该是西域出口玉料的一方设立的关口才比较符合道理。

然而，针对玉门关的成因历史，长期以来却是学术界争论不休的话题，因为它对揭开西域玉料何时输入到中原的历史尤为重要。虽然相传“玉门关”是汉武帝所置，是西汉通往西域的交通门户之一，也是汉长城最重要的关隘，西域等地进贡中原的和田美玉皆由塔里木盆地取道必经此关，因此“玉门关”才因此而得名。但是这种说法只是一种传说，因为它至今仍未得到文献的佐证支持，况且西域和中原地区的玉石贸易，早在夏商时期就已经发展到了成熟阶段，它要比西汉时期设立的玉门关早了将近 2,000 年之久。由此可见，传说玉门关始建于汉武帝开通西域道路时所设置，看来是站不住脚的。

考虑到西北与中原玉器从原料等级及数量上所存在的差异，唯有上古宗教对玉源采取着垄断，以及对玉石贸易进行着管控才会导致这种局面的发生。那么，上古宗教究竟采取着怎样的方法才能控制住玉料资源外流呢？ 当然在小方盘城设置玉门关卡是最佳的选择。因此，玉门关的历史成因不仅远远早于西汉，准确的讲应该是在我国商代早期就已经开设了此关。因为长期控制着玉料资源的上古宗教，不仅想借助此关来限制玉料资源向中原外流，最为关键的是还要制约着中原制玉行业的快速发展。(图 9-9)

玉石资源不仅是上古宗教的文化载体，而且它还是传播该宗教信仰内容与内涵的符号语言。如果上古宗教失去了对西域玉石材料的管控，想必这一宗教的传播势必会在中原地区受到阻滞，那么传播和推广上古宗教信仰的计划也将会功亏一篑。理论依据是，在商武丁伐鬼方之前，西北地区的玉石宗教文化不仅传承有序，而且已长足发展到鼎盛阶段；但是这种鼎盛阶段，却伴随着商武丁伐鬼方的战役而灰飞烟灭，似乎它已和上古宗教同时淡出了华夏历史舞台。

图 9-9　小方盘城遗址

最明显的迹象是，自西周王朝建立后，我国西北地区的制玉行业再也没有出现过与宗教有关的、多神崇拜和宇宙超自然力现象崇拜信仰的玉器，相反在古玉中却开始出现了以颂扬太平盛世为主题的王玉文化出现。例如，玉器的种类也仅限于玉璜、玉环、玉珏、 玉玦、玉簪、组玉佩等；动物形状也只有鱼、羊、鹿、蝉、猪等；纹饰图案只有云雷纹、 饕餮纹、龙和凤的图案纹饰，不过这些玉器大部分都比较小，实属某种礼仪场合所佩戴的奢饰品。然而，这种出现在古玉文化现象中的本质改变，恰恰说明了两点：第一点是，我国的神玉时代发展到商末周初从此终结，而代替它的讲是王玉时代的兴起。第二点是，我国神玉宗教文化伴随着上古宗教彻底地退出了华夏历史舞台，取而代之的则是王权崇拜信仰的王玉时代来临。

俄国历史学家 克柳切夫斯基曾提出：“在研究一个民族的历史时，首先遇到的是制约每个民族发展的力量—它的自然条件。一个民族国家的地理特征，对民族的历史生活过程有着强烈的影响。”[①]由此可见，探究玉门关究竟是由谁设立以及准确的成因年代，对探究我国上古玉历史的发展演变脉络极其重要。

① 引自《西方著名史学家评介》第220页。

第十部分

华夏曾是人类最早的宗教圣地

第二十章　宗教信仰与王权崇拜

宗教是人类社会发展到一定历史阶段出现的一种文化现象，属于社会意识形态范畴。它主要特点为，相信现实世界之外存在着超自然的神秘力量或实体，统摄万物而拥有绝对的权威性、它主宰着自然进化、决定着人世间的命运，从而使人们对宗教产生敬畏感和崇拜感，并从而引申出信仰认知以及祭祀仪式活动。在人类早期的社会形成中，宗教承担了对世界的解释并起到了司法的审判和道德培养与心理安慰等功能。虽然现代社会，已经将科学和司法从一些宗教中分离出来，但是道德培养和心理安慰的功能仍在社会体系中在延续并发挥着它的作用。因此，宗教所构成的信仰体系和社会群组，是人类思想文化和社会形态的一个重要组成部分。因此，宗教应该属于人类最具代表的文明与文化现象，它也是社会形成的主要元素之一。

人类从原始的自然崇拜信仰发展到宗教诞生，历经了漫长的演变过程，但这并不意味着所有的崇拜信仰最终都能够演变成为宗教。因为宗教要具备三个基本要素：其一为宗教的思想观念及感情体验，即教义；二为宗教的崇拜行为及礼仪规范，即教仪；三为宗教的教职制度及社会组织，即教团。

针对中文里宗教的“宗”字，历代文字学家已经对其解释得十分明白，“宗”泛指内置神主的庙宇。从殷墟卜辞遗留的文献资料来看，“宗”就是神庙，它不仅包括祖先神庙而且还包括自然诸神的庙宇。因此，在殷商王朝，“宗”就泛指神庙、神殿和祭坛，而殷人的“宗法”，泛指的则是宗庙体系中的制度，古人云：“法者，制度也”。而“宗法”在中国文化中又是指调整家族关系的一种制度体系，它源于氏族社会末期的家长制，依血缘关系分为大宗和小宗，以强调前者对后者的支配以及后者对前者的服从。所以，周祭制度的“大宗”、“小宗”也是由宗庙祭祀制度中的宗法体现出来的。

第一节　中原只有王权崇拜没有宗教信仰

中原王朝所表现出的崇拜信仰，大都以“帝”为核心。

中原人认为帝才是人类历史文明的缔造者，也是人类共同的始祖。所以在中原地区，大都围绕对帝的崇拜来举行祭祀和仪式活动，无论在农耕、星象学、征伐、占卜的卜辞中我们都能够看到帝的身影。在中原地区的祭祀仪式中“帝”扮演着重要的角色，帝已成为人们理解商代宗教信仰的核心理念。

在殷墟出土的甲骨文中，帝也被称为“上帝”，在卜辞中随处可见。总结甲骨文中出现的“帝”，存在着三种含义：

一、为上帝的意思，即神的称号，如：“甲辰卜，争贞，我伐马方，帝受我佑”等，意思是“商人准备征伐马方时，祈求上帝能够给与庇佑”；

二、是族群和庙宇“号”的别称，如帝乙、帝辛等；

三、为祭祀词，如“帝于河”就是针对江河举行的祭祀仪式。

所以，中原人敬帝已成为了不争的事实。

当然，在中原人的崇拜信仰中也祭拜鬼神，如《礼记·表记》托孔子语云：“殷人尊神，率民以事神，先鬼而后礼，先罚而后赏，尊而不亲。”

司马迁更以“野”概括夏，以“鬼”概括商。从甲骨卜辞的记载来看，殷人逢事必卜、尊亲事鬼，成为了殷王朝宗教信仰中的核心内容。

总结殷商王朝的崇拜信仰，其特点主要表现为对上帝和对祖先神的崇拜，其宗教仪式只是定期的祭祀苍天，遇事占卜吉凶，以及人祭人殉的陪葬制度。但这些内容和形式，也只体现出商王朝推行苍天崇拜论、推崇帝王为天子论的统治手段和与此匹配的社会制度，这其中我们并没有看到真正意义上的宗教信仰存在。

另外从殷商的卜辞中，我们仍没有发现宗教产生的迹象。即便商代从武丁以后特别重视对至上神的崇拜，认为它能主宰自然和人类的一切命运，所以殷人认为这个具有人格化和意志力的神就是上帝。但如果要将这种崇拜信仰归类为宗教，就应该能够看到殷人为其所崇拜的帝或祖先神以及主宰自然万物的上帝所营造出的各种类型的膜拜原型或化身，来接受殷人的膜拜，但这些原型和化身却没有形成。

那么，商代发达的占卜术能否代表宗教信仰体系的存在呢？

实际上，占卜术最终也只能归于为宗教服务的预测学上，古代将它称之为玄学。而预测学是建立在中国传统文化的阴阳八卦、天干地支、五行生克、神煞历法等基础上的庞大学问，是用于预测人、事、物等过去、现在、未来的成败吉凶预测的术数，而这种具有宗教含义的术数，仍不排除外来宗教摄入的可能。

古代的占卜是通过“象、数、理”来进行占卜预测，“象”就是类象图象，“数”就是数字数目，“理”就是易理常理。其对占卜的判断，主要依靠的是“象”，而“数”、“理”都是为“象”服务的，所以占卜又应该属于我国古代哲学的范畴，但是在商周时期这种占卜术不仅没能上升到哲学的范畴，反而它却成为了宗教现象的代表。

因此，在中原王朝的崇拜信仰中，并未形成真正意义上的宗教信仰体系。

到西周时期，在信仰上，周仍沿袭着商代崇拜上帝、崇拜先祖、及占卜问事的信仰习俗。但是，周王朝的崇拜信仰，比起其他各代，它又是最不相信鬼神存在的王朝，不仅不信鬼神，周王朝还对异族非类的宗教信仰进行过排斥和打击。

据史料记载，周灭商后，西周统治者为巩固自己的统治地位建立起牢固的政治管理体制，在延续前朝宗教习俗的基础上又建立起具有西周特点的四大制度体系：分封制、井田制、宗法制和礼乐制。

“分封制”在西周时期成为了统治集团凝聚诸侯势力，巩固周朝的统治地位并达到以藩屏周王朝的核心手段。周王朝实行的分封制，是在当时的历史条件下对广大的区域实行有效统治的最好办法。

“井田制”则是奴隶制国家的经济基础，它体现了中国奴隶社会生产关系的主要部分，它不仅与宗法制度紧密相连，在西周时期还得到进一步的发展。

“宗法制”是在父权家长制的基础上不断扩大和发展起来的，它构成了奴隶主贵族的等级阶梯，形成了中国奴隶社会基本的社会政治制度标准；

而“礼乐制”是周代所制定的另一种等级制度，它是以“礼”来区别宗法远近的等级秩序，同时又以“乐”从属“礼”的思想，使得“礼”和“乐”互补，互为制度上的支撑。礼乐制不仅集前朝之大成同时还将乐升华成了一种地位等级的待遇，针对不同阶层制定了不同的乐礼待遇，成为当时维护封建制度的一种文化制度。

因此，中原商周王朝的崇拜信仰，并不具备宗教信仰的三要素原则，而是一种崇拜世袭帝制的信仰理念、提倡君权神受的哲学思想、以及树立王权统治地位的崇拜信仰体系。

第二节　鱼国宗教信仰的教义理念

与中原崇拜信仰截然不同的是我国西北地区的鱼国宗教信仰，它不仅具有独立的教义、教仪和教团这三要素，而且还具有亘古演变而来的对宇宙超自然力的信仰体系。

鱼国宗教的教义，总结起来有三个基本观念：宇宙崇拜信仰观、宇宙创世观、转世轮回观，这三大观念构成了鱼国宗教的意识形态，它也成为了后世一些衍生教派的核心理念。鱼国宗教也是以崇拜自然神以及祖先神、英雄人物为崇拜对象的宗教，并且早已形成了天界、空界、地界等三界之神的崇拜观。例如，祭祀古玉中普遍含有的三条横杠线、以三为基数的三孔玉刀、三层宝塔、三足玉鼎、三层纹饰图案的松石镶嵌等等，这些都可以被界定为三界信仰观的物象符号体现。（图 10-1、 图 10-2、 图 10-3）

图 10-1　鱼国三大主神中的保护神-1　图 10-2　鱼国三大主神中的宇宙主神-2　图 10-3　鱼国三大主神中的破坏神-3

鱼国宗教的教义，不仅继承着我国原始宗教万物有灵，并且在三星堆对宇宙超自然力的崇拜信仰基础上，又开创了对宇宙三大主神的崇拜信仰，即宇宙核心主神、宇宙破坏神和宇宙保护神。理论依据，就是祭祀古玉和琉璃器物中出现的三大主神头像。该宗教还创建了鬼魂及灵魂转世轮回的宗教学说，比如在鱼国祭祀古玉和琉璃器物中出现的各种蝉蜕动物，它们所彰显的内容形式其实就是蝉蜕理念。也就是说，该宗教认为世间万物生灵都是经过蝉的不断蜕变而衍生演化而来的。在该宗教的教义中，还制定出严格的祭祀礼仪制度和礼乐制度，这在鱼国存世的大量祭祀礼器和种类繁多的琉璃乐器中得到了佐证。

鱼国宗教的教团，是以鱼国都邑所在地作为宗教的核心主导，以分布在陕、甘、宁、青及内蒙等地的神庙作为分支机构而创建起来的宗教联盟集团。而各地区神庙，是以大祭司主导，信徒主要是以各地区鱼姓落族群为核心，以周边各部落方国的异姓民族为钮带而发展起来的教团。各地区的教团人数不等，其数量大小可通过各地区神庙所供奉的祭祀古玉数量，以及祭祀器物的等级标准大约判断出教团的信徒数量。

由此可见，鱼国宗教不仅已经创建出了较为完善的宗教信仰体系，而且还创建了一整套极其完整的教义制度。

第二十一章　宗教图腾符号给予的启示

第一节　鱼国宗教的蝉图腾崇拜

提到华夏上古玉文明，就必须得先从红山文化古玉谈起。在红山文化古玉中，最为著名的两件器物便是C型龙和玉猪龙。要知道，龙不仅是华夏民族最具代表性的图腾，而且也是中华民族引以为豪的精神图腾。因此很多人认为，龙的传人说法就应该源自这种龙图腾符号。（图10-4）

作为一个图腾标识，它不可能是先民们凭空想象出来的幻影，它一定有其历史的原型作为支撑，也就是物质的原型基础，而且这个原型肯定对人类曾产生过影响，或发生过某种特殊的现象，这种特殊的现象被古人视为灵异或神奇，并且经过古人朴素的思维加工后，被抽象的上升到了精神层面成为了一种信仰图腾，这就是图腾产生的普遍规律。

图10-4　红山文化玉猪龙

那么，龙图腾到底是如何产生的，它的最初历史原型又是什么？ 又有过怎样的神奇现象才迫使古人对其顶礼膜拜？ 长期以来一直是学术界争论不休的话题。就红山文化中的“玉猪龙”器物而言，我国考古界最早发现这件玉器时将其称之为玉兽玦。后经研究认为，它的弯曲的形状又酷似龙，因此推断它很可能是龙的最早雏形，但是由于该器物外形特殊，考古界对于这类器物定义为猪还是龙争议颇多，对其用途尚不明确，多数认为它应该是宗教礼器。

一般认为，原始人的图腾大多来自于某种自然界客观存在的动植物，而原始艺术大多是对自然物的一种模仿。由于玉猪龙的头部明显具有猪的特征，而古人又是最早将猪驯养成的家畜并成为了人类的重要食物链，古人才将猪的形状制作成了各种饰佩以示尊崇，因此大多数人认为玉猪龙的原型很可能是猪的早期胚胎。但是，由于它蜷曲的身体特别像虫，而虫的神格化身又是龙，因此有人认为它蜷曲的身体很可能就是龙的雏形，最终红山文化的玉猪龙的命名，就是在这种两者难以取舍的情况下诞生的。

那么，这类器物究竟应该叫“玉猪龙”还是叫“玉兽玦”，学术界至今仍持有很大争议，有人认为应该是猪，有人则认为应该是龙，在两种争论没能达成统一的情况下才暂定为“玉猪龙”，当然，这两件器物的命名，只是目前人们按其形状给出的一种浅显的解释和世俗称谓，至于它的本真原型以及它所承载的历史含义，到目前为止仍是学界未解的一大谜题。要知道，针对一件器物的命名准确与否，不仅会直接影响到世人对该器物的正确理解，最为关键的是还会影响到后人对它的延伸解读。

在笔者收藏到的鱼国祭祀古玉和琉璃器物中，不仅有 C 型龙器而且还有很多大小不一尺寸不等的玉猪龙器。值得注意的是，用琉璃制作的猪龙形状各异，有些与其他动物扭曲在一起，而有些又与牛首人身造像的器物交相呼应，形成了各种独特怪异的器物造型。经过对上百件类似的器物研究发现，这些被称之为玉猪龙的器物，其历史原型应该是人们所熟知的“蝉”。因为，一件蝉首人身的琉璃造像，以它写实的手法在讲述着人与动物的蝉蜕过程，也正因为这件器物的物象启示，才使我们真正了解到那些所谓的玉猪龙，它们的历史原型其实就是“蝉”的化身。(图 10−5)

图 10−5　鱼国古玉博物馆

由此可见，考古学界将这类器物命名为玉猪龙，明显出现了错误。因为，该命名与器物本真原型以及它所承载的宗教含义，简直是差之千里，风马牛不相及。如果站在蝉文化的角度进行分析，我们不难发现这些所谓的玉猪龙器，无论从器物造型还是抽象的艺术手法，以及我国上古宗教所推崇的蝉蜕理念，都在顺理成章的佐证着蝉蜕理念历史形成，以及该物象符号的发展演进过程。

那么，上古宗教为什么会选择蝉来作为他们崇拜信仰的图腾呢？ 经查阅蝉的蜕变过程后发现，雌蝉是在树上产卵，当小小的幼虫从卵里孵化出来后，起初它们停留在树枝上，待到秋风来时便将它们吹到了地面，它们一旦落地便马上寻找柔软的土壤钻入地下，然后靠吸食树根的液汁生活。在之后的岁月里，少则两三年，多则十几年，它们要经过四次蜕变的过程才能从地底下钻出，然后爬上树枝再进行第五次的蜕变，也就是最后的蜕皮过程。当蝉蛹背上出现一条黑色的裂缝时，蜕皮的过程就开始了。蜕皮是由一种激素来控制的。蝉蛹的前腿呈勾状，就这样当成虫从空壳中出来时，它就可以牢牢地挂在树枝上。蝉将蛹的外壳作为基础，慢慢地从盔甲中自行解脱出来，当这个过程完成后，蝉也就变成了成虫，并开始飞到树上引吭高歌去吸引雌蝉来交配，因此它又一次孕育生命的轮回也就再次拉开了序幕。

当古代先民们观察到蝉的这一蜕变过程后，甚感神奇与敬佩。尤其是，蝉在地下经过四次蜕变后才能钻出地面，爬上枝头引吭高歌再次孕育着它们新的生命轮回，让古人看到了蝉的生生不息，轮回不止的世代传承。因此，古代先民们也希望自己死后埋入地下，也能经过这种蜕变过程再次开始新生。 因此，蝉的蜕变过程也就成为了人类追求生命轮回的一种象征，并且成为了古代先民们的顶礼膜拜对象。当我国上古宗教创建后，人们对蝉的崇拜信仰也就理所当然的成为了上古宗教生生不息、轮回不止的崇拜信仰图腾。(图10-6,图10-7)

图 10-6　蝉的蜕变过程

图 10-7　蝉蜕出壳过程

中国人崇拜蝉文化有着悠久的历史。司马迁《史记·屈原》记载:“蝉蜕与浊秽，以浮游尘埃之外，不获世之滋垢，皭然泥而不滓者也。”之后，古人对蝉的崇拜又进一步演进升华，认为蝉一生以晨露为饮，生性高洁，出污泥而不染。历代文人都曾对它予以赞美，托物言志，象征着对美好精神和品质的追求，对蝉的赞美往往出现在诗歌和与之相关的文化载体中，后来逐渐发展成为中华民族文化中的一道奇葩—蝉文化。到了唐代，蝉成为了文人对政治、社会、人生的心理感受，寄寓于蝉形成一种自己的精神追求。唐·虞世南“垂绥饮清露，流响出疏桐，居高声自远，非是籍秋风。”表现自己被贤君重用的喜悦之情。唐·李商隐“本以高难饱，徒劳恨费声”表现诗人对高洁品质的追求。唐·骆宾王“露重飞难进，风多响易沉”表现自己有才难施的悲哀。这三首诗都是唐诗中托咏蝉以寓意的名作，被后人喻为“咏蝉三绝”，蝉也因此而名声大震，对后世的文学作品影响甚大。

蝉不仅是文人托物言志的载体，蝉还是我国古代玉雕中最为常见的一种昆虫，早在新时期时代的红山文化、齐家文化、良渚文化和石家河文化中都出土过很多玉蝉。

站在宗教的角度看，上古宗教主要是以崇拜祖先神和自然神为核心的远古宗教体系，他们对自然神的崇拜大都以植物图案或图腾的方式加以体现，而关于人类的生成起因及演变过程有着一种独到的解释。当时的宗教解释为，人是通过蝉和昆虫蛹逐渐演变而来的，因此，我们看到的玉猪龙、蝉C形龙和一些昆虫的玉雕饰物，是在讲述着它们如何蜕变成人类的演变过程。这种对人类起源说的认知规律，是上古人类对自然规律的认识和表达，这就如同达尔文提出的进化论，他认为人类是由类人猿逐步进化最终才演变成了人类。古玉描述蝉和蛹的蜕变过程，其实就是借助这种蜕变法来比喻人类灵魂不断轮回的宗教概念。这一点，我们可以通过鱼国礼乐器上的纹饰图案观察到。例如，在鱼国的琉璃箫和琉璃号的吹口部位，大都采用蝉的图形进行装饰。

正如前文所述，这些精美的琉璃祭祀礼乐器不仅是鱼国的大祭司或国王所持有，并且它们是用于大型的祭祀活动上进行吹奏的乐器。要知道，琉璃箫的两头都可用于吹奏，而两段的吹口所雕刻的图案却有所不同，其中一端的图案往往雕刻的是牛图腾，而另一端则雕刻着蝉图腾。笔者认为，采用牛图腾吹口演奏的曲目，应该是具有正能量的祭祀神明、庆祝吉祥盛典的乐章，而采用蝉图腾吹奏出来的曲目，则应该是专为生死轮回而祈祷的曲目。由此可见，蝉蜕理念在上古宗教中具有憧憬未来的感召力和特殊的文化内涵。

鱼国古玉中的蝉蜕物象符号表明，鱼国宗教已经具备了转世轮回的思想，这是一个重要的标志，因为转世轮回思想是人类宗教的重要意识形态，标志着鱼国宗教相比原始信仰，已经产生了质的飞跃。(图 10-8)

蝉蜕理念在后世又被中原文化所继承和发扬，著名的“汉八刀”就是最有代表性的现象。两汉时期重厚葬，达官贵人入葬时身披“金缕玉衣”，并且在人体的九处孔窍里也塞进玉，手中所握之玉叫做“玉握”，双目遮盖的玉叫“玉瞑目”，耳朵里的叫珥，或叫瑱(读田)，而口中所含之玉就叫做“琀蝉”。

汉代人多以玉蝉作琀，寓意非常明了，蝉由地下洞出得生，玉蝉在亡人口中，无非是要亡人“蝉蜕”复生，灵魂能够延续。因这种玉蝉的雕工简约古朴，仅用八道刻痕即雕出一只栩栩如生的蝉，所以这种玉蝉又叫“汉八刀”。(图 10-9)

图 10-8　鱼国古玉彰显的蝉蜕理念

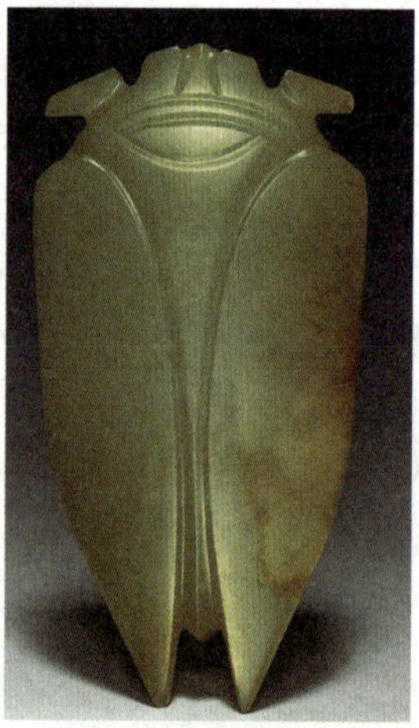

图 10-9　汉代制作的白玉“汉八刀”

当然，叫“汉八刀”只是说明这是汉代的典型器物，但并不代表汉代之前或之后就没有。这种口含玉蝉的葬习，最早见于河南洛阳中州路 816 号的西周早期墓葬，但其后未见流行。直到汉代这种口含玉蝉的葬习再一次兴起，并一直延续到魏晋南北朝时期。清代中晚期，江苏江阴的陈性就写过《玉纪》，他说：“更有古时含殓之器，谓之琀玉。不知者，遇旧玉，皆称为琀玉者，非。更有音讹而呼为汉玉者，尤非。”这里，只是说明这种以玉蝉代表转世轮回的文化在后世被更明确具体地表现了出来。这种放在死者嘴里的含蝉，据说能令亡人“蝉蜕”复生，灵魂转世。(图 10-10)

笔者认为，汉代人将蝉比喻为蝉性高洁、出污泥而不染，以及葬玉含蝉盛行于汉，有两个原因：第一、汉代兴起的蝉文化，应该是随着佛教同时传入到我国中原地区的，因为在此之前不仅在我国文献中没有发现蝉文化的记载，更没有在中原民俗中发现蝉文化的崇拜迹象，这足以说明蝉文化最初的历史成因并不在中原。 而早期中原文人笔下的，蝉性

图 10-10　鱼国古玉彰显的蝉蜕过程

高洁，“蝉蜕于浊秽，以浮游尘埃之外”，只能说明这是中原人对蝉进行的诗意般读解而已，恐怕上古时期的先民们不仅在生活环境中达不到这个境界，就连人类社会的意识形态也决不可能有如此之高的进步程度。笔者认为，这只是后人在不了解先民为何崇拜蝉的情况下，文人墨客臆造出来的一种顺应民意的解读而已。

第二、中原人将蝉蜕比喻为亡人死而复生或灵魂转世，这种理念应该来源于佛教对蝉的解释。因为用蝉蜕比喻人的生死轮回转世，自汉代才开始在我国的文献中出现，而轮回这个概念在佛教中是举足轻重的概念，学佛修佛的人就是要解脱，而寻求解脱的前提首先是要相信轮回。在河南洛阳西周墓葬发现的含蝉葬习，只是单独的个案，并不能代表周代的普遍葬习观念，它应该仅限于西北某些少数民族的特殊崇拜习俗。这种蝉崇拜信仰，应该源于上古先民对蝉蜕理念的最初解释，而这种解释却又源于我国上古宗教信仰中的教义理论。至于为何汉代之后以玉蝉代表转世轮回之风逐渐衰落，我认为很有可能是玉蝉崇拜被更加成熟的佛教转世轮回观念所替代，于是后人在表达轮回愿望时就采用了新的形式。

那么，另外一个问题又出现了，如果因为人们期盼能像蝉一样得到转世轮回，来解读人们对蝉的崇拜观念也仍然显得有些牵强，因为有很多昆虫都存在着像蝉一样的蜕变过程，为什么先民偏偏要选择蝉来作为崇拜的圣物呢？

我们通过鱼国古玉对蝉的崇拜观念，可以看到先民们崇拜蝉、颂扬蝉都源于原始宗教对人类成因的一种解释。我国的原始宗教认为，人类最初是由昆虫“蝉”逐渐蜕变演化而来的。在鱼国古玉中，出现了很多蝉交配图案、蝉的蜕变过程以及从中演化而出的人身兽首动物图案，例如（图 10-11）一只长着 C 形龙首的动物，正在从蝉的躯壳中蜕变而出，其形象逼真生动，真实再现了像蝉一样的出壳瞬间过程，特别是那两只雏形翅膀也像蝉刚刚出壳一样，小而稚嫩正等待着用自己的血液填充展开欲飞翱翔。（图 10-12）一只已演化为人形并带有四肢的兽首动物，像是刚刚从蝉壳中蜕变出来等待着进一步的演化，那两只又大又圆的蝉眼向外高高的凸起目视着前方，向上翻卷的龙鼻似乎在预示着它正在像龙的外形蜕变演化。这只神兽造型怪异形象生动，舒缓适度的四肢线条极为流畅，笔者为它起名为“蝉龙”。 这只龙形怪兽（学界称之为“太阳神”），正从蝉壳中挣托着蜕变而出，大大的龙头，占去了整件雕像的三分之二，比例怪异，眉弓上翘起的两支眉宇刺向天空，透射出它威猛的天性，那双凸起的水滴眼和向上翻卷的龙鼻被一双粗壮的龙须支撑着，两只前爪伸向背后按在蝉衣上奋力的将身体从蝉壳中向外挣脱。这件古玉，无论从造型创意还是设计理念，都将龙从蝉壳中蜕变的过程表现得淋漓尽致，用料材质也令人耳目一新。（图 10-13，图 10-14）

图 10-11　鱼国人崇拜的牛图腾

图 10-12　牛图腾的蝉蜕理念

图 10-13　兽首人身怪兽

图 10-14　兽首人身怪兽的蜕变过程

一只人身龙首的怪兽，身后背着刚刚脱下来的硬甲蝉衣半蹲而坐，其寓意似乎是在预示着深度演变的某段过程。在鱼国古玉中，虽然还有很多类似蝉蜕演变过程的器物，在此就不一一例举了。

由此可见，我国上古宗教对人类的起源于生物的进化，是假借蝉的蜕变在讲述着各种生物的衍生演化过程。

科学的历史虽然远远短于人类创建的宗教，但科学的发展速度之快却是宗教无法与之相比的，这主要是因为科学具有浓厚的功利色彩，它能很快满足人们思想和生理上的需求。从这点来讲，宗教远不如科学来得快，因为宗教要想使人认知某些事物和精神上的抚慰，只有通过宗教派生的教义来进行传播和推广，而这种传播推广相比之下是比较缓慢的，因此宗教诞生之初就已成为了统治阶级急功近利的牺牲品。但值得肯定的是，人类最初认知自然界的过程是通过宗教概念来解读万物的，也正是因为有了早期宗教对万物的理解和剖析，人类才逐渐进步到科学社会，人们通过科学能够回望远古，并且还能够通过科学从新认定人类依附自然界的真正根源。就考古发掘而言，正是因为人类依托科学技术才能解开诸多的考古现象，然而也正因为我们过于依赖科学又导致了考古囤积了诸多未解谜团，因为科学仍有它的局限性特别是科学新概念，用当今科学的概念去读解古人历史和先民所创造的世界是行不通的，因为只有回归原始思维我们才能剖析先民对自然界的理解并得出人类最初对自然界的解释。这就如同，我国上古宗教留给我们的古玉文化一样，用当今的科学思维是很难解释出这些古玉所承载的文化现象的。

第二节　鱼国宗教的龙图腾崇拜信仰

就图腾崇拜而言，人类最初产生的各类图腾崇拜与信仰都应源于人类对某种图腾的敬畏和依赖。如先民们对虎、豹、狼、熊、蛇、鹰等这些猛兽动物的崇拜，最初是因为人们对它们产生的敬畏感，而当人们最终征服了这些猛兽时，人们又将它们的头颅或形体塑造成自己或宗族的标志以体现自身的强大。另一类图腾崇拜，则是对赖以生存的食物链崇拜，比如对鱼图腾崇拜、猪图腾崇拜、鹿图腾崇拜以及对飞鸟禽类的图腾崇拜，这些被崇拜的图腾都是人类对自己生存食物链报以感恩性质的图腾崇拜种类。但还有一种图腾更具意义，那就是龙图腾崇拜。在鱼国古玉中出现的C形龙器，不同于任何一种图腾崇拜形式，它应该源于人类早期原始宗教对它的某种解释。

龙文化，在中国有着悠久的历史，它不仅是中华民族世世代代所崇拜的图腾，同时它还是华夏的民族标志和中华的象征！龙文化，不仅深深的渗透了中国的社会和文化之中，它还被远渡海外的华人带到了世界各地。因此，中国人有“龙的传人”之美誉，中国有“龙的国度”之美称，并在世界范围内得到了认同。然而，“龙”究竟是因何演变而来，它又是从何时开始成为中华民族所崇信的神物，却在我国古史文献中找不到详尽的记载。阅古文献对龙的解释，《国语·鲁语》载：“共工氏之伯九有也，其子曰后土，能平九土，故祀以为社。”据著名神话学者丁山考证，“共工”的合音可读为“鲧”，“能平九土”的共工之子“句龙”，就是“治水土定九州”的“禹龙”，夏人祭祀“神社”，就是纪念先祖“禹皇”。许慎《说文解字》解“禹”为“虫也，象形。”丁山根据甲骨文、金文字形，解“禹”为“虺蛇”即“勾龙”。丁山的《古代神话与民族》论证中认为：“夏朝的图腾即为“句龙”、“夏有祀龙之官者，当因民族祀典，以龙为尊。龙者，句龙也。而世传夏后氏郊鲧宗禹，此余所以疑禹即句龙；句龙平九土，亦演自夏后氏图腾神话”。闻一多《天问疏证》也曾说：“共工子勾龙即鲧子禹”。当今被考古界定论为夏朝遗址的二里头文化的陶器上，也绘有“蛇身龙形”，龙身修长、弯曲如勾，可称“勾龙”，“勾龙氏”为夏人的祖宗禹皇，“勾龙”当为夏族的先祖图腾，因此，作为中国第一个世袭帝制王朝夏朝的图腾应该是“勾龙”，即当今的C形龙器。

人类因何崇拜龙，加拿大博物馆的洛索博士曾有过另外一种解释，他认为：在地球上首先发展智慧的生物应是一种爬虫类动物，恐龙就是其中最重要的一种。在7800万年前，有一种身高约 1.5 米的长尾肉食恐龙，有三四百万年前人类祖先“类人猿”所拥有的许多特性。洛索博士还把他推想中的这种高级智慧生物称之为“类人恐龙”。针对洛索博士所提“恐龙人”的新奇推测及有趣的论断，却得到了西方一些古人类学家和古生物史学家们的支持。直接引发这一新假说的实证，是巴黎大学植物学系教授拉坦博士在扎伊尔的原始森林中，发现的一个奇特的人种部落，这个部落的人的脊椎骨都突出体外，有的达几十厘米，与恐龙化石脊椎十分相似。

设想，如果洛索博士所提出的“类人恐龙”推测成立，拉坦博士发现的具有恐龙脊椎骨的奇特人种部落确实存在，很可能成为解开我国上古宗教为何崇拜龙和信仰龙的一种线索。从拉坦博士和洛索博士所提出的物证理论来看，人类最早源于爬虫类动物“龙“的说法似乎可以成立，它很可能成为我们研究人类起源的一个重要依据。笔者认为，既然中华先民早在四千多年前就已经开始崇拜龙的图腾并推行神龙概念，而当今世人又拿不出解释龙图腾最早历史成因的依据，我想我们没有理由不去正视人类曾经历过“恐龙人”的时代，或者说与具有恐龙脊椎生物特征的人类曾经共同生活在一个空间的可能。否则，我们今天崇拜龙和信仰龙就成为了一种愚昧之举。

经过对以上几件灵异古玉的理论分析，证明在上古宗教中出现的蝉蜕理念以及对龙图腾的崇拜信仰，都源于我国上古先民对人类起源和生物进化论的一种解释，但这种离奇深奥的人类起源解释决不可能是来自普通民众，而应该是源于人类最早的原始宗教对信徒的解答。因此我们有理由相信，鱼国祭祀古玉为我们所呈现的不仅仅是愚昧的巫玉文化，它应该是研究人类起源及证据概念形成的最好教科书。所以，鱼国古玉不仅为我们敞开了一扇解读人类原始宗教历史成因的神秘之门，更为关键的是它还为研究中国上古历史以及上古玉文化的成因，提供了可供科学探讨的实物佐证。

第三节　上古玉所彰显的宗教信息

按照前文所述，中国上古玉所彰显的图腾崇拜，应该是我国上古宗教对宇宙超自然力现象、对大自然的千变万化、对人类起源及生物进化、以及人类意识形态的发展演变，以物象符号形式所进行的描写和解读。我国的上古玉文化，可以说对华夏历史的发生与发展曾做出过不可磨灭的贡献。

就红山文化的 C 型龙和玉猪龙而言，该文化现象自红山文化开始直至商代鱼国时期才结束了它的历史使命，这支文化为什么能够沿袭了近 3000 年之久，它所承载的文化现象又承载着怎样的文化内涵？ 这才是值得我们去认真研究与思考的问题。如果说，这种文化现象所承载的只是某个民族的民俗历史，恐怕它的生命力决不会如此的顽强或被推广。就这两种器物而言，在红山时期发现的 C 型龙和玉猪龙基本上都是些手持的小件器物，但发展到商代鱼国时期这些器物已被制作的大到惊人。例如，最大的 C 型龙器直径已经达到了一米多，其重量已高达 200 公斤左右；虽然玉猪龙器没有这么大，但是最大的直径也得有 50 多厘米，其重量也有 100 公斤左右。这种从小至大的发展演变过程，又是什么因素促使的呢？（图 10-15）

笔者认为，红山时期的玉器普遍较小，很可能是因为当时的制玉技术与加工工具在制约着当时的制玉发展。要知道，我国上古玉发展到商代早期之前，除了西北地区的齐家古玉和巴蜀三星堆古玉之中出现了大型的玉刀和玉璋之外，几乎在其他地区一直没有发现过较大尺寸的器物。为什么发展到商代中期以后，在我国的陕甘地区却相继出现了很多大型的祭祀古玉呢？

笔者认为，这得从三星堆的消亡时间谈起。前文曾介绍过，自三星堆消亡后，其中的一支人群到达了我国陕甘地区，不久那里便诞生了一个宗教王国，即商代鱼国宗教。从此，陕甘地区的制玉行业便发生了质的变化，首先是那里的玉器行业出现了多种形式的发展，例如在一些器物上出现了高浮雕的图案、并出现了各种造型的人物雕像和硕大型的玉鼎和玉琮、以及在各种器物上普遍采用松石镶嵌工艺进行装饰等等。这种质的飞跃，几乎是在短时间内完成的，而绝非是工艺飞速发展的结果。然而，这种质的变化也让我国的考古界和收藏界始料不及，甚至有很多人仍将这类器物说成是齐家文化的产物。

图 10-15　鱼国制作的硕大 C 型龙器

其实造成这种原因的因素，主要是因为我国西北地区的制玉行业，被融入了三星堆高超的制玉技术和发达的制玉工具所导致。例如，从制玉行业的变化看，齐家古玉从一直保持的减地浮雕工艺，飞速发展到了高浮雕的工艺制作手法；从对小件器物的松石镶嵌，发展到了对大型祭祀礼器普遍采用松石镶嵌工艺的繁盛阶段。特别是鱼国制作的古玉大将军人像，以及那些相貌各异的玉质兵勇，其高超的圆雕技术手法以及造型精准的雕刻工艺简直令当今世人难以想象。

但遗憾的是，这种发生在我国西北地区制玉行业的巨大变化，却至今没有引起人们的重视，甚至更无人意识到这一变化对探究上古玉历史的发展演变有多么的重要。

对此可能会有人提出质疑，认为红山文化的 C 型龙和玉猪龙是我国 6000 多年前发生在内蒙区域的文化现象，并且已然成为了内蒙古红山文化古玉的象征；而在商代鱼国的祭祀古玉中，不可能会出现与红山文化相同的同一类型器物，而且红山文化古玉是发现于内蒙古赤峰境内，而商代鱼国古玉则出现在陕甘一带，两者不仅距离遥远，而且隶属年代也相差了近两千年之久，这又应该如何解释？

笔者认为，关于两者的年代跨度问题其实很容易解释，虽然红山文化古玉发现于内蒙赤峰，其隶属年代也早于商代鱼国祭祀古玉若干年，但殊不知两支文化所承袭的历史法脉，却都承袭于我国上古宗教的发展演变传承，两者所彰显的文化现象，仍属于上古宗教在不同历史时期对宗教文化的传播。

关于两支文化所处的不同区域，其实更容易厘清。因为这种区域概念，在我国上古时期根本就没有形成。也就是说，在我国上古时期根本就不存在今天的陕、甘、宁、青、内蒙的行政分界线。站在文化现象的角度，中国上古玉所承载的文化现象，其实它所彰显的是西北地区一个整体的文化板块，应该属于上古宗教传播发展所覆盖的区域版图，而绝非各自孤立形成的文化现象。也就是说，无论我国的红山文化古玉、良渚文化古玉、龙山文化古玉、齐家文化古玉、三星堆文化古玉以及商代鱼国的祭祀古玉，都属于我国上古宗教在不同历史阶段，借助古玉载体传播到不同区域的物质文化遗存，而绝非是各区域自己独立生成的文化现象。

据考古资料显示，红山文化是距今约 5,000~6,000 年前的一个位于燕山以北、大凌河与西辽河上游流域活动的部落集团所创造的文化现象，因最早发现于内蒙古自治区赤峰市郊的红山遗址而得名。但实际上，红山文化并不是一个狭小区域内的文化现象，而是囊括了以辽河支流西拉沐沦河、老哈河、大凌河为中心的广阔地区，分布面积达到了 20 万平方公里。

红山文化是与中原仰韶文化同时期分布在西辽河流域的发达文明，在发展中同中原仰韶文化相交汇产生的多元文化，是富有生机和创造力的优秀文化体系，文化内涵十分丰富，手工业达到了很高的阶段，形成了极具特色的陶器装饰艺术和高度发展的制玉工艺。玉器制作为磨制加工而成，表面光滑，晶莹明亮，极具神韵，发展中具备了专业化、系统化、规范化，到目前为止，红山文化的玉器已出土近千件之多，其中出土自内蒙古赤峰红山的大型碧玉 C 型龙，周身卷曲，吻部高昂，毛发飘举，极富动感。

而仰韶文化则是距今约 5,000 ~7,000 年中国新石器时代的一种彩陶文化，因 1922 年首次在河南省三门峡市渑池县仰韶村发现，故按照考古惯例，将此文化称之为仰韶文化。仰韶文化也是一个面积广阔的古文化，主要分布于黄河中下游一带、以秦晋豫三省为核心的中原地区，以陕西大部、河南西部和山西西南的狭长地带为中心，东至河北中部，南达汉水中上游，西及甘肃洮河流域，北抵内蒙古河套地区。

到 2,000 年为止，全国有统计的仰韶文化遗址共 5,213 处，其分布范围，以华山为中心分布，东起豫东，西至甘肃、青海，北到河套内蒙古长城一线，南抵江汉，中心地区在陕西关中、陕北一带。分布省份有陕西、甘肃、河南、山西、河北、内蒙古、湖北、青海、宁夏等 9 个省区，具体分布情况是：陕西省 2,040 处、河南省1,000处、山西省 1,000 处、甘肃省 1,040 处、河北省 50 处、内蒙古自治区约 50 处、湖北省 23 处、宁夏回族自治区 7 处、青海省 3 处。其中，陕西省主要分布在关中和陕北南部的延安地区，两地相加达 1,774 处，遗址数量大大超过周边省份。目前，仰韶文化分布区面积最大的遗址，是陕西关中地区耀县的石柱塬遗址，面积竟达 300 万平方米。

仰韶文化遗址的发现，不仅证实了中国在阶级社会之前存在着非常发达的新石器时代文化，并从此还将考古学研究领域扩大到了旧石器时代、青铜器时代和铁器时代。

其实，仰韶文化广袤无垠的覆盖面积，从一个侧面也证实了我国上古宗教文化对中原地区文化的影响。例如，在中原良渚古玉中出现的玉琮、玉璧、以及对宇宙崇拜信仰的各类图腾，它们所彰显出的文化现象其实就是上古宗教对宇宙崇拜信仰的读解。而针对这一文化现象的一致性，恰恰诠释了华夏区域是一个整体文化板块的事实。因为，站在文化板块的整体角度，在这个文化圈之内势必会融入来自各区域民族的先进文化、提高生产力水平的生产工具和加工技术、以及曾经主导人类意识形态发展的宗教信仰被吸收或采纳。而上古宗教的玉石文化载体，恰恰成为了引导人类意识形态发展的传播工具和语言，否则在中原良渚古玉文化和龙山古玉文化的体系中，就不会彰显出华夏区域对宇宙崇拜信仰的相同文化信息了。

由此可见，中国上古宗教所创建的古玉文化，它的传播范围已是华夏文化整体板块之中最具影响力的文化现象。就商代鱼国的祭祀古玉而言，它所承载的历史内涵已不仅仅是上古宗教的文化传承，最主要的是它已将该文化现象借助古玉符号载体，已将传播的路径以及范围展现在了世人面前。这支文化现象，不仅彰显出我国上古先民对宇宙超自然力现象从抽象到具象的读解，同时还借助人类轮回转世的蝉蜕理念体现人类意识形态的发展。

从这个角度看，中国上古宗教文化对中原地区的影响可以说是巨大的。这就如同笔者在本书中多次强调的那样，我们不应该以现在的行政划分区去解读我国上古时期文化现象的分布情况，更不能以这种方式将我国上古历史撕成无法拼接的碎片。我们应该打破这种世俗观念，通过对各区域文化现象所彰显出的本质，去探索研究出它们之间所存在的必然联系，只有这样才能够真正还原出中国上古历史的本来面目。

第四节　中国上古宗教的历史成因

原始社会发展到一定阶段，便会产生出反映人与大自然之间以矛盾为主要内容的初期状态宗教，即原始宗教。原始宗教的基本特点包括：对食物、繁殖、祖先、死亡、自然万物、以及社会群体的神秘观念和祈求敬拜，并由此发展出对超自然力现象的信仰和崇拜理念。

在原始社会，人们以集体的力量和简陋的工具与自然界作斗争时，一方面逐步认识到人们的生产活动与某些自然现象的联系；另一方面又受着自然界的沉重压迫，对自然界的千姿百态、千变万化因得不到正确的理解。于是，恐惧与希望便交织在一起，对许多自然现象作出遐想的解释，例如把宇宙超自然力现象、自然灾害、瘟疫死亡以及部落争斗全部归结于神灵的主导，原始宗教便从而产生。

随着人类原始思维能力由具象到抽象的转变发展，同时又由于社会形态开始产生出了贫富差距，人类便出现了社会等级，阶级也就随之产生。而这一时期的原始宗教，也随着万物有灵的多神崇拜逐步发展过渡到了一神崇拜阶段，一神崇拜并非只有一个神明，而是在诸神之中分出了他们的等级，如其中一个神或几个神之中，就会产生出一个法力更为强大的至高无上主神。我国原始宗教，也随之从日月崇拜、自然崇拜、植物崇拜、动物崇拜、祖先崇拜、生殖崇拜以及图腾崇拜的多神崇拜信仰，过渡到上古宗教对宇宙超自然力现象的一神崇拜阶段。

我国上古宗教对大自然的崇拜信仰，是原始宗教最早形成的一种崇拜形式，它持续的时间最久，直到人类进入阶级社会后的相当长的一段时期里仍然盛行不衰。自然崇拜所反映的是人与大自然之间的矛盾。人们所崇拜的那些神灵，不但是由先民们生活的自然环境所决定，而且还取决于他们生存状况与生活方式的需要。自然崇拜的神灵，大抵有喜和怒两种性格，例如风调雨顺获取的五谷丰登，都归功于喜神；而因自然灾害所导致的颗粒不收年景，则统统归咎于怒神。其实这种归类，实际上是按照人类自我意识所臆造出来的结果。

商代鱼国宗教崇拜的鱼图腾，其实与该宗教的自然崇拜所包含的食物链崇拜有着直接的联系。就鱼国崇拜的鱼图腾而言，虽然鱼图腾产生于我国的母系氏族社会，但是先民们认为自己的氏族和祖先都是在鱼的食物链庇佑下得以生存的，因此鱼便成为了这支部落族群的信仰图腾。不仅如此，之后鱼又成为了这支族群的姓氏，他们不仅以鱼为姓、而且还以鱼为都邑名称（鱼国）、以鱼为宗教徽号（鱼国宗教）。由此可见，以鱼为姓的鱼国人，认为鱼和自己的族群存在着一种血缘亲属关系，鱼对本氏族有着庇佑的作用。于是，他们便将鱼作为了宗族的图腾，并对其加以膜拜与供养。

中国的祖先崇拜，应该也是由图腾崇拜演变而来的，也是进入到父系时代才开始形成的。因为当先民们进入到父系对偶家庭阶段时，人们除了象过去那样能够确认出自己的生身母亲之外，还能逐步地确知自己的生身父亲。另外，在人类与大自然作斗争中，男性强壮的体魄已经在现实生活中日益显著，例如以男性为核心的狩猎活动、对动物的驯养、对农作物的栽培与收获，各部落之间发生的争斗以及战争等等，男性强状的体魄便成为了首要。然而，当这种氏族社会发展演进到确立了父权地位时，原始家庭制度趋于明朗和稳定，人们便逐渐产生了以父亲为家长制、以氏族前辈或长者为社会制的普遍观念，这种观念乃至于他们死后其亡灵仍可成为对家族或本族成员的庇佑和赐福于子孙后代幸福的一种期盼。因此，人类社会便开始产生了对其父—对氏族前辈长者—以及对祖先亡灵的祭拜活动，而这种祭拜活动在上古宗教体系中也就成为了祭祀活动中的主要组成部分。

要知道在上古宗教产生的同时，也出现了专职的祭司或神职人员。这些宗教祭司，被普遍认为是神与人之间的中介，他们不仅能够通灵驱鬼，而且还能够与神进行沟通。我国上古宗教中的祭司，并非是由宗教选举所产生，而是由上古宗教之中的一支特殊人群所把持，即印欧语系的吐火罗人（属雅利安系）。他们一直执行着严格的种姓制度和血缘关系在维护着祭司阶层的神圣地位，似乎除了这一人种，其他异类族群都无权与神进行勾通。

我国上古宗教也曾经历过对大自然的崇拜、图腾崇拜和祖先崇拜的发展演变过程。虽然曾有人提出，我国的图腾崇拜要先于自然崇拜信仰。但是，从我国上古宗教所创建的鱼图腾崇拜的演进过程看，该图腾要远远晚于他们对大自然的崇拜信仰。理由是，鱼不仅属于自然生物的一部分，而且它还是创建上古宗教族群的食物链，因此人们才会对它产生了生存依赖和崇拜心里，这种从依赖到崇拜的发展演变，完全基于人类生存法则对食物链的依赖与追求，而这种依赖其实就是崇拜信仰的基础，因此鱼才会成为了该族群对自然生物产生的崇拜信仰，并成为以鱼为姓、以鱼为都邑名称、以鱼为宗教徽号的鱼图腾崇拜信仰民族。

然而，在商代鱼国的祭祀古玉中，那些刻画与大自然宇宙万物有关的崇拜信仰，例如对日、月的崇拜、对超自然力现象的崇拜、对神山的崇拜等等，这些器物所反映出的文化现象，其实就是鱼国宗教对大自然崇拜信仰的延伸解读。另外，那些描写动植物生存演变的祭祀礼器，又如鱼国古玉和琉璃器物中出现的半人半兽的兽首人身造像，和牛首人身的太阳神造像、炼就五色神石的女娲造像、代表蛇神的蛇首人身造像，以及那些未知动植物的各种神秘图腾和造像等等，都应该源于人类对未解自然现象所产生的敬畏心里，而后才萌生出了对它们所产生的崇拜信仰。

在鱼国宗教的祭祀礼器中，最值得一提的器物当属那三大主神头像。这种以一大两小为一组的主神头像，看去酷似佛头，但实际上它们要比佛教历史早了近千年之久。这些出现在鱼国祭祀礼器中的三大主神头像，无疑是该宗教创建宇宙三大主神崇拜信仰的实物佐证。虽然宇宙三大主神的崇拜信仰，最早见于古印度的吠陀教和婆罗门教经典，但事实上这种三大主神的崇拜信仰早在我国鱼国时期就已经形成，它们应该是源于中国上古宗教对宇宙崇拜信仰的读解，也是宇宙超自然力现象人格化的体现。说明我国上古宗教发展到鱼国时期，就已经创建出了宇宙三大主神的崇拜信仰，但这种信仰随着我国上古宗教之后西迁到印度，在古印度创建的宗教体系中又将该信仰借助宗教语言将其录入到吠陀的经典，并为三大主神冠予了各自的名讳，即主神大梵天、保护神湿婆、破坏神毗湿奴。由此可见，在古印度教经典中出现的宇宙三大主神崇拜信仰，只是中国上古宗教发展到古印度较晚时期所彰显的一种延伸解读而已。(图 10-16)

图 10-16　鱼国三大主神之中的宇宙之神

第五节　太阳崇拜的发展演变

我国发现最早的太阳崇拜遗址，当属在新疆罗布泊发现的太阳墓地了。该墓葬从高处看，其墓葬结构颇似七个光芒四射的太阳镶嵌在高地之上而得名。墓葬地表有七个规整的以排列成环状（胡杨树）的树桩，由内向外，粗细有序的向外释放开，最小的太阳圈直径为 2 米左右，酷似一个圆圆的太阳，人被埋于“太阳”圈中心；这种以太阳环状为中心的墓葬共有七个，每个圈大小不一，但粗大的树桩都呈现出一种放射状，它们井然有序，酷似七个太阳光芒四射，蔚为壮观。树桩全部竖向深埋于沙土之中，仅露桩头。此种墓葬形式在我国仅发现一处，可以说在世界范围内也实属罕见。(图 10 17)

图 10-17　罗布泊太阳墓地

这种采用太阳光环来歌颂墓主人的表现方式，不像是在彰显死者生前的太阳崇拜信仰，倒像是将逝者比喻成他们心目中的神圣太阳。那么这七位墓主人，究竟在生前曾做过哪些惊天动地的伟业，让其后人对他们如此的崇拜与敬仰？他们所创造的惊世伟业又究竟有多神圣，以至于让其后裔将他们比喻为太阳去供养？

笔者认为，这些墓主人，很可能是创建我国上古宗教信仰的开拓者，或该宗教信仰体系中的德高望重的圣贤。理由是，这种用太阳来比喻墓主人的表现方式，不仅具有浓重的宗教色彩，而且还彰显出一种极富内涵的宇宙崇拜信仰观。假如这种表现方式与宗教信仰无关，恐怕在世界范围内没有哪个民族将自己的祖先比喻为太阳。

如果说，太阳墓地属于新疆罗布区域的墓葬习俗，那罗布泊小河墓地的船棺墓葬又该如何解释呢？说明太阳墓地绝非一般人所用，而是专门为有特殊贡献的人所拥有，它不仅承载着罗布人深邃的宗教含义，而且还是对逝者智慧和功德至高无上的赞许。由此可见，这里埋葬的人如果不是开创原始宗教的鼻祖，也应该是创建宗教信仰的大智慧者。这是一种崇高的敬仰方式，也是对逝者所创造的惊世伟业的一种肯定。埋葬他们的人，希望逝者在死后仍能像生前一样发挥出他们的作用，用神明的智慧去扶持本族群的发展，期盼逝者能够庇佑他们的子孙永享太平。(图 10-18)

图 10-18　罗布泊太阳墓地的列木桩

然而，这种用太阳比喻逝者生前功德的崇拜方式，不仅超越着当时社会世俗的想象，而且还超越了人类对大自然崇拜的各种表现形式。这种表现形式，不仅显示出罗布人已经开创了自己的宗教信仰，而且还创建了一套完整的宗教信仰体系。要知道，这种以太阳崇拜方式埋葬逝者的丧葬习俗，迄今为止在世界范围内也实属罕见。它不仅历史年代最早，而且还是最具彰显宇宙信仰观的丧葬习俗，它所承载的文化现象，将为探究人类创建宇宙崇拜信仰观，厘清中国上古宗教历史起源以及发展演变脉络提供了弥足珍贵的研究佐证。

另外，在巴蜀三星堆发现的青铜太阳神树，应该是我国继罗布泊太阳墓地之后，在四川地区发现的第二个以颂扬太阳为主题的宇宙崇拜信仰观。三星堆青铜太阳神树所彰显的文化现象，是采用九个太阳与九只神鸟轮番值日在形容着太阳与地球的互动关系；也就是说，三星堆人已将太阳崇拜信仰升华演进到了自然哲学层面，在解读着人与太阳的共融关系。这种崇拜方式，不仅一改罗布泊太阳墓地的一般信仰方式，而且还将罗布泊的太阳信仰向自然哲学层面过渡，并诠释出三星堆人对“宇宙天体观”和“宇宙崇拜信仰观”的认知程度。例如，东有扶桑，西有若木的理论形成，其实就是借助地球围着太阳转的规律，采用自然哲学概念进行的宗教信仰解读。

据传说，东有扶桑，西有若木，是我国远古时期通往上天的两棵神树，也是远古宗教祭祀的圣物。在蜀地神话中，与太阳神话紧密相关的东西就是与之对应的这两株神树。扶桑又称扶木，生长在东方的汤谷之上。太阳在咸池沐浴后，登上了扶桑木开始在天上进行着一天的巡行。若木生长在日落之处。《淮南子·地形训》中记载，若木的枝端有十个太阳，光华把大地照得通明。

我们在三星堆发现的太阳青铜神树，应该就是这一神话故事传说的若木载体。可能有人会问，在三星堆看到的青铜太阳神树，为什么只有九个太阳而不是十个呢？要知道，三星堆人恰恰是以这种方式在形容着十个太阳在巡游的过程。因为，在青铜神树上滞留的九个太阳，完全符合每日一个太阳外出巡游，其他九个太阳在若木上栖息等待轮值。

然而，这种只用九个太阳去形容十个太阳在天空轮流巡游的创意，不仅反映出三星堆人超凡脱俗的艺术想象力，而且还显现出该宗教已采用自然哲学在解释着宇宙自然规律。这种极具宗教内涵的太阳崇拜信仰，在不了解三星堆青铜神树所承载的文化前题下，人们会误认为这只不过是神话故事的载体。然而，当我们了解到三星堆人所创建的宇宙崇拜信仰观之后，就会惊奇的发现，这个神话故事是源于三星堆宗教对宇宙自然界的解读。(图10-19)

由此可见,我国对“三星堆青铜器文明”的命名，可以说是极不准确的。为什么这么说呢，因为这个命名乍一看，似乎没有什么问题，但是，当我们了解到三星堆青铜器所承载的宗教内涵后，将会发现这一命名不仅存在着重大疏漏，而且还有避实就虚之嫌。

图 10-19　三星堆青铜太阳神树

就该命名而言，三星堆的名称,是源于成都平原上出现的三座突兀的黄土堆而得名；而青铜器，应该泛指的是青铜器物质或青铜器冶铸技术；如果在青铜器后加上“文明”二字，会体现青铜器物质文明或青铜冶铸技术文明，但是该命名却漏掉了对三星堆青铜器承载的文化内涵。要知道，三星堆青铜器所承载的文化现象，恰恰是三星堆青铜器所要彰显的核心内容；而这个核心内容就是，三星堆宗教所创建的宇宙崇拜信仰观和宇宙创世观。

由此可见，三星堆青铜器所彰显的文化现象，应该是三星堆人创建上古宗教信仰观的体现，而绝非是青铜器物质文明的彰显。因此笔者认为，三星堆青铜器文明的准确命名，应该再加上“宗教”二字才准确，即“三星堆青铜器宗教文明”。

三星堆青铜器宗教文明，应该是迄今为止在世界范围内发现年代最早的上古宗教信仰体系。它不仅承袭着我国原始宗教演变而来的宗教法脉，而且还彰显出传承有序的宗教传承。这支宗教信仰发展到商代鱼国时期，太阳崇拜信仰已经发展到了男拜日、女拜月的阴阳互证与互补的升华演变。这种阴阳共生与互补，以及宗教转世轮回等思想一起构成了朴素的辩证思维，这时古人已经逐渐脱离了对大自然神秘力量的最初敬畏，进而开始探究自然规律的表现，这是原始宗教信仰开始向宗教哲学思维的转变，也是我国上古宗教在发展演变过程中发生的质变化。

第二十二章　中国上古宗教的发展演变

第一节　宗教制度概述

宗教制度是人类有组织的信仰及相应的群体活动的规范体系。它是人们慑于未知的超自然力量，幻想摆脱现世的痛苦，以求达到自我平衡与精神安慰而形成的文化结构或行为模式。

宗教制度是历史长期发展的产物。一般认为，在原始社会时，宗教首先表现为以家庭为单位的活动，人们在家庭中从事祭祀和祈祷等活动，它和家庭制度以及社区组织结合在一起，在社会生活的各个方面发挥作用。

随着时间的推移，宗教活动逐渐从人类其他活动中独立出来，形成专门的组织并具有自己独特的社会功能。为了适应宗教信仰的需要，社会上出现了专门的神职人员，并且根据代代传授，综合当时流传的神话故事，构造出各种各样的教义经典与信仰体系，对各种宗教仪式及神职人员的等级也做了相应的规定，逐渐形成了宗教制度。

到了中世纪，宗教相继被统治阶级利用，宗教和政权结合。这个时期，宗教不仅成为整个社会的精神支柱，还控制了政治、经济、思想、文化、科学各个领域，人们几乎以宗教制度来解释一切社会生活。近代资产阶级革命与工业化的进程再一次冲击了宗教制度，政、教开始分离，科学逐渐摆脱了神学的支配而独立存在，市民社会开始了世俗化的过程。多年来被宗教禁锢的思想得到了解放，资产阶级用自己的世界观重新改造宗教，促进了科学的繁荣与资本主义经济的发展。此时，宗教已成为个人信仰的私事，成为人们精神上的寄托，宗教的规范与价值观失去了在传统社会里的权威和地位，对社会生活的干预作用逐渐减弱，这种世俗化趋势一直持续到当代。

宗教制度的基本内容主要包括四个方面：

第一、神圣的崇拜物。任何宗教都有一种崇拜物作为象征，它是一种超出人们能力所控制与了解的权威和力量，具有非功利和非经验的性质，是宗教制度的重要组成部分。

第二、信仰体系。宗教信仰是人类社会信仰的一部分，其功能在于解释“圣物”，规定仪式行为的重要性和正常程序。信仰体系包括宗教经典、教条、神话、传说和宗教价值观等内容。

第三、宗教仪式。它是宗教观念的表现形式。仪式行为是与超自然“神圣”沟通的行为。它包括祈祷、舞乐、心身动态、训诫、吟诵、模拟、禁忌、饮宴、祭祀、聚会、通灵等形式。

第四、组织和设备。宗教组织是由教士等神职人员及一般信徒组成，并以长老会议、宗教会议、教区、信徒大会等形式出现。神职人员和信徒结成了一个团体，旨在确保宗教仪式的推行。宗教设备包括教堂、寺庙、神像、祭坛、神龛等，为宗教活动提供物质保证。

第二节 中国上古宗教的形成与发展

要知道，中国上古宗教的诞生时间非常早，它的历史发端可以追溯到我国青海发现的杜立巴石碟（距今约有12000年历史）和内蒙古发现的新石器晚期的阴山岩画（刻有外星生物图案的人像），以及同时期在马家窑陶器上出现的独目蛙人神像等等，这些都应该是我国上古宗教形成的有力证据。（图10-20）

然而，随着该宗教的历史发展演变，我们通过该宗教所制作的祭祀古玉能看到他们清晰的发展脉络。例如，在我国发现距今已有6000年的红山文化古玉、良渚文化古玉、龙山文化古玉，以及4000年左右的齐家古玉和三星堆古玉，距今3000多年的商代鱼国祭祀古玉等等，在这些祭祀古玉中出现的那些形状怪异的齿轮状器物，其原型应该就是该宗教对宇宙超自然力现象历史还原性的解读。

图10-20 青海杜立巴石碟

图10-21 鱼国祭祀古玉中的齿轮状器物-1

例如，在我国青海发现的杜立巴石碟，其外形酷似齿轮的形状其实已经直观的告诉了我们，这些器物的最初原型绝非人类所用之器；又如，在阴山岩画上出现的那些比例失衡的大眼睛、马家窑陶器上所绘制的独眼蛙人神像、三星堆青铜器中的纵目神像以及在鱼国古玉中着双圆环的眼睛神像等等，这些被供奉的主人无疑与地球人类无关，他们应该是当今科学界一直在寻觅的地外生物“外星人”才对。（图10-21）

对此可能会有人提出反对意见，认为这种解读方法太过牵强附会。但笔者却认为，只有采用直观的解读方法才能还原出它们的历史本真，因为上古时期岩画与物象的表现形式，往往都是以较为简单的表现方式去直接描绘某种事件的发生与发展，而决不会用间接或假借的表现方式去传达主题思想，这种表现方式才被称之为“直接表达”或“直观感悟”。但是，如果我们有意避开这种直观感悟，而避实就虚的以我们主观意识和教条思想去解读它们的本真原型，势必会出现各种误读与误判。

就我国上古玉中出现的齿轮状器物而言，每个人都会认为它们的形状酷似齿轮，遗憾的是学界却没人将这种直观感悟去直观的解读，因为无法解释清它们的历史原型会使自己陷入尴尬境地。因此，大部分学者都普遍采取避实就虚的解读方法，将其解读为：有领玉珏、牙状玉环、玉龙形玦或璇玑玉衡等等（图 10-22）。

笔者之所以敢站在直观感悟的角度进行读解，因为自己充其量不过是个"在野派"的研究者而已，因此笔者不受清规戒律的束缚，值得庆幸的是，站在直观的角度本人不仅发现了这些物象载体的成因历史，而且借助物象符号的发展演变还还原出了它们的本真历史原型。

图 10-22　鱼国制作的玉质齿轮

这些承载着我国上古宗教近万年之久的物象符号，如果不是一个传承有序的宗教发展体系，是绝不会显现出这段清晰可辨的历史脉络；如果这种崇拜信仰，不是来自一个亘古演变而来的同宗、同源的宗教信仰，在其物象符号中也不会出现如此相同与相似的文化现象。站在宗教的祭祀礼器角度看，无论在上古玉中出现的那些形状各异的齿轮，还是三星堆青铜器所彰显出的宇宙飞行器，这些器物造型与人类当时的进步程度无任何关联。唯一的解释则是，这些被崇拜的物象符号，是源自上古宗教创建的宇宙信仰观和宇宙创世观的物质载体，其历史原型应该是对宇宙超自然力现象的事件描述与解读。（图 10-23）

图 10-23　陕西石峁遗址出土的青铜器齿轮

从三星堆宗教遗留的祭祀礼器看，该宗教不仅创建了一套完整的宇宙崇拜信仰，而且还建立了一整套极其严谨的宗教祭祀礼仪制度。就三星堆青铜神器而言，这些青铜神器所彰显出的文化现象，不仅诠释着该宗教对宇宙诸神的崇拜信仰，而且他们还创造了很多能够与神相沟通的圣物。不仅如此，三星堆宗教为了彰显宗教的神圣地位，还专门制作出了各种与神能够进行沟通的飞行器。例如，在三星堆看到的那件带有推进系统的飞行吊篮，以及那些长着灵异翅膀的青铜神像，这些都应该是该宗教彰显自己与神能够进行沟通的物证。

然而，当商代鱼国宗教创建后，该宗教还将这种物象崇拜发展演进到了以人格化的更高境界。例如，我们在鱼国古玉和琉璃器物中所看到的三大主神头像，应该就是鱼国宗教将宇宙物象崇拜演进到人格崇拜的一大升华，而这一升华演变不仅是上古宗教质的飞跃，而且对人类宗教发展也产生着重大的影响。例如，古印度吠陀教和婆罗门教的三大主神崇拜，他们不仅是我国上古宗教最直接的承袭者，而且还是将宇宙物象崇拜演进到上帝的崇拜。

上古宗教的组织结构，应该是一支以祭司至上的种姓制度所建立起来的宗教体系。理论依据，是源于三星堆青铜神像和鱼国大将军神像的体貌特征给予的启示。因为，这两支分布在不同时期和不同区域的宗教集团，其核心人群的体貌特征却属于同一个族属人群的长相。说明这两支宗教集团不仅出自同一个族属，而且他们所承袭的宗教法脉也来自本宗族的历史创建。由此可见，创建我国上古宗教体系的这支人群，不仅来自同一个族属，而且还是祭司至上的种姓。（图 10–24）

图 10–24　鱼国古玉中的大将军人像

例如，在三星堆器物中看到的那支金权杖，图案所彰显的鱼图腾应该就是该宗教集团以鱼为姓最为典型的宗族标识。该宗教发展到商代鱼国时期，从祭祀古玉和琉璃器物中能够领悟到，鱼图腾已不仅仅是该宗教所信仰的图腾，而是已经发展成了该宗族的姓氏和都邑名称以及鱼国宗教的徽号，显示出鱼国宗教集团的族属关系和种姓制度。

虽然鱼国宗教因武丁伐鬼事件而致使其消亡，但是我们在西周早期的“鱼伯”和“鱼季”墓葬中，能通过陪葬的青铜器铭文看到他们借助宗族“鱼”姓，在诠释着鱼国种姓制度的传承发展。不仅如此，鱼国的种姓制度发展到隋代“虞弘”时期，我们仍能通过墓志看到它历史的缩影。如虞弘墓志上，将“虞姓”的“虞”改写为“鱼国”的“鱼”字，就是支持上述观点的最好佐证。说明该宗教一直都在奉行着祭司至上的种姓制度，在承袭发展着该宗教神权和王权的高度统一，并将这支宗教体系牢牢控制在鱼姓宗族的手中。（图 10–25）

就三星堆和鱼国宗教遗留的祭祀礼器而言，它们的庞大器型以及存世量说明，该宗教集团所建的鱼国祭祀神庙极其恢宏，否则这些数量繁多且器型庞大的祭祀礼器是无法在一般神庙中供奉的。由此推断，当时肯定已建造出了高大而恢宏的神庙，方能满足置放这些祭祀神器的供奉条件。

图 10–25　山西太原出土的虞弘墓志

值得一提的是，在鱼国祭祀古玉中出现的沙漏计时器，它不仅直接或间接的诠释着当时鱼国宗教已经有了非常严格的时间观念，而且在祭祀礼仪中也制定出了极其严谨的时间安排顺序。

又如，鱼国玉器和琉璃器物上出现的大量

铭文字义，除了有少量文字已经被破译之外，尚有很多文字仍在破译之中。要知道，在马家窑陶器上出现的文字符号、三星堆古玉上出现的文字符号、以及商代鱼国古玉和琉璃器物上出现的文字符号，应该都是我国上古宗教为弘扬宗教信仰所创建的一套文字体系，但只因当时其他文字载体极易腐蚀（例如麻布与丝帛载体），致使大量文字没有留存下来，如果我们的先民选择了泥板，我国的文字载体将会更加多姿多彩。我相信，随着三星堆古玉铭文和商代鱼国琉璃铭文的逐渐破解，有关三星堆宗教和鱼国宗教的教义理念以及宗教制度，将会更加翔实的展现在世人面前。

第三节　三星堆宗教高度发达的原因

为什么中原文明，与历史同期的巴蜀三星堆文明相比，三星堆宗教文明要显得更为发达？ 笔者认为，除了三星堆文明是我国上古宗教的承袭者之外，恐怕最主要的原因还要归结于三星堆宗教对当时社会进步所产生的重大影响，而这种影响就是能促使社会进步发展的文明程度。要知道，在人类社会发展的不同阶段和不同社会环境下，宗教的功能一直发挥着很大的作用。

但是，为什么我国上古宗教唯独在巴蜀地区能够得以实现，而在相对发达的中原地区却没能建立起像三星堆那样发达的宗教信仰体系呢？ 有关这个问题，笔者想从以下几个方面来进行论述。

宗教作为人类社会普遍存在的文化现象，它一直以特有的方式在影响着社会意识形态的发展进程，宗教对人们的身心教化、道德准则、民族凝聚力、艺术的表现形式等方面起着极其重要的推动作用。为了解开三星堆宗教所承载的秘密，笔者查阅了大量有关古巴蜀地区的历史记载及相关史料，发现只有《蜀王本纪》 是唯一一部可供研究巴蜀远古信息的历史文献。

但遗憾的是，在这部书中针对蚕丛、柏灌、鱼凫等巴蜀先帝的历史叙述仍然是一些浮浅和简要的描写，特别是对杜宇禅让、李冰治水、秦灭蜀等这些重要的历史事件描述简单，对巴蜀民间传说以及掌故之类的记述反而甚多，致使有些学者直接将此书称之为志怪类型的书籍。由于我国先秦以前的文史资料对蜀地的历史信息记载甚少，想要系统的了解巴蜀历史就成为一件难事。但是伴随着三星堆文明和金沙遗址的相继发现，使巴蜀地区长期含糊不清的历史记载初见端倪，并且还将为《蜀王本纪》 中某些含混记载提供了补正依据。

三星堆文明的宇宙崇拜信仰，不仅为我们顺延出了上古宗教传播发展的演变脉络，这里出土的青铜器文明还将为蜀地谱写出一段新的历史篇章。我们从三星堆青铜器的发达程度可以看出，古代巴蜀地区并非中原文献记载的那样蛮荒落后，相反这里的文明进步程度在很多方面超越着中原殷商文明。

但有一个问题，是值得我们认真研究与商榷的。那就是进入蜀地的西域吐火罗人，究竟采取了怎样的方法不仅赢得了蜀地居民的民意，而且最终还取得了那里的统治地位。笔者认为，西域吐火罗人进入蜀地之前就已经具备了几种征服那里的先决条件。

其一、如果吐火罗人进入蜀地，是通过武力征服的当地蜀民，不仅会埋下种族之间的仇恨，还会使地区战争频发局势不稳。其结果，我们今天就可能看不到巴蜀地区的文明社会和三星堆创建的青铜器宗教文明了。但是如果西域吐火罗人，是采取宗教文化侵入的传播方式，逐渐渗透取得民意认可或接纳，可能是当时最有效的一种手段。因为利用宗教文化渗透不仅能使蜀地的居民摆脱蒙昧野蛮，还会通过宗教信仰建立起民众的道德观念及礼教的规则。吐火罗人就是通过宗教的传播手段才建立了社会礼教，这种融入的手段才是从根本上的一种征服，才有可能将蜀地居民带入到先进的文明国度。

其二、吐火罗人带去的桑蚕养殖与丝织技术，不仅改变了巴蜀麻葛粗布的穿衣历史，而且还可以将蚕织产品销往蜀地以外其他区域，这不仅促使了当地商品贸易的发展而且还成为了换取经济财富的来源。而吐火罗人带来的青铜冶铸技术，为巴蜀所创造的社会效益尤为突出。要知道青铜器铸造技术的传入，不仅改变了巴蜀生产工具落后的局面，同时还提高了当地生产力水平，并且又将蜀民依靠农耕生息的生存方式带入到工业领域。巴蜀地区从此走向了农养桑蚕、工有冶铸致富的工、农、商齐头并进的发展阶段。所以，养蚕丝织与青铜冶铸不仅是富蜀强民的两大法宝，而且它还是吐火罗人赢得蜀地居民最终被接纳的秘密武器，这就是吐火罗人能够成功进入蜀地，并最终赢得蜀地最高统治地位的重要征服手段。

当蜀地的居民解决了温饱之后，势必要寻找一种精神上的抚慰或寄托，这时吐火罗人创建的宗教信仰便发挥出了它的神奇效应，通过宗教信仰不仅使蜀民懂得了礼教和礼规，而且逐渐又建立起宗法制度和礼法条规以及道德标准，宗教开始主宰着蜀地居民的意识形态发展，并成为了吐火罗人治理蜀地民风民俗的重要工具，因此三星堆宗教信仰也就逐渐形成了巴蜀独具特色的区域风格。

第二十三章　鱼国宗教的历史兴衰

第一节　回望鱼国宗教兴衰史

我国商代鱼国宗教，其实就是创建三星堆文明的吐火罗人将他们统治蜀地的经验带到了西北地区，并将散居在陕、甘、宁、青等地的鱼姓部落族群组建在一起，并以城邦自治的形式重新组成的宗教联盟集团。这一推论，是依据鱼国祭祀古玉在陕甘宁青等地的分布情况，以及各地区宗庙祭祀古玉的不同等级标准所得出的。

例如，通过祭祀古玉的温润包浆，我们判定这些古玉应该是供奉在鱼国宗庙中的圣物，因为在玉器的表面并没有发现被雨水侵蚀的痕迹；而通过不同地区发现的古玉数量以及器物尺寸的大小，我们不仅确定了吐火罗各部落城邦的地区分布情况，并且借助各地区宗庙所供奉神器的祭祀标准，总结出了各城邦部落的贫富差距和社会等级，并同时还推测出各区域领地人口的数量，并最终找到了鱼国宗教的核心区位置，也就是鱼国都邑的所在地。

要知道，这些体现着人类早期宗教文明的祭祀古玉，在我国甘肃境内发现的数量最多，其分布多达十多个县市地区。例如，在陕西境内的凤翔、扶风、长武以及陕西渭水的上游多有发现，那里的古玉多以玉琮和玉刀为主，器型尺寸适中，并没有发现特大的器物造型。在青海的西宁以及宁夏的固原、彭阳所发现的祭祀古玉，尺寸普遍较小，主要以玉琮、玉璧为主，其制作的玉器也较为粗糙。而陕西境内的凤翔、宝鸡、长武虽也出现了很多鱼国祭祀古玉，但是古玉大都以玉琮和玉璧为主，偶能发现一些动物造型的玉器出现，但是数量不多。值得一提的是，在甘肃境内的庆阳、西峰、武威县和平凉地区收集到的玉器种类最多，玉琮器和玉璧的尺寸也都比较大，图案内容也极为丰富，特别是甘肃的平凉地区最为突出，器物的尺寸不仅硕大无比，而且制作的工艺也极其精良，说明平凉地区应该是鱼国都邑的所在地或人口最为集中的核心地带。

平凉，位于陇山东麓，泾河上游，是关中西去北上的古道要冲；又依六盘三关之险，历来是兵家必争之地。它是屏障三秦、控驭五原之重镇，也是中原通往西域和古丝绸之路北线东端的交通及军事要冲，它不仅是西北地区的公路枢钮，而且是欧亚大陆桥第二通道的重要中转站。平凉是黄土高原，而关中属平原无险可守，而平凉居高临下，所以这里历朝历代都是兵家必争之地。(图 10-26)

图 10-26　鱼国祭祀古玉的分布图

站在兵家常识的角度，从平凉地区往下看，宝鸡至西安这个扇面都在兵家攻击的范围内，犹如虎口之肉。所以说，如果不能控制平凉要地，关中地区的安全也就没有保障可言。平凉又是扼守西北的一把钥匙，关中、陇西、银川河套等地又是西北三个重要战略区域，呈扇形分布于平凉周围，平凉正好处于扇柄的位置，从而形成了左控关中之腹心，而右拊陇西之脊背的态势。虽然中有六盘山，但六盘山并不险峻，很容易翻越，而一出六盘山就可以兵临天水城下，威胁兰州城，从而切断西北与内地的联系。

平凉向西北剑指河套之侧翼，向东可以通过陕北与河东取得联系。而平凉川本身是一块有居民有农业的平地，可以就地取食，所以也是良好的屯兵之所。因此，平凉就成为了西北地区的军事要地。据文献记载，这里历朝历代发生过无数次的战争，其目的都是为了争夺这一兵家必争之地。

另外，在陕西的陇县和甘肃庆阳地区的宁县和灵台县等地，也发现了数目惊人的祭祀古玉。要知道在夏商时期，甘肃庆阳地区的宁县曾是古雍州之域，也是周的最早发祥地。在庆阳发现的鱼国古玉，不仅器型硕大，而且种类繁多，其中祭祀礼器也极为丰富。根据查阅地方志记载，这些地区都曾是吐火罗人最为集中也最为活跃的区域。

虽然在宁夏和青海等地也出现了很多鱼国的祭祀古玉，但是这些地区发现的古玉都属于中小型的器物，比如中型的玉琮、中小型的玉刀和纹饰较为简单的小型礼器等等，说明在这些区域设立的宗庙规模并不大，祭祀的礼器等级和规格也并不高，证明这里曾经是鱼国宗教人口集聚较少的边陲之地。

由此可见，我们通过鱼国宗庙的分布情况和祭祀古玉的等级标准可以看出，鱼国当时不仅建立了成熟的宗教管理体系，并且还创建了较为完善的宗庙祭祀礼仪制度。该宗教不仅已成为了鱼国的统治管理工具，而且它还在控制各部落族群的意识形态。

西北地区诞生的鱼国宗教，为什么被界定为是商代中期才开始建立，而不是早期或其他时间呢？ 笔者认为，商代鱼国宗教的创建时间，完全取决于巴蜀三星堆宗教所融入的时间。自三星堆消亡后，其中一支人群越过秦岭迁徙到了陕甘地区，这支人群为了恢复三星堆宗教的昔日辉煌，在陕甘地区再次创建起了一支宗教体系，即鱼国宗教。在我国当时的西北地区，曾寄居着上百个大小不等的方国和异性族群，在那个弱肉强食的世界，为了遏制周边各方国和异性民族的侵伐，鱼国宗教将分散在西北不同区域的鱼姓部落族群联合在一起，结成了一个即能抵御外敌又能壮大宗教影响力的联盟集团。该宗教联盟集团不仅弥补了吐火罗人城邦自治的分散格局，而且还在借助该联盟体系扩大着宗教影响和疆域领地。

那么，鱼国宗教集团为什么会选择焉耆龙部落的首领担任最高领袖，而没有选择创建过三星堆文明的宗族首领呢？ 笔者认为，这位被选举出来的鱼国“弘龙王”，应该是西北地区鱼姓部落族群中资历最深且德高望重的首领，鱼国宗教集团很可能就是在他的倡导下才得以创建起来的。另外鱼国是以鱼为姓的各部落族群结成的宗教联盟体，弘龙王的地位也仅限于该宗教联盟集团的意识形态领域，而绝非是真正意义上的国家君主。也就是说，鱼国宗教当时的性质和影响力就相当于今天的梵蒂冈。

由此可见，鱼国宗教集团所推选出的弘龙王，与今天梵蒂冈经由各枢机主教选举产生的教皇形式极为类似。因为鱼国宗教，只是由各城邦部落联合起来创建的宗族联盟体，因此各城邦联盟体的祭司都要服从于该宗教集团的精神领袖。鱼国宗教的管理方式，是通过宗教集团设立在各地区的神庙为单位，以神庙祭司作为主导，并以从上至下的辐射形式按照神庙等级划分出阶梯状的管理模式。这一理论，是依据各地区神庙所留下的祭祀古玉的数量、祭祀礼器的制作规制、造型种类和器物大小所反映出的供奉标准所得出。

鱼国的国家性质：准确的讲，鱼国从始至终都没能成为一个 “民族统一、领土完整”的真正意义上的国家。而同盟国集团核心的成员，都是由各城邦部落的首领或大祭司组建而成，它的政教权力中心设立在今天的“陕、甘”交界处（即今天甘肃的平凉地区)。因此，鱼国是一个最为典型的“政教合一”且“神权至上”的政教王国，该宗教集团凌驾于国家政权机构之上并起着主导作用。

鱼国宗教的管理制度：是以种姓制度为核心，以信徒多元化而建立起来的宗教联盟体，各部落之间仍保持着相对独立的自主权，形成了一个以血缘关系为核心主导，以信徒多元化为钮带而组成的社会联盟体制。鱼国宗教集团，在整个部落联盟体中实行的是“同盟共主”的地位。

鱼国宗庙的等级划分：因鱼国的各城邦部落的生存环境不同，以及分别受到其辖区内资源的限制，所以不同的部族有着不同的生存方式，分别以游牧、渔猎、农耕以及制陶、桑蚕养殖、玉石加工和货物转贩等其他方式作为主要的谋生手段。也正因为生存环境不同，各部落之间也就出现了贫富差距，同时也就自然而然产生了部落的等级制度。

鱼国宗教集团的经济命脉：分别掌控在各部落首领（大祭司）的手中，鱼国集团的统治者既无权直接向各联盟体征税，也无权掌控他们的经济财政大权，统治集团的财政收入主要是靠各联盟体向核心神庙提供的供养，所以国家的政治和经济无法得到真正意义上的统一。

鱼国的军队：鱼国古玉中的大将军人像和铠甲兵团说明，鱼国已建立了自己的军队，但是军队的规模却很小，仅能满足核心集团所需要，其编制也就相当于国家卫队的性质。由于吐火罗人各部落之间大跨度的区域分散，一旦受到外来侵犯和内部各部族的领土争端矛盾，这支军队可能很难起到平叛或抵御外敌的作用。特别是在商晚期，商王朝的逐渐腐败造成了周边诸侯国扩张的野心，由于鱼国的联盟体较为松散，鱼国各部落之间不仅不能齐心协力一致对外，反而各部落还会因为保护自身的利益而规避事端。由此判断，这种性质的国家是很难应对动荡局势与外来威胁等一系列社会问题的。（图 10–27）

为什么在我国文献中找不到鱼国宗教的记载？笔者认为，虽然文献没有记载过鱼国宗教的存在，但是鱼国宗教的影响力却一直是商王朝的心腹大患。依据是，虽然人们都知道商武丁伐鬼方的事件，但是却没人知道这个鬼方所泛指的其实就是鱼国。也正因为鱼国没有成为真正意义上的国家性质，因此中原人才只知道西北地区有个每日拜鬼、侍鬼的方国，却不知道这个信奉鬼的方国就是鱼国。由此可见，鱼国宗教没有被中原文献所记载也在情理之中。

图 10–27　鱼国祭祀古玉中的大将军人像

第二节　鱼国宗教的衰亡

本书前文已经有过介绍，商代鱼国宗教的消亡时间，大约是在商武丁伐鬼方的战役结束后（即公元前 1324 ~1266 年左右），从此便淡出了华夏历史舞台。也就在这同一历史阶段，在我国曾持续了近三千年之久的鱼国宗教祭祀古玉，也伴随着鱼国宗教的消亡从此沉睡于尘埃之下，彻底告别了它往日的辉煌。

以上推论依据有两点：第一，站在宗教祭祀古玉的发展角度看，鱼国宗教所制作的祭祀古玉和琉璃礼器发展到商晚期，无论从加工技术还是从器物所彰显出的宗教内涵，都可以说已进入到了该宗教信仰的鼎盛阶段，按理说这一时期正是鱼国宗教再创辉煌伟业的好机会，但是等待它的却是骤然消失和衰落。

那么，究竟是什么原因导致了鱼国宗教的骤然消失与衰落呢，究竟是内因还是外患呢？如果说是内因，对于一个已经飞速发展到鼎盛阶段的宗教体系来讲，恐怕没有任何力量能够致使其骤然停止；因此只有外患这一种解释能够成立，因为如果没有来自外界的强势滋扰，正处于飞速发展的鱼国宗教恐怕不会因一般的变故淡出华夏历史舞台的。

又如鱼国琉璃器物上出现的文字，也直接或间接佐证着笔者的上述推论。鱼国琉璃器物上出现的早期文字，根本无法借助殷墟甲骨文的字根将其试读和破译，因为该文字不仅笔画简单，而且假借象形图案来阐释内容的文字也少得可怜，说明鱼国宗教在琉璃上所使用的文字，要远远早于殷墟甲骨文的使用年代。这种文字，很可能是鱼国专门为该宗教所创造的一种特殊的文字体系。理由是，这些文字符号体系，与殷墟发现的甲骨文的间架结构有所不同，它不仅笔画圆润而且更像是一种文字符号体系，直白的讲它更像是梵文早期所使用的文字雏形。但是，随着这种文字发展到商晚期，该文字体系中不仅出现了象形符号与文字，而且与殷墟甲骨文的书写形式也形成了巧妙的统一。 这种在文字上形成的一致性，很可能与鱼国宗教向中原传播推广自己的宗教信仰有关。也正因为如此，我们才可能借助殷墟甲骨文的字根，破译出了鱼国社稷玉琮上的铭文。(图 10-28，图 10-29)

图 10-28　鱼国琉璃碑上镌刻的铭文

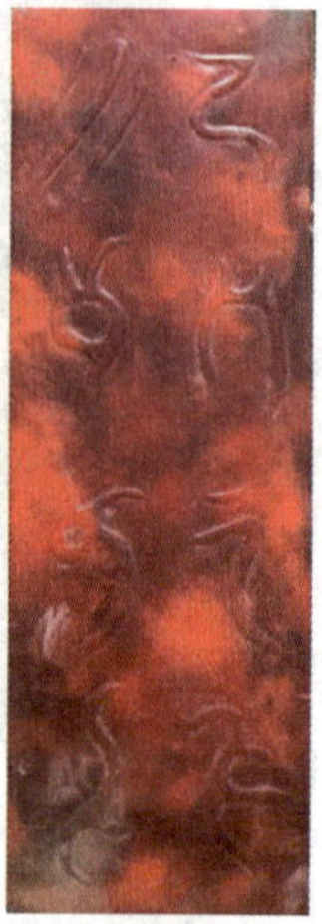

图 10-29　鱼国琉璃礼器上的铭文

第二，站在我国象形文字的发展角度，在我国商早期和中期假借象形文字极为普遍，而进入到商晚期象形文字已趋于减少并被篆书文字所取代，文字发展到西周时期，在金文上已基本看不到象形文字的出现，说明我国文字发展到西周时期，已经进入到了文字较为成熟的历史阶段，因此将鱼国宗教的诞生年代，界定在商中晚期。既然鱼国诞生于我国商代中期、盛行于商晚期，那么它根本就没有道理在其飞速发展的过程中会骤然停止或消失，肯定是受到了外界的干扰。那么，在我国商晚期究竟有哪些重大事件和鱼国宗教的消失有关呢？ 经查证，唯有商武丁伐鬼方的重大事件与商代鱼国宗教的消亡时间比较吻合，甚至可以说有着直接的联系。由此可见，无论从鱼国祭祀古玉和琉璃礼器的骤然停滞，还是中原象形文字融入到鱼国文字体系的时间，以及商代鱼国宗教的消亡时间几乎都停滞在商晚期的历史结点上，而这一时间恰恰是武丁伐鬼方事件的发生年代。因此可以肯定的讲，商代鱼国的消亡与商武丁伐鬼方的事件有着直接的联系。

另外，我们在西周早期的鱼伯和鱼季墓葬中仍能清楚地看到，一个在商时期曾经盛极一时的强大宗教王国发展到西周时期，其后裔们已沦为了周王室的一个小小诸侯国君，其封号也仅为“伯”。说明鱼国后裔的社会地位，已失去往日辉煌且江河日下。不仅如此，我们在鱼伯和鱼季墓葬中，既没有找到有关鱼国祭祀礼器的宗教信仰，也没有发现上古宗教所遗留的相关信息，说明这种变故之后肯定隐藏着一段不为人知的秘密。

对此笔者认为，这种现象暴露出了两个问题：第一，作为鱼国后裔的鱼伯和鱼季，他们应该是鱼国宗教最为直接的承袭者才对，既然他们是承袭者，势必在其墓葬中会保留着有关鱼国宗教的信息，比如鱼国宗教的宇宙崇拜信仰观和宇宙创世学说等等，但遗憾的是这些都没有。说明商代鱼国宗教，早于周王朝的建立就已经不复存在。

第二，鱼国的消亡，应该与该宗教信仰有着直接的关系。因为在鱼伯和鱼季的墓葬中虽然没有看到鱼国宗教的信息，但是却出土了两件与三星堆青铜立人像极为类似的小铜人。铜人双手呈现出的环状手势与三星堆立人像的日月崇拜如出一辙。这两件陪葬品说明，鱼伯并没有完全放弃鱼姓宗族的宗教信仰，而是迫于政治压力不得不假借三星堆宗教符号来掩饰鱼国宗教信仰的内容与内涵。从这一点看，当时的鱼国宗教很有可能已被周王朝定性为邪教或是蛊惑人心的异教，并且已成为严厉打击的对象。因此，鱼伯和鱼季只能将他们的信仰埋在心里，苟延残喘的屈尊于周王朝麾下成为一个臣服的诸侯国君。（图10-30）

图 10-30　在鱼伯墓葬中出现的三星堆立人像

据史料记载，周在商时期曾两次参与过讨伐鬼方的战役（即鱼国宗教），还捕获了两万多俘虏并将他们沦为周贵族的奴隶。如果鱼伯和鱼季属于鱼国贵族阶层，又是那次讨伐鬼方事件的被俘者，那么周自然将他们视为一种被征服的臣民甚至奴隶。理论依据是，在山西太原发现的隋代虞弘墓葬的石椁浮雕壁画上，我们不仅看到了鱼国后裔在大肆渲染着鱼国宗教的信仰观，而且还在借助壁画内容宣扬着信奉该宗教能够进入极乐世界的转世轮回。也正因为鱼国消亡了商武丁伐鬼方事件，因此他们的后裔才会将自己的“鱼姓”改写为“虞舜帝”的“虞”，以隐姓瞒名的方式屈尊于人世。

假如鱼国宗教并非亡于中原王朝的讨伐，恐怕在隋代虞弘墓葬中所发现的墓志铭，也就不会出现将“虞国人”的“虞”字剔掉，再改写为“鱼国人”的“鱼字”这种怪诞的事件了。（图10-31）

图 10-31　虞弘墓志上改写的“鱼”字

商代鱼国宗教的消亡原因，笔者在本书中曾做过详细的介绍。其主要原因，是中原只建立了君权天授的信仰观，而根本没有建立过真正意义上的宗教信仰体系。中原王朝所建立的“君权天授”信仰观，在鱼国宗教所创建的宇宙信仰观和宇宙创世观面前，无法自圆其说。说白了，中原统治者所创建的君权天授的信仰观，是统治者在自己脸上涂脂抹粉所臆造出来的一种个人崇拜理论，这种信仰属于一种强权信仰。但是，这种强权信仰观一旦与真正意义上的宗教信仰相遇后，所臆造出的崇拜理论便会不攻自破。因为，鱼国所创建的宗教信仰体系，是我国上古先民历经几千年对宇宙大自然的观察才得出的信仰理论，不仅传承有序而且还在不断的演变升华，因此上古宗教才有可能创建出人类最早形成的宇宙崇拜信仰，和宇宙创世学说的理论，这种信仰观不仅经得起理论推敲，而且应该算是真正意义上的宗教信仰体系。

可想而知，这两种截然不同的崇拜信仰观一旦遭遇，肯定是强势的一方必须要摧毁弱势的一方。从这个角度分析，中原王朝肯定是两者之间最为强势的一方，而鱼国宗教作为弱势群体其命运可想而知。这也就是鱼国宗教为什么会被商王朝摧毁的原因，也是武丁集结中原各诸侯国连续讨伐鬼方若干年的主要目的。

本章结语

本章节所提出的新观点，主要源于笔者所收藏到的商代鱼国祭祀古玉和琉璃礼器所彰显出的文化现象的启示，因而得出了上述新的发现和新的解释。在此，笔者也想通过这次发现经过，详细阐释"四重证据法"即"民间收藏"对考古研究的重要性，对那些因文献失载而长期得不到解决的历史谜题，可以借助"四重证据法"的直接与间接的证据探究解决问题的答案。

笔者提出的"四重证据法"，是在王国维提出的"二重证据法"和黄现璠提出的"三重证据法"的基础上，弥补因文献失载而导致很多的考古现象的疑迷难解的补正方法。"民间收藏"作为第"四重证据法"，不仅是我国当今考古学不可缺少的重要组成部分，也是能将相同与相似的文化现象通过直观将其链接在一起的重要参考依据。其实我国的田园考古一直都在依托着民间收藏信息在探究发掘着古人类的历史文化遗存。仔细想想看，我国自创建考古学科以来，有多少被发现的人类文化遗存，不是借助民间收藏信息诱发了考古新发现？

就殷墟甲骨文的发现过程而言，如果不是光绪进士王懿荣，偶然在一味龙骨药引子上发现了象形文字，成为中国甲骨文最先认识并将其搜购和收藏的第一人，由此又引发了他的同僚，趋之若鹜的加入到搜购龙骨的行列，如当时的社会名流王廉生、刘鄂、罗振玉、王国维、范估、罗振常、明义士、王襄、孟定生等人，都参与了搜购龙骨并进行研究的行列。如果没有这些收藏家和诸多学者的参与，我们今天又何谈甲骨文的发现与学术研究成果。自从甲骨文被王懿荣发现后，学界不仅创建了甲骨文研究学科，而且在考古学和金石研究领域又引起了连锁反应。它为回溯华夏文明的历史源头，为殷商考古学的探究发展，为古文字学、古代科技史、古文献整理、甲骨文书法艺术等其他领域的进展奠定了坚实的基础，它不仅开辟了中国学术的新纪元，并且促进了国际学术事业的长足发展。

又如民国著名收藏家张伯驹先生，他一生醉心于收藏古代文物，致力于收藏字画名迹，从 30 岁开始收藏中国古代书画，当初仅为爱好，曾买下中国传世最古墨迹西晋陆机《平复帖》、传世最古画迹隋展子虔《游春图》、唐代大诗人李白的《上阳台贴》 等等，经他手蓄藏的中国历代顶级书画名迹见诸其著作《丛碧书画录》 者便有 118 件之多，被称为"天下第一藏"。自云："一件《游春图卷》 使他从豪门巨富变为债台高筑，甚而被匪徒绑架、生命堪虞，犹称"宁死魔窟，决不许变卖家藏"，其传奇般的际遇，成为久传不衰的佳话。他收藏古代文物不惜代价，甚至置性命于不顾以求保藏文物珍品，既是出于爱国至诚，也是基于对民族文化遗产的深刻认识与由衷的酷爱。张先生慧眼识宝，所藏书画件件堪称艺术史上的璀璨明珠。在他的藏品中，晋陆机《平复帖》是中国传世书法作品中年代最早的一件名人手迹，隋展子虔《游春图卷》则是传世最早的卷轴画，也是最早的独立山水画，合为双璧。此外还有唐杜牧《张好好诗卷》，宋黄庭坚《诸上座帖》、赵佶《雪江归棹图卷》，元钱选《山居图卷》等等，都是在艺术史上占有独特地位的重要文物。

就我国元代青花瓷器的发现过程而言，中国的元青花并不是中国人首先发现的，而是被上个世纪初的一位英国人所发现。然而，那件被英国鉴定为元代青花的瓷器，如果不是京城古玩收藏家们历经五百多年的收藏，恐怕根本就不可能会流通到英国；如果没有英国藏家们的鉴定技术水平，又不知何时才能改写只有明朝才有青花瓷器的滞后历史。虽然元朝景德鎮能够成功烧制出青花瓷，但是由于史籍失载，又缺乏有明确纪年的实物佐证，在六七百年间，世人对它的认识与了解几乎一片空白，甚至，在中国很长一段时间，人们都认为青花瓷器是在明代才创烧成功。中国到底有沒有元青花，这个历史之谜直到半个世纪前才被揭开确认。1929 年，英国人霍布逊在《东方陶瓷》上率先披露了一对用钴蓝料绘满缠枝莲纹、蕉叶纹、行龙纹、海水纹和变形莲瓣纹的大象耳瓶……由于当时霍氏的报告过于简单，元朝的青花瓷器，并未引起学术界的重视。直到 1952 年，美国佛利尔美术馆 的中国古陶瓷学者波普博士发表了《14 世纪青花瓷器：伊斯坦堡托普卡比博物馆所藏一组中国瓷器》，1956 年又发表了《伊朗阿德比耳寺收藏的中国瓷器》，由于这两篇论文的发表，元代中国的青花瓷器才开始受到全世界中国古陶瓷学者的重视和公认。

就商代司母戊青铜大鼎的发现过程而言，如果不是当年河南农民吴培文探宝发现了这只司母戊大鼎，并且为了躲避日寇夺宝又将其埋于地下秘密收藏，恐怕这只大鼎早就被日军掠夺到日本去了。因此，为保护这件国之重器而历经了千辛万苦的吴培文等人不仅成为了收藏历史的楷模，而且还将永远受到国人的尊敬。

又如西周大盂鼎的发现过程，如果不是清朝道光时期的岐山首富宋金鉴把这件出土的铜鼎买下，之后就不会发生被岐山县令周庚盛占有，并将鼎转卖给了北京的古董商人，更不会出现宋金鉴在考中翰林后出价 3000 两白银购得的这只宝鼎。在他去世后，该鼎又以 700 两白银卖给了陕甘总督左宗棠的幕僚袁保恒，袁深知左宗棠酷爱文玩，旋即将大盂鼎献给了上司以表孝心。后因左宗棠被永州总兵樊燮谗言所伤，遭朝廷议罪。幸得时任侍读学士的潘祖荫援手，上奏咸丰皇帝力保宗棠，左才获脱免。潘祖荫乃当时著名的金石收藏大家，左宗棠得大盂鼎后遂以相赠，以谢当年搭救之恩。此后，大盂鼎一直为潘氏所珍藏。至潘祖荫故，其弟潘祖年将大盂鼎连同其他珍玩一起，由水路从北京运回苏州老家，成为了潘家传家之宝，从此不轻示人。中华人民共和国成立后，潘家后人于 1951 年将这支大鼎捐献给了上海博物馆，后因 1959 年北京中国历史博物馆开馆，上博将大盂鼎等 125 件馆藏珍品作为支援，转交给了现如今的中国国家博物馆，由此大盂鼎一直保存在中国历史博物馆至今。

就三星堆文明的惊世发现而言，这一发现仍起始于最初的民间收藏。由于当地农民燕道诚于 1929 年在车水淘沟时偶然发现了一坑玉石器，才引发了人们后续不断的发现与探究的过程。也正因为燕道诚将这些玉器进行收藏并开始逐一贩卖，1931 年春在广汉传教的英国传教士董笃宜听到了这个消息，并找到当地驻军帮忙宣传保护和调查，并且还将收集到的玉石器交美国人开办的华西大学博物馆保管。之后根据董笃宜提供的线索，华西大学博物馆馆长葛维汉和助理林名钧于1934年春天组成考古队，在燕氏发现玉石器的附近进行了为期十天的发掘。根据发掘收获的材料，葛维汉整理出了《汉州发掘简报》。但遗憾的是，该发掘从此长期停滞。直至50年代开始，考古工作者才又恢复了对三星堆的考古工作。到20世纪八九十年代以后，三星堆遗址才迎来了大规模的连续考古发掘，前后长达20年之久。也正因为1986年，在两处埋藏着丰富青铜器宝藏的长方形祭祀坑被发现后，这些埋藏于地下已经长达3000多年的青铜器文明，才开始引起海内外学术界对古蜀文明的重视。

又如红山文化C形龙的发现过程，如果不是1971年，赤峰翁牛特旗三星他拉村17岁的张凤祥，在无意中发现了当时被认为是铁器的C型龙器，并几经辗转才将其转交给了当地文化馆副馆长王志富保管收藏，就不会引发时隔13年后人们对红山文化的重新认识，并将该文化上升到了华夏5000年历史文明的高度。

再有就是20世纪70年代，在我国陕西省神木县高家堡镇石峁村发现的石牟遗址，该遗址的最初发现仍源于流散民间数千件的玉器藏品而闻名，由此才引发了国家对其进行多次田园考古发掘。当地最著名的一位收藏家，是多年热衷于石峁玉器收藏的胡文高先生（现任神木县石峁文化研究会会长），他所收藏到的几百件石峁玉器，不仅为石峁考古发掘提供了珍贵的物证依据，而且也为后续深入研究石峁历史奠定了基础。特别是他提供的那组戴在胳膊上的璇玑青铜齿轮臂穿，不仅从某种意义上佐证了石峁已进入到了人类早期文明社会，同时又与山西陶寺遗址所发现的类似青铜齿轮臂穿形成了南北交相呼应的历史格局。因此，学界才有可能将石峁遗址定性为迄今中国已发现的龙山晚期到夏早期规模最大的城垣遗址，认定该遗址与黄帝活动的地区和时间大体相当，由此确定了石峁古城为黄帝部族曾居住过的地方，并将其称之为皇城台。

以上所列举的事实，又有哪一个发现过程不是在“第四重证据法”的基础上揭示着华夏的历史本真呢？ 由此可见，笔者提出的“第四重证据法”即“民间收藏”，不仅能够补正因文献失载而缺失的历史空白，它所承载的历史信息还会将那些同一类型的历史碎片链接在一起，成为探究人类未解之谜新的依据。如果我们能够抛弃以往世俗狭隘的区域民族观念，站在世界人类文明本就是一个大家庭的角度，我相信在不远的将来华夏历史文明将会以一个崭新的面貌呈现在世人面前，会让人们看到华夏民族为人类历史的发生与发展曾作出过杰出的贡献。

由此可见，“民间收藏”作为考古学的“第四重证据法”，不仅能填补因文献失载所导致的历史空白，并且还能作为实物佐证成为考古学新的参考资料。新的资料能够催生出新的探索，而新探索又能带来新的发现；新的发现又能催生出新的思维，而新的思维又能催生出新的观点；新的观点又能催生出新的解读，而新的解读又能催生出新的探索；新的探索，又能为我们揭开诸多疑迷难解的文化现象。而这些文化现象，不仅诠释着华夏文明博大精深的5000年历史，同时它们还能佐证华夏文明才是人类真正的原创文明。

笔者提出的“第四重证据法”，不仅使我们找到了鬼方（鱼国宗教）衰亡的原因，而且还通过繁杂的信息发现了该宗教离开华夏区域后迁徙发展的脉络。借助这一发现，我们不仅窥探到了该宗教后续发展的历史，而且还原出该宗教对人类社会所产生的重大影响。

有关这些内容，笔者会在本书的后半部“刘昇猜想”的章节中，进行更为详细的阐述和解读，也希望广大读者能够参与进来，共同厘清我国各族先民对华夏 5000 年历史的发生与发展所作出的贡献。

第十一部分

刘昇猜想之一：华夏文明历史肇端

第一章　华夏上古文明的起源之谜

众所周知，华夏文明是一个复杂的、多元化的、兼收并蓄的文明。在数千年的发展过程中，华夏文明以其强大的包容力，经历了一次次的兼容并蓄和吐故纳新，是在涅槃与重生的演化中不断发展壮大起来的一支民族。正因为华夏历史，是一个由多民族和多元文化所组成的民族体，因此每一个民族和文化都曾在不同历史阶段扮演过不同的角色，可以说为华夏历史的发生与发展都曾做出过不同贡献，也是华夏文明诞生与发展不可或缺的组成部分。

但是翻开华夏历史文献却发现，无论是民间故事还是神话传说，华夏文明的发生与发展似乎都离不开王权的庇佑，而有关创建华夏文明的造物民族历史却在文献中找不到任何记载。究其缘由，主要因为我国大部分记载都出自历代王朝文献，而针对四方民族的发展史却少的可怜。因此，也就造成了华夏文明史出现了很多历史空白，以及诸多疑迷难解的文化现象。

然而，造成四方民族被失载的原因还不仅如此，还因为历代王朝长期所秉持的中原一统观所导致。这种中原一统观所记载的偏颇历史，不仅造成了历代史学家们视野与思维过于狭窄，从而还导致了无法合理顺延出华夏悠久的5,000年历史文明，以至于那些曾为华夏历史作出过巨大贡献的四方民族，以及他们所创造出的灿烂物质文明统统被中原一统观所淹没。

也正因为人们过于依赖文献记载，所以我国历代史学家才对华夏历史文明的发生与发展，做出了各种各样的误读与误判，这不仅导致了很多考古新发现至今无法解读，甚至还出现了诸多不能自圆其说的臆断猜想。最为关键的是，那些曾为华夏历史做出过突出贡献的古代四方民族，却只因文献失载而被世人所遗忘。

例如，翻开华夏5000年文明史，无论在殷墟甲骨文还是司马迁所撰写的《史记》中，我们根本就找不到华夏曾有过一段玉石文明。因此，当我国考古发现红山古玉、齐家古玉、龙山古玉和良渚古玉后，至今也只能以出土地来命名它们的文化现象，而对古玉的历史，以及创造古玉文明的造物民族属性至今仍是一个未解谜团。

如1980~1986年，在我国四川广汉发现的三星堆和成都金沙遗址，虽然人们也曾对该文化现象作出过各种分析解读，但最终因缺文献记载而莫衷一是。虽然，人们将这种责任归咎于文献缺失，但究其缘由还是因为我们的狭隘意识和滞后的学术观念所导致，因为过度依赖文献记载不仅会导致诸多考古新发现无法解读，而且还会滋生出各种教条观念在阻碍着学术研究，再加上我们固有的民族自尊和中原一统观从中作梗，这才导致了我国考古出现了诸多疑迷难解的文化现象。

回眸世界文明史，没有哪个国家蕴藏着华夏如此丰富的上古玉文化遗存。这些古玉文化遗存，究竟承载着怎样的历史含义，它们与人类历史的发生与发展又有着怎样的密切关联？ 这些问题长期得不到解决，才导致了西方学界至今不承认华夏拥有过5000年历史文明，甚至就连夏王朝的存在都予以否认。

然而，对夏王朝的历史解读，学界至今仍秉持着古文献的只言片语而不能自拔，人们并没有借助有效证据去补正文献失载的先天不足。例如我们对“华夏”一词的解读就是一个最好的范例，虽然很多学者在华夏一词中下过很多功夫，想从“华”与“夏”的含义中找到夏王朝存在的历史依据。

就“华夏”一词而言，最早文献见于周朝《尚书·周书·武成》，“华夏蛮貊，罔不率俾”。《左传．定公十年》（孔子曰)：‘裔不谋夏，夷不乱华’。孔颖达为《春秋左传正义》作疏：“中国有礼仪之大，故称夏；有服章之美，谓之华。”梅颐《伪孔传》：“冕服采装曰华，大国曰夏”。《尚书正义》：“冕服华章曰华，大国曰夏”。《说文》：华，荣也。夏，中国之人也，琨中原之人。《辞海》华夏条为：“中国古称华夏。”

笔者认为，以上古人对华夏的解析，仍只是停留在字意层面的辨析解释，但却回避了“华”和“夏”各自所代表的民族属性。例如，孔子所提出的，“裔不谋夏，夷不乱华”其深义则是孔子希望天下呈现大一统的局势，是想通过思想的统一，以达到政治的统一；通过军事的统一，以达到版图的统一；通过文化的统一，以达到天下的统一。而并没有真正领悟到“华”与“夏”各自所承载的民族属性与种族含义。

在《简明不列颠百科全书》中，也曾对“华夏”作出过解释，认为：公元前2,100-前770年黄河中下游的夏人、商人、周人和其他部落长期相处，逐渐形成了华夏族。华夏是古代中国中原地区各族的合称，亦作“诸夏”。对此，我国部分史学家们认为，中国古代的部族可分为华夏集团、东夷集团和苗蛮集团，它们以华夏集团为中心，经过长期的交往与融合，到春秋时期基本同化，成为秦汉间所谓“中国人”的三个主要来源。通过以上对“华夏”一词的辨析可以看出，“华夏”一词最少得出了三个层面的解释。其一，华夏是指上古时期的一个位于黄河中下游的氏族部落集团；其二，华夏是指华夏族，而华夏族则是几个不同的氏族部落集团经过长期融合最终形成的，因其以华夏部落集团为核心，所以被称为华夏族；其三，华夏是中国中原地区各族的固定合称。

以上解读看似已较准确的试读出了华夏族属的内涵，但在考古新发现的证据面前仍略显苍白。理由是，前者对华夏的解释，只是从字意层面进行了解释，不仅缺乏依据而且具有主观性；虽然后者的解释，已明显意识到了华和夏存在着民族属性问题，但却又表述得极其模糊。因为上述观点，并没有站在华和夏去延伸解读，也没有解析出华与夏应该如何去界定区分。笔者认为，首先“华”字不能仅从字面去理解它所承载的含义，更不能牵强的与“夏”并列为词组来理解。因为“华”所指的，应该是中原地区刀耕火种的民族。为什么这么说呢，因为中原人以粮食为主导的农作物大都属于先开花后结果的植物，因此古人起初便将从事农作物生产的民族泛称为与花有关的民族，这也就是花族历史的成因，更是以农业为主导的中原民族属性。

然而，随着文字的出现以及中原从事农作物生产的民族不断壮大，花族的称谓已无法满足中原农耕民族的广义性，然而“华”字的诞生恰恰以其准确的含义取代了“花族”的狭隘定义。例如华字的本义：指泛光。而引申义：一切类似泛光的现象，再引申义：散发。《说文》释“华”为“（木）荣”，这是华的引申义，指一切类似泛光的现象，如植物的花开放后，附着在枝干的表面，在绿叶的衬托下，远远望去，就像是附着在植物主体表面上的泛光装饰物。凡是从华之字，其中含有的华皆为泛光、散发之义。中原民族古称

“华”，意即“华荣”，即是“光荣的意思”。由此可见，“华”绝非是源于服章之美而得其名的名词。

既然我们通过“花”与“华”的文字演变，应对出华族从事农业耕作的民族属性，那么夏族的生存属性又是什么呢。众所周知，我国的民族生存链分为两大民族体系，即游牧民族和农业民族；既然我们应对出了农业民族“华族”，那么剩下的一大民族属性也就应该不言而喻了，夏族应该指的是中国游牧民族。因此只有从民族赖以生存的属性去分析解读“华”与“夏”的族属内涵，我们才能够正确的辨析出“华”与“夏”的民族属性以及他们所分布的地望。

近半个世纪以来，虽然我国学界曾借助文献与考古资料，对华夏民族的分布以及构成进行过多学科的研究考证，但却因文献失载给研究带来了很多障碍与困惑，从而导致诸多历史谜团至今都无法得到解释。虽然国人都以“华夏历史悠久，文明博大精深”引以为豪。但华夏历史究竟有多悠久？ 文明博大精深究竟体现在哪些方面？ 恐怕没有哪个人能够说得清楚。难道是那些至今没能揭开的历史谜团在诠释着历史悠久，难道是那些疑迷难解的文化现象在昭示着文明博大精深吗？ 我认为：因文献失载而导致的历史空白，不能证明华夏历史悠久；那些无法读解的文化现象，更不能诠释华夏文明的博大精深，而唯有链接出华夏失载的那些历史，填补上那些历史的空白，去揭开那些诸多疑迷难解的文化现象，我们才能真正让世人了解到，华夏历史的悠久、文明的精深。因此，我们应该借助当今丰富的考古资料，凭借考古学、语言学、人类学以及比较学等多学科的共同研究，去发掘填补上我国失载的那些历史空白，并因此揭开那些疑迷难解的文化现象，才能使国人领悟到“华夏历史悠久，文明博大精深”的含义所在。

上古时期，我国西北地区曾是一个由多民族、多种姓、多元文化相互交织在一起的繁杂区域，那里曾经历过多次民族的大融合与大兼并以及民族大迁徙的过程。就张骞出使西域寻找的大夏国“月氏民族”为例，他们曾经是居住在我国西北地区最强盛的民族之一，随着匈奴进犯西域其后月氏民族远走他乡西迁至中亚。就月氏民族而言，他们曾在我国西北地区居住过两个多世纪，如果不是他们在华夏民族发展史中留下了厚重的一笔，张骞也不会千辛万苦的出使西域去联络他们。又如我们在新疆罗布发现的诸多墓葬遗址为例，如果当时想进一步了解那片区域的民族属性及分布情况，仅凭我们所掌握的空白文献资料最多也只能推测出他们为西域杂胡所遗留的集聚地。然而，当我们借助考古学和语言学的研究方法，不仅能够了解到他们是吐鲁番盆地最原始的居民，同时还能准确的界定出他们的民族属性，即印欧语系的吐火罗人。那么这支民族之后又迁徙到了哪里，他们为华夏文明又曾做出过何等的贡献，恐怕至今无人能知。

由此看来，我国以往探究华夏文明的思路还存在着很多问题，因为华夏文明并非是一元文化的产物，他是由一个多民族和多元文化相互融合所体现出来的文明体系。如果我们仍秉持着华夏一统观去探寻华夏 5000 年的历史脉络，不仅不能对应出华夏 5000 年的文明史，很可能永远都无法厘清华夏文明博大精深之所在。因此，我们应该站在人类文明是一个整体文明的角度，去重新审视华夏民族对世界人类历史的发生与发展所作出的贡献，抛开以往狭隘的大一统观，打开视野，用客观的态度去寻找出华夏民族迁徙发展的脉络以及它亘古的历史肇端，方能向世人真正展现出华夏 5000 年的灿烂文明。

第一节　四方民族对华夏文明的贡献

周人自称为“华夏”，所以他们习惯将王国辖区周边的区域民族泛称为四方民族，即东夷、南蛮、西戎、北狄，以此来区分界定周人与辖区外其他部落集团的差别。在殷墟甲骨文的卜辞中，虽然也出现过很多讨伐周边各区域方国的历史记载，以及在周朝文献中有着很多四方民族的记述，但是这些记载基本上都是站在中原人的角度对其进行的评述，而真正反映四方民族历史和社会状况的记载却少之又少。因此，当今史学界很难通过史料窥探到当时四方民族的历史以及他们所处的社会环境。

就中国近些年的考古新发现而言，虽然在隶属于方国之地也发掘出土了很多上古时期的人类遗迹，但却因为缺乏文献记载而至今仍无法解读出这些文化现象的归属。也正因为如此，人们似乎已习惯了用出土地去命名各种各样的文化现象。但殊不知，这些错误的命名不仅会曲解文化现象的本质，同时还会导致后人对华夏历史的本真作出误读与误判。也正因为我国学界对自己历史的解析不够严谨，因此才会导致西方学界对我国考古学提出了很多质疑，甚至否定我国夏王朝的存在。

就夏商周的历史而言，文献所记载的“夏”的确极为模糊。作为中国王朝开端的第一朝，它始于夏禹，终于桀，共经历了 17 帝，它也是我国自氏族社会禅让制被世袭制所取代的王朝转换时代。世袭制自大禹打破“禅让制”，将王位传给了他的儿子启开始实施的，而商代是继夏朝之后的第二个世袭制王朝。商王契，传说是高辛氏的后裔。高辛氏，姜姓，中国古代氏族，形成于少昊金天氏政权时期，兴起于中国西部的陕甘地区，其父系先祖为黄帝氏族，母系先祖为炎帝氏族。舜时，商人出了一位杰出的军事首领契，后来商人把他称作“玄王”，作为始祖，并编出了“天命玄鸟，降而生商，宅殷土芒芒”的颂歌来赞美他（《诗经·商颂·玄鸟》）。再说周朝的祖先后稷，稷指粟或黍属，古代以“稷”为百谷之长，因此帝王奉祀为谷神，小名叫“弃”，他的母亲是“有台氏”部落首领的女儿，大家称她为“姜源”，姜源是五帝之一的帝喾的帝后。也就是说，后稷的母亲“姜源”与殷的祖先“子契”的母亲简狄，都是帝喾的妻子，只不过子契的母亲是帝喾的次妃，算起来后稷与子契是同父异母的兄弟。从上古三代王朝的世袭制度来看，三朝的祖先似乎都能与炎黄二帝扯上关系。

另外，上古文献还存在着另一种怪象，上古历代帝王几乎每一个王的出世，都要与神扯上一些关联，否则他们似乎就无法出世。例如，据《夏本纪》记载，夏王是从神鸟蛋中诞生的……。而商王《商本纪》所载，其母也是误食了一枚鸟蛋而生了商王……。然而，针对这些极其荒谬的帝王出世记载，我国历代史官们难道就没有人提出过质疑吗？更可悲的是至今仍有很多学者以此津津乐道。有心者会发现，这些看似传承有序的王朝历史更迭，却因缺失了很多核心元素而突显文献苍白。因为华夏上古史里，包含着很多似是而非的问题。比如三皇五帝、大禹治水等等，只因这些古史文献从未记载过三代帝王的民族属性、宗族的起源与发展、以及被统治疆域各地区的民族架构。但是这些内容，恰恰是能够让我们了解华夏民族架构与组成。但是，三代王朝的世袭年表以及王朝更迭史似乎已掩盖了这些文献的不足，加之历代史官刻意修饰王权神受以及有意篡改的历史真相，致使文献只体现出了三代传承有序而缺失了民族融合的演变关系。

问题的关键是，以往依托王朝文献记载我们也没能顺延出让西方信服的华夏 5000 年历史。这究竟是什么原因造成的呢？ 究其缘由发现，王朝文献主要是以记录自身历史为目的，文献所记载的并非是华夏民族的整体全貌，它只是顺延出了王朝更迭传承有序而已。要知道，王朝文献所失载的部分，恰恰是能够弥补华夏民族起源和三代王朝民族属性所缺失的元素，也是勾勒出华夏民族历史接力发展的重要组成部分。

因王朝文献失载还造成了学术界争论，如西方学界对我国夏王朝历史，就提出了比较尖刻的质疑，认为中国不能因某些文献中提到过夏桀，就非要臆造出一段夏王朝历史，比如在中国早期形成的甲骨文中至今都没有找到有关夏王朝的记载，所以西方学界至今都不承认我国曾有过夏王朝存在。对这些质疑，我国于 1996 年 5 月正式发起了夏商周断代工程，该工程历经四年，并动用了 170 多名科学家，但研究成果仍然没有被西方学界所认可。虽然之后，我国又开启了探源工程计划，但直至今日仍没有突破性的发现与进展。

为什么我国动用如此之大的人力物力，仍没能突破西方学界的桎梏呢？ 究其缘由，主要是因为我们过于依赖文献记载，而忽视了实物佐证依据。另一个主要原因是，我国长期持有的中原一统观又催生了狭隘意识所导致。因为过于依赖文献记载会使我们的思路误入歧途，我们所看到的文献记载并非是完整的华夏历史全貌，它只能代表王朝辖区内所发生的历史，而辖区之外各民族的发展史却没有被记录在案。因此可以说，我们的研究思路如果仅依托文献记载去探究华夏文明，势必会导致教条的学术思想。

纵观华夏文明史，不难看出由于中原统治阶级的政治需要，历代文献大都围绕着中原一统观在撰写着王朝更迭与发展，而针对中原辖区以外的方国之地却成为了可以疏漏不计的边陲。也正因为如此，中原王朝不仅成为了华夏文明的核心区，而且还是华夏历史文明的发祥地。但是，当我国借助文献去考证今天的考古新发现时，却又发现我们所依赖的文献记载残缺不全。就巴蜀三星堆和金沙遗址被发现而言，要知道三星堆青铜器文明无论从历史年代，还是发达的青铜器冶铸技术以及青铜器所承载的文化内涵，都远远超越着中原殷商文明。对两种文化现象的巨大反差，我国的史学家们既困惑又茫然。

虽然有关蜀地的文献记载很多，但是在人们的心目中普遍认为，蜀地只不过是个蛮荒之地，然而，当三星堆青铜器和金沙遗址被发现后，蜀地的文明程度不仅让我们的史学家们目瞪口呆，甚至可以说让全世界都感到茫然。蜀地文明与中原文献所形成的巨大反差，难道还不能唤起我们的反思吗？

就我国的古史文献而言，在其中不仅找不到有关中原以外的四方民族历史，甚至也谈不上能够看到方国之地的民族发展。因此我国的古史文献，不足以成为反映华夏历史全貌的完整史料。因此，在我们今天研读这些古史资料时，就应该意识到它们的不完整会给我们的研究带来困惑与茫然，我们必须用客观的视角借助考古新发现，去寻找因文献失载所造成的历史碎片，方能填补因文献失载所出现的历史空白。

要知道，寻找华夏遗失的历史碎片极为重要，因为那些远离中原王朝的方国区域民族，至今仍在新中国的疆域版图之内，从这个角度看，无论这些方国民族在华夏历史中曾扮演过何种角色，但是他们却永远属于华夏民族的一份子。虽然在古史文献中我们找不到他们的记载，但这并不等于他们对华夏历史的发生与发展没有做出过贡献。也正因为我们没有意识到这个问题的重要性，才会导致我国考古遇到了诸多疑迷难解的文化现象无法解释。例如，西北地区的齐家文化、内蒙发现的红山文化、南方出土的良渚文化、中原地带的龙山文化等等，人们迄今都没能解释清这些文化现象究竟因何产生。究其原因，这些文化现象从一开始就没有被纳入到华夏母体的范畴，所以我们无从找到这些文化现象的出处。在我国的历史文献中，有些民族被王朝文献描绘成野蛮民族或者成为了被讨伐的对象，但这并不意味着他们不属于华夏民族的一份子，更不能因受到讨伐就成为了华夏民族的敌人甚至被历史抹掉。

要知道"新文化运动"以后，以顾颉刚和钱玄共同发起并开创的"古史辨学派"曾向中国的古史系统提出过挑战，首先提出用历史演进的观念和大胆的疑古精神，吸收西方近代社会学、考古学等方法，去研究探讨中国的古代历史和古文献典籍。从 1923 年顾颉刚发表《与钱玄同论古史书》，到 1926 年《古史辨》 第一册问世，标志着该派的正式形成。以后,《古史辨》 持续出到了七册，当时有不少知名学者参与了这项活动，在学术界形成了较大的影响。古史辨派在其研究中，推翻了传统所谓的"盘古开天地"、"三皇五帝"等概念构成的中国古史系统。其中，顾颉刚提出了著名的"层累地造成的中国古史"的观点，认为古代的史实记载多由神话转化而成。他们着重地考察了中国古代思想文化的源头，认为概括起来主要有三点：第一，"时代愈后，传说中的古史期愈长"；第二，"时代愈后，传说中的中心人物愈放大"；第三，"我们在这上，即不能知道某一件事的真确的状况，至少可以知道某一件事在传说中的最早的状况。"据此，顾颉刚提出要打破"民族出于一统"、"地域向来一统"、"古史为黄金世界"等根深蒂固的传统观念。

当然"古史辩"有它的不足之处。譬如,在当时的历史条件下,并不具备今天这样多的考古成果作为古史辩的论据依托，当时只是以书本论书本,以古籍论古史，缺乏从考古学的角度来充实辩论观点。但顾颉刚先生所提出的"古史辩"观点，以客观而不盲从的观点去审视我国的古代历史文献。

因此笔者提出，溯源出我国四方民族的历史，也就等同于打开了华夏 5000 年的历史之门。

第二节　矫枉过正的华夏文明西来说

学界在长期研究历史的过程中，发现中华文明，尤其是早期华夏文明与西方文明之间，有着千丝万缕的联系。于是，有些学者便猜测，中华文明很可能起源于西方。

1894 年，英国伦敦大学教授、法国人拉克佩里发表的《中国上古文明西源论》 一书认为，奈洪特在公元前 2,282 年率巴克族东迁，这个东迁的酋长，以中国古史证之，即黄帝；而神农则为萨尔贡王，但克据传说能造鸟兽形文字，所以被认为是仓颉。两地一年分十二个月与四季的方法，定闰月的方法，金木水火土五日累积法等有关立法的事项也极为类似。

1899 年日本人白河次郎、国府种德合著《支那文明史》，列举巴比伦与古代中国在学术、文字、政治、宗教、神话等方面相似者达七十条之多，支持巴比伦起源论。牛津大学教授鲍尔 1913 年出版《中国人与苏美尔人》 一书，随后还发表了一些其他著作，详细论证古代中国文字与苏美尔会意字的相似之处。

巴比伦说问世以后，竟然大受中国学者的欢迎。丁谦之《中国人种从来考》、蒋智由《中国人种考》、章太炎《种姓编》、刘师培《国土原始论》、《华夏篇》、《思故国篇》、黄节《立国篇》、《种原篇》 等，皆赞成或推扬拉克佩里的学说。

郭沫若之 1952、1962、1982 年重版之《甲骨文字研究》 一书，曾提到：“似此，则商民族之来源实可成为问题，意者其商民族本自西北远来，来时即挟有由巴比伦所传授之星历智识，入中土后而沿用之耶？”

由此可见，东西方文明之间的相似性确实值得探讨研究，从逻辑角度看又似乎具有同源关系。但是，以“华夏文明西来说” 作为这一现象的解读却又有些牵强，不过，它却从另一个角度在支持着我国四方民族曾在华夏历史（这里“四方民族”是指狭义的中原与夷狄之分）中发生与发展占有过举足轻重的地位。

在我看来，所谓的华夏文明“西来说”，恰恰说明了很多学者已经认识到华夏四方民族参与创造华夏文明的价值，以及他们在其中所起到了作用，因此才提出了各种各样的假说。至于古巴比伦文明，以极其他文明与华夏文明之间出现的联系，更为合理的解释恐怕是发端于中国西北地区的文化现象，与黄河中下游的文化相互融合，之后又与长江流域的文化现象交织在一起，共同构建了华夏文明体系。不仅如此，这支文明体系在漫长的历史长河中，不仅求得了自身进步发展，而且在之后的发展进程中又开始向西传播到了中亚、中东、乃至北非地区。

关于这一点，我们已经发现了很多线索。本着科学的态度，我们暂且把这些线索所引出的推论，称之为“刘昇猜想”以便共同研究探讨。

当然以下系列猜想，还有待于深入探讨研究去佐证。既然是猜想，所推论的结果难免会出现偏颇与欠缺之处，其目地首先是提出一种可能，以便对一些历史课题的研究能够进一步深入。

第三节　华夏古玉是原创文明

正如本书开篇所提出的那样，玉石崇拜是华夏文明独有的文化现象，应该属于原创文明。也正因为如此，在世界史学界所谓的石器时代，这一相对粗糙的定义实际上是不适用于华夏文明的。因为中国古玉所蕴含的文化现象和其所表达的内容内涵，要远远超出人们对“石器时代”的认知，例如它们所彰显的文化内涵、工艺技术的体现等等。

我国甘肃出土的齐家玉、辽宁出土的红山玉、江浙出土的良渚玉并称为中国三大古玉文明，而红山古玉则被公认为是我国古玉文明的核心发展源头。经研究发现，红山古玉和良渚古玉以及西北地区的齐家古玉，三者都显现出较为雷同的崇拜对象和相同的文化内涵，无论从器物造型还是图案符号都显现出同一种文化脉络。

谈到齐家古玉文化，我们必须从齐家古玉的年代认定谈起。齐家文化古玉经碳 14 测定，它的所属年代大约在公元前 2,050 年~前 1,915 年前后。其分布的地区为东起泾水、渭河流域，西至湟水流域、青海湖畔，南达白龙江流域，北入内蒙古阿拉善右旗附近；其中心区域在甘肃中西部及青海东部，面积达几十万平方公里。在上述范围内发现的墓葬遗址中，发掘出土了大量的齐家类型古玉，以及一定数量的马家窑类型陶器。实际上，齐家文化古玉在我国的陕西省境内也多有发现，尤其是陕西榆林市，曾出土过大量青玉刀、玉锛、玉斧和玉璧、玉璋等各类器物，其材质、形制、加工工艺以及文化现象均与齐家古玉别无二致，说明齐家文化古玉的分布已扩展到了陕西地区的北部一带。齐家古玉的分布情况，不仅为我们圈定出了这一文化现象的滋生范围，同时还提供了曾使用齐家文化古玉的民族所集聚的范围。

有人曾提出，从齐家古玉上可以看到良渚文化古玉及龙山文化古玉的影子。但笔者认为，齐家文化地处于古代中原地区的西北方，并无充分依据说明它受到了良渚文化和龙山文化的影响，因为从两种古玉的文化现象和制作形制看存在相当大的差异，很明显反映区域文化现象的不同。齐家文化古玉不仅有其独特的发展轨迹，而且还具有鲜明的西北民族风情与民俗特色，它们是体现着自然崇拜与宗教信仰。从这一点来看，齐家文化古玉倒是和红山文化古玉有着一脉相承的历史渊源。就辽宁出土的C形玉龙和玉猪龙而言，在我收藏的西北地区商代鱼国的祭祀古玉中，也有很多同类型的器物，这说明这种文化现象不仅仅属于辽宁地区所独有，其分布和传播极为广泛。

齐家文化在距今3,800年左右就骤然消失了，它们究竟去了哪里？是升华演变成为了其他文化现象还是迁徙到了别处，对此很多学者众说纷纭。主流派学者们的意见是：“齐家文化中晚期已出现了青铜制品，因此齐家文化开始转入了青铜时代”。当然这种说法还有待于考证。

笔者借此想引申出另一个话题，我国的3800年正是中国上古时期的夏王朝时代，但夏王朝的统治疆域并未达到齐家坪地区，那么在这里诞生出的超越中原文化现象与物质文明的器物，我们又该如何去解释?笔者认为，我们首先要找出谁是创造齐家文化的民族族属，然后找出夏王朝与齐家坪民族是怎样的一种关系，方能解决上述问题。因为遵照中国考古学的观点，河南二里头是我国夏王朝的所在地，也就是说二里头是夏王朝的文化政治核心。如果按这种说法问题也就出现了，地处我国甘肃地区的齐家坪文化，无论是从文化现象还是器物所反映出的发达程度，都似乎远远超越了二里头地区的文明，难道我国夏代共存着两个相对发达的政治核心地区吗？ 这些问题无疑对史学界提出了挑战。

另一个现象我们仍不能忽视，那就是在我国四川省发现距今3800年的三星堆文明和金沙文明，这两个遗址所出土的玉器，无论从玉器的制作工艺还是所反映出的文化现象都与甘肃齐家坪古玉极为相同。他们之间究竟有着怎样的联系，是一种承袭现象，还是本就属于一脉相承的文化传播呢？如果将三星堆青铜器和古玉的文明程度与二里头相比，那么能够代表夏代文明发达程度的当然属三星堆文明。那么中国夏代的文化政治核心地区究竟在哪里，恐怕这个问题也是我国史学界无法解释的问题。基于诸多新的考古资料所显现出的一系列疑问，我们不得不从新审视我国的上古历史，究竟是哪里出了问题。

事实证明，齐家坪和三星堆地区出土的古玉，两者所显现出的文化现象与宗教内涵应该属于一脉相承的发展关系，这不仅是探索齐家文化传播脉络的重要参考佐证，同时也是破译三星堆族属关系及发祥地的重要线索。由此可见，随着中国近些年考古新资料的不断涌现，我们应该重新审视中国的上古历史，因为只有界定出夏民族的族属关系以及他们的活动区域，方能找出夏王朝真正的政治核心地区。

第二章　华夏上古的西域文明

第一节　打开西域之门

西域是中国史籍对玉门关以西和帕米尔以东地区的传统称谓。罗马史家称这里为 Serindia—中国与印度之间的地方。千百年来，西域一直是丝绸之路的重要古道，因而成为了中国、印度、西亚、北非和希腊五大古代文明交织荟萃之地。这使西域诸国得以广泛吸收世界各国、各民族优秀文化，最终导致新文明的产生。

11 世纪后，丝绸之路的国际贸易逐渐改由海路进行，加上西域地理环境恶化，民族变迁等诸多因素所导致，这个曾经有着几千年历史的西域文明日趋衰落，最终退出了人类历史舞台。而中国与西方史籍记录的许多西域古国文明也先后被塔克拉玛干沙漠所吞没，因此，这里曾有过的光辉历史和灿烂的文明也逐渐被世人所遗忘。

1895 年 1 月。瑞典探险家斯文赫定在塔克拉玛干沙漠腹地意外闯入一座被流沙掩埋的古城，当地人称为“丹丹乌里克”。1900 年 3 月，他在这一大沙漠东缘罗布泊西岸又发现一座风沙半没的古城。他把这两个古城出土的古代写卷和文物带回欧洲。经研究证实，丹丹乌里克古城就是历史上著名的于阗王国的城镇，而罗布泊西岸的古城则是汉代文献和唐代诗人屡屡提到的楼兰，它们距今已有一千多年的历史。

斯文赫定的发现在世界引起极大轰动。以前人们只知道北非的埃及文明、爱琴海和克里特岛的希腊文明以及西亚的美索不达米亚文明，不曾想到遥远而贫瘠的中亚荒漠竟埋藏着如此光辉灿烂的古代文化。于是，瑞典、俄国、英国、德国、法国和日本纷纷派考察队到塔克拉玛干及周围地区访古寻宝，疏勒、龟兹、焉耆、高昌等古代王国的城址和寺院相继被发现。1900 年，敦煌莫高窟发现了一个中世纪的宝库，里面藏有数以万计的汉语、藏语以及许多未名语言的古代写卷。

西域文明就这样被重新发现了。史学家陈寅恪曾对此慨然叹道：“敦煌者，吾国学术之伤心史也。”（《金明馆丛稿二编》《陈垣敦煌劫余录序》）

随着历史学家和考古学家将愈来愈多的目光投向这一地区，这里的考古发现近年来也日益丰富起来。

随着罗布泊墓葬遗址、阿勒泰克尔木齐文化等遗址的相继发现，人们终于意识到，该地区的文明史比原来所普遍认为的要早得多。

中国史籍对西域地区的记载以汉唐最为丰富，又因这一时期中原与西域的交流最为频繁，丝绸之路也最为繁荣。但是，以唐末的安史之乱为起点，中国内地烽烟四起、战火纷飞，为丝路直接服务的北方地区经济大受打击，史料记载黄河流域的丝绸生产几乎陷于停顿。恰在这一时期，伊斯兰教又逐步兴起，西域文化与中原王朝文化渐行渐远，中原的势力从这一地区逐渐淡出。从此，丝绸之路衰败了。因此，人们此前普遍认为西域文明的繁盛期是在汉唐时代，且是随着丝绸之路的兴起而生机勃发，又随着这一通道的废弃而衰亡。

第二节　绚烂的西域上古文明

新的考古发现不断涌现，一次次颠覆着人们旧有的观念。

早在远古时期，虽然人类面对着难以想象的天然艰险的挑战，但是欧亚大陆东西之间并非像许多人想象中那样与世隔绝。在尼罗河流域、两河流域、印度河流域和黄河流域之北的草原上，存在着一条由许多不连贯的小规模贸易路线大体衔接而成的草原之路，这一点已经被沿路诸多的考古发现所证实。这条路就是最早的丝绸之路的雏形。

要知道，早期的丝绸之路上并不是以丝绸为主要交易物资，在公元前 15 世纪左右，中国商人就已经出入塔克拉玛干沙漠边缘，购买新疆地区的和田玉石，同时出售海贝等沿海特产，同中亚地区进行小规模贸易往来，而良种马极其他适合长距离运输的动物也开始不断被人们所使用，使大规模的贸易文化交流成为可能。比如阿拉伯地区在公元前 11 世纪，就已经使用耐渴、耐饿的单峰骆驼用于商旅运输，而双峰骆驼也在不久后也被广泛运用于商旅之中。据传公元前 41 世纪左右，分散在亚欧大陆的游牧民族就已经开始驯养马匹。因为，欧亚大陆腹地是广袤草原和肥沃的土地，对于游牧民族和商旅运输的牲畜来讲可以随时随地安定下来，就近补给水和食物以及饲料。这样一来，一支商旅可以在沿线各强国没有敌意的环境下，长期往返于路途遥远的欧亚大陆。

在商代帝王武丁配偶坟茔的考古中，人们发现了产自新疆的软玉，这说明至少在公元前 13 世纪，中国就已经开始和西域乃至更远的地区进行着商贸往来。依照晋人郭璞在《穆天子传》中记载，前 963 年周穆王曾携带丝绸、金银的贵重品西行至里海沿岸，并将和田玉带回中国。虽然这种说法的真实性还有待于定论，但是目前在丝绸之路沿线的考古中，确实出土了部分这一时期的丝绸制品，说明中原地区已经存在了相当规模的对外经济交流。《史记·赵世家》中记录了苏厉与赵惠文王的一段对话："马、胡犬不东下，昆山之玉不出，此三宝者非王有已。"由此可见，"昆山之玉"即为昆仑山下出产的软玉，而胡犬则是产自中亚、西亚的一个狗的品种。

学界普遍认为，陶器是新石器时代文明的重要标志之一。截至目前，世界上出土最早的彩陶在两河流域（底格里斯河和幼发拉底河），距今 8,000 年左右，所以原先人们认为世界彩陶的故乡不在中国。但是，20 世纪 70~80 年代，中国的考古学家在渭河上游发现了大地湾一期遗址，出土了 55 件彩陶，经过碳 14 测定，距今已 7,800 多年。这些彩陶大部分是罐形食用器皿，颜料是用三氧化二铁染成的。大地湾一期彩陶和关中地区某些早期彩陶在时间上与两河流域处于同一时期，是世界上最早的彩陶之一。

大地湾文化是中国黄河中游已知最早的新石器时代文化，亦称"老官台文化"，主要分布在渭河流域、关中及丹江上游地区，存在于约公元前 6,000 年至 5,000 年。大地湾文化内涵丰富、特征鲜明，既是中国率先使用彩陶的史前先民，又是中国西北地区最早诞生的农业文化。

第三章　探究西域民族历史

第一节　西域吐火罗人

中国的西域从古至今就是一个即神奇又神秘的区域。

由于它地处中西文化交融与碰撞的地带，这里的人种、民族、文化、宗教、历史、艺术多姿多彩，内容与内涵也极其复杂。对于文化的观光者来讲，这里固然是一个繁花似锦之地，但对于文化的探究者来讲，这里复杂的文化基因，繁复的历史变革，再加上当地自然环境与恶劣气候的变化，以致很多上古时期的人类文化遗存被尘沙所掩埋。

学术界普遍认为，中国西域（或将其外延扩展到临近的中亚地区）是人类文明的重要发祥地。早在 20 世纪 50 年代，德国学者金布塔斯就曾提出了印欧语族（现代欧洲人的祖先）起源于南俄大草原的观点。1990 年，美国威斯康星大学教授纳兰扬提出了不同观点，他认为印欧语族起源于古代中国西域以及周边的广大地区，这个观点受到了越来越多的国内外学者的广泛支持。无论从史料记载，还是考古发掘，都已证明印欧语族中的吐火罗人在我国新疆地区曾经繁衍生息过数千年。

关于吐火罗人的起源，一个多世纪以来是史学界争论不休的问题。

目前来看，较多的证据支持德国学者金布塔斯 20 世纪 50 年代提出，70~80 年代完善的石冢墓理论。她认为印欧人起源于南俄草原金石并用时代至早期青铜时代的石冢墓文化，这是目前所知年代最早的印欧人考古文化，亦称“竖穴墓文化”。根据发掘工作比较充分的颜那亚墓地，一般称“颜那亚文化”，时代约在公元前 3,600 年~前 2,200 年。①

经过一系列复杂而漫长的迁徙和演化后，其中的一支最终迁徙到塔里木盆地并定居下来，这就是吐火罗人。

但是，西域地区的民族成分之复杂和历史演变之繁复，如果让我们肯定上述观点是最终答案，可能为时尚早。早在 1936 年，法国人保罗·伯希和就曾指出：“吐火罗语问题是一种必须深知中亚历史始能答解的问题，可也是一种最难答解的问题，因为就现在我们的知识程度来说，有些答解互相抵触，好像任何答解皆可包括在内。要使问题明了，只能作陆续接近的研究，各人利用前人研究的成绩，整理自己的主张，而为一种暂时学说，然而仍旧未能掩盖其弱点。”②

英国著名的中亚史学者塔恩曾经抱怨说，吐火罗人的族属和语言是一个最大的难题，他甚至打算置之不理。

---

① 引自《印欧人的起源和迁徙》。

② 引自《大夏-吐火罗新探》。

第二节　塔里木盆地的原始民族

从人种学角度分析，1980 年起在塔里木盆地罗布泊附近，陆续发现了 21 具蒙古人种和 8 具高加索人种的木乃伊。DNA 测试表明，这些木乃伊的父系 Y 染色体是原始欧洲人种的单倍群 R1a1 和母系单倍群 C4，高频出现在阿尔泰山区的图瓦人和 Altaians-Kizhi 人中。

塔里木木乃伊与塔里木盆地以北的南西伯利亚阿凡纳谢沃文化人群最接近。8 具大约 3800 年前至 1800 多年前的女性木乃伊可能就是吐火罗人，不过其文化更像是凯尔特人，所以推论也有可能吐火罗人来自凯尔特人。(图11-1)

图 11-1　新疆楼兰出土的美女干尸

大约公元前 800 年左右的吐火罗语记录和壁画也在同一地区被发现。塔里木木乃伊与吐火罗壁画里的人物都是白皮肤、浅色眼睛和浅色头发，但是并未证实这些壁画和塔里木木乃伊有直接关联，并且吐火罗语开始出现于这些木乃伊的几个世纪后。

人种学的研究引出了一个令人费解的问题：自远古时代起，塔里木盆地就已经成为了各个种族的不同原始部落杂居之地，其基因构成既有蒙古人种、又有现今西欧人的祖先、还有南西伯利亚的种群、甚至包括部分印度人种的基因。这种现象在人类历史上极其罕见，尤其是在上古时期，生产力低下、道路难行，人类的不同种群活动范围相对狭窄和固定。那么，究竟是什么原因，导致这么多异族人不远万里来到塔里木盆地并生存在一起？ 在这里曾经发生过什么？

迄今为止，汉文文献仍然是记载吐火罗人活动时间最早，也是最为丰富的历史史料。众所周知，中国是吐火罗语言和文字的发现地，也是世界范围吐火罗人活动最主要的地区之一。季羡林先生曾说过：“吐火罗语残卷都是在中国境内发现的，她们是我们中国古代的民族语言。研究她们是我们的天职。”①

20 世纪 70 年代末，中国学者也开始参与了吐火罗人起源的历史研究，并在考古学、语言学和人类学三个方面取得重大进展。经考古发现确认，早在公元前 2000 年初，印欧人在新疆的分布已达到天山东部的奇台，乃至塔里木盆地东部的孔雀河流域。这些年代最早的分布，最靠近东方印欧人种的考古文化，即吐火罗人祖先的文化。然而，吐火罗人究竟是在什么时候迁到新疆地区？ 吐火罗文化又属于新疆境内哪一类别的考古文化？为此，学者们初步分析了公元前 2000 年至前 1500 年间，在新疆分布的几种青铜时代文化现象，

① 引自季羡林《吐火罗》1993，第 272 页。

终于发现了解读吐火罗人起源的关键定义，他们属于阿尔泰山与天山之间的克尔木齐文化。这个文化源于里海—黑海北岸的颜那亚文化，其中一支向东迁徙到阿尔泰山南麓，并在阿尔泰山和天山之间形成克尔木齐文化；从后者分化的一支南下楼兰，形成小河—古墓沟文化。而塔里木盆地中部的新塔拉文化和尼雅北方青铜文化，则是吐火罗文化与羌文化结合的产物。(图 11-2)

图 11-2　新疆罗布泊发现的女性木乃伊

克尔木齐的器物群可分两类：一类以尖底或；圆底陶器为代表，另一类以平底陶器为代表。分述于下：

第一、尖底陶器为代表的遗物，包括克尔木齐 M3 的双联圆底石罐和圆底石罐、M16 的尖底罐、M24 的陶豆、M17：2 的圆底石罐、青铜刀和铸造这类铜刀或铜铲的石范。克尔木齐的尖底陶器又分阿凡纳谢沃式和克尔木齐式两类，阿凡纳谢沃式陶器有 M16 的尖底罐、M24 的陶豆；克尔木齐式陶器也有尖底罐，但纹饰不见于阿凡纳谢沃陶器，如 M16 的另一件尖底罐和奇台发现的尖底罐。M17 的两件石范相当重要，一件用来铸造铜刀，类型和 M16 出土的铜刀完全相同，必属同一时代；另一件是铸造铜铲的合范，在塔城附近安德罗诺沃古墓中发现过这类铜铲。安德罗诺沃文化进入新疆和南西伯利亚后，吸收了当地许多文化因素。从 M17 出土石范看，这种安德罗诺沃铜铲实际上源于克尔木齐文化。据车尔尼克研究，欧亚大陆的冶金术可分 7 个区和三个发展时期，萨彦—阿尔泰地区属于第 7 区，冶金术起步较晚，在第二个发展时期的第二阶段才出现冶金业。公元前 3000 年末~前 2000 年初，环里海—黑海地区的冶金术走向衰退，在欧亚草原西部被洞室墓文化取代。中亚冶金术走上独自发展的道路，开始利用草原东部萨彦—阿尔泰的原生矿。在西亚的影响下，青铜铸造技术有了较大变化，采用封闭式合范。M17 的石范即属于这种封闭式合范。

第二、平底陶器为代表的遗物，如克尔木齐 M7 和 M16 的平底罐、M16 的平底牛头把石杯、M7 的石簇和 M21 的小石俑等。这个系统的器物既不见西西伯利亚的辛塔什塔—彼德罗夫斯卡文化，亦不见南西伯利亚的阿凡纳谢沃文化，应该是克尔木齐文化特有之物。①

对克尔木齐文化的研究表明，它与南俄罗斯草原诸文化有着千丝万缕的联系，但其多样性又超越了南俄罗斯草原的古代文化：克尔木齐文化的墓葬结构和阿凡纳谢沃文化类似，用石板构筑方形坟院，坟院内建多座石棺墓（多达 6 座），墓上建石冢；既有单人葬，亦有乱骨丛葬。另一方面，克尔木齐文化还表现出强烈的自身特点，如在坟院外立墓地石人，随葬石俑、石制容器，陶器类型和纹饰也与阿凡纳谢沃文化明显有别。因此我们有充分理由认为，克尔木齐文化是一个自成体系的单独文化，它和阿凡纳谢沃文化处于同一时代，但不属于同一文化。克尔木齐文化向南一直分布到天山东部的奇台。其中一支后来南

① 引自《欧洲人的起源和迁徙》。

下楼兰，形成小河—古墓沟文化。

然而，吐火罗人在历史上的活动轨迹，一直是令众多中外学者感到困惑的问题。自有文字记载以来，东西方各种文献中有关吐火罗人历史的记录时隐时现，且多语焉不详，矛盾抵牾之处比比皆是。所以，仅靠文献记载复原完整的吐火罗人的历史几乎是不可能的事。但吐火罗人在古代东西方民族文化交流史中所起到的作用以及所处的特殊地位，却早已为人们所认知。可以说，所谓的吐火罗人问题（TocharianProblem），是研究印欧文明起源、东西方民族文化交流、中亚西域文明的学者所无法回避的一个课题。

季羡林先生是我国远赴德国学习研究吐火罗死文字的学者。1948 年季羡林回国后又相继破译了在新疆出土的吐火罗文残卷。1980 年，新疆博物馆又将 70 年代在新疆吐鲁番出土的吐火罗残卷《弥勒会见记》，送交季羡林先生请他破译，之后季羡林为此发表了多篇研究论文，从而改变了以往“吐火罗文发现在中国，而研究在国外”的局面。

吐火罗语的发现和研究，是印欧语系在历史学比较学以及语言学等学科的一次重大突破。但是，由于我国缺乏对古印欧语的研究环境以及学术探究的基本条件，尽管吐火罗语以及文字对华夏民族史和佛教史，以及中印文化等诸多领域有着重要的研究价值，但早在 20 世纪之前，我国仍不具备进入这个学科以及研究这一领域的学术条件。直到季羡林先生于 20 世纪 30 年代留德期间致力于此，经数十年艰苦不懈的努力才改变了这种状况。1981 年，季羡林先生发表了《新疆与比较文学的研究》（《季羡林文集》 第八卷“比较文学与民间文学”），季羡林先生曾指出：“新疆是全世界惟一的四大文化体系—中国文化体系、印度文化体系、阿拉伯穆斯林文化体系、西方文化体系—汇流的地方，因而有着丰富的比较文学资料。”

基于季羡林先生的观点，我们方知新疆所遗留的诸多历史文化遗迹与文化现象，对人类发展史以及人类文明史有着弥足珍贵的学术价值。那么，生活在新疆地区的原始居民吐火罗人，他们究竟去了哪里，离开新疆后对人类社会又曾做出过怎样的影响和贡献。对此，我国学界也曾有人进行过各种猜测与推论。

笔者认为，我们仅凭以往的人种学和语言学，以及在新疆区域发现的墓葬遗址和文物佐证，去探究吐火罗族群的迁徙发展脉络是远远不够的，我们还应该将吐火罗人的宇宙崇拜信仰，以及墓葬遗址所彰显出的宗教文化现象纳入其中，再结合其他地区发现的宇宙崇拜现象相互对应，扩大对其搜索与研究的范围，从中对应出他们的真正族属关系，方能揭开吐火罗人生存发展史的神秘面纱。随着笔者对中国上古宗教、上古玉和上古琉璃的溯源探究，发现曾创建宇宙崇拜信仰的那支宗教人群，与离开新疆罗布向中原进发的原始居民吐火罗人，有着诸多千丝万缕的联系。

例如，在我国青海发现的，针对宇宙崇拜信仰而制作的杜立巴石碟、在内蒙古发现的关于宇宙崇拜信仰的阴山岩画、在内蒙红山文化古玉、在甘肃齐家文化古玉、以及在龙山文化和良渚文化古玉中，出现的形状各异的齿轮状器物、在陕西神木石峁遗址中，出土的诸多青铜器齿轮、在四川三星堆青铜器和金沙玉器中，出现的各类颂扬宇宙超自然力的机器造型等等，这些围绕着宇宙崇拜信仰而制作的祭祀神器，都应该是我国上古宗教在传播过程中所遗留的物证依据。如果将这些祭祀神器按其所属年代进行排列，我们不仅能够清晰的辨别出它们之间的前后顺序，同时还能够顺延出该宗教信仰的传播路径，以及该宗教体系的发展演变过程。以上证据显示，在我国诞生年代最早、文化现象保存最为完整的宇宙崇拜遗址，当属新疆罗布地区发现的太阳墓地。也就是说，新疆罗布泊地区很可能是人类宇宙崇拜信仰的诞生地。如果按照这种观点进行溯源探究，我们将会发现诸多宇宙崇拜信仰的文化现象，都与罗布泊人有着直接或间接的关联，例如在本书中曾提到巴蜀三星堆城垣墓葬都在北偏西 45 度而建，经测量计算得出，其所指的方向就是罗布泊这片区域。因此我们有理由相信，新疆的罗布泊地区很可能就是人类宇宙崇拜信仰的诞生地，或者说是人类宇宙创世学说的发祥地。

事实证明，继罗布泊太阳墓地之后，这支创建了宇宙崇拜信仰观的民族，借助他们所掌控的新疆玉石资源，以玉石作为传播载体，向其他地区不断传播他们的宇宙崇拜信仰观。为此，他们创建了人类宇宙崇拜的信仰体系（人类上古宗教体系由此诞生），并将这种宗教信仰观不断影响周边民族的意识形态，从而扩张他们的疆域领地和势力范围。分布在我国各地区的宇宙崇拜遗址和文化现象，不仅显示该宗教信仰体系的传播路径，同时还揭示该崇拜信仰体系的发展演变脉络。

由此可见，曾活跃在我国新疆、青海、内蒙古、陕甘宁青以及四川等地，传播宇宙崇拜信仰的那支人群，极有可能就是从新疆罗布地区走出来的印欧语系的吐火罗人。虽然他们的语言所属印欧语系，但是他们所创建宗教信仰却跨越了语言障碍，在华夏区域飞速的传播着。不仅如此，该宗教体系还影响到了中亚以及中东地区，并很快被那里的广大信众所接受。例如，琐罗亚斯德在中东地区创建的祆教信仰，就是该推论的最好佐证依据。这就是人类宗教意识形态所彰显的魅力所在，也是人类步入文明社会不可或缺的精神食粮。

第三节　族属信息与宗教承袭脉络

笔者在本书中曾阐述过一种观点，中国上古宗教是人类最早形成的宗教信仰体系，发展到鼎盛时期后，因一次宗教劫难迫使这支宗教体系向西开始传播。他们首先到达了印度，并用他们创建的宗教信仰影响古印度河文明。以上推论有一个关键问题需要解释清楚，否则推论有可能不能成立。那就是，创建中国上古宗教体系的这支人群，是新疆吐鲁番盆地的原始居民（属印欧语系）吐火罗人；而曾摧毁过印度河文明的人则是雅利安人。那么，印欧语系的吐火罗人与雅利安人究竟有没有族属关系，便成为以上推论的关键证据。如果有，以上推论将符合推理；如果没有，上述推论就很可能不成立。对此，笔者查阅了很多国内外的相关资料，但是从中没有找到明确的答案。曾有学者认为，吐火罗人，应该是人类原始时期最早从雅利安族系中脱离出来的最原始的一支族群。既然吐火罗人是人类原始时期，最早从雅利安族系中脱离出来的原始族群，那么广义的理解他们仍然属于雅利安族系，也就是说他们仍然属于雅利安人范畴。既然吐火罗人可以被广义的理解为雅利安人，那么笔者所提出的中国上古宗教西迁印度的推论，从种族血缘承袭脉络的角度也就找到了理论依据。由此可见，居住在我国新疆罗布地区的吐火罗人（雅利安族系），是带着他们创建的宗教信仰西迁到印度的，他们不仅用宗教信仰改变了印度河文明，同时也采用种性制度在维护着他们的统治地位。由此可见，吐火罗人属于雅利安族系的说法，将成为上述推论的重要理论依据。

笔者的另一个发现则是，我国上古宗教向西传播已到达了中东地区。例如中东地区，在公元前20世纪诞生的琐罗亚斯德教，就应该与中国上古宗教西传有着直接的关联。理论依据有三，第一，琐罗亚斯德教所推崇的教义理念，仍然是宇宙起源说，也就是今天人们熟知的“宇宙创世学说”。那么，琐罗亚斯德教推崇的宇宙起源观念又是从何处承袭而来的呢，如果说这种观点是琐罗亚斯德本人所创，恐怕在中东地区根本就找不到该理论的成因依据和成因过程。然而，针对琐罗亚斯德教的历史成因有学者曾提出，琐罗亚斯德教并非他本人首创，他只是一个集大成者。既然琐罗亚斯德是位集大成者，那么他究竟集的是哪家的大成？ 这个大成是否与中国上古宗教西传有关呢？ 笔者认为，从琐罗亚斯德推崇的宇宙起源观看，与中国上古宗教所弘扬的宇宙创世观点极为相符，而且从该理论的成因年代辨析，琐罗亚斯德教也要远远晚于中国的上古宗教理论，不仅如此，该理论在中国区域内不仅能够找到成因的依据，而且该历史的发展演变脉络也极为清晰可辨。如果说琐罗亚斯德教是集大成者，他所集的大成就应该是中国的上古宗教理论。

第二，琐罗亚斯德本人的族属，是正宗的雅利安人。这与中国创建上古宗教的吐火罗人群族属（即雅利安族系）完全一致。也就是说，如果按照上古宗教所秉持的祭司至上的种性制度，琐罗亚斯德作为大祭司或传教士，不仅符合种性制度的弘法身份，同时他也会在所创建的宗教体系中推行着种性制度的历史传承。有关种姓制度的资料，主要见于琐罗亚斯德教经典《阿维斯陀》 以及有关的巴列维文书。由此可以推论，雅利安民族在征服世界的过程中，他们根据与被征服民族肤色的不同来划分其种姓与社会地位，以此制度来维护雅利安人的统治。当然，雅利安人在种性制度中一直居于首位，而其他肤色人种则永远位居其后，这与雅利安人摧毁印度河文明，所推行的祭司至上的种性制度完全吻合。如果从这个角度分析，琐罗亚斯德完全符合中国上古宗教弘法者的身份。

第三，虽然琐罗亚斯德教诞生在中东地区，但该教退出历史舞台的最终结点却在中国区域。这种看似历史的巧合背后，却隐藏着一段发人深省的历史奥秘。据文献记载，公元6世纪萨珊王朝亡于穆斯林。起初哈里发对琐罗亚斯德教徒表示宽容，在依法纳税后容许其保持自己的信仰。然而这种状况并没保持多久，在若干年后哈里发则强迫琐罗亚斯德教信徒改信伊斯兰教。在这种胁迫中，部分信徒则改信了伊斯兰教，而另一部分信徒则通过西域（今新疆）进入到了中国境内。因此，该教在南北朝和隋唐时期，曾盛行于西域地区和中原山西一带（山西曾是西域胡人在中原经商的主要聚集地，那里至今仍保存着很多袄庙遗址)。上述记载佐证了笔者的一种推论，即琐罗亚斯德教应该是中国上古宗教的承袭者或集大成者。理由是，当中东地区进入伊斯兰时期后，琐罗亚斯德教只能沿着曾经传播而来的路径，逐步退回到该宗教历史的发祥地华夏区域。这不仅符合叶落归根的自然法则，最关键的原因是，华夏区域不仅具有该教发展的生存环境，同时也具有滋养该宗教信仰传播的授信人群。

按照上述提出的观点和依据，我们有理由相信，不仅中东地区盛极一时的琐罗亚斯德教，是中国上古宗教的承袭者或集大成者，就连中国毗邻区印度诞生的吠陀教和婆罗门教，也应该是中国上古宗教迁徙到印度后才发展起来的宗教体系。

第四章　神秘的雅利安人

第一节　雅利安人族考

严格的讲，雅利安是一个语言学名词，但它已经被用于（而且广泛误用于）指一个民族或更不恰当地指一个人种（罗兹・墨菲《亚洲史》）。

雅利安人属高加索人种，即白人。据说发源于今天俄罗斯南部乌拉尔山脉附近的古代部落，使用印欧语系的语言，被认为是南亚印欧诸语民族的共同祖先。在 19 世纪中，由于戈宾诺伯爵及其门徒张伯伦的积极鼓吹，出现过一种“雅利安人种”的说法。所谓的“雅利安人种”成员是讲印欧诸语言的人，雅利安主义的信徒们将金发碧眼的北欧人种和日耳曼诸民族视为是最纯粹的“雅利安人种”成员。

按照目前的研究和考古资料显示，普遍认为公元前 3,000 年，雅利安人还是一个生活在乌拉尔山及里海地区一带的游牧部落联盟，其生产力发展已进入铜器和青铜器时代，畜牧业在他们的经济生活中占有重要地位。他们畜养公牛和乳牛，牛粪则被做成圆饼充当燃料，驯养的动物有马、水牛、绵羊、山羊、猪等，他们用马和马车作为交通工具，过着以游牧为主的生活，其社会组织形态处于父系氏族部落和军事民主制时期。

为了寻找新的水源和牧场，雅利安人部落开始不断向外迁徙，向西进入欧洲大部分地区，向东深入欧亚的腹地，向南则伸入西亚和南亚，在人类历史上形成了规模巨大的世界性游牧部落迁徙浪潮。

公元前 3,000 年代末至前 2,000 年代初，居住在黑海沿岸的一支，从今天俄罗斯南部的库班地区越过高加索山脉进入小亚细亚的安那托利亚高原。这些人和当地原居民杂居、融合，被称为卢维人、帕来人、西台人、吕底亚人。同一时期，居于黑海沿岸的另一支，进入巴尔干半岛的东北部，接着陆续分批进入希腊，被称为希腊人。

公元前 2,000 年代初，居于东欧草原西部的一批雅利安人，沿多瑙河向西挺进，他们翻越阿尔卑斯山进入意大利，被称为拉丁人。拉丁人是这些迁移民族中最著名的一支。与此同时，另一些雅利安人继续向西和北两个方向迁移，形成了西欧的凯尔特人和北欧的日耳曼人。

也是从公元前 2,000 年代初开始，又一支雅利安部落从里海西岸分批南下进入伊朗高原，称为伊朗雅利安人，早期进入伊朗高原的雅利安人，先后在两河流域北部和南部分别建立了米坦尼王国和加喜特王国，居民被称为米坦尼人和加喜特人。后来进入伊朗高原的雅利安人则定居在这一地区的西北部和西南部，分别建立了米底王国和波斯帝国，被称为米底人和波斯人。

雅利安人的另一股势力曾经入侵南方。说梵语的雅利安民族，早在公元前 1,000 年以前，就已经沿西路进入到了印度北部。在这里，他们与最早的黄褐色文明—达罗毗荼文明接触，学习了很多东西。其他一些雅利安民族还扩展到中亚的高山地区。这些地方迄今尤有金发碧眼的北欧系诸种族，不过他们如今用的是蒙古语。

第二节　雅利安人对人类历史的影响

雅利安人对人类历史有着重大的影响，众所周知，雅利安人曾经摧毁过四大文明中除中国文明之外的其他三大文明体系，即古巴比伦文明，古印度文明和古埃及文明。而正因为雅利安人有这么一段历史，由此导致了许多国家和民族都宣称雅利安人是自己的祖先。例如，塔吉克斯坦和伊朗人宣称自己是古雅利安文化的继承者。

虽然古代雅利安人的文化还比较原始，但就像后世的蒙古铁骑一样，他们有着明显的军事优势：在到达印度前，雅利安人已经掌握了带金属尖头的武器，而且拥有用两匹或更多马拉的带辐轮的轻便快速战车。而印度人此前甚至从未将马用于军事，其武力相差之悬殊，已可见一斑。雅利安人崇尚武力、赞美战争，对较温和的印度人来讲，是灭顶之灾。

和大多数由胜利者撰写的历史一样,《吠陀经》 和英雄史诗把雅利安人描写成神勇的英雄，而被征服者则被说成“不信教”的低贱者。他们讲述了雅利安人对“外来”人的胜利，描绘领导他们取胜的战神、手挽巨弓驾车战斗的因陀罗。在梵语中，“雅利安”（arya）的意思是“高贵”或“纯洁”，而同一词根也出现在希腊语的 arios（“优良品德”）和伊朗语及爱尔兰语的名词中，一方面再次表明了印欧之间的历史联系，另一方面也反映出雅利安人对广大地区的征服。

雅利安人带来了他们好战的男性神祇和男性至上文化，它们慢慢与古印度女性神祇和母系文化融合到一起。根据种种迹象推测，种姓制度就起源于雅利安人。这种制度从雅利安人征服者集团与被征服民族之间的差别中演变出来，将印度社会分成地位等级不同、限定只能与相同地位者结婚和共食的种姓制度。

约公元前 1,000 年，好战的雅利安人集团已经征服或同化了温迪亚山脉以北的大部分印度领土，而温迪亚山脉则像一道屏障，将半岛部分的印度南方及德干高原与北方恒河及印度河流域隔离开。雅利安人的语言从未在印度南方流行，南方人至今主要操四种非印欧语言，统称达罗毗荼语，其中每一种都拥有自己的大量古代文学作品。南方也试图对雅利安人的压迫或影响进行抵制，但实际上南方与“雅利安”北方在宗教、艺术、文学、哲学极其他许多文化领域的双向密切交流已经持续了数千年。印度文化中无疑存在南北差别，但印度文明是南北通用的整体名称。我们只能推测吠陀时代的南方是什么样子。叙事诗《摩诃婆罗多》 和《罗摩衍那》 说，南方及锡兰栖息着曾经与吠陀英雄战斗过的野兽和恶魔，这样说是为了维持对被他们征服的北方人的轻蔑性描述。但是，虽然也可能发生过战斗和袭击，得到大山屏蔽的遥远南方，除温迪亚山脉东西两端近海平原易遭侵扰外，其余部分一直未受雅利安人控制。不过，锡兰（今斯里兰卡）在公元前 6 世纪曾被一群操雅利安语的人从海上侵入并定居，不久后或可能稍早，也遭到过印度南部达罗毗荼人侵入。

雅利安人中有一支向东迁徙，到达祁连山北，这批人在世界历史中被称为塞种人，在我国被称为大月氏，此时正是我国的秦末汉初，匈奴兴盛的时代，匈奴击败了大月氏，于是一批大月氏人西迁躲避匈奴，也就是后来张骞出使西域联络的大月氏，而不愿西迁的那支就是楼兰国。后来汉武帝派人去乌孙索取汗血马，乌孙不换，而且派人指示楼兰袭击汉使，汉武帝愤怒，击破楼兰，楼兰国因此被灭。

公元前 4,000 年开始的雅利安人的迁移造成了欧、亚、非大陆上文明的巨大变化。雅利安人对欧亚广大地区的征服使它成为希腊人、拉丁人、凯尔特人、日耳曼人、波斯人和印度北方民族的祖先（当然，是与当地原始居民共同繁衍的结果），他们所到之处，对于东方、西方的原有文明进行了替代与改造，使得深受埃及文明、中国文明与美索不达米亚文明影响的一些古代民族，或是一些独立发展的文明如古印度河文明、埃兰文明、克里特文明等纷纷改变了形态。雅利安人到来后形成的赫梯文明、印度文明、波斯文明等是一些有共同特性的文明，虽然这些文明各有特性，但仍有相当大的一致性，我们不妨将其称为“雅利安文明类型”。

第三节　雅利安人一被广泛误用的概念

雅利安这个影响巨大的民族从何而来至今还是未解之谜。但“雅利安”这一名称只能专门适用于印度-伊朗人，因为这是他们用以称呼自己的名字。有些学者认为，不应该象目前频繁出现的那样，将其推而广之，泛指印欧人。这样滥用的结果是往往将早期雅利安人和原始印欧人混为一谈。

雅利安人亦即印度-伊朗人在向印度等地迁徙之前，在公元前约 1,500 年以前长期居住在俄罗斯草原和中亚草原，常常被当作是最早的印欧人的故乡。其后果是，希腊人、赫梯人等等被说成是从这片当时只由印欧人的雅利安人分支占据着的地区移民出去的。正相反，有材料证明，印欧族的欧罗巴各个分支是欧洲的土著居民，雅利安人是在从他们分离出来后才向东扩展的。正如已经论及的那样，在这一时期，也就是在他们与其他印欧人分离和后来开始于公元前约 1,500 年的迁徙之间的时期里，他们文明的特有面貌才发展起来。

迄今为止，我们都只能完全根据语言上的关系去解释雅利安人的起源和早期迁徙。《辞海》中对“雅利安人”一词是这样解释的：雅利安人（Aryans）是欧洲 19 世纪文献中对印欧语系各族的总称。从印度和波斯古文献的比较和研究中推知，远古在中亚地区曾有一个自称“雅利阿”的部落集团，从事畜牧，擅长骑射，有父系氏族组织，崇拜多神。公元前 2000 至前 1000 年间，一支南下定居印度河上游流域，一支向西南进入波斯，另一支迁入小亚细亚。自 18 世纪欧洲语言学界发现梵语同希腊语、拉丁语、克尔特语、日尔曼语、斯拉夫语等有共同点后，即用“雅利安语”一词概括这些语言（现通称印欧语系）。

值得注意的是，现在虽然多数学者认为雅利安人起源于南俄大草原，但近年美国佛教史学家那瑞因等人提出一种看法，认为远古时代的印欧人种可能居于中国西北的甘肃和鄂尔多斯，是游牧民族，他们的祖先可能就是黄河流域的齐家文化建立者，这是仰韶时期的文化。①

---

① 引自（方汉文著《比较文明史-新石器时代至公元 5 世纪》。

关于这一问题，我们将在后面的章节进行详尽的分析。

第四节　世界人种基因图谱揭示雅利安人面纱

从语言来讲,古波斯即大多数伊朗民族的语言属雅利安人,中国古称安息人。雅利安人是古代一支操一种属印欧语系语言尚武民族,他们发端于中亚,后来向东,向南和向西发展,形成许多新的民族,如中国史记里记载的塞人和乌孙人。印度历史上有关于雅利安入侵的记载，印度的四种姓是按肤色深浅而设置的,其中婆罗门和刹帝利种即来源于征服者：波斯历史上有名的米底人和波斯人都是雅利安人后裔，古希腊历史学家提到的塞西安,撒尔马希安马萨革泰和阿兰聊部族也是雅利安人直裔。古雅利安人信奉太阳神,以幅射形状为其象征,如十字和卍字。雅利安人能四处征战与他们善养马和骑马有关。塞西安,撒尔马希安部族是赫赫有名的游牧民族，他们曾遍布黑海北岸的俄罗斯和中亚直达中国新疆。

大约在公元前500多年，也就是孔子在世的时代，一个名为琐罗亚斯德的雅利安人创立拜火教，又称袄教。这种宗教曾为大多数定居雅利安民族所信仰。在公元7至9世纪里，阿拉伯人统治波斯，整个伊朗开始伊斯兰化并开始灭袄运动。直至11世纪，袄教在伊朗绝迹。也就在这二百年历史中,伊斯兰文化在伊朗打上了深深的络印。波斯文由楔形改成阿拉伯的蝌蚪形。大量阿拉伯词汇进入波斯语言，约占波斯语60%。德国著名哲学家尼采非常崇拜琐罗亚斯德，称他为超人，专门为他写了一本书名为《查拉图士特拉如是说》。查拉图士特拉即琐罗亚斯德的德译。

古雅利安人创立佛教时,取他们的太阳神图腾卍为帜记,古梵语读Swastika。汉语引进卍后,简读wan,义为“吉祥万德之所集”。今天人们见到这个标志,感觉不到它的原义了,尤其是欧洲人。现代人类基因图谱基本上解说或者证明了世界民族的迁移史,也推翻了以往看来是真理的东西。有些东西让人觉得历史也许更幽默。这份由美国人研究出的世界人种基因图谱（Y染色体）表明：现代德国人中属于雅利安基因占19.5%。而俄罗斯人属雅利安人基因占47%。雅利安人成分最高的是波兰，超过50%。伊朗雅利安基因占18%。印度操印欧语民族中雅利安基因占39.5%。希特勒梦想要消灭的他认为劣种的斯拉夫（俄罗斯,乌克兰,波兰）民族其实是真正的雅利安人。从基因也就是血统来讲，斯拉夫人才是真正的雅利安人。雅利安人基因比重在欧洲自东而西衰减，自北而南衰减。挪威人中占31%。而意大利人几乎没有。苏格兰人占7%。并且金发碧眼并非雅利安人特有，欧洲土著凯尔特人也是这种特征。斯拉夫拥有雅利安人血统一点也不奇怪，因为斯拉夫生活的东欧是古雅利安人西支萨尔马希安人的活动区域．他们与东方的塞西安人，即中国史载的塞种不断交战，最后被塞西安人击败西迁，希腊历史学家记载他们被塞西安人歼灭或消灭。现在看来，萨尔马希安构成斯拉夫民族的主要血源。但为何斯拉夫民族并没有雅利安人的认同感,没被生话区远在古雅利安人活动范围之外的德意志民族所认同呢？原因有：

1. 关于德意志民族起源于雅利安人这一理论主要来源于希特勒的“我的奋斗”一书。而希特勒不是历史学家，他对历史并没有过多研究。并且当时缺乏必要的考古手段如DNA分析等，很多结论来源于人的主观臆断。

2. 德国人扩张心理的需要。他们需要一个像雅利安人那样能东征西讨，彻底颠覆一个旧世界旧秩序的祖先。

3. 斯拉夫出现在文明世界时，已是一个农耕定居民族。约公元 8 世纪才被拜占庭历史学家纪录，并且这个民族一开始就遭东方来的游牧民族的侵入，如历史上的匈奴人，阿瓦尔人，库蛮人，可萨人，佩切捏格人，波罗伏齐人，保加尔人，克普恰克人和蒙古人都严重威胁过斯拉夫的生存。这一点，俄罗斯人很像中国的汉人，都经常被这些来自北亚的阿尔泰语系的骑马民族侵入，心理上憎恨游牧民族，感觉游牧民族就是自己的敌人，并且渺视他们的文化，认为他们野蛮，丑陋和贪婪。自然就不会认可一个以游牧为生的雅利安人为祖先了。其实汉民族祖先来源于青海牧羊的古羌人，这一点可能大多汉族人不赞同，但这是事实。无论是从语言，考古还是 DNA 分析，汉人与现代的羌族都是很接近的。还有一点，那就是汉民族关于昆仑山昆仑神的传说恰好印证这一点。从某种意义上讲，汉人就是定居的羌人。进入定居生活的华羌集团开始渺视那些还保持原始生活的羌人，慢慢在中国西边形成生活方式截然不同的集团，即汉人和羌人。整个两汉王朝，汉羌不断兵戎相见。到南北朝，羌人一度在中国北方建立国家，称大秦。南北朝之后，羌人势力在中原衰微，转而向西南发展，形成西南众多民族，中国汉族中雅利安基因约占 2%，并且比率自北而南衰减,自西往东衰减。①

读过中国历史的人都知道，中国有羯人在北方建立后赵的历史，史载他们高鼻多须，信拜火教。历史学家研究羯人出自西域，属雅利安族。另外，元朝时色目人遍布中国。色目人即最先被蒙古人征服的中亚各族人，他们大多信伊斯兰教，相当一些人属雅利安血统，这就是汉族人中含雅利安基因的原因。中国 56 个民族中，塔吉克人是雅利安人后代，他们出自古代的昭武九姓栗特人，他们的语言可以直接与伊朗官方语言交流，其面貌更接近欧洲人。中国的塔吉克族因为退避到生存环境恶劣的帕米尔高原，避开了凶狠的突厥人和蒙古人，人种和文化才没有被突厥化和蒙古化，而且，中国的塔吉克族是世居的中亚古雅利安人的部落的后裔，在先秦时期以前就生活在了那里了，是中国本土世居的欧罗巴白种人土著。

① 引自豆瓣网络《雅利安人（安息人）》。

第五章 鬼方族考

第一节 鬼 方

鬼方，是我国殷商至西周时期活跃在西北地区的一个强大方国。有关它的地望，以及它与周边部落方国之间的关系，经过学界考证大都已有定论。但是，针对鬼方民族的族属问题，却一直争论不休。虽然，曾有学者提出，鬼方极其后裔应该属于印欧语系的人种，但是这种观点没有得到学界普遍认可。

自王国维的《鬼方昆夷玁狁考》问世之后，有关鬼方的地望以及族属的问题再次引起了学界的重视与热议，最终仍没有得到统一的观点，可以说直至今日很少有人再涉及到此学科的讨论研究。也许人们觉得这已经不是个问题，或者是因为还没有找到研究此问题的新的依据佐证。

继王国维之后，我国学界也有两位学者涉及过此问题，一位是沈兼士先生，曾著宏文论及“鬼”字的原始意义，对鬼方的种系始有考虑，他从“鬼”字的字义出发，提出“鬼方”乃“异种之人”之意。而另一位学者则是余太山先生，在他所论述的《犬方、鬼方、工方与玁狁、匈奴同源说》中，曾对鬼方的血统提出过有“印欧语族之嫌疑”的观点。但是，这两位学者都只是点到为止，未曾作出深入的探究，因此也就未能得出具体的结论。

笔者正是在上述诸贤的启发下，综合了文字学、语言学、人类体质学和考古学等诸多学科，再结合文献记载以及鬼方所处的地望，分析鬼方的历史渊源，以及他们曾对当时社会的影响，在这一基础上终于发现了鬼方的族属关系，以及他们曾对社会所产生的影响。

第二节 鬼方与印欧吐火罗人新辩

上文谈到沈、余两先生已约略指出鬼方为异种之人，有印欧人种之嫌疑。这在传统的中国学坛，实有石破天惊之举。

首先，我们来谈谈“鬼”字的字义。

说到鬼字字义，首先要提到沈兼士先生写于 1936 年的《“鬼”字原始意义之试探》，该文开辟鸿蒙，纠正了许慎在《说文解字》中释“鬼”之本义为“人所归”之偏颇，指出“鬼”字的原始意义为“似人之异兽”，与“禺”同属，并引郭璞《山海经传》云：“禺似猕猴而大。”沈先生在文章最后列表总结：鬼字由 A：“禺属之兽”之本义，如鬼、夔、魌、 魖等；引申为 B：异种之人，如鬼方、愧、隗等；C：偶相之名，如傀儡；D：鬼神之义，如鬼等；E：奇伟之形，如魁梧、崔嵬等；F：畏惧之情，如畏、愧等；G：诡黠之性，如诡、谲、怪、黠、慧等等。该文追根究底，旁征博引，读来让人茅塞顿开，郭沫若评价“新颖翔实，可为定论”。陈寅恪读后复函说“欢喜敬佩之至”，并道出了流传至今的名言：“依照今日训诂学之标准，凡解释一字即是作一部文化史。”接着推许道：“中国近日著作能适合此定义者以寅恪所见，惟公此文足以当之无愧也。”

在此我们关心的是沈先生所考析出的鬼字 A、B、E 三义项。在我们看来，此三义项环环相扣，层层引申。我们先假设鬼方所代表的族群是异种系之人，在蒙古种系的商人看来，自然不引为同类，或许还觉得他们“状类猕猴”，便将指称“类人之异兽”的“鬼”字（即鬼字的 B 义项）安在了他们头上。这当然是一种丑化之称。既然不同类，我们首先要怀疑他们是印欧种人了。因为后世仍有对印欧种人形貌的类似评价。如《汉书·西域传》颜师古注：“乌孙于西域诸戎其形最异。今之胡人青眼，赤须，状类猕猴者，本其种也。”看来蒙古种系的华夏族群对异类的印欧人群的形貌感受，是一以贯之的。

怀疑鬼方是印欧人种，由“鬼”字 E 义项之字义可进一步引申。我们知道，印欧人种从体格上总体略比蒙古人种高大，鬼字既然能引申出魁梧、崔嵬等高大之意，似与它所指称的“鬼方”人有关（如果相信他们是比商人高大的印欧人种的话），而不太可能直接从似猕猴等类人异兽的本义而来。因为就笔者所知，还没有比人更高大的猴类。这就是说，E 项引申自 B 项而不是 A 项。

此外，我们所熟知的“洋鬼子”之名，曾在近代中国用来指称西方人（东洋鬼子、日本鬼子则又是进一步的引申之义）。与其说是现代人的发明创造，不如看作是旧习古语，由来有自。

再从民间传说来看。印欧语系民族存在着人类始祖胁下而生的传说。上文从“鬼”字的字义方面讨论了鬼方所代表的族群既然被名之为“鬼方”，可能是因为他们是异类的印欧人种，他们似“禺”类“鬼”，“鬼方”之名乃因其“状类猕猴”、身材高大的形貌特征所赐。但这也只能说是可能，仅此一条孤证是不能令人信服的。下面继续从其他方面寻找证据。

饶宗颐先生所著《中国古代“胁生”的传说》一文，文中引述 Erie pirart 教授在《亚洲学报》中论及波斯名 Par. u，意为“胁”，并列举了西方古代有关胁生的记录。如《梨俱吠陀》中，印度大神 Indra 自言，“余即自胁之宽广处出来的！”《普曜经》中佛陀 Buddha 也有胁生而出的说法。这一点我们直接从汉译佛经中便可得窥一二。如东汉孟康祥译《修行本起经·菩萨降身品第二》：能仁菩萨化乘白象来就母胎……十月已满，太子身成，到四月七日……夫人举树枝，便从右胁生堕地，行七步举手而言：天上天下，唯我独尊（《大正藏》3，463 页下）。三国吴支谦译《佛说太子瑞应本起经》卷上：菩萨初下，化乘白象，冠日之精，因母昼寝而示梦焉。从右胁入，夫人梦寤……到四月八日夜晚星出时，化从右胁生，堕地，即行七步（《大正藏》3，473 页下）。佛陀从其母右胁出生的“瑞征”，佛经中还有多处记载，此不赘引。法国富莎（A. Foucher）研究佛祖事迹，认为这是源自《梨俱吠陀》中大神 Indra 胁生的故事。总之，饶先生总结认为欧洲学人已将这种圣哲从胁而生的奇迹，看成是印欧语系民族神话中的特有形态。

无独有偶，华夏古史亦有“胁生”传说。不过此传说，就目前所知，与鬼方且只与鬼方有关。请看《大戴礼记·帝系》：黄帝居轩辕之丘，娶于西陵氏之子，谓之嫘祖氏，产青阳及昌意……昌意娶于蜀山氏，蜀山之子谓之昌濮氏，产颛顼。颛顼娶于滕氏，滕氏奔之子，谓之女禄氏，产老童。老童娶于竭水氏，竭水氏之子谓之高緺氏，产重黎及吴回。吴回氏产陆终。陆终氏娶于鬼方氏，鬼方氏之妹谓之女隗氏，产六子。孕而不粥。三年，启其左胁，六人出焉。其一曰樊，是为昆吾。其二曰惠连，是为参胡。其三曰篯，是为彭祖。其四曰莱言，是为云郐人。其五曰安，是为曹姓。其六曰季连，是为芈姓……《太平御览》卷三百七十一引《世本》：陆终氏聚于鬼方氏之妹，谓之女嬇，生六子，孕而不育。三年，启其左胁，三人出焉；启其右胁，三人出焉。《史记·楚世家》：吴回生陆终，陆终生六子，坼副而生焉。

三者所记为同一件事，大同而小异。《帝系》中陆终氏之前无胁生之事，直到陆终氏娶了鬼方氏之妹女隗后，胁生传说便出现，这就不得不让人怀疑"胁生"的传说乃鬼方氏所带来。而前文已论，胁生传说是印欧语系民族神话中的特有形态。如此，在"鬼方乃印欧人种"这一观点上又多了一重砝码。陆终氏既为楚之先祖，如鬼方氏确为印欧人种，则楚之公族必含有印欧种系血统和相应的文化了。苏雪林先生曾撰《屈原与九歌》、《天问正简》、《屈赋论丛》、《昆仑之谜》等著作，探讨了屈赋中她认为大量存在的域外文化因素，如天问中的神话对应了西亚神话，九歌中的十神是整套神曲，像"河伯"、"大司命"等一一对应着西亚、希腊神话中的水星之神哀亚（后为尼波）、蚀之神尼甲等等。三闾大夫如此丰富的域外神话知识，是否自鬼方氏传承而来的呢?

从鬼方与商、周关系的相关文献、卜辞、金文，以及殷墟西北岗人骨的种系来看。鬼方作为商周时的强大民族，在商周人的文献、卜辞和金文里多有记载。他们之间有过和平交往，乃至商王曾封鬼方首领为侯，称鬼侯（也写作九侯,"九"即"鬼"，此不赘），位为商之三公之一。也有过相互的征伐，本文着意的是后一方面。现转录几则他们之间的征伐记述，以为后文张本。

《诗·大雅·荡》：文王曰："咨！咨女殷商……内奰于中国，覃及鬼方。"《易·既济·爻辞·九三》：高宗伐鬼方，三年，克之。同书《未济·爻辞·九四》：震用伐鬼方，三年，有赏于大国。甲骨卜辞中也有商人征伐鬼方的记载，如：已酉卜，宾贞：鬼方易。亡祸?（《乙》6684;《合集》8591）壬辰卜，争贞：隹鬼，它支。贞，不隹之它支。（《乙》3407）贞不隹乎它支鬼。《合集》1110 正;《存》1·616）

王玉哲先生曾作《鬼方考补正》，详细讨论了鬼方曾作为商人的敌对者，故出现过以其战俘为人牲的现象，可为我们参考。

西周金文对伐鬼方的记载更为详细，仅举《小盂鼎》一篇为例：唯八月既望……王［命］盂以□□伐鬼方。□□□□□［执酋］三人，获聝四千八百□二聝，俘人万三千八十一人，俘马□□匹，俘车十辆，俘牛三百五十五牛，羊二十八羊，盂或（又）□□□□□□呼□我征，执酋一［人］，获聝百卅七聝，［俘人□□□人］，俘［马］百四匹，俘车百辆。此器为康王器（从郭沫若说），可惜字残太多，难观全貌，但对我们理解周与鬼方之间的争战并无大碍。从铭文中我们得知，周伐鬼方获得两次大捷，所获战利品中，俘虏过万，战车一次十辆，一次一百多辆，另有马、牛、羊等牲畜，其中不完全统计的马匹有一百多匹，牛有三百多头，显示出了一定的畜牧或游牧经济成分。这些战争及战俘事件，可以与安阳殷墟西北岗王陵西侧祭祀小墓中的人头骨建立联系。我们知道，西北岗"人头坑"属入侵殷王朝的异族战俘遗骸［8］192-217。对这些头骨进行的体质人类学研究，为我们认识曾与殷商王朝发生过战争（如工方、羌方、土方、鬼方等等），并有俘虏被作为人牲的这些方国的族群种系，是极好且难得的办法。诸多中外专家对这批头骨进行了广泛深入的研究，出现了异种系说 1 和同种系说 2 这两种相反的意见。异种系说认为西北岗组头骨虽属蒙古人种成分，但可能包括其他种系成分如海洋尼格罗种、北欧种等种系。同种系说认为纯属蒙古种系。杨希枚先生又于 1983 年重新检讨了这两说的得失优劣，最后总结道："如果论者认为西北岗头骨异种系说难以取信，则笔者认为西北岗头骨同种系说的难以成立尤甚于异种系说。"

由这段话可看出，杨先生虽对同种异种系说的最后结论留有余地，但在没有更进一步可信研究出来之前，他的态度还是十分鲜明的。综合分析各家理论及杨先生的总结讨论，我们是倾向于异种系说的。若果如杨先生等所分析，西北岗组头骨中有少量印欧种系，就得从那些曾与殷商为敌并被俘而作为人牲的方国里去找寻。根据一些学者的研究，羌方和工方均为蒙古种系 3，如他们有被俘而殉于西北岗"人头坑"，自然可对应于这里面占多数的蒙古种系头骨。还有土方和鬼方等方国,笔者也怀疑他们具有印欧种系血统（见后文辟专节讨论）。由此，西北岗组头骨中的印欧种系，可以对应于鬼方和土方这两大族群。换句话说，认识到鬼方甚或土方属印欧人种，我们才能为殷墟西北岗组头骨中的印欧种系找到来源。

从鬼方的活动地域来看，自王国维以来，对鬼方的活动地域多有考证，且说法不一。如王国维的"在宗周之西北而包其东，陇山之西或更西是其地"说，郭沫若的"鬼方活动在今陕北、内蒙极其以北的辽阔地区"说，陈梦家的晋南说等等。王玉哲先生在其《鬼方考》一文中旁征博引，举五证而论定殷周两代的鬼方活动于山西南部，与陈梦家的晋南说相合，使人信服。在宋亦箫所著的《大夏（吐火罗）新探》中,他探讨了属印欧人种的大夏、虞氏人在五帝时代的前期曾活动于晋南，尧舜时因受东边蒙古人种势力的挤压，北迁阴山河套一带。这批印欧人可能存在部分辽离，部分留徙的状况，如汉时受匈奴打击的月氏大部迁走称大月氏，小部不能去者称小月氏。因此，既然殷周时代的鬼方，与五帝时代的印欧种系大夏、虞氏，有着相同的活动地域，这种地域上的一致性加强了鬼方属印欧人种的可能性。①

第三节　鬼方的渊源与流向

由以上四证，鬼方的印欧种系身份是越来越明朗了。为加强论证力度，我们再从鬼方的源流上着手，论证其源流也属印欧人种。

（一）鬼方是吐火罗人（虞氏、禺氏）留在晋南的遗裔。在宋亦箫的《大夏（吐火罗）新探》中详尽论证了属印欧人种的吐火罗人（大夏、虞氏人）从遥远的东、中欧播迁到中、东亚，最远到达中国的晋南，后在东方蒙古人种势力的多次挤压下，又逐步西迁的历史。但这些吐火罗人显然没有全部西迁而去，他们有一部分融入了东侵而来的有陶氏尧部落中形成陶唐氏，是否还有如后世的小月氏那样退守自保的群体呢？在研究大夏和虞氏人时,《大夏（吐火罗）新探》一文只是存而未论。但现在看来，答案是肯定的。这一

① 引自 宋亦箫《鬼方种族考》，载《晋阳学刊》2008 年第 4 期。

群体便是到了商周时期被称作鬼方的族群。

说鬼方是吐火罗人（大夏、虞氏）留在晋南的遗裔，证据有二。其一，相同的印欧种系特征。在《大夏（吐火罗）新探》一文中，宋亦箫先生从大夏和虞氏是印欧种系的吐火罗（图克里）和月氏（库提）的别译，夏、吴（虞）等汉字的本义是“大、高大威武的人形”等字义字形，论证了曾在五帝时代前期活动于晋南的大夏、虞氏人是印欧种系的吐火罗人。在上文中，我们又从四个方面论证了鬼方也属印欧种系，从而可得出两者之间乃同属印欧人种的结论。其二，相同的活动地域。五帝时代前期的大夏和虞氏，活动于山西中南部（见《大夏（吐火罗）新探》），而鬼方的活动地域也恰好在晋南，这已由陈梦家、王玉哲诸先生作过细致入微的论证。可知大夏、虞氏和鬼方虽活动的时间有先后，但地域却是同一的。相同的种族特性加上相同的活动地域，在他们周围是蒙古种系族群环伺的情况下，说他们有着源和流的关系，是可信的。

说大夏、虞氏与鬼方是同根同种的继承关系，除了他们有着相同的生存地域，各自都有着印欧人种特性的证据外，从“鬼”，“禺”两字的字义上，也可予以佐证。我们知道，吐火罗人的一支虞氏也称禺氏、禺知，而“禺”字在前文已提及，为“母猴属”、“似猕猴”，与“鬼”同类。这难道不是因为他们血源上有着承继关系，有着相同的印欧人种体貌特征，才被一称为禺氏，再称为鬼方的吗？

（二）鬼方是春秋战国时期“赤狄”族群的先祖

“鬼方之后，在春秋时为隗姓之赤狄。”这已得到诸家的论证。其论据概言之有两端。一为姓氏相同。从王国维起，就论证过鬼方以国为姓，为愧（隗）姓，前文也引过“鬼方氏之妹谓之女隗”的史载。而赤狄也为隗姓，史籍更多有记载。现举几例以证之：《左传・僖公二十三年》：“狄人伐廧咎如，获其二女叔隗、季隗，纳诸公子，公子取季隗，生伯鯈、叔刘，以叔隗妻赵衰，生盾。”廧咎如是赤狄六部之一部，公子指晋公子重耳。又如《国语・周语中》和《左传・僖公二十四年》都谈及周襄王有狄后称叔隗。相关记载是“王德狄人，将以其女为后”，大臣富辰便谏曰：“狄隗姓也……王不忍小忿而弃郑，又登叔隗以阶狄，狄封豕豺狼也，不可厌也。”赤狄其他部如潞氏（《左传・宣十五年》），甲氏、留吁、铎辰（《左传・宣十六年》）等在左传中均有为隗姓的记载。

其实鬼方与赤狄的关系，在一些史籍中已见端倪。如《后汉书・西羌传》章怀太子引古本《竹书纪年》：“武乙三十五年，周王季伐西落鬼戎，俘二十翟王。”翟即狄，《通鉴外纪》直接写为“武乙三十五年周系狄王”十字。伐鬼戎却说俘狄王，可见“鬼”、“狄”在西周时已视一体了。

二为地望相同。顾栋高《春秋大事表》谓赤狄之种有六：曰东山皋落氏，曰廧咎如，曰潞氏，曰甲氏，曰留吁，曰铎辰。东山皋落氏据《续汉书志》注《上党记》谓在壶关城东南，潞氏在今山西潞城县，甲氏在河北鸡泽县境，留吁在今山西屯留，铎辰在今山西长治县。廧咎如地望虽不能确指，然晋、卫、白狄均曾伐之，则其所在，亦当距其他赤狄不远。如此则隗姓赤狄之地域不出今山西、河北南部、大河以北之地，与鬼方的地望正相一致。王玉哲先生还曾言：“晋始兴于曲沃，本戎狄之窟穴。并引《左传・昭十五年》籍谈曰：‘晋居深山，戎狄与之邻，而远于王室。’”表达了狄在晋南的相同意思。

除上列两段，略可补充的是山东临淄春秋战国时期墓葬中人骨的 DNA 研究，研究者王沥等人经过检测分析，认为2,500年前的临淄人线粒体结构接近印欧种系的西亚人，并认为这种接近是因为人类的迁徙造成的。不妨略述一下他们的研究方法：一是,他们成功提取出34个2,500年前临淄人的线粒体中属于高变区HVS－I的一段序列,长185个碱基对（简称bp），其中有6人和欧洲人的常见序列（以剑桥标准序列CRS为代表）一模一样。二是，依王沥选定的五个位点的突变之有无为标准，将她所用到的序列（只用其中的172bp）分为六类，每群人都由此六类人组成。除了她参与测得的2,500年前（出自两醇墓地），2,000年前（出自乙烯厂墓地）临淄人以外，她还用到了另外17个人群，有西欧人，中亚人，蒙古人种包括日本、韩国、蒙古和现代当地山东人。经过分类比较，她发现古代（距今2,500年前）齐地有接近现代西欧人群的种群，汉代（ 距今2,000年前）山东人接近现代黄白混血的中亚人。据此她认为，在最近的2,500年间，临淄人发生了从近似西欧人到蒙古人种的转变,显然这是移民造成的，而不是基因突变。①

当然，对王沥的研究结论也有持不同意见者。如姚永刚先生认为，山东古代群体mtDNA类型，基本上都可以归属到报道过的东亚人群mtDNA类型中,遗传结构总体上和我国南方人群相似性较大。韩康信先生等人也持反对意见。其主要理由是，依据过去对古代人骨种族形态特征的研究,两条最有可能成为印欧种系进入中国内地的通道（ 指中国北方和西北）上都横亘着蒙古人种群。在不相信山东古代有印欧种系的“空中飞人”的前提下，他们作出了反对意见。有争论说明还没有定论，也就还不能否定任何一方的观点，比如王沥等人的结论。

我们再从史籍中为王沥博士等人找找可能的依据。“春秋时戎狄最为猖獗，僖、 文、宣之间，鸱张尤甚，灭邢、灭卫、灭温、伐齐、伐鲁、伐郑、伐晋，蹂躏殆数千里，所幸其间二三诸侯镇抚其间，故‘南夷与北狄交侵，中国不绝如线’”。蒙文通先生在《周秦少数民族研究》中辟专节讨论了“狄东侵齐鲁宋卫”的“盛况”，言及狄“南下沿河北山西之间，以及河南，抵于山东，若封豕，若修蛇，长驱深入，东西侵寇，为祸以极 ”。

说到春秋齐地可能存在着印欧种群的踪迹,《诗经·国风·齐风》中的“卢令”也可以拿出来进行比对。据研究，卢令乃春秋周桓王、庄王、齐襄公时的作品。其文本为：“卢令令，其人美且仁。卢重环，其人美且鬈。卢重鋂，其人美且偲。”诗写一位携犬出猎者，诗人闻犬环声令令，夸誉猎人卷发美髯，仪容威严。鬈,《诗集传》云：“鬈，须、鬓好貌。”头发卷着好看之意。偲，多须之貌。指胡子丰满好看。卷发多须，很像异种系的印欧人。

此外,苏秉琦先生曾在李济先生等人对殷墟人头骨研究的基础上提出，孔子的“‘有教无类’ 主要不是指社会贫富等级差别，而是种族特征差别，孔子的教育思想是要平等待人，反对种族歧视”。联想到孔子的弟子大多是齐鲁人士，苏公的认识是可以作为本文要论证的鬼方极其后裔赤狄为印欧人种的一个旁证。

赤狄之后的印欧人种在中国的境遇又如何呢？在华夏诸邦如“晋灭赤狄潞氏”等打击下，以及长期的互为婚姻中，赤狄的大部渐渐融入了华夏族群中。如果说东周以后他们在中原仍有少量保留自己族群特征的团体存在，或许五胡乱华中的羯人可以当之。羯人散居在上党郡一带（今山西东南部，这也是鬼方以至赤狄的老巢）。十六国后赵国主石勒就是

① 引自 古代齐国人是如何变成“高加索”人种的。

上党郡武乡（今山西榆社县北）人。蒙文通先生曾论证石勒即赤勒、力羯之异音，而狄历、丁零、高车，"古赤狄之余种也。"“石勒”之名是汲桑以石勒部落之名而取，其音若一。得此名后，石勒将其部落名更为“力羯”。羯人的胡族（亦即印欧种族）特征是很明显的。如“石虎图画忠臣烈士，皆变为胡状；冉闵诛胡羯，高鼻深目，至有滥死；石宣最胡状目深”等等记述，皆可见羯人的印欧人种体貌特征。当然，羯族最终也大部融入了华夏族群的汪洋大海中。

结语，中原人对鬼方的称谓，其实已经反映出鬼方真实的族属与信仰体系。基于中原诸多文献对鬼的描述，我们可以领悟到当时中原人对鬼方的命名所产生的复杂心理状态，其中即存在着恐惧和惧怕，又存有几分敬畏之情。如果以此为依据，鬼方当时应该是一个令中原王朝即恐惧又敬畏的一大方国。然而，究竟是什么原因让中原人对鬼方即恐惧又敬畏呢？究其缘由，应该是中原人不了解鬼方当时所信奉的宗教信仰所致。因为当时中原根本就没有宗教信仰，所以人们普遍认为这个方国之地的人是一个与鬼为伍，以拜鬼、侍鬼为嗜好的鬼民族。另外，鬼方当时所占居的区域分布很广，如陕、甘、宁、青等地区都有他们的族群集聚，他们不仅信徒人数众多而且各个都骁勇善战，基于这些原因当时的鬼方在西北地区的势力影响非常大。因此，中原王朝对鬼方逐渐产生了一种即恐惧又敬畏的复杂心理，因此才将这个民族贬称为鬼方。

第四节　对鬼方考古遗存的辨析

商周阶段的中原地区，出土了一些被判定为有明显印欧人特征的蚌壳、青铜、玉质人形雕像等遗物，在蒙古人种分布区出现了这种异种系的人形雕像，引起了不少学者的迷惑和猜想。如陕西周原所出两件蚌雕人头像，其形“长脸、高鼻深目、窄面薄唇，一望便知应该为西方人种”。原报道者尹盛平先生著文认为其种族当是西域的塞种。斯维至先生持相同见解，并进而推论允姓之戎、昆夷、犬戎之类皆为塞种。水涛先生从尖帽塞克的所谓尖帽，实际在很多印欧人种中都有存在，而非塞克所独有；汉代以前连接中原与西域的河西走廊，分布的是几支属蒙古人种族群创造的青铜文化；周人与远在伊犁河流域和塔里木盆地的塞人尚无机会建立直接联系等几个方面，对尹、斯的塞种说（此说谓周人与塞种有直接接触）提出了质疑，并分析这两件蚌雕人像最初不会是周人自创的艺术形象，而应出自中亚欧罗巴人部落中的某一支人群。周人因某种原因获得后对其作了改造，截去了帽饰和衣饰，仅保留了异族形象特点的头面部，变成用来盘发的骨笄帽。最后水先生还推测可能是周人西北方的犬戎、猃狁等部族，在周人与塞种之间架起了桥梁。在赞同水先生的分析的同时，我认为这两件雕像的来源，来自周之近邻的鬼方的可能性更大。

周人与鬼方，不管是通过如《小盂鼎》那样所铭记的战争，还是平时的和平交往都有可能将这两件雕像转入其手中，从而有了如水先生文中所述的，改造成我们现在所见到的骨笄帽模样。

据介绍，在陕西扶风召陈还发现有一尊高鼻深目的玉雕小人（现藏于召陈村文管处）；甘肃灵台白草坡西周墓一青铜戟上的人头像也具有白种人特征。这些具印欧人种特征的铜、玉雕像，如舍远而求近，是更有可能与鬼方或土方联系上的。

至于以陕西清涧李家崖遗址命名的李家崖文化，有学者指出此考古文化是鬼方所创造，或认为属鬼方或土方的可能性比较大。

再来浅析华夏古语中的印欧语成分，因为这也算是一种“语言”考古遗存。通过对古汉语和古印欧语的词汇比较，得出汉语和印欧语系语言在史前时期曾有过密切的关系，虽然还不清楚这种关系到底是同源而异流形成的？还是异源而接触形成的？亦或同源异流又再接触形成的？谈济民先生也作过类似的探索，且得出了相同的结论。这是一个重要的发现，对语言的起源、东西文化交流诸问题都有着十分重要的意义。当然，这样的大问题我们且先不去管它。只说说春秋以至今天，世界语系的分属、语言的不同，已是不争的事实。《左传·襄公十四年》 曾记戎人之言：“我诸戎饮食衣服不与华同，贽币不通，言语不达。”这些“言语不达”的族群随着生存地域的移动而相互接触，自然会对双方的语言有所认识和影响。周人和以鬼方、赤狄为代表的北方诸戎便属这种情况。

第五节　结　论

商周时期活动于晋南一带被名之为鬼方的族群，是一支印欧种族人群。他们是早在五帝时代前期就已东迁而来，并在尧舜时期部分迁离西去的吐火罗民族（汉籍名之为大夏、虞氏等）遗留下来的后裔。春秋战国时期，他们被改称赤狄，继续活跃于以晋南为中心的北中国，成为当时的一股强大势力。后在以“晋灭赤狄潞氏”为标志的华夏国家重重打击下，分崩离析如盐入水，逐步融入了华夏民族。商代殷墟西北岗和山东临淄春秋战国墓中的部分印欧种系人骨，从实体上揭示了当时的中原地区存在印欧人种的事实，尽管相对于蒙古人种系的土著，他们不过是“少数民族”而已。相继出土的蚌、铜、玉质印欧人种雕像，又从实物上证明了他们的文化和创造文化的族群在东亚大陆的存在。

认识到早在先秦时期华夏族群就已开始与大夏、鬼方等印欧人群为邻并交往的事实，对我们在研究东西文化交流史时，防昧而求慧、防偏而求全、防塞而求通，有着极其重要的意义。

鬼方的发展演变脉络，向西传播的路径最远传播到中亚，在那里盛极一时的琐罗亚斯德教承袭的就应该是我国上古宗教的法脉。公元 3 世纪波斯萨珊王朝创建后，琐罗亚斯德教重新兴盛，取得了国教的地位。直至公元 7 世纪阿拉伯人统治波斯后，随着伊斯兰教的传播，该琐罗亚斯德教在本土才逐渐衰落，但该教在印度的波斯移民帕西族中迄今仍很盛行。因为该教奉《波斯古经》 为经典，主张善恶二元论，其教义对基督教、摩尼教、诺斯替教以及希腊哲学中的一些流派都产生过很大的影响。大约在公元 6 世纪，琐罗亚斯德教才由中亚传入到中国汉地，隋唐时期该教曾在我国一度盛行，据考证信奉该教的人大都是分布在我国西北和山西地区的胡人。从该教盛行、衰落以及最终消失的法脉看，琐罗亚斯德教最终是回到了他历史的发祥地才淡出了历史舞台。张骞出使西域寻找的月氏人应该就是鬼方的后裔民族。

第六章　雅利安人起源新解

众所周知，雅利安人曾摧毁过四大文明体系中的三大文明体系，即古巴比伦文明、古埃及文明和古印度文明。但是无人质疑为什么雅利安人当时只摧毁了其中三大文明体系，却恰恰漏掉了华夏文明没有被摧毁?究竟是华夏的历史不够古远？ 还是华夏的文明不够文明呢？ 如果说，是因为华夏历史不够古远和不够文明，那为什么在三大文明古国之中我们既找不到亘古演变而来的宗教信仰，也看不到传承有序的宗教文明呢？ 例如，在我国青海发现的12,000年前的宇宙崇拜信仰“杜立巴石碟”、新石器晚期歌颂宇宙生物的内蒙阴山岩画、6000年前左右的外星符号载体上古玉文明、3800年前的三星堆宇宙创世学说的青铜器文明，以及商代鱼国弘扬宇宙创世学说的祭祀古玉等等。这些传承有序的人类宗教信仰和宇宙创世学说的物证，难道不属于人类文明的范畴吗?

当华夏上古宗教体系被发现后，笔者才真正领悟到华夏文明为什么没有被摧毁，直白的讲，那正是华夏这支文明摧毁了那三支文明体系。也就是说，是我国上古先民创建的宇宙崇拜信仰观和宇宙创世学说摧毁了三大文明的信仰。

有人会问，摧毁三大文明的人是雅利安人，他们与我国先民又有什么关系呢，其实这种观点是错误的。要知道在华夏民族的体系中，并非只有今天狭义上的56个民族概念，他应该是由更多民族和更多民族属性构建起来的一支民族体系。从文献角度看。中华民族在患难中不断融合，是源于公元前2700年至前2200年的大洪水。炎黄时代，中国各部族进入发展时期，他们不断交流与融合，但因为生产力与贫富差距不均等，尚未真正形成统一的民族。到前2200年前后，在不断迁移发展和与洪水抗争的过程中，由大舜所代表的华族与大禹所代表的夏族的民族大联合最终完成了华夏民族的统一。

那么，神农氏炎帝和轩辕氏黄帝究竟是什么族属？华族和夏族又是怎样的族属关系?当时的华夏民族究竟有多少个民族？要知道在民族架构上，我们不能仅用华夏民族大融合的概念去掩盖民族失载和其属性。因为在华夏民族体系中，只因诸多民族被文献失载而造成了华夏历史出现了断层。例如，我国的四方民族东夷、南蛮、西戎、北狄，虽然史学家们已将东夷族融入到华夏民族的范畴之内，但是有关他们的族属至今仍模糊不清。又如，在公元前2世纪以前居住在中国西北部、后迁徙到中亚地区的游牧民族“大月氏”，以及没有西迁而进入南山与羌人杂居在一起的“小月氏”民族，他们不仅没有被列入到华夏民族的范畴，其族属关系至今仍无准确定论。

站在华夏民族整体的角度，我们不能因文献失载而忘记他们对华夏历史的发生与发展所作出的贡献。也正因为人们没有意识到他们所承载的历史价值，才会导致当今考古出现了诸多疑迷难解的文化现象无法解读。

就我国新疆罗布泊发现的太阳墓地和小河墓地而言，如果不是对干尸DNA的检测，又有哪个史学家知道他们属于欧亚人种，如果不是季羡林先生将新疆遗留的古残卷文字破译，又有谁会相信新疆曾活跃着一支上古时期印欧语系的吐火罗民族?

伴随着我国考古学的进步发展，人类学家在小河墓地对部分干尸观察后发现，他们有亚麻色头发和眼睫毛，虽然这是古欧罗巴人种的特点，但DNA分析的结果却复杂很多。吉林大学古DNA实验室整整花了4年时间，才从小河墓地第5层选取30个个体进行线粒体DNA分析，最后成功获取了21个个体（有男有女）的基因型。其中15个基因型属东部欧亚谱系，6个属西部欧亚谱系。由此得出结论：说明小河早期人群是一个东西方混合人群。也就是说，至少在4000年前，东西方人群就已经居住在新疆，并开始发生基因混合。

对此有学者认为，新疆的吐火罗人是从西方迁徙到此地的；但有学者却不认同这种观点，认为新疆吐火罗人原本就起源于中国的塔里木盆地，之后才开始向西、向南迁徙。然而，新的考古发现表明，新疆吐火罗人是最早进入到塔里木盆地的原始居民，后来因气候变化才离开了塔里木盆地向南方迁徙，并相继在陕西、甘肃、宁夏、内蒙以及巴蜀等地定居下来。从已发现的物证看，他们的生存遗迹要远远早于或者至少不晚于目前在欧洲、伊朗、或印度所发现的雅利安人足迹。因此从时间的角度分析，说雅利安人的历史发祥地在中国西域极有可能。

要知道，西域印欧语系的吐火罗人，是最早定居天山南北的古代民族（并且属于雅利安族系），因此有学者认为，阿尔泰山至巴里坤草原之间的月氏人、天山南麓的龟兹人和焉耆人、吐鲁番盆地的车师人以及塔里木盆地东部的楼兰人，皆为吐火罗人。按照当今学术界已经公认的这种推理，诞生于俄罗斯乌拉尔山脉南部草原上的雅利安人与最早诞生于吐鲁番盆地的原始吐火罗人，很可能就是人们苦于弄清但却未找到答案的雅利安族系，因此我们有理由将这支人群狭义的理解为“雅利安系的吐火罗人”或是泛意的理解为“吐火罗系的雅利安人”。

让我们再回到四大文明古国，因何唯有华夏文明没有被摧毁的问题上。经研究发现，华夏文明之所以没有被摧毁，那是因为曾摧毁三大文明的那支雅利安人就来自华夏文明区，也就是前面所提到的我国西域印欧语系的吐火罗人，正因为他们是最早从雅利安族系中脱离出来的原始族群，所以从某种意义上讲他们仍属于雅利安人族系。也正因为这支人群属于雅利安族系，因此摧毁三大文明体系的人才被界定为是雅利安人。说是摧毁，很多人会误认为是战争入侵，其实不然。应该被界定为是宗教意识形态的侵入，更准确的讲应该属于一种文化颠覆行为。三大文明体系并非是由战争所摧毁，而是被雅利安人的宇宙崇拜信仰和宇宙创世理论所颠覆。也正因为是文化入侵，在三大文明的体系中我们才有可能看到，与华夏文明相同的宇宙崇拜信仰和宇宙创世学说的发展演变传承。

以上推论，就如同雅利安人被华夏古代民族称之为安息人的道理一样，吐火罗人的族属关系，也会随着考古学的进步发展被界定为雅利安族系。吐火罗人是近一个世纪才被学界发现的古代民族，而针对他们的族属关系与划归仍需要时间。吐火罗人，是我国西域古代民族中操印欧语的最原始居民，虽然有人认为他们的历史发端于中亚，后来才向东、向南又向西发展并形成了许多新的民族。但有学者提出，史记中记载的塞种人和乌孙人有可能是雅利安人族系中的一支族群。如果借助语言学和民族衍生学的科学定义推测，生活在西域的塞族人和乌孙人极有可能就是最早生活在吐鲁番盆地的吐火罗人，分离或衍生出的西域新的民族体系。他们不仅在民族语言与文化方面极为接近，就连生活习惯和宗教信仰等诸多领域也符合这支民族的衍生学理论。

进一步推论，如果按照学界大夏自古是吐火罗人的观点，大夏又译作“吐火罗”、“者(代用字) 货罗”、“吐火罗斯坦”，“大夏”即巴克特里亚之汉译，是雅利安人的故乡，曾流行伊朗琐罗亚斯德教，最早见于《史记·大宛列传》和《汉书·张骞李广利传》。如果大夏是吐火罗人，那么大夏的历史发祥地也就应该在中国，他们的集散地就应该分布在今天的新疆和田或焉耆一带。

第七章　老子化胡之谜

第一节　老子化胡经

《老子化胡经》是西晋惠帝时，天师道祭酒王浮与沙门帛远争邪正，遂造作《化胡经》一卷，记述老子入天竺变化为佛陀，教胡人为佛教之事。后陆续增广改编为十卷，成为道教徒攻击佛教的依据之一，借此提高道教地位于佛教之上，由此引起了道佛之间的激烈冲突，唐高宗、唐中宗都曾下令禁止。元世祖至元二十二年，下令焚毁《道藏》伪经，第一种即为《化胡经》，从此亡佚，故明《正统道藏》不存。清末敦煌发现此书唐写本残卷，有的作《老子西升化胡经》，有的作《太上灵宝老子化胡妙经》，系同书异名。

但是，老子化胡并非空穴来风，在历史上早有这种传说。盖因老子骑青牛西出函谷关后，不知所终，很多人都认为老子途经西域，到达天竺，教化天竺大众去了。

《三国志·魏书·乌丸鲜卑东夷传第三十》写道："罽宾国、大夏国、高附国、天竺国皆并属大月氏。临儿国，浮屠经（佛经）云其国王生浮屠。浮屠，太子也，父曰屑头邪，母云莫邪。浮屠身服色黄，发青如青丝，乳青毛，蛉赤如铜。始莫邪梦白象而孕，及生，从母左胁出，生而有结，堕地能行七步。此国在天竺城中。天竺又有神人，名沙律。昔汉哀帝元寿元年，博士弟子景卢受大月氏王使伊存口受浮屠经曰复立者其人也。浮屠所载临蒲塞、桑门、伯闻、疏问、白疏间、比丘、晨门，皆弟子号也。浮屠所载与中国老子经相出入，盖以为老子西出关，过西域之天竺，教胡。浮屠属弟子别号，合有二十九，不能详载，故略之如此。"

另外《后汉书》载汉桓帝延熹九年（166 年）襄楷所上奏章中有"或言老子入夷狄为浮屠"的说法。

而 1987 年，陕西扶风县法门寺地宫发掘出土了佛骨舍利多枚。有人认为这些舍利明显不是来源于同一个体，提示历史上（释迦牟尼）佛可能不止一位，这或许可与《三国志·魏书》"浮屠属弟子别号，合有二十九"的说法相验证。

第二节　老子化胡经由来与思辩

《老子化胡经》不同于其他经文，它是佛道两教长期论争的话题。远在《化胡经》出现以前，东汉时社会上就流传着化胡说，当时佛教传入中国不久，为了在中国立足，必须与中国的传统信仰相结合，依附于黄帝、老子的神仙术，那时的人敬神时把黄帝、老子、佛陀放在一起合祭。后来的人根据《史记·老子传》里的话:“去而不知终所”加以生发,成为老子出关去化胡,这就是最初化胡说的雏形,以后就更为具体,《魏略·西戎传》,“浮屠所载与中国老子经相出入,盖以为老子西出关,过西域,之天竺,教胡浮屠属弟子。”这类化胡说形成于2世纪中叶,经过历代传述,化胡说就越发离奇,《齐书·顾欢传》云:“道经云:老子入关,之天竺维卫国,国王夫人名曰净妙,老子因其昼寝,乘日精入净妙口中,后年四月八日夜半时,剖左腋而生,坠地即行七步,于是佛道兴焉”。

东汉时佛教在中国立足已稳,佛教为了自身的发展,必须摆脱黄老神仙术的影响,消除化胡说的印象,遂出现了《理惑论》,这是东汉时的牟融撰写的,其中记述了释迦牟尼的身世、出家、成道、传教的事迹,以及佛教在中国的传播情况,以历史事实否定了化胡说。到了两晋南北朝时,佛道二教都有较大发展,为了取得社会上的优势地位,双方在化胡问题上激烈争论。道教为了抵御佛教对国人的影响,由王浮作出了《老子化胡经》。王浮为西晋惠帝时天师道的道长,后人在王浮所写的《化胡经》基础上,陆续增补达十卷,《化胡经》就成为道教抵抗佛教,借以阐明道家的论据。

《老子化胡经》出现后,佛道两教的争论更加激烈,各自为了压倒对方就争取帝王的宠信,企图借助皇权压制对方。北魏以佛教为国教,利用佛教稳定政权,北魏太武帝即位时,对佛教也很信任,可是后来他重用了信道不信佛的崔浩为重臣,崔浩向太武帝进言,说佛教对国家有害,他的进谏使太武帝认识到佛教的不利影响,他还推荐道长寇谦之给太武帝,并取得太武帝的信任,于是道教被定为国教,太武帝自称为太平真君,并将年号改为太平真君。崔浩又进一步向皇帝阐明:佛教有损国家财政,导致人民迷恋夷狄之教,必须对佛教加以镇压。在太平真君七年(公元446年)太武帝下令全国废佛,焚毁佛像与经典,诛长安僧人,废除长安寺院。公元450年崔浩被判刑处死,两年后太武帝暴死,新皇即位后发布了复佛令,为了表示赎罪,花巨资命工匠凿出了云冈石佛。①

到了唐代,皇族姓李,道教供奉的老子也姓李,唐朝皇帝把道教视为同族的宗教,就定为国教。到唐高宗时,佛道两教严重对立,高宗数次召两教的代表在自己面前辩论,唐高宗于公元668年召集群臣、道士与僧侣讨论《老子化胡经》的真伪,最后确定《老子化胡经》是伪作,命令将该书烧掉,允许寺院里免挂老子像,甚至毁掉化胡图。可是到了唐武宗即位,情况发生变化,唐武宗醉心于道教,他规定每年的二月十五日为庆祝老子诞辰的隆圣节,全国朝野放假一天,他又召集81名道士进宫设九玄坛,自己亲临受法,成为一名道士皇帝,道教受到帝王的保护。从会昌元年(公元841年)起,开始对佛教镇压,勒令3500多个僧尼还俗,将寺庙所占的土地、庄园、钱粮充公,逮捕新入教的僧人300余人加以杀害,规定全国各州只保留一座寺院,废止了4,600多所寺院,26万僧尼还俗。这次镇压使佛教教团势力被大大削弱,直到武宗死后,宣宗即位,他命令诛戮了道长赵归真,撤销了禁佛令,这次大劫难才停止。

到了元宪宗、世祖二朝(1251~1294),佛道之争迭起,僧道辩论《老子化胡经》真伪甚烈。朝廷下令禁断道书,此经首在焚毁之列,由此亡佚。清末发现的敦煌遗书中有此书10卷本残卷,存1、2、8、10等卷,为唐玄宗时写本。第1卷记西域81国名称,多与唐代典籍所载相同,而不见于唐前,当出于初唐。第10卷《老子化胡经玄歌》则为北魏

① 引自《老子化胡经》简介,学海棠著。

作品，可见此本非一人一时之作。

第三节　老子究竟是谁

《老子列传》本质上是对一些宗教苦修者的共同特性的描述，因此，“老子”很可能不是某一个人，而是一个活跃于先秦时代的小型修士集团，有着极其严密的组织和纪律，却又分散于中国及西域各地，在一个相当长的时间跨度内，执行着宣扬“无为”学说的秘密使命，这就可以解释《史记》所揭示的那种怪异现象：为什么这边老子刚刚诞生，那边老子已满头白发，为什么在“老子”西遁以后，还有一个“老莱子”出现，甚至孔子死后一百多年，又有一个周太史叫“儋”（即“聃”）的去见秦献公，精确预言了秦王朝统一六国的事实；为什么屈原在放逐期间，曾会见一个叫作“郑儋尹”的神秘祭司，后者断然拒绝了这个失意楚臣的占卜要求。

除了组织上的严密性和活动范围的广阔性，老子集团更重要的特征，是掌握了包括周王室在内的各诸侯国的官方卜卦机构，并利用《周易》影响统治者的决策，从而影响整个华夏的历史进程。正是这些人重新修订和注释了旧的易卦版本，不仅如此，考虑到《周易》崇阳抑阴的哲学特性，老子们又专门编撰了另一部崇阴抑阳的著作“道德经”加以修正，这使《周易》和《道德经》之间产生了神秘而紧密的哲学呼应。

此外，老子与“西域”的关系，长期以来一直是中国学术界最敏感的问题之一。20世纪五十年代，著名学者谭介甫，力排众议，大胆提出老子本系胡人的假说，老子集团来自西域，甚或来自克什米尔地区，这个观点至少得到下列证据的有力支持：

首先，老子的学说核心“道”，与婆罗门教的“梵”的意义极其相似。“梵”的语义为“清净”、“寂静”、“离欲”，这正是老子们所竭力倡导的，“梵”又是修行解脱的最后境界，为不生不灭、常住、无差别相、无所不在的最高实体，亦为宇宙的最高主宰，这都与老子们对“道”的陈述完全一致，可见“道”与“梵”在本质上相通。

另外，婆罗门教重视“天君”，而“天君”的本义为“聆听”，由于从“听”中可获得神的告示，婆罗门教把“听”的练习推到极其重要的地位，这就与老子的姓氏发生了紧密的呼应：老子名耳，字聃，据说他是一个具有大尺度耳朵和超常听力的人。如果从这个角度分析，老子是否也与婆罗门教天君的本义聆听有着某种关联呢?

其次，老子的修行和行为方式，严格遵循了“摩奴法论”的各项条款。《摩奴法论》，乃是婆罗门种姓制订的法典，正式成文大约在公元前四世纪，但其中的许多规则，此前早已被被广泛运用。其中规定“林居者”和“遁世者”（沙门）应当在有了白发之后居住到树林中去，以野果和乞食为生。老子们生而皓首，指李树为姓，正是暗示他们是这样的“林居者”。他们像“法论”规定的那样保持沉默和孤寂，修炼瑜珈，以“亲证最高我的细微可见性，以及它在种种身体内出现的可能性”，这一境界译成汉文，就是“道德经”中的所谓“玄之又玄，众妙之门”（细微了还要细微，这是众多可能性的涌现的门户呵)!

此外，老子的两种坐骑青牛和白鹿，在中国皆为寻常动物，而在印度则非同小可，是象征吉祥的神兽，相传，佛陀首转世为鹿王，这就更增添了鹿的高贵性。而对鹿的崇拜，最早见于中国西北地区和蒙古草原上旧石器时代的大量“鹿石”遗迹，这些遗迹正是当地原始居民崇拜信仰所留下的。因此，老子选择这样的坐骑，正是在向我们暗示他的民族属性。

老子们活跃于中国的年代，在印度也正是沙门运动兴盛的时代。当时印度分为几十个小国，互相兼并与战争（这情形与中国的“春秋战国”何其相似），人民的生命与自由受到严重威胁，沙门运动，就是由一些新派哲人退出社会，成为漫游者，靠在森林和旷野采拾野果或行乞为生，以便发现真理和保持心灵的安宁。这些沙门最初只是一些零星四散的无政府主义者，以后逐渐发展成有组织的政治团体。他们中的少部分人，一方面苦修瑜珈，一方面穿过喜马拉雅山口，向遥远的“支那”长征。他们踏上周王朝的广阔领土，并开始了传播和探索真理的崭新事业。①

种种迹象表明，老子与西域确实有着密不可分的联系。然而，很多研究者的研究思路也在不断地揭示着老子和老子学说与古印度教之间的内在联系。因此有人推论，老子很可能是就是胡人，更有甚至认为他应该是克什米尔人。鉴于上述推论，有些人认为，中国上古时期的文明是受到了古印度河流域的文明影响而发展起来的。

我国上古宗教历史逐渐被世人了解后，道教和婆罗门教没有关联的想法，将会在事实佐证面前不攻自破了。为什么这么说呢，因为道教和婆罗门教确实存在的相似性和诸多一致性，例如“道”与“梵”在本质上的相通、两教所持有的教义理念、宗教所追求的最高境界、以及都源于宇宙是其最高的主宰等等，这些无不诠释着两教都源于一脉相承的本源基因所致，但遗憾的是，只因文献失载一直导致两教无法相互验证。

真实的历史很可能是这样的，老子在中国创建了道教思想，而在毗邻国古印度同时诞生了吠陀教和婆罗门教，溯其渊源他们都是在华夏上古宗教（鱼国宗教—吐火罗教）的基础上衍生出来的新的教派。有证据显示，古印度教吠陀教和婆罗门教是继我国上古宗教（鬼方被伐之后）西迁到印度，是重新组建起来的新宗教教派。然而，溯源中国本土道教的历史，它不仅有着更多上古宗教的遗传基因（即多神教崇拜），例如老子的《道德经》；又如《易经》 的占卜断卦与上古鱼国宗教的承袭关系等，老子的哲学思想并非是老子所创，他应该是先继承了先人的理论思想然后才集大成得出了自己的一套理论。很多学者提出，老子是集大成者，但是有关老子究竟集的是哪家大成却没人能说清楚。 笔者认为，我们应该将其上溯到我国上古宗教所秉持的哲学思想，以及易经在上古宗教中的成因肇端去寻找这些答案。例如，我国的上古玉所显现的宗教现象，从鱼国宗教的祭祀礼器中我们能够看到诸多涉及到礼仪礼规的器物，易经占卜所用的玉龟和象挂符号、古玉上所显现的宗教符号所引申出的哲学思想等等，这些都应该是老子集大成的宗教思想和理论依据。

由此可见，老子的哲学思想和理论基础极有可能源于我国上古宗教的理论基础，他是在此基础之上集大成后才创建出了这支新的教派，并在承袭的基础上继续升华演变出了能够被中原统治阶级所接受的宗教教义理论，即本土道教。然而，无论本土道教和婆罗门教如何演变，他们所秉持的“道”与“梵”的本质相通以及两教所持有的教义理念，都成因于宇宙最高的主宰者，这也就说明了两者因何存在着很多相似之处。

笔者相信，随着研究华夏上古宗教历史的不断深入，这两个一脉相承的宗教体系其相同性会不断的显现出来，到那时究竟是印度河文明在影响着黄河文明，还是华夏文明在影

① 引自网络《老子：一个来自印度的神秘教团》，朱大可著。

响着古印度文明，将会逐渐清楚。

究竟谁是人类宗教文明的引领者，在华夏古玉文明和琉璃文明以及古人类文化遗迹面前，事实已经胜于雄辩了。关于人类宗教的起源，中国不仅有 12000 年前的青海杜立巴石碟，6000 多年前的红山古玉文明，5000 年前的良渚古玉文明，4000 年前的齐家文化古玉，以及同时期在罗布泊形成的太阳墓地宗教遗址，还有 3800 年前的三星堆及金沙青铜器和古玉文明，商代鱼国古玉和琉璃所体现出的宗教体系文明。这一系列文化现象和传承有序的上古人类宗教遗址，以及与宗教体系发展有关的物质文化遗存等等，在当今世界范围内也实属罕见。如果我们将这些古人类文化遗迹，和它们所反映出的宗教文化现象连接到一起，我们会发现中国西北地区诞生的这支上古宗教（鱼国宗教—吐火罗教）文明，是人类最早形成的宗教体系，不仅是古印度宗教的历史成因，同时还说明人类因何要崇拜宇宙，因何要创建人类文明的宇宙创世说等等，可以说，华夏辉煌的上古宗教文明，一直引领着全人类的宗教意识形态的发展，才是不折不扣的所有文明中的核心文明。

中国古玉宗教文明，无论从物象符号还是宗教脉络，以及古玉所显现出的意识形态内涵，都可解释印度宗教史中一个又一个的历史谜团。虽然印度宗教史，已被西方学界定性为人类最早的宗教文明，但是西方学界却至今都没有发现，曾经摧毁印度河文明的那支雅利安人究竟来自何处，也没有找到古印度宗教的前期历史文明及发祥地，所以才会导致古印度宗教历史至今含糊不清。

然而，中国的古玉文明，特别是近些年发现的鱼国古玉和琉璃文明，不仅承载着人类宗教历史的成因与发展脉络，同时还提供了吠陀教和婆罗门教历史成因的相关依据。也正因为中国上古玉所承载的珍贵历史信息，才使我们看到了中国上古宗教曾有过的辉煌，才能使我们将那些散落在中国各地的古玉历史碎片拼接到一起。

在我国西北地区诞生的这支上古宗教体系，不仅是华夏历史文明的重要组成部分，也是我国多元民族和多元文化所融合交汇的结晶。随着人类历史发展与变迁，这支灿烂的宗教文明向西迁徙，并将其传播到了中亚、南亚，甚至传播到了更远的欧洲。在这次西传的过程中，中国上古宗教首先在印度站稳了脚跟并从此进入了他第一次升华演变，即吠陀教和婆罗门教应运而生。在之后的数百年里，因为印度宗教的发展变革继而又演化出了新印度教和耆那教以及之后佛教的横空出世。特别是佛教经过升华演变后，以崭新的面貌再次回归到了他的历史发祥地 中国。也正是出于这个原因，佛教才有可能在中国得到长足的发展并且直到今天的鼎盛，他的升华演变再次将中国成为了人类一大宗教的核心区。针对佛教的历史溯源，在后文中有专门的章节进行详解辨析，在此不再重复。

第八章　西方文明三要素—缺失一核心要素

第一节　宗教意识形态文明

人类社会发展的历史从本质上说是人类文明发展的历史，人类创造、积累文明的过程极其所获得的成果构成了历史的基本内容，人类文明由物质文明、精神文明和政治文明所构成，三者相互作用、共同发展。各种文明组成了整个人类文明体系，各种文明相互交织、渗透和转化，共同推动着人类文明从低级走向高级。

那么，我们如何辨析哪类文化现象才能算是文明呢？ 一般来讲，文明是以社会生产力的发展为依据，将人类文明演变纵向划分为农业文明时代和工业文明时代，又将农业文明分为初级农业文明和发达农业文明阶段。这种划分方法总体来讲最为合理，但是又存在其局限性。正如前面所说，人类文明由物质文明、精神文明和政治文明所构成的。以生产力发展为主线对文明的研究，还是偏重于物质文明角度。不同的种群面对不同的自然环境，周边气候有温和与恶劣之分、交通有便捷和闭塞之别、物产有丰饶和贫瘠之差，在此基础之上，各种群、各民族、各文明之间经历了不同的道路，又怎能一概而论？

西方考古学对于文明的界定，一直实施着三个要素标准，即城垣的建造、青铜器的出现、文字的使用时间。然而，西方所制定的三要素文明标准，并没有将人类所有的文化现象涵盖其中，例如中国的上古玉所彰显的宗教现象就不在此列。这说明，用三要素的标准来衡量华夏文明是不合适的，这一界定标准可能适用于某些历史较短的国家，但是绝不适用于衡量具有几千年文明史的东方华夏文明。因为，如果我们将西方衡量文明三要素的标准套用在华夏文明体系上，人们将会发现这一标准远不能囊括华夏文明所承载的文化范畴。

例如城垣的建造：中国的城垣建造之初首先是为宗教载体而诞生的建筑。就中国的“庙会”一词而言，首先是“庙”在前，“会”在其后。也就是说“庙会”词组中如果没有“庙”恐怕其后的“会”也就没有任何意义了。那么，为什么“庙”在前，“会”在后呢？这与中国城垣的诞生有着密不可分的关联。例如，中国城垣的诞生并不是由最初的几个部落集聚在一起所形成的，而是起初人们集聚在某块圣地焚香祭拜神明，随着祭拜习俗的不断扩展，人们在此圣地搭建起了供神居住的庙宇，庙宇一词也就应运而生了。随着这一区域的庙宇香火不断旺盛，四面八方的信徒趋之若鹜。人们越聚越多，衣食住行当然地成为信徒们的所需，因此一些商家随之出现。起初这些商家只为信徒们提供一些简单的饮水及食物，但随着人们的需求不断提高，简单的服务已不能满足香客的需求，因此商家的服务逐渐的丰富起来，不仅为食客们盖起了餐馆、同时还为信徒们盖起了住宿的房子，随着人们不断地在庙宇周围兴建房屋，城垣的雏形也就逐渐地形成了。长此以往，这种围绕着庙宇所兴建起来房屋越盖越多，人们的生活也越来越富，安全便成为了首要，因此人们开始兴建城墙将他们建造的庙宇与店铺围在其中，这也就是中国城垣形成的过程。在今天，我们仍能在中国的各大城市找到这一历史的缩影，例如我国那些历史悠久的古城，城垣中不仅保留着与庙宇等同年代的城市建筑，而且庙宇往往还在城市的居中位置，这就是为什么中国人有逛庙会的习俗。因此，这也是城垣在中国诞生之初，为什么会先有“庙”后有“会”的理论依据。由此可见，城垣在中国的出现只是为宗教服务的载体，而并非是文明诞生的初衷。

青铜器的使用：众所周知我国三星堆的青铜器文明已经震惊了全世界，但是三星堆青铜器所承载的文化现象，却是华夏传承有序的上古宗教文明。也就是说，青铜器在三星堆的使用仍是为宗教提供服务。

文字的出现：众所周知中国最早的文字目前所公认的是甲骨文，那么这种文字所记载的内容仍与宗教分不开，例如甲骨文上的卜辞、彖挂内容、占卜凶吉、以及占卜风调雨顺等等，都在围绕着人们的宗教信仰拓展开来。这说明，文字在中国的最早使用仍是为了宗教信仰。

基于上述观点，西方制定的文明三要素，在中国只不过是为宗教信仰服务的三个要素而已，而绝非文明肇端的迹象。鉴于这种事实，可以说西方的文明三要素缺失了其中最关键的一个要素，那就是人类宗教文明的核心要素。当然，这种宗教信仰的核心要素在西方是找不到的，因为人类最早诞生的上古宗教信仰是在华夏形成，它的发展演变却是在西方。

就三星堆青铜器的诞生时间而言：很多人认为，西亚两河流域铜器的使用时间最早，在距今 8,000~6,000 年前左右就已经使用了红铜。古埃及在距今 5,600~5,100 年就已经有了格尔塞文化并发现了铜斧。古印度河流域使用铜器的记载，约距今 4,500~3,500 年左右的铜制农具（青铜锄和青铜镰）。中国目前发现最早的铜器遗存，在陕西潼县姜寨遗址出土的仰韶文化早期半坡类型铜残片（距今约 6,600 年），经检测含铜 65%、锌 25%、另有少量锡、铅、硫、铁等，为含杂质较多的黄铜。其后，在内蒙古赤峰红山文化地质层，发现的红铜环（距今约 5000~6000 年）。在甘肃东乡林家的马家窑文化遗址出土的青铜刀（距今约 5000~5500 年）。从以上例子看，中国的青铜器要晚于西方某些国家或地区，但笔者认为事实恰恰相反。因为，将青铜器的使用时间作为人类进入文明的标准，是不合理的，在西方发现的青铜器，大都只是农耕用具或武器，而在中国发现的青铜器，则大都是宗教所使用的礼器，例如三星堆青铜器宗教文明。就两者的文明程度而言，究竟是农耕用具能够体现出文明，还是宗教礼器能够体现出人类历史文明，应该已经不言而喻了。

如果站在中国的玉石文化角度看，或许能够从中得到启示。就玉石材料而言，玉石资源在世界各国的分布极广，但为什么只有中国才出现了上古时期的古玉文化现象，而在其他国家或地区却没有发现呢？ 中国的古玉文明可追溯到我国的新石器时代，从古玉所承载的文化现象看，它不仅是人类上古宗教的文化载体，同时也在诠释着华夏民族意识形态的发展进程。如果站在人类宗教成因的角度，华夏宗教体系无论对青铜器的使用，还是以玉石为载体所彰显出的文化现象，无不彰显着华夏上古宗教历史的形成与飞速发展。

另外，我国上古宗教（鱼国宗教）制作的琉璃礼器，也在直接或间接地佐证着中国才是最早发现或使用青铜器的国家。在本书前文曾有过详细介绍，琉璃物质的发现应该源于青铜冶炼过程，准确的讲琉璃物质应该属于青铜器的衍生产品。商代鱼国宗教制作的琉璃礼器，不仅诠释了中国青铜器的发达进步程度，同时也在证明着中国才是人类最早发现琉璃物质的国家。因为这里生产加工出的青铜器和琉璃产品，不仅成为了人类上古宗教的载体，而且它所彰显出的文化现象也在诠释着人类意识形态的发达进步过程。

第二节　宗教意识形态的广义性

在上一章节中，我们分析了西方界定“文明三要素”的标准，发现该标准存在着很多缺陷与不足。其根本在于，我们应该如何去界定每一个国家文明的诞生，文明标准是否适用于每个国家的历史发展进程，该标准是否能将诸多未解的文化现象囊括其中？ 否则就不能成为标准。

按照历史唯物主义的观点，物质生活的生产方式决定社会生活、政治生活、和精神生活的一般过程。社会存在决定社会意识，而社会意识又反作用于社会存在。生产力和生产关系之间的矛盾，经济基础与上层建筑之间的矛盾，是推动一切社会发展的基本矛盾。

因此，回到历史研究上来，任何一个文明都是由两部分构成的，即经济基础与上层建筑。所以，我们在判断和评价一个文明时，应该要从这两个方面综合考虑。

在考察一个文明时，上层建筑是一个必不可少的要件，因它是一个社会的有机组成部分。但是，上层建筑又是复杂而庞大的体系，正如前文所述，是由该社会的观念上层建筑和政治上层建筑两个部分组成。政治上层建筑的核心是政权，其外延则包括支撑该政权的国家机器和政治组织；而观念上层建筑的核心则是意识形态，其中包括了政治法律思想、道德、宗教、文学艺术、哲学等意识形态。上层建筑是相互联系、相互制约的。观念上层建筑为政治上层建筑提供思想理论根据，政治上层建筑为观念上层建筑的传播和实施提供重要的保证。政治上层建筑作为思想的“物质附属物”是通过人们意识自觉建立的，它一经形成又强烈影响观念上层建筑，要求一定的观念上层建筑与它相适应。对于两者关系，意识形态在上层建筑中又占据着主导地位，因此，意识形态就是考察一个社会的上层建筑的关键方面。

那么，意识形态又是如何产生的呢？

当然，意识是存在于每个人脑海当中的，在心理学中，意识被定义为：人所特有的一种对客观现实的高级心理反映形式。意识是具体事物的组成部分，是人脑把世界万物分成生物和非生物两大类后，从这两大类具体事物中思维抽象出来的绝对抽象事物或元本体，是具体事物的存在、运动和行为表现出来的普遍性规定和本质，是每个具体事物普遍具有的自主、自新、自律的主体性质和能力。

人类存在自主意识，是人与动物的本质区别。而意识形态则比意识要复杂得多。第一个提出“意识形态”这一概念的法国人特拉西认为：思想的产生来自物质的刺激，因此理念的形成是一种物理过程。而意识形态是对理念形成过程的研究，因而也可以称之为“理念的科学”。在初民社会，统治阶级本身还未形成，“意识形态”也就绝非统治阶级的一套理论和说教，它一定是源于初民现实生活，被多数人普遍接受的共处准则。在原始社会，人类的生活内涵远比今天要简单得多，主要就是两个内容：与大自然的抗争和祈盼与大自然抗争的胜利，也就是生产和信仰这两件事。

意识形态具有自然的背离现实的倾向，制造假象，变成祭祀的仪式。在权力竞争公开化的社会中，公众控制权力，自然也掌握了意识形态为权力辩解和开脱的手段。在这样的社会里，总会有办法来纠正意识形态用假象代替现实的倾向。但极权社会没有这种纠偏的办法，无法阻止意识形态脱离现实的趋势。这样就逐渐导致了后极权社会里的现状：一个充满假象的世界，只有祭祀的典仪，只存在一种形式主义的、与现实脱节的语言，一种祭祀的、假装和伪造现实的语言。

意识形态正日益成为权力的重要组成部分，权力的核心支柱，为权力的存在制造借口，提供内在凝聚力。意识形态的重要性加强了，越来越远离现实，但却具有了特异而实在的力量。它变成了现实本身。当然，这是个完全自我封闭的现实，在权力内部，这个伪现实在某种程度上比真正的现实还有份量。祭祀仪式的重要性越来越超过藏匿在后面的现实。现象的重要性不再产生于现象自身，而在于它在意识形态概念世界里所据的坐标。不是现实决定理论，而是理论决定现实。因此，权力离意识形态更近，离现实更远了。权力从理论中汲取力量，成为理论的附庸。这样难免就导致了一种悖乎常情的结果：不是理论和意识形态为权力服务，而是权力为意识形态服务，就好像意识形态在权力中凌驾权力之上，自己变成了独裁者。最后，看起来是理论、意识形态和仪式来做出影响人民生存的决定，而不是相反。

换句话说，意识形态实际上操控了人类生活的方方面面，是决定社会走向的终极力量。

在历史上，我们对文化的力量常常感到不可思议，但似乎又很难找到其原因。比如，一种物质文明在外界的客观因素变化后，是很容易被消灭的。而一种先进的精神文明，才是小到一个人，人到一个民族或者文化的不断发展、自我更新、涅槃重生的最重要因素，历史上强大而持久的文明均是如此。一种文化当中，其政治结构、文学艺术、学术研究等都不是决定性的力量，难道不见绝大多数曾辉煌一时的文明其兴也勃而其亡也忽焉？ 真正的力量，则来自于这个文明的意识形态。

这才是一个文明的本质。

因此，意识形态是衡量一个文明的极为重要的因素。

第三节　宗教信仰是文明的奠基石

那么，意识形态的核心又是什么呢？

如上文所说，意识形态具有自然的背离现实的倾向，制造假象，变成祭祀的仪式。即意识形态的核心就是信仰体系，就是信仰以及支撑这种信仰的一整套制度。而这种体系，最早便起源于宗教。人类的意识形态的形成就是以原始的信仰和宗教为开端而不断发展和丰满，最终形成了今天的人类社会。

所以，宗教可以看做意识形态的核心。在我们考察一个文明的意识形态借以定义该文明时，宗教可以作为最主要的考量。那么，宗教的形式多种多样，发展程度不同，从非洲原始人至今还存在的万物有灵到世界性的一神教，一个信仰体系或者宗教，究竟需要达到什么阶段或状态，才能够被界定为进入了文明阶段呢?

我认为，主要看三个方面:

首先，从信仰上讲，是否成熟，是否形成了一个完整的信仰体系。

在下文中，我们将详尽分析宗教的发展规律。在这里，我们简要介绍一下。原始宗教有三大表现形式，即自然崇拜、图腾崇拜、和祖先崇拜。

古人面对自然产生困惑和恐惧，他们认为一切不可思议的力量都来自于精灵，便产生了自然崇拜，认为万事万物都有掌管它的神灵，及万物有灵。在这个阶段，人类只是被动地接受着自然的赐予，哪怕是天灾猛兽之祸。但是，随着社会意识形态的发展，人们已经从恐惧而开始力图利用自然的力量，于是产生了图腾崇拜。图腾一词来源于印第安语的"totem"，意为"他的亲族"、"他的标记"。图腾崇拜是古人试图通过图腾来通灵自然力量，从而希望，至少是部分地征服自然。图腾崇拜的对象是与该族群生活最为贴近、关系最密切的神。到了这个阶段，说明人类已经开始产生了较强的自我意识，这是真正宗教的开端。

在图腾崇拜的晚期，开始出现了祖先崇拜。祖先崇拜是随着社会生产力的发展，人们在生存过程中产生了分工与协作的需要，团体意识不断增强，从而促进了氏族制度的发展。这时，就出现了祖先崇拜。到了这一阶段，宗教就开始变得复杂了。其实，图腾崇拜也属于祖先崇拜的最初阶段。祖先崇拜先是对女性祖先的崇拜，随着人类社会向父系过渡，后来又演变为对男性祖先的崇拜。

这标志着真正的宗教已经形成了。因为在图腾崇拜阶段，人类开始产生了自我意识，因此自然界万物有灵的观念逐渐缩小并固化在某种特定的物体上，但是还没有与人类自身结合起来。如中国的玄鸟和龙崇拜都是这一阶段产生的。而随着氏族制度的发展，人类的自我意识不断增强，在维护部落团结和稳定部落秩序的需要下，开始出现了与人类自身相结合的崇拜意识。所谓文明，从意识上讲，就是人类自我意识的成熟。

因此，我认为从万物有灵演变到拥有以祖先崇拜为核心的主体信仰之后，宗教文明在意识和精神层面就已经形成。

其次，是否具有了转世轮回的思想。转世轮回思想之所以重要，是因为宗教必须依赖于此才能实现其社会功能：即构建、约束、改造社会的功能。

宗教之所以称为文明的重要标志，依赖于其社会属性，即宗教承担的司法审判、道德培养和心理安慰的功能。具体来讲，这些功能主要是：

1. 宗教的社会整合功能，通过共同信仰，宗教使心中具有了共同的、超越世俗的、神圣的价值观，有助于形成个体对共同体的认同感和归属感，从而使宗教组织具有很强的凝聚力。同时，宗教通过内在的宗教信仰外化为高度自觉的行为，使社会规范神圣化，进而达到对信众行为的整合。

2. 宗教具有社会控制功能。宗教除了运用信仰、情感、仪式等手段外，最重要的是能够运用教规戒律来约束人们的行为。遵守教规的自觉性要比遵守道德规范的自觉性更强。道德的约束力来自舆论，而教规的约束力来自神的威力。违反教规，严重的要受到教规、教义的惩罚，严重的会被逐出教门，从而构成对信徒的强有力约束。

3. 宗教具有心理调节功能。宗教可以通过特定的宗教信念，把人们心态上的不平衡调节到相对平衡的状态，并由此使人们在精神上、行为上和生理上达到有益的适度状态，为社会成员提供心理上的慰藉和安全感。

可以看到，宗教的三大社会功能均涉及到一部分强制力，而这种强制力均依赖于来世说，依赖于转世轮回或末日审判思想。

人类面对生命体生老病死的残酷规律，他们只能无奈等待自己的生命体在短短几十年中死去，当恐怖的死亡一步步逼近他们的生命体的时候，他们是多么渴望有一种神秘的力量来使得他们获得拯救或重生。他们便在无限的渴望中编织着获得拯救或重生的梦想，并在这种幻想中获得精神动力，去寻求能拯救自己或获得来生的神秘力量。于是，宗教便应运而生，并在发展中逐渐完善。有关拯救自己或者死后重生的这一点，基本上在所有的宗教教义中得以体现。

因此，转世思想标志着宗教的社会功能得以实现，宗教真正成为了上层建筑。

宗教制度及与社会制度的联系：即宗教教团对社会的影响（表现为祭祀阶层，祭祀仪式，大量的宗教资产），及与国家机器和政治组织的结合，以影响物质生产，并影响到经济基础。

作为宗教的意识形态，依附于社会发展，它的功能表现为为本阶级的利益服务。作为意识形态的宗教和作为宗教的意识形态，具有互动共通性和不对称性，它们对社会有着不同的关注和影响程度。

在早期，青年黑格尔派把政治的、法律的、道德的意识都宣布为宗教或神学的意识，一切占统治地位的关系也被宣布为宗教关系—可见人们认为宗教在意识形态中所占的中心位置。

关于宗教的形成，宗教与历史之渊源，毋庸置疑，作为人类文明发展不可或缺的构件，宗教发端于并发展于生活，与生活意境紧密相连。

作为人类精神思想和历史展现的证明，宗教和意识形态存在着天然的共通性，杜尔克姆指出了宗教的符号表述是怎样与某些社会现实相符的，他指出：“如果在这些神话学和神学中我们看到现实性清楚地体现出来，那么同样真实的是，它是以扩大了的、变了形的、及理想化的形式出现的。”杜尔克姆明确地谈到宗教和意识形态都有一个社会基础，特别是在社会关系和社会组织的模式方面。但宗教和意识形态也有某种程度的独立性，以服从于文化特有的某些规律。

宗教与意识形态具有互动共通性。社会上起决定作用的阶级变更通常会引起宗教的相应变化。宗教一旦形成，总要包含某些传统的材料，因为在一切意识形态领域内传统都是一种巨大的保守力量。但是，当社会的经济关系发生变化后，这些材料也就发生了变化，宗教也就会发生变革。

用一句话概括，宗教是整个世界的理论，是从现实世界具体抽象出来的纲领，是对道德、精神、生活、思想、意识的充分庄严补充。

上文我们已经充分论述过宗教作为意识形态的核心是如何作用于人类社会的。宗教和意识形态与社会发展密切相关，从哲学思想到文学艺术，从政治经济到科技教育，从道德伦理到法律条文，实际上都与宗教浑然一体，相互渗透。

第四节　上古宗教是华夏文明之源

鱼国宗教的教义，总结起来有三个基本方面：转世轮回观念、梵天崇拜信仰、以及二元辩证思维。这三大基础构成了鱼国宗教的意识形态。鱼国宗教也是以崇拜自然神以及祖先神、英雄人物为崇拜对象的宗教，并且早已形成了天界、空界、地界等三界之神的崇拜观念（如古玉中出现的三条线或三条横杠即为三界代表），并且已经产生了鬼魂及灵魂转世的宗教学说，如鱼国宗教中的蝉蜕理念和人类蜕变的过程等等。

在鱼国古玉遗存中，我们能够清晰地看到这一发展演变的历史过程。表现自然崇拜的器物包括“鱼国社稷琮”上的日月神山图，就表达了对太阳、月亮和山川的崇拜信仰。再如很多动物的偶像，比如对牛和羊的崇拜、对大象的崇拜、对鹰的崇拜、对蛇的崇拜等等，而在鱼国制作的琉璃礼器中，还有关于生殖器崇拜信仰的图腾，其中最大的“玉祖”（即男性生殖器），可高达 70 多厘米，其重量可达 100 公斤左右。

鱼国古玉和琉璃器物中的大量半人半兽神像，如太阳神、女娲、蛇神、十二生肖像等各种神像表明自然崇拜在向图腾和祖先崇拜转化。

最后，鱼国古玉中出现了完全人格化的三大主神像，结合其他遗存，标志着祖先崇拜进一步向梵天崇拜发展。

从万物有灵，到半人半神，最后到彻底人格化神像演变过程在鱼国古玉中表达得非常清晰。

鱼国古玉中有大量的蝉造型，甚至还有极为清晰地表达蝉的蜕变过程的器物。蝉蜕是转世轮回理念的原始表达，证明鱼国宗教已产生了这种观念。

鱼国具有严密的宗教制度，从崇拜物的角度来看，鱼国已经形成了以人格化的宇宙主神崇拜为核心的宗教信仰。从宗教组织来看，鱼国从商代的“弘龙王”开始，直到西周“鱼伯、鱼季”，北朝“鱼弘”，都奉行了祭司至上的种姓制度，神权和王权高度统一在同一家族或宗族手中。

此外，鱼国的礼乐器类型丰富、数量庞大，说明当时鱼国的祭祀场面恢弘壮观。

鱼国的沙漏计时器说明当时的宗教仪式有着比较严格的时间和程序规定，这进一步说明鱼国宗教具有了较为严密的组织。此外，鱼国的大量巨大的祭祀礼器，表明鱼国神庙的规模庞大，从宗教设备的角度讲也已经十分发达。因此，从宗教的崇拜信仰、转世轮回理念、以及宗教主导社会制度的三个方面看，鱼国宗教已步入到成熟发展的进步阶段。鱼国宗教的出现，标志着当时华夏文明的意识形态已经发展到鼎盛时期。

对比世界各古文明，从哲学的角度看，鱼国宗教文明中已经有阴阳辩证的思维（鱼国龟甲上的“易象子目”与《易经》有关）；从教仪的角度看，已经开始需要计时和庞大的礼乐团；从社会制度的角度看，已经出现了印章和井田制；而且也拥有了大量的文字。仅以华夏文明与埃及文明为例，从中国古文化的高深思想，与我们前文对埃及文明的宗教思想的比较可以看出，尽管埃及创造出了灿烂的物质文明，而中国古文化从哲学到神学，至少要领先于古埃及文明。

此外，一个伟大的文明之所以伟大，其外在表现形式就是该文明的辐射力度强，存续时间漫长。新文明文化史观理论的创建者刘博在论述人类文明最早发祥时指出：作为人类文明的总发源地，必然有着最早的文明基因、环环相扣的文明积淀、生生不息的源头活水。具体说，要确认人类文明起源最早的问题，必须具备三个基本条件：一是具备文明肇端的地理生存环境；二是所发现文明遗存相对年代为最早；三是文明从年代序列上具有连续性从地域上向周边具有扩散性。譬如按西方中心论，认为两河流域的苏美尔人创造了人类最早文明苏美尔文明，大约距今6000年左右。但西方研究者同时发现，这个文明是突然出现的，苏美尔人是黑眼睛黑头发黄皮肤的，他们从遥远的东方来，其语言与汉语相似。根据三要素分析。从文明肇端的地理生存环境来说，人类四大古文明发生地都具备人类生存发展的条件；从距今年代来说，从公元前3,000~6,000间，四大文明古国遗址各有发现，时间各有千秋，很难有个相对优势。①

然而，随着中国考古的发展和越来越多的古文明遗址的发现，打破了这个相对难以判断的格局—中国大量上古文明遗址的逐步发现及向周边年代的连续性的扩散性，使华夏文化区成为人类文明发祥地的特征已愈来愈明显。如果真的如本书的分析，我们能够进一步发现华夏文化区西北部地区的印欧人种在数千年前向西迁徙的证据，那么，华夏文明是人类文明源头或源头之一就将成为不争的事实。

① 引自【中华史林】文明发祥三要素（编纂于流波《源》）。

第九章　华夏上古文明的起源

第一节　谁在否定着华夏文明

正统观是中华民族的固有观念之一，也是中华民族历经数千年风霜而依然不断壮大的凝聚力。但是，正统观形成有其深刻的历史和社会背景，在数千年中一直在发展和演变着。但遗憾的是，由于对历史缺乏深入了解，普通人很难正确理解“中华正统观”，包括很多学者，也只是将其肤浅地与“中原正统观”或“汉民族正统观”画上了等号。这种错误的观念导致了对中华民族的历史和现实定位的偏差和模糊，造成了很多学术和文化上的自我割裂和自我否定，这对中华民族文明的复兴和发展是极为有害的。

因此，在这里，我们将详尽分析中华正统观的形成原因、发展演变、及历史意义。希望能够为读者形成正确的历史观有所帮助。

简言之，中华正统观大体上经历了三个阶段。即地域正统观、汉民族正统观和统一正统观。

中原正统论是华夏民族的固有观念之一。这种观念自先秦时代形成后，就一直占据着中国人精神领域的一席之地。那么，这种观念是怎样形成的呢?

首先，中原是一个什么概念?“中国”一词最初的词义不是国家，而是指居中的地区，即中原。是一个地理概念。《礼・中庸》：“是以声名洋溢乎中国。”《战国策・秦策三》：“今韩、魏，中国之处而天下之枢也。”这里的中国就是与中原以外的地区相对而言的。王筠《说文句读》也说：“言中国者，于夷曰东，于羌曰西，于蛮及焦侥曰南，于闽曰东南，于貂曰北，皆据中国以指斥之。”这说明居住在中原之地的人历来有一种强烈的自尊意识和优越感，将四周方国视为鄙俗。“戎狄豺狼，不可厌也。(《左传》)”“夫戎狄，毛没轻谗，贪而不让。其血气不治若禽兽焉。(《国语・周语中》)”。从上述古籍的表述中可以看出，这种优越感也许来自方国的生产方式中有游牧成分，因此经常劫掠骚扰中原地区，从而被鄙视。建立了这种优越感之后，占居中原者就可以向四周发号施令，进行征伐，而未取得中原居住权的，则千方百计跻身中原，希望得到中原文化的认同。只要中原统治势力稍衰，四周强势者就会乘虚侵入，攫取中原的主宰权，进而取得攻取天下的地位。所谓得中原者，便能得到天下。

从历史的角度看，夏朝、商朝和周朝均是以占据了中原，才赢得了正统观的地位。凡不愿成为正统的，也就只能离开中原，逃到蛮夷戎狄之地去。如，周太伯和仲雍二人尽管是周太王的长子和次子，但因周太王想将王位传给第三子季历及季历之子姬昌，因此太伯、仲雍二位“乃奔荆蛮，文身断发，示不可用，以避季历。(《史记・吴太伯世家》)”可见，不被承认为正统者，也就被赶出中原。

周朝的历史发展就是这种观念最典型的例子。周人先世本兴起于陶唐、虞夏之际，因追随夏朝，出任稷官，毫无疑问是中原人，即华夏种族。但由于政治变故，“用失其官，而自窜于戎狄之间（《国语·周语上》）。”“文王事昆夷……大王事獯鬻（《孟子·梁惠王下》）。”因离开了中原地区，周人便沾上了戎狄习俗，因此有文王“西夷之人（《孟子·离娄下》）”的说法。但由于周人“不敢怠业，时序其德”，改变了戎狄习俗，向中原文化靠拢。也就是说，起初周人“避夏桀与戎狄，变风易俗（《吴越春秋·吴太伯转》）”，才在戎狄中站住脚跟，并发展壮大起来，成为了西夷的霸主。但是，周人如要建立大王朝，则必须成为正统，得到中原文化的认同，成为中原文化的一员。于是，周代真正兴起，是在《史记·周本纪》所指的“诗人道西伯，盖受命之年称王断虞芮之讼。”《诗·大雅·绵》也说：“虞芮质厥成，文王蹶蹶生”(受命即称王)。《毛传》也说文王平虞芮之讼后，“天下闻之而归者四十余国。”此时，周人已经跻身于诸夏，成为诸夏的一员，这正是它后来可以推翻殷商，成为中原统治者最关键的一步。正如葛志毅所说：“断虞芮之讼的重要意义就在于，周人在文化上开始受到中原诸夏的认同。唯有如此，方可取得西夷盟主进而为中原圣主的资格。”

而其他诸国，如楚国、越国本是华夏血统，因一时离开中原，便自认落后，主动尊中原为正统。①

因此,在秦以前,能否成为正统,主要不是以民族血缘为依据,而是以是否占据了中原地域,遵从中原文化为标准。占据了中原，夷可以变为夏，离开了中原，夏则可以变为夷。正如金代思想家赵秉文在《蜀汉正名论》中所说：“春秋诸侯用夷礼，则夷之；夷而进于中国，则中国之。”

中原地域正统观的形成，自有其历史原因及作用。在中华民族形成的初期，为了形成主体精神而凝聚民心，必须树立一个核心的价值观，中原地域及文化一统观应运而生。这种凝聚力，不仅对中华民族初期的形成起到了巨大的作用，在之后数千年的不断变革中，也是中华民族始终聚而不变的主导，也是包容并蓄能够同化其他文化之根本。然而，在中原包容和大一统精神的指导下，中原文化不断进步发展并伴随着讨伐与扩张，不断征服同化着周边的很多方国。在这种融合与兼并的过程中，中原文化不断扩张，中原概念也随之从黄河中上游的一小片区域，不断拓展到整个黄河流域并最终形成了疆域辽阔的中原版图。

在中原一统观的指导下，夏商周时期，中原概念主要指河南、陕西一带。而发展到秦统一之后，中原的含义已扩大到黄河中下游流域，甚至直至整个黄河流域。再后来，楚地、秦地、吴地都纳入了中原的区域范畴。然而，这种扩展恰恰促进了华夏文化的丰富内涵，使其不断吸收各民族的优点而更加绚丽多姿。

众所周知，任何一个民族的形成，都曾经历过融合与兼并的演变过程。民族的形成，主要以四个特征为标志，即享有共同的语言、共同的地域、共同的经济生活、表现于共同文化上的共同心理素质。那么，华夏民族的形成为什么中原成为了主导，又为何会出现中原崇拜。笔者认为，这与中国的地理环境和人们的生产方式有关。在夏商时期，黄河中下游的自然环境最为优越，地处平原，水量丰沛，适于农耕，而且交通便利，物产也极为

① 引自（葛志毅《周人变戎复夏考论》,《中国史研究》1991年第4期）。

丰富。很显然，农耕火种成为了中原地区的生存主导，并使社会稳定因素大大优越于游牧民族的生存方式。正因为如此，周边地区民族对中原地带产生了羡慕与崇拜，并逐渐向中原地区靠拢或迁徙。显而易见，中原优越的地理环境直接导致主体农耕民族的主宰地位，排他性又促使外来民族对中原文化形成了屈尊心里，文化主导地位又促使了中原正统观的产生，这不仅有利于一个核心民族融合外来民族的先决条件，更有利于一个主导民族建立核心地位的要素，然而也正因为这种不断的包容并蓄与发展壮大，中原区域便最终成为了一个以多元民族和多元文化所组成的民族架构。

那么，为什么周边区域（即方国之地）不能形成自己的农耕文化呢？ 这是因为，当时的生产力水平还很低劣，农业民族只有在富庶的沃土上才能创造出较为发达的文明。简陋的原始工具和劳动组织方式十分依赖于土地的质量，因而肥沃、松软的土地既是四周部族崇拜的对象，又是他们争夺的目标，于是这种地域崇拜就形成了。

此外，早期华夏民族内部的政治斗争和灾荒，使得血缘内部的一些人口频繁迁徙，致使不同血缘民族之间逐渐地融合，从而也冲淡了血缘本位主义在民族形成上的作用。这种先进的经济和较为成熟的民族文化形成了凝聚力，不仅对本部族而言，而且对周边部落也具有很强的吸引力和吸纳作用。《孟子·梁惠王下》 载道："汤始征，自葛始……东面而征西夷怨，南面而征北狄怨，奚为后我？ 民望之若大旱之望云霓也。"根据这段描述，四周方国的人们竟然争先恐后地希望中原部族来征服统治自己，也许其中有孟子夸大的成分，但恐怕也并非完全臆造。在这种地域经济文化的吸纳作用下，中华民族就像滚雪球一样越来越大，不断吸收融合周边分散的部落和族群，将他们完全同化为华夏民族的一员。

当中华民族的主体形成并稳定下来后，民族共同心理则占据了主要地位，此时，地域正统观就完成了其历史使命，同时也让位于民族正统观了。

秦汉至五代十国这一时期，华夏民族正统观开始演变成为了汉民族正统观。这种变化有着深刻的历史背景，既反映了民族形成的一般规律，又反映了中华民族形成的自身特征。在秦始皇"扫平六合，统一宇内"后，建立了东接大海，西至甘青，南达岭南，北到河套、阴山、辽东的疆域庞大的封建帝国。而汉朝又在此基础上，进一步完备了封建制度，并为了巩固统治、彻底消除战国时期各诸侯国文化和精神的威胁，在意识形态上"罢黜百家，独尊儒术"，全面建立起儒家道德文化，这标志着汉民族共同体的共同心理和文化已经形成。在这个强大帝国内，由于先进的制度和文化，物质生产发达，文化繁荣，进一步巩固了汉民族相对周边各民族的中心地位。在这种背景之下，汉民族为正统的观念无疑是顺理成章的。同时，汉民族正统观的产生，又是汉民族面临危机时的一种自我保护的群体心理的反映，是在周边游牧民族（如匈奴）的不断袭扰下，汉民族自尊意识遭到强烈挑战的产物。

实际上，正统观念是相比较而存在的，有正统也就意味着有非正统，只有当自己的正统地位有被取代的危险，它才有被一再反复提起之必要；只有当一个民族处于危亡之际，这种自尊意识下的正统观念才被用来作为维系民心，调动民族的凝聚力。

在"五胡乱华"时期，这种需要就显得更为迫切。在北方游牧民族大举侵入中原，晋鼎南迁之时，地域正统对汉民族来说已经没有意义，他们不得不依赖于汉民族成熟的民族共同心理来维系民心，抵御外侮。对于一个相对稳定的民族共同体来说，只要民族心理稳定，京都的迁徙和地域转移并不影响民族的稳定，此时，由于历史的需要，地域正统观就自然而然地被汉民族正统观所取代了。

正是这种汉民族正统观成为了中国两千多年总体大一统的根基。尊汉民族为正统，无论被视为正统的王朝是否偏安一隅，无论中原是否被少数民族占据，这种观念一方面保护了南方的汉族政权和汉族文化，同时也迫使中原少数民族汉化，只有尊汉族为正统，少数民族的汉化才有了名正言顺的依据。同时，北方少数民族也恰恰处于从部族向民族过渡的时期，他们通常并未完成自己的民族统一（如氐族建立的前秦和蒙古族的蒙古帝国），尚未完全形成自己的共同民族心理，因此他们虽然在军事上暂时占据了优势，将汉族政权驱赶到江南一隅，但他们没有形成一个具有强大凝聚力的民族，因此他们作为中华民族土地上的一个独立主体的条件并不成熟，无法与汉民族抗衡。所以，要么他们在短暂辉煌之后被驱赶出华夏文明圈，要么他们就汉化，最后连自己本民族的文化也被同化。中国历史上的一切外族王朝无不经历了这个命运。

大约到了公元10世纪以后，除汉民族之外的中国其他民族也开始逐渐完备与定型，他们逐渐开始具备了作为中国的独立政治实体的条件，几大少数民族拥有了真正的自主意识，并开始与汉民族争夺中国的统治权。于是，中华民族统一正统观就应运而生。从辽朝建立到元朝灭亡，是中华民族统一正统观的发展时期。在这个时期，少数民族也开始提出自己可以为正统，如《契丹国志》 卷九《道宗天福皇帝》 载：道宗曾听汉人侍从宣讲《论语》，当讲到“夷狄之有君”时，疾读不敢讲，道宗说：“上世獯鬻、猃狁荡无礼法，故谓之夷，吾修文物，彬彬不异中华，何嫌之有？”到了元朝，元世祖根本不以非汉族身份为耻，而认为他应是当然的中华之正统。他在建国号为大元时，下诏曰：“延膺景命，奄四海以宅尊；必有没命，绍百王而继统。肇从隆古，匪独我家。且唐之为言荡也，尧以之而著称；虞之为言乐也，舜因之而作号。驯至禹兴而汤造，互名夏大以殷中。世降以还，事殊非古。虽乘时而有国，不以义而制称。为秦为汉者，著从初起之地名；口隋口唐者，因即所封之爵邑。是皆徇百姓见闻之狃习，要一时旌直之权宜，概以至公，不无少贬。”“我太祖神武皇帝，握乾符而起朔土，以神武而膺帝图，四震天声，大恢土宇，舆图之广，历古未有。顷者，耆宿诣庭，奏奉申请，谓既成大业，宜早定于鸿名。在古制以当然，于朕心乎何有。可建国号大元，盖取《易经》“乾元”之义。”（《元史》 卷七《世祖本纪四》 ）从这段话可以看出，元世祖认为他是中国历代皇朝以来，拥有国土最广的一朝，毫无疑问是中国当然之正统，因此定国号为元。那么，少数民族王朝或政权统治下的汉族士人对正统观又是什么态度呢？ 金代汉族文人赵秉文在《蜀汉正名论》 中提出所谓华夷、正统与非正统的关系都是可改变的观点，就是对汉族正统观的批评。到了元代，著名的汉族士人郝经更是认为蒙古族完全可以承继中华之正统。《元史》 卷一百五十七《郝经传》 记载：郝经“家世业儒”。他曾官至蒙古江淮荆湖南北集路宣抚副使。他饱读诗书，深受儒家传统教育，应该说他的观点是很能代表当时身居蒙古国中的汉族士人和官僚的思想观点的。他明确提出“今日能用士，而能行中国之道，则中国之主也。(《郝文忠公集》 卷三七《与送过两淮制置史书》)”而对南宋，他则预言：“我观宋祚将不久矣。(《元史》 卷一百五十七《郝经传》)”很明显，在这个阶段，已经有很多汉族知识分子在“能行中国之道”的前提下，承认并支持少数民族政权为“中国之主”。他们持有一种现实的中华统一正统观，而摒弃了相对狭隘的汉民族正统观。应该说，这种观念是进步的，是符合民族形成和发展的客观规律的。

在这一阶段，伴随着观念的进步，中华统一正统观终于形成了。史学界的正统观问题历来是最有争议的话题。在辽、宋、金时期，由于三足鼎立，正统之争尤为激烈，有主张汉民族为正统的，也有主张统一天下为正统的，宋朝宰相司马光的正统观成为了中华统一正统观之集大成者，他借编著历史巨著《资治通鉴》之机，提出了中华民族统一正统观，在《通鉴》黄初二年的《史论篇》中，他以洋洋近千字，详尽论述了他的观点，批评了“南谓北为索虏，北谓南为岛夷”的民族偏见，认为这些都是“私己之偏辞，非大公之通论也。”并提出“窃以为苟不能使九州合为一统，皆有天子之名而无其实者也。”“但据其功业实而言之。”的中华统一正统观。应该说，作为大宋宰相和中国历史上大学问家的司马光的这一论点已经代表了当时许多思想家的观点，也是当时的政治现实和民族融合取得深入发展的反映。

民族融合的加深，中华民族统一正统观的深入人心，为元朝统一全国奠定了法理上的基础。因此，元灭南宋，势如破竹，锐不可当。当南宋的谢太皇太后下诏要各地起兵勤王，却得到了“无一人一骑入都者”的结果。只有文天祥和张世杰仓促响应。对比之前的前秦苻坚伐东晋，以及北魏太武帝侵宋（南朝的刘宋）这两次战争，同是少数民族政权对汉民族政权的战争，东晋和刘宋的汉族政权上下同心，而蒙元却摧枯拉朽，南宋迅速灭亡。我们当然可以责备南宋政权腐败，官僚阶层毫无爱国之心，但也不能说全国的兵将官吏都是贪生怕死之辈，从另一个角度看，这恐怕还是与观念的变革有关系，是历史发展之必然，也是中华统一正统观深入人心的表现。

明清时期，中华民族统一正统观逐步定型。从少数民族政权的统治者来看，清雍正皇帝在《驳封建论》中说：“中国之一统始于秦，塞外之一统始于元，而极盛于我朝，自古中外一家，幅员极广，未有如我朝也。”而乾隆皇帝更全面地论述了他的中华民族统一正统观，他在《御批通鉴辑览》中写道：“大一统而斥偏安，内中华而外夷狄，此天地之常经，古今之通义。是故夷狄而中华，则中华之；中华而夷狄，则夷狄之。此亦《春秋》之法，司马光、朱子所为亟亟也。”

从汉族知识分子来看，也基本上承认了清朝为中国的合法政府，成为中华正统，康熙朝之后，汉族知识分子争着入仕，就连当时极有声誉的清学“开山始祖”顾炎武的外甥徐乾学也在清廷任尚书之职。吴三桂等发动的“三藩之乱”，尽管打着“反清复明”的旗号，也没能得到汉族广大群众的支持，短时间内就归于失败。周学军在《明清江南儒士群体的历史变动》一文中，经过对江南知识分子对清朝态度变化分析，指出到康熙朝以后，江南大部分儒士逐渐放弃了反清斗争，转而承认统治的合法性，民族斗争逐渐回归社会批判运动（《历史研究》1993年第1期）。

而“中国”一词在世界上的正式出现恰恰是在元朝。元朝时，中华民族整体已经取代汉民族国家成为“中国”一词的内涵。在与东洋、西洋的交往中，“中国”作为中华各民族的总称开始广泛使用。当然，在中华民族共同体中，由于各民族独特的民族意识，在生活方式和文化传统方面有一些差异，因此还存在着各民族间的矛盾，在政治斗争中还会时不时打出“驱除鞑虏，恢复中华”之类的旗帜，但是这已经属于中华民族的内部矛盾，实质还是阶级矛盾而不是民族矛盾，不能看做是汉民族正统观依然占主导地位的证据。同盟会的民族主义口号不过是为了推翻专制政府，建立民族共和的手段，何况这一口号并未起到太大作用，就是在当时也遭到很多汉族知识分子的严厉指责。梁启超就指出：“清之代明，则是本国臣民对于旧王统倡内乱，谋篡夺而获成功也，决不可谓之以一国家踣一国家也。(饮冰:《杂答某报》，载《新民丛报》 第21页)”梁启超作为学识渊博的汉族知识分子，其正统观念不可谓不强，他如此指责同盟会的排满口号，说明汉民族正统观在当时已经没有了多大市场。为了澄清自己的思想，孙中山在东京《民报》 创刊周年庆祝大会的演讲中批判了民族革命是要尽灭满洲民族的错误言论，并在《中华民国临时大总统宣言》 中，提出“五族共和”的主张:“国家之本，在于人民。和汉、满、蒙、回、藏诸地为一国，即汉、满、蒙、回、藏为一人。是曰民族之统一。”

总体看来，中国古代社会正统观念的发展与演变与中华民族融合的进度紧密联系在一起。每次民族大融合伴随着国家、民族的分裂与重新组合，再建立起新的中央集权制的同一国家，对这个分裂、组合、融合、统一起着理论指导作用的就是“正统观”。每次民族融合都伴随着正统理论的逐渐深化，由低到高呈螺旋式向前发展，造就了中华民族这个独特而伟大的群体。正是因为中华民族这种独一无二而又极为合理的正统观念的演变，使得中华文明不仅在古代经历了数千年风霜而愈加坚韧，成为世界上唯一未曾中断的古老文明。

了解了中华民族的观念形成，我们就知道，地域正统论和汉民族正统论在中华民族形成的过程中起到了积极的作用，但是已经完成了历史使命，退出了历史舞台。现在有些人只知道中原、汉族、和正统这些概念，不清楚正统论的核心是民族文化和心理，更不了解正统论各阶段是何时产生、在什么背景下产生、有何意义、又是什么时候被新的观念所取代的。正是因为无知，才造成了现在对于中华民族正统的种种肤浅、甚至是意气用事的争论，这对正确认识中华民族的历史，全面看待中华民族的文化，努力推进中华民族的复兴都是有害的。

真正维系和推动中华民族发展的不是血缘（世界上大部分民族是以血缘为钮带），而是中华民族的文化和精神（即“道统”)。中华正统观是历史的、辩证的、不断发展的，它是一个拥有自我更新能力的强大精神支柱，也是支撑华夏民族数千年屹立于世界之巅的脊梁。

第二节　三河流域支撑着华夏文明架构

三星堆文化与中华文化的关系，至今仍是学界长期争论未解的话题。虽然在这个问题上，我国学界也曾有过多层次的讨论，但相持观点分歧较大。但大体上可归类为两种观点：主流观点是，三星堆文明，应该是在中原文化的影响下发展起来的一种文化现象。理由是，在三星堆器物中可以找出很多带有中原文化元素的影子和痕迹。

这种观点听起来，更像是当今地缘政治催生出来的观点。

另一种观点是：三星堆文明，是受到了古印度宗教影响而发展出的文化现象。理由是，在三星堆和金沙出土的5000多枚海贝，经鉴定它们应该来自印度洋。因此有人猜测，这些海贝可能是用做商品交易的货币，或是印度朝圣者带来的祭祀品。另外，三星堆和金沙出土的60多根象牙经鉴定，大部分属于外来象种，准确的讲这些象牙应该也来自印度。还有，三星堆青铜人的相貌，并非是华夏区域民族的长相，他们更像是摧毁印度河文明的雅利安人相貌。因此很多人猜测，三星堆应该是古印度宗教文化传播的产物。

三星堆与中原文化的关系，究竟三星堆文明与中原文化有着怎样的关联？ 从宏观的角度讲，三星堆文化现象不仅推翻了我国历代文献所秉持“巴蜀是蛮荒之地，那里的人不懂语言不晓文字”的错误偏见，更为重要的是三星堆文明还补正了华夏5000年史缺失的那些部分。四川三星堆青铜器文明的面世，不仅佐证了古蜀国曾有过一段辉煌灿烂的历史，同时它还将华夏历史文明上溯到了5000年前。然而令人沮丧的是，虽然三星堆彰显的文明已被世界所瞩目，但西方学界仍没有改变华夏只有3300年历史的偏见（即甲骨文出现的时间）。 究其缘由，是因为我国至今仍没能将三星堆文明破译。例如，三星堆文化现象究竟与华夏文明有着怎样的关联，三星堆文明究竟来自何方，之后它们又去了哪里？创建三星堆文明的族属关系是什么，三星堆所彰显的文化现象又是什么？ 如果这些问题找不到答案，恐怕三星堆文明无法名正言顺的被纳入华夏文明的体系之中。

三星堆所在的古城，无论从规模还是建筑布局，都是令世人惊叹不已的神秘城堡。据考古资料显示，整个城址呈北窄南宽布局，东西宽2000米，南北宽2000米，面积约3.5万平方公里，估计当时城内居住的人口应该在3至5万人左右。而城墙的墙基，竟然宽达40余米，顶部竟宽约20米。比三星堆古城晚1500年的古希腊荷马迈锡尼名城，其建筑面积仅为三星堆古城的百分之一。对于这座东方庞贝古城的消失的原因，有些专家则认为：三星堆是毁于一场大洪水灾难。理由是，从三星堆古城的布局看，北邻鸭子河，而马牧河由西向东贯穿全城。因此有人认为，三星堆的古蜀先民应该是择水而居的理念建造的古城，然而这座恢宏的古城从建造之初就已经埋下巨大的隐患。由于鸭子河上游可能夹带大量泥沙，极易造成淤积并改变河道，从而对古城造成危害。据此推断，三星堆古城极有可能系两河河水上涨而毁。为证实这一推断，三星堆工作站已连续几年采集到三星堆孢子花粉标本，用计算机进行分析，想从中找出环境被洪水摧毁而产生变化的证据。也有人认为，三星堆是毁于一场战乱。然而以上两种推测，都因拿不出充分的佐证依据而成为了假说。

从文化归属与年代辨析：针对三星堆文化的归属，我国学界出现了很多不同的观点。其中有从单项文化因素发展的角度进行过推论，也有人从多项文化融合提出过辨析，还有人从中原文化的内涵角度进行过对比研究，各执一词相持不下。然而，对三星堆年代的认定也同样出现了很多不同观点：有新石器文化说、有夏文化说、商文化说，最晚的推测，将其界定为春秋战国的文化遗存。对其文化现象归类：有的说是东夷文化、北方草原青铜文化、长江中下游青铜文化、云南青铜文化等等。但以上所持各种观点与推论，都因证据不足没有得到公认。

近年来，随着我国新的考古发现与资料的不断丰富，以往所持有的中原一统观念有所减弱，很多人逐渐认同华夏文明是由多民族和多元文化相互融合与相互影响发展起来的文明，很多人已经意识到只有客观的对待历史，我们才能真正还原出华夏5000年的历史本真，才能真正体现出华夏历史博大精深之所在。

人们提出了很多新的观点与见解，其中主要观点认为，三星堆文明，无论从文字、城垣、青铜器文明，以及国家性质及政体方面，均与中原夏、商文化有着较大的差别，有其自身的生长点。尽管三星堆文明在起源、形成与发展过程中，曾受到中原文化的影响，采借了中原青铜器和陶器中的某些内容形式，但从整体上看，仍然具有明显的自成体系的文明架构，因此可视同为中国文明发祥地之一，是古代长江上游的另一大文明核心。上述观点，在当今学界和社会各界日益曾多。

李学勤先生认为，史籍记载了黄帝与蜀山氏的关系，这在三星堆文化中有所反映，古蜀的某些陶器形制和玉器形制便与中原二里头文化（夏文化）有关，证明蜀国君主确与古史传说中的颛顼有关。李炳海认为，古蜀文化的发展早于中原，夏文化的源头之一便是古蜀文化。温少峰通过对史籍所记古史传说的研究，发现中原所传的黄帝，实与古蜀文化的“西山文化”有深刻联系。郑光认为三星堆文化应是中原为代表的华夏文化系统的一支或一个组成部分。

在三星堆文化与夏商文化交往的途径问题上，学术界也有不尽一致的认识。李学勤认为商文化主要是通过长江进入四川地区的。林向认为，三星堆文化与商文化的碰撞地在陕南，与夏文化的碰撞地在川东鄂西长江沿岸。段渝认为汉中和长江三峡川东鄂西均为三星堆文化与中原文化的边际交流地带，汉中地区是三星堆文化的北部军事屏障和扩张前锋，川东鄂西则是三星堆文化与中原夏商文化和平交流的舞台。李民提出从潜至沔，再经陆行入于渭，是古代潜、沔、褒、斜、渭、河的一条“水陆联运”途径，这条入蜀途径在夏商时代发挥了重要作用。

仅就以上论点来看，三星堆研究已是高潮迭出、新见迭出、争论迭出，给人以惊心动魄之感。这无疑是由三星堆文明本身的丰富内涵和辉煌成就所决定的。

毫无疑问，就三星堆文明的影响、争论范围、研究者队伍、学科构成、学者层次来看，似乎都远远超出了巴蜀本身。但令人遗憾的是，那些争论、研究以及科学的推理仍过于保守，中原一统观仍占据着主导地位。

然而，随着笔者针对三星堆青铜器物象符号的研究深入，三星堆的历史发祥地很可能就是新疆西域。最直接的证据就是，据考古资料显示，三星堆遗址无论是城垣还是祭祀坑以及平民的墓葬群，都朝着北偏西 45 度的方向。而顺延其方向所指，发现这个方向直指的就是新疆罗布泊和焉耆一带。对此，笔者又针对罗布泊墓葬以及焉耆一带的考古发掘做了比较性研究，发现这一区域的文化现象与崇拜信仰和三星堆有很多异曲同工之处。例如，独特的宗教信仰、特殊的民俗葬习、种姓至上的制度、人鼻所彰显的鼻祖崇拜、独特的太阳崇拜信仰方式（太阳墓地）、生殖器崇拜信仰、以及渔猎民族对“鱼”图腾的崇拜以及狩猎民族对弓箭崇拜的信仰等等，这些无不彰显出罗布泊与三星堆两者之间的承袭关系，以及一脉相承的历史发展演变脉络。

三星堆历史发祥地的发现，对华夏文明的多元文化和多元民族架构，提供了极其重要的佐证依据。我相信，随着研究的不断深入，三星堆在华夏文明中的特殊地位将会逐渐显现，我们将看到它对华夏历史的发生与发展曾起到积极的作用。正如李学勤先生所说的那样：“中国文明研究中的不少问题，恐怕必须由巴蜀文化求得解决。”

第三节　华夏金石文化所彰显的宗教发展史

探究华夏历史文明，未能解读出的文化现象，不仅仅是三星堆文明，同时还有我国的上古玉文明。华夏古玉文明在世界范围内属于华夏区域独有的一种文化现象，它们的历史可追溯到新石器晚期或金石并用时代，距今约有 6000~7000 年之久。然而，正因为华夏古玉在古文献中没有留下记载，所以关于它们的历史成因与文化现象至今仍困扰着学术界。

华夏上古玉文明，从文化现象的角度分析，只有当人类意识形态发展到极致并能够形成独特的文化体系时，人类才有可能创作出如此超凡脱俗的古玉文明，才会彰显出这些具有生命力的物质文化载体，才能被世人世代传承接受或爱戴。

如果我国的研究学者，只是站在古玉的质地表象去进行探索研究，而不是去探究古玉文化现象背后所隐藏的历史内涵，恐怕我们永远也无法解读出华夏古玉所承载的历史含义，以及它对人类宗教成因所起到的作用。

虽然近些年在我国陕西、甘肃、宁夏以及内蒙地区，发现了很多夏商时期的祭祀古玉，但只因它们不是田园考古发现而至今未被国内学界所认可。究其缘由，是因为这些上古玉在中国文史资料中根本找不到它们的记载。因此，我国学界对这些古玉普遍持观望态度，更有甚者干脆将其称之为四不像。然而，针对这些上古玉的文化遗存，只要我们转变旧有的学术观念，抛弃中原文明一统观的狭隘意识，将我国上古四方民族历史和他们所创造的物质文化纳入探究课题，再借助考古学、符号学、比较学、语言学和古文字学等多学科的研究方法进行对比性研究，我们才有可能发现上古玉在华夏历史文明中曾起到的作用，因而才能对应出它们背后所承载的厚重历史。笔者就是采用上述方法发现的商代鱼国古玉，并且还发现了他们的族属关系以及古玉所承载的文化内涵。商代鱼国祭祀古玉，不仅为世人展现出中原以外还存在着另一支发达的文明，同时它所承载的宗教内涵也曾对华夏历史发生的促进作用。

这些以宗教文化为载体的上古玉，只有当一个区域文化发展进步到一定高度时，才有可能产生这种以宗教意识形态为载体的玉石文明。笔者认为，这些以弘扬宗教文化为核心的上古玉文明，肯定对当时的社会进步发展曾产生过重要的影响，同时这支宗教的后续传播也一定为人类之后诞生的各宗教教派起到过不可忽视的推动作用。鱼国祭祀古玉的发现，不仅会让世人重新审视华夏文明史，同时古玉所承载的宗教内涵又将会重新改写人类的宗教史，因为华夏古玉文明，应该是迄今为止在世界范围内发现历史年代最早、文化现象最为丰富和完整的宗教体系。

第十二部分

刘昇猜想之二：揭开夏铸九鼎的真实属性

第十章　有关夏九鼎的记载

要知道，青铜器在我国上古时期曾是一种极为稀缺又珍贵的物质，人们将它俗称为“吉金”。据史料记载，大约 4,000 年前（公元前 21 世纪），方兴未艾的夏王朝用各诸侯朝贡的铜铸造了九只大鼎，据《史记 · 楚世家》记载，九鼎是由三件圆鼎、六件方鼎组成，鼎上铸有九州山川名物。自造成之日起，九鼎便被视为国家权力的象征，拥有九鼎，就拥有全国最高的政治权力。这是自古以来的神圣之物，是国家权利的象征。(图 12–1)

图 12–1　西安张家堡出土的汉代青铜九鼎

从文献记载来看，夏九鼎的记述最早见于《左传》。夏亡，九鼎为商朝所得。600 年后，商纣王时，周武王联合诸侯国推翻商朝，建立周朝。九鼎便成为了周的镇国之宝。春秋时，诸侯国势力不断强大，周朝统治日渐衰落。齐、晋、秦、楚、宋五霸先后称雄，皆有意九鼎以代周室。《左传 · 宣公三年》载，公元前 606 年，楚庄王北伐陆浑之戎，进军周室边界，观兵周郊，以显示武力。周定王派大夫王孙满前去劳军。楚庄王向王孙满询问九鼎之大小、轻重。王孙满知其心怀叵测，针锋相对地回答说：“一个国家的兴亡在于有没有仁德和天命，不在于有没有九鼎和九鼎的大小轻重，周王室虽然衰微，但天命未改，九鼎的大小轻重是不能随便泄露的。”楚庄王又说：九鼎没有什么稀奇的，有足够的铜，谁都可以铸造，楚国在战场上所缴获的各种兵器就足够铸九个鼎了。王孙满则正告楚庄王：九鼎是神圣的镇国之宝。夏桀暴虐，被商朝推翻，九鼎传给商汤；商纣王荒淫，被周所灭，九鼎传给周武王，现在必然还保存在周室。楚庄王自讨没趣，悻悻而回。这段记载对考证夏九鼎提供了珍贵的历史佐证。但令后人质疑的是，当楚庄王问起九鼎的大小轻重如何时，王孙满却回答“鼎的大小轻重在于德而不在于鼎本身”。这种避重就轻的回答，使夏九鼎是否真实存在变得更加扑朔迷离了。

溯源夏九鼎最早的传闻来源，大都是源于民间传说与神话故事。而这些来源于人们口口相传的历史记载，很难去落实它的年代是否准确和真实，即便出现年代偏差也属于一种极正常的现象。例如：武王伐纣的时间，仅汉朝对武王伐纣的具体时间就有 40 多种说法，其相差时间将近百年。特别是夏代的年表，我们也只推算出了基本的框架。

此后，朝代更迭，战火频仍，九鼎辗转于烟尘之间。据载，西周亡后，鼎先被秦所取，后为宋所获。宋被吞并，鼎湮没，从此未再出现。还有一种说法，即九鼎被运往秦之咸阳时，被大风刮到了四川的鼎鼻山，沉入江中。后世最流行的“版本”是，公元前 296

年，秦昭王夺得九鼎，在运鼎回国经泗水时，一鼎突然跃入水中，当时打捞未果。秦始皇统一六国称帝后，有一件事使他一直不能忘怀，那就是寻找那九只历代相传的国之重器"青铜宝鼎"。秦始皇二十八年（前219），秦始皇曾派遣千余人去泗水打捞过周鼎，但是遍寻结果却仍不见周鼎的踪影。虽然，九鼎的下落已成为了历史之谜，但"问鼎中原"和"泗水捞鼎"的故事却流传至今，不但见于文献史料，还成为汉代画像石的题材，如山东嘉祥城南武宅山出土的泗水捞鼎画像石，就描绘了鼎被捞出水面时系鼎绳被鼎中忽然伸出的龙咬断，鼎复落水前一瞬间的生动场面。这可能与《史记》"黄帝采首山铜铸鼎于荆山下，鼎既成，有龙垂胡髯下迎黄帝"中将龙与鼎附会一起的用意相同。(图 12-2)

图 12-2　陕西眉县杨家村出土的西周铜鼎

就禹是否真的铸造过九鼎，有很多人提出过质疑。认为如果九鼎传说确有其事，那么关于鼎的器物尺寸和制作形制以及它湮没的原因，为什么在古史文献中却又记载得如此模糊和扑朔迷离呢？ 有些学者认为，夏禹根本就没有铸造过九鼎，相传九鼎的记载只不过是世代民间的神话传说而已，因为近几十年的考古资料足以解答九鼎子虚乌有的传闻。例如，河南偃师二里头遗址，它的年代相当于夏。而与二里头遗址相似年代的还有山西省的夏县东下冯遗址，仅从这两处遗址出土的青铜器来看，这一阶段人们所掌握的冶炼技术，还只停留在只能铸造一些器物较小工艺简单的青铜器爵和斝以及小件礼器等器物，生产工具也只出现了刀、锛、凿、锥、鱼钩，在武器方面只发现了戈、戚、镞等，这些都只局限于一些中小件青铜的器物。就爵和斝而言，其胎质都很薄，器物的整体铸造水平不精，除了一些简单的乳钉纹之外多无纹饰，这些恰恰反映出夏时期我国中原地区青铜器的铸造技术和水平。

我国青铜器发展到商代早期，铸造技术水平才逐渐提高；发展到商代中期，已趋于成熟并开始出现了纹饰图案繁缛的精美青铜器，并且器型也逐渐向大中型器物发展；例如曾震惊国内外的"后母戊鼎"方鼎是迄今发现的最大一件青铜器物。但随着近几十年的考古发掘，虽然也发现过不少成套的青铜鼎，但与传说中的夏九鼎都差距很大。总之，夏九鼎就像人间蒸发了一样毫无线索可言。对此有人提出，从古代鼎的使用制度来看，周代的礼制规定只有天子才能使用九鼎，诸侯七鼎、大夫五鼎、士三鼎或一鼎。从周代用鼎的礼制来看，九鼎并不像夏禹或夏后启所制定的礼制，反而倒像是周天子将自用礼器神圣化了的结果。近代《古史辩》 派学者认为，夏禹根本就没有铸造过九鼎，而有关九鼎的记载只不过是古人借题发挥的传讹而已。此类质疑很多，在此也就不一一列举了。

第一节　发现了商代鱼国大玉鼎

笔者收藏了几只商代鱼国时期制作的大玉鼎，这些大玉鼎为三足呈圆形玉鼎，高度从1.64 米 ~1.83 米不等，直径为 1 米多，每只重量大约在两吨多。这两对硕大玉鼎的玉料，都属于昆仑山脉的蛇纹石软玉。值得一提的是，这两只玉鼎虽然可堪称世间最大的硕大巨鼎，但是从两只玉鼎的玉料材质看两者却是源于一块山料分割后制作而成。

很难想象单只玉鼎已重达两吨多，而两支玉鼎相加的重量足有4~5吨重，如果再加上玉鼎加工时所去掉的边角毛料，当时加工这对玉鼎的玉料可能有10吨左右。

让我们设想一下，我国古代先民在3,000多年前没有机械设备辅助，他们究竟采取怎样的吊装方法将玉石运到山下，再用何种切割技术又将如此巨大的玉石山料切割成两块制成了玉鼎，简直是不可思议的事！（图12-3）

图12-3　鱼国制作的大玉鼎

鱼国玉鼎的上半部分和鼎足的根部，普遍采用饕餮浮雕纹饰及云雷纹进行装饰，饕餮面部狰狞威猛、灵异而威严，云雷纹刀法精准深邃，线条娴熟刚劲而不显呆滞。玉鼎上的沁斑，深入胎骨、自然古朴；包浆莹润而饱满凸显温润深沉，斑驳陆离的沁点渗透着古玉的沧桑之美；器形硕大浑厚，凝重之余又显现着庄严肃穆的神韵；饕餮的眼睛凶狠而肃穆、散发着一种能惊天地泣鬼神的灵异神情。笔者认为，鱼国大玉鼎的发现不仅能够证实我国夏九鼎的存在，同时鱼国玉鼎还将暴露出我国夏九鼎背后一段不为人知的历史秘密。下面就让我们通过青铜器铸造的工艺流程，去分析解读鱼国玉鼎与夏九鼎之间存在的必然联系。（图12-4）

长期以来，在我国考古界和研究中国青铜器冶铸史的学术主流圈内，对中国古代铸造技术的发展与演变缺乏统一性共识。主要反映在，对青铜铸造工艺缺乏系统性的实践与深入研究；另一方面，在一些技术环节上存在着较大的分歧。就我国铸造钱币的历史而言，有人甚至怀疑“石范能否铸钱”、“铜范能否铸钱”、“汉半两叠铸范”（原始叠铸）是否存在，陶范、石范、铜范以及叠铸工艺之间的演变过程等等，都存在着很大的争议。有人提出，先秦时期在泥型上直接刻范铸钱的说法是错误的，完全不可行。还有，空首布范由炼泥制成，空首布铸造的技术关键在泥范的烧制和泥芯的制做。但实践证明，石范不仅可以铸钱，而且还可以铸范；叠铸铜范母大都是由石范铸得的；范铸法铸钱常用石范做祖范。三代（夏、商、周）之后，虽然青铜文化出现衰落，但青铜范铸法之精华却由铸钱业继承了下来。（图12-5）

图12-4　鱼国玉鼎上的纹饰图案

我国先民在铸造一件青铜器时，首先要制作出一件被铸造器物的原型，而这个原型被称之为“母范”或“范心”。有了原型子“母范”，下一步工序是在母范上翻制出铸造青铜器的陶范。因此，一件青铜器的好坏完全取决于制作原型子“母范”的技术水准，原型子“母范”是铸造青铜器的重要工序之一。据记载，在我国的夏商周时期，陶范铸造法是当时铸造青铜器的唯一方法（俗称“块范法”和“土范法”）。而现如今我国青铜器铸造领域，早已开辟出砂型铸造、熔模铸造、消失模铸造、压力铸造、压铸、石膏型铸造、陶瓷型铸造以及金属型铸造等一系列的多样化技术手段。虽然这些多样化铸造法丰富了青铜冶铸领域，但是在遇到大型的青铜器铸造产品时人们仍会采用范铸法来加工制作产品，因为范铸法仍是大器型青铜器铸造的最容易把控的原始技术。据考古资料显示，夏商周时期那些形状厚重或比较大的鼎形器物的“原子”都是选用陶土制作也俗称为“母范”。而一些小件的器物，也会用一些其他的材料代替如：木、竹、骨、石之类的材料，来制作母范（范心）。而采用陶泥制作原型或范心，最关键的一道程序是做完的原型必须要置入窑内焙烧成陶模，才能用来翻制青铜器所需的翻范。我国夏、商、周时期的青铜器，大都是以此方法铸造而成。凡是此类铸造方法制作的青铜器，在其表面都能看到范线互相连接的痕迹，这也就是浑铸制作工艺所呈现的突出特征。所以说，要想铸造出一件好的青铜器产品，首先要看能否制作出好的母范（原型），因为母范原型的好坏会直接影响到即将铸造的青铜器质量。

图 12-5　中国古代铸造钱币的陶范

第二节　玉镜诠释着鱼国玉鼎的用途

笔者收藏到了几件商代玉镜，起初见到这些玉镜时甚是迷惑不解，因为，无论是玉镜的光洁度还是玉镜所用的玉质材料，都不可能达到具有照射出人影的反射效果。也就是说，无论你将这些玉镜打磨得多么晶莹剔透，这些玉镜都不可能清楚的照出人形，因为玉石材料本身根本就不具备反射功能。起初笔者认为，先民们制作这些玉镜的目的，很可能当时还没有掌握青铜冶铸技术，所以人们选用玉质材料来充当镜子来满足要求。但这种推论，却被一块玉镜上镶嵌的小铜块给彻底的推翻了。这块镶有小铜块的玉镜，其材质属蛇纹石软玉种类，可能是因为材质松软的原因，玉镜上出现了一些局部塌陷与缺损。然而，就在这些塌陷和缺损的部位，出现了几处用小形方铜块镶嵌修补过的痕迹。（图 12-6）

这一发现，不仅推翻了我愚蠢滞后的想象，同时又了解到鱼国先民并非蒙昧落后。因为这件镶有小铜块的玉镜能够证明以下三种推测：

一、在制作玉镜的同期，人们不仅已经掌握了青铜器冶铸技术，而且还掌握了用青铜材质镶嵌和修补玉镜缺损的方法。

二、既然当时青铜器铸造技术已进入成熟阶段，铜镜的反射效果又高于玉镜的反射功能，那为什么古代先民还要用玉石去制作这些没有实用价值的玉镜呢？ 那么，只有一种可能能够成立，那就是这些玉镜是专门为铸造青铜镜所制作出的范的原型，也就是人们俗称的“模具原子”。

三、这件用铜块镶嵌过的玉镜，很可能是因为在制作泥范时，玉镜的软组织因受到泥的腐蚀或磨损而导致局部出现缺肉下陷。因“子模”出现缺肉会直接影响到加工出的陶范不完整，所以工匠们借用小铜块将塌陷部位修补以求完整。这就是为什么玉镜上会出现镶有小铜块的原因。(图 12-7)

图 12-6　鱼国玉镜

图 12-7　玉镜上镶嵌的青铜块

另外,从玉镜边缘以及棱角处观察，根本就找不到因使用而出现的磨损。这些说明，玉镜并非是人们使用过的器物，更不是批量加工生产的日用品。既然这些玉镜不是人们的日常用品，那么先民们制作这些玉镜又究竟有什么用途呢？ 笔者认为，这些玉镜很可能是为铸造铜镜而专门制作出来的模具原形，换句话说，它们是为铸造青铜器所制作的“范心”。如果站在玉镜并非是实用器的角度分析，前面所提到的商代鱼国大玉鼎，也极有可能和玉镜有着同样的功能。如果该推测成立，说明鱼国制作的大玉鼎不仅仅是神庙所供奉的祭祀礼器，它们还应该有着其他使用功能，那就是为铸造铜鼎而专门制作出的模具（范心)。既然商代鱼国大玉鼎与铸造铜鼎有关，那么也就不排除它与文献所记载的夏九鼎有着直接与间接的联系。理由是，虽然我国也曾发现过很多夏时期的墓葬，但所出土的青铜器形体都普遍较小，铸造工艺粗糙而单薄。多数青铜器都以素面为主，只有部分铜器上出现了一些简单的纹饰，例如二里头出土的青铜鼎，其腹部只带有简单的网纹，爵的杯体正面也只有一排或两排的圆钉状纹饰，在其他器物虽有纹饰出现但只是简朴的云纹、弦纹和网纹。就这一时期出土的青铜器数量而言，说实话也十分有限，全国所有夏代遗址出土的青铜器加在一起，也不过只有三十多件而已。然而这种现状，与文献所载的夏王朝曾铸造过震撼九州的夏九鼎极不相符。如果站在夏时期铸造的青铜器看，无论是当时的铸造水平，还是青铜器上出现的纹饰，都不可能铸造出震撼九州的青铜鼎。也正因为如此，国内很多学者曾对夏代能否铸造出九鼎提出过质疑，甚至有些人干脆否定夏代铸造过九鼎。

然而，商代鱼国大玉鼎的发现，无论从玉鼎的硕大尺寸还是图案纹饰，都在佐证着夏民族有铸造九鼎的技术能力。因为玉鼎又粗又高的尺寸（直径 95cm,高 1.5m~1.8m)，不仅与气壮山河的夏九鼎相符，就连玉鼎上的饕餮纹饰图案，也与文献记载的的描绘极为吻合。站在工艺流程的角度看，鱼国大玉鼎也极有可能和夏九鼎有所关联。要知道铸造一件青铜器，是需要以下几种工序才能完成：第一道工序，首先要制作出所需物品的器物原型，也就是模具的“范心”。第二道工序，在模具“范心”上敷泥分范，再用火将泥范烧成陶范。第三道工序，将陶范组合并向陶范中灌注青铜溶液，待熔液冷却后，打碎外范取出所铸青铜物品。(图 12-8)

以上三道工序，是铸造青铜器必不可少的加工技术流程。虽然说的简单，但每道工序的流程却非常复杂繁琐，而且一道工序失败都无法完成。既然先民铸造青铜九鼎也需要这些程序，想必当时铸造九鼎时也要先制作出鼎的模具原型（模具“范心”）方可，否则将无法进入下一道工序。既然第一道工序就是制作鼎的模具原型(范心)，那么问题也就出现了。当时所铸九鼎究竟选用的是什么材料制作的鼎形模具（范心)? 如果按照传统工艺推测，无非是采用木、竹、骨之类的选材。但是这些材料，也只能满足制作小件青铜器模具的使用。如果制作一件接近两米高的鼎形模具，恐怕以上材料很难满足支撑泥范的承重要求。比如现在要作一件如此之高的鼎形模具，首先要用钢筋或方钢焊出一个骨架，然后才能往骨架上披泥作出泥范，前题是方钢骨架必须得承受得住泥范的承重才行，否则模具原型就会倒塌。但当时的情况是，人类还没有发现制作方钢类的金属材料，那么先民们又是怎样解决这些难题的呢？（图 12-9)

图 12-8　鱼国古玉博物馆收藏的大玉鼎

笔者认为，能够满足制鼎泥范承重要求的材料，唯有选择玉石材料制作出的模具原型方能满足上述条件。因为采用玉石作出的大鼎模具，不仅能够满足其他材料所不能达到的三足稳固要求，同时还能解决制作泥范时再次承压问题。最关键的是，用玉石制作的鼎型模具还可以满足所需图案纹饰的雕刻需求。从以上这几点分析，鱼国所制作的大玉鼎，极有可能就是当年铸造夏九鼎所使用过的模具原型（范心)。

图 12-9　铸鼎用的陶范

否则，只是为了神庙祭祀供奉之用，花费如此之大的人力、物力、财力，似乎又与当时的社会价值观不符。要知道在当时的社会条件下，有两种稀缺物质可作为国家的经济财富储备，一种是青铜器，当时被人们称之为吉金；而另一种则是玉石材料，它可以用于货币交换。这两种材料，不仅是当时可以取代货币的稀缺资源，而且还应该是国家实力与财富的象征。

有人会问，即便上述推论成立，那商代鱼国制作的大玉鼎又怎能和夏代九鼎扯上关联呢？ 笔者认为，如果从朝代分析确实两者扯不上关系。但如果我们换一种角度，去解析制作夏九鼎的民族属性以及它的制造年代，就会发现它们存在着必然联系。

第三节　夏九鼎并非夏王朝制作

众所周知，夏禹不仅是夏王朝的第一位君主，而且他还是夏时期最具代表性的人物之一。禹，在尧时被封为夏伯，史称伯禹或“夏禹”。因此，后人习惯将禹简称为“夏禹”。也正因为禹是夏后氏一族的代表，所以人们又习惯将禹的族属关系称之为“夏”。

由此可见，我国的古代先民对夏王朝和夏民族，肯定存在着区分界定方法与两种不同的称谓。但只因当时文字还没有出现，或者出现了也不能完整记录当时社会的全部，那么口口相传便成为了古代先民唯一的传播工具。即便夏朝与夏族存在着两种不同称谓，但在当时依托口口相传的那个年代，原本清晰的区分界定也会被口口相传的语言差异所混淆。这就好比，禹，姒姓，名文命，但人们习惯将其简称为“夏禹”一样，人们势必也会将夏朝和夏族简称为“夏”。

如果以此类推，遵照文献所记载的夏铸九鼎势必也会存在着这种可能。也就是说，夏王朝与夏族存在着混淆。如果从“夏九鼎”的字义分析，“夏”既然可以解释为“夏朝”，那同样也可以解释为“夏族”。但如果将夏九鼎界定为夏王朝所铸，那么从目前我国出土的夏代青铜器看，夏时期铸造出的青铜器的尺寸都普遍较小，青铜器的壁厚也普遍较薄，纹饰图案不仅简单而且也较为单一。说明夏王朝时期铸造的青铜器，无论从当时青铜器的冶铸技术，还是壁薄单一的纹饰图案，都不可能铸造出夏九鼎。但是，如果我们能将夏铸九鼎理解为是夏民族所铸，那么所有关于夏九鼎的疑迷难解的问题都将会迎刃而解。

就夏朝和商朝的历史更迭而言，虽然商推翻了夏王朝，但是作为夏王朝的民族却依然存在，因为夏族决不会随着夏王朝的灭亡而灭亡，更不会因王朝更迭而改变自身的民族属性。要知道，一个民族要想改变其自身的属性绝非易事，首先你要具备归属意识，但是一个民族只有归属意识还不行，因为归属意识是需要接纳民族或国家认同后方可。也就是说，民族归属意识是需要接纳国家的认同、民族的认同、文化的认同以及信仰的认同方可实现，而绝非是随着王朝更迭民族属性也就随之改变。

这就好比汉民族一样，汉人的称谓最早起源于汉朝，意为汉朝之人。这一称谓发展到北魏后期，汉朝人又成为了中国人的代称。因为这一时期的汉人，已经过了历代各民族之间的杂居与融合，以及诸多民族具有的自我归属意识，汉人的族群才因此得到了扩充，其称谓所包含的范围也就越来越广。直到中华民国时期，“汉人”才正式被统称为“汉族”。虽然，“汉人”发展演进到“汉族”经历了诸多王朝的历史更迭，但“汉族”却并没有因哪个王朝的历史更迭而改变自身的民族属性。

站在王朝和民族属性的角度，虽然汉人到汉族历经了2000多年的历史变迁，他们也曾创造过无数人类的物质文明，但是当我们面对汉民族创造的物质文化时，首先要界定出那些物质文明的产生年代，方能得出准确的定义和文化所属。

以上几种比喻说明，虽然夏王朝与夏民族都以“夏”作为文化属性，但是当我们界定夏九鼎的年代归属时，夏朝与夏民族就已经不是等同的概念了，因为夏王朝所代表的，只是一个王朝的历史阶段，而夏民族所代表的，则是一个民族的完整历史。一个是阶段性，而另一个则是无限的历史延伸，也就是说虽然夏王朝早已消亡，但是夏民族直至今天却依然存在，否则也就不会出现华夏民族的称谓了。

由此可见，如果能够站在夏族的角度去解析夏九鼎的铸造年代，我们不仅能够厘清夏九鼎的历史存疑，同时还能顺理成章的顺延出夏九鼎是夏民族所铸造。要知道，无论是夏王朝还是夏民族铸造了九鼎，都不会影响九鼎在华夏历史中所起到的作用。

然而，针对商代鱼国的族属问题，笔者在前文中曾有过详细的介绍：鱼国人，应该是我国华夏民族中的夏族，也就是说是禹的后裔民族。如果从这个角度讲，商代鱼国制作的大玉鼎，也就可以被理解为是夏族制作的玉鼎；既然该玉鼎为禹的后裔夏民族所制，那么它也就理所当然的可以被称之为夏玉鼎；既然它属于夏玉鼎，那么也就不排除它与夏九鼎有着直接或间接的关联，也就是说，不排除它就是为铸造青铜九鼎而专门制作出的模具原型。如果上述推论能够成立，那么夏九鼎的历史真相以及它的年代归属也就真相大白了。因此笔者认为，夏九鼎不应该被界定为是夏王朝所铸，而应该被界定为是夏民族所铸才比较符合事实。（图12-10）

图12-10　鱼国古玉博物馆收藏的大方鼎

第十三部分

刘昇猜想之三：华夏上古宗教是人类宗教的基石

第十一章　华夏上古宗教概述

宗教的特点是相信现实世界之外存在着超自然的神秘力量或实体，该神秘统摄万物而拥有绝对权威、主宰自然进化、决定人世命运，从而使人对该神秘力量产生敬畏及崇拜，并从中引申出信仰认知及仪式活动。因此，宗教是人类社会发展到一定阶段出现的一种文化现象，属于社会意识形态。

在早期的人类社会中，宗教处于核心地位—宗教不仅承担了解释客观世界现象这一功能，同时还承担着司法审判、道德培养、和心理安慰的功能。而随着人类对客观世界认识的不断深入，宗教的地位也有所弱化，已经从日常社会管理的领域中逐步退出，即从科学和司法中退出，而主要承担道德培养和心理安慰的任务。但是，宗教所构成的信仰体系和社会群组，是人类思想文化和社会形态的一个重要组成部分。

审视宗教，有两个角度。一是从认知角度，考察宗教信仰的发展过程。从这个角度看，宗教经历了一个从万物有灵、到多神教、再到一神教的发展过程；二是从社会角度，追溯宗教组织的演变。从这个角度看，宗教经历了从氏族宗教、到民族宗教、再到世界宗教的发展演变过程。

第一节　华夏上古宗教的起源

根据考古学和人类学资料，目前普遍认为，原始宗教起源于旧石器时代后期。迄今发现的人类最早的宗教遗迹是反映灵魂观念和亡灵崇拜活动的原始墓葬。在4–6万年前的尼安德特人墓葬遗址中（出于智人阶段到旧石器时代中晚期），发现已经拥有了灵魂的概念。墓葬产生于旧石器时代的中期，普遍于旧石器时代晚期和新石器时代，而这一时期正是氏族和氏族制度逐渐形成的时代。因此，有些学者认为“宗教发端于原始时代的氏族社会，是随着氏族制度的形成而产生的；人类最早的宗教是氏族制度的伴生物，是作为氏族制度的上层建筑而出现的。”（吕大吉《宗教学纲要》）

原始宗教是原始社会发展到一定阶段产生的，以反映人和自然矛盾为主要内容的初期宗教。它以多神崇拜和巫术控制为主要特征。原始宗教有三大表现形式，即自然崇拜、图腾崇拜、和祖先崇拜。

自然崇拜是古代人类面对自然产生困惑和恐惧导致的崇拜信仰。英国的约翰逊曾说过：“最早在这个世界上创造众神的，无非是恐惧而已”。

随着社会意识形态的发展，人们已经从恐惧中走了出来，一些智慧先民开始借助自然的力量打造人类最原始的宗教信仰，从此出现了人格化的神明。随着社会生产力的发展，使得人们在生存过程中产生了分工与协作的需要，团体意识不断增强，从而促进了氏族制度的发展。这时，就出现了祖先崇拜和人神重叠崇拜。到了这一阶段，宗教开始进入了它的复杂期。祖先崇拜分为三个阶段：即图腾崇拜、女性祖先崇拜、和男性祖先崇拜。

由这些表现形式可以看出，原始宗教的宗教观念非常质朴，崇拜的对象非常直观，其神灵崇拜具有个别性和多样性，信仰的主要目的是为了充实人们的精神生活。

比如古代人对太阳的崇拜。埃及人在神庙中用公羊石雕代表太阳，而把他们的国王雕像放在公羊头下，以示对太阳神的尊敬；

古巴比伦汉莫拉比法典的石碑上，太阳神沙马什端坐在宝座上，而国王汉莫拉比则恭敬地站在他的面前，而沙马什正在将一把象征帝王权利标志的权杖，授予汉莫拉比；

古代印第安人也崇拜太阳，他们自称是“太阳的子孙”。

以上所述，是世界几个文明较为古远的地区所反映出的太阳崇拜现象。然而，在中国区域最早体现的太阳崇拜则是另一种表现形式，如中国新疆发现的罗布泊留下的“太阳墓地”，则为世人展现出了古墓沟人对太阳的另一种崇拜观念。该墓葬，是由规整的环列胡杨树桩，以环圈为中心，由内向外，粗细有序的呈放射状排列，最小内圈直径 2 米左右，每一个都酷似圆圆的太阳，人被埋于“太阳”中心；这七个呈放射状排列的太阳墓地，排列得井然有序，从高处看墓葬结构颇似七个太阳镶嵌在高地之上光芒四射，蔚为壮观。

虽然太阳崇拜在人类上古时期非常普遍，但是通过对古埃及、古巴比伦、古印度、以及我国罗布古代先民对太阳的崇拜信仰方式做比较，发现罗布人所表现的太阳崇拜方式与其他几个区域截然不同。例如，从崇拜形式看上述几个区域的太阳崇拜理念，还停留在对太阳的敬畏与恭敬的依附阶段；而罗布人则不然，他们已将太阳崇拜与祖先崇拜融为了一体，太阳墓地已清楚的体现了这一点。罗布人将祖先安葬在太阳光环的核心，更像是在彰显着祖先与太阳的共融关系，充分显示出罗布人的太阳崇拜已步入到人格化阶段，他们不仅将祖先比喻成了太阳的化身，同时还将自己的宗族地位攀升到了其他族群不可逾越的高度。这种崇拜形式，已大大超越了同时期其他地区对太阳盲从敬畏的一般崇拜理念。不仅如此，这种崇拜理念还体现在罗布人用他们所掌握的宇宙知识在创造着一种宗教信仰，并利用这种宗教信仰转变着罗布人的意识形态发展，可以说这是人类精神层面最早形成的崇拜信仰体系，也是人类宗教意识形态雏形阶段的体现。这种在当时前瞻的崇拜理念，充分体现出罗布人对宇宙观的认知程度，以及他们对人生观和价值观的掌控能力。

罗布泊太阳墓地的信仰方式，体现出罗布人已从世俗的太阳崇拜信仰升华演进以太阳崇拜来在提升本族中人的社会地位。而埋在太阳墓地的那些人，则应该是罗布族群中德高望重的大祭司。

第二节　华夏上古宗教的发展演变

前文已经介绍过，宗教的发展分为三个阶段：即氏族宗教、民族宗教、和世界宗教。

氏族宗教，顾名思义就是以血缘亲属关系为基础和钮带的宗教，因此它在信仰上是通过祖先崇拜的形式来维系氏族成员的血缘关系。

从宗教组织与社会组织的关系上看，氏族宗教的根本特征在于它同社会组织和社会制度的合一。氏族宗教并没有独立于世俗社会的宗教组织，而且氏族宗教的崇拜仪式、祭祀制度、节日制度、丧葬制度、以及图腾禁忌等也同时是具有约束力的社会制度。因此，在氏族社会，氏族宗教并不是游离于社会之外的，而是氏族社会意识形态和上层建筑的体现。

从个人与群体的关系上看，氏族宗教的另一个根本特征在于绝对的“集体性”和“非个体性”。“集体性”是因为氏族社会时期，氏族内部财产公有、共同劳动、平均消费的社会制度和随之而来的绝对集体主义。如澳大利亚土著人把氏族成员的灵魂直接等同于图腾祖先的灵魂，对于他们来说，根本不存在独立的个人灵魂的概念，他们所有的只是和氏族图腾紧密联系在一起的氏族集体灵魂的观念。

氏族宗教还具有“排他性”，即氏族宗教是为氏族和氏族同盟所信奉的宗教，每个氏族成员从降生开始就是宗教成员，而外族人一般不准涉足。这是因为氏族宗教是以氏族成员之间的血缘亲属关系为基础和钮带的，因此不仅敌对氏族之间的信仰或保护神是有区别和敌对的，即使友好氏族之间的神灵也只是各自保护自己的氏族而不具有保护其他氏族的功能。

另外，氏族宗教还具有“此世性”。氏族宗教的崇拜对象往往来自于原始人对他们赖以生存的生产对象和生活环境的直观认识。如以渔猎为生的赫哲族主要崇拜水獭神、鲸鱼神、河神；畜牧部落主要崇拜水草神、河湖神；农业部落崇拜主管天气的日月、星辰、雷雨之神等。原始人很少为了获得永生或进入天国而讨好神灵，他们信教的主要目的是为了祈求渔猎的顺利、牲畜的繁殖、农作物的丰收、战争的胜利、和身体的健康等等。

在原始社会晚期，随着生产力的发展，社会的经济结构、人际关系都发生了一系列的变化，并最终导致了私有制、部落联盟、和贵族首领的出现。这些变化都在不同程度上对宗教组织的体制发生了影响，从而为其过渡到更高级的民族宗教创造了条件。

当不同氏族部落结合在一起，并通过融合演化出一个更大的群体民族时，原始的氏族宗教便也在这一过程中相互融合，并最终演化出民族宗教，当国家形成后，则再进一步演化成国家宗教。这也再次证明，宗教作为社会意识形态，总是与社会制度的发展相适应的。

民族宗教还有一个特征就是其“入世性”。即大多数民族宗教特别是早期民族宗教，都在一定程度上体现出对宗教的社会功能和道德功能的强调上。比如与婆罗门教相伴随的严格的种姓制度。

在民族宗教的基础上，随着社会生产力的进一步发展，人类交流日益频繁和深入，民族的界限在战争、迁徙、通婚等多种因素的作用下不断变化着，人类历史开始超越了民族和国家，走向了“世界史”阶段，宗教便也相应地打破了其民族宗教这一藩篱，开始演变为世界宗教。

与民族宗教相比，世界宗教不仅仅表现为传播范围的扩大，同时还具有其特殊的特点。世界宗教从信仰对象上具有“超验性”和“普适性”，它们不再是某一民族或地区的保护神，而是被尊为整个宇宙的唯一的神，从而为世界各地居民接受它们提供了可能。

从信仰主体来看，世界宗教具有“个体性”，而非“集体性”。即，注重人的抽象的“类”本质，注重信徒个人的救赎要求，以及对来世的普遍关注。这是使世界宗教得以适应不同民族、不同国家、以极不同时代的信徒需要的重要保证。

在宗教组织和宗教制度上，世界宗教具有“出世性”，即世界宗教对于一定的世俗组织和世俗制度总保持一定的距离，具有相对的独立性。

简言之，氏族宗教与民族宗教在一定程度上是一定地区的文化传统的产物，总是从血缘上、地缘上、文化上同某种传统保持着这样或那样的关联，因而总在某种程度上具有一定的“自发性”，都可以在一定意义上被理解为一种祖传宗教。而世界宗教则不同，它们不是从来就有的，而是人类宗教发展到较高阶段的产物，因而总是具有创建的性质。如果说氏族宗教是最为典型的“自发宗教”的话，那么世界宗教则是最为典型的“人为宗教”。

第十二章　华夏上古宗教对世界的影响

第一节　上古宗教的传播脉络

华夏上古宗教的历史成因，可以追溯到我国新石器时代晚期。例如 1938 年，我国北大考古教授齐福泰与他的学生在青海岩洞发现的杜立巴石蝶（距今约 12，000 年），和岩洞中绘有的星际图案壁画。这些被发现的杜立巴石蝶和岩洞壁画，不仅诠释着我国上古先民对宇宙的探索，同时还标志着华夏真正意义的宗教信仰的形成。然而值得注意的是，这种看似孤立的崇拜信仰，不仅在华夏大地传播发展，并且最终已演变成了人类意识形态发展的核心主导。

例如，继我国青海杜立巴石蝶之后，在内蒙古阴山峭壁上发现的阴山岩画，那些刻着地外生物的神秘图案，应该就是杜立巴石碟宇宙崇拜信仰的延伸解读；如 1935 年，中国考古队在内蒙古赤峰地区发现的距今已有 6000 年历史的红山文化，古玉中出现的八角齿轮和玉碟状的器物，体现着这种宇宙崇拜信仰的升华演变。1936 年，在浙江杭县发现的良渚文化（距今 5300 年~4200 年），在古玉中出现的杜立巴玉碟和齿轮状器物，说明这种宇宙崇拜信仰观在有序发展传承。1924 年，在甘肃齐家坪发现（距今约 4000 ~3900 年）的齐家文化古玉，古玉中出现的玉碟和玉琮仍彰显出古代先民对宇宙的赞颂。以上这些文化现象，和诸多与宗教有关的实物佐证，不仅彰显着上古宗教历史的成因与发展演变，同时借助玉石载体及物象符号还在诠释着华夏独创的上古宗教文明。

中国上古宗教所留下的诸多物质文化遗存，为我们深入探究上古宗教的成因演变，提供了具有学术价值的研究依据。然而，虽然他们留下的文化遗迹与实物佐证较多，但真正能让我们通过文化现象直观领悟到上古宗教理念以及宗教内涵的物证，却只有该宗教发展到中晚期时才清晰可读。例如，在我国四川发现的三星堆文明和金沙古城遗址，这两个地区的青铜神器，不仅诠释了我国上古宗教崇拜宇宙观的成因历史，同时也是该宗教创建宇宙创世学说最为清晰的解读。然而，三星堆宗教集团并没有将宇宙崇拜信仰观停留在世俗的解读层面，而是将青铜神器作为载体将该宗教集团扮演成了宇宙的信使，并宣告着世人崇拜宇宙诸神与崇拜该宗教信仰体系有着等同的意义。

例如在三星堆青铜器中，很多神器都在采用着神鸟图案和鹰的翅膀在表现三星堆信使能够遨游太空的能力，而有些神器又以云雷纹和祥云纹在解读着信使的灵异功能。这些极具夸张性的创意，不仅诠释着三星堆宗教宇宙崇拜信仰的核心理念，同时又表现三星堆人的心里诉求。（图 13-1）

图 13-1　当今制作的人造卫星

例如，就青铜器中一位武士人像所戴的帽子而言，该帽子的外形设计与今天飞机上的导流口极为相像，而在导流口的上端又雕有一只正要展翅高飞的神鸟，这只既有机械推进功能又有神鸟辅助飞翔的神奇帽子，似乎是为宇宙信使专门定制的一种特殊飞行器。（图 13-2）

又如，在三星堆博物馆所陈列的那件雕有五层造型纹饰的硕大青铜神器，其外形与今天的航天卫星极为相似。器物的顶端，是四只要振翅高飞的神鸟正在抓起一个酷似今天热气球的吊篮，吊篮上挤满了三星堆武士人像。值得注意的是，在吊篮下方也装有一个与今天航天推进器外形极为相似的物体，这件物体所安放的位置足以说明它应该是吊篮升空的推进系统。从这件物体的整体表现形式看，似乎在表述着三星堆人正要飞向太空去执行着某种任务，这种具有穿越时空的艺术想象力以及设计理念，完全超越了人们对三星堆文明的所有想象。（图 13-3）

图 13-2　三星堆出土的导流口青铜神像

图 13-3　三星堆制作的飞行器吊篮

在金沙遗址发现的另一件神器更是令人匪夷所思，这件青铜器的造型与今天宇航员所穿戴的太空服简直是一模一样。这件出土于金沙遗址的青铜器太空服，不仅让研究三星堆

和金沙遗址的学者目瞪口呆，就连杜撰科学推理的小说家们也无法对它们作出合理的解释。(图 13-4)

那么，为什么三星堆所彰显的宗教文化现象，早在 3，000 多年前就已经出现了当今只有发达国家才有能力制作出的太空服？ 这件神器的创意理念，应该源于上古宗教对宇宙外太空飞行物的观察与记载，是三星堆人借助青铜器物象符号在还原着他们所见到的灵异事件。也就是说，这件器物的设计理念是宇宙飞行物给予三星堆人的启示，而三星堆人只是借助青铜器载体将其所见所闻进行还原，并以宗教信仰方式进行的升华解读而已。(图 13-5)

图 13-4　四川金沙遗址出土的青铜器太空服

图 13-5　当今宇航员穿的太空服

第二节　宗教祭祀神器的发展演变

当三星堆文明消亡后，在我国陕甘地区又诞生了一支上古宗教信仰体系，即商代鱼国宗教。我们在鱼国的祭祀礼器中，不仅能够看到三星堆宇宙崇拜信仰的承袭发展，同时还能看到鱼国宗教对宇宙超自然力更深层的解读。商时期的鱼国宗教体系，是以古玉和琉璃为载体，借助器物的造型图案和物象符号，继续延伸解读着宇宙创世的学说。例如，三星堆制作的有领玉璧和金沙出土的青铜瑗，在鱼国的祭祀礼器中继续得到了延续与升华，特别是鱼国古玉中出现的一些有领玉璧（齿轮状玉璧)，与三星堆出土的有领玉璧形状极为相同，甚至有些有领玉璧边缘出现了很多齿轮状的齿牙，与今天机器上所用的齿轮极极相像。

另外在鱼国的古玉中，还出现了很多酷似外星人的玉石雕像。例如，在古玉中出现的那对用松石装点的人像，那双又圆又大用绿松石镶嵌出的大眼睛，与阴山岩画中刻画的人像眼睛几乎同出一辙，其创意理念明显是由阴山岩画承袭而来。而另外一对用松石镶嵌的人像，头顶上还树立着两根酷似天线的东西，这种与时代极不相符的造型却与岩画中出现的图案内容极其相符。另外，上古宗教在 12，000 年前青海地区留下的杜立巴石碟、在内蒙古红山文化中出现的碟状玉璧、三星堆和金沙出土的环状有领玉璧，这些器物的造型以及图案符号，在鱼国祭祀礼器中。这一时期的祭祀礼器，可以说是上古宗教对宇宙崇拜信仰概括性的解读。

鱼国宗教所诠释的宇宙创世理念，其内容不仅包含了从杜立巴石碟到内蒙古阴山岩画的宇宙创世观点，同时还诠释着红山古玉、齐家古玉、良渚古玉以及龙山文化古玉所彰显的宇宙崇拜信仰的承袭演变过程。例如在鱼国的琉璃礼器中，玉环状器物，不仅诠释着杜立巴石碟的成因历史，同时采用物象符号进行着更为延伸的解读。

又如，在鱼国祭祀古玉中出现的那两对四人方尊，该方尊是由四个背靠着方尊的人像所护佑。其中的一只方尊，显示着四个女性背靠方尊而立；而另一只方尊则是四个男性背尊而立，他们全身赤裸着并暴露着男女的生殖器官。然而最为突显的部分则不是他们的生殖器官，而是人物雕像的那双又大又圆的眼睛。虽然其镌刻手法，采用两个大小不一的圆圈所组成，但是这种占居者脸部三分之二的圆眼睛，明显使面部比例严重失衡，这种与人类相貌极不相符的眼睛图案，却与我国内蒙古阴山岩画的眼睛形状完全一致。然而，这种并非人类相貌的眼睛，究竟源于何种启发？要表现的主体又究竟是谁？ 笔者认为，我国上古宗教所显示的眼睛形状，应该是对宇宙地外生物（外星人）的尊崇启示，而并非源于人类某种族的体现。这种极具夸张性的眼睛形状，在鱼国的祭祀古玉中还有很多，例如有几组用绿松石装点的人物雕像，其眼睛构造都是采用两个大小不等的圆圈所组成，与其他器物所不同的是，这两个大小不一的圆圈则是用绿松石镶嵌出来的，更加突显了眼睛神奇而灵异的效果。

第三节　上古宗教创建的三大主神信仰

在商代鱼国的祭祀古玉和琉璃器物中，不仅能够看到上古宗教自多神崇拜发展到宇宙崇拜的演变过程，同时还能看到该宗教已经创建出了以宇宙神为核心的三大主神信仰体系，例如在该宗教礼器中出现的三大主神头像，应该就是该推论的实物佐证。这三大主神头像，与我们熟知的佛头极为相似，但仔细端详却发现该头像与佛像仍存在着很多不同之处。

1. 上古宗教制作的三大主神头像，是以一大两小为一组，最大的头像应该是核心主神，两个略小些的头像可能是左右护法神。其面部表情，大都是双目低垂，呈现出庄严肃穆的冥想表情。每组和每组的头像，其面部轮廓也都各不相同，有呈方圆脸，沉稳威严；有的则是清癯脸，肃显慈祥。值得一提的是，每组头像的尺寸也各不相同，有的头像很大，但有的头像又很小。据分析，这种情况很可能是因玉石尺寸不等而致使头像受限所致。因为有些头像，明显是因玉料受限致使头形不够标准，如有的头像轮廓呈扁圆状、有的则呈现出橄榄状。虽然这些头像的轮廓不标准，但其相貌表情却都以端庄肃穆保持着一致。这点说明，该宗教对神的相貌已经拟定出统一规制和标准。(图 13-6)

2. 上古宗教神像的发髻，都以较为简约而粗大的发髻组成，从额头到头顶均分为五层，头顶端是由七个突起的肉髻组成。这种简约而粗大的发髻，与我国历代佛像追求浓密细腻的发卷风格截然不同。上古宗教神像头部的发髻，最多的一圈算下来也只有十六个发髻，而满头发髻加在一起也不超过七十个；而在佛像中，与神像同样大小的佛头，最多的一圈是由三十几个发髻组成，而满头发卷算下来至少也要需要几百个。这种区别说明，一个以简约粗狂为最美；而另一个则以繁缛浓密为最佳。这两种截然不同的表现形式，应该与人类的美学进化史有关。因佛教造像受犍陀罗艺术影响很大，所以佛教雕像所表现的艺术手法，大都以追求线条细腻精美而著称，佛像发髻则普遍采用浓密精美的小发卷，已成为犍陀罗艺术的特殊表现形式。

图 13-6 鱼国制作的三大主神头像

3. 如果借助人类美学进化史去分析佛像艺术，越是线条细腻而精美的表现形式，也就越为接近人类艺术成熟期写实主义思潮的艺术形式。也就是说，如果从佛像艺术风格去界定历史前后顺序，线条越是简约粗狂，其制作的历史年代就越早，而越是追求细腻或接近写实艺术风格的，其制作的历史年代也就越晚。另外，佛教发髻以浓密巧小为美的表现形式，还可能与“肉髻相”能够彰显“成就”这一理念有关。人们普遍认为，肉髻多少与业因有着直接的关系。据宝女所问经卷四载云：“如来顶上肉髻自然浓密呈现大人相，乃往古世敬奉贤圣与尊长所修得者。”也就是说，如来佛祖头上浓密的肉髻，不仅是圣人之相，而且唯有圣贤和大智慧尊者方能修得此相。(图 13-7)

图 13-7 鱼国制作的三大主神琉璃造像

要知道，我们在各大博物馆所看到的佛头，大都是从北魏、北齐、北周时期石窟佛像上所盗取的头像，这些佛头的肩颈部都会明显留有盗凿过的痕迹。而鱼国的三大主神头像，则是用玉石制作而成，头像底部极为平整，不仅没有盗凿痕，而且还保留着一层厚厚的玉沁和包浆，说明该头像在制作之初，就是只有头像而没有佛身。在鱼国琉璃制作的三大主神像中也可看到佐证依据。众所周知，我国古代琉璃制品普遍采用范铸法制作而成（与青铜器制作工艺等同），首先要制作出所需物品的陶范，然后将融化好的岩浆（二氧化硅溶液）倒入陶范中，待其冷却后砸去陶范取出铸造物品，一件琉璃制品就这样制作完成了。我国上古宗教用琉璃制作的三大主神头像，制作工艺流程应该也是如此。既然头像的制作工艺，是先制作出所需物品的陶范，而后才会铸造完成，那么头像的底部平整，就说明在制作之出所铸造的神像就是头像，而绝非是全身像。采用琉璃制作的三大主神头像，其底部非常平整而光滑，因此也就足以说明三大主神头像制作的就是头像而绝非全身像。这种只塑神头而不塑其身的造像习俗，在中国从古到今都实属罕见。因为自西汉佛教传入中国后，该教对制造佛像业一直都有其严格的统一标准。据《优婆塞戒经》云：不应造作半身佛像。若有形像，身不具足，当密覆藏，劝人令治；治已具足，然后显示。见像毁坏，应当至心供养恭敬，如完无别。又如《佛说造像量度经》中所云：“量度不准像。正神不受寓。反别邪魔鬼。”又如《佛教造像度量与仪轨》中说道：“凡造像不合量度者会获罪。口部（从人中到下颏尖）、颈、大臂过长为“极恶”，其作者会失业而流落他乡。腮、胸、胁，不丰满又塌陷亦是最“忌”作者会败落，万事不如意。额颅、鼻、乳房，歪斜不正是“大过”，作者做事不长久，争讼亦败。脊柱两旁、胯、大腿肌肉太平而不丰满，作者会损寿，被盗。顶盖、背光、座太小而窄，作者会遭福寿减损之祸。至于眼耳鼻嘴额颏肋等处造的不明确或不正，也会受种种罪。同时，手印、标识的作亦要仔细。度量不准的像，不但无神力好处，而且还会招引邪魔，所以，像有如上失患，则应重修重绘，择日而重造，并按仪轨进行”。（图 13-8）

从上述记载来看，佛教对造像术一直有着严格的统一标准，虽然这一造像标准源于宗教礼规，但对广大信众而言它已成为了供奉佛像的规制和标准。

图 13-8　西安碑林博物馆收藏的佛头

由此可见，商代鱼国宗教制作的三大主神头像，无论从历史成因还是宗教属性，都与佛教没有任何关联，所以他才没有受到佛教造像术的规制所约束。因此，这些神像不仅不能被视为佛像，更不能将其称之为佛头。

经研究发现，鱼国宗教所遗留的三大主神头像，应该与古印度教创造神梵天、破坏神毗湿奴、保护神湿婆三大主神，有着同宗、同源、同一承袭脉络的发展关联。笔者曾在前文介绍过：中国上古宗教西传的第一站，首先到达了古印度，不久那里便诞生了一支宗教教派即吠陀教和婆罗门教。然而，在十年前笔者提出这种推论时，只是凭借两者的多神崇拜信仰、宇宙金卵创世学说、两者相同的族属关系（即雅利安族系），以及诸多相同与相似的文化现象（例如对宇宙三大主神的崇拜、对象神的崇拜、对牛神崇拜以及对蛇神的崇拜等等），作为该推论依据在进行着阐释。因为当时还没有发现，中国上古宗教与古印度教的三大主神崇拜信仰最直接的实物佐证（例如三大主神头像的发现），因此当时的推论也仅限于一种猜想或假说。（图 13-9）

图 13-9　鱼国祭祀古玉中的三大主神造像-1-2-3

然而，在笔者之后的收藏中不仅找到了上古宗教用玉石材料制作的三大主神头像，而且也发现了用琉璃制作的同类器物。这一发现，不仅从物证得到了依据，从理论角度又将之前的猜想变成了可能。

第四节　中国上古宗教的迁徙发展

当溯源我国上古宗教的发展脉络时发现，这支宗教似乎是在商武丁伐鬼方后，彻底地淡出了华夏历史舞台并消失得无影无踪。甲骨卜辞载“鬼方易”，即鬼方向远方逃走或迁走。本世纪以来，经我国、原苏联、蒙古的考古发掘及研究工作证明，鬼方迁到了南西伯利亚东起贝加尔湖西至巴尔喀什湖一带。

笔者认为，关于鬼方的去向，我们应该从鬼方宗教发展脉络去寻找他们的归宿，而不能仅凭一些墓葬遗址或单一的文化现象去解析他们失踪的去向。例如，在我国商武丁伐鬼方的历史同期，在华夏区域的毗邻国印度，突然涌现出了一支宗教信仰体系，即雅利安人创建的吠陀教和婆罗门教。这种时间上的巧合，却恰恰为我们寻找中国上古宗教（鬼方宗教）的去向，提供了一条极为重要的线索。当笔者将这两支宗教体系的内容内涵，以及他们的族属关系链接在一起后，发现两者有着诸多的雷同。例如，两支宗教提出的宗教信仰都是宇宙创世学说（中国是盘古—古印度是梵天）；两者的族属关系，又都属于雅利安族系；又如祭祀的对象，中国有象神崇拜—印度有象头神甘耐施传说，以及对蛇神的崇拜、对牛神的崇拜、男性生殖器崇拜和女阴崇拜、眼睛崇拜以及三大主神崇拜信仰等等，这种相同与相似的文化现象绝非历史巧合能够解释清楚。两者应该存在着同宗、同源、同一种宗教信仰的发展关系，才会产生出这种极其相同的宇宙崇拜信仰观和宇宙创世学说

由此可见，鬼方宗教并没有因商武丁伐鬼方被彻底的摧毁，而是选择了另辟蹊径，将宗教集团迁徙到了更适合宗教生存发展的毗邻区印度，在那里该宗教不仅得到了长足发展，并且以他前瞻的宗教意识形态颠覆了古印度河文明。

回眸历史，大约在公元前 1324 ~1266 年期间，因为商武丁伐鬼方，上古宗教集团最终选择了离开华夏区域向西北方向迁徙。他们最先到达的区域则是古代印度，那里不久便出现了一支新的宗教信仰体系即吠陀教和婆罗门教。随着该宗教在南亚地区的影响不断扩大，这支上古宗教体系继续向西传播，他跨越了中亚最终到达了中东地区。不久那里，便诞生了一支全新的宗教信仰，即中东地区早期形成的多神教崇拜信仰。

探究这支多神崇拜信仰，发现他们所信仰的多神仍包括宇宙诸神，崇拜全知全能的宇宙主神。因此，对宇宙超自然力现象的崇拜信仰，逐渐成为了多神教信仰中的主导，人类的宇宙创世观点也随之形成。当时的宇宙创世观，等同于今天所说的“神学上的一神论和哲学上的一元论”，即世界只有一个本原的哲学学说。

第十三章　华夏上古宗教对世界的影响

第一节　琐罗亚斯德教的历史成因

琐罗亚斯德教，是流行于古代波斯（今伊朗）及中亚等地的宗教，中国史称祆教、火祆教、拜火教。琐罗亚斯德教，在基督教诞生之前是中东地区最有影响力的宗教，也是古代波斯帝国的国教。

琐罗亚斯德（公元前628年-前551年）是祆教的创始人。出身于米底王国的一个贵族骑士家庭，20岁时弃家隐居，30岁时他改革传统的多神教，并创立了琐罗亚斯德教，但受到传统教祭司的迫害。直到42岁时，大夏（即巴克特里亚，今阿富汗一带）的宰相娶他女儿为妻，将他引见国王，此后，琐罗亚斯德教才开始在大夏迅速传播发展。但遗憾的是，他在77岁时的一次战争中被杀身亡。(图13-10)

图13-10　公元6世纪诞生的琐罗亚斯德教—拜火教

有关琐罗亚斯德教的历史成因，有诸多学者曾提出该教并非是由琐罗亚斯德所创，他应该是集大成者。据文献记载，公元前20世纪，原居住在中亚草原地区属于印欧语系的雅利安人，越过现今阿富汗和巴基斯坦交界处的兴都库什山脉涌入伊朗高原，并创造了自己的文化和宗教，他们信奉多神特别是火神，并实行烦琐的祭祀仪式。最早反映在《伽泰》中的诸神崇拜，和光明神或善神阿胡拉·玛兹达崇拜，其神祇地位已经十分重要。

琐罗亚斯德教的发展，早期的原始宗教还没有一个唯一的“造物主”概念，但在众神中渐渐发展出了“主神”。后来一神教的出现，和雅利安原始宗教多神崇拜中的密特拉崇拜，有直接的关系，密特拉崇拜在上古是最主要的崇拜对象之一，火、光明、太阳神崇拜都源自密特拉崇拜，它是古埃及多神崇拜之外较早具有一神论萌芽的宗教崇拜信仰。

公元前 522 年波斯阿契美尼德王朝大流士一世执政后，为了统一波斯的需要，独尊阿胡拉·马兹达，力图贬低部落的氏族神台瓦等。其后继者塞齐斯等追随大流士的信仰，常自称为阿胡拉·马兹达的使者，声称神的意志通过皇帝宣示人世。据考证，琐罗亚斯德的庇护者维斯塔巴就是大流士的父亲，琐罗亚斯德也独尊阿胡拉·马兹达为最高神。阿契美尼德王朝时的宗教为祭司阶层麻葛所控制，麻葛崇拜阿胡拉·马兹达，反对恶灵，对死者实行天葬。因此有人把麻葛和反映琐罗亚斯德教信仰的《伽泰》 联系起来，认为该教是在阿契美尼德王朝前后时期的信仰基础上发展起来的。

公元 3 世纪波斯萨珊王朝创建后，琐罗亚斯德教兴盛，取得了国教的地位。萨珊诸王都兼教主，自称阿胡拉·马兹达的祭司长、灵魂的救世主等。他们搜集、 整理希腊化时期散佚的经典，编纂了《阿维斯陀》，使该教教义有了具体、明确的内容。5 世纪时，该教一部分教徒在玛兹达克的领导下，进行了一场社会和宗教改革。

公元前 4 世纪，希腊亚历山大大帝征服波斯后，波斯进入希腊化时期，琐罗亚斯德教受到沉重打击，但在公元元年前后又重新活动。在波斯万神殿中出现了希腊和波斯的混合神祇。阿胡拉·马兹达极其僚神成了太阳神、月神等的伙伴。在罗马统治时期，琐罗亚斯德教诸神之一密特拉神（太阳神）成为地中海地区普遍信仰的对象。

公元 6 世纪，萨珊王朝亡于穆斯林。起初哈里发对琐罗亚斯德教信徒还比较宽容，在依法纳税后容许他们保持自己的宗教信仰；但若干年后，便开始强迫琐罗亚斯德教信徒必须改信伊斯兰教，并将袄教信徒改称为迦巴尔（即异教徒）。在这种形式下，部分袄教信徒便开始向东迁徙并通过西域（新疆）进入到了中国，因此该教在南北朝和隋唐时期盛行于中国西域。

第二节　琐罗亚斯德教传到中国

据文献记载，琐罗亚斯德教在萨珊王朝（226 年~650 年）时盛行于中亚各地，8 世纪中叶穆斯林统治波斯、占有中亚后，大批教徒向东迁徙。新罗僧人慧超在《往五天竺国传》 中记载：“从大食国已东，并是胡国，即安国、曹国、史国、石骡国、米国、康国……总事火袄。”当时中国新疆的高昌、焉耆、康国、疏勒、于阗等地流行该教，在唐以前的中国的经典、史籍中，已可找到有关火袄教的记载。

但一般认为，波斯于 518 年通北魏，与波斯邻近的滑国于 516 年通梁，这两国皆信奉火袄教，因之火袄教传入汉族地区的时间当在 516 ~519 年间。火袄教崇奉之神在北魏、南梁时被称为天神、火天神、火神天神或天神火神；到 隋末唐初才称火袄，以此表示它是外国的天神。该教传入中国后曾受到北魏、北齐、北周、南梁等统治阶级的支持。因此，在京都（邺，今河南临漳县）出现了很多奉祀火袄的神庙，一时蔚成风气。北周的皇帝也曾亲自“拜胡天”、“从事夷俗”。从北魏开始，北齐、北周相继在鸿胪寺中设置火袄教的祀官。唐朝在东西两京都建立袄祠，东京有二所，西京有四所。在这些祠庙中“商胡祈福，烹猪羊，琵琶鼓笛，酣歌醉舞”，极一时之盛。另外，在丝绸之路上的碛西诸州也随地都有袄祠。唐朝祠部还设有管理火袄教的祀官萨宝府官，主持祭祀。

萨宝府官分为萨宝（中国史籍也称萨甫）、袄正、袄祝、率府、府史等，自四品至七品不等，由波斯人或新疆地区少数民族的信徒担任。唐时中国疆域辽阔，海外贸易发达，唐王朝之所以采取这种措施，一方面是为了尊重外国侨民的宗教信仰和生活习惯；另一方面也是为了与波斯、西域诸国建立友好关系，有着政治和商业上的目的。唐会昌五年（845）武宗在禁传佛教和其他外来宗教的同时，火祆教也受到排斥，景教、摩尼教和祆教的许多祠庙都被拆毁，僧侣被勒令还俗。但至大中（847 ~859）年间即弛禁。以后经五代、两宋犹有残存，民间仍有奉祀火神的习俗，在汴梁、镇江等地还有祆祠。南宋以后，很少见诸中国典籍。以后，在中国内地基本绝迹。

然而，1978 年，在我国新疆乌鲁木齐阿拉沟的一座古墓中，出土了一件高方座承兽铜盘。据考证，这件公元前 5 世纪至公元前 1 世纪的铜盘，与中亚发现的祆教祭祀圣火的器物相同。这表示祆教传入新疆应该不晚于公元前 5 世纪至公元前 1 世纪，传入的路线很可能是由波斯经中亚进入新疆的。由于祆教崇拜天、地、日、月、水、火、木、土，与新疆盛行的原始宗教信仰基本相同，因此才容易被当地居民所接受。魏晋至唐宋时期（220-1279），祆教在新疆各地迅速传播发展起来。在吐鲁番出土文书中，屡屡出现祆教徒特有的名字和有关祆教活动的记载。祆教在吐鲁番的迅速发展引起当地统治者的重视和警惕，为加强对祆教的管理和遏制祆教势力的发展，不仅设置了专门管理祆教的官职“萨簿”，还采取一些具体措施以限制祆教的活动。当祆教在中原地区不断遭受打击而日渐衰落之际，在新疆却进入其发展的鼎盛时期。据唐朝（618～907）哈密方志《沙州伊州地志》（残卷）记载，当时哈密有一座祆庙，该庙的教主翟磐陀曾入京朝见皇帝，并表演了神灵附体和利刃穿腹的幻术，被唐朝皇帝赐予“游击将军”的称号。10 世纪的阿拉伯旅行家米撒尔，在拔希国（今新疆策勒县）也看到其国都拔希城内有火教徒。由于祆教没有取得官方宗教的地位，主要流行于农村，与当地的原始宗教相互渗透、融合，最后也只能成为民间宗教的一部分。

第三节　祆教拜火习俗引出的思辨

通过以上介绍，我们发现了一个问题没能得到解释。那就是，上述记载中所提到的西域胡人所信奉的原始宗教，究竟所指的是怎样的一种宗教信仰，它们的历史成因与发展又是怎样？ 笔者查阅了诸多古史文献，但都只是只言片语没有详细的记载介绍，似乎当今学界也没有哪个人能够解释清楚。人们只知道西域胡人曾信奉过一种原始宗教信仰，但是关于该宗教信仰的属性及性质却知之甚少。

当商代鱼国宗教制作的祭祀古玉被发现后，它所承载的宗教信息，不仅揭开了一段不为人知的人类宗教成因史，同时还为我们链接出了当今考古无法解释的诸多历史谜题。例如，华夏上古玉所承载的文化现象、罗布泊太阳墓地所彰显的宗教含义、三星堆和金沙青铜器文明所承载的宇宙崇拜信仰、商代鱼国祭祀古玉所诠释的上古宗教信息等等，这些不仅诠释出华夏原始宗教成因与发展的历史脉络，同时又将华夏提升到了一个更为博大精深的宗教文明高度。

要知道，我国原始宗教的历史成因可以追溯到新石器时代。在该教不断升华与演变的过程中，他们不仅为我们留下了诸多珍贵的文化遗存，而且还用玉石和琉璃制作了诸多物质文明财富。从他们的宗教信仰看，中国原始宗教和上古时期的宗教信仰，不仅一直秉持着日月崇拜的宗教信仰，而且还在承袭着祭祀火神的宗教习俗。这种宗教信仰与习俗，不仅传承有序，而且一直延续到了隋代的虞弘时期。例如，在山西发现的隋代鱼国后裔的虞弘墓葬，在他的石椁上所雕刻的祭拜火祀图案能够充分证明上述推论。(图 13-11)

然而，关于虞弘墓石椁上的拜火图案，有些专家却认为是西亚祆教传入中国的拜火仪式，当然这种推论也有其自身的道理，因为它主要源于史料对祆教的记载和认知程度。但是从严格意义上讲，中国古代只是从拜火及天的宗教形式才知火祆教的存在。例如,《魏书·西域传》谓波斯国俗事火神、天神,《梁书·诸夷传》亦谓滑国事天神、火神。因滑国邻接波斯，故渐染其俗。而西域的焉耆、高昌都俗事天神。但是在文献中却没有提到，这种俗事火神、天神的宗教习俗早在祆教传入中国之前在焉耆和高昌就已经存在，因为它就是诸多文献中所提到的西域原始宗教。

图 13-11　山西太原出土的虞弘墓石椁图案

提到中国原始宗教的历史成因，以及它曾对华夏区域的影响，可以说从古史文献中根本就找不到任何记载，更不用说了解这支宗教俗事火神、天神的宗教习俗了。要知道，在 3800 年前，西域的“高昌”和“焉耆”就是印欧吐火罗人居住的城邦属地，这里不仅出现了俗事火神和祭拜宇宙的宗教信仰，而且还形成了人类宗教独创的宇宙崇拜信仰和宇宙创世学说。

例如，在三星堆青铜器上出现的火烧痕、鱼国古玉中出现的拜火图案、虞弘石椁上出现的拜火习俗等等，这些都能够说明我国上古宗教（吐火罗教）早在 3800 年前就已经形成了祭拜火祀的宗教习俗。而琐罗亚斯德教则是在公元前 628 年~公元前 551 年才得以创建，从时间的角度看，琐罗亚斯德教要比中国上古宗教的火祀习俗晚了近千年之久。

有过信仰的人都知道，一个人一旦信奉了某种宗教是不允许随意改信其他信仰的，因为那将是一种背叛行为。除非你信奉的宗教发生了重大的变故，否则没有哪个信徒会随意改变初衷信仰去改信其他教派的。那么，作为曾盛极华夏区域的鱼国宗教后裔虞弘，更没有道理去背叛鱼国宗教去改信外来“祆教”，除非一种可能，那就是祆教原本就是鱼国宗教（中国上古宗教）的承袭者或衍生教派，否则就不会出现改信祆教的事件发生。(图13-12)

图 13-12　虞弘墓葬出土的墓志铭

从另一个角度分析，如果虞弘确实改变了自己的宗教信仰并改信祆教，这不仅意味着他背叛了鱼姓家族，同时也背叛了鱼国的宗教信仰。但是，通过虞弘墓志被涂改的“鱼”字来看，似乎又没有这种可能。如果他背叛了“鱼国宗教”，那他将墓志上的“虞”字改写为“鱼国”的“鱼”也就没有任何意义了。由此可见，虞弘石椁上出现的火祀图案不应该被解释为是“火祆教”的拜火习俗，而应该是鱼国宗教祭拜火祀的场景才对。

有人会问，既然虞弘已将墓志上的“虞字”改写成了“鱼国”的“鱼”，那又为什么不将“虞弘”的“虞姓”一并改写为“鱼姓”呢？ 笔者认为这其中应该存在着三种原因，

一、众所周知，有虞氏舜帝曾是华夏民族的共同始祖，当鱼国后裔们进入中原之后，因受到中原主流文化的影响，鱼姓族人有意将自己的“鱼”姓改写成“虞舜帝”的“虞”，以便顺应中原潮流也在情理之中。

二、前文曾提到，商武丁伐鬼方所征伐的就是鱼国，既然中原各诸侯国讨伐的鬼方是鱼国宗教，四散逃亡的鱼国后裔只能隐姓满名，将自己“鱼姓”改写成“虞舜帝”的“虞”以避灾祸。(图 13-13)

图 13-13　隋代虞弘墓志盖

如果站在中原虞舜帝的影响角度，似乎第一种推论比较符合事实；但是，要是站在中原各诸侯国讨伐鬼方的角度，第二种推论更接近事实。那么，究竟哪一种才是虞弘改写墓志的原因呢？ 笔者认为，两种推论都有其道理，但是，从历史发展的整体角度分析，本人还是倾向于第二种推论。

据文献记载，武王在伐纣之前曾对丰镐周边地区进行过多次讨伐和兼并。这要追溯到周人兴起时的那段历史，西北地区的西戎乃是陇济和泾洛一带最活跃的游牧鬼戎。古公亶父在豳时，“薰育戎狄攻之，欲得财物”，《诗·大雅·绵》 歌咏古公亶父在周原筑城，混夷远遁。而周原的戎患之忧一直延续到周文王时期。《诗·小雅·采薇·序》 曾说：“文王之时，西有昆夷之患，北有猃狁之难”，《采薇》 有“靡室靡家，猃狁之故”，“岂不见戒，猃狁孔棘”等句，《孟子·梁惠王》 甚至说：“太王事熏鬻，文王事昆夷。”文王经过征服与争取，戎狄“莫不宾服，乃率西戎，征殷之叛国以事纣”。事实证明，当时周曾打着商王的旗号对其镐地周围各部落方国进行过兼并和讨伐，这与周在伐纣之前已有“三分天下有其二”的说法也极其吻合。

要知道，西戎作为族称始于周人，在灭商之前它主要用来称呼周原附近的方国部落，当时的劲敌主要集中在周原以西的陇山地区（这其中应该包括鱼国，也就是文献记载的鬼方），故将其称之为鬼戎。周灭商之后，周人为表示对商的敌忾，曾将西戎还称之为“戎殷”或“戎衣”。另外，周在伐纣之前曾用兵讨伐过丰镐周边的很多诸侯方国，而鬼方（鱼国宗教）势必会成为被讨伐的劲敌。要知道鱼国都邑的所在地，恰恰位于今天甘肃以

南的平凉泾川一带，距离周王的丰镐之地西安只有200多公里，虽然距离周镐并不近，但只因鱼国宗教在这一区域影响巨大，自然也就成为了周王朝的心腹大患，成为征伐的对象也就成为了必然。

让我们再回到讨论的主题，既然鬼方（鱼国宗教），在我国西北地区曾有过一段辉煌的历史，想必该宗教所秉持的拜火习俗也在这片土地上根深蒂固。因此，仅凭拜火习俗就将西域杂胡和虞弘石椁上的拜火图案界定为火祆教习俗，恐怕过于武断。如果西域杂胡和虞弘的确信奉过祆教，那么我们也应该先厘清两教的宗教性质，溯源出两教是否有着承袭关系，方能将长期笃信原始宗教的西域胡人和虞弘改信祆教做合理的解释，否则仅凭表象就将他们的信仰定性为祆教信仰，恐怕隐藏在该文化现象背后的秘密我们将永远无法厘清。

第四节　华夏上古宗教对祆教的影响

随着人类宇宙创世学说的一元论的推广，宗教的二元论观点又随即产生。但不可思议的是，很多学者普遍认为提出二元论观点的人，是来自中东多神教体系内部。这个人便是琐罗亚斯德。他认为，宇宙之初，就已经有了善恶二神。按该教经典之一《创世纪》，谓宇宙自亘古以来，善、恶二神即已存在，中间间隔为虚空，二者相互斗争，于是开始了创世过程。琐罗亚斯德提出的二元论观点，一般认为是神学上的一神论和哲学上的二元论。虽然琐罗亚斯德提出的二元论观点，多神教不仅没有采纳反而将他逐出了师门，但随后琐罗亚斯德创建的二元论教义理念，却逐渐取代了多神教一神、一元论信仰，而最终还成为了中东最具影响的二元论宗教信仰体系。对此曾有学者提出，在基督教诞生之前，琐罗亚斯德教可以说是中东地区最具影响的宗教信仰体系，他不仅逐渐取代了多神教信仰，最终还成为了古代波斯帝国的国教。

谈论祆教历史，我们不得不先介绍一下琐罗亚斯德本人，琐罗亚斯德自幼就受到了中亚多神教的教育和影响，此后他不仅成为了该教的忠实信徒，他还成为了多神教中的改革派。也正因为如此，琐罗亚斯德才有可能日后创建出了以自己名字来命名的宗教教派，即琐罗亚斯德教。

虽然琐罗亚斯德自幼就笃信多神教，但随着年龄与智慧的增长，他逐渐发现多神教的多神崇拜存在着很多问题，因此他提出了自己的看法与质疑。例如，琐罗亚斯德曾把古代印度、伊朗的（雅利安的）诸神（即印度《吠陀》中的提婆斥为邪神。他宣称阿胡拉·马兹达为最高的神、物质世界和精神世界的创造者；安格拉·曼钮拥有众邪神，专事破坏，与之作对。这就是他的一神信仰兼有二元论的教义的特点。其教义认为：世界分为善与恶、光明与黑暗、真与妄两种势力，二者经常战斗。人有自由意志，可自行选择参加一方。恶的势力终将被消灭。他宣扬人应以“善念、善言、善行”对邪恶势力作斗争，这样在死后经过审判得以升入永远光明的快乐国土。

琐罗亚斯德所说善与恶两种势力的斗争，真实反映出当时亦农亦牧的居民与游牧部族之间产生的矛盾。正因为他反对崇拜多神的说教，才遭到了旧祭司和部落军事贵族的反对，最终被驱逐。从此他离开本氏族部落远游，并在巴克特里亚、阿利亚（今赫拉特）、锡斯丹和阿拉科西亚（今阿富汗南部）各地开始传教，历经两年的时间，他收了巴克特里亚王维什塔斯帕以及王后和其大臣等成为了他的教徒。他利用自己的余生一直为传教而奋斗。琐罗亚斯德教于是大行于世，进而传入西部伊朗。琐罗亚斯德的生平以及教训的记载,后来成为了该教的经典，即《阿维斯陀》。

通过上述记载可以看出，正因为琐罗亚斯德自幼笃信中亚地区的多神教，并在其影响下才有可能创建出了集大成的祆教。然而另一个问题却摆在了我们面前，那就是曾经盛行于中亚地区的多神教又是从何处承袭而来的呢？ 从琐罗亚斯德反对多神教的范畴进行分析，他所斥责的多神教不仅仅是中亚，同时还涵盖了中东地区的伊朗雅利安人所创建的诸神（多神教），以及亚洲地区的古印度的吠陀教。从这个角度看，他斥责的这几个地区的宗教都属于多神教性质，也就是说这几个地区的多神教都源于相同的宗教传承，源于同样的宗教信仰体系，延续着同样的祭司至上和种姓制度，而且都在弘扬着同样的教义理念以及崇拜信仰观，否则琐罗亚斯德将三个地区囊括一起斥责也就没有任何意义了。因此可以肯定的讲，这三个地区当时所盛行的多神教很可能源于一脉相承的宗教法脉。那么，这三个区域出现的多神教又是如何形成的，他们的宗教理念又是承袭的哪个宗教教派，所集的又是哪家的宗教大成呢？

溯源全球多神教历史，我们不得不联想到华夏上古时期诞生的那支宗教信仰体系，这支宗教信仰不仅属于多神教崇拜，同时还是人类创建宇宙创世学说的缔造者。本书前文曾对中国上古宗教西传路径作过详细阐述。比如，其中的一支人群最先到达了印度，之后那里便诞生了一支新的宗教教派，即吠陀教和婆罗门教相继诞生；而另一支人群则跨越中亚继续向西传播，最终到达了中东地区，不久那里便出现了一支多神教崇拜信仰。如果按照这一理论推移，诞生在中东地区的琐罗亚斯德教，也应该属于我国上古宗教的衍生教派或承袭者。理由是，琐罗亚斯德自幼笃信多神教信仰，当他发现多神教有诸多不足之处后便提出了改革意见，虽然因观念相左最终被逐出了师门，但从宗教的承袭角度看，琐罗亚斯德创建的祆教仍然属于多神教派的衍生。既然祆教属于多神教的衍生，琐罗亚斯德教也就理所当然的应该属于中国上古宗教的承袭者或衍生教派。另外，琐罗亚斯德所推行的教义理念（即宇宙创世观），仍与中国上古宗教所创建的宇宙创世学说极其吻合，说明两者肯定存在着一种承袭关系。

然而，也正因为琐罗亚斯德教与中国上古宗教存在着一种承袭关系，当祆教受到中东兴起的伊斯兰教排斥和打压后，该教才逐渐退居到了华夏地区。在华夏区域，该教不仅没有受到排斥，反而很快被西域胡人所接受。这不仅仅是因为华夏民族具有包容性，而最主要的一点则是，华夏区域曾经就是人类上古多神教崇拜信仰的历史源头，这里不仅有着多神教生存的沃土，同时还拥有笃信多神教信仰的诸多信徒。

第五节　从种族学角度辨析祆教历史

前文，已经针对我国上古宗教西传，详细辨析了琐罗亚斯德教所承袭的宗教法脉。下面，我们将站在种族学的角度找出支持上述观点的证据。

当今学界普遍认为，祆教的历史应该属于波斯文明范畴。而波斯文明，是公元前 20

世纪原居住在中亚地区，属于印欧语系的雅利安人越过兴都库什山涌入伊朗高原所创造的。因此，琐罗亚斯德教在基督教诞生之前，它不仅是中东地区最有影响的宗教，还是古代波斯帝国的国教。琐罗亚斯德教的出现，对后来的犹太教、基督教、伊斯兰教，都产生过深远的影响。因此，时至今日波斯人普遍认为自己是最纯正的雅利安人。

然而，关于雅利安人在中国的分布，有些学者则认为，中国的少数民族塔吉克族、塔塔尔族、俄罗斯族都属于雅利安人后裔，但由于民族数量太少且大多又与汉族混居融合，其固有的民族特征已经不太明显了，但塔吉克族和塔塔尔族至今仍保持着游牧民族的生活习性，雅利安人特征还算明显。还有学者提出，居住在我国新疆最原始的居民 印欧语系的吐火罗人，应该是在上古时期从雅利安族系中最早分裂出来的原始族群。理由是，无论是从他们的肤色、体貌特征、头发的颜色以及游牧民族的生活习惯，都与雅利安人特征极为相符。

如果站在吐火罗人就是雅利安族系的观点，我们似乎又从民族学角度找到了更有力的依据。也就是说，曾经创建华夏上古宗教的这支人群，在武丁伐鬼方后撤离了华夏并到达了与其接壤的古印度，而最远的一支人群则迁徙到了中亚及中东地区，因此那里才相继诞生了不同称谓的多神教崇拜信仰。如果这种推论成立，将会使困惑着学界的诸多历史谜题一一得到破解。这些谜团就是，曾摧毁过印度河文明的雅利安人并非来自印度西北某地，而是来自古印度的毗邻国华夏这片区域迁徙到的印度。而中亚地区诞生的多神教，和中东地区创建的诸神崇拜的多神教信仰，以及琐罗亚斯德创建的袄教不仅都是由雅利安人所创造，而且它们所承袭的历史法脉也都源于华夏上古宗教的一脉传承。这不仅符合中国上古宗教向西传播的时间及路径，而且宗教体制也符合雅利安人所推行的祭司至上的种姓制度。由此可见，在中亚和中东地区诞生的那几支多神教，无论是宗教性质（多神教信仰），还是从创建这些宗教教派的族属关系（雅利安人），也都属于雅利安族系。然而这种相同与相似的文化现象，绝非用历史的巧合能够解释得清楚，他们应该被解读为是人类上古宗教的一脉相承才对。

有人会问，既然创建华夏上古宗教的吐火罗人属于雅利安族系，那么为什么当今学界不直接将吐火罗人称之为雅利安人呢？ 笔者认为，每个国家或民族在不同的历史时期，都曾有过不同的历史称谓。而吐火罗人没有被称之为雅利安人，就如同吐火罗人在上古时期被称之为月氏，而在古印度被称之为贵霜一样，其实他们都应该属于广义上的雅利安人。又如今天人们所熟知的匈奴，他在不同历史时期仍有着不同的历史称谓。例如《史记·匈奴传》 开篇明言：“匈奴，其先祖夏后氏之苗裔也，曰淳维。唐虞以上有山戎、猃狁、荤粥，居于北蛮，随畜牧而转移”。《史记．索隐》：“唐虞以上曰山戎，亦曰熏粥，夏曰淳维，殷曰鬼方，周曰猃狁，汉曰匈奴”。而王国维，针对商及周初的鬼方则认为，“谓皆畏与鬼之阳声……故鬼方、昆夷、熏育、猃狁，自系一语之变，亦即一族之称”。

由此可见，无论今天的人们将创建中国上古宗教的这支民族，称之为吐火罗人还是雅利安人、是大月氏人还是小月氏人、是大夏族还是夏民族、是巴蜀人还是三星堆人，是鱼国宗教还是吐火罗宗教，这些都不会影响我国上古宗教对人类宗教史的发生与发展做出重大贡献的事实。

笔者从人种学的角度，力求探寻出吐火罗人与雅利安人是否存在着族属关系，其目的只有一个，就是想借助科学方法顺延出中国上古宗教与古印度教，以及中亚地区诞生的多神教之间是否存在着承袭关系，是否存在着同宗、同族、同种姓制度的传承脉络。如果上述问题能够得到印证，那也就意味着创建中国上古宗教的这支人群，他们的族属关系、宗教性质、宗教传播的路径，将会被彻底揭开。那么也就意味着，长期困惑着我国考古学的诸多疑迷难解的文化现象，将会得到一一破解。

第六节　为什么只有胡人才信奉祆教

关于祆教在中国的发展分布，唐代《往五天竺国传》中曾有过这样的记载："从大食国以东，并是胡国，即安国、曹国、史国、石骡国、米国、康国……总事火祆。"在当时中国新疆的高昌、焉耆、康国、疏勒、于阗等地也曾流行过"火祆教"。上述记载说明，在我国信奉祆教的区域和民族，主要是西域九姓杂胡和在中原山西经商的胡人所信奉，而中原人却很少有人信仰祆教。

然而，这种带有区域性和民族属性的宗教信仰，却暴露出一个问题：

第一，为什么祆教在中国只有杂胡信奉，而中原人却很少有人信仰呢？ 这种带有族属关系和种姓制度的宗教信仰，酷似我国上古宗教体系所奉行的种姓制度和西传到印度的婆罗门教、以及中东地区诞生的多神教信仰体系。这种极为相似的文化现象，不应该是一种巧合，而更像是一种承袭关系。

站在人种学角度分析，创建我国上古宗教的这支人群属印欧语系的吐火罗人，其族属关系为雅利安族系；而我国上古宗教西传到印度，并在那里创建起吠陀教和婆罗门教的族群，其族属关系仍属于雅利安人；西传到中东地区，并在那里创建起多神教信仰的族群不仅是雅利安人，就连创建祆教的改革派琐罗亚斯德本人仍属于雅利安族系。也就是说，该宗教信仰的人群，他们全部来自雅利安人族系。

站在世界各国多神教的成因年代分析，中国上古宗教的历史成因可追溯到新石器时期，例如在青海发现的杜立巴石碟（距今约 12000 年），以及内蒙古地区发现的阴山岩画，而该教向西传播的时间大约是在公元前 3800 年~前 1500 年；古印度教的诞生时间，大约是在公元前 3000 年~前 1500 年；在中东地区诞生的多神教，大约在公元前 2000 年到公元前 1901 年之间；琐罗亚斯德教的诞生时间，大约是在公元前 628 年~前 551 年。从人类上古宗教（多神教）历史成因的排列顺序看，中国创建上古宗教的时间不仅最早，而且还应该是该宗教信仰的历史源头和传播者。

从宗教的性质角度分析，中国上古宗教属于多神教崇拜信仰；而古印度教仍属于多神崇拜；中东地区诞生的最早宗教信仰，原本就属于多神教崇拜；而创建祆教的琐罗亚斯德本人，他不仅曾是多神教的忠实信徒，而且之后他所创建的祆教仍属于多神教派。

我们有理由相信，无论是古印度的吠陀教和婆罗门教、还是中东地区诞生的多神教、以及琐罗亚斯德教，他们不仅有一脉相承的承袭关系，而且还都在秉持着宗教祭司至上的种姓血缘制度。

为什么中原民族却很少有人信奉祆教呢？ 要知道，在祆教传到中国之前，我国西域杂胡就曾信奉着一种亘古演变而来的宗教信仰。溯源其宗教法脉，这支宗教就源自我国上古时期形成的那支宗教体系（即吐火罗教）。准确地讲，这支上古宗教就是商武丁伐鬼方所讨伐的鬼方宗教（鱼国宗教）。

正如前文所述，我国上古宗教自商武丁伐鬼方战役后，其核心便开始西迁到了印度和中东一带。而那些没能离开华夏区域的鬼方后裔，不仅遭到了中原王朝的严厉镇压，就连该宗教信仰也成为了排斥对象，并且中原民族受儒教影响而不接受祆教。就西传到中东地区的多神教而言，他们在那里不仅得到了长足发展，而且固有的教义理念也随着琐罗亚斯德改革思想的推进得到了继续升华演变。当琐罗亚斯德教回传到中国后，他不仅将沉睡已久的上古宗教重新唤醒，同时又以他新的教派和新的教义理念收回了固有的宗教阵地。因此，当祆教传入中国后才会出现被西域杂胡，以及进入中原腹地的山西经商胡人很快的接受。

第七节　祆教所承袭的宗教法脉

火祆教与中国上古宗教，在信仰和教义方面都存在着很多相似之处，例如对火的崇拜和对眼睛的崇拜。

琐罗亚斯德教提出阿胡拉·玛兹达（意为“智慧之主”）是最高的主神，是全知全能的宇宙创造者，它具有光明、生命、创造等德行，也是天则、秩序和真理的化身，是玛兹达创造了物质世界，也创造了火，即“无限的光明”，因此琐罗亚斯德教把拜火作为他们的神圣职责。火是阿胡拉·玛兹达最早创造出来的儿子，是象征神的绝对和至善，因之火是人们的“正义之眼”，所以在他们的神庙中都设有祭台点燃着神火，在教徒家中和工作场所也延续着燃点圣火的习俗。

琐罗亚斯德教对火的崇拜以及他所提出的“正义之眼”理论，其实在我国三星堆时期就已经形成，从时间上看要早于他 1，000 多年。在三星堆出土的青铜神器中对眼睛表达的崇拜与神器纹饰图案数不胜数，如青铜突目面具、眼睛形状的饰件以及用眼睛作为主题的纹饰图案等等，都在体现着三星堆人对“眼睛”的崇拜信仰。古蜀人为什么如此崇拜眼睛？ 青铜面具的眼睛为什么要呈现出圆柱纵目状？ 对此有学者认为，这是因为蜀地蚕丛王的眼睛呈纵目状所致，说蚕丛王纵目是因为他长期患有严重的缺钾症而致使其双目突出，人们为了缅怀他所以将青铜器人像的眼睛做成了纵目形状。笔者认为，这种推测恐怕有些牵强。因为三星堆人对眼睛的崇拜方式，并不是对蚕丛王个人形象的缅怀，而更像是在描述三星堆族群的神祇地位。（图 13－14）

图 13-14　三星堆青铜器中的眼睛崇拜

另外，青铜器武士人像的眼睛也证明了这一点，三星堆人将武士瞳孔用凸起的一条横线来进行夸张性描述，其目的无疑是在炫耀着三星堆武士也具有神一般的慧眼，这种带有夸张性的眼睛在三星堆和金沙出土的器物中还有很多，这些似乎都在讲述着人类对眼睛崇拜的成因历史。从三星堆人对眼睛的崇拜方式能够看出，三星堆人对眼睛的崇拜在历史同期可以说已经达到了我们无法想象的高度，然而这种崇拜形式唯有宗教意识形态升华演变到一定文明程度后，才有可能出现这种极为高深的灵异之美。

三星堆人对眼睛的崇拜信仰在蜀地的文字上也得到了完美的诠释。例如，就甲骨文中出现的蜀字而言，蜀的象形文字下面是一条弯曲的蛇身，而头上却是一只大大的眼睛。这个蜀字的象形文字说明，蜀人崇拜眼睛的习俗早在文字产生之前就已经被广为流传,而当文字诞生后，眼睛图腾也就理所当然的成为了蜀地具有标志性的象形符号。那么巴蜀三星堆地区的眼睛崇拜，究竟是怎样形成的呢，如果将其解释为是蜀地诞生，我们却在蜀地没能找到眼睛崇拜的成因历史；如果将它解释为承袭演变而来，那么它所承载的文化现象又究竟是从何地承袭而来的呢？（图 13-15）

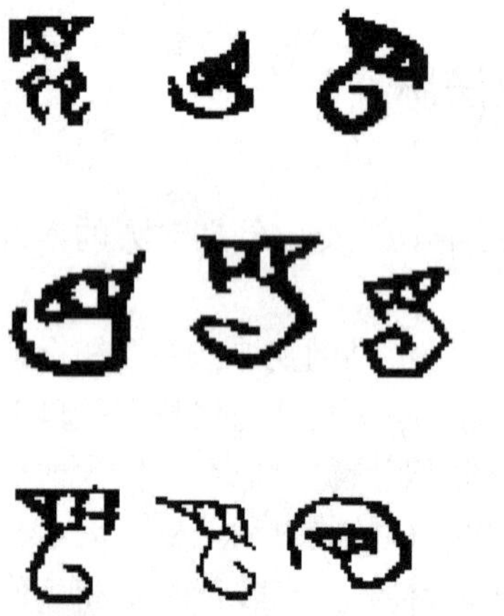

图 13-15　殷墟甲骨文中的蜀字

溯源中国区域的眼睛崇拜历史，最早年代的眼睛崇拜当属我国内蒙古地区发现的阴山岩画，在岩画中出现的眼睛崇拜图案其年代可上溯到新石器时代。据文献记载，阴山岩画早在公元 5 世纪时，曾被北魏地理学家郦道元首次发现，并在他撰写的<水经注>著作中做了详细的记述。然而遗憾的是，在郦道元之后的若干世纪里，再也没有人去关注过这些岩画遗存。直到 21 世纪 30 年代末，中瑞西北科学考察团才又再次发现了这些阴山岩画。我国针对阴山岩画的全面考察，是从 1976 年才开始的。此后，每年都有许多专家、学者到巴盟境内对其进行考察，并先后发现岩画多达 1 万多幅。针对这些阴山岩画研究，国内外学者也进行过多角度的研究和解读，但是有关岩画所彰显的眼睛崇拜现象以及岩画所承载的文化内涵，却解读得含糊不清。(图 13-16)

图 13-16　内蒙古阴山岩画上的眼睛崇拜

继阴山岩画之后，这种针对眼睛崇拜的文化现象在中国又延续了几千年之久。例如，在我国内蒙古发现的红山古玉、在甘肃发现的齐家古玉、在长江中下游发现的良渚古玉，以及在陕、甘、宁、青地区发现的鱼国祭祀古玉等等，在古玉中所出现的眼睛彰显的手法完全一致。而唯一不同的是，前者属于在岩壁上平刻出来的岩画图案；而后者则是借助玉石载体所制作出的各种圆雕人物造型，但是他们对眼睛的夸张手法却同出一辙，属于继阴山岩画之后的一脉相承。又如，在我国新疆阿勒泰地区发现的草原石人像，对眼睛采用的镌刻手法仍与阴山岩画完全相同。很显然，这种自阴山岩画之后延续了几千年之久的眼睛崇拜信仰，不仅表现手法极具夸张抽象，其内容形式也极为雷同。(图 13-17)

然而，这种内容形式的眼睛崇拜发展到三星堆时期，三星堆人已将眼睛崇拜发挥到了

图 13-17 新疆草原石人像的圆眼睛

极致。就三星堆青铜面具而言，其眼睛的形状虽然是采用底大上小的锥柱体形状，但从直视的角度看仍属于两个大小不等的圆圈造型，这种将眼睛刻画成纵目状的夸张手法，不仅在刻意区别着人类相貌，而且还在冲击着我们以往的想象力。其目的只有一个，那就是三星堆人要将他们所崇拜的对象推向人类高不可攀的宇宙神界。(图 13-18)

图 13-18 鱼国沙漏玉俑的圆眼睛

在三星堆之后，陕甘宁青地区发现的鱼国祭祀古玉和琉璃礼器，对眼睛崇拜的内容形式更是多姿多彩，如鱼国古玉中出现的玉鼓（瞽蒙）、人体造型的流沙计时器、玉琮上的各种浮雕人物图案的眼睛等等，仍是以两个大小不等的圆圈在彰显着虹膜与瞳孔有别于人类的灵异造型，这种抽象的艺术手法与阴山岩画所采用的形式完全一致。这种对眼睛的崇拜习俗，在我国一直延续到了春秋战汉时期。例如在战汉时期出现的各种用琉璃制作的蜻蜓眼，以及诸多类似于眼珠形状的各种串珠，不仅诠释着人类眼睛崇拜的亘古历史，同时体现该文化现象的承袭发展演变过程。(图 13-19)

这种带有宗教性质的眼睛崇拜现象，虽然在古埃及和地中海东岸以及叙利亚（布拉克眼睛神庙），都能看到不同形式的人类眼睛崇拜，但是从这些区域所出土的实物证据看，唯有中国诞生的眼睛崇拜体现出从历史成因到发展演变的有序传承，而这种有序传承在世界范围内可以说绝无仅有。

以上证据说明，人类出现的眼睛崇拜信仰应该是由中国上古宗教所创建，随着该宗教向其他区域的传播扩散，这种对眼睛的崇拜信仰也在世界各地逐渐形成，并普遍被各信众所接受。如果站在该文化现象的历史年代分析，中国上古宗教所推崇的眼睛崇拜，不仅要远远早于其他地区而且更早于琐罗亚斯德教的眼睛崇拜历史。如果按照前文笔者提出的，琐罗亚斯德教是中国上古宗教的承袭者或衍生教派，该教提出的“正义之眼”理论，应该是在承袭了我国上古宗教的眼睛崇拜信仰后才发展起来的一种集大成者理论。

此外从宗教发展的现象看，宗教经历了一个由初级到高级、由多神崇拜到一神崇拜的升华演变过程，这似乎已成为了世界各教派发展的普遍规律。从这个角度看，我们仍能找出吐火罗教与琐罗亚斯德教两者存在的承袭关系。例如，我国上古宗教（吐火罗教）制作的眼睛崇拜岩画和各种眼睛崇拜的物象符号，应该是该宗教对人类眼睛崇拜采用物象还原的叙述；而琐罗亚斯德教，则是借助文字对人类上古宗教的眼睛崇拜现象，进行的一种具

图 13-19　鱼国祭祀鼓曚的圆眼睛

有升华演变性质的详细解读。虽然两者的歌颂手法不同，但是他们所弘扬的眼睛崇拜形式却完全符合宗教由初级到高级的发展演变。

要知道，宗教是人类社会发展到一定历史阶段后所出现的一种文化现象。其主要特点是，相信现实世界之外存在一种超自然的神秘力量，该力量统摄万物并拥有绝对权威，他主宰着自然进化并决定着人世间的命运，从而使人们对这种神秘力量产生出敬畏及崇拜，并从中引申出信仰认知和宗教仪式活动。随着人类社会从原始社会进入到阶级社会，人们的宗教意识也相应地从多神崇拜向神的二元化及一元化发展转变。就鱼国祭祀古玉所反映的多神崇拜来看，鱼国时期是多神崇拜的宗教信仰阶段，属于宗教产生的第一个阶段；而琐罗亚斯德建立的“拜火教”是一种主张善恶二元论的宗教，属于人类宗教发展到第二阶段。然而，我国上古宗教无论从拜火习俗还是对眼睛的崇拜，都要远远早于琐罗亚斯德所推行的“正义之眼”崇拜历史。由此可见，这两支宗教文化所体现出的相似之处绝非历史的巧合，而应该是中国上古宗教西传的发展演变脉络。

由此可见，琐罗亚斯德所创建的祆教，应该是在承袭了我国上古宗教西传到中东地区的多神教信仰后，才发展衍生出来的一支能够顺应时代潮流的新的宗教教派。

第十四章　华夏上古宗教对古印度的影响

第一节　宗教性质与族属关系

印度古代宗教，应该是印度教的古老形式。它的起源可以追溯到公元前 3000 年 ~前 1500 年的印度河文明。同许多后来的世界性宗教不同，它既没有明确的发祥地，也没有具体的创教人，因为人们目前还不知道它们具体来自何方，因此学界普遍认为它是一支由不同的宗教信仰和不同哲学派别汇合而形成的宗教思想体系。而这些不同的教义与思想派别，却又代表着不同地域和不同种族的文化内涵，又都在印度次大陆经历了数百到上千年的繁荣，尽管人们可以笼统地以印度宗教文化来概括它，但是有关它的成因历史至今仍困惑着学界。

吠陀教，是印度古代宗教之一。由大约公元前 2000 年左右的古印度西北部的雅利安游牧部落的信仰演化而成。是一种多神教，崇拜神化的自然力和祖先、英雄人物等。凡日月星辰、雷雨闪电、山河草木以及动物等都被幻化为神，并根据这些神所在位置分为天、空、地三界。在天界的有天神伐楼拿、太阳神苏利耶、黎明神乌莎斯；在空界的有雷神因陀罗、风神伐由、雨神帕阇尼耶；在地界的有火神阿耆尼、酒神苏摩、河神萨罗斯瓦蒂等。这些神好多是雅利安人从波斯带来的。在后期吠陀中，已有向一神教发展的趋向，出现了很多抽象神，如造一切神、祈祷主神、原人等。它虽有灵魂观念，但还没有产生灵魂轮回的思想和信仰，对以后的婆罗门教和印度教的形成有重要影响。

据有关文献记载，婆罗门教是印度古代宗教之一，起源于公元前 2000 年的吠陀教，形成于公元前 7 世纪。公元前 6 世纪至公元 4 世纪是婆罗门教的鼎盛时期，公元 4 世纪以后，由于佛教和耆那教的发展，婆罗门教开始衰弱。印度最早的文明是公元前 30 世纪至前 15 世纪间的印度河流域文明。当时定居在印度河河谷的居民已经使用青铜器皿，大多从事农业和畜牧业，已有象形文字，并能制作各种造型艺术作品。其流行的宗教信仰主要是对地母神、动植物（特别是牛)、性器官和祖灵的崇拜，浸浴和土葬是重要的宗教仪式。有些出土的画品上还绘有修行者趺坐和冥想等形象，这些宗教信仰和实践与后世印度民间信仰的湿婆崇拜和瑜伽修习等有一定的联系。公元前 20 世纪中叶雅利安人由兴都库什山和帕米尔高原进入印度河流域，并和当地的主要土著民族达罗毗荼人进行了长期斗争并征服了他们。雅利安人在进入印度以前原是游牧部落。在他们的氏族公社中，父权占统治地位。宗教信仰是吠陀教和婆罗门教，主要是崇拜人格化的自然神和祖灵以及崇拜多神，对诸神实行火祭和苏摩祭，并制定了烦琐的祭祀礼仪制度。

婆罗门教的等级制度森严，把人分为 4 种姓氏：婆罗门，刹帝利，吠舍，首陀罗。婆罗门：(最高的）教士和学者。刹帝利：（次等）贵族和战士。吠舍；（再次等）农夫和客商。首陀罗：(最低的) 农奴和奴隶。

而婆罗门教的起源经典《吠陀经》，也是雅利安人的创作。该书将雅利安人描写成神勇而好战的英雄，并将当地的土著和被征服者描绘成低贱者。因此在梵语中，“雅利安”也就有“高贵”与“纯洁”之意。由此可见，雅利安人的好战男性神祇和男性至上文化，与古印度女性神祇和母系文化融合到一起，共同构成了印度文明的基础。虽然，印度种姓制度仍起源于雅利安人，是雅利安人对征服者与被征服者之间演变出来的一种种族等级称谓。但遗憾的是，只因人们还没有找到入侵印度的这支雅利安人来自哪里，所以至今仍无法勾勒出吠陀教和婆罗门教的完整历史。

随着笔者对中国上古玉和上古宗教的研究深入，发现创建古印度吠陀教和婆罗门教的这支人群，是来自我国新疆吐鲁番盆地的那支原始居民 (即印欧语系的吐火罗人)。通过比较学研究，他们所创造的华夏上古宗教以及诸多的物质文化遗存，不仅诠释着古印度吠陀教和婆罗门教的前身历史文化，同时还在表现着吠陀教和婆罗门教崇拜信仰的历史形成。例如，对宇宙的崇拜信仰、对宇宙超自然力现象的崇拜、对宇宙三大主神的创建、以及最终所形成的人类宇宙创世学说等等，这些在中国上古宗教的体系中已基本创建完成，并以物象符号的形式在彰显着这种信仰。

第二节　梵我一如与三大主神

人类对梵天崇拜信仰的了解，主要源于古印度的吠陀经典和婆罗门教的教义理论，以及创建于古印度的佛教经典记载。例如“造书天”即是佛教中的术语，梵名 Brahma。音译婆罗贺摩天。意译净天、梵天。梵天为一切婆罗米系列字母的创造者，如：唐朝时期的中国人和古代日本人，他们所熟悉的悉昙体梵文字母就被认为是梵天所创制，梵文字母具有一般文字所没有的神圣字符，至今仍受到佛门弟子的崇敬与珍爱。那么梵天究竟是何方神圣的演变，最初原型又是什么？ 在古文献经典中却只记载了梵天是个创造神，他是宇宙万物的创造者，创造神梵天的地位相当于中国神话中开天辟地的盘古。

据“吠陀经”记载：梵天是从漂浮在混沌的宇宙金卵中孵化出来的，婆罗门教有三大主神，分别是大梵天 (创造神)、毗湿奴 (保护神) 和湿婆 (破坏神)。该宗教的大梵天，被视为是宇宙的根源神，有人认为他渊源于《梨俱吠陀》 中的祈祷主。祈祷主是地上的祭坛之神，在火祭中起着祭官的作用。《百道梵书》 称梵天为“世界之主”，在世界形成之际，他创造诸神，护持天地空三界。

婆罗门教的另一主神湿婆的雏形是吠陀万神殿中的暴风神楼陀罗。在《梨俱吠陀》中被称为暴风神之父，全身褐色，颈青发结，千眼多手，持弓箭；有善恶二重性格，发怒时用霹雳之矢，损伤人畜草木；但在人畜受病害时，又以草药治之，使之化险为夷，吉祥如意，成为家畜之主 (兽主) 或恶魔之主。后来楼陀罗又演化为山区猎人和居民的“万众之主”(群主)，其吉祥慈爱的特性也为人们崇拜，在吠陀后期文献中常将楼陀罗和湿婆并称。公元前 6 世纪前后出现的法经中称楼陀罗-湿婆为大天神或自在主。公元前 350 年前编纂的《白骡奥义》 赞为掌管天地生灭的“唯一神”(世尊)。贵霜王朝国王阎膏珍曾在金币上铸造湿婆神的形象。

所谓最高灵魂，即是伟大的创造神梵天。作为宇宙万物的创造者，创造神梵天的地位相当于中国神话中开天辟地的盘古。根据《摩奴法典》记载，梵天是从漂浮在宇宙洪水上的宇宙金卵中孵化出来的，卵壳分成两半，即创造了天和地；他又从自己的心、手、脚中生出十个儿子，连妻子文艺女神也是从大拇指上生出来的。由于他是在水中诞生的，因此他又被称为 Kanja（意味“在水中诞生的”）。大梵天又被称为“生主”。他的子孙分别生出天神、凡人、妖魔、禽兽以及宇宙间的万物。再由他们创造一切，“万物从梵天而产生，依梵天而存在，毁灭时又还梵天”,《森林书》如是说。

这位盘古在印度的同事，通常被描绘成一个肤色粉红、四头四臂的老人。他身穿白袍，四张脸朝向东南西北，象征四部吠陀经；四臂则分持念珠、盛有恒河水的水罐、权仗、弓箭等物，其中念珠用来记载时间，恒河水用来衍生万物。他平时坐在莲花宝座上，有时也骑天鹅或乘坐由七只天鹅拉的战车出巡。后来佛教吸收其为护法神，称“大梵天王”。

但是，很不幸，本来拥有至高无上地位的“梵天”，后来在印度教中却被遗弃。公元 6 世纪后，对梵天的崇拜逐渐衰落，他原先作为万有之神的很多特质，不是转移到湿婆身上就是被赋予给了毗湿奴。甚至由原先的天地而生变成了从毗湿奴肚脐上的莲花诞生。现在，全印度有好几万座寺庙供奉毗湿奴和湿婆，而只有两座庙宇供奉梵天。

但是无论怎么说，梵天的地位是无与伦比的，梵天不仅仅是人类的神，他是万物的神，代表的是宇宙意志。所以，他被称为“有求必应佛”。因为不管是魔、神还是人，都是这个宇宙的孩子。不管梵天如何被其他教派的人贬低，不是被湿婆砍掉了头就是被某人诅咒。但是有一点是确定的，在印度传说中一切都起始于梵天的梦境。包括这些神在内，都是在梵天的梦境里才存在。

在后来的佛教中，通常所称之梵天大都指“大梵天王”，又称“梵王”或“世主”。印度古传说中，为劫初时从光音天下生，造作万物，佛教中则以之与帝释天同为佛教之护法神。

此外，相传是梵天创造了梵文。

天城体字母，因为有悠久拼写梵文的历史且在当今印度其使用范围广泛，所以被当代人称为梵文字母。天城体字母是得到印度佛教界及国际公认书写梵文的标准字母。天城体，梵文直译是天上的城市。为什么叫天上的城市呢？因为根据文献记载，梵文字母是由创造宇宙之神“大梵天”所创制。因为是“梵天”所创制，所以称为“梵文”。梵文字母是天上的神灵所用的文字，所以又称“天城体”。关于梵文的诞生，在唐玄奘《大唐西域记》中（卷二：“详其文字，梵天所制，原始垂则，四十七言”（即 47 个字母））。和唐代西明寺道世法师在《法苑珠林》中均有提及（“昔造书之主，凡有三人。长名曰梵，其书右行；次曰佉卢，其书左行；少者苍颉，其书下行。”）

梵文字母中的每个字母代表了一种力量源泉，在印度，人们修炼“瑜珈”的时候常常冥想着梵文字母。念佛教“真言”的时候要求发音正确，因为梵文单词拼写和读音绝对规则，用梵文字母拼写的真言，既能做到即说即所写，又能保持真言的纯正的梵文语音。

大梵天慈悲、仁爱、博爱、公正这四种正直性格，佛教称之为婆罗门的四梵行，这种慈爱精神，得到佛祖释尊的赞叹，也是佛教之四无量心慈、悲、喜、舍的来源。因此，虽然“大梵天”在佛教中是属于“神”而不是“佛”，但因其慈爱而被信众们尊为“四面佛”，也就是东南亚盛行的四面佛崇拜。

吠陀教是古印度最早的宗教之一，大约诞生于公元前 2000 年左右，相传他是由古印度西北部雅利安游牧部落之信仰演化而成的，属多神教。此教崇拜多种神明及自然神与祖先、宗族英雄人物等。“吠陀”的意思是“知识”、“启示”的意思。

据印度文献所载，印度宗教的历史发展可分为五个时期，即初期（公元前 3000 年至公元前 6 世纪）、古代（公元前 6 世纪至公元 7 世纪）、中世纪（7 世纪至 18 世纪中期）、近现代（18 世纪中期至 20 世纪中期）和当代（20 世纪中期以后）。单就印度教而言，又可以分为七个发展时期，即印度河流域城市文明时期（公元前 3000 年至公元前 1500 年）、吠陀文明时期（公元前 1500 至公元前 1000 年）、婆罗门文明时期（公元前 1000 年至公元 7 世纪）、前中世纪时期（7 世纪至 13 世纪初期）、后中世纪时期（13 世纪初期至 18 世纪中期）、近现代时期（18 世纪中期至 20 世纪中期）以及当代时期（20 世纪中期以后）。从上述记载看，印度河流域城市文明时期的宗教和吠陀文明时期的吠陀教，是后期印度教的两大源头和早期形式。虽然前者已经具有了比较明显的原始宗教形态与特征，但是由于资料缺乏以及至今仍无法解读印度文字等原因，我们暂时还无法对其进行系统而深入的研究。然而，吠陀教的情况则大不相同，学者们普遍认为它是印度雅利安人的信仰，是雅利安人进入印度次大陆以后一段时间的比较成熟的信仰体系。

理由是，在吠陀文献中有许多描述雅利安人对达萨战争的片断，这样就产生了哈拉帕文化被雅利安人灭亡的假说。但是这种假说并没有找到充分的事实依据，因此现在还无法断定哈拉帕文化真正的灭亡原因。关于雅利安人本身，也有许多问题没有解决。一般认为他们在公元前 2，000 年代中叶从中亚侵入印度，但这一推论同样成为了一种假说，其原因是，人们在中亚地区至今仍未发现早于吠陀教历史的文化现象。

第三节　华夏上古宗教是古印度教的历史前身

探究古印度教的历史成因，至今仍是世界考古学界的一大未解谜题。如果人们能够抛开地缘政治的影响，用客观的态度和视角去重新审视华夏区域出现的上古宗教文明，以上诸多未解的历史谜题将会一一得到破解。虽然近一个世纪以来，很多西方学者在中亚地区一直在寻找着古印度教的历史发祥地，但他们却忽略了对印度东方中国区域的历史考察，以及对中国上古宗教历史形成的探索。如前文所述，中国区域诞生的上古宗教，以及紧随其后的我国阴山岩画，内蒙古地区的红山文化、浙江地区的良渚文化、甘肃的齐家文化、巴蜀地区的三星堆文化和金沙遗址，以及在陕、甘、宁地区最新发现的商代鱼国宗教文化，这些文化现象不仅彰显着中国上古宗教历史的形成与发展，同时也在诠释着古印度宗教历史形成的承袭脉络。

如果站在时间的角度分析，我国上古宗教的历史下线，即商时期鱼国宗教历史的盛衰时间，大约是在公元前 1566 年~前 1266 年武丁伐鬼方战役截止，该宗教在商代的历史沿革就已经达到了 300 年之久。然而，古印度婆罗门教的诞生时间，大约是在公元前 1500 年~前 1000 年这个阶段；而婆罗门的文明期，则是在公元前 1000 年~公元 7 世纪左右。很明显，中国上古宗教的历史要比古印度教的历史年代早很多。

站在物证的角度分析，中国上古宗教与古印度吠陀教和婆罗门教最直接的链接物证，就是商代鱼国祭祀古玉和琉璃器物中出现的三大主神头像。商代鱼国宗教遗留的三大主神头像，无论从历史年代，还是从工艺制作造型，以及他所承载的历史含义，都与佛教造像没有任何关联。他们应该与古印度教所推崇的三大主神梵天、湿婆、毗湿奴的崇拜有着直接的联系。因为，这三尊主神头像出现的时间在该宗教的晚期，所以更为接近上古宗教西迁到印度的时间。因此判定，该宗教的三大主神头像，应该就是古印度吠陀教和婆罗门教所推崇的三大主神造像。如果该推论成立，说明古印度教所推崇的三大主神崇拜信仰，早在中国商代鱼国宗教时期就已经形成，只因两教的历史文化至今没能得到链接，所以在中国出现的三大主神头像才被人们误读为佛头。但是这一实物佐证，恰恰诠释了中国上古宗教与古印度教的承袭关系，以及两教一脉相承的历史发展演变脉络。

第四节　中国的生殖崇拜与印度的湿婆化身

探究中印两国生殖器崇拜历史，中国的生殖崇拜最早起始于人类文明的初始阶段，但随着人类文明的发展进步，这种起始于文明初始阶段的生殖崇拜又逐渐升华演变为对祖先生殖能力的崇拜信仰。有些学者认为，我国的生殖器崇拜源于先民们对种群繁衍扩大的心理期盼，在生产力低下的古代先民，每时每刻都要面临着大自然带给种族的各种灾难与死亡威胁,自然灾害越是深重,带给人类的死亡概率也就越多,此时人们对生殖崇拜的祈求也就越发强烈。因此，我国先民以无限的生殖去对付连续不断的灾难和死亡，这就是远古人类的根本哲学。这个哲学就是人类产生信仰和生殖崇拜的本源。生殖崇拜不仅是远古人类自我肯定的意识表现，也是巫术和原始宗教历史形成的重要诱因。

在中国发现的生殖器崇拜实物佐证，其年代可上溯到旧石器时代晚期。如我国新疆呼图壁的生殖崇拜岩画、宁夏的贺兰山岩画、内蒙古的阴山和桌子山岩画、广西的左右江岩画等等，这些岩画都在已不同的表现形式，分别记录着我国不同区域民族对生殖器崇拜的理解与期盼。另外，在我国仰韶文化、红山文化、齐家文化、良渚文化以及龙山文化所发现的遗址中，曾经出土过大量的陶制、石制、玉制以及木制的男性生殖器崇拜实物。又如，在我国新疆发现距今 3800 年之久的罗布泊小河墓地，同样也出土了很多有关生殖器崇拜的实物佐证。如罗布泊的“船棺墓葬”，那些树立在墓前的船浆和圆形立木桩，除了表明墓主人是渔猎民族之外，它们分别代表着男根和女阴的生殖崇拜信仰。这种生殖器崇拜现象，一直延续到了我国商代鱼国时期。在鱼国祭祀古玉和琉璃器物中，生殖崇拜几乎与该宗教信仰相随相伴。例如，那些大小不同和形状各异的男根和女阴，都在采用写实的艺术手法将生殖崇拜推向了极致。站在中国生殖器崇拜的历史沿革角度，可以说中国区域的生殖器崇拜现象，不仅成因历史久远而且传承有序。特别是在鱼国的琉璃器物中，生殖器崇拜信仰已经达到了历代所表现的极致，用琉璃制作的生殖器最大的器物可高达一米多。（图 13-20）

针对我国出现的生殖器崇拜现象，中国学者给它们起了一个即含蓄又贴切的名称“祖”，为什么学界要将这些男性生殖器称之为“祖”呢。针对“祖”的命名与界定，有学者将其解释为祖是人类之本源，是生命产生之根、是人类社会形成之根本。我国先民对

图 13-20　新疆呼图壁生殖崇拜岩画

"祖"的崇拜形式多种多样，他们曾选用很多不同材料作为它们的载体，例如有陶祖、石祖、玉祖、铜祖、木祖等等。学者们认为，在我国商代以前人们对祖先的崇拜高于对神的崇拜，人们祭祀的对象主要是自己的祖先神。并认为，祖先崇拜应该属于生殖崇拜的范畴，它是生殖崇拜的一种升华体现，因为所谓的祖先崇拜，并不是崇拜已死去的祖先本身，而是在崇拜祖先们的生殖力的功能。更直白的讲，人们是在祭拜祖先给予后人的生命。从这个角度分析，祖先崇拜就应该是对生殖能力的崇拜，祖先的形象也就应该是生殖器的形象。总之，我们看到的生殖器崇拜现象，其中也在蕴含着对祖先神崇拜的内容内涵。例如，在我国已发现的诸多新石器时代以及夏商周时期的陶祖、石祖、玉祖以及木祖，它们不仅彰显着男性生殖器的崇拜理念，同时还在崇拜着人类祖先神的生殖繁衍功能。(图 13-21)

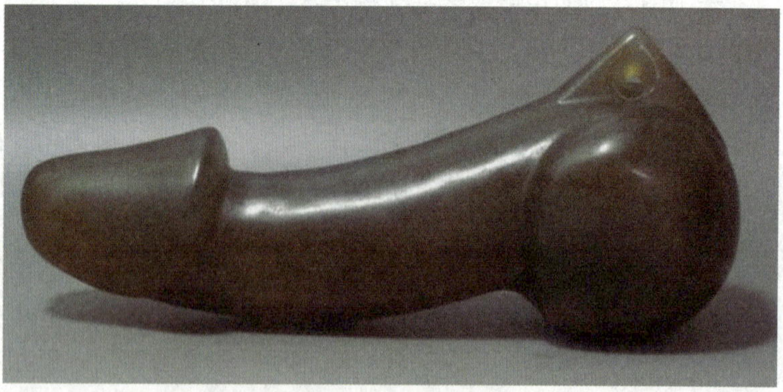

图 13-21　鱼国祭祀古玉中的生殖器崇拜

然而，在我国毗邻区的印度，古印度吠陀教和婆罗门教对生殖器崇拜却出现了另一种解读方式。例如，男性生殖器已被称为，是婆罗门教三大主神之中破坏神湿婆的化身，人们将其称之为"林伽"。"林伽"在梵语中，是"象征"的意思。也就是说"林伽"既是湿婆的化身，也是湿婆的象征。虽然湿婆神的化身有很多，但林伽却是其中最主要的化身之一，至今仍被印度许多神庙所供奉。印度教认为，湿婆与性力女神的结合，是创造生命的原动力。例如在印度东南 600 公里处，有个世界著名的卡朱拉霍"性庙"，这座寺庙内外布满了许多姿态各异的性爱雕像，单主庙部分就达六百多组，神态欢愉，让人瞠目结舌。该性庙所雕刻的故事情节以及人物各异的交媾造型，不仅围绕着印度性崇拜信仰在彰显着创造生命原动力的起始，同时又在通过男女交媾的形式在讲述着湿婆派和性力派对生命的赞

颂。(图 13-22)

图 13-22　古印度教的生殖器崇拜—林伽

湿婆派，是古印度教的支派之一，以湿婆神为最高神教。起源历史非常早，依现存文献记载，在西元二世纪贵霜朝时代此教派已拥有相当的势力。佛典中常载有崇拜自在天或大自在天的涂灰外道，或以髑髅为首饰的外道等，这些都属于湿婆派的修行者。此派信徒在前额及胸、腕上，以灰或白檀、番红花涂上三道横线，现代印度教诸派中，以此派与毗湿奴派最有势力。

而性力派是古印度教的一个支派，崇拜沙克提或提毗（印度教的圣母）作为绝对的终极神格，从湿婆派分化而来的印度教三大派之一。崇拜性力女神难近母、时母、吉祥天女、辩才天女等。性力派主要教义为，这些女神从男神那里得到性的力量是宇宙万有创造和诞生的本源。印度的性力派，最初是对最高的生殖能力即生殖器的崇拜。在印度教中，性力派所崇拜的对象是最高层的性力女神。她们或被说成是毗湿奴之妻吉祥天女或是湿婆之妻杜耳加和嘉莉，性力派以宇宙的破坏神和再生之神湿婆及其妻作为象征，并以男性生殖器“林伽”和女性生殖器“优尼”作为男女二神的象征。当今在印度全国各地，湿婆庙宇和家宅湿婆神龛上主要都以供奉男根生殖器林伽为主题，而供奉湿婆神像的人很少，现如今，印度性力派教徒们胸前仍以佩戴林伽徽章作为标志。林伽呈勃起状，以约尼为底座（约尼是女性的生殖器），据说她是湿婆的妻子。这种配合的含义是：阴阳二性永远不离不弃，阴阳交合即万物永生的主体。(图 13-23)

图 13-23　印度克久拉霍性神庙

作为毁灭之神的湿婆，是以男性的最强性能力为象征，因此男性生殖器也就成为了湿婆的象征物和形象，被广大印度信众所崇拜。这种崇拜理念，在公元一世纪前后开始盛行至今仍兴盛不衰。在印度的《林伽往世书》中，对湿婆化身林伽的描写更是神乎其神。说是在世界被创造之前，梵天与毗湿奴为争夺最高神地位而发生了争斗，湿婆巨大而雄起的林伽突然耸立在他俩人之间。梵天和毗湿奴一时搞不清楚是怎么回事，于是，大梵天化身骑天鹅向上飞去以寻找林伽的顶端，毗湿奴化作野猪向下寻找林伽的底部，结果用了一千年的时间谁也没有找到尽头。另外在《故事海》中也讲到类似的情节，说在从前的某一天，梵天和那罗延为了寻找湿婆，来到雪山脚下，他俩看到一个巨大的火焰柱（即湿婆的林伽）耸现在他们的面前，柱子的周围不停地飘落下阵阵花雨。大梵天和那罗延出于好奇心理，便一个向上，另一个向下，试图寻找到火焰柱的尽头，但俩人找来找去最终还是没有发现柱子的尽头。

通过上述记载我们了解到，男根女阴已成为了古印度破坏神湿婆及夫人约尼的化身。男根不仅仅是该教创造生命原动力的象征，同时还兼具着生殖与毁灭、创造与破坏的双重意义。然而令人遗憾的是，虽然古印度教将生殖器崇拜升华为湿婆神的象征物与化身，但是要想弄清该信仰因何演变而来，却因未找到吠陀教和婆罗门教的历史前身文化和发祥地，而至今仍无法作出完整的解释。

然而无独有偶，在中国境内出现的生殖器崇拜现象，恰恰只是发现了它成因的历史，而至今仍未找到该文化现象的发展演变传承，以至于当今学界仍将其解读为是祖先崇拜和生殖器崇拜现象。

如果从物证的角度分析，在中国境内发现的男性生殖器崇拜，其年代可上溯到旧石器时代晚期（距今约 300 万年~约 1 万年）的山体岩画，之后又在我国的红山文化（约为公元前 4000 ~前 3000 年）、齐家文化、良渚文化、龙山文化，以及商代的鱼国祭祀古玉中，都不同程度的出现了很多各种各样的男根和女阴礼器。很明显，这种文化现象在华夏区域传承了几千年之久，直到商末周初才骤然淡出了华夏历史舞台。这支文化究竟传播到了哪里，之后该信仰又发展演变如何？ 至今却无人知晓。(图 13-24)

然而，在古印度出现的这种文化现象，从时间推断是以古印度吠陀教和婆罗门教诞生的时间（公元前 1500 至公元前 1000 年）开始计算的。很显然，在古印度教中出现的这种信仰，要比中国区域诞生的生殖崇拜现象，要晚了将近几千年之久。从物证的角度看，印度唯一的证据也仅限于克久拉霍（Khajuraho）性神庙遗址（公元 10~11 世纪）。也就是说，该文化现象在印度还没有早于 10 世纪的发现。如果站在两者时间与物证的角度分析，中印两国出现的这种文化现象究竟谁的时间更早，谁又在影响着对方，恐怕已经不言而喻了。如果按照笔者所提出的：中国上古宗教是古印度吠陀教和婆罗门教历史前身的观点，两者应该就是一种承袭关系。既然两者存在着承袭关系，那为什么在中国却将这种文化现象解读为祖先崇拜和生殖器崇拜，而古印度教却将其解读为破坏神湿婆的化身呢。

图 13-24　鱼国祭祀古玉中的女性生殖器崇拜

笔者认为，虽然在中国出现的生殖器崇拜现象比古印度出现的时间要早，但只因该文化现象出现的时间中国还没有文字出现，由此该文化现象所承载的真正历史内涵才无人知晓，因此才导致了我国当今学界对该文化现象的解读，仍停留在生殖器崇拜和祖先崇拜的层面。如果我们能将中印两国出现的这种文化断层，视为是亚洲区域整体文化现象的体现，将各自所缺失的那部分进行补正链接，再借助古印度教经典来反证我国生殖器崇拜现象的历史形成，我相信一段失散了几千年之久的人类生殖器崇拜的历史内涵，将会以它崭新的面貌呈现在世人面前，而那些困惑着学界已久的诸多历史谜团也将会被一一破解。

第五节　古印度教所承袭的宗教法脉

众所周知，古印度的吠陀教和婆罗门教，是由摧毁了印度河文明的雅利安人所创建。据文献所载：大约在公元前2000年左右，一支雅利安人由印度的西北地区入侵到印度，他们带着自己创建的宗教信仰摧毁了印度河文明。然而，这支雅利安人的宗教信仰究竟是怎样形成的，该宗教信仰的历史成因区又究竟在哪里，针对这些问题各国学者曾对印度西北区域的诸多国家进行过寻找，但遗憾的是至今为止仍未发现与之相关的证据与线索。人们通过对吠陀经典的研究，只了解到吠陀教是一种多神崇拜信仰，他们崇拜各种神祇及超自然力以及祖先神和英雄人物。并根据这些神的所在位置分为天、空、地等三界。有人猜测，这些神可能是雅利安人从波斯带来的，但是在波斯境内仍没有找到比吠陀教时间更早的宗教现象。也正因为吠陀经典没有记载创教人是谁，因此该教的发祥地至今不详。

古印度的婆罗门教：是印度古代宗教，现在流行的印度教的古代形式。以吠陀经为主要经典；因崇拜信奉梵天、毗湿奴、湿婆三人神，以及由婆罗门种姓担任祭司而得名。婆罗门教的等级制度极其森严，他们把人分为了四个等级和种姓，即：婆罗门，刹帝利，吠舍，首陀罗。婆罗门即僧侣阶层，为第一种姓，地位最高，从事文化教育和祭祀。刹帝利即武士阶层，为第二种姓，仅次于婆罗门，负责行政管理和作战。吠舍即平民，为第三种姓，经营商业贸易。首陀罗为第四种姓，地位最低，从事农业和各种体力及手工业劳动等。同时，各种姓派生出许多副种姓（或称亚种姓、次种姓），进而衍生出更多分支。除四大种姓外，还有一种被排除在种姓外的人，即所谓“不可接受的贱民”，又称“达利特”。他们社会地位最低，最受歧视。

然而，从我国上古宗教（商代鱼国宗教）所遗留的物证看，他与古印度的吠陀教和婆罗门教所推崇的多神崇拜，祭祀至上的种姓制度完全相同，明显两者存在着一种承袭关系。特别是古印度教所信奉的梵天崇拜信仰，它与我国上古宗教（鱼国宗教）所崇拜的宇宙超自然力信仰恰恰一致。而唯一不同的是，这种诠释着宇宙信仰和梵天崇拜的宗教理念，在印度只能通过古印度教经典才能间接的得以了解；而在中国发现的宇宙崇拜信仰，则是通过上古宗教所遗留的诸多文化遗迹中得来，例如在罗布泊发现的太阳墓地、在巴蜀地区发现的三星堆和金沙古城遗址。实物佐证则是，三星堆和金沙创造的青铜器文明，和商代鱼国祭祀古玉和琉璃礼器所彰显的物象符号所显现的佐证。我们通过这些遗址和物象符号，不仅能够直观的了解到人类宇宙崇拜信仰的成因演变，而且还可以看到该信仰发展演进到宇宙创世学说的全部过程。

另外，两教无论从族属关系还是从所推崇的宗教信仰，都体现出了同宗、同源、同文化起源的历史发展脉络。例如从族属的角度分析：创建古印度教的人群是雅利安人；而创建中国上古宗教的人群，则是我国新疆吐鲁番盆地的最原始居民，属印欧语系的吐火罗人。据考证，吐火罗人是最早从雅利安族系中脱离出来的一支原始居民。从雅利安人长期秉持的种性制度看，两者不仅属于同一个族系，而且也极为符合上古宗教所奉行血缘制度的承袭关系。

从宗教信仰的角度分析：古印度教属多神崇拜信仰，而且推崇宇宙创世学说，崇拜宇宙三大主神，保护神毗湿奴、破坏神湿婆、核心主神为宇宙大梵天；中国上古宗教也属于多神崇拜信仰，仍推崇宇宙创世学说，崇拜宇宙超自然力，核心主神为宇宙神盘古。理论依据是，在中国青海发现的杜立巴石碟（距今已有 12，000 年）、在新疆罗布泊发现的太阳墓地，在四川三星堆及金沙古城发现的宇宙飞行器造型，以及在红山文化、齐家文化、良渚文化、龙山文化和商代鱼国祭祀古玉中所出现的形状各异的齿轮状器物，它们不仅诠释着上古宗教宇宙崇拜的成因历史，同时还在彰显着人类宇宙创世学说的演变过程。虽然我国上古宗教属多神崇拜信仰，所崇拜的对象和诸神也多种多样。但在诸神之中，又分为天、地、人三界，分别由天神、地神和人神分管，他们应该是上古宗教众神之中地位最高的三大主神。这种以三大主神为核心的信仰理念，与古印度教所推崇的三大主神崇拜信仰也极其吻合。

在前文我们曾详细介绍过，创建中国上古宗教体系的这支人群，是一支以鱼为食物链、以鱼为图腾、以鱼为族群姓氏、以鱼为都邑名称、以鱼为宗教徽号的一支特殊人群。很明显，这个族群和他们所创建的宗教体系，应该是以种性制度和等级关系在维护着族群与该宗教体系的发展。然而在古印度教中，鱼一直是该宗教所崇拜的对象，因为它是大梵天的第一化身。据古印度教神话故事载，灵鱼马特斯亚,在大洪水泛滥时拖曳方舟，拯救了人类的始祖摩奴（之后鱼便成为了梵天的化身）。这段神话故事所引申的寓意，是否在诠释着古印度教所承袭的法脉原本就源于中国的上古宗教（即鱼国宗教）。由此可见，鱼图腾和鱼神崇拜仍然是两教密不可分的信使。

中国上古宗教（鱼国宗教）的地望：则是以城邦自治的形式，分别散居在我国新疆、青海、陕西、甘肃、宁夏、内蒙和山西一带，是以该宗教集团分设在各地区的宗庙为辖区属地。可想而知，这种跨越着我国半壁江山的宗教体系曾经是何等的辉煌与兴盛。然而，这支曾经兴盛一时的上古宗教体系，却在商武丁伐鬼方的战役后彻底的退出了华夏历史舞台。他们究竟去了哪里？

然而无独有偶，在中国的毗邻区印度，古印度吠陀教和婆罗门教的成因历史仍是一个谜。因为迄今为止，人们仍没有弄清曾经入侵古印度并摧毁了印度河文明的那支雅利安人究竟来自何方？ 他们带去的吠陀教和婆罗门教的前身文化又是怎样的一段文明？ 这一系列未解之谜至今仍困惑着历史学界。按照西方学界的观点，曾经摧毁印度河文明，并在印度建立起吠陀教和婆罗门教的雅利安人，很可能是从阿富汗或波斯迁徙到印度的。但是，人们在阿富汗和波斯地区，至今仍未找到与该教相类似的文化现象以及上古宗教遗址。然而，困惑着西方学界的这个谜题，其实答案就隐藏在印度的毗邻区中国境内。如果人们能够用客观的视角，去重新审视华夏区域所承载的文明，应该会很容易找到揭开谜题的实物佐证。因为在华夏区域，那里埋藏着几千年之久的诸多上古玉和上古琉璃，它们不仅承载着人类上古宗教的成因历史，而且其物象符号还在讲述着该宗教发展演变的历史传承。

由此可见，华夏区域应该是人类宗教信仰最初的诞生地和缔造者，是人类宗教意识形态升华发展的核心圣地，虽然我们仅凭已掌握的上古宗教信息，还不能准确试读或链接出该宗教的历史全貌，但我国毗邻区古印度教所承载的历史，却恰恰补正了该宗教历史缺失的部分。因为他们原本就是一支完整的宗教体系，只因在传播发展的过程中被当下人为划分的疆域一分为二，因此变成了两个区域的独立文明。如果我们能将两国各自缺失的宗教历史进行链接和互证，将不难发现被人为拆散的两段不完整历史会重新复活，并以它崭新的面貌诠释出人类上古宗教的成因与发展演变过程。

第十五章　武丁伐鬼方的因素

第一节　崇拜与信仰的区别

商武丁伐鬼方，探究商王朝因何要讨伐鬼方的人很少。要想厘清商武丁为何要讨伐鬼方，就必须先要知道中原因何将这个方国称为鬼方，才能真正弄清商武丁伐鬼方的真实意图。鬼方，其实是活跃在我国西北地区的一大宗教方国，只因中原从未建立过自己的宗教体系，因此中原才对这个方国祭祀神明的宗教仪式视为拜鬼和祭鬼。前文我们曾提到，鬼方就是笔者所发现的商代鱼国宗教。也正因为鬼方（鱼国宗教）与中原所推行的王权崇拜存在着本质性差异，所以中原商王朝才会不遗余力的用多年时间去讨伐鬼方，直至将其逐出华夏区域。

可能有人提出反对意见，认为王权崇拜与宗教信仰的差异不会导致伐鬼方的发生。笔者认为，有关这个问题我们可以通过江统所著的《徙戎论》，能够领悟到中原王朝长期持有的排外心里。《徙戎论》中说："非我族类，其心必异，戎狄志态，不与华同"。意思是说：不是我们同族的人，他们肯定和我们不一条心。因为"戎狄"是中原人对西北少数民族的统称，而"志态"，所指的是精神需求和物质习惯，"华"一般泛指为中原。这句话可以概括的理解为，戎狄人追求的精神与物质生活习惯与中原人不同，所以其心必异。特别是"戎狄志态"中的"志态"，其所泛指的精神应该是戎狄所笃信的宗教信仰。另外，《左传》也曾提出过类似的观点，如"神不歆非类，民不祀非族"。这句话的大意是，神决不会庇佑一个不相信神的民族，而一个民族也决不会去祭祀异族的祖先。上述记载说明，我国中原一直以种族志态在区分着异类族群，从而才产生了长期排外心里。

那么以上所说的信仰不同，究竟应该如何界定和理解呢？笔者认为，虽然中原王朝没有建立过真正意义的宗教信仰，但中原王朝却创建了一整套维护王权统治地位的崇拜理念，而这种崇拜理念就是"君权天授"的理论。它所表现的形式则是，历代统治者都将自己扮演成上帝的子孙或是上帝的信使，例如"天子"和"君权天授"就由来于此，并以上帝的名义，以此来维护统治者神圣不可侵犯的王权地位。然而，用这种手段建造的崇拜与真正意义上的宗教信仰毫无关联。因为宗教信仰是一种意识形态，多属原始宗教的自然崇拜和祖先崇拜，他们信奉万物有灵。而中原统治者所推行的崇拜信仰，则是一种个人崇拜和王权崇拜，是由统治者创建出的唯我独尊崇拜体系。

要知道，宗教信仰是人类的一种本能天赋的主观反应，是人类对于宇宙天地命运历史的整体超越性的意识，是统摄其他一切意识形式的最高意识形式，是人类对人自身存在，与客观世界的整体性的反应。而统治阶级所推崇的崇拜信仰，则是他们创建的"天命论"和"王权天授"的崇拜信仰，是将自己的世界观强加于民众意识形态的反应。

宗教的本质既不是思维也不是行动，而是知觉和情感。作为一种哲学范畴，宗教信仰，都具有追求“终极”并以之为生活支撑和意义诠释的显着特征。表征着人对终极关怀的渴望，它给人注入神圣的目标，引导人去反省自我、超越自我、塑造自我、完善自我、实现自我，从而为人的生活提供情感、意欲、愿望、行动等的根基。因为任何宗教信仰都指向未来，指向所求的方向，指向可望不可及的理想。而统治阶级所推崇的则是，王权能够统摄万物的思维理念，他们所制定的目标则是：无条件的服从、任其宰割的屈尊、王权持久是终极目标。

宗教信仰是源于人类创造，只有人才会有信仰，只有有意志、有选择、有精神追求的人才会有信仰，因而信仰是最具人性化的精神产物，它在本质上是自由的。任何崇高的宗教信仰，都意味着人对有限的超越，意味着真正的人性的复归和人的自由的发挥。而统治阶级所推崇的精神产物，则是个人的意志选择都要服从于王权，一切超越性的想法和成功也都要感恩于王权的给予。

真正的宗教信仰，是人类将实现真正的自我，获得真正意义的自由。因此，人类的宗教信仰过程，既是人类心甘情愿地接受某种世界观、人生观和价值观的过程，也是人类自我满足、自我追求和自我改造的过程。而王权所推行的崇拜信仰恰恰与其背道而驰，首先王权不仅不会让你实现真正的自我，更不会给你所谓的自由，每个人的人生观和价值观完全归属于王权。

以上对比说明，信仰则分为两种：一种是真正意义上的宗教信仰，是人类心甘情愿接受的某种世界观、人生观和价值观的体现；而另一种则是：统治阶级所推崇的“王权天授”的崇拜信仰，属于个人崇拜，是不许选择又要服从的一种崇拜信仰，是一种被动接受的信仰，由此可见中原王朝所创建的这种崇拜信仰，只是为了维护王权统治地位所建立的信仰体系，而绝非真正意义上的信仰。

在殷周时期的金文和甲骨文大量的卜辞中能够佐证上述观点，当时的统治阶级是利用劳动人民对自然力量的迷信和崇拜，再将自己的意志假托为上天的命令，并将其称之为“天命”。由此可见，中原历代王朝所推崇的“天命论”和“君权天授”理论，无一例外的都将自己装扮成上帝的子孙，以来维护他们的统治地位。更有甚者，还虚构出各种类型的神话故事用来蒙骗他们的子民。例如，商人的始祖契就编纂出了“天命玄鸟，降而生商”（《诗经·商颂》）的神话故事，来神话他的天命论。又如，汉高祖刘邦，说他的母亲是和天龙交合后生的自己，因此刘邦也将自己当上皇帝形容为是受天命所为。还有，武则天为了登上皇帝宝座，授意伪造了一部《大云经》，说武则天是弥勒佛转世，当取代李唐皇帝为天子。

由此可见，也正因为中原王朝所推行的王权崇拜信仰，与我国西北鬼方宗教（鱼国宗教）所笃信的宗教信仰存在着本质性差别，所以才会发生商武丁讨伐鬼方宗教。

第二节　中原王朝的君权天授理论，

然而，当研究夏、商、周三代的王朝信仰观之后发现，三代王朝所推行的“君权天授”信仰观，已然占据了中原人崇拜信仰的重要核心位置。特别是商周两代，通过文献不难看出“君权天授”已成为了当时崇拜信仰体系的主导。据《周书》（康诰）记载：“天乃大命文王，殪戎殷，诞受厥命”，然夏、殷两代既也承受天命，且常年不断的祭祀敬天，何以殷取代夏、周取代殷呢？ 于是发展出“天命靡常”的观念，认为天命不是永恒不变的，但变动的根据为何？ 周人上溯史事，考察夏殷两代兴亡之原因，以测知天意，终于明白天之所命当中，君王自有责任，那就是有能否上礼天心的德性之后发展成了“天命有德”的观念。由此可见，我国中原王朝所推行的崇拜信仰，无非是“君权天授”与“天命论”以及“天命有德”的信仰理论，在这种崇拜信仰中看不出与真正意义上的宗教信仰有何关联。

如果研读《尚书》 仍可看出，我国在商代就已经建立了王朝合法性的意识形态理念，而追溯创建该合法理念的历史渊源，可上溯到上古时期“天”和“天命论”的思想产生，可想而知它的历史有多么的古远。这种天命论发展到秦汉时期，“奉天承运”一词应运而生，并成为了统治者的价值观体现。要知道“奉天承运皇帝诏曰”起源于秦汉。是因秦始皇一统天下之后，不满足于王的称号，于是他定名号为皇帝，自称为“朕”，命为制，令为诏，其玉玺上就铭刻有“受命于天，既寿永昌”，以昭示其合法性。之后汉承秦制，逐步建立起了一套完备的皇帝制度。从中原王朝推行的“天命论”看，不难发现一个社会现象，那就是中原王朝从来就没有建立过真正意义上的宗教信仰，他们所创建的只是“天命论”和“君权天授”个人崇拜的信仰理念。因此在我国中原的正统文献中，也就找到与宗教信仰有关的记载，更不可能在正统文献中，发现中原以外还有过一个商代鬼方（鱼国）宗教体系。因为在中原王朝眼里，异族非类的信仰不过是些拜鬼祭鬼的习俗而已。

说中原王朝从未创建过自己的宗教信仰体系，在我国古代文献中仍能找到诸多依据佐证。例如据《周书异记》 所载：周昭王即位二十四年，甲寅岁四月八日，江河泉池，忽然泛涨，井水皆溢出。宫殿人舍，山川大地，咸悉震动。其夜五色光气，入贯太微星，遍于西方，尽作青红色。周昭王问太史苏由：‘是何祥也？’ 苏由对曰：‘有大圣人，生于西方，故现此瑞。’ 昭王曰：‘于天下何如？’ 由曰：‘即时无他，一千年外，声教被及此土。’ 昭王即遣镌石记之，埋在南郊天祠前。将这段记载翻译成白话文是：周昭王二十六年四月八日，五色光彩照耀天空，入贯太微。遍于西方。当时的太史苏由向周昭王奏曰：这是大圣人降临在西方的征兆，所以会有这种瑞像。昭王又问：对我的政权有何影响？苏由曰：该圣人的教法会在一千年后才传到我国。因此，周昭王才命人刻碑记载此事，并将其埋在南郊以示关注。以上文献所记载的是，西方有大圣人出生。

下一段文献所记载是，西方有大圣人灭度。穆王即位三十二年，有一天见西方数有光气，先闻苏由所记，知西方有圣人处世。穆王不达其理，恐非周道所宜。即与相国吕侯，西入会诸侯于涂山，以禳光变。至穆王五十二年壬申岁二月十五日平旦，暴风忽起，发损人舍，伤折树木。山川大地，皆悉震动。午后天阴云黑，西方有白虹十二道，南北通过，连夜不灭。穆王问太史扈多曰：‘是何征也？’ 对曰：‘西方有大圣人灭度，衰相现耳。’ 穆王大悦，曰：‘朕常惧于彼，今已灭度，朕何忧也。’

针对上述记载，我国学界却有很多人因不解其意对此书提出过质疑，认为此书中的记载过于玄妙无法理解，甚至还有人将《周书异记》 推断成伪书，认为此书不可信焉。然而针对《周书异记》 中的这段记载，我国的佛教界却提出了另一种假说，认为这段记载所叙述的应该是佛陀的生卒年，即佛陀是在周昭王二十四年四月八日出生，穆王五十二年二月十五日灭度的。这样佛生于周昭之世，灭于周穆之世的传说，也就成为了一千多年来汉地遵信佛陀生卒年的一种说法。公元 1 9 1 3 年和 1 9 2 3 年时，我国佛教界还曾隆重举行过佛诞 2940 年和 2950 年的纪念法会。乃至于今，汉地有的丛林大刹仍然沿习信奉此说。

那么，为什么《周书异记》中的这两段记载，会在国内引起如此之大的反响，为什么学界视为该书属于不可信焉的伪书，而佛界则认为是佛陀生卒年的历史写照呢？ 笔者认为，出现以上两种臆断的主要原因，要归罪于上古文献记载不详所致。因为我们已知华夏上古时期曾存在着一支宗教体系（即鬼方鱼国宗教）。在殷墟甲骨的卜辞中出现过有关鬼方的记载，以及先秦时期记录前朝讨伐鬼方的记录，例如《易经》,《诗经》,《竹书纪年》等书中，多次提到殷、周统治者曾与“鬼方”发生争战的记载。但为什么中原，殷、周王朝的统治者要讨伐多次鬼方？ 文献却只提到了鬼方是商周的外患而并没有更多解释。如果那些讨伐事件，确实是因为鬼方长期图谋不轨有意入侵中原，或者说是鬼方所占据的之地属于兵家必争之所，史料完全可以将其记录在案，但是却没有，只是用外患一词来涵盖那次事件的真实目的，这就不得不让我们去认真思考此事了。

第三节　武丁伐鬼方的真实目的

笔者通过鬼方（鱼国宗教）所遗留的祭祀古玉了解到，鬼方当时曾是我国西北地区最具影响力的一个宗教方国。如果站在中原王朝的君权神授角度，鬼方宗教所弘扬的宇宙崇拜信仰确实对商、周王朝产生着很大影响，两种截然不同的意识形态势必会引起中原王朝的忌惮，因此中原王朝将其视为心腹大患也在情理之中。商、周王朝的统治者，从未创建过自己的宗教信仰体系，所以他们所推崇的“君权天授”才会与鬼方宗教的宇宙崇拜信仰发生了巨大的冲突。

如果站在这个角度分析，商周不遗余力的多年征讨鬼方的目的，应该与两者不同的意识形态有关。理由是，因为按照鬼方（鱼国）宗教所推崇的信仰理念，是自然万物皆有神明的多神崇拜，和对宇宙超自然力现象的崇拜信仰。而商周王朝，所创建的“君权天授”则属于个人崇拜，因此这种崇拜信仰势必会受到鬼方（鱼国）宗教的冲击。因此崇拜信仰观的相左，中原商、周王朝的统治者势必会不遗余力的去讨伐鬼方宗教，因为鬼方宗教存在一天，中原“君权天授”的崇拜理论就无法顺理成章的成为统治阶级的道具。

让我们再回到主题。周昭王得知西方圣人出生后的担忧，以及穆王闻知西方圣人灭度后大悦的两段记载，无疑所泛指的应该就是武丁伐鬼方败走西迁到古印度的宗教集团圣人出世与灭度的信息。那么周昭王为什么会关心西方兴衰与否，又为何会顾忌西方圣人出世对自己的政权有何影响？ 笔者认为这段记载，其实恰恰暴露出周昭王当时的两种纠结心态，第一种心态是：周王朝对鬼方宗教集团败走西迁心有余悸，因为他担忧鬼方宗教集团会有朝一日回来复国，所以昭王才会十分关注西方圣人出世是凶是吉。

对此有人可能会提出质疑，认为鬼方败走西迁是商武丁时期发生的事件，它与周王朝又有什么关联呢。其实则不然，据文献周易载：“高宗伐鬼方，三年克之”，“震用伐鬼方，三年有赏于大国”，在殷墟出土的甲骨也均有记载：周王曾两次伐鬼方，俘斩鬼方两万多人。正因为周王也参与了伐鬼战役，鬼方宗教才被彻底的摧毁败走西迁，被俘者成为了周贵族的奴隶，而逃走者也曾集聚其他部落经常袭扰周境。也正因为周王在武丁伐鬼方时，不仅协助商王朝平定了西北地区最大的敌人鬼方，同时日后周武王在率领联军讨伐商纣时没有了后顾之忧，由此可见周王才是武丁伐鬼方战役的最大受益者，因此周王朝担忧鬼方回来复仇也应在情理之中。

第二种心态则是：因周王朝从未建立过自己的宗教信仰体系，因此当昭王得知西方有圣人出世后才会出现担忧的心理状态。因为昭王已经意识到，没有宗教信仰辅佐的政权是很难维持社会稳定的，虽然周王朝也建立了“君权天授”的崇拜信仰体系，但该信仰在鬼方宗教创建的宇宙崇拜观面前，会将“君权天授”的个人崇拜信仰造成冲击。由此可见，正因为周王朝存有这种心结，因此才会导致周昭王极其畏惧西方圣人的出世；而穆王闻之西方圣人灭度，大喜过望的两种不同心态。

我国夏商时期曾活跃在西北地区的那支强大宗教集团（鬼方鱼国宗教）虽然败走西迁，但对周王朝仍产生着极度威胁。也就是说，周王室对鬼方宗教集团一直都心存畏惧和防范之心。如果站在这个角度，去研读《周书异记》 中的那些费解而玄妙的内容，恐怕就不会觉得该书是不可信焉的伪书了。鬼方宗教（鱼国宗教）的发现，不仅使我们了解到周昭王问苏由“西方圣人于天下如何”所指的究竟是谁，同时还理清了致使昭王夜不能寐的真正原因，那就是昭王一直担心鬼方会回来寻仇报复。这种畏惧心里，在昭王时期几乎无处不在，就连当时自然气候变化都能致使昭王心惊胆战，经常借用占卜来问其凶吉。当然，对鬼方宗教的畏惧还不仅仅体现在昭王身上，直至穆王时期也仍就如此。据《周书异记》 所载：当穆王闻之西方大圣人灭度后，使其大悦 曰：‘朕常惧于彼，今已灭度，朕何忧也。’ 这段记载说明，穆王仍对鬼方宗教存在着畏惧之心，因为在他得知西方大圣人灭度后闻之大悦的失态，恰恰却暴露出穆王内心的忧虑与纠结。

总而言之,《周书异记》 不仅不是一部伪书，反而应该是一部诠释着我国上古宗教对人类宗教历史的发生与发展的一部珍贵史书。随着我国近些年考古新资料的不断发现，不仅补正很多未被文献所载的历史，甚至有些实物佐证还填补了我国某段历史的空白。就商代鬼方宗教而言，鬼方宗教历史的发现，不仅填补了华夏区从未创建过宗教体系的历史空白，同时鬼方宗教的物质文明又将诠释出一段人类上古宗教的历史成因与发展演变的过程。虽然鬼方宗教，在武丁伐鬼的战役后被驱出了华夏文明区，但他们为人类宗教历史的发生与发展所作出的重大贡献，将会成为人类宗教历史的肇端。让我们大胆的设想一下，如果鬼方宗教（鱼国宗教）没有被武丁伐鬼的战役赶走，当今的华夏文明又该将是怎样的一段文明，华夏宗教历史的发展又将是怎样的历程？

第十六章　华夏上古时期曾是人类崇拜的圣地

第一节　鱼国琉璃法老像给予的启示

谈到人类宗教起源，很多人认为古埃及宗教是人类宗教的起源之一。但又有人提出，它并不是所有世界宗教的起源。那么，哪种说法才是正确的呢？ 从目前的考古资料和宗教历史学家的研究成果看，埃及早期宗教应该是人类宗教的起源之一，至少在中东两河流域产生的宗教和埃及早期宗教有比较大的渊源。比如，美国宗教历史学家加利．格林伯格的研究结果表明,《旧约》 中的人类传承的谱系和埃及法老的传承谱系基本吻合。实际上《旧约》 的作者是以埃及王朝做蓝本写历史的。他的另一个研究结果表明，摩西是埃及王朝的一个祭司，在摩西时代，当时埃及王朝存在两种宗教，即多神教和一神教。以摩西为代表的一神教在斗争中失败，受到追杀，因而摩西逃出埃及，即“出埃及”。这样看来，以《旧约》 为基础发展出来的宗教，都和埃及早期宗教有着历史渊源。

然而，如果我们能将中国上古宗教的亘古历史，与古埃及所信奉的多神教信仰进行对比，将会发现尽管古埃及也曾创造过人类的历史辉煌，但它在精神层面却没能成为人类宗教意识形态的主导。而华夏上古宗教则不然，它无论是从哲学还是从神学，以及采用形而上学观点解释宇宙超自然力现象的观点，不仅前瞻于古埃及所推崇的多神教理念，而且所创造的物质文明也都远远超越着古埃及文明。

在中国上古宗教（鱼国宗教）的祭祀礼器中，一对用琉璃制作的古埃及法老雕像，为我们揭开了一段上古时期不为人知的历史秘密。这对用琉璃制作的古埃及法老像，不仅阐释着在商代历史同期（约公元前 1600 年~前 1046 年）上下埃及还没有形成真正意义上的统一，同时还佐证着中国上古宗教对古埃及信仰曾产生过重大影响。(图 13-25)

图 13-25　鱼国制作的琉璃法老像

然而遗憾的是，这段被文献失载了几千年之久的历史谜团，却被考古学者的臆断历史所淹没。因为，无论你从古埃及历史年代的考证，还是从玻璃物质的诞生时间探究，华夏文明都要远远滞后于古埃及历史的发生。因此，在华夏区域无论被发现的青铜器还是其他物质文明，都很难超越古埃及的文明历史。究其缘由，西方学界已经将埃及历史和文明推崇到极致，让其他地区的文明很难与之抗衡。就埃及的历史而言，虽然埃及历史因缺乏史料记载而变得扑朔迷离，但西方学界出于地缘政治的文化桎梏，甚至将那些原本就不属于古埃及的创造也统统称为埃及的发明，以至于人类共同创造的文明史也被拆成支离破碎的历史碎片，至今都无法得以链接。

众所周知，鹰图腾是上埃及国的保护神，而北方的下埃及保护神则是眼镜蛇。鹰与蛇这两种象征着上下埃及的保护神，同时出现在法老的头冠上是证明上下埃及最终实现统一的象征性标志。如果按照古埃及早在5000年前就已经完成了上下埃及的统一，那么为什么在我国商代鱼国（公元前1600年~前1266年）期间制作的玻璃法老像的头上，只出现了鹰图腾而没发现蛇图腾呢？ 如果按照埃及学者的说法，早在公元前3100年美尼斯就统一了上下埃及的说法，在中国发现的古埃及法老像头上就应该出现鹰图腾和蛇图腾才对，但是只有鹰图腾而没有出现蛇图腾。又该如何解释呢？ 据埃及文献记载，第十八王朝，是古埃及新王国时期的第一个王朝，也是古埃及历史上最强盛的王朝。第十八王朝所处的时间大致是公元前16世纪至前13世纪（约前1575年~约前1308年），如果按照这一时间推移，商代鱼国的诞生年代应该要早于埃及新王朝统一的时间，因为玻璃法老的制作年代最晚在公元前13世纪。

然而，由阿赫摩斯继位开始，到哈伦海布死后传位给拉美西斯一世结束，共经历了近300年和14位法老。在古埃及的31个王朝中，该王朝是延续时间最长，版图最大，国力最鼎盛的一个朝代。在法老时代的埃及，秃鹫女神奈赫贝特和眼镜蛇女神沃杰特是上下埃及的守护神。据传在公元前3100年，上埃及国王美尼斯发动对下埃及的战争并最终统一了埃及，索性将鹰、蛇都冠在头顶，成为埃及王权统一的标志。然而值得注意的是，为什么在美尼斯棺椁的雕像头上却只有蛇图腾而没有鹰图腾出现呢？ 如果他真的统一了上下埃及，这难道不是应该表现他的丰功伟业的图腾标识吗？ 如果与其事实相左，美尼斯皇冠上出现的蛇和鹰图腾，就可以被解读为因美尼斯生前未完成统一宿愿而特意制作了这个鹰和蛇的图腾皇冠，以满足他统一上下埃及的理想和期盼。（图13-26，图13-27）

要知道，美尼斯也许是我们能追溯到的最早的一位军事统帅，幸而人们对古埃及考古研究已进行了200多年，学者们有能力准确的解读古埃及象形文字，为确定美尼斯所生活的年代也做了大量的工作。早期的埃及学研究者倾向于夸大埃及文明的古老程度，商博良就曾推测美尼斯统一埃及的时间是公元前5867年。然而，近代的研究者则求助于天文学和数学，得到了公元前2900年这样一个有较少争议的结果。大多数最近的著作都把这一历史事件的年代确定在公元前3100年左右。

图13-26 古埃及美尼斯所戴的皇冠

由此可见，古埃及历史由于缺乏史料记载，针对古埃及的历史断代和埃及纪年问题，诸多学者仍保留着很多不同的意见。埃及虽然有着悠久的历史，但它却一直没有留下任何的史书和著作。直到公元前304年，希腊将军托勒密自立为王之后，才要求埃及的祭司兼学者马内托写了一部“埃及史”。但不幸的是，这

图 13-27　美尼斯棺椁上的蛇图腾雕像

部当时最完整的埃及史在公元前 47 年，凯撒大帝进攻埃及的时候，连同亚历山大城图书馆中其他数十万册古埃及文字的经卷付之一炬。这部埃及史的焚毁，实在是无法弥补的损失。幸好当时有些其他著作引用了这本书的一些内容，我们才能知道古埃及历史的一些片段。到目前为止，埃及的学者们仍大致沿用着马内托对埃及历史的划分，但是对许多历史事件的确切年代仍然含糊不清，以至于对古埃及史的断代问题迄今仍存在着很多不同的意见。

据埃及文献记载，在 7000 年以前，古埃及人在尼罗河三角洲地区就已经定居下来，在那里种植了大麦和小麦等农作物。从公元前 3100 年美尼斯统一埃及，一直到公元前 1100 年这 2000 多年里，埃及经历了古王国、中王国、新王国共 31 个王朝。古埃及文明开始的标志，是美尼斯统一了上下埃及。但对上下埃及的统一时间至少有十余种说法，最早的时间认定为公元前 5867 年，而最晚的认定年代则是公元前 2224 年。仅从这段历史来看，两者前后竟相差了 3643 年之久。而面对 3000 多年的历史差距，我们究竟该以哪个年代确定上下埃及的统一时间，又应该以哪段文化现象来衡量古埃及的历史文明呢。

对上下埃及的统一时间，埃及考古学者认为这一历史事件，已经被刻画在了“那尔迈青石板”上。其内容是，在石板的右上方，象征南方的秃鹰站在 束纸莎草上， 只爪子抓住了北方的眼镜蛇；而在石板的中央是头戴圆锥形王冠的美尼斯，他正手持权杖击打着下埃及的俘虏，美尼斯则自称为上下埃及之王。而另一个证据是，美尼斯有时戴白冠，也有时戴着红冠，还有时两种颜色的王冠合戴，这就是埃及学者界定上下埃及统一时间的标志与标准。

第二节　关于上下埃及的统一时间

上下埃及统一的时间，笔者提出了自己的看法：认为“那尔迈青石板”上的图案不足以作为上下埃及统一的依据。理由是，该图案内容还应该包含着另外两种内涵才对，一、图案上，“代表南方的秃鹰用爪子抓住了北方的眼镜蛇”，其内容还可以理解为“美尼斯”国王很可能是正要征讨下埃及，因为南方鹰抓住北方的眼镜蛇具有象征性意义，所以也可以读解成美尼斯国王的志向。二、图案中：“美尼斯手持权杖在击打着下埃及的俘虏”，具有正在讨伐下埃及的含义，就是美尼斯国王正在讨伐着下埃及。

笔者认为，真正能够证明上下埃及统一的明显标志，应该是图坦卡蒙棺椁与其王冠上出现的“鹰”和“蛇”的图腾标识，而这个标识才能够真正体现出上下埃及得到了统一，或南北地区联盟的开始。但这种具有明显统一标志的图腾在埃极其他的法老的棺椁和王冠上却没有发现，这个问题难道不值得我们去认真的思考吗?虽然，图坦卡蒙只是一个自幼继承王位又英年早逝的一个国君，从他的生平看确实不具备统一上下埃及的能力。但以史为鉴，又有多少个王权统一不是借助几代人的努力才得以实现的呢？ 因此笔者提出的见解，应该值得认真思考与商榷。因为，被学界所认可的上下古埃及的统一时间，其中还应该存在着很多不确定的因素，这才是一个值得人们去认真研究探讨的问题。

第三节　埃及考古丑闻——纳芙蒂蒂王后雕像是假货

据2009年06月04日的新华网报导，世界雕塑史上有两位最美的女子雕像，一个是法国卢浮宫的“米洛岛的维纳斯”；另一个是柏林古埃及博物馆里的“纳芙蒂蒂”，而纳芙蒂蒂比维纳斯要早1500年，距今已有3400多年历史。纳芙蒂蒂，是古埃及第18王朝阿肯那顿法老王的王后，据传她不但拥有绝世美貌，还与法老平起平坐，共同摄政。然而，她的名字与事迹却如幻影般地从史籍上消失了，使得纳芙蒂蒂的生平成为埃及最大的未解之谜，每年吸引着500多万游客到柏林一睹其芳容。然而，近日，来自瑞士和德国的两位艺术史学家却出书质疑其真实性。(图13-28)

关于此雕像历经3400年之久“重获新生”流传最广的版本是：1912年，一支德国考古队在古埃及第18王朝末首都阿玛纳遗址积沙中发现了这尊雕像，1923年头像首次在柏林博物馆公开展出，世界为之轰动，从未引起外界的质疑。然而近日，瑞士艺术史学者则在他的新书《纳芙蒂蒂的雕像—一个埃及古物学骗局》中称这尊半身雕像被制造的目的是为了测试古代的颜料，但是没想到雕塑做成后却被一位普鲁士亲王大加赞赏，因此，雕塑者只能假装它是真的。柏林一历史学者也在上周出版的新书《考古学缺少的一环》中称纳芙蒂蒂半身像是赝品。

图13-28　古埃及纳芙蒂蒂王后雕像

由此可见，这件让世界为之轰动，从未引起外界质疑的古埃及纳芙蒂蒂半身像，却在将近一个世纪后以赝品身份而草草收场。那么，古埃及经考古发现被证实的历史，究竟还有没有与纳芙蒂蒂半身像命运相同的结局呢？ 众所周知，古埃及历史由于缺乏史料记载，诸多学者仍保留着很多不同的意见。也就是说，无论是古埃及的历史断代还是古埃及纪年，以及上下古埃及的统一时间，都因缺乏史料记载而致使学界出现了各种各样的假说，以至于原本就模糊不清的古埃及历史现如今变得更加扑朔迷离。

第四节　是谁摧毁了古埃及文明

众所周知，历史上的雅利安人曾摧毁过世界四大文明古国之中的三大文明体系，即古巴比伦文明，古印度文明和古埃及文明。也正因为雅利安人有过这段辉煌的历史，才导致诸多国家和民族都宣称雅利安人是自己的祖先。然而，人们只知道雅利安人曾摧毁过四大文明之中的三大文明体系，但却没人知道为什么会漏掉了华夏文明没有被摧毁。

但遗憾的是，这种怪象至今仍未被学界所重视，甚至也没人意识到它将是揭开人类诸多历史谜团的重要线索。那么，为什么雅利安人会漏掉了华夏这支文明没有摧毁呢？如果这个问题得不到解释，恐怕人类历史诸多疑迷难解的文化现象将无法找到答案。

站在时间的角度分析，其实华夏文明并不比那三支文明的时间晚，在某些方面甚至还会超过那三支文明的历史年代。例如，在世界范围内最早形成的上古宗教体系和人类创建的宇宙崇拜信仰，以及对宇宙超自然力现象的认知解读等等，这些都要远远早于其他三支文明体系的形成。

从文化遗迹的角度看，虽然古巴比伦有“空中花园”之美誉的雄伟建筑神庙；古埃及，有象征着神秘文明的“古埃及金字塔”；古印度，有象征着人类宗教历史发展的“吠陀教”和“婆罗门教”。但遗憾的是，他们至今都没有找到催生每支文明发生的历史肇端，以及诱发这些文化现象历史形成的发祥地。

就古巴比伦文明而言，它所显现出的文化现象则是从人类原始初期的自然崇拜，逐渐发展演进到原始宗教幻想中的人格化诸神，以及之后所形成的天气神、水神、月亮神和太阳神崇拜信仰，而这一时期的崇拜信仰已经进入到了人类对宇宙的崇拜以及宇宙创世学说的理论建立，最终才形成了巴比伦以神庙为核心而发展起来的城市文明。这一发展演变过程说明，在古巴比伦形成的原始宗教信仰，仍是受到外来文化影响才最终形成了对宇宙天体的崇拜和宇宙创世学说的理论建立。而致使其发生这种质的转变因素，很可能来自一个比巴比伦宗教更为早期形成的亘古宗教体系。

古埃及文明所彰显的文化现象：不仅以建筑金字塔的形式在诠释着古埃及人对宇宙创世学说的理解，而且还在借助金字塔与天体各星座的关系在讲述着宇宙超自然力现象给予古埃及人的启示。但遗憾的是，人们至今在埃及都没有找到创建宇宙崇拜信仰的成因历史，以及创建宇宙创世学说的发展演变过程。

而古印度文明所彰显的文化现象：则是承袭着一支从亘古演变而来的宇宙崇拜信仰和宇宙创世学说，才发展起来的一支以《吠陀经》为主要经典，以信奉宇宙三大主神“梵天”、“湿婆”、“毗湿奴”为核心主神的宗教信仰体系。但遗憾的是，人们至今仍没有找到这支文化现象的历史发祥地，以及该宗教信仰的历史成因与发展演变过程。

而华夏文明所彰显出的文化现象：不仅诠释着人类宗教信仰成因与发展的亘古历史，而且还承载着催生这支文明诞生的诸多物质佐证。要知道，华夏文明所承载的文化现象就是人类最早创建的宗教文明，这支文明不仅促使着人类历史文明的发生与发展，而且还在促进着人类意识形态的升华和演变。例如，在青海发现的新石器晚期的杜立巴石碟，它们不仅是人类创建宇宙崇拜信仰的历史发端，也是彰显该宗教信仰形成的物证依据；在内蒙古阴山岩画上出现的外星生物图案，不仅是我国上古宗教对地外生物的形象刻画，同时也是我国先民对宇宙飞行物往返地球的记录追踪；在我国上古玉中出现的诸多齿轮状器物，其实就是上古宗教用物象符号对宇宙超自然力现象的真实描绘；巴蜀三星堆制作的青铜器文明，不仅是我国上古宗教对宇宙超自然力现象的物象还原读解，同时也是该宗教创建宇宙创世学说的历史形成；商代鱼国宗教制作的祭祀古玉，不仅讲述着该宗教信仰是三星堆文化现象的承袭者，而且还在借助古玉载体在描述着该宗教创建宇宙创世学说的历史形成。

由此可见，虽然古巴比伦、古埃及、古印度这三大文明体系进入人们的视野最早，但是它们都不属于人类历史长河中的原创文明。虽然华夏文明一直被边缘化，但是在这片区域所蕴藏的人类上古宗教历史，却讲述着人类宗教信仰的成因和宇宙创世学说的原创文明。要知道，催生四大文明古国诞生的精神食粮，就是人类上古时期所创建的人类宗教信仰，而这个崇拜信仰的核心理念，就是上古宗教所推崇的宇宙崇拜信仰和宇宙创世学说。

如果站在这个角度分析，四大文明古国所彰显的人类宇宙创世学说，除了华夏区域恐怕没有哪个国家能够找出这一理论的成因依据，以及催生该宗教信仰形成的诸多实物佐证。因此在学界才出现了一种观点，认为古埃及文明并非埃及人创造、古印度文明也绝非印度人创造的说法，因为它们的文明都不属于原创性文明。而唯有华夏诞生的这支文明，它不仅承载着人类宇宙崇拜信仰的成因历史，而且还蕴藏着诸多彰显宇宙创世学说的实物佐证。

经研究发现，曾经摧毁过三大文明古国的雅利安人，恰恰是来自华夏地区创建人类上古宗教和宇宙创世学说的这支人群。虽然他们是新疆罗布地区最早的原始居民，属印欧语系的吐火罗人，但是他们的族属关系仍属于广义的雅利安族系。而当时摧毁三大文明体系的手段也绝非是战争入侵，而是他们所创建的宗教信仰摧毁了其他地方的信仰文明。

第十四部分

刘昇猜想之三：木鱼法器是上古宗教信使

第十七章　佛教“木鱼法器”的成因演变

众所周知“木鱼”，是佛教和道教诵经时所用的重要法器之一，但它究竟成因于中国的本土道教，还是承袭于印度的佛教，在我国文献中却找不到任何记载。然而，宗教界多数人认为，木鱼应该是随着佛教从印度传到中国的。既然木鱼法器是随着佛教传入中国，那又为什么在印度佛教的法器中没有发现木鱼的身影呢？带着这些疑问，笔者查阅了很多相关的历史资料。(图 14-1)

图 14-1　佛教木鱼法器-1

据《百丈清规注》和《佛教仪式须知》典籍记载：“相传：鱼类目不阖睛，昼夜常醒。所以佛门中，就用木料雕刻成‘木鱼’，在赞诵时敲击它，以便警惕大众不要昏沉懈怠”。这种说法，应是来源于《唐摭言》的记述：“有一白衣问天竺长老云：‘僧舍皆悬木鱼，何也？’答曰：‘用以警众。’白衣曰：‘必刻鱼何因？’长老不能答，以问卞悟师。师曰：‘鱼昼夜未尝合目，亦欲修行者昼夜忘寐，以至于道。’”从上述记载看，木鱼法器似乎成因于对修行者的警示，告诫他们礼佛念经不要昏沉懈怠，要像鱼那样目不阖睛，昼夜长醒。

实物证据显示，在中原很多寺庙至今仍保留着一种雕成龙头鱼身的长形木鱼悬挂在各个庙宇之中，这种长形的木鱼大都悬挂在寺庙的斋堂或库房廊下，作为集合僧众之用。这一法器与民间乐器“梆子”的形制及发音极为相似，所以寺庙中也将其称之为“鱼梆”。又因为它常常是在斋饭时敲击，所以也叫做“饭梆”。在佛教寺院中，这种长形木鱼大都是头向着山门悬挂。然而问其缘由或究其寓意何为，众僧之中却无人能够将其解释清楚。(图 14-2)

上述记载就是木鱼法器的真实由来吗？如果“木鱼法器”是佛教的专属法器，那么为什么“木鱼法器”在藏传佛教中却没有看到传承呢？对此，笔者曾专门请教过四川甘孜州的泽旺集美活佛，据他讲西藏佛教界从未有人使用过“木鱼法器”。唯有藏传佛教与汉传佛教会盟时，汉传佛教的僧人才会将木鱼法器带入会盟法会使用。除此之外，在藏传佛教法器中根本就不曾见过“木鱼法器”使用。如果按照吉美活佛的说法，新的问题也就出现了，难道藏传佛教与汉传佛教不是同一法脉的历史传承吗？如果是，那为什么在藏传佛教中没人使用木鱼法器，而唯有汉传佛教才使用木鱼呢？

带着这个问题我曾走访过很多高僧大德，但没有一个人能够将其解释清楚。由此可见，汉传佛教所使用的木鱼法器应该不属于佛教界特定的专属法器。既然木鱼不是佛教的专属法器，那木鱼的历史由来也一定不会像文献所记载的那么简单，其背后肯定另有成因历史。

图 14-2 佛教寺院悬挂的木鱼-2

第一节 木鱼所承载的历史信息

经研究发现，我国上古宗教自其历史成因就一直伴随着鱼图腾发展而来，鱼图腾似乎已成为了上古宗教具有标志性的符号信息。针对鱼图腾的历史成因，在本书的前文曾有过介绍：中国上古宗教诞生于我国西北部地区，而创建这支宗教的人群则是我国新疆吐鲁番盆地的最原始居民（即印欧语系的吐火罗人)。这支民族曾是一个以鱼为食物链、以鱼为部落图腾、以鱼为民族姓氏、以鱼为都邑名称、以鱼为宗教徽号发展起来的一支有宗教信仰体系的民族。这支依附着鱼图腾而兴起的民族，不仅为我们留下了人类上古时期就已经形成的宗教信仰，同时以鱼为图腾的徽号也成为了辨析这支民族信仰的特殊标志。 由于这支宗教民族所遗留的诸多鱼图腾的信息符号，我们今天才有可能理清佛教木鱼法器与鱼国宗教存在的可能关联。

谈到两者的承袭关联，我们不得不再次介绍鱼国宗教的成因历史。经研究，鱼国宗教曾是商时期，活跃在我国西北地区最具影响力的一支宗教信仰体系。如果将其彰显的文化现象，和民族属性与我国上古文献相对应，发现这支宗教体系与文献所记载的鬼方宗教极其相符。据史料记载，鬼方曾是商周时期散居在我国西北地区的一支游牧民族，居匈奴北和康居北。其活动载于《汲冢周书》,《易经》,《山海经》,《古本竹书纪年》,《史记・殷本纪》 和出土的《小盂鼎》 及商周甲骨卜辞中。在武丁时期，我国漠南地区曾多次发生过讨伐鬼方的大规模战争，以及武丁伐鬼方三年克之的文献记载。然而鬼方败走后的去向，甲骨卜辞中的“鬼方易”记载则成为了唯一线索。对此一些学者认为,“鬼方易”应该是鬼方向远方逃走或迁走的意思。然而结合近一个世纪以来，经我国、原苏联和蒙古地区的考古新发现，一些学者认为鬼方已迁到了南西伯利亚东起贝加尔湖西至巴尔喀什湖一带。如果站在文献和考古学的角度，鬼方宗教似乎已在商武丁伐鬼方后彻底的淡出了华夏历史舞台。然而，鬼方宗教离开华夏区域后，究竟发展如何，他们又曾对人类产生过哪些影响，当今学界却无人对此进行过深入探索，有诸多相关信息在暗示着我们，他们并没有因败走华夏一蹶不振。如果我们能够借助笔者提出“四重证据法”即民间收藏的古玉符号信息，去探究“鬼方易”的去向，将不难发现鬼方在撤离华夏区域后，在我国毗邻区印度再次创建了令世人瞩目的宗教历史辉煌。

借助商代鱼国宗教的鱼图腾符号信息，我们不仅窥探到鱼国宗教（鬼方宗教）并没有在武丁伐鬼方的战役中被彻底摧毁，而是西迁到了我国毗邻区印度，并在那里再次兴建了一个更为强大的宗教帝国，即古印度的吠陀教和婆罗门教。也就是说，在商武丁伐鬼方的历史同期，在中国的毗邻国印度吠陀教和婆罗门教相继诞生。然而，这种看似时间上的巧合绝非偶然，因为在该文化现象的背后，却隐藏着一段中国上古宗教传播与发展演变的清晰脉络。例如，仅从两教的一生一灭的时间判断，就不难看出两者存在着诸多的必然联系。

第二节　两教一生一灭的时间

古印度的吠陀教和婆罗门教诞生时间，大约在公元前 1500 年~前 1000 年左右，是以雅利安民族入侵北印度的时期开始计算的。而中国上古宗教（鬼方宗教）退出华夏历史舞台的时间，则是以商武丁伐鬼方的年代（即公元前 1324 年~前 1266 年）之前进行推算。因为鬼方的成因历史要远远早于商王朝的 600 年时段。如果按照商王朝的历史年代（即公元前 1600 年~前 1046 年）推算，古印度教的诞生时间则完全符合两教一生一灭的历史年代。因为有证据显示，商王朝自建立后，历代君主都曾与鬼方发生过多次战争，直至武丁时期这场战争才以鬼方战败而宣告结束。

由于商王朝多年讨伐鬼方，我国上古宗教（鬼方宗教）应该早在武丁伐鬼方的战役之前，就已经陆续向毗邻国印度开始了传播与迁徙。直至武丁伐鬼方的战役开始，这种永无休止的战争才迫使鬼方宗教集团决定彻底放弃华夏圣地，将余部陆续撤离到毗邻区印度，并在那里又重新开创了第二个宗教圣地（即古印度宗教文明）。由此可见，上古宗教（鬼方宗教）撤离华夏区的时间，要远远早于武丁伐鬼方的历史年代。也就是说，因为商王朝不断征讨鬼方，所以该宗教集团才决定放弃华夏圣地，将该宗教集团迁往印度。两教一生一灭的时间也与甲骨卜辞中的“鬼方易”记载也极为吻合。

第三节　两教的宗教性质

要知道，入侵古印度的雅利安人，最初带给当时西北部五河地方民族的宗教文化是“四吠陀”，这一时期的宗教特点属于多神崇拜信仰。而我国上古宗教（鬼方宗教）也属于多神崇拜。其佐证依据，如该教所遗留的祭祀神器中出现的龙图腾、蛇图腾、牛图腾、羊图腾、饕餮图腾、生殖器崇拜以及形状各异的宇宙诸神造像等等，不仅如此，两教所推崇的宇宙创世学说仍然极为相似。据印度文献记载，大约在公元前 800 年左右，吠陀时代的思想逐渐由西北方转向恒河流域的中印度，而多神教崇拜也随之转为了一神崇拜即对“梵天神”的崇拜。大梵天，在印度教中为创造之神，宇宙之主；然而，作为宇宙万物的创造之神大梵天，他的地位相当于中国神话中的开天辟地之神 盘古。

中国上古宗教的宇宙创世学说，源于中国神话故事中所讲述的 盘古。传说在远古时期，宇宙就像是一个大鸡蛋一样混沌一团，有个叫做盘古的巨人在这个“大鸡蛋”中一直酣睡了约 18，000 年后醒来，他凭借自己的神力用利斧将这个鸡蛋一劈两半，上边阳清的一半为天，下边阴浊的一半为地。盘古站在天地当中，其智慧超过了天，能力超过了地。针对盘古的记载，最早见于战国时代的《六韬·大明》 一书，叙事见于三国时代吴国徐整著的《三五历纪》，盘古化万物最早出现在南朝梁人任昉所作的《述异记》，最早形象见于《广博物志》 和《乩仙天地判说》。在这些书中，盘古被描述成龙首蛇身或人面蛇身的形象。其地位，是宇宙万物的创造者和诸神之中的主神。

不仅如此，在中国还能找到支撑宇宙创世学说的成因依据。例如，在我国青海发现的杜立巴石碟（距今已有 12，000 年），这些杜立巴石蝶不仅诠释着我国宇宙创世学说的成因史，同时还在彰显出该崇拜理念的历史肇端。紧随其后的便是，在中国各地发现的上古玉文明，如内蒙古地区的红山古玉、太湖地区的良渚古玉、黄河中下游的龙山古玉、甘肃地区的齐家古玉、巴蜀地区的三星堆和金沙古玉，以及陕甘宁青等地发现的商代鱼国祭祀古玉中出现的形状各异的齿轮状器物等等，它们不仅用物象符号讲述着人类宇宙崇拜的历史发端，器物造型还在诠释着宇宙创世学说的演变历程。通过这些实物佐证可以看出，中国上古宗教所创建的宇宙崇拜观和宇宙创世学说，无论从时间和物证的角度，还是从历史发展的演变脉络，无不彰显出传承有序的发展和清晰可辨的历史。也正因为两教的历史，出现了一前一后的排序以及一生一灭的现象，因此，我们才有理由得出，两者所推崇的宇宙主神（盘古—梵天）应该属于同一个神祇。也正因为，两教的历史存在着一种前后承袭关系，所以才会在两个不同的历史阶段以及两个不同的文化区，出现了对宇宙创世主神的两种不同称谓，即华夏的“盘古神”和古印度的“梵天神”崇拜。

从人种学的角度分析：前文已经说过，创建中国上古宗教的这支人群是印欧语系的吐火罗人。而溯源其历史渊源，这支人群应该是我国上古时期最早从雅利安族系中脱离出来的一支最原始的族群。也就是说，这支人群仍属于雅利安人族系。曾经摧毁了古印度河文明，并在那里建立了吠陀教和婆罗门教的人群，其族属也是雅利安人族系。从这个角度分析，两者不仅符合同宗、同源的一脉传承，同时也符合上古宗教长期所秉持的祭祀至上的种性血缘制度。

站在两教历史断层角度分析：众所周知，创建古印度教的雅利安人究竟来自何方，他们到达印度之前又曾经有过怎样的一段文明，至今仍是考古界的一大未解谜题。对此有些学者曾认为，这支雅利安人很可能来自印度的西北某个区域。但是，经过一个多世纪的探索寻觅，在印度的西北诸多国家和地区至今仍未找到支持上述推论的依据，因此该推论只成为了一种假说。然而，如果学者们将探寻的目光拓展到印度以东的毗邻区中国，再将那里诞生的上古宗教文化现象与古印度教相互对比，就不难发现无论是两教一生一灭的时间，还是两教从多神崇拜演变到宇宙信仰观和宇宙创世观的过程，以及两教长期所秉持的祭司至上的种性制度，无不彰显出两者具有同宗、同源、同文化现象的一脉相承关系。由此可见，在中国诞生的上古宗教（鬼方宗教），应该就是人们至今还在寻找的古印度教的历史前身。

从鱼图腾的物象符号角度分析：据古印度教的文献记载，鱼曾是大梵天的化身。也就是说，大梵天应该和鱼有着密不可分的历史关联。如果站在我国上古宗教以鱼为宗教徽号的角度，大梵天的第一个“鱼”的化身，是否所泛指的就是一种承袭鱼国宗教法脉的意象传说？ 在古印度教的神话故事中，对鱼的崇拜信仰还存在着另一种版本：说大梵天的曾孙摩奴身为人主，两手朝天，一脚立地，修行了一万年。有一天，大海里的一条小鱼来求保护，他把小鱼放在水罐里。小鱼长得很快，水罐、大缸以至大河都无法让它容身，摩奴把它放回大海。鱼告诉摩奴，世界快要毁灭，赶快造一只船，载上七个修道士和各种生物的种子，摩奴一一照办。当世界被洪水毁灭时，鱼头上长出了角，他把船拖到唯一未被洪水淹没的喜马拉雅山顶上，然后告诉摩奴，他就是大梵天，于是摩奴便开始了苦修。当他取得了非凡的能力时，就在洪水劫后余生的大地上摩奴又重新创造出了世界万物。这个世界再创造出神话，又变成《鱼往世书》 的中心内容，不过鱼在该书中已被改写成不再是大梵天的化身，而是毗湿奴的化身。

以上这段记载说明，鱼不仅是大梵天的化身，同时还是古印度宗教的救世主或创世主。很显然，“鱼”对古印度教的影响非同一般，该宗教对鱼的崇拜信仰也绝非无源的杜撰。因此这段记载足以说明，“鱼”和古印度教的成因历史一定有着密不可分的关联。既然“鱼”和成因历史有关，那么也就不排除它与中国上古宗教（鱼国宗教）存在着某种承袭关系。因为，创建中国上古宗教（鱼国宗教）的人群，恰恰是一支以鱼为图腾发展起来的宗教信仰体系，而且该宗教还是创建宇宙创世学说的历史源头。从这个角度分析，古印度教“梵天神”的第一个化身“鱼”，它所泛指的寓意应该就是中国上古宗教（鱼国宗教）的徽号信息才对。

对此可能会有人提出疑问，认为即便上述推论能够成立，那么佛教所使用的木鱼法器又与古印度教以及中国的上古宗教（即鱼国宗教）有着怎样的联系呢？ 笔者认为，仅凭文献中的只言片语记载，恐怕永远也弄不清木鱼法器的真正历史由来。因为那些相关的记载，不是源于口口相传的神话故事，就是源于佛教僧侣们的答非所问，以至于将人们探寻的思路带入了歧途。如果我们能够借助华夏上古宗教（鱼国宗教）所留下的诸多鱼图腾的符号信息，再顺延其传播发展的历史脉络进行探索，人们将不难发现佛教木鱼法器所承载的历史究竟因何演变而来。但是要想厘清这些问题，我们还需从佛教的创始人释迦牟尼的身世说起。

第四节　释迦牟尼创建的佛教

众所周知，佛教的创始人释迦牟尼，生于古印度迦毗罗卫国（今尼泊尔南部），并是迦毗罗卫国的太子，父为净饭王，母为摩耶夫人。释迦族，与《罗摩衍那》 的主角罗摩同出一系，属刹帝利种姓，为古代印度的雅利安人。既然，释迦族是雅利安人创建的婆罗门教四大种姓之一“刹帝利种姓”，想必释迦族也一定会是雅利安人所创建的吠陀教和婆罗门教的信徒。

据传，释迦牟尼天资聪颖，幼年就能通达五明、四吠陀（古印度传统思想），曾接受婆罗门教的传统教育。如果站在文化传播，先继承和后发扬的角度分析，释迦牟尼曾受到过婆罗门教的传统教育，并且还是该教的忠实信徒。理论依据是，一、众所周知，释迦牟尼家族，属刹帝利种姓。既然释迦牟尼属于刹帝利种姓，其家族也就一定是古印度教种姓制度中仅次于婆罗门的，既然释迦族笃信古印度教，那么释迦牟尼也一定会是古印度吠陀教和婆罗门教的信徒。否则佛教法典说，释迦牟尼自幼曾接受婆罗门教的传统教育将无法解释。二、正因为释迦牟尼曾是婆罗门教的信徒，因此他才有资格提出反对婆罗门教的种姓制度，以及对婆罗门教信仰提出很多相左的见解并且自己创建一个新的理想教派，佛教由此诞生。

既然释迦牟尼曾笃信婆罗门教，想必他所创建的佛教也一定是在吠陀教和婆罗门教的基础上发展起来的新的教派。既然两教存在着这种关联，那么释迦牟尼所创建的佛教信仰也就可以被理解为，是古印度吠陀教和婆罗门教的衍生教派。既然佛教属于古印度教的衍生教派，那么在佛教的信仰体系中必定会留有古印度教的某些信息符号。古印度教对“鱼”的崇拜信仰也一定会在佛教中得以体现。

可能有人会问，既然“鱼”是佛教承袭法脉的重要符号载体，那为什么这个如此重要的符号信息（木鱼法器），却在印度佛教的诞生地没有发现承袭的现象，而唯有中国和东南亚地区的佛教才会使用木鱼法器呢？ 中国本土的崇拜习俗，是一定要把所崇拜的对象用实物来表现。例如各种礼器和法器都代表不同的意义或对象。作为外域的宗教文化，想要被中国本土文化所接受，自然要入境随俗。外域的崇拜传说，中国本土未必能接受或有兴趣，因此，直接将崇拜转为简单的实物，只求礼拜不问来源。 既然佛教是中国上古宗教（即鬼方—鱼国宗教）的间接承袭者，如果佛入主中原必须要入境随俗，适应中原国情，势必会影响到在中原传播佛教的进程；否则就是设计出一种带有法脉承袭寓意的特殊法器来化解这个难题。因一件承载着上古宗教（鬼方—鱼国宗教）法脉，并且又具有象征寓意的法器“木鱼”（鱼图腾）便由此诞生。虽然木鱼成为了汉传佛教的专属法器，但是它的成因历史以及寓意，却已无人知晓了。

第五节　藏传佛教为什么不使用木鱼法器

既然木鱼是佛教的专属法器，那为什么在藏传佛教中却没有发现使用木鱼？笔者认为，要想弄清楚这个问题，必须要先从西藏原始苯教的起源谈起。据文献记载，西藏苯教起源于古象雄文化，历史发祥地在今天西藏阿里地区的“冈底斯山”一带。早在公元 6 世纪初，佛教还没有传入藏区之前，苯教就已经在藏区盛行了几百年之久，是当时西藏唯一盛行的原始宗教。苯教不仅分布区域广，其名称也各不相同，其中有：“龙本”、“赞本”，“祭本”、“占卜本”、“招财本”、“魔本”、“沐浴本”等三十多种。然而，自弘法者辛饶弥沃从象雄来到藏区后，他在改革原始本教的基础上，又融入了他新的教法和新的宗教理念，致使藏区三十多种本教才得以统一。被辛饶弥沃统一后的宗教名称，就是今天人们所熟知的“雍仲苯教”。自雍仲苯教创建后，不仅使原藏区的三十多种苯教名称得以统一，从而还使雍仲苯教在藏区得到了长足发展壮大。

随着雍仲苯教的势力不断扩大，其影响力直接威胁到了吐蕃王权的地位，从而使苯教和吐蕃王权的矛盾日益扩大。也正因为如此，吐蕃王室需要重新洗牌拟建立一种新的秩序，以加强王室的集权地位。在公元七世纪初，吐蕃赞普松赞干布将印度佛教引入吐蕃，并给于了佛教僧侣很宽松的宗教政策，由此很快佛教便成为了吐蕃王权的重要政治筹码。到了公元八世纪，时任吐蕃的赞普赤松德赞颁布了一系列政策，用以快速扶植印度佛教的崛起，同时又以各种手段打压雍仲苯教以削弱其势力。起初，此举遭到了信奉本教的一些大臣和贵族们的反对，但后经赤松德赞巧妙的策划安排，决定让佛教与苯教进行公开辩经来抉择谁去谁留。

当辩论结束时，早已明显倾向于佛教的赤松德赞判定，佛教说的有道理！ 宣布佛教获得了此次辩经的胜利。虽然苯教对辩经的胜负结果持相反看法，但趋于王权已作出抉择已是惘然。随后，吐蕃王赞普松赞干布给苯教信徒指出三条出路：一是改信佛教；二是放弃宗教职业，做吐蕃王朝的纳税百姓；三是如果不愿意改宗，又不愿意当平民，就将这些僧人流放到阿里、安多和康区等边地。因此，苯教大部分僧人连同他们的寺院被迫改宗了印度佛教，苯教寺院的佛像也从此藏于地下。苯教因此受到了极大的打击，并从此一蹶不振。直到公元 9 世纪，朗达玛赞普即位后开始实行禁佛运动，一度被压制下去的苯教才得以再次回到西藏的宗教历史舞台。虽然苯教得以复兴，但因长期被压制且一直没能得到发展，而自身存在着很多滞后因素和弱点，故在复兴之初有意效仿佛教之精髓。

例如，苯教最初没有教主而佛教有释迦牟尼，于是苯教就创造了“幸饶弥沃”，这个传说中的历史人物作为苯教的教主。另外，苯教还把佛教经典翻改成苯教的经典。即便如此，苯教还是有意保留了自己与佛教相悖的习俗与观点，如佛教对圣地是以顺时针方向转为功德，而苯教则以逆时针方向转为功德，就连转经筒的方向也依旧如此。其实与佛教相悖的还不仅如此，例如苯教在藏传佛教中所保留的原始繁缛礼仪、礼规，这些在西藏以外的佛教礼仪中是很难见到的。也正因为如此，我们今天才有可能在藏传佛教中找到原始苯教的身影，以及原始苯教为我们保留下来的本土宗教历史信息。

关于苯教的历史起源，目前我国学界持有两种不同的观点：一种观点是，苯教起源于藏地的原始宗教，最初流行于象雄地区（今西藏阿里地区的象雄文化），后经雅鲁藏布江自西向东传播到了整个藏区。这种观点在许多描述吐蕃历史的藏文史籍中能够找到记载，因此目前很多学者都普遍支持这种观点。而另一种观点则认为，苯教起源于川藏原始宗教的多神教，后经不断向北传播盛行于西藏各地。但以上两种推测，都因拿不出令人信服的证据而至今仍成为了一种假说。

笔者认为，从目前川藏地区所遗留的原始宗教遗存来看，诸多证据显示，川藏地区的原始苯教与巴蜀三星堆宗教有着诸多相似之处。例如，原始苯教的多神崇拜、自然力崇拜、魔法巫术、预言占卜、杀生祭祀习俗、繁缛的礼仪礼规、早于佛教的建塔习俗、以及祭祀佩戴假面具击鼓跳舞的宗教仪式等等，这些带有原始宗教色彩的礼仪礼规，在印度传入藏区的佛教中是根本看不到的。众所周知，印度佛教主要注重自身的修行和弘扬佛法，从未创建过繁缛的礼仪礼规，更不要说什么杀生祭祀习俗了。从这个角度讲，西藏苯教与佛教的承袭脉络有着根本性的差异，那么苯教究竟是从何种宗教信仰承袭演变而来的呢？有些学者认为，苯教所承袭的历史法脉应该源自古象雄文化，那么古象雄文化又是从哪支文化演变而来的呢？带着这些问题，笔者查阅了诸多历史文献和考古资料。但遗憾的是，仍没有发现早于公元前 10 世纪的佐证证据。

第六节 象雄文化所承袭的法脉

从文献记载看，古象雄文化在公元前 10 世纪就已经在西藏高原崛起。在公元 6-7 世纪，象雄王国主要以牧为主并兼有农业。古老的象雄王国曾产生过极为发达的文明，它不仅形成了自己独特的文字，而且还是西藏传统土著宗教苯教的历史发源地，对后来的吐蕃以及藏区文化都产生过深远的影响。象雄王朝鼎盛时期，曾有极强的军事力量，其疆域不仅包括西藏高原的大部分地区，其辖区还囊括青海、四川和西部的克什米尔以及拉达克地区。后来，吐蕃逐渐在西藏高原崛起，到公元八世纪时，彻底征服了象雄王国。从那时起，象雄王国和文化就突然消失了，其文字与文献以及宫殿遗址等至今都无从考证，留下的只是人们遐想的千古之谜。然而，随着我国近些年针对象雄文化的考古发掘，例如，在阿里“穹窿银城”城堡的发掘遗址中，考古学者发现了 120 多组古代建筑遗迹，出土的大量陶器、石器、铁器、骨雕等遗留物。这些遗址和遗留物的发现，似乎在昭示着这个地区确实有过一个繁荣的聚落。但是，这些发现仍不能解开苯教的成因历史之谜。

那么，苯教究竟承袭的是哪一支宗教法脉，她的历史前身又是怎样的一段文明？ 从史料记载看，早在公元 2~3 世纪时，今阿里地区札达县、普兰县即为象雄国中心辖区。据《世界地理概况》 载：在冈底斯山西面一天的路程之外，那里有詹巴南夸的修炼地--穹隆银城，这里也是象雄国的都城。如果从文化发展规律的角度分析，在世界诸多的文化现象之中，唯有信仰文化才有它巨大的传播能力。因为，信仰文化不仅能够使人精神得到满足，而且还能够使人的灵魂得到安顿，从文化的内在结构看，如果一种文化中缺少信仰成分，必然要从其他文化中寻找补充。在历史上，宗教作为普遍的文化现象，在世界各地不同的文化圈内都受到了普遍的重视。在文化交流的过程中，宗教往往是最重要的核心部分，因为它比其他文化更具传播能力。 众所周知，古代各民族和国家的文明传播发展与交流，主要是通过战争的领土扩张、贸易的交流传播这两种方式实现的。例如，曾摧毁过印度河文明的雅利安人，他们不仅将青铜冶炼技术带到了印度，同时他们还带去了人类上古形成的宗教信仰文明。遵照这两种文化传播与交融的规律，中国青藏高原发现的象雄文化和苯教历史，也一定有其承袭发展的历史演变脉络。如果站在川藏区域整体文明的角度分析，在川藏地区发现历史年代最早、人类宗教信仰最有影响力的文化现象，莫过于在川藏地区发现的三星堆宗教文明和金沙遗址了。因为在四川发现的这支文化现象，无论从历史年代还是从宗教的文明程度，都要远远超过藏区象雄文化和苯教的历史。

从两教的宗教性质分析：三星堆和金沙宗教文明，所秉持的是宇宙创世观，该教不仅崇拜宇宙诸神，同时还崇拜自然万物神明，应该属于多神崇拜信仰；而古象雄文化的苯教，仍奉行着宇宙创世观和宇宙崇拜观，并且认为自然万物皆有神明，也应该属于多神崇拜信仰。

站在两教的祭祀礼仪角度分析：从三星堆和金沙遗址出土的祭祀礼器看，那些形状各异的青铜神器和祭祀古玉，不仅体现出该宗教祭祀礼仪活动的宏大场景，同时又显现出祭祀制度的繁缛和庄严；然而，在藏区雄霸一方的象雄文化苯教，至今仍保持着它古老而神秘的祭祀活动，以及它繁缛而诡异的宗教礼仪礼规。苯教的这种繁缛而厚重的礼仪礼规，绝非一般宗教历史才能形成，它应该源于一个比它更为古老而厚重的历史文化传承才对，而在我国能够具备这种历史文化现象的人类遗迹，唯有四川三星堆和金沙文明才可以与之相匹配。

从两教的承袭发展脉络分析：四川三星堆宗教文明，应该是我国上古宗教发展到夏代（约公元前2033－前1562）呈现出的一支，最具代表性的上古宗教文明。然而，自三星堆消亡后，一部分人迁徙到了成都地区，并在那里再次创建了金沙宗教遗址；而另一支人群，则跨越秦岭到达了陕甘地区，不久那里便诞生了一支商代鱼国宗教（即鬼方宗教）。在商武丁伐鬼方时期，鬼方宗教（鱼国宗教）被迫西迁到了华夏的毗邻区印度，之后那里便诞生了一支古印度的吠陀教和婆罗门教。

然而无独有偶，就在古印度的吠陀教和婆罗门教诞生的历史同期，在印度的毗邻区西藏阿里，却出现了一支雄霸藏地的古象雄文化苯教。苯教的诞生地，不仅与古印度吠陀教和婆罗门教同属于一个文化诞生区，而且两教所推行的宗教理念也极为相同。例如，双方所秉持的宇宙创世观，以及多神崇拜信仰，繁缛的祭祀礼仪制度，祭祀至上的种性制度等等。不难看出，这种极其相似的文化现象，绝非用历史的巧合能够解释清楚。因为，如果两教不具备同一个历史文化的起源，或者说是同一个宗教信仰的历史传承，恐怕两教在之后的历史发展演变中决不会很快的相融在一起。

在本章的前文曾有过介绍，诞生于古印度的佛教在某种意义上讲，应该属于古印度吠陀教和婆罗门教的衍生教派。然而，随着佛教的传播发展，复杂的历史机缘巧合终于促使佛教与苯教在藏地不期而遇。虽然历史文献，将两教在藏区邂逅归咎于吐蕃王朝的政治需要，并且又将两教的辩经结果解读为一场不公正的博弈。但是，从今天两教已经溶为一体的结果看，足以说明两者存在着很多相同与相似之处，否则两教仅凭吐蕃王朝的政治施压是决不可能融为一体的。笔者认为，在西藏地区诞生的象雄文化苯教，应该是在三星堆消亡后由一支特殊的人群，将蜀地的宗教文化传播到了西藏阿里地区。

我们通过苯教对鱼的崇拜信仰，仍能窥探到象雄文化苯教所承袭的宗教法脉。例如，苯教的最大禁忌是不允许信徒和藏人吃鱼。因为，苯教视鱼为水中的神灵，是地下世界“龙族”的象征物。既然鱼是“龙族”，自然也就成了藏地信徒们虔诚祭拜的神明。另外，在藏区至今仍流传着各种有关对鱼崇拜的神话故事，其中一段故事中提到，某人曾救助过一只即将被杀害的“龙族”成员“神鱼”，最终这个人得到了善报。苯教认为，如果有人胆敢杀害鱼类，他必定会生各种各样的皮肤病，甚至瘫痪、痴呆直至死亡。在藏地苯教盛行的区域，某些禁忌已成为了苯教的信仰宗旨，并已将禁忌和某些疾病或自然灾害联系到一起，疾病已成为了威慑藏人行为规范以及传达神灵意愿的信息福祉。因此直至今日，大多藏族人都不吃鱼，虔诚的藏民们认为‘鱼是藏族的神’，他们认为吃鱼就如同在亵读万能的神灵。

然而，苯教对鱼所秉持的这种虔诚信仰，却恰恰暴露出苯教所承袭的法脉是源自一个以鱼为图腾的宗教王国。既然这支宗教法脉和鱼图腾崇拜有关，那么四川三星堆宗教便理所当然的成为了苯教首选的前身历史。因为三星堆宗教，恰恰是一支崇拜鱼图腾的宗教王国。创建该宗教的人群，不仅是一支以鱼为食物链发展起来的民族，同时他们还是一个以鱼为图腾、以鱼为民族姓氏、以鱼为都邑名称（鱼国）、以鱼为宗教徽号（鱼国宗教）的上古宗教体系。由此可见，象雄文化苯教所承载的历史信息，不仅诠释着中国上古宗教

(三星堆宗教—商代鱼国宗教）的发展演变脉络，同时也是人类上古宗教传承至今保存完好的历史活化石。

也正因为西藏佛教远离中原王朝，没有中原王朝借物崇拜的习俗，因此不需要假借木鱼法器来表达崇拜。以上笔者的推论，很可能较为接近佛教木鱼法器的成因历史，更为符合藏笨佛教没有使用木鱼法器推理解读。

第十八章　古印度教与佛教的历史渊源

第一节　将佛教传入中国的信使

在佛教传入中国的过程中，西域的吐火罗人起到了至关重要的作用。

据有关文献记载，最早将佛教传入中国的人是生活在东伊朗地区的大月氏人,《三国志·魏书》 记载:“西汉哀帝元寿元年，博士弟子秦景献受大月氏王使者伊存口授浮屠经，中土闻之，未之信了也”。

这是关于佛经传入中国和中国人学佛法的最早记载。当然，天竺（印度）高僧对佛教传入中国也居功至伟，但据慧皎《高僧传》 所记东汉末年外来传法的高僧多数为大月氏人（即吐火罗人)、康居人和安息人，但文献中记载最翔实和最多的还是月氏人。它告诉我们一个史实，即月氏人西徙中亚以后，在未进入天竺国之前，就已经了解或者信奉佛教文化了，这应是月氏向中国最先介绍佛学的一个佐证。

月氏人，最初起源于乌拉尔山、南西伯利亚一带，居于河西走廊、祈连山古代原始印欧人种游牧部族，亦称“月支”“禺知”。月氏于公元前二世纪为匈奴所败，西迁伊犁河、楚河一带，后又败于乌孙，遂西击大夏，占领妫水（阿姆河）两岸，建立大月氏王国。月氏西迁伊犁河、楚河时，逐走了原居该地的塞人，迫使塞人分散，一部分南迁罽宾，一部分西侵巴克特里亚的希腊人王国，建立大夏国。后来月氏复占大夏，并南下恒河流域建立贵霜王朝。在公元 1 世纪，月氏人的贵霜王朝成为了中亚一带最强大的帝国，同时它还是中亚地区的佛教中心。从月氏的历史可知，月氏人就是吐火罗人的后裔之一。

季羡林在 1947 年曾写过一篇文章《浮屠与佛》，主要是论证中国最古佛典翻译中的“佛”字，不是直接从梵文，而是间接通过吐火罗文 A（焉耆文）p t 和 B（龟兹文）的译过来的。一个字的音译，看来是小事一端，实则与佛教传入中国的途径和时间有关，决不可等闲视之。季先生还曾感慨的说:“我没想到研究佛教是可以借助语言学的。”而关于浮屠与佛的问题，一直是季先生谈论佛的重点。季先生，通过吐火罗文对释迦摩尼称号的发音，证明了浮屠与佛这两种对释迦摩尼的称号的中译是有不同的来源，前者来自印度佛典，而后者则来自西域大月氏翻译的印度佛典。这就是语言学在这个研究领域中的妙用，也是至关重要的一个环节。

但是，佛教究竟是何时，由何人传入中国的，历史记载中还有其他说法：一，山海经所载三皇五帝之时伯益已知有佛。二，列子卷四仲尼篇：孔子尝言西方有圣人，此圣人即指佛陀，故谓佛教于先秦时代已传入；更有窜改周穆王篇，而谓西周穆王时佛教已传入。三，汉法本内传、周书异记均谓佛法于周代已传入。四，历代三宝纪卷一载，周代已于各地建立阿育王佛塔，然佛塔与经典皆为秦始皇所毁；又谓秦始皇四年，西域沙门释利房等十八人携佛典入华。五，北齐魏收所撰之魏书卷一一四释老志载，汉武帝元狩二年霍去病伐匈奴，得休屠王所祀之金人，安置于甘泉宫；或谓此金人即佛像，亦即佛教东传之证据。然史记卷一一匈奴列传、汉书卷五十五霍去病传等，仅言及得金人之事，并未言及佛教，此金人或为西域之天神。六，释老志又载，张骞出使西域归国后，谓大夏之邻有身毒国，尝闻浮屠之教；然史记卷一二三大宛列传、汉书卷六张骞传等，虽言及身毒国，却无浮屠之记载。七，刘宋宗炳所撰之明佛论载，东方朔尝与汉武帝论对劫烧说，此为汉代接触佛教之据。八，明佛论又载，刘向所撰之列仙传中，有七十四人为佛经中的人物；然列仙传的真伪已属可疑，更遑论其内容。①

汉武帝派张骞出使西域的初衷，是想联合月氏人夹击匈奴。但没想到张骞在逃脱匈奴的十余年囚禁后，历尽了艰难险阻最终找到月氏人时，月氏人已经在新的河畔安居乐业建立起自己的新王国，早已将寻仇的事情留给了后人。但时隔多年以后，月氏人的后代子孙又有人千里迢迢的回到了先民曾战败过的地方，不过他们这次回来不是来报仇的而是带着释迦牟尼的学说来传教的。

但各种传说中，最为令人津津乐道的是东汉明帝夜梦金人的历史故事：在永平十年（六七），明帝梦见一位金人，身长六丈，相貌庄严美好，全身金光灿烂，在金鸾殿的上空飞翔。梦醒之后，明帝便问群臣，所梦金人到底是什么神？ 太使傅毅答说："臣听说《周书异记》 中有一段记载：周昭王即位二十四年甲寅岁四月八日平旦时分，所有江河泉池忽然泛升高涨，四处的井水也溢出来，狂风大作，宫殿、房舍、 山川、大地也都震动起来。到了夜晚，有五色光芒入贯太微，在西方遍布成青红色。当时，昭王问太使苏由：'这是什么祥瑞？' 苏由回答说：'西方有大圣人诞生。' 昭王问：'对天下有何影响？' 苏由答道：'此时没有，一千年后声教被及此土。' 于是昭王即派人把这件事情镌刻在石头上，埋在南郊的天祠前。太使傅毅曰：如果以年代计算，刚好就是当今之时，陛下所梦的金人，想必就是佛陀无疑。"由于这个因缘，明帝便派遣使者蔡愔、秦景、王遵等十八人西行到印度求佛法。

上文所提到的《周书异记》 中，大圣人诞生和大圣人灭度的有关记载，似乎已成为了我国佛教界研究汉地佛教传入时间的史料依据。但是《周书异记》 一书，在近代的历史学界一直被认为是一部来历不明的、缺乏历史根据的书籍。这本书，除唐代法琳大法师引述，或根据法琳的引述再被引述外，几乎没有人明确地表示真正看到过这部书。有些学者推论，此书是由于政治和历史的原因而臆造出来的产物。其论点是，我国的佛道二教经常会因为教主的生卒之年发生争论，有时争论得难解难分，都是为维护自教的声望，抬高自己，压倒对方，以利于自教的生存发展。基于这种情况，道教徒首先炮制出《老子西升化胡经》 来驳斥佛教。而针对这种情况，佛教界也就有了《周书异记》 的出现。

笔者认为，事实可见，自隋唐以来如隋代的《历代三宝记》、唐代的《广弘明集》、北宋的《佛祖通载》、 南宋的《佛祖统纪》 等诸书，都不同程度在相继引用着《周书异记》 书中的内容。所以在宗教界，佛生于周昭之世，灭于周穆之世的传说，也就成为一千多年来汉地佛教遵信的一种说法。乃至在公元 1913 年和 1923 年时，我国佛教界还曾隆重举行过佛诞 2,940 年和 2,950 年的纪念法会。

① 引自网络 佛学大辞典（一二一二）【佛教入传】。

关于佛教传入中国的确切时间，目前比较公认的说法是在西汉末年：哀帝元寿元年（公元前二年），博士弟子景卢受大月氏使臣伊存口授《浮屠经》。而另一学说是，东汉明帝时：明帝永平十年，蔡愔赴西域访求佛法返国，邀得大月氏迦叶摩腾、竺法兰来华，并以白马驮回佛像及经卷。其后明帝在洛阳兴建了中国早期的佛寺白马寺，作供奉佛像及佛法之用。

虽然目前针对佛教传入中国的时间还存在着颇多争议，但新疆达玛沟发现的佛教遗址提供了佛教东传的最早时间证据。季羡林先生认为："佛教从印度向中国传播，有两条途径。其一，由印度传至大夏，再传到中国；其二，由印度传至中亚小国，再传至中国，佛教传入中原内地的时间则为公元 1 世纪。"但不论由大夏或中亚哪条途径，都必须经过新疆。佛教由克什米尔传入于阗，最早见于藏文文献《于阗国授记》。2000 年，在新疆策勒县发现的达玛沟遗址，证实了佛教东传第一站的事实。

据汉书记载，当时有许多来华从事经商活动的月氏人，在经营贸易的过程中同时也将一些佛教的经书典籍带入了汉地。在汉哀帝时期月氏国王曾派遣使者伊存到达了当时中国的首都长安城，他口授佛经给一个名叫景卢的博士弟子，这是我国史书中唯一记载佛教传入中国的明确记录。

综上所述，笔者发现了一种奇怪的现象：为什么所有相关佛教传入中国的信息，都最终集结到"月氏人"身上，月氏人俨然成为了将佛教最早传入中国的信使或者传教士。这种现象背后，究竟隐藏着怎样的一段不为人知的历史秘密呢？ 月氏人将佛教传入中国，是一种机缘巧合还是佛教的历史成因本来就与月氏人有着千丝万缕的历史渊源？ 据史料记载，月氏人早在公元前 4 世纪就已居住在我国的西北地区（甘肃），他们是一个比较强盛的少数民族，在其发展过程中才逐渐的迁徙到了中亚地区。在佛教传入我国内地的过程中，甘肃全境又是最早得闻于佛法的地域。据记载，在公元前 4 世纪甘肃的武威、天水一带就已经有了佛教传入的迹象，比一般认为佛教传入内地的时间要早了将近 300 多年，这似乎与月氏人居住在此地有着直接的联系。

如果按照很多中外学者认为的那样，"大月氏人"即是"吐火罗人"的说法，我们也可以将其理解为"大月氏人"与 3,800 年前定居在西域塔里木盆地的原始居民"吐火罗人"，应该是同属一个民族体系。既然他们是同一个民族，吐火罗人又创建过自己宗族的宗教体系，为什么月氏人又会成为佛教的信徒或传教士的呢？ 唯有一种可能，那就是佛教原本就是从吐火罗教中衍生出来的一支宗教教派，这种设想既顺理成章，也比较符合人类宗教信仰的发展规律。

第二节　错误概念引发的后果

令世人瞩目的是，被发现的吐火罗文残卷大多是以佛教内容为主题的文本，其中包括了大量的《本生经》 转写译本和新编本、佛法譬喻以及阐释佛教思想、教诲和戒律的著作。当然，在文本中也包含了一些商业贸易活动的记录，如寺院经营档案和商旅通关文件以及医学和巫术的记载等等。毫无疑问，这些用吐火罗文书写成的文本，为研究中亚古代民族史和社会政治经济发展提供了宝贵的重要依据。

有些学者认为，中国文化在某种程度上是接受了印度文化的影响才发展起来的，其实这是一个错误的逻辑。因为，假如我们站在佛教从印度传入的角度看，事实的确如此；但是，当你站在佛教的宏观角度去洞察其微观的发展，将会发现另一种令人震惊且又符合发展规律的事实真相。

例如，当你看到鱼国祭祀古玉中，出现的那两件带有印度教神祇的雕像玉琮后，你就会改变以往依赖文献去参证历史沿革的观点。从目前初步研究中国原始宗教形成的历史来看，中国上古宗教的诞生年代要远远早于古印度宗教，例如在新疆罗布泊发现的太阳墓地遗址、巴蜀三星堆青铜器宗教文明、陕甘宁地区的鱼国古玉文明，这些都是我国上古宗教创建的宗教体系为我们保留的宗教遗迹和物质文明。就宗教的形成年代而论，印度宗教最早也只能追溯到公元前1300年，它不仅没有构建成像三星堆和鱼国古玉那样成熟而发达的宗教体系，更没有形成传承有序的宗教历史脉络。相反，印度的宗教文化，应该是接受了中国原始的吐火罗教文化的影响才得以成为第二个宗教核心国度。因此，我们可以通过人类早期宗教的起源、演化、性质、规律，来研究这段宗教历史。要知道，语言学和人类学以及历史学是紧密相联的，它们互为影响并相互借鉴；语言和文字虽然有联系，但是它们却相对具有独立性，例如某些地方使用同种语言民族采用不同的文字，反之亦然；就居住在塔里木盆地的古代印欧人种为例，虽然在塔里木盆地还居住着库车人、西欧人、吐火罗人，但在塔里木盆地发现的古文字残卷却证实了唯有吐火罗人才是这块土地上最为古老的居民。

印欧语系是世界上最大的一种语系，它覆盖了欧洲、美洲、亚洲乃至澳洲相当大的一部分区域。人们通过语言学、人类学、历史学的角度，一直在苦苦地探寻着它们的发展足迹以及迁徙的历史脉络和路径，因为人们不了解原始的印欧人最早生活在什么年代，他们又是从何时何地开始发迹的？ 这些难以解答的问题是因为，人类使用语言的历史要远比使用文字的时间更为久远。

然而值得欣慰的是，笔者通过研究鱼国的祭祀古玉，不仅发现了商代鱼国与三星堆是一脉相承的文化现象，而且还发现了这种文化现象是源于塔里木盆地的吐火罗宗教的演变传承。这一发现说明，人们以往依靠历史文献所得出的观念出现了问题。理由是，如果文献记载过华夏曾是人类宗教信仰的圣地，或者记载过西北鬼方曾是我国上古宗教的法脉传承，恐怕也就不会出现学界针对周昭王闻之西方有大圣人诞生而色变，以及之后穆王得知西方大圣人灭度而大悦，这一惊一喜的戏剧性记载，更不会出现佛教信徒将这一事件与佛陀生卒年牵强附会，从而致使某些学者因文献记载模糊还将一些古史文献说成是伪书。

第三节　中国为什么会成为佛教的圣地

按照一般的解释，佛教在中国的发展主要有两个原因：一是历代封建统治者把它作为统治工具而大力扶持。封建社会统治者需要佛教强化其思想统治。中国的封建社会有着两千五百年到三千年左右的历史，是世界上封建制发展得比较成熟和完备的，与此相适应，它不仅要求具备成熟而完备的政治制度和官僚专制机构，而且要求具有完备而成熟的意识形态，其中包括哲学、伦理、法律、道德，当然其中也包括宗教。秦汉之际，我国封建王朝实现大一统，经过七十多年的探索，终于确定了在意识形态中“独尊儒术”的格局。后来统治阶级又发展道教，企图和儒家相辅相承，交替使用。无论儒家的独尊地位如何沉浮，统治者从未抛弃它，它始终是封建思想正统。

然而，儒家学说是个十分复杂的思想体系，它既沿袭了我国古代的传统文化，包容了伦理道德和生活知识等属于人事范围的东西，又蕴含着宗教信仰和鬼神祭祀等追求彼岸世界的思想，为了适应封建统治的需要，儒家宗教化的趋势日渐加强，但由于种种条件的互相约制，这个过程进行得非常缓慢。道教虽然是植根于中国的宗教，但由于儒家被定为一尊，古代的统治文化也基本上纳入了儒家体系，尽管有时道教被抬得很高，但终未能在儒家之外独树一帜，形成一个象样的宗教。因此，随着中国封建社会的发展，统治者欢迎更加完整、更加系统化的宗教，来弥补儒、道之不足，以便使封建制更加神圣化。佛教在东汉时适时而入，虽然它源于印度，但自进入中国后，一直适应着封建地主阶级的需要，不仅在理论上逐渐中国化，在政治上受到封建统治者的支持，魏晋南北以后，还逐渐形成了日益膨胀的寺院经济，使僧侣地主成为地主阶级的一个组成部分，从而使佛教的发展同整个地主阶级的政治经济利益密切结合在一起，致使中国佛教的命运必然随着封建社会的兴旺而盛大，随着它的没落而衰微。

二是佛教自身在理论和传播上实现了中国化。佛教本身有比较丰富的思想内容，有比较完整的宗教形式，它的教义可以适应各个阶层的需要。佛教自印度传来时，已经具备了一套系统化的宗教理论和因果报应的说教以及种种宗教仪式、修行方法和清规戒律。进入我国后，又与中国固有的传统封建文化结合，尽可能减少人们的思想阻力，在日后的发展中逐渐中国化，不仅成为儒家与道教的同盟，而且成为中国封建文化的组成部分。这样，在中国的封建时代，它不仅积极维护地主阶级的根本利益，得到封建统治者的提倡，而且做到了和儒家思想的融合，并由于宣扬因果报应等说教，从而在劳苦大众中也大有影响。故此，佛教这一外来宗教得以在几千年的封建社会生存下来并流传至今，影响渗透到封建社会各个领域，成为了中国传统文化的组成部分。佛教传入中国后形成了许多流派，其中禅宗在中国的发展达到了顶峰，在理论上禅宗完成了佛教和中国传统文化的结合，主张自立宗旨，破除了印度经典和戒律的权威，放弃了印度佛教的装束，并变佛教“凡人前生皆有过失”的性恶论为正统儒学“人人皆可为尧舜”的性善论，一反佛门出家不重孝道的传统，竭力与儒家以孝悌为人之本的伦理学说相调合，从而使佛教儒学的分歧得到了弥合，实现了佛教儒学化。此外，它还为中国佛教开拓了摆脱晦涩与烦琐的新路。禅宗问世，抛弃经典，使那些佛教徒从烦琐义疏、苛难戒律中得到解脱。正因如此，禅宗在中国封建社会的后期受到了历代统治者的欢迎。

作为外来宗教的佛教，在中国的传入与发展经过了两千余年的历史，对中华文明也产生积极影响，特别是音乐、诗歌、绘画、建筑领域，影响之深广，不下一番功夫，不作一番深入研究，是难以理解到的。它对中华民族的道德修养、是非标准、精神寄托、世俗追求都起到了潜移默化、举足轻重的影响。

但是，通过对鱼国宗教及其与其他宗教间关系这一重大命题的研究，我认为佛教之所以能够在华夏文明体系内如鱼得水，也正是因为佛教所承袭的法脉原本就起源于华夏文明自身，虽然在中国诞生的上古鬼方宗教由于政治的原因被逐出了华夏，但是该教在域外的长足发展又致使其发生了质的变化。也正因为如此，当承载着这支宗教信仰体系的佛教传入中国后，其思想和信仰才会很快的根植于华夏文明的这片沃土，因为他只有回到了母体文化之中才会得以日益兴盛，因此中国能够成为印度佛教的第二个圣地也就不足为奇了。

第十九章　鱼国上古宗教对佛教的影响

第一节　佛教是独创还是衍生

季羡林先生曾提出："在历史上，佛教曾经在印度和其他一些亚洲国家里流行过。一直到今天，它还在这些国家里不同程度地流行着。但是，尽管古今中外研究佛教的书籍、文章已经是汗牛充栋，但真正搔着痒处的却是绝无仅有。这大大地影响了我们对于这个有世界意义的宗教的理解。"

然而当今学界认为：佛教是由婆罗门教发展而来的，而古婆罗门教的历史前身是吠陀教。据印度文献记载，印度教源于古印度吠陀教和婆罗门教，是吸收了佛教和耆那教的某些教义后，对婆罗门教进行改革而后才形成了印度教。印度教可以说是一个包罗万象的综合体，它不仅展现出印度人的宗教信仰，同时还反映出印度人民的文化与生活方式。

吠陀教仍是古印度最早出现的宗教，它大约成因于公元前二千年前，是由古印度西北部雅利安游牧部落之信仰演化而成。吠陀教的信仰属多神教崇拜。 印度宗教的发展分为五个时期，即初期（公元前3,000年至公元前6世纪）、古代（公元前6世纪至公元7世纪）、中世纪（7世纪至18世纪中期）、近现代（18世纪中期至20世纪中期）和当代（20世纪中期以后）。

就印度教而言，又可以分为七个发展时期，即印度河流域城市文明时期（公元前3,000年至公元前1,500年）、吠陀文明时期（公元前1,500至公元前1,000年）、婆罗门文明时期（公元前1,000年至公元7世纪）、前中世纪时期（7世纪至13世纪初期）、后中世纪时期（13世纪初期至18世纪中期）、近现代时期（18世纪中期至20世纪中期）以及当代时期（20世纪中期以后）。

毫无疑问，印度河流域城市文明时期的宗教与吠陀文明时期的吠陀教，是后期印度教的两大源头和早期形式。前者已经具有了比较明确的原始宗教的形态和特征，但由于资料缺乏、暂时还无法解读印度河文字等原因，人们暂时还无法对其进行系统而深入的研究。吠陀教的情况则大不相同，学者们普遍认为它是印度雅利安人的信仰，是雅利安人进入印度次大陆以后比较成熟的信仰体系。

很多中外学者认为，吠陀教主要是由雅利安人从波斯所引入的宗教思想而发展起来的，直至后期才逐渐以一神教扩张起来，从而才出现了抽象神、造一切神、祈祷主神、原人等崇拜理念。

据印度文献记载，那些曾影响过印度文明的雅利安人是从中亚细亚而来，他们是经由印度西北方的山口陆续涌入到印度河中游的，并在旁遮普一带征服了土著达罗毗荼人停留了下来。这些入侵者曾是白种人，他们自称"雅利阿"，意为"高贵者"，以区别于皮肤黝黑的达罗毗荼人。近代欧洲学者发现，他们的语言与欧洲属同一语系，所以才将其称之为“雅利安”。

但问题是，入侵印度并创建宗教信仰的这支雅利安人，究竟来自何处才是问题的关键。如果他们真的是从中亚细亚而来，在那里就应该能够找到该宗教的成因迹象，但遗憾的是没有发现任何线索。那么，雅利安人究竟来自何方，他们究竟是带着已形成的宗教信仰到达的印度，还是他们在到达印度后才创建了宗教体系，这些都是学界至今未能破解的谜题。

笔者认为，学界遗漏了一个重要线索，就是古印度毗邻国华夏古玉所承载的上古宗教的文化现象。近一个世纪以来，我国考古发现了很多文献失载的上古历史遗迹，这些遗迹显示，中国在上古时期曾活跃着一支强大的宗教体系，这支宗教体系不仅创造了巴蜀三星堆和金沙宗教文明，之后又在陕、甘、宁、青创建了鱼国宗教体系。探究古印度教历史成因的学者们，至今未将探寻的目光转向中国这片区域，更没有将中国发现的上古宗教与古印度教联系到一起。如果站在区域文化的整体角度看，中印两国不仅是毗邻，两国的文化现象也存在着很多相同与相似之处，当然这主要体现在宗教文化领域。例如，印度佛教自西汉传入中国后，似乎是佛教才将中印两国的历史文化交织在一起，因此这也就成为了一种顺时针的研究依据。学者们站在佛教是如何影响到中国的角度，探索着两国的历史文化；从宗教的角度，又以佛教是如何影响到中国的道教以及苯教在进行着探索。然而，造成这种顺时针的研究思路，主要是因为学界只看到了印度佛教传入中国的这段历史，而并没有发现中国上古宗教早在商初就已经传播到了印度。

另一个原因则是，通过印度文献记载，我们不仅能够看到古印度教历史的诞生时间(大约是在公元前2000年左右)，而且还能够领略到它影响佛教诞生的历史过程；但遗憾的是，在中国历史文献中，不仅找不到有关上古宗教存在的信息，更看不到中国上古时期曾活跃着一支上古宗教信仰体系。站在中印两国出土的上古遗迹看，在中国区域不仅能够找到早于公元前2000年的宗教文化遗址，而且还有诸多实物佐证着这支上古宗教的形成。例如在公元前2000年左右，中国上古宗教不仅为我们留下了巴蜀三星堆和金沙宗教遗址，而且还保存了很多宗教祭祀礼器（青铜器文明)。继三星堆之后，这支宗教又在陕、甘、宁、青等地又创建出了鱼国宗教信仰，他们制作的祭祀古玉和琉璃礼器同样也在彰显着这支宗教文明。

如果站在两支宗教的历史断层看，虽然古印度教的文明程度已经被世人所公认，但是还未找到成因的历史脉络，致使这支文明不够完整；虽然在中国诞生的这支上古宗教被发现的时间较晚，但是该宗教的历史成因以及发展演变脉络却清晰可辨。但遗憾的是，该宗教只因发展到商晚期就退出了华夏历史舞台不知去向，因此从文明的整体角度看这支宗教仍属于一支不完整的文明体系。然而，基于两国宗教各有缺失的共性，如果我们能够将两教各自缺失的部分进行链接，我们将会惊奇的发现两教不仅能够找到各自缺失的部分，而且还链接出了一条人类清晰而完整的宗教历史发展脉络。

然而，如果站在两教历史同期的成熟角度分析，在公元前2000年的历史年代，中国的三星堆青铜器宗教文明和鱼国祭祀古玉宗教文明，已经进入到了一个相当成熟的历史阶段；而中国毗邻区印度，古印度教在这一时期却刚刚兴起，或者说是刚刚创建不久。这足以说明，中印两国早在3000多年以前就已经在宗教领域，形成了宗教轴心转移与文化更迭的交替发展，并以接力的方式在传播发展着人类上古先民所创建的上古宗教信仰。

针对以上推论，可能有人会提出质疑，认为古印度吠陀教的成因历史年代比公元前2000年还要早。笔者认为，从印度教的历史纪年看，其模糊的纪年以及大跨度的时间误差一直令人咋舌。举个例子，印度有位伟大的诗人叫“迦利陀娑”（Kalidasa），他在印度诗坛的地位就相当于中国的诗人李白。但是，印度人直到今日仍没未弄清“迦利陀娑”究竟属于哪个时代的诗人。虽然印度学者们对此也提出过各种推论，最早的时间推测则说他是公元前二世纪的诗人，而最晚的时间推测则认为他是公元后六世纪的诗人，这两种推论的时间误差竟然能够相差七、八百年之久。对此有些学者曾提出，印度人所编写的历史纪年，原本就是一本糊涂帐。特别是上古时期的历史，更是前后相互矛盾错误百出，就连印度古代历史纪年也仅能作为一本参考书而已。

然而，针对印度的编年史，马克思曾说过一句话“印度人没有历史”。为什么马克思会说印度没有历史呢？ 其主要原因，是因为印度历史具有如下三个令人印象深刻的特点：第一，印度历史缺乏文字记载，而且其历史是与神话故事搅合在一起的历史；第二，印度历史上屡遭外族入侵，它的历史可以说是一部不断被外族所征服的混乱历史；第三，印度的历史，大部分时间都处于四分五裂的状态，用七拼八凑得出的历史纪年是不足以采信的。

从中印两国文献的严谨程度看，中国历史纪年的准确度要远远胜过古印度的文献记载。也就是说，依据中国历史纪年所推论出的中国上古宗教的诞生时间，要远远早于古印度教的历史年代。由此可见，两教一前一后的承袭关系是可以采信的。从雅利安人创建的婆罗门教体系看，它不仅与我国上古宗教（商代鱼国宗教）有着相同与相似的文化现象，而且两教所推崇的宗教信仰以及崇拜对象也极为相同。因此中印两教绝非各自独立生成，而是属丁一脉相承的发展关系。

第二节　物象符号彰显的法脉传承

站在物象符号的角度，商代鱼国制作的祭祀古玉无论从宗教内涵，还是从器物上所彰显的物象符号，明显已经进入到对宇宙三大主神的崇拜阶段。例如，在该宗教的祭祀古玉中，一对刻有神奇图案的高大玉琮，将我们寻找上古宗教的传播脉络指向了我国毗邻区印度。

这对高大的玉琮，其造型和制作工艺与其他祭祀礼器截然不同，器身高115厘米，器宽32厘米，器物重量大约在150公斤左右。这对玉琮的器身虽然修长而高大，但是做工却清秀而不笨重，口径虽然粗大，但琮壁却雕琢的非常薄；琮壁上的人物图案，五官清晰、表情生动，特别是雕工线条极其精美、刀工流畅而不拘一格，当属鱼国玉琮器中的精品之作。然而，值得关注的是，这对玉琮器上所雕刻的人物长相却极其令人费解。 其中的一支玉琮器图案，人物的相貌及体态特征都与我们所熟知的十八罗汉极其相似。但是仔细观察后却又发现，这些酷似罗汉的赤裸身躯又有悖于佛教所描述的罗汉故事传承，其实他们更像是古印度教所描述的三大主神崇拜中的“保护神毗湿奴”的长相。（图 14-3）

先让我们看看第一件玉琮器上的人物相貌，玉琮器的四面分别雕有四幅神像，这四幅神像都是削发为僧的出家人，其相貌与人们所熟知的菩提达摩的长相极为相同。众所周知，菩提达摩是古印度的南天竺人，属刹帝利种姓。

但是，如果我们将这幅神像解读为菩提达摩，又与该器物的成因年代不符。因为，这件玉琮器属于商代鱼国宗教时期的器物，从该器物的历史成因年代计算，它的历史不仅早于佛教的诞生时间，甚至比古印度吠陀教和婆罗门教的诞生年代还要早。因此，将器物上的神像，解读为佛教的信使菩提达摩肯定是错误的。按照该器物的所属年代推移，它更接近于古印度吠陀教的历史年代。也就是说，这件器物不仅与佛教无关，甚至还要早于古印度教的成因年代。

图 14-3　鱼国祭祀古玉中刻有神像的玉琮-1-2

让我们继续往下看：玉琮器上的神像图案，全身赤裸并暴露着生殖器官。仅凭这一点，就足以肯定这件玉琮器与佛教历史扯不上任何关联。因为自佛教创世以来，佛教从未主张或允许过出家人赤裸着身躯弘法修行，因为这种形式与佛陀所主张的出家人禁欲禅修相悖。

另外玉琮器神像的额头，都镌刻着一个极为醒目的圆点。这个圆点，应该很容易被人们所认同，因为这个圆点标志着神像已开通的天眼或是智慧之眼。然而，这种象征着天眼和智慧之眼的圆点，虽然在古印度教和佛教的神像中一直广为使用，但有关它的真正寓意却存在着各种假说。例如，佛像眉心上所沿用的圆点，据传是从古印度教承袭演变而来。因为，在古印度教的概念中，这个位置是人与神交流沟通的重要“穴位”，俗称“天目穴”或“印堂穴”。因此，印度教的祭司与修行者，至今仍习惯在眉心上涂抹药膏去保护这个特殊的位置。那么问题也就出现了，印度教的这种习俗（天眼概念）又究竟是从何处承袭演变而来的呢？从中国上古宗教所遗留的这件玉琮器图案看，开“天眼”或“智慧之眼”的宗教理念，应该最初起源于我国的上古宗教信仰体系才对。而古印度教和佛教所使用的“天眼”和“智慧之眼”习俗，应该属于该信仰习俗的承袭者。

让我们再回到神像的解读画面。这四幅神像中的其中两幅，一个神像是在蹲居正坐，而另一个神像则在正箕而坐，双眼圆睁炯炯有神的注视着前方；而另外两幅神像则是，一个神像结跏趺坐、而另一个神像则是半跏趺坐，两幅神像的脸一个偏向左、另一个则偏向右，他们分别注视着各自的一方。这四幅神像最为突出的特点是，他们各自都在打着不同的一种手印。例如，其中两幅神像所表现的手印经查证，一幅是双手平胸合实，指尖向上平齐，这种手印属于“金刚合掌印”；而另一个神像的双手，则是两腕相叠，指尖相背，一只手的五指朝上、而另一只手的五指向下，所呈现的手印为“安慰手印”；而另外两幅神像的手印则是，一幅神像的手臂高高举过头顶，拇指与食指相捻，其手印为“转法手印”，而另一只手臂则向下微垂，五指并拢手心朝上，所呈现的手印为“妙音天印”；而剩下的这幅神像手印，则是右手托着左手的腕部，左手五指并拢指尖向上，所呈现的手印为“施无畏手印”。以上四幅神像的手印，不仅诠释着我国上古宗教身、语、意的深层含

义，同时这种手印据说还能产生出一种神奇而巨大的能量。（图 14-4）

令人遗憾的是，迄今为止人们一直以为手印起源于古印度教。因为，溯源人类宗教历史，唯有在古印度教经典中能够找到手印的相关记载。例如在当今印度，最热衷于手印的宗教仍属于印度教，而绝非佛教。当溯源手印的成因历史时发现，手印最早见于古印度教，它也是古印度教极其重要的组成部分。随着古印度教的历史发展，如今手印已成为了印度教和佛教的一种术语。其主要表现形式为，以两手摆成某种特定的手姿，以象征着宗教的某种特定理念或独特内涵。也正因为，每个手印都彰显着一种特殊的宗教含义，所以印度教手印至今仍保持着极为严格的统一规制，并形成了自己一整套完整的手印体系（即八大基本手印体系）。而与古印度教形成于同一个文化现象的佛教，他是在印度教的手印影响下又形成的一套完整的手印规制（即五大基本手印体系）。然而值得商榷的是，自中国上古宗教（鱼国宗教）被发现后，在该教制作的玉琮器上也发现了手印使用迹象，这种现象说明，手印并非起源于古印度教，而是早在我国商代鱼国宗教时期就已经形成。

图 14-4　鱼国祭祀古玉中的保护神造像玉琮-3-4

第二件玉琮器上的图案，则是四幅头似桃心状的男女神像，他们分别赤裸着身躯，暴露着男女的生殖器官。其中的两幅神像，为男性；而另外的两幅神像，则是女性。这四幅神像，是以一男配一女，阴阳相背的形式面朝四方；其中两幅男性神像，头长得很大，双目圆睁、鼻宽耳大，阔口咧腮，双手扶腰，曲膝而立。然而，最为醒目的一点则是，神像所裸露的生殖器官又粗又大，呈勃起状的阴茎一柱冲天，似乎该像所要表达的就是男神的阳刚之美。

而另外两幅神像，则是位女性，她正居而立，杏眼圆睁，直鼻小口，丹唇外朗，双手扶腰，曲膝而立。下身裸露着女性的生殖器官，该神像所要表达的似乎是女神的生殖能力。虽然，女神暴露的生殖器官有些不雅，但女神正颜厉色的表情，却又令人不敢去低俗妄议。因此，该神像仍不失一副女神模样。（图 14-5）

然而令人费解的是，这四幅男女神像为什么要裸露着他们的生殖器官，这种表现形式与该宗教晚期雕像所追求的风格极不相符。为什么这么说呢，因为鱼国宗教晚期出现的人物雕像都已具有针对意义，也就是说一眼就能得知其主体的属性。例如，古玉造像中所歌颂的各类诸神、相貌迥异的将军人像、彰显不同族属的兵勇等等，都几乎一眼就能得知它们文化类型的归属。而唯有这件裸露着男女生殖器的玉琮，即看不出它所代表的宗教含义，也看不出它所彰显的文化属性，可以说其表现形式极其另类，并且与鱼国晚期的社会现状极不吻合。那么，我们又该如何解读这件玉琮器图案的内容呢？ 笔者认为，既然该图案以生殖器为突出特点，我们就应该围绕着生殖器崇拜去寻找它的属性。但是，想要真正厘清这四幅图案所承载的宗教含义，我们还得从它的历史发展脉络中去寻找答案。

图 14-5　鱼国祭祀古玉中的破坏神造像玉琮-5-6

说道鱼国宗教的发展脉络，在本书的前文笔者曾有过详细介绍：即商代鱼国宗教（鬼方宗教），是在商武丁伐鬼方时期撤出的华夏区域，并西迁到了华夏毗邻区古印度，并在那里重新创建了他们的宗教信仰体系（即吠陀教和婆罗门教）。既然古印度教，是中国商代鱼国宗教（鬼方宗教）的承袭者，那么在古印度教的文化现象中就应该能够找到与之相关的线索。值得庆幸的是，我们在古印度教中很快就找到了相关线索。这个线索就是，古印度教破坏神湿婆的化身恰恰就是男性的生殖器，而他的夫人（约尼）的象征物，则是以女性生殖器作为化身在彰显着这位破坏神生殖与毁灭、创造与破坏的双重性格。因为采用这种反证方法，同样也体现出第一件玉琮器图案的真正属性。第一件玉琮器上的图案内容，虽然是四幅酷似达摩祖师的图案，但是他们赤裸的身躯和打出的手印，却暴露出他们与佛教达摩无关，而更像是古印度教保护神毗湿奴，特别是他们所打出的维护性质的手印，与毗湿奴维护秩序、拯救危难的神祇寓意完全吻合。由此可见，以上这对玉琮图案所彰显的宗教内涵，应该是古印度教三大主神之中的保护神毗湿奴和破坏神湿婆的原型。

既然我们借助古印度教的反证方法，已经对应出了上古宗教三大主神之中的两大主神，那么该教的信仰核心主神（宇宙梵天）又在哪里呢？ 他又将是怎样的一幅神祇模样呢？ 笔者猛然想起，在所收藏的鱼国玉琮器中，有一件玉琮器至今未能找到它的真实属性。这件玉琮器，器形规整、琮壁厚重，玉质通体油绿、没有一点瑕疵。可以说，该件器物在所有的玉琮器中，无论是图案的雕工还是所选用的玉质材料，都可以称得上是精品之中的上品。玉琮器上的图案，是四幅雷同的正踞而坐两手抱于胸前的神像，该神像头大如斗，弯眉纵目、炯炯有神，直鼻下垂、瘪嘴薄唇，神态凝重而威严，特别是神像的那双有别于人类的立耳又宽又长，中间还刻有三条横线，从其整体的相貌看俨然一幅世外至尊的模样。然而，令人不解的是，神像的下身并非是人类的双腿，而是被两个扁长的方墩所代替，在上面的那个方墩还雕有四个长圆形的立孔，乍眼一看与当今机器上的散热系统极其相似。神像极其怪诞的体貌特征，以及人机混杂的艺术创意理念，究竟是在彰显着该宗教体系中的哪位神仙呢，又有哪位神仙能够和机器有所关联呢？ 笔者一直不得其解。

但是，当以上两件玉琮图案被破解后笔者才如梦方醒，再回过头对其进行仔细观察后才发现，该图案所歌颂的主人与古印度教所描绘的梵天神极为相符。据文献记载，大梵天是从混沌的宇宙中，驾着一枚金卵而来。而文献所说的这枚金卵，在本书的前文已有过详细描述，它的原型应该是地外生物所使用的飞行器。而玉琮图案的神像下身，恰恰是以机器的造型在烘托着图案的主题。另外，玉琮器上的四幅神像，其体貌特征完全是一模一样的，也就是说，该玉琮图案所歌颂的主人应该是同一个神。既然他们是同一个神，又分别被刻在玉琮的四个朝向，那么这件器物也就可以被解读为是四面神像玉琮。既然它可以被解读为四面神像，那么我们也就理所当然的可以将它的属性与古印度教的四面神“大梵天”联系到一起。众所周知，在亚洲区域的宗教体系中，唯有大梵天才会被称之为是四面神或四面佛。因此，这件雕有四面神像的玉琮，也就终于找到了它的文化属性，他的本真历史原型应该就是古印度教所推崇的三大主神之中的核心主神“大梵天”。(图 14-6)

图 14-6　鱼国祭祀古玉中的宇宙主神造像玉琮

由此可见，古印度教所推崇的宇宙三大主神崇拜，其历史成因应该最早诞生于华夏这片土地，而这种崇拜信仰也应该是由中国上古宗教（三星堆宗教—鱼国宗教）创建完成。虽然，这种崇拜信仰早在 3 千多年前就已经随着我国上古宗教集团迁徙到了印度，但该信仰的成因演变却仍滞留于华夏圣地之中。然而溯源它没有离开的理由，是因为只有这里才是人类宇宙崇拜信仰的发祥地。

由此可见，我国上古玉所承载的文化现象，已不仅仅是读解上古宗教的成因与发展演变的文化载体，它的物象符号还在彰显着这支宗教信仰发展传播的清晰路径。

第三节　大象崇拜暴露出的承袭脉络

众所周知，印度人崇拜大象有着悠久的历史，特别是印度教所崇拜的象头神格涅沙是印度教中最主要的五神之一。因为象头神，不仅是提婆神（即印度教的主神）同时它还是智力和智慧的象征并主管着科学和艺术领域。

然而，这种针对大象的崇拜信仰，在我国上古宗教的体系中也尤为突出，例如在巴蜀三星堆出土的祭祀坑就出土了大量的象牙祭品，应该就是三星堆宗教崇拜大象最好的佐证。据考古资料显示：在三星堆，一号坑出土象牙 13 根、二号坑出土象牙 67 根，在二号坑同时出土的还有象牙珠 120 件以及一些雕有象牙纹饰的器物残片。在金沙遗址出土的象牙多达一千多根，大部分象牙长达 1.6 米左右，而最长的象牙竟然达到了 1.8 米。(图 14-7)

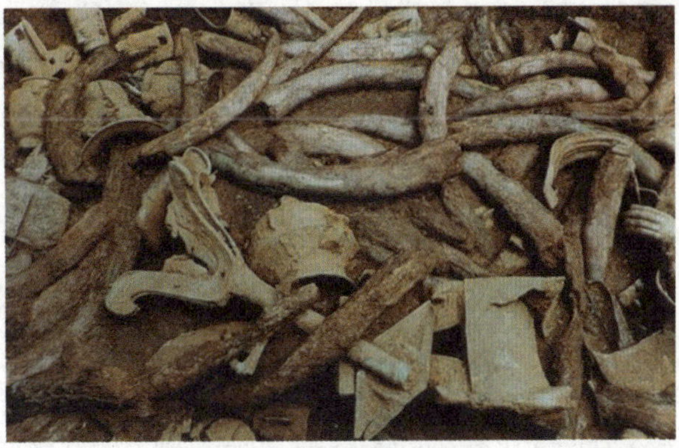

图 14-7　三星堆祭祀坑出土的象牙

要知道，四川盆地并没有发现有大象在此生存过的迹象，但这些象牙又均属于亚洲象种。因此不少学者认为，三星堆和金沙出土的象牙很可能是来自滇缅地区和南亚次大陆的古印度，而这些象牙很可能又都属于朝圣的信物。在三星堆和金沙出土的象牙说明，我国在三星堆时期就已经创建出了对象的崇拜信仰，而提供这些象牙祭品的人很可能就是滇缅和南亚古印度的商人或宗教信徒。如果站在这个角度分析，当时的三星堆很可能已经成为了亚洲区域的宗教圣地，否则这些源于滇缅和南亚印度的象牙祭品就不会集聚到三星堆区域了。

然而，在鱼国宗教的祭祀古玉中，几只重达四五百斤重的玉质大象却将我们带回到了上古宗教对大象崇拜的历史年代。前文笔者曾详细介绍过，鱼国宗教是继三星堆之后在我国西北地区重新创建起来的一支宗教体系，在鱼国宗教礼器中看到的这些玉质大象，应该是继三星堆后鱼国宗教对大象崇拜信仰的一种延续。值得一提的是，其中一只重达 500 多斤的玉雕大象尤为精美，可以说是绝世之作。这只玉象是采用昆仑玉制作而成，大象的艺术造型憨态可掬，工艺精美神态生动，特别是玉象的那两支向内弯曲的象牙，虽然它违背了自然规律但却突显着一种灵异之美。(图 14-8)

虽然我们看过很多大象的艺术品，但是对象牙的夸张手法往往都遵循向上弯曲的自然规律，即便那些抽象的世界艺术大师仍不敢违背。说明从古到今的艺术家们，从未在象牙上发挥过他们的想象。然而，这种从外向内弯曲的象牙，不仅使这只玉象增加了几分美感，它夸张的艺术手法又使大象增添了几分灵异。

图 14-8　鱼国祭祀古玉中的大象神

让我们再来看看大象的耳朵是怎样处理的：这只大象的耳朵向后舒展，紧贴象背，外耳轮宽厚肥大、内耳轮廓略显单薄，那优美流畅的耳轮筋脉清晰舒展，这种夸张的艺术手法惟妙惟肖，准确而适度。对大象鼻子的处理，仍在超越着我们的想象，例如象鼻的根部是采用两片飞翅形的扩展肌与象牙根部衔接，如果将其解读为象嘴似乎又有些牵强，因此这种夸张的手法又给我们留下了无限的遐想之美；特别是对大象鼻孔的处理，当时的艺术家所引用的则是人们今天熟悉的如意造型，这种如意造型究竟承载着怎样的含义我们却不得而知。总之，这种独具匠心的艺术创意手法极其大胆，但又不失艺术家刻意打造的灵异之美；然而，针对象腿的处理更为值得赞叹，因为远远望去只不过是一只站立的大象，但走近观察却发现每条腿部的关节又存在着微小的弯曲，而这种微小的腿部弯曲却又促使四肢产生了一种行进中的移动之美。(图 14-9)

要知道，这件超凡脱俗的作品并非是当今艺术家的创作，而是出自 3000 多年前的鱼国艺术家之手，它不仅彰显着继三星堆之后的大象崇拜延续，而且还应该是该宗教信仰精心打造的艺术珍品。那么，三星堆和鱼国宗教所彰显的大象崇拜信仰，究竟承载着上古宗教怎样的文化含义？如果我们仅凭已掌握的这些玉象，是很难弄清大象崇拜背后所隐藏的文化含义，但如果我们能够找到该宗教信仰的文化下线，再借助反证法才有可能揭开这些历史的秘密。

无独有偶，当中国商代鱼国宗教的大象崇拜信仰消失后，几乎在历史的同期，中国的毗邻国印度却突然兴起了一种宗教体系，而这支宗教体系奉行着一种对大象的崇拜信仰理念。然而，这种在时间上出现的巧合，绝非是一种偶然现象。

图 14-9　鱼国祭祀古玉中的神象造型

查阅印度教相关文献记载，相传象神格涅沙是湿婆神和雪山女神之子，年幼时被湿婆神误砍了头颅，情急之下，湿婆神只好将一头犯禁大象的脑袋移植到了格涅沙的躯体上。从此格涅沙就成了一个象首人身的大象守护神，他不仅具有了大象的品格和强壮的体魄，而且还具备了大象的聪慧与善良。所以，当每年格涅沙的生日庆典结束后，僧侣们都会把人们供奉的莱杜分赠给贫困的孩子们，以来表达格涅沙的祝福。

在印度，格涅沙是印度教所信奉的智慧之神，乃是人与象的智慧相结合，尤为印度教中的湿婆派与毗湿奴派所崇奉。因其统御一群善于作祟之小神，故又称′群主′。其造型为人身、 象头及一根象牙；性格和善仁慈，在战争中勇敢而坚定，特有标帜为象钩和念珠。象头神，还是印度神话中的智慧和财富以及成功之神，几乎在印度的每个地方，如商店、寺庙、家庭，都可以看到象头神的存在，大象在印度民间，又属于一种吉祥的象征以及印度形象的代表。因为大象不仅记忆力超强，而且其性格也极为友善，也就是说它很重义气。当今在印度，凡有意企求事业顺利成功的人，几乎都喜欢事先去礼敬或祈求“象神”的支持，因此它又属于命运之神。(图 14-10)

图 14-10　印度教崇拜的甘奈施象头神

然而，古印度教对大象的崇拜信仰，恰恰佐证了笔者所提出的古印度教是中国上古宗教承袭者的推论。如果站在这个角度，我们就可以借助古印度教对大象的崇拜信息，去反证我国上古宗教对大象的崇拜信仰理念，因为只有这样才会厘清三星堆和鱼国宗教为什么会崇拜大象，又为什么将大象刻画的如此灵动神气了，原来我国上古宗教所崇拜的大象理念是一种智慧的象征，是命运之神和财运之神的使命。通过反证方法，不仅能使我们看到中国上古宗教对古印度教的影响，同时还能厘清我国上古宗教西传印度的历史演变传承。因此我们有理由相信，印度教对大象的崇拜信仰，仍是承袭了我国上古宗教（三星堆宗教—鱼国宗教）的宗教法脉，才得以发展起来的一支宗教体系。

站在中印两国上古宗教的成因角度，古印度教起源于吠陀教和婆罗门教，在它历史演变的过程中最终才形成了我们今天所看到的印度教。要知道吠陀教的诞生时间，大约是在公元前 2000 年左右，而这个年代恰恰是我国三星堆宗教最兴盛阶段；而婆罗门教的诞生时间，则是在公元前 1200 年~前 1000 年之间。如果按照这个时间推算，恰恰是我国商代鱼国宗教发展到鼎盛时期又骤然消亡的历史结点，也就是武丁伐鬼方战役从开始至终结的那个年代（即公元前 1324 年~前 1266 年）。这种时间上的巧合，绝非是历史的偶然。它不仅是我国上古宗教西传印度的时间，同时也是中国上古宗教传播脉络的清晰彰显。

如果我们能将中印两国上古宗教各自缺失的历史相互补证，我相信在不远的将来，中印两国诸多未解的历史谜团将会得到一一破解，并能够合理的顺延出一段人类辉煌的宗教成因史与发展史。

第十五部分

刘昇猜想之四：地外生物催生出人类宗教文明

引子　人类宇宙崇拜信仰的发端

人类崇拜信仰最初来自于恐惧，来自于对自然现象的无法解释，来自于人类对大自然力量的敬畏。而宗教信仰可以看作是全人类所具有的普遍特征。信仰是人类的一种本能天赋的主观反应，是人类对于宇宙天地命运历史的整体超越性的意识，是统摄其他一切意识形式的最高意识形式，是人类对人自身存在,与客观世界的整体性的反应，属人类形而上的意识形态。

1990 年出版了阿马萨里·安东尼奥博士所著的《中国古代社会》一书。安东尼奥本来是意大利埃米利亚大区的一个小城的法官，后来放弃了本职工作，来到了耶路撒冷研究哲学和学习希伯来语。在耶路撒冷期间，他又对中国文化产生了浓厚的兴趣，1983 年他来到了北京，并开始了他的汉学研究。他把源于犹太人的《圣经》与中国商代的甲骨文以极其他文献作了比较，发现了两种文化现象中关于上帝崇拜信仰的相同之处。

安东尼奥从对甲骨文所记载的内容入手，详细分析了商代人的上帝所具有的属性，并进而认定他所具有的独一无二特点的真实性。上帝是大地的四个方向的主宰，当然也统治着来自四个方向的风以及依次而来的四个季节。作为宇宙间至高无上的君主，他还对大地、山川、行星以及人的祖先具有统辖的权力。作为象形的"帝"字本身就是由"上"、"木"和"方"三部分组成的，因而"帝"就是处在森林四方和大地中央的那个树木顶端的最高位置的那个人的名字。在人们的日常生活中，渔猎、建筑、播种、收获、战事都要通过占卜来获得上帝的号令，而天气、疾病、以及吉凶祸福也都是出自上帝的意志。"'帝'似乎是指一个不能确定的、间接的和隐喻的名字，一个具有拟人的形式，无法形容的人，其真实的名字是无法知道的和不可言喻的。"同希伯来人不同的是，商人有着把崇拜对象予以扩大化的倾向。人们不仅仅把上帝作为神，同时还接受地方神祇和部落神祇，而且还把上帝本身的部分属性单独分出来作为神祇予以膜拜，如帝的使者风神、服务于上帝的地母神、山神、河神以及方向神东帝、西帝、南帝和北帝等，还把死去的祖先奉为神灵。这种趋势最后还导致 中国人把上帝同中原地区的种族神黄帝等同起来。这也许是基于政治上的原因。然而，尽管如此，上帝在人们心目中至高无上性却从来没有过动摇。

阿马萨里·安东尼奥博士的《中国古代社会》一书，曾引起了中国学术界的极大兴趣。中国殷商文化学会为此于 1992 年 9 月 9 日 专门召开了一次出版座谈会，来自中国社会科学院历史研究所、教研研究所、文献中心，北京大学西语系、考古系，以及故宫博物院等部门的三十余位专家学者出席了此次的座谈，学者们对阿马萨里博士的研究成果给予了充分的肯定。

然而，针对此书在中国得到的肯定，恰恰诠释了我国学界对上帝崇拜的认知程度。其实"上帝"一词的定义非常广泛，其中有宗教层面的上帝，也有哲学层面的上帝，总而言之要看你站在哪个层面去看待这个上帝，上帝就会变成哪个层面所需求的上帝模样。西方学者认为，耶稣教说中国儒家所说的天或帝，就是耶稣教中的上帝；其实，中国儒家所说的上帝，是泛神哲学上的上帝，是只受人爱而不能要求它来爱人的上帝，也是所谓“不可知论”者的上帝；耶稣教的上帝，却是位人格神，他是外太空宇宙的创造主，是万能的主宰之神。但是，针对上帝源于宇宙起源说的观点，学界又普遍认为，无论是先期的宗教也好，还是后期人类哲学的也好，往往他们都是从相信神化故事的过程中衍生出来的。

目前国内外学界对“上帝崇拜”的历史研究，仍滞留在公元前 8 世纪前后的文献推理层面，而并没有意识到在文献失载的上古时期，人类就已经形成了一种所谓的上帝崇拜信仰，只不过当时人们所崇拜的那个上帝，并非今天所熟知的人格意义上的上帝，而是演变为上帝的那个本真历史原型。谈到本真历史原型，我们必须要在此将其介绍清楚，那就是人类上古时期所崇拜的宇宙超自然力现象（即不明飞行物 UFO 现象）。也就是说，人类今天所崇拜的这个人格上帝，他应该是从上古人类所创建的宇宙崇拜信仰中演变而来。这个上帝之所以能够演变为人们心目中的人格上帝，还要感谢上古宗教对宇宙超自然力现象的认知与解读，以极不断演变升华才得以形成的人类宇宙崇拜信仰。然而，这个本真的历史原型，可上溯到我国旧石器时代末和新石器时代初，例如在我国青海发现距今已有 12，000 年的杜立巴石碟，这一发现应该就是最好的实物佐证。也就是说，人类的上帝崇拜最初是受到地外生物（UFO 现象）给予人类的启示后才得以形成。

笔者认为，当今学界对人类心目中所产生的上帝解释太过主观，他们并没有说明上帝在人类心目中究竟是怎样形成。例如，安东尼奥所著的《中国古代社会》中提到的那个上帝形成，仍是以主观推理在解释着上帝与人类所建立的关系，而并没有弄清上帝在人们心目中究竟是怎样形成的，它又是从哪些人类未知的事物中衍生演变而来，它是一种物象索引还是原本就是人类精神遐想出来的一种虚空。

笔者在中国上古宗教所遗留的文化现象中，却看到了与安东尼奥推理截然不同的一个上帝崇拜信仰。在该文化现象中，我们不仅能够找到上帝形成的历史诱因（即 UFO 给予人类的启示），同时该文化现象的物象符号还在讲述着它升华演进到人格崇拜上帝的发展进程。例如，在我国青海发现的杜立巴石碟（距今 12，000 年），这些实物佐证不仅诠释着我国上古宗教对宇宙超自然力现象的跟踪与读解，而且它还影响着上古宗教创建宇宙崇拜信仰观的历史形成。又如，在内蒙古阴山岩画上看到的太空人像，和华夏上古玉中诸多怪异的齿轮状器物，以及在三星堆青铜器中出现的各种飞行器造型，这些不仅诠释着中国上古宗教对宇宙超自然力现象的崇拜信仰，同时还在彰显着该宗教信仰演进到宇宙创世学说的发展进程。

不仅如此，通过各国的文献记载我们仍能领悟到上帝形成的本真历史原型，例如古印度教的梵天金卵创世说，和古埃及太阳神-拉的金蛋创世说，以及中国的盘古劈开混沌蛋壳的宇宙创世说等，其实这种宇宙创世说都在讲述着上帝最初源于一枚宇宙金卵，而这枚宇宙金卵就是人类从古至今一直都在追踪探索的宇宙超自然力（UFO）现象，它才是人类精神世界塑造出的上帝崇拜信仰的历史原型。

第二十章　杜立巴石碟的发展演变

杜立巴石碟，据说是在中国巴颜喀拉山脉石洞中，发现了一些 1 万 2 千年前的石碟，上面的神秘文字，据传是来自杜立巴人的外星生命。要知道，1996 年美国宇航局公布的太空“飞碟”影像，它与我国杜立巴石碟的外形极为相像。

中国西部高原地区地域辽阔但气候恶劣，来往交通不便，很少有旅游者进入。方圆 20 万平方公里左右，海拔 6,000 米，地理环境比较恶劣，只有一个公路通到那里，人迹罕至。

1938 年，北京大学考古学教授齐福泰与其学生在青海附近的巴颜喀拉山脉探索一系列的洞穴时，发现这些洞穴被人凿成了隧道与地下储藏室的系统，他发现这些墙壁是方方正正且被上光的，就如同是被以高温凿入一般。

他们找到了许多陈列的干净墓穴，而这些墓穴里面埋着身高约 138 厘米左右的骸骨。这些骸骨有着巨大的头颅，以及瘦小而脆弱的身躯。其中一名考古队员认为这些骸骨很可能是某种未知的山地大猩猩。齐福泰教授则回应说：“有任何听说过的猿类生物会埋于此吗？”

墓里没有任何的铭文，但却有着数百个约 30 厘米宽的石碟，也就是后来所说的杜立巴石，每个中间都有个 2 厘米的洞。他们说每个碟片上都刻有两个从碟片边缘旋绕至碟片中心的洞一带的细小沟槽，宛如费斯托斯圆盘。据说，当时考古队还在石壁上发现太阳、星星以极其他天体的图画。这些碟片和其他的发现都被一一的标志，并且被储藏于北京大学长达二十年之久，在那段时间里所有试图解释或尝试解读的方法都没有获得成功。（图 15-1）

当这些碟片被北京大学楚闻明教授于 1958 年更详细地检验时，他断定每个沟槽都包含有着一系列未知的象形文字。这些象形文字小到需要放大镜才能够看得清楚。当楚闻明博士尝试解译这些符号时，他发现这上面说的是杜立巴族太空船的一次坠毁性着陆，而多数的生还者都被当地人给杀了。据楚闻明的说法，其中一段文字读起来如下：杜立巴人来自云上，坐在飞行器里。我们的男人、女人和小孩在太阳升起前躲到了洞穴里十次，当他们了解到杜立巴人的语言后，才得知这些新来者的来意是和平的。

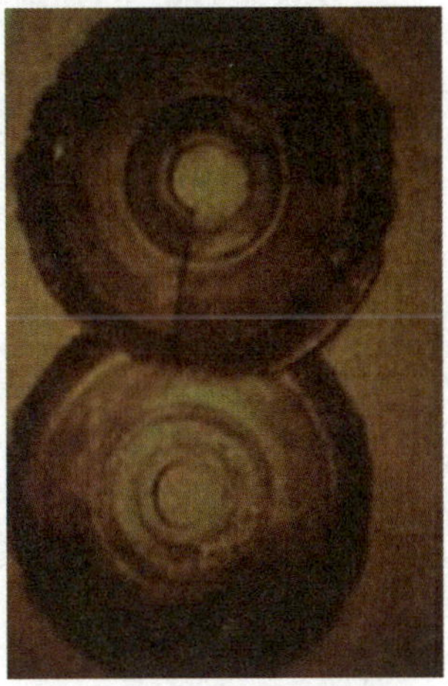

图 15-1　在中国青海发现的杜立巴石碟

虽然杜立巴事件在人证和物证方面有所不足，但仍有人坚信不疑。著有《中国的罗兹威尔》的豪斯多夫认为，716 块石碟中的大部分仍在石洞之中，也许有一天有人偶然探访那里并发现那些石洞，将是轰动世界的事情。另外 1996 年美国宇航局公布的太空“飞碟”影像与杜立巴石碟很是相像，说明杜立巴石碟并非是空穴来风事件。

但国内仍有一些人认为，所谓的“杜立巴石碟”是一个伪造的科学发现。而传说中的杜立巴族（指一群在大约一万两千年前来到中国西藏附近的一群矮人般的外星生命），到目前为止人们并没有发现中国曾有过这个民族存在的迹象，或曾经降落于地球的地外生物证据。而杜立巴族这个名字，则来自于艾利希·冯·丹尼肯所著《众神的战车》 中的虚构外星生物，后来又出现在探险小说《流亡的太阳神：西藏杜立巴族的秘密》、《中国罗斯维尔》 等书。与费城实验模式类似，有人编出一篇假新闻，接着几位小说家交叉引用，故事就如滚雪球一样一发不可收拾，到最后便成为了人们茶余饭后都在谈论的事件，而且还被一些报纸当成真事相继报道，最终成为了华人界广泛流传的网络谣言。

对此，很多研究UFO现象的专家学者提出了严正批评，认为总有些人习惯用否定一切事物去提高自己的学术地位，而根本不愿意静下心来去研究未知事物，要知道这种极不负责任的行为不仅会阻碍科学长足发展，它所带来的负面效应还会影响该课题的深入研究。就当今科学无法解释的UFO现象而言，虽然我国曾是世界记载UFO事件历史最早，文献记录最为完整而翔实的国家，但是我国却已成为了当今世界上否定UFO存在的群体，这应该算是科学发展观的滞后。

第二十一章　德雷克方程佐证着地外生物的存在

德雷克方程又叫德雷克公式（Drake equation，又称萨根公式）。由美国天文学家法兰克·德雷克于1960年代在绿岸镇提出的一条用来推测“可能与我们接触的银河系内外星球高智文明的数量”之公式。（图15-2）已故康奈尔大学天文学家卡尔·萨根也参与了方程的研究并在作品中大量描述方程式的意义。该推测方程，是用以推算银河系及可观测宇宙能与我们进行无线电通信的高智能文明数目。方程1为：$N=Ng \times fp \times ne \times fl \times fi \times fc \times L$。德雷克方程式1的意思是：银河系内可能与我们通讯的文明数量=银河系内恒星数目×恒星有行星的比例×每个行星系中类地行星数目×有生命进化可居住行星比例×演化出高智生物的概率×高智生命能够进行通讯的概率×科技文明持续时间在行星生命周期中所占的比例。其中，N代表银河系内可能与我们通讯的文明数量。Ng代表银河系内恒星数目。fp代表恒星有行星的比例。ne代表每个行星系中类地行星数目。fl代表有生命进化可居住行星比例。fi代表演化出高智生物的概率。fc代表高智生命能够进行通讯的概率。L代表科技文明持续时间在行星生命周期中占的比例。①

图15-2　美国天文学家法兰克·德雷克

然而，德雷克方程最大的不确定因素是“科技文明的存在时间”，因为该项取决于科技文明本身。请试想一下，冷战时候的前苏联和美国如果爆发核战争，其核弹数量足以毁灭全人类的所有文明。纵观整个人类的文明史，无论古代的暴君还是当今的领袖；无论民主还是集权；无论何种社会制度；总会有反社会或反人类的人成为领导者。比如：希特勒与斯大林的反人类罪行。一旦这种具有反社会人格的人成为领袖，那么对人类文明是灾难性的打击！当然这其中还包括极端的种族主义，极端宗教与恐怖主义。还有另一种因素，那就是小行星撞击地球仍会毁灭整个人类文明；还有超级火山的爆发，火山灰到达平流层持续数月，致使光合作用完全停止；破坏整个地球农业，内陆变得异常寒冷，动植物会因此而逐渐消亡……。例如，白垩纪-第三纪的大碰撞比核战争更具毁灭性。

由此可见，在文明的历程中存在太多不确定因素，文明的持续时间也取决于我们自身。如果科技文明在行星生命周期中持续时间较长，那么文明同时存在的数目也就会非常大。这也就意味着，地球文明会与地外智慧文明有可能在某一时间相遇！当然，不管我

① 德雷克方程（又叫德雷克公式）又称萨根公式（Sagan equation）或格林班克公式（Green Bank equation）），后又称“绿岸公式”。

们的科学方法取值有多么保守，宇宙存在外星智慧生命的可能仍然存在。即使德雷克方程所有项目都取最低值，假设科技文明只能持续 100 年，那么银河系有科技文明的几率为 N=0.1,这也就意味着银河系只有人类存在。但是，如今人类已经发现并了解了数十亿银河系的存在，而且实际宇宙的星系数量远不止如此。那么，宇宙中的科技文明数量也会达到上亿，只不过这个平均距离不是 200 光年而是 200 万光年。

至于说德雷克方程及类似的理论是否成立，让我们来看看提出及支持这一理论的科学家们的科学素养到底如何？ 1961 年，德雷克在格林班克会议（讨论“奥玛兹计划”与地外生命探索）上写出这个方程，11 位科学家表示出极大的热情，包括卡尔萨根。萨根认为，在合适的行星上出现生命是必定无疑的，著名生物学家卡尔文也支持萨根这种观点。

应邀出席那次会议的人士中，有约翰·李利博士。他当时在佛罗里达州科拉尔盖布尔斯的通讯研究所工作。李利被邀请参加会议是因为他正在研究海豚智慧，尤其在致力于与海豚对话。海豚可能是我们自己星球上另一种具有智慧的动物。当时有很多人有这样的感觉，一旦建立了星际无线电联系，我们很可能迎来与另一行星系的智慧物种建立通讯的可能。因此人们认为，人类与海豚对话的努力，在某种意义上讲与另一行星上的智慧物种联系同样必要，且具有深远的意义。在会议的第二天，爆炸性消息传出：卡尔文获得了诺贝尔奖！ 在早餐的庆祝时，卡尔文被命名为名誉海豚；海豚社团或称“海豚会”就这样建立了。

由此可见，对地外生物的探索研究极其必要，况且我国还是人类最早探索和记载 UFO 事件的先驱者，因此我们有责任将华夏上古宗教对地外生物的物象符号记载公之于众，这不仅有助于人类科学的进步发展，而且很可能还会引起学界新一轮的热议纷争。

第二十二章　独目人像佐证着外星生物存在

第一节　阿尔泰独目人

岩画是人类对生活最早的记录。岩画出现在旧石器时代，延续到中世纪，在世界各地都有发现。旧石器时代的岩画以法国北部和西班牙南部的洞穴遗存为代表，描绘的主要是当时原始人的狩猎场面。旧石器时代末期至新石器时代，岩画的分布十分广泛，在亚洲北部、西班牙东部、意大利南部、北美洲及非洲北部、中部和南部都有发现。这个时期的岩画中有复杂的狩猎、战争、及各种祭祀仪式的画面。

中国的岩画则分为南北两个系统，南系岩画分布在广西的左江流域，及云、贵、川、福建等地。北系岩画主要分布在黑龙江、内蒙古阴山山脉、贺兰山北部、乌兰察布高原、以及阿尔泰山等地。北系岩画时代最早可以追溯到新石器时代，多表现舞蹈、狩猎、游牧、战争等场面。

1898年以前，在新疆阿勒泰地区青河县境内曾发现一颗陨铁，重达32吨，为世界第三大铁陨石。有鉴于此，在2000年8月由台湾民间组织“山河探险协会”发起的“寻找成吉思汗”远征活动中，探险队再次来到这一地区。向青河地区西北方寻察数十公里后，探险队偶然在一个山沟中发现上百块酷似陨铁的大型神秘金属物质，其散布面积约有数平方公里。

该物大多为圆形，表面呈铁锈色，布满凹陷坑洞和疤痕，敲之铮铮作响好似用编钟在演奏，声音十分悦耳，而且这些奇石上刻满了牛、羊、马、驼等古代动物岩画，其中有一奇特人物岩画则引起了探险队员的极大关注。图中人物头部呈圆圈状，中间刻有一圆点，两只手环抱于胸前，胸以下左右被两道圆弧包裹，双脚暴露无遗。从人物外形看似作腾空飞翔及舞蹈状，充满了欢乐的情绪，整个画面怪诞莫测，其比例远远大于周围的动物图案。这究竟是什么人呢?

公元前5世纪时，希腊历史学家希罗多德在《历史》一书中记载了阿尔泰山麓的独目人，其文曰：“过了伊塞顿就是独目人国，然后就是看守黄金的格里芬人（阿尔泰山古部落），这些民族均在独目人统领下。”而成书于公元前4世纪的中国先秦典籍《穆天子传》中讲述了阿尔泰山和额尔齐斯河上游的地理、民族状况，与希罗多德所写的独目阿里马斯普人居地十分相似。有学者认为，这些岩画怪人很有可能就是传说中的阿尔泰山“独目人”。该图应为灵物崇拜图。历史上该地为萨满教先民居住，主要为赛人、匈奴、突厥、蒙古人等，他们刻绘岩画多是依照生活中的所见所闻，具有忠实于原物的写实性，或依据崇拜某种神巫的传统。（图15-3）

独目人是人类神话史上的著名形象，关于独目人的传说在欧亚各国史籍中数不胜数。

比如，希腊荷马史诗《奥德赛》中，奥德赛在特洛伊城被攻破后乘船返乡，和伙伴驶到一个荒岛，为补充给养，他带领十二名水手进入了一个山洞，发现有羊羔、牛奶和奶酪，正在这时，一独目巨人突然外出归来，他在里面用巨石封堵了洞口，随后吃掉了几名水手。为了逃离，奥德赛用红酒灌醉了独目巨人，趁他酣睡之际，用火红的木篓将其仅有的一只眼睛戳瞎。为截住奥德赛一行人，独目巨人把守洞口，只准羊只出洞，奥德赛等人急中生智紧抱羊腹，一个个逃出了山洞。从此，独目巨人的父亲海神波赛冬怀恨在心，他掀起狂涛巨浪，弄翻了奥德赛的船只，迫使他在海上飘泊了十年之久，历尽艰辛。

图 15-3　山海经记载的独目人

在比荷马更早的古希腊诗人赫西奥德笔下，独目人是乌勒诺斯和该亚的三个儿子，他们常常被关押在地下。而克洛诺斯在独目巨人的帮助下取得了统治宇宙的权力后，害怕这些野蛮力量，给他们钉上了镣铐。宙斯将他们释放，他们成了赫淮斯托斯的助手，帮他给雷神锻造电火，给英雄们锻造武器。在希腊神话中讲到用巨石砌成建筑物是从吕喀亚来到希腊的独目巨人们建造的。希腊人认为，凡是有“巨人”建筑物的地方都是独目巨人居住过的地方。而在古希腊、古罗马的艺术作品中，他们被刻画成额上有一只眼睛的神灵。

中国的《山海经》。在《海外北经》、《海内北经》及《大荒北经》都曾经提及“一目国”和“一目民”，所谓“有人一目，当面中生”。通过对所记方位的判断，与希罗多德的记载可谓不谋而合。此外，独眼巨人的故事在《一千零一夜》和中国的《太平广记》等文献中均有记述。

据中国古文献记载，阿尔泰山在很久以前恰巧存在过“独目人”。公元前七世纪，最早到中国探险的欧洲人—古希腊人亚里斯底阿斯，从黑海的东北方出发，向东行至中国的阿尔泰山一带，前后花了两年时间，完成了有史记载以来西方人最初的中国之行，并将旅行见闻写成《独目人》一书。据所留残句称伊赛顿人戴下垂的发饰。而阿里马斯普人则人口众多，勇悍善战，畜牧发达，羊马成群。他们毛发毵毵，面貌奇特，只在前额当中长着一只眼，故名“独目人”。他们经常与看守黄金的格里芬人战斗，以争夺黄金。由于阿尔泰山盛产黄金。所以这一描绘更证实了独目的阿里马斯普人居住在阿尔泰山地区。后来，公元前五世纪时的希腊历史学家希罗多德，在《历史》一书中对中亚北部作了一些描述，记载了三个民族：秃顶的阿尔吉帕人、伊赛顿人和独目的阿里马斯普人，他们分别分布在哈萨克丘陵、伊犁河与楚河流域、阿尔泰山麓。其文曰：“他曾在阿波罗神鼓励下远游伊赛顿，过了那里就是独目人国，然后就是看守黄金的格里芬人。除希波尔波利安人外，一些民族均在独目人统领下，侵犯过他们的邻邦，伊赛顿人被独目人驱赶出他们的故土。”

实际上，在操突厥语民族、蒙古乃至整个阿尔泰语系民族中都有英雄勇斗独目巨人的神话母题。可以说阿尔泰山地区是世界上“独目人”母题蕴藏量最大、流传最久的地区，其中古代突厥诸部均有巴萨特斩除神灵“独目巨人”的传说。故事讲到乌古斯部遭遇战乱，被弃于野的可汗之子巴萨特由一头母狮抚养大。部落里另有一留驻冬牧场的牧人，有一天在“长泉”突遇一场大风，看见带翼的神女从天而降，牧人扔出毡被，罩住了其中的一位神女，随即他扑了过去。后来神女展翅飞到空中对牧人说：“来年你会从我这里得到你所想要的东西，但是你会因此给乌古斯部带来无穷的灾祸。”第二年牧人又来到这里，看到一个圆圆的、闪闪发光的球体，他吓得惊慌而逃。人们见到神秘球体，纷纷踢打它，那球体便慢慢打开，从里面走出一个只在额部正中有一只眼睛的小人，可汗将他养大，成了独目巨人。然而他却以怨报德，以活人活畜为食，并到处欺压百姓，可汗只好将他赶入深山。在山中他仍拦路劫掠，专门吃人，正当独目巨人凶残作恶时，巴萨特远征归来。他巧妙进入巨人山洞，趁独目人不备之际，用烧红的铁钎刺入其独眼，最终将他斩杀，从而使乌古斯部民摆脱了灾难。

除了古代突厥语文献外，至今维吾尔族、哈萨克族、柯尔克孜族、乌孜别克族、 哈卡斯人，以及肖尔人和图瓦人等都有“独目人”传说，其中心区域即阿尔泰山区。由此来看，我们发现的岩画怪人很有可能就是传说中阿尔泰山的“独目人”，根据传说内容判断，“独目人”遗存与天神崇拜有着千丝万缕的联系。

第二节　独目人文化现象的秘密

在同属西北的宁夏有一座贺兰山，刻有两幅独目人图腾崇拜岩画，与青河图纹非常相似，特别是在山口北侧第 6 号地点的独目人岩画与前者几乎如出一辙：圆圆的头部中间刻有一圆点，头以下也无脖颈，人物两只胳膊显得很发达，为一圆弧状，腰部亦有两个稍短的半圆弧，不过腰部两侧圆弧略短，腿部略显长些。另一幅独目人岩画，圆圆的头颅，眼部为一窗口状独目，头以下两侧两道圆弧。这些岩画与在非洲撒哈拉沙漠中名为“伟大玛斯神”的八米高古代岩画异曲同工，此图的出现对“独目人之谜”可谓道破“天机”。“宇宙考古学”专家们认为，画中人物身着宇航服，颈部是呈水平褶纹的密封衣领，戴着圆球形头盔，其正中有一独目式观察孔，活灵活现的展示了超文明使者的风采和神韵。（图 15-4）

图 15-4　非洲撒哈拉沙漠发现的独目人岩画

同样在撒哈拉的塔西里山还有一幅岩画，画中人物头戴圆形头盔，身穿紧身的宇宙服，双手向前平伸，俨然一个宇航员形象。更为神趣的“独目人”还有澳大利亚的来林兄弟岩画，他身着联体式宇航服，头盔正面有一独目式观察孔，并且头顶有三根天线，衣服上明显有一拉链状图案，其整个身体外有一个大而椭圆的防护罩。类似于这样的图像还有一些，如与星辰图案绘于一处的内蒙古阴山独目人岩画和加拿大安大略湖岩画等等。通过以上启发，我们惊奇的发现，青河“独目人”在新疆并不孤独，他在神秘的罗布泊还有一个兄弟，隐藏在一个陡峭的溪谷上，经历着千年的风吹雨打，他就是瑞典考古学家贝格曼发现的库鲁克山“独目人”岩刻。

此外，内蒙古阴山岩画、宁夏贺兰山岩画、甘肃马家窑陶器上、加拿大安大略湖皮托波洛岩刻、北撒哈拉岩画、埃及‘德耶德支柱’上均有‘独目人’图案，在青河发现的这幅独目人造型与贺兰山岩画中的独目人形象如出一辙。(图15-5)

图 15-5　甘肃马家窑陶罐上的独目人

古代独目人是什么？除了岩画以外，还有其他一些文物可作形象生动的精彩注解。《殷周金文集录》收录了1950年在殷墟武官村发现的十二副金文天神，有两副从总体形象上看与来林兄弟和库鲁克山“独目人”岩画极为相似。在埃及古老的金字塔下发现了德耶德支柱，上面绘有很多独目人，很大的脑袋中间只有一只眼睛，两臂环垂于两侧，与贺兰山及撒哈拉独目人岩画实为一物。(图 15-6)

图 15-6　东亚古代独目人雕塑

更为奇特的是，在日本发现了古代立体“独目人”雕塑。它的收藏者为前苏联作家亚历山大·卡桑采夫，看上去是一个身穿宇航服，头盔处有一观察孔，带有明显宇航员特征的雕塑，经考古专家鉴定其年代为公元前，也就是说距今已有2,000多年历史。艺术来源于生活，在人类文明还处于蒙昧落后的古代，是怎么构思出极具现代意味的头盔和宇航服的呢？显而易见，超文明使者曾造访过我们的祖先，而这正是一个广泛的世界性的现象和课题，值得探讨，绝不能视而不见。

在现代，也有很多针对独目人的目击报告记录在案。据美国民俗学家乔·尼克尔著《不明现象调查》载，1963年有人遇见很高的“独目巨人”。另据法新社报道，前苏联阿赛拜疆军事学院的一批学生，在巴库地区连续遇见“独目巨人”，其身披黑衣，额头下有一只“大眼睛”。又据最新出版的《飞碟与外星生命新观察》报道，1973年10月19日夜晚，一名叫德莫洛的男子与其女友在法国马尔蒙山区碰到一个个子很高，有一只圆洞状发光眼睛的智慧生物，他身穿连裤服，一跳一跳的，两位青年惊慌万分，感到四周有热浪涌来，并闻到一种异味。书中还记载了1957、1965、1977等年份均有“独目人”的目击例证。同样在撒哈拉的塔西里山还有一幅岩画，画中人物头戴圆形头盔，身穿紧身的宇航服，双手向前平伸，俨然一个宇航员形象。更为神趣的“独目人”还有澳大利亚的来林兄弟岩画，他身着连体式宇航服，头盔正面有一独目式观察孔，并且头顶有三根天线，衣服上明显有一拉链状图案，其整个身体外有一个大而椭圆的防护罩。类似于这样的图像还有很多。①

考古学家 M. H. 杭加洛夫认为：“许多岩画就是圣像，人们向它供奉物品，走近岩画时就像对待最神圣的东西那样举行宗教仪式……而这些岩画就是来自天上的人。”

前面所述的那些古代“独目人”真是一只眼的人吗？ 如果我们是某个星球不发达的土著人，看到地球宇航员头盔前面单向反光的“独目式”保护罩，将作何感想？“独目人”的形象极有可能是并不了解其真实情况人们的直观感受。

有研究者认为，公元前 7 世纪或更早时期活跃于中亚草原地区的鬼方“独目人”，人人头戴一独目面罩，而这恰恰就是在崇拜、模仿“某种现象”而进行独目式打扮，以此借助某种神奇力量以达到驱灾御敌之效。

① 引自网络《独目人》作者：黄石，出版社：外文出版社。

第二十三章　草原石人像反映的宗教造像习俗

草原石人像是以石材为主雕刻的许多栩栩如生的人像。是新疆草原上的一大历史人文景观，它主要分布在阿勒泰草原和伊犁昭苏草原上。虽然有学者认为，它们与古人的墓地有关，甚至说它们是墓主人的守护者和可以重新唤起生命意识与力量的神像。但是在历史文献中却找不到与之相关的记载。因此，人们对石人像的称呼多种多样，比如将其称之为翁仲、巴巴、巴力巴力、杀人石等，虽然这些称谓都附加着不同解释，但最终都因证据苍白而莫衷一是。(图 15-7)

我国最早发现新疆草原石人，是清朝末年的旅行家徐松。他在《西域水道记》中记载了在新疆伊犁河以西发现石人的经过，并怀疑是古代军人墓葬的附属物，与唐代昭陵前的石翁仲一样。

图 15-7　新疆阿勒泰草原石人像-1

这些石人都是用整块的岩石雕凿而成。从外形来看,大都是全身像,头部、脸型和身躯雕刻得生动逼真。近年在博尔塔拉蒙古族自治州温泉县境内阿尔夏提草原上发现的阿尔夏提石人,就是用一整块白沙岩石雕凿而成的。其头部雕凿出一个宽圆的脸庞,一双突起的细长眼睛和高高的颧骨,上唇有两撇八字胡须。身上雕凿出翻领大袷袢,腰部束一根宽腰带，右手拿一只杯子举在胸前,左手按着一把垂挂在腰际的长剑，脚部刻画出一双皮靴子。石人的脸部表情严肃，仿佛是威武的将士在保卫和巡视着周围的草原。

目前在我国新疆发现的 200 多尊石人像，主要分布于阿尔泰山、天山、准噶尔西部山地的博尔塔拉州等 10 个地州市境内。

阿勒泰地区是我国草原墓地石人最丰富的地区，已发现 80 余尊。最高的石人通高 3.1 米、露出地面高 2.7 米，最矮的石人露出地面高 0.6 米。经考古研究，阿勒泰地区在青铜时代已出现了墓地石人，有萨木特和喀依纳尔两个类型。萨木特石人类型以青河县萨木特墓地石人最典型，其特点是只注重表现脸面器官，圆形脸面，圆眼。鼻子呈三角形，翼部宽，平切底，颧骨明显，大嘴。喀依纳尔类型石人则以阿勒泰市切木尔切克乡喀依纳尔墓地石人最典型，石人不仅雕刻出了脸面，有的也雕刻出了手臂。石人明显程式化，缺乏写实。圆形或桃形脸面，圆眼，方直鼻，小嘴，肩胸部饰三角纹。(图 15-8)

阿勒泰地区也发现了铁器时代的墓地石人，主要有喀拉塔斯、切木尔切克 10、11 号石人、 阿勒帕布拉克和塔勒德布拉克等四个类型。喀拉塔斯墓地有男、女两尊并列的石人，皆立于墓葬的东边，面向东。石人仅雕刻出了脸面。男性石人居左，以剪底法显示面部轮廓，嘴比较大，鼻直，平切底。女性石人居右，以浮雕表现面部轮廓，小嘴，小眼睛。溯源该文化现象，有学者认为，阿勒泰这些石人像的成因时间，最晚可以和铁器时代的文化现象联系到一起。（图 15-9）

图 15-8　新疆切木切克草原石人像

近年来，这些历史成因不详的草原石人像引起了很多专家学者的研究兴趣。这些草原石人像究竟来自远古的哪个阶段？它们代表着怎样的寓意？又是哪个部落民族的文化习俗？这一系列谜团都在等待着人们揭秘。

图 15-9　新疆草原石人像-3

有学者认为，新疆草原石人像很可能是公元前 1,200 年左右制做的，理由是在公元 14 世纪伊斯兰教进入草原之前，草原上的居民一直信奉着一种古老的神秘宗教：萨满教。

萨满教是一种以祖先崇拜为主的原始多神教，起源于原始社会后期。在中国，匈奴、突厥、肃慎、契丹、蒙古等许多古代民族都曾经信仰过该教。萨满教相信万物有灵，崇拜自然，最突出的特点是对祖先的崇拜。他们相信人死了以后灵魂不灭，祖先们虽然已经去世，但他们的灵魂始终和活着的人在一起。新疆草原石人和内蒙鹿石，就是萨满教的表现形式。所反映的，不仅是对英雄的崇拜，也是对祖先的崇拜。对此，有些专家查阅了我国相关的历史资料。在《周书·突厥传》中记载，突厥人死后，要"于墓所立石建标"，专家们对这一句文字如获至宝，认为这些说明古代突厥人有在墓地立石的风俗，然而令人困惑的是，这个"石"究竟指的是石人像呢，还是石块呢？ 最终这个疑问并没有找到答案。但学术界暂且认同，草原石人像属古代突厥人的文化遗存，认为突厥人尚武好战，死后为求灵魂不灭，便雕刻了这些武士人像用来庇佑。（图 15-10）

在 1961~1963 年，我国新疆文物调查队为了研究考证石人像，曾有计划地在阿勒泰地区进行过考古发掘，并在切木尔切克 32 座墓葬前发现了部分雕刻的石人像，其中有半身像，有整身像但大都不足一米高，同时还出土了一批珍贵的文物，其中有素面铜镜、双联石罐等，在出土文物里一类陶罐引起了人们的注意，这种陶罐呈橄榄形，上面雕刻着水波样的弧线纹，经过比较研究，人们认为陶罐属于一种叫卡拉苏克文化的范畴，（卡拉苏克文化属于中亚草原青铜时代晚期文化，分布于蒙古草原、南西伯利亚、阿尔泰山和哈萨克草原。因首次发现于俄罗斯卡拉苏克河畔的墓地而得名）。这些考古证据说明，卡拉苏克文化大约在公元前一千年左右，而突厥人生活于隋唐时代，它们至少有上千年的历史差距，因此阿勒泰草原石人像自然也就不可能是突厥人的文化遗存。

图 15-10　新疆草原鹿石-4

对此有学者提出，有些风化严重的草原石人像能够上溯到我国青铜时代。理由是，这种被认定为护墓石的人像在阿尔泰山南麓分布甚广，说明这片区域在青铜时代曾居住过一个与其他地区民族不一样的特殊民族。从石人像的分布来看，这个特殊民族分布甚广，例如在布尔津县发现有乌求布拉克石人像、阿克扎尔森塔斯地区发现有十几尊石人像、富蕴县有苏普特石人像、巴斯克阿克喀仁石人和奶牛场石人像，清河县有查干郭楞石人和萨木特石人像，其石人高度从 1.3 米到 2.34 米高低不等。这些属青铜时代的石人像，在我国天山东部也有发现，例如，哈密市有八大石人像、伊吾县有科托果勒沟石人像、巴里坤县有石人子乡石人像等等。这些石人像的分布说明，在上述地区曾经活跃着一个同宗、同源、同宗教信仰的古代民族。正因为他们的历史文化起源不详，导致我们很难试读出这些草原石人像的文化含义，它们应该是这个民族表达内心世界的某种象征物。

新疆博物馆的年轻研究员张晖，曾提出过一个大胆的猜想，他认为石人极其相关遗迹正是古代人类对外星文明的记录。他认为，某些石人像头和脖子上带着的饰物，刻画的正是带着太空帽、穿着太空服的外星人的形象。他的观点一出，令当今学术界一片惊讶，但对一般人而言，这仍不失是一个令人兴奋的猜想。然而，诸如此类的推测还很多，但都因没能找到制作石人像的族属关系以及与其连接的历史物证，时至今日仍是个未解之迷。那么，草原石人像究竟是何人所造，该文化现象背后又隐藏着怎样的内涵和民俗属性?

商代鱼国造像习俗的发现，为揭开草原石人像的历史成因，提供了弥足珍贵的实物佐证。据目前研究结果显示，在阿勒泰地区发现的草原石人像与我国新疆吐鲁番盆地的原始居民“吐火罗人”的造像习俗极其相同。这支吐火罗人，不仅散居在新疆的不同区域，而且早在 3800 年前的罗布泊地区就盛行着一种特殊的造像习俗。例如在罗布泊小河墓地发现的木制人像、人鼻崇拜图腾、以及采用木桩和船桨彰显生殖器崇拜现象的造像技术，无不显现出这支古老民族特有的文化理念与文化内涵。这种造像习俗不仅在吐火罗人迁徙的过程中得到了有序发展，他们的造像术也伴随着人类文明进步再次得到了升华演变。例如，我们在三星堆看到的各种相貌特征的青铜人像，在商代鱼国祭祀古玉中发现的玉质大将军和兵勇等等，应该就是吐火罗后裔为我们留下的珍贵实物佐证。(图 15-11)

在本书前文曾提到过，商代鱼国应该就是甲骨文中曾记载的“鬼方”民族（即印欧语系的吐火罗人后裔)。他们地处商王朝辖区以外的西域之地，曾是我国西北地区最具影响力的宗教王国。虽然鱼国宗教（鬼方宗教）在商武丁伐鬼方后便淡出了华夏历史舞台，但是该宗教所留下的诸多人物造像，却为我们探究新疆及内蒙地区的草原石人像成因提供了研究依据。例如，鱼国制作的大将军玉雕人像、人物相貌的鼓嚎、沙漏计时器的玉人造像等等，这些人物与阿勒泰草原石人像，无论从人物相貌还是从体态特征都有着很多相同与相似之处，就像出自同一位艺术家之手的创意理念。(图 15-12)

图 15-11　新疆罗布泊小河墓地出土的人像-1

图 15-12　鱼国祭祀古玉中的沙漏玉童-2

草原石人像不局限于我国新疆和内蒙地区，其分布情况已经遍及俄罗斯境内。例如在俄罗斯喀山市鞑靼历史博物馆展示的鞑靼地区发现的草原石人像，这些石人像不仅与我国新疆和内蒙发现的草原石人像相貌极其相似，而且造像风格以及制作工艺也极其雷同。令人振奋的是，据 2016 年 10 月 20 日的腾讯国际新闻报道，俄罗斯考古学家尤里·舍夫佐夫，在西伯利亚克拉斯诺雅斯克森林又发现了一座古老的草原石人像，这座石人像是由砂岩雕刻而成，据考证距今已有 2400 年历史。(图 15-13)

西伯利亚草原石人像的发现，不仅为我们勾勒出俄罗斯鞑靼至西伯利亚一中国新疆至内蒙地区清晰可辨的分布情况，同时这种造像习俗又显示出吐火罗人向我国内陆发展的传播路径。吐火罗人遗留的草原石人像，大大深化了人们对欧亚大陆古代民族分布与迁徙的认识。就吐火罗人起源问题，虽然国际学术界进行了一个多世纪的激烈讨论，但至今仍众说纷纭。(图 15-14)

图 15-13　俄罗斯喀山鞑靼博物馆收藏的草原石人像-1

站在语言学的角度，目前主要有以下三种解释：

第一、近东起源说，英国语言学家亨宁 1978 年提出，认为塔里木盆地的吐火罗人就是公元前 2300 年左右出现在波斯西部扎伽罗斯山区的游牧民族古提人，阿卡德人称其为“古提姆”，亚述人谓之“古提”。公元前 2180 年灭亡阿卡德王朝，后来推翻巴比伦王朝，主宰巴比伦达百年之久。亨宁分析了《苏美尔王表》 记载的古提王名，发现这些名字具有吐火罗语特征。公元前 2082 年古提王朝被苏美尔人推翻，从此在近东历史舞台上消失。亨宁推测古提人就在这个时候离开巴比伦，长途跋涉，向东迁徙到了塔里木盆地。俄国学者加姆克列利茨和伊凡诺夫深受启发，将印欧人的故乡定在近东，并从语言学角度描述了吐火罗人的迁徙脉络。

图 15-14　西伯利亚草原石人像

第二、西域本土起源说，美国威斯康星大学教授纳兰扬 1990 年提出，认为印欧语各族本身就是在今天中国西部形成的，因为月氏人从远古时代起就住在黄河以西和中国西域。

第三、南西伯利亚起源说，爱尔兰学者马劳瑞博士 1989 年提出。目前所知年代最早，分布最靠东方的印欧人考古文化是南西伯利亚的阿凡纳谢沃文化，所以马劳瑞推测吐火罗人的祖先是阿凡纳谢沃人。

针对以上三种解释，再结合吐火罗人在华夏区域所创建的上古宗教信仰和诸多物质文化遗迹，以及该宗教传承有序的发展演变脉络分析，唯有美国大学教授纳兰扬所提出的："印欧语各族本身就是在今天中国西部形成的理论"，才比较接近事实。

由此可见，无论我国阿尔泰地区发现的独目人，还是中俄两地发现的草原石人像，都直接或间接地佐证着我国上古时期曾活跃着一支古老的造像民族，他们所创建的宗教信仰不仅以物象符号的形式在彰显着这些遗迹的文化属性，同时文化现象又解释着该宗教信仰的宇宙崇拜信仰和宇宙创世学说。

第二十四章　在美国发现的宇宙不明飞行物

第一节　罗斯维尔事件

罗斯威尔事件，是一次最著名的“不明飞行物”事件，1947 年 7 月发生在美国新墨西哥州罗斯威尔小镇。据说外星人的飞碟在此坠毁，美国空军不仅捡到了飞碟的碎片，还秘密解剖了外星人的尸体。“罗斯威尔事件”不仅使得罗斯威尔这个小镇变成了旅游点，当地建了两个不明飞行物博物馆，每年还设有一次不明飞行物节；而且在一位美国议员的要求下，美国空军还兴师动众做了深入的调查，分别在 1994 年和 1996 年发布了两份《罗斯威尔报告》。而 2011 年最新的一份 FBI 解密文档中显示美国罗斯威尔事件可能确有其事。(图 15–15)

图 15–15　美国新墨西哥州发生的罗斯威尔事件

事件概述：1947 年 7 月 5 日，距科罗那 50 公里、距罗斯威尔西北方 120 公里的一个农场主人麦克·布莱索曾在当晚听到比雷声还大的爆炸巨响，次日他发现散布在农场约四百公尺范围的许多特殊的金属碎片。六日他带着金属碎片交给罗斯威尔警长，然后向军方报告，并转交给空军基地。七日布莱索带着杰西·马西尔少校和另一个军官到现场检视，并装载一大堆东西带回基地检验。

1947 年 7 月 8 日，美国新墨西哥州罗斯维尔的《每日新闻报》刊出一条耸人听闻的消息：“空军在罗斯维尔发现坠落的飞碟。”这条新闻马上被《钮约时报》等各大报刊转载，无线电波载讯传遍世界。这条消息像一枚重磅炸弹，在美国公众中引起轩然大波。人们从四面八方奔向美国南部的新墨西哥州。在距罗斯威尔 20 公里外的一片牧场上，蜂拥而至的人流受到一排排铁栅栏和一队队荷枪实弹的士兵们的阻拦。(图15–16)

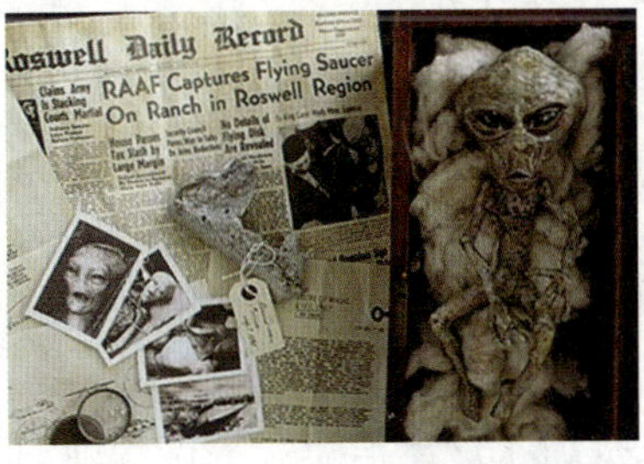

图 15–16　罗斯威尔事件的《每日新闻报道》

另外，八日在距满布金属碎片的布莱索农场西边五公里的荒地上，住在梭克罗的一位土木工程师葛拉第发现一架金属碟形物的残骸，直径约九米；碟形物裂开，有好几个尸体分散在碟形物里面及外面地上。这些尸体体型非常瘦小，身长仅 100 到 130 厘米，体重只有 18 公斤，无毛发、大头、大眼、小嘴巴，穿整件的紧身灰色制服。当日军队马上进驻发现残骸的两地，封锁现场。

之后，美国政府和军方为了掩盖事实真相，相继否定了这次事件是 UFO 造成的，说坠毁的物体只不过是带着雷达反应器的气象球而已。

据英国《每日邮报》报道，近日，美国联邦调查局（FBI）公布了一批新的解密文档，其中一份备忘录似乎可以证明，20 世纪 50 年代，确实曾有外星人在美国新墨西哥州着陆。(图 15-17)

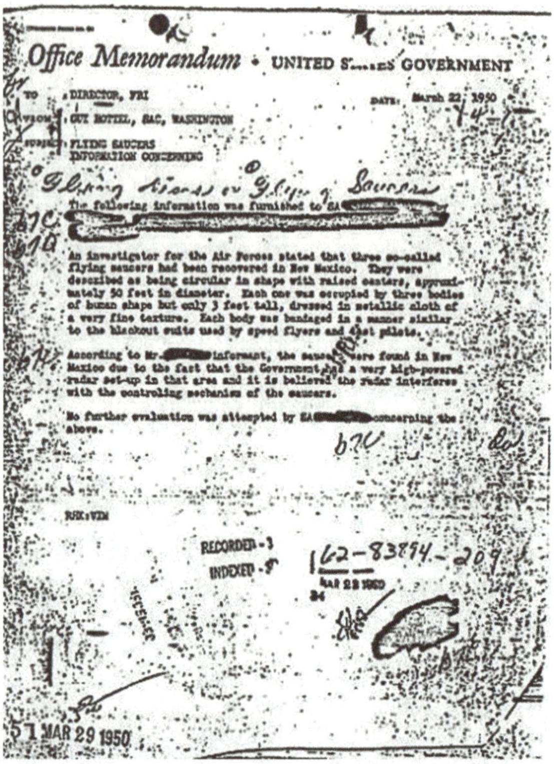
Office Memorandum • UNITED STATES GOVERNMENT

TO: DIRECTOR, FBI　　DATE: March 22, 1950

FROM: GUY HOTTEL, SAC, WASHINGTON

SUBJECT: FLYING SAUCERS
INFORMATION CONCERNING

The following information was furnished to SA [redacted]

An investigator for the Air Forces stated that three so-called flying saucers had been recovered in New Mexico. They were described as being circular in shape with raised centers, approximately 50 feet in diameter. Each one was occupied by three bodies of human shape but only 3 feet tall, dressed in metallic cloth of a very fine texture. Each body was bandaged in a manner similar to the blackout suits used by speed flyers and test pilots.

According to Mr. [redacted] informant, the saucers were found in New Mexico due to the fact that the Government has a very high-powered radar set-up in that area and it is believed the radar interferes with the controling mechanism of the saucers.

No further evaluation was attempted by SA [redacted] concerning the above.

RHK:VIM

RECORDED - 3
INDEXED - 8
162-83894-209
MAR 28 1950

57 MAR 29 1950

图 15-17　美国 FBI 档案披露罗斯威尔事件的证据

在这次解密的上千份文件中，有一份是当年主管华盛顿地区办公室的特工盖·豪特尔致 FBI 局长的备忘录。这份备忘录的标题写着“飞行的碟状物”。在该文件中，特工豪特尔描述说，空军调查人员表示他们在新墨西哥州回收了 3 个“所谓的飞碟状飞行物”。他还表示，空军调查人员向他提供了资料。从文件中来看，联邦调查局已经确认了这位特工以及他提到的空军调查人员的身份属实。

豪特尔继续写道：“根据对方的描述，这些飞行物呈圆形，中央凸起，直径大约 50 英尺（15 米左右）。每一艘这种奇特的飞行物内都有 3 位人形的驾驶员，不过它们只有大约 3 英尺（约 90 厘米）高。”这些“小人”都身着纹理非常细致的金属衣物，身上还都绑着非常相似的绷带，很像空军飞行员穿的抗加速服。

这位特工继续写道：据这位身份得到核实的空军调查人员的看法，之所以这些飞行物会坠毁在新墨西哥州，是因为美国军方在这里设有超高功率的雷达发射设备。这些大型设备的工作频率干扰了飞碟的控制系统，从而导致飞碟系统失去控制最终失事。

以上这些事件证明，地外生物 UFO 确实存在。

第二节　发生在 100 多年前的不明飞行物事件，

事件发生在 1897 年 4 月 17 日清晨，有人看到在美国得克萨斯州奥罗拉镇郊区沃斯城堡的上空，一个巨大的银色雪茄型物体飘在空中，然后撞上了普洛克特法官农场里的风车，发生爆炸，残骸散落满地。在残骸中，人们发现了一具身材瘦小、严重变形的生物躯体，当地报纸称其绝非地球生物。(图 15-18)

两天之后，也就是 1897 年 4 月 19 日，《达拉斯晨报》报道了这一消息。根据当地的传说，事发后，许多奥罗拉镇的居民匆忙赶往普洛克特法官家的农场，希望能施以援手。然而，他们所发现的一切却令人不可思议。据《达拉斯晨报》报道，飞行器里有不明物

图 15-18　不明飞行物撞向风车-1

体，或者说是不明的尸体。

威姆斯是当地的美国陆军通信官，也是天文学专家，他发表了自己的意见：飞艇上的飞行员是来自火星的居民。

外星人没有活下来，遗体被人们按基督教的仪式安葬于小镇的墓地中。人们将一块小石板放置在墓地上，以表明这里是飞行员的墓地。之后，飞行器的残骸被扔到一口井内。（图 15-19）

海登·海威斯是首批来到小镇的研究者之一。1973 年，他身为国际 UFO 组织的创始人，他决定揭开事情的真相。随后，海威斯和其他一些 UFO 的研究者，在事发地发现了有关飞艇坠毁事件的第一手资料，并向小镇墓地委员会发出了申请书，请求获准挖掘墓内的遗体。可是，墓地委员会却强烈反对这一申请，就在调查者们企图探访墓地的那一天，墓地委员会就要求警长派人看护。（图 15-20）

图 15-19　人们发现一具酷似人类的生物遗体-2

正因为此次事件的影响，奥罗拉镇的经济遭受了巨大打击，从此当地居民的情绪变得非常低迷。甚至前来探访的研究人员也被拒之门外。

因此我们应该相信，地球之外还应该有其他的文明和生命存在。

图 15-20　证据就在那栋小屋下的井里

第二十五章　信仰案例引申出的思索

人类的古代神话中常常有神仙驾驶飞车翱翔天空的情节。科学家们告诉我们，那些都是古人幻想出来的，没有现实的依据。可是有一个真实的事情却让我们对古代神话有了新的看法。

在第二次世界大战期间，美国海军为了太平洋战场的利益，占领了南太平洋上的一个小岛。这个岛上有一些土著人的原始部落，在美国海军陆战队上岛之前，他们没有机会接触外来的文明，只困守一岛，每天伴随着蓝天、海鸥和无尽的波涛，一直生活得比较艰辛。

美国海军陆战队上岛以后，一下子带来了那么发达的科学技术，土著人看见轰轰飞行的飞机降落在新修的简易机场上，运来了大量的物资。尤使土著人感兴趣的是，飞机运来了各种食物，使那些穿着稀奇古怪服装的人，每天几乎不用劳动就能吃上那样好的食品。他们觉得，所有的奥妙都来自那些飞机，飞机可以自动生产出各种食物，就像神话中的“聚宝盆”，好东西一个劲儿地往外搬，就是搬不完。

但是没过多久，由于战略上的原因，美军放弃了这个小岛。土著人怀着复杂的心情看着那些“神人”坐着飞机，消失在茫茫的蓝天碧海之间。这个小岛很快被现代文明遗忘了，再没有人去注意它的存在。然而，这个小岛及岛上的原始土著居民却永远也忘不了现代文明给他们带来的深刻印象。

过了几十年，当一支考察队登上这个小岛时，出现在他们眼前的情景使他们大为惊讶：这些岛上的居民竟然在废弃的美军机场上用草木扎成了一个飞机模型，旁边盖了间小茅屋，屋顶插着几根竹子，还有人坐在屋里，头上绑着两块木头。还有人手举小旗在机场上跑来跑去，不停地仰望蓝天。

木块用来模拟耳机，竹竿用来模拟天线，土著人重复着他们所观察到的美军的操作过程，期待轰隆隆的飞机能再一次光临小岛。那些年老的人，每当祭祀时就会向年轻的一辈讲述这样一个“神话”：某年有一些神人，骑着飞龙，来到了这个岛上……人类学家终于亲眼目睹了一个神话的诞生。

以上这个故事说明，每一个神话故事的诞生，都应该源于人类对自然事物的理解与想象的表达，因为在原始社会人们不能科学地解释宇宙和自然现象，因此借助想象或幻想把自然力和客观世界拟于形象化的结果。这就好比我国学者，三十年代在青海岩洞发现的杜立巴石蝶（距今12000年）一样，正因为当时先民们对宇宙超自然力UFO现象的无法理解，才会促使他们将当时所见事物环境（天空星际图案），刻画在洞窟石壁上作为留念，并将能瞬间即逝的宇宙飞碟所遗留的残损部件用玉石进行复制还原，以供各部落族群祭拜供奉。其实这是我国先民在有意无意中，记录了一次宇宙不明飞行物光顾地球的真实记载，也正因为我国先民们的这次记载，才会使我们今天能够借助杜立巴石碟和洞窟壁画，链接还原出红山文化、良渚文化、齐家文化、三星堆文化以及金沙古城遗址中，出现的那些奇怪齿轮碟状物的由来。笔者相信，伴随这些神奇的齿轮碟状物以及洞窟壁画，当时肯定在民间还流传着一段与之相配的神话故事传说，否则这种文化现象就不会在相互间隔着几千里的各区域相继出现。然而，这些形状各异的齿轮状石碟和玉碟，不仅诠释着我国先民对宇宙超自然力的解读和传播能力，同时还彰显出神话故事对文化现象的传播所起到的重要作用。

以上案例说明，如果我们只是站在文化现象的个案角度去审视观察文化本身，充其量这种文化现象不过是古代先民的物质文化遗存而已。但如果我们能够借助文化表象，用客观的视角去审视文化现象背后所隐藏的历史内涵，就会找到文化现象所承载的真正历史意义。

第二十六章　地外文明给予人类的启示

第一节　宇宙金卵创世说

纵观世界各大宗教的创世理论，几乎大部分都持有宇宙创世的观点。我们是否可以这样理解，曾经控制人类精神的最大能量，很可能源于宇宙对人类的影响。然而，探究宇宙创世论的历史渊源，我们首先要研究世界几大教派的教义理论，这些理论可分为两大类，即“宇宙创世说”和“自然生化论”。

持有“宇宙创世说”观点的有，中国上古时期诞生的多神教（即本书介绍的鱼国宗教），该宗教应该是人类最早提出宇宙创世论的先驱，严格的讲该宗教应该是宇宙创世论的缔造者。例如，中国流传至今的盘古开天地故事，该故事所描述的“盘古”就应该是我国上古多神教创建的宇宙核心主神。继中国之后的有，古印度教（即吠陀教和婆罗门教）。因为古印度教笃信梵天神，并认为天地是由梵天所创造。所以，印度的神话传说将梵天描绘成源于宇宙金卵所生，该宗教不仅承袭着我国多神教的宇宙创世观点，同时它还是该理论的弘扬者与传播者。之后便是基督教，基督教的宇宙观，不仅反对无神论、进化论和创化论，而且一直秉持着宇宙是一切物质和精神世界的创造者。该教认为，宇宙万象之伟大奇妙，万无出于“偶然”的道理，必然出诸一位自有永有，全知全能的上帝一它是造物之主。

秉持“自然生化”观点的宗教，有佛教、道教和儒家思想（儒教）等。佛教业力论认为，宇宙和万物都是由于众生所造的“业力”因缘而生成。道教大自然生化论，顺生：“无生有（道），道生一，一生二，二生三，三生万物”，逆返：“万物归三，三归二，二归一，一归无”。儒家太极动静论，天人合一论。

虽然人类宗教出现了两大不同的观点，即“宇宙创世论”和“自然生化论”。但是，具时间优势或先驱意义的，还应属“宇宙创世论”诞生的时间最长，根基也最深。站在时间的角度讲，“自然生化论”的观点，应该是“宇宙创世论”诞生之后，在其基础上升华演进出的一种新的观点理论。因为本章节，是在探索宇宙创世论的成因历史肇端，所以针对两种观点谁更具实际意义不便评论。下面，先让我们借助三大文明古国创建的神话故事，去深入辨析宇宙创世学说的成因历史与发展历程。（图 15-21）

图 15-21　宇宙创世学说的化身-飞碟

中国的盘古劈卵创世说：盘古开天辟地，是中国太古时代流传至今的神话故事。盘古，最早见于三国时期徐整所著的《三五历纪》：在太古的时侯，太空中飘浮着一个巨星，形状非常象一个鸡蛋，在无际的黑暗云雾中运行，万籁俱寂。就在那颗巨星的内部，有一个名叫盘古的巨人，一直在用他的斧头不停的开凿，企图把自己从围困中解救出来。经过一万八千年艰苦的努力，盘古挥出最后一斧，只听一声巨响，巨星分开为两半。盘古头上的一半巨星，化为气体，不断上升。脚下的一半巨星，则变为大地，不断加厚，宇宙开始有了天和地。天和地每日加高三尺，盘古也越高大，成了顶天立地的英雄。其后，题为梁任昉撰的《述异记》 称盘古身体化为天地名物。《五运历年纪》 及《古小说钩沉》辑的《玄中记》 亦有类似记载。因此盘古开天地的神话故事，便成为了中国历史文化的开篇。

古印度金卵创世说：梵天，作为宇宙万物的创造者．他是从漂浮在宇宙洪水上的宇宙金卵所孵化出来的。印度神话认为，梵天从金蛋中破壳而出，蛋壳分为两半，一半变成天另一半变成了地。当然，有关梵天诞生的传说还有很多，但是从时间上看，时间最早流传最广的当属金卵孵化说了。总之，“梵”是印度宗教至高无尚存在的创世神，是他分别生出了天神、凡人、妖魔、禽兽以及宇宙间的万物。梵天不仅仅是人类的神，他还是自然万物之神，他代表的是宇宙意志。因为不管是魔、神、还是人，都是这个宇宙梵天的孩子。在古印度的神话传说中，世间万物都起始于梵天的梦境，包括那些诸神在内，他们都只在梵天的梦境中才能够感受到自己的存在。(图 15-22)

古埃及金蛋创世说:《埃及亡灵书》 非常古老,据说它开始于“金姆提”王朝,之后不断地被转抄和继承,前后历经了 5000 年之久。虔诚的埃及人,无论国王还是农夫，无论是皇后还是女佣都是在这本经文的指导下长大的，他们在生活中阅读,在死亡时参阅,埃及人相信幸福和永生来自于那些赞歌祷文和咒语。对他们来说,这本经文不是教材,而是通向奥西里斯最美好的向导！人们相信《埃及亡灵书》 是来自地球文明中最神秘的昭示和最古老的死亡之歌。古埃及人相信，太初，既无天，也无地，只有“努”（即圣水）被茫茫的黑暗覆盖，圣水中有万物的雌雄胚胎，神灵早已在心中描绘出了未来万物的轮廓。创造的第一步，便是从圣水中创造出一只金蛋，“拉”便从金蛋中破壳而出，世界很快便有了万千种圣灵。

据《埃及亡灵书》描述，太阳神拉是生于一巨卵。此卵为巨鸟‘大戈戈通’生于混沌中隆起的丘阜上。拉神出生后，没有天，没有地，没有动物，只有水渊‘努恩’，幽暗笼罩于其上。拉神以水渊之土造天和地，天和地空空荡荡，没有众人，也没有群神，拉神便按照自己的模样思于心，于是，诸神相继出世。诸神出世的顺序，太阳神拉首先从口中吐出两神，即空气—舒和水气—泰芙努特；空气和水气结合，生了天—努特和地—盖布。接着，拉神的眼泪落在地上，人遂生于其泪水。

图 15-22　孵化印度神梵天及埃及太阳神-拉的那枚金卵

从上述三大文明古国的宇宙金卵创世说不难看出，三大文明古国的宇宙创世观点几乎是同出一辙，这种相同与相似的一致性绝非无缘无故，也更不属于什么历史巧合。那么有一个问题应该弄清，究竟三者是哪个国家率先提出的宇宙创世理论，换句话说究竟是谁缔造的这个理论基础，该理论的成因依据又是什么？如果这些问题我们不弄清楚，以下的研究也就毫无意义了。

第二节　宇宙创世学说的成因发展

探究三大文明古国的宇宙创世说，无论是印度教的宇宙创世“梵天”，还是古埃及人推崇的宇宙太阳神“拉”，以及华夏开天地的“盘古”，人们普遍认为那只不过是神话故事而已。也正因为如此，当今学界才无人探究这一课题，因此也就无从探索神话故事所蕴藏的真正历史价值，更没人意识到它是源于人类对宇宙探索的读解，因此宇宙创世学说至今仍被视为蒙昧的产物。也正因为无人研究这一课题，才会导致与故事相关的诸多考古遗迹与物质文化遗存，至今仍沉睡在尘埃之下未被学界所重视。

然而在四大文明古国之中，中国在这方面的情况尤为特殊。因为在华夏区不仅具有耳熟能详的盘古故事，而且还发掘出了诸多与盘古相关的文化遗存和实物佐证。例如，在中国青海发现的杜立巴石碟、内蒙古发现的阴山岩画、上古时期的齐家文化玉器、三星堆和金沙文明所反映出的宇宙崇拜现象、商代鱼国祭祀古玉及琉璃器中出现的齿轮状器物等等。这些来自亘古的实物佐证，不仅诠释着我国盘古神话故事的形成，而且还在讲述着人类宇宙创世学说的成因秘密。（图 15-23）

以上诸多证据说明，人类宇宙创世学说不仅在华夏区域所诞生，同时还成为了华夏上古宗教信仰的精神主导。特别是继三星堆之后在我国陕甘宁青地区发现的商代鱼国祭祀古玉，不仅以物象符号的形式在讲述着华夏上古宗教的形成诱因，同时还在以齿轮状器物表现宇宙超自然力给予宗教的启示。例如，在该宗教所制作的祭祀古玉和琉璃器物中，不仅描述着杜立巴石碟的发展与演变，同时还以图案形式在描绘着先民们捡拾齿轮状器物的搬运过程。更为直观和具象的证据是，在鱼国祭祀古玉中还出现了很多酷似外星人的人物造像，这些人物造像的眼睛大都用松石镶嵌而成，他们那双又大又圆的眼睛和五官相貌失衡的比例，明显有别于人类。（图 15-24，图 15-25）

图 15-23　内蒙阴山岩画

图 15-24　鱼国祭祀古玉中的外星人造像

图 15-25　鱼国古玉中头戴天线的外星人造型

如果这些造像不属于人类，无疑所歌颂的主题就应该是外星人。如果我们能将这些形似外星人的人物造像，与我国上古宗教体系制作的形状各异的齿轮联系到一起，我们将会看到一幅人类崇拜宇宙、歌颂宇宙精神、崇拜宇宙超自然力现象的一种期盼与诉求。然而这种传承有序，发展演变脉络清晰可辨的证据链，说明人类宇宙创世学说就诞生在华夏这片区域。（图 15-26）

图 15-26　上古玉中的齿轮状器物-1

站在以上诸多实证角度，让我们再回头重新审视三大文明古国的历史开篇，仍会领悟到这种宇宙创世学说并非源于虚构。因为无论你站在世俗的角度，还是从科学的层面去审视这种文化现象，其中一个事实是我们根本无法解释的，那就是华夏文明和古埃及文明以及古印度文明的历史开篇，为什么都在围绕着“金卵”或“金蛋”在讲述人类文明肇端。这种如此雷同的文化现象，绝非偶然。假如，三大文明古国的宇宙创世学说是源于相互影响，那么他们究竟谁是这种学说的缔造者，谁又是承袭者和传播者呢？

探究人类宇宙创世学说的成因史，发现唯有华夏区域彰显出的文化现象，不仅具有解释这一理论成因的依据与实物佐证，而且还有诸多文化遗存在支撑着这一理论学说的发展演变传承。例如，在青海发现的杜立巴石碟、内蒙古阴山岩画上的外星人像、上古玉文中出现的齿轮状器物、罗布泊太阳崇拜墓地、三星堆青铜器所彰显的宇宙崇拜信仰、商代鱼国祭祀古玉所诠释的宇宙创世学说等等，这种传承有序的宇宙崇拜信仰和宇宙创世学说，在其他两大文明古国不仅找不到与之相关的成因依据，更没有发现该文化现象的发展演变传承。说明其他两个文明古国所彰显的宇宙崇拜信仰和宇宙创世学说并非出于原创，而应该是从其他地区承袭而来。（图 15-27）

图 15-27　与外星人有关的杜立巴石碟-2

就我国青海发现的杜立巴石碟而言，说明我国上古先民早在 12000 年以前就已经针对宇宙生物进行了跟踪探索，并以杜立巴石碟和阴山岩画的表现形式在记述着宇宙不明物体在经常光顾着地球。又如，在我国 6000 年前红山古玉中出现的玉碟和八角齿轮状器物、5000 年前的良渚古玉中出现的杜立巴玉碟、4000 年前齐家古玉中出现的碟状物和玉琮、3800 年前三星堆和金沙出现的飞行器造型和诸多的齿轮状器物、陕西石峁遗址出土的青铜器齿轮、3400 年前的商代鱼国祭祀古玉和琉璃器物中所看到的杜立巴玉碟、以及各种齿轮器物以及那些头带天线的玉雕人像等等，这些实物佐证不仅诠释着华夏区域是宇宙崇拜信仰的发祥地，并且还是宇宙创世学说的缔造者。（图 15-28）

图 15-28　陕西石峁遗址出土的青铜器齿轮

也正因为，我们没能真正领悟到华夏文明博大精深之所在，因此才会导致了华夏历史出现了很多失落的文明。对此有些学者则认为，中国根本就不存在什么失落的文明。请问，既然中国没有失落的文明，那为什么三星堆所承载的文化现象至今得不到破解，华夏上古玉所承载的文化内涵至今无人说明它们的属性。难道这些不都是华夏失落的文明吗?

就我国盘古开天辟地的神话故事而言，其实这个故事一直都在挑战着国人的想象力与洞察事物的客观能力。然而令人遗憾的是，我国历代史学家并没有意识到盘古开天地的历史价值所在，更没有意识到它是人类宇宙创世学说的理论依据。因为，它所承载的历史远远超出了世人的想象和理解。也正因我们的想象力过于保守，才会导致至今仍无人能将中国的盘古与毗邻国印度的“梵天”联系起来，更没有人将古埃及的太阳神“拉”与中国的盘古，视为同一个宇宙观的衍生。为什么没人意识到，三大文明古国为何都在弘扬着同一内容的宇宙创世学说，又为什么都以“金卵”和“金蛋”作为文明开端，在叙述着相同内容与内涵的金卵创世说呢？ 宇宙创世论的观点究竟因何而来，究竟谁是该理论的缔造者，谁又是该理论的承袭者呢?然而，针对这些诸多未解的历史谜题，为什么我国学界至今没有进行探索?

就三大文明古国的宇宙金卵创世学说而言，无论是中国盘古英雄所劈开的神蛋、还是古印度梵天所驾驭的金卵、以及古埃及金蛋中诞生的太阳神-拉，这种都围绕着金卵作为历史开篇的宇宙创世学说，绝非是人类历史上的巧合。既然不是历史的巧合，那么这种极为雷同的文化现象，就应该源于一个文化发祥地向其他区域传播的可能，否则这种雷同的文化现象将无法得到解释。那么，这种宇宙创世学说的发祥地，究竟是三大文明古国之中的哪一个国家呢？ 如果站在三大文明古国所提供的成因依据看，恐怕唯有华夏文明区所出土的诸多实物佐证，能够支撑该文化现象的历史成因，而另外两个文明古国则根本无法找到这些依据。由此可见，只有华夏上古宗教才是人类宇宙崇拜信仰的缔造者，只有华夏文明区才是宇宙创世学说的历史发祥地。

第三节　地外文明催生了人类宗教信仰

宗教界普遍认为，各大宗教的创始人都是人类的伟大先知，他们的思想在当时具有超凡脱俗的前瞻性，能顺应人类社会的发展需要是一群具有极高智慧的人群，他们感知到宇宙的主宰者是一位至高无上的神，是这位神创造了宇宙和世间万物。

对此，德国哲学家卡尔·雅斯贝尔斯，就曾提出过一个非常著名的命题——即“轴心时代”理论。他在 1949 年出版的《历史的起源与目标》 中提出，“公元前 800 年至公元前 200 年之间，是人类文明的“轴心时代”。这段时期是人类文明精神的重大突破时期。在轴心时代里，各个文明都出现了伟大的精神导师。例如，古希腊有苏格拉底、柏拉图，以色列有犹太教的先知们，印度有释迦牟尼，中国有孔子和老子，因为他们所提出的思想原则塑造了不同的文化传统，也一直影响着人类的生活。

其实，轴心时代这一历史现象很早就进入了人们的视野。但在雅斯贝尔斯之前，并没有专门的系统的研究；今天，轴心时代已成东西方史学、人类学和哲学等学科的一个无法绕过的课题。事实表明，“轴心时代”既是一个复杂的历史文化现象，也是一个思维的“建构”。可是，通观国内外已有的研究，由于缺乏一个科学的研究视角或方法，故使得轴心时代这一遥远而复杂的历史文化现象始终没能得到令人信服的阐释。对一个事物或现象的阐释取决于研究者的视角，视角即是方法。为了将轴心时代研究推向深入，我们应该找到一个新的科学的研究视角或方法。那么，我们是否能够找到这样一个研究视角呢?

卡尔·雅斯贝尔斯提出的轴心时代理论，确实是值得人们深思与探索的课题。因为，在交通极不发达的时代，世界各地的思想家、哲学家、神学家和先知们，为什么都以不同的方式在推崇着几乎相同内涵的宇宙创世理论？ 又为什么，那些被推崇的宇宙主宰者，又以梵天、真主、上帝、佛祖等不同身份成为了各大宗教教派的主宰？ 他们不仅占据着至高无上的神祇地位，而且还以人格的化身在接受着人们对他们的顶礼膜拜与供奉。实质上，这些被人们崇拜的宇宙主宰者和神祇，无非是宇宙天体中的太阳、月亮或某个星系的化身。例如，古埃及法老将自己称之为太阳神的儿子 ；古巴比伦王将自己称为月亮的子孙；中国的皇帝们将自己称为“天子”；古印度教认为梵天才是宇宙万物的创造者。

然而，如果按照卡尔·雅斯贝尔斯的轴心时代理论，去对应人类历史发展中的相似文化现象，我们将发现轴心时代的产生时间，要远远早于他所提出的公元前 800 年的推论。理论依据是，无论是古希腊的苏格拉底和柏拉图，还是以色列犹太教的先知和印度的释迦牟尼，以及中国的孔子和老子，他们都不应该被界定为人类思想、人类哲学、人类神学的开拓者。因为在人类上古时期，这种轴心时代的文化现象就已经形成。例如在上古时期，三大文明古国就曾形成过相同的宇宙创世学说的观点，而这种相同的学说与观点也应该被视为一种“轴心时代”。

例如，在华夏区出现的宇宙创世观点是：盘古劈卵创世说、在古埃及出现的是：宇宙之神阿蒙·拉（即太阳神）的宇宙创世说、在古印度则是：梵天源于宇宙金卵的创世说。这种几乎形成于同一历史时期，却又诞生在不同区域国度，不同民族种姓以极不同文化环境下的宇宙创世理论，虽然今天我们无从查证各国发起人的姓氏名谁，但该文化现象的雷同性却极为符合轴心时代理论的基本条件。虽然三大文明古国，都以不同方式在讲述着宇宙创世过程，但核心内容却都围绕着宇宙金卵在叙述着各自的历史开篇。这种几乎雷同的宇宙创世理论，绝非是人类历史的巧合。这种文化现象所诠释的，应该是三大文明古国对宇宙认知程度达到统一观点的文化体现，是人类文明与精神世界的重大突破，应该属于人类文明历史第一个“轴心时代”。

这一时期出现的思想家，他们借助人类对宇宙超自然力的认知和想象，不仅构建出了宇宙空间还集聚着一个神的世界，同时还罗列出了诸神的等级以及神界的主宰者。例如，埃及创建了宇宙之神阿蒙·拉（太阳神）、古印度教创建出了宇宙神大梵天、中国创建出了宇宙盘古创世之神。当时的思想家们认为，这些宇宙神是人类一切物质和精神世界的创造者；在哲学方面，针对人类对宇宙的崇拜信仰，哲学家们不仅创建了针对宇宙的宗教信仰体系，同时用哲学观点在讲述着宇宙诸神与人的关系，以及宇宙之神创造万物生灵的因果；在神学方面：神学家们不仅创建了人类对宇宙起源论的正确认识，同时还用宇宙话语向人们传达着神的旨意和启示，并采用宇宙起源论、启示论、默示论在巩固着该信仰体系的稳固发展。（图 15-29）

图 15-29 神秘宇宙隐藏着地外文明

当时三大古国的思想家、神学家、哲学家们所构建的宇宙崇拜观，不仅推进了人类社会与精神文明的飞速发展，同时还成为了人类创建宇宙创世学说的理论基础。这种在不同区域同时产生的宇宙创世学说，与轴心时代所反映出的文化现象并无区别。由此可见，人类轴心时代的第一次出现，应该是以人类宇宙创世学说的形成为基准，而不是卡尔·雅斯贝尔斯所提出的公元前 800 年~公元前 200 年的形成理论。

由此可见，无论是古希腊的苏格拉底和柏拉图，还是以色列犹太教的先知和印度的释迦牟尼，以及中国的孔子和老子，都不是人类思想、人类哲学、人类神学的最初开拓者，而他们所提出的思想理论应该被视为一种承袭者才对。

第四节　人类宗教起源

探究人类宗教起源，世界各国学者都似乎有其独到的见解。例如，当前最具代表性的学术观点，当属英国著名人类学家和民俗学家 詹姆斯·弗雷泽博士曾撰写的《金枝》一书。这本书，至今仍属于研究巫术与宗教起源的权威之作。该书，以收集世界各地及各民族的原始信仰为依据，运用历史比较学对其进行了系统化的梳理，从中总结出了一套严整的理论体系，并对巫术的由来与发展做出了细致的说明与展望。

笔者认为，虽然该书对巫术和宗教起源进行了详细的阐述，但此书却始终未能提及到人类上古时期，因何会产生过宇宙崇拜信仰；三大文明古国，又因何会出现相同意义的宇宙创世学说；该书也没有将世界各地出现对宇宙崇拜绘制的岩画和洞窟壁画纳入到该书的评论中；更没有提及在华夏文明体系之中，为什么在上古玉和上古青铜器上会出现人类早期的宇宙崇拜现象。当然，笔者所提出的这种文化现象也仅限于在华夏区域能够看到，而在欧洲或其他地区至今还没有发现过。这可能就是该书为什么没有涉及到以上内容的原因。但是，虽然这种文化现象在欧洲或其他地区至今还没有被发现，但这并不等于它不存在或者被忽视的理由。

由此可见,《金枝》 一书的内容与观点，只能代表欧洲区域所呈现出的宗教现象，而并不能代表全人类的宗教起源与发展。因此《金枝》 一书的内容与观点，仍停留在主观推论层面，并没有将世界各地所呈现出的上古宗教成因史纳入其中，更没有依托古人类文化遗址的考古发现，特别是中国出土的诸多物证作为依据进行评述。要想真正写好一部人类宗教的起源史，决不可忽视华夏区域诞生的上古宗教文明以及物证依据，只有这样才能成为具有权威性的理论书籍。

就华夏地区出现的上古玉而言，正因为至今无人能读解出古玉所承载的历史秘密，更没人意识到它所诠释的是人类宇宙创世学说，因此我国也出现了很多类似《金枝》 内容的书籍，以主观意识评述华夏宗教史，用臆断推测宗教发展史。更为遗憾的是，那些曾承载着人类宇宙崇拜信仰和宇宙创世学说的华夏古玉文明，至今仍被世俗的解释为“神玉”或“巫玉”，而无人将其纳入到人类宗教成因史的研究范畴。究其原因主要有以下几点：一、国内学者，缺乏对上古玉成因历史的研究，所以在解读古玉时才出现了各种形式的误读与误判；二、对古玉的命名缺乏理性认识，盲从学术权威，致使很多古玉的所属名称出现了风马牛不相及的错误命名；三、过于依赖文献记载，长期持怀疑态度去质疑上古玉所承载的辉煌历史。也正因为学界存在的这些现象，才会导致曾经承载着人类上古宗教文明的华夏古玉，至今仍沉睡在那里等待着世人早日还原出它们的本真面目。

就“巫玉”和“神玉”的命名而言，虽然这种命名已经被当今世人所接受，但是“巫玉”中的“巫”，所泛指的是怎样的宗教信仰？“神玉”的“神”，又是华夏诸神之中的哪位神仙呢？ 命名者至今仍没有作出详细的解释。然而，这种既模糊又牵强的错误命名，它所产生的负面影响却是极其可怕的。人们要知道，一种错误的命名，不仅会干扰后人的研究思路，同时还会导致很多人误以为那是最终正确的解读，从此那些已被命名的器物将会被人们束之高阁，再也无人对此进行更为深入的研究分析解读。

笔者认为，用“神玉”或“巫玉”来命名中国上古玉，都无法涵盖我国上古玉所承载的博大精深历史，更无法诠释出上古玉所彰显的宗教历史文明。长久以来，虽然国人已习惯将那些无法理解的民间宗教信仰，和无法读解的宗教礼仪礼规，以及诸多无法解释的宗教现象，都解读为是“××神”或“××巫”所遗留的文化现象。其实，这种即笼统又模糊的解读方法，实属一种不负责任的行为，属于一种学术陋习。如果这种陋习，发生在普通百姓身上也无可厚非；但如果这种陋习已蔓延到当今学界，那就另当别论了。因为错误的命名，不仅会改变文化现象的本真历史，同时还会偏离被研究对象的真正属性与内涵，最终会导致原本清晰的历史变得模糊不清。下面列举一个实例，人们就会明白这种陋习所带来的危害有多么严重了。

就上古玉中出现的很多酷似齿轮状的玉璧而言，有些学者已将它们命名为“神玉龙玦”、“巫玉龙环”，或者直接将其称之为“玉龙玦”或“玉龙环”。站在命名者角度，他们认为这些器物属于古代部落祭司所用，因此将这类器物解读为“巫玉”比较贴切；然而，对器物中的那些环状且中间有领的玉璧，命名者认为它们所彰显的应该是龙的形状，理由是华夏民族普遍崇拜龙图腾，所以才将这些器物解读为“龙”；另外在玉璧中，那些带有缺口的玉环属于玦类，所以命名者又将这类器物称之为“玉玦”。因此，“巫玉龙玦”和“巫玉龙环”由此而得名。其实，这些带有缺口的环状玉璧，应该有它更为贴切的名称才对。因为，这些器物的造型与当今机器所用的齿轮极为相似，那为什么命名者会回避这种直观表象而不解读，却非要将其解读为“巫玉龙玦”或“巫玉龙环”呢？ 命名者如果按照直观表象将此类器物解读为齿轮玉璧，该命名所带来的负面影响会引来很多的麻烦。为什么这么讲呢，因为即便命名者也发现了这些器物酷似齿轮，但他们仍不敢按照直观的表象去解读。理由很简单，因为这类器物的所属年代要远远早于机器时代来临，在上古时期为什么会出现这些类似齿轮状的器物，就连他们自己也没有弄明白。因此，命名者只能牵强的往龙图腾上靠，因为将它们解读为“玉龙玦”或“玉龙环”不仅勉强说得过去，而且最关键的是这种命名不会惹来麻烦。(图 15-30，图 15-31)

更有甚者，还将这类器物说成是古人勘测星象的“璇玑玉衡”，或者将它们说成是天文测量仪上的某种零部件。众所周知，“璇玑玉衡”出自中国古籍《尚书·舜典》，原文所载“在璇玑玉衡,以齐七政”。但是，由于记载简略,含意很难被人理解，因此从汉代起就产生了两种不同的看法：一主星象说，一主仪器说。司马迁主张璇玑玉衡就是北斗七星，《史记·天官书》上说：“北斗七星，所谓‘璇玑玉衡以齐七政’。”然而，无论按照以上哪种定义来解释，恐怕都很难说清这些齿轮状器物所彰显的历史文化内涵。因为，在古玉中出现的那些齿轮状器物，其成因史可追溯到 12000 年前的青海杜立巴石碟；其后在 6000

前年的红山文化、5000 年前的良渚文化、4000 年前的齐家文化、3800 年前的三星堆和金沙文化、3400 年前的商代鱼国古玉和琉璃器物中，都存有这类齿轮状器物的出现。但无论哪种文化现象中出现的齿轮状器物，都要比璇玑玉衡的诞生年代早了近千年之久。由此可见，用璇玑玉衡来命名上古玉中的齿轮状器物，仍属于错误的命名。

图 15-30　鱼国祭祀古玉中的齿轮状器物

图 15-31　成都金沙博物馆收藏的齿轮状器物

经笔者研究发现，在华夏上古玉中出现的这些齿轮状器物，应该是我国上古宗教初创宇宙崇拜信仰时所供奉的祭祀神器。这些神器的历史原型，应该源于先民探索宇宙不明飞行物时所捡拾到的神秘圣物，即 UFO 遗弃在地球上的残损部件。也正因为，先民们获得了这些宇宙不明飞行物所赐予的圣物，人类历史真正意义上的宗教信仰才由此得以诞生，即人类最初的宇宙崇拜信仰。也就是说，我们今天所看到的这些酷似齿轮状的玉环和玉玦，是我国上古先民创建宇宙崇拜信仰的物证依据。但需要说明的是，这些玉质的齿轮状器物，并非是我国先民所捡到的实物原件，而是当时的宗教集团用玉石参照实物原件所制作的复制品，这些复制品只是用来满足各部落信众都能瞻仰到圣物的间接载体。（图 15-32）

然而，我们通过这些间接载体了解到，这些超越了当时人类想象力和创造力的器物造型，绝非地球人所能够创造，它们应该来自一个比地球更为发达的地外文明。从这个角度分析，中国上古玉中出现的那些齿轮状器物，应该与华夏所崇拜的龙图腾没有任何关系，与春秋时期才诞生的璇玑玉衡理论更扯不上丝毫关联。由此可见，用龙图腾和璇玑玉衡理论，来解读上古宗教中出现的这类齿轮状器物，实属风马牛不相及的主观臆断，因为他们即不了解这些齿轮状器物源于何种事物的演变，也没有弄清人类宗教起源于地外不明飞行物给予的启示，更不知道这种文化现象所承载的是我国上古宗教宇宙创世学说的理论载

图 15-32　鱼国古玉中的齿轮状器物

体。

由此可见，目前对此类器物的命名和解读，实际上与器物本身所承载的文化现象没有丝毫关联。因此，在中国诞生的人类上古宗教信仰，应该是在宇宙超自然力现象的影响下才得以形成的。而中国上古玉中，所出现的那些形状各异的齿轮状器物，恰恰在支持和佐证着笔者的观点与推理。

第五节　被遗失的历史碎片

要想厘清中国上古宗教的成因历史，我们必须先要从上古时期遗留的诸多信息中，去寻找问题的答案。例如，在我国新疆罗布泊发现的太阳墓地，它不仅诠释着罗布先民对太阳的崇拜信仰，同时还显现出我国先民探索宇宙和崇拜宇宙的认知程度。在罗布泊发现的小河墓地也仍旧如此，虽然该墓地所反映的丧葬习俗有些怪诞，但它体现的船棺墓葬符号（鱼姓民族）、族属关系（印欧吐火罗人）、以及生殖器崇拜现象等等，却为日后寻找它们的迁徙发展脉络提供了物证依据。这些历史遗迹，不仅使我们看到了中国上古宗教诞生的萌芽与雏形阶段，最为关键的是，这些遗迹和物象符号却为日后寻找其发展脉络留下了宝贵线索。

然而，该宗教信仰发展到三星堆时期，却出现了一种质的飞跃和转变，最为突出的一点是，在三星堆祭祀神器中出现了很多类似飞行器构造的器物造型，有的像飞机的机翼、有的像飞机的导流口、还有的酷似航天飞机的推进系统。例如右面图中的器物，这件青铜人像头上戴的飞行帽，与战斗飞机上的导流口完全类似。那么，这些酷似飞行器造型青铜器，究竟在传达着怎样的一种信息？ 而这种超越着人们想象力的物质文化，又在彰显着怎样的一种文明呢？ 经研究，笔者提出了一种大胆的推论：在中国上古时期，外太空不明飞行物（UFO）经常光顾我国西北这片区域，因此当地先民也会经常看到它们的身影。例如，在三星堆青铜器中出现的那些酷似飞行机翼，或卫星推进系统的导流口造型，就应该源于先民对不明飞行物的理解或描述。（图 15-33）

然而无独有偶，在笔者收藏的三星堆下线文化的商代鱼国祭祀古玉中，也有很多与飞行器有关的齿轮状器物。这种传承有序的文化现象说明，中国上古宗教的历史成因，最初是受到了宇宙外太空生物的影响才得以形成的。然而，以上实物佐证也恰恰补正者笔者的以上推论。

图 15-33　三星堆头戴飞行帽的青铜神像

那么中国的上古宗教，究竟是在什么情况的影响下才得以形成的呢。回眸历史：在我国上古时期地外不明飞行物经常光顾我国西北地区。当我国先民们看到这种震耳欲聋能够飞翔在天空，并能够瞬间即逝的庞大飞行物时，人们被吓得惊恐万状四散奔逃，每个人都在拼命寻找着藏身之所。然而久而久之人们发现，这些奇怪的飞行物对人类并无伤害之意，因此才逐渐从恐惧中摆脱出来，进而又产生出了一种极大的好奇与敬畏心理。起初，人们对这种奇怪的飞行物，也仅限于远远地驻足观望。但随着时间的推移，有些胆子较大的先民，便开始对其进行了追踪与近距离的偷窥。直到有一天，几位先民在飞行物停留过的地方，捡拾到了一些奇怪的金属物体后，人类有史以来的第一次意识升华便从此拉开了序幕。因为当时人类还没有发现地球上有金属物质，所以人们对这些神秘的金属物和飞行器不仅敬畏，同时又萌生了一种极其羡慕与追求的渴望，从此人类真正意义上的崇拜信仰由此而诞生，而这种崇拜信仰的对象就是宇宙超自然力现象。人类意识形态的这次升华演变，不仅彻底颠覆了固有的自然崇拜，最为关键的是人类终于发现了他们的精神寄托和足以信服的对象。由此可见，人类真正意义上的宗教信仰并非是从图腾崇拜和祖先崇拜演变而来，而是最初受到了地外生物给予的启示后才得以形成的。

请看上面的两张齿轮状图片，左边的那件齿轮状器物，是当今机器上使用的一种金属齿轮；而右边的这件齿轮状器物，则是我国上古先民采用玉石材料制作而成的玉质齿轮，它距今已有 4300 年左右的历史。要知道，这件玉质的齿轮状器物的成因时间，要早于人类机器时代近两千年之久。然而，这件器物所带来的问题是，我们今天应该站在何种角度才能正确的解读这两种齿轮的邂逅。如果站在以往固有的学术角度，恐怕我们永远也找不到器物的正确解读方法。但是，如果我们能够抛开以往的教条观念，用客观的视角去溯源这些器物的历史原型，我们不仅能够还原出它们的本真历史，而且还能厘清这种文化现象的本来面目。经笔者研究发现，这些器物的物质原型应该来自一个比地球更为发达的地外文明，而这个地外文明就是当今科学家一直在苦苦探寻的外星生物 UFO 现象。然而，能够证明外星生物存在的依据，就是我国古代先民对 UFO 现象光顾地球的历代文献记载，以及华夏上古玉中出现的诸多齿轮状器物。（图 15-34，图 15-35）

图 15-34　当今机器上使用的金属齿轮-1

图 15-35　我国上古玉中出现的齿轮状器物-2

众所周知，人类与第三类接触的事件频有发生，在历史文献中也存有很多它们的记载，但到目前为止仍是科学界无法解释的一大谜题。然而，针对 UFO 现象是否真的存在，我国当今学界普遍持否定态度。但有一个事实是毋容置疑的，那就是，古代先民神话故事中所提到的腾云驾雾，和日行十万八千里的飞天幻想，现如今我们乘坐的飞机已将这个幻想变成了现实。另外，在世界各地岩画中出现的飞人图像，以及那些身着太空服装的人物壁画，当今航天员和太空服依旧还原出了它历史的缩影。这种现象，究竟是人类文明的再次重复，还是人类历史的偶然巧合？如果说，今天我们否定UFO现象，是出于对宇宙未知领域的认识不足，我认为还可以理解。但如果这种否定，源于我们的主观臆断和狂妄自大，那就该另当别论了。因为，就连当今科学最发达的一些国家，他们对UFO现象是否存在都不敢随意判定，我们凭什么仅从主观臆断就轻易否定呢，这是一种既不客观又极不负责任的行为。

要知道，人类科技发展到今天，我们所了解的宇宙物质，仅仅是这个宇宙的5%，既然宇宙还有95%的物质我们还不了解，这与古代先民不知道有空气，不知道有电场、磁场，不认识元素，以为天是圆的、地是方的相比，我们又比他们进步多少呢？ 如果按照我们了解的宇宙物质的5%比例，恐怕我们未知的世界还有很多，甚至难以想象。因此我相信，随着当今科学的不断发展，在不远的将来UFO现象存在与否真相将会大白于天下。

虽然，当今科学还无法解释UFO现象的原因，但这并不等于UFO现象不存在。更何况，中国是世界记录UFO事件年代最早，文献记载最为完整和翔实的国家，仅凭这一点我们就更没有理由作出轻易的否定，因为否定了UFO事件也就意味着我们在否定自己的历史文献。

第二十七章　华夏曾是 UFO 经常光顾的区域

第一节　文献所记载的 UFO 现象

查阅 UFO 历史事件的报道，发现只有中国文献在一直追踪记载着 UFO 事件的发生和演变。例如我国文献中出现的“飞车”描述，以及那些有关“赤龙”、“车轮”、“瓮”、“盂”等等的离奇记载，这些与当今学界所探究的 UFO 事件极为近似。不仅如此，每逢国际研究 UFO 会议的召开，人们总会列举中国古史文献对此事件的相关记载。这些珍贵的历史文献，不仅引起了国内外研究学者的广泛关注，同时它还将成为探究该事件的研究依据。然而，为什么在世界范围内，唯有中国保留了如此之多的文献记载呢？ 这是因为，我国历代王朝都有观天象预测气候变化以及问卜吉凶的习惯，因此才专门设有观测天象的机构和史官。也正因为如此，中国才会保存了很多有关宇宙不明飞行物的历史资料，而且已成为了世界上记载 UFO 事件最为完整，记录不明物体目击现象最为翔实的国家。以下简要的摘录了一些文献记载，以便让读者能够直观的了解到中国记载的 UFO 事件，将为当今学界探究该事件所提供的学术价值。(图 15-36)

夏朝：（公元前 1914 年）有“帝厪八年，十日并出”，《竹书纪年》亦载“八年，天有妖孽，十日并出”。

商朝：商帝辛四十八年“二日并出。”《拾遗记·卷二》记载“成王即政三年（前 1114 年），有泥离之国来朝，其人称自发其国，长从云里而行，雷霆之声在下，或入潜穴，又闻波涛之声在上，视日月以知方国所向，计寒暑以知年月。”

周朝：周武王灭亡商朝之前二年（前 1110 年），在黄河边，“有火自上覆于下，至于王屋，流为鸟，其色赤，其声魄。”（《史记·周本纪》）

图 15-36　地外文明 UFO 现象

汉朝：(前 139 年)，西汉武帝时期，“夏四月有星如日 夜出”。

晋朝:《晋书·愍帝本纪》:“西晋愍帝建兴五年（317 年）正月庚子，三日并照，虹蜺弥天，日有重晕，左右两珥。”《晋书·天文志》:“三四五六日俱出并争，天下兵作亦如其数。”《古今图书集成·卷二十一》 也记有：“五年正月庚子，三日并出。”

南北朝：南朝宋文帝元嘉七年（430 年）十二月，“有流星大如瓮，尾长二十余丈，大如数十斛船，赤色，有光照人面，从西行，经奎北大星南过，至东壁止。”《宋书》。

梁武帝普通元年（520 年）九月乙亥，夜有日见东方，光烂如火《建康志》。

《隋书·天文志》：“北周静帝大象元年（579 年）五月癸丑，有流星一，大如鸡子，出氐中，西北流，有尾长一丈许，入月中，即灭。”

隋朝：《古今图书集成·卷廿五·月异部》：“隋文帝仁寿四年（604 年）六月庚午，有星入于月中。”

唐朝：在《重建开元寺记》 中说：“垂拱二年，郡儒黄守恭宅……舍为莲花道场……遂为开元寺焉。尝有紫云覆寺至地，至今凡草不生，其庭大矣哉……垂云剃草，天启地灵之如，则开元实寺之冠，斯又冠开元焉。”

宋代：沈括《梦溪笔谈》 曾记载过飞碟 UFO 事件，嘉祐年间，杨州发现一颗很大的珠蚌，通常在天色阴暗的时候出现。最初出现在天长县的湖泊水译中，后又转入壁社湖，再后来又转入新开湖中，十多年来，当地居民、行人经常看见这只珠蚌。

元代：《续通鉴》：“元顺帝至正十六年（1356 年）三月，有两日相荡”：《乐郊私语》亦载 ：“元顺帝至正十六年三月，日晡时，天忽昏黄，若有霾雾，市中喧言：天有二日。果见两日交而复开，开而后合”。

明代：明武宗正德年间，一个暮春黄昏 南方出现一颗赤白色的流星，尾部拖着光束起自东南，缓缓滑过天际向西北飞行，紧随其后有几颗小星其二跟随。

清代：清代的新闻时事画刊《点石斋画报》 则刊登了被誉为中国 UFO 观测史上，最出色的一篇生动翔实的 UFO 目击报告，这幅画名为《赤焰腾空》 事件发生地是 1892 年秋天的南京，在朱雀桥边万众仰头观看空中的飞行物。画家吴友如目睹了这个动人情景，画了一幅画，画上是朱雀桥一角，万众挤挤，有的仰望天空，有的互相谈论，有的则发着惊叹。天上一角有一圆球，闪闪发光。画家在图上还题记：“九月二十八日晚间八点，时金陵地南隅忽见火球团，自西向东，形如巨卵，色红而无光，飘荡半空其行甚疾。”“约一炊许，渐远渐灭。”从记载看，这个飞行物速度不快，温度也不高，因此人们举头仰视，看得很清楚，它停留的时间也比较长，约有一顿饭时间。有文有画，描述生动逼真，当是可信的。

民国：张瑞初在《西神遗事》 中曾记载：“是夜，星光满天，却无月色。各人正在险滩，瞥见空中忽起一道圆光，大可亩许。圆光中有一紫一白两种色，此前彼退，此缩彼涨，各人看得眼花。足有五分钟，白光便不见，仅有紫光，在一圆光内渐缩渐小，初如笆，继如斗，如碗，如拳，如指，忽尽灭。众人静坐呆看，其他游客见者，无不惊异万分，议论纷纷，莫衷一是。”

新中国：1994 年 11 月 30 日，贵阳郊区贵阳北郊都溪林场，长达三公里的树林，一夜间突然全部在同一高度被折断，目击者形容当时天空出现强光，并听到如火车行走的隆隆巨响。

1995 年 7 月 26 日，辽宁省阜新市上空 12 人称目睹脸盆大小、带云雾状光环的不明飞行物体在空内移动。同日，广西西部 4 个县天空发现不明飞行物，直径两米左右，整个形状很像弯月捧太阳，并带扇形光环。

1995年10月4日，中国东北地区上空4架飞机的驾驶员通报称，在天空同一位置发现不明飞行物体，呈白色椭圆形，有说不明飞行物会由白变绿色，有说呈红色及黄色。

1996年10月9日，石家庄机场上空9600米处，南方航空波音757客机由北京飞武汉途中，被一不明物撞击，驾驶舱前方的双层挡风玻璃被撞，飞机返回北京机场安全着陆。

1997年12月23日，广州发现不明飞行物体。有多人报称目睹一个状似碟形的发光物体，由暨南大学上空向五山地区移动，持续飘行近一小时才消失。综合各目击者所述资料，该不明飞行物体首先在23日晚上7时45分被发现，最后在8时40分左右消失，其外形扁平椭圆，通体透明、发白光，飞行物上部还依稀可看到一排窗口，据形容它的宽度与一座楼宇相若。广州发现UFO引起市民议论纷纷，虽然有人言之凿凿，但仍有人怀疑那是是军队在试验新型战机，亦有人指可能只是娱乐场发出的探射灯或激光（雷射）引起误会。

以上所例举的UFO目击事件，只是从我国历代王朝的文献中，摘抄出的一小部分而非全部。主要目的，只想证实中国才是UFO目击事件追踪记事最早，文献保存最多、年代最为完整、叙述最为翔实的国家。

然而，令人匪夷所思的是，虽然中国是全世界记载UFO目击事件最早、最全、最完整的国家，但现如今,我国却是世界各国否认UFO现象最为执着的国家。

第二节　华夏古玉所暴露的UFO信息

据文献记载，1938年，我国考古学者在与世隔绝的巴颜喀拉山脉有过惊人的发现。他们在一个山洞中发现了形状奇特的遗骸和数百个神秘石碟，后被称之为“杜立巴石碟”。据说，当时考古队还在石壁上发现了绘有太阳、星星和其他天体的一些图案。经研究者介绍：这些壁画所描绘的太阳和星星以及一些连接线，应该表现的是太阳系。有人猜测，这些图案可能是杜立巴人绘制的，说它们是从其他星系来到地球所经历的星系路线图。

然而，这些类似星象图的壁画究竟是何人所绘，它们究竟又在表述着怎样的含义，至今不得而知。是否我们可以这样理解，这就是我国先民与外星人接触的证据，或者说是外星人曾在一万两千年前就已经到达过巴颜喀拉山呢？ 当今UFO研究者认为，世界各地出现的宇宙内容的岩画，似乎可以证明人类在远古时期就已经与外星人有过接触。

那么，针对我国青海发现的杜立巴石蝶以及岩洞中的壁画，我们又该如何去理解和解读呢，它们究竟是外太空生物留下的遗迹，还是地球人理解宇宙能力的体现？

在青海杜立巴石蝶被发现之后，在我国内蒙红山古玉、南方的良渚古玉、甘肃的齐家古玉、四川三星堆和金沙遗址、商代鱼国古玉和琉璃器物中不仅发现了很多杜立巴形状的玉碟，还发现了很多类似齿轮状和机器零部件形状的器物。这些器物究竟说明了什么？这种传承有序的文化现象又隐藏着怎样的文明发展史？ 难道它们是外太空生物留下的遗迹吗？ 那么对这种文化现象我们又应该如何解释呢？ （图15-37）

图 15-37　人类创建宇宙崇拜信仰的诱因 UFO 现象

对此笔者提出了一个大胆的设想，这些奇怪的器物很可能是我国先民对外太空飞行物的跟踪记述。也就是说，这些奇怪器物的本源体是源于宇宙飞行器留给人们的记忆，它们是我国古代先民跟踪地外生物的实证，也是古代先民对地外生物遗留的器物进行复原拷贝的一大艺术杰作。这些珍贵的文化遗产，恐怕在世界其他地区从未有过发现，而唯有中国区域能够看到这种传承有序的发展现象，以及诸多与之相关的物质文化遗存。可想而知，它们对我们研究地外生物的存在是何等的重要！

也正因为，我国上古先民借助不同玉石材料，将他们捡拾到的神秘物体（UFO 的残损部件）进行各种复制还原，我们才有可能在红山古玉、齐家古玉、良渚古玉以及巴蜀三星堆青铜器中，能够清晰的领悟到这些形状各异的齿轮状器物是源于宇宙文明。在商代鱼国制作的古玉和琉璃器物中，该宗教不仅借助物象符号在讲述着不明飞行物对人类的影响，同时还借助玉斧和齿轮状器物在描述着盘古劈开宇宙金卵的过程。要知道，人类意识形态发展到能用神格和人格去解释宇宙信仰观的时候，这种智慧才有可能创造出人类的宇宙信仰观和宇宙创世观，这种意识形态的升华演变才是人类步入到文明阶段的进步表征，这一时期的崇拜信仰方可称得上是人类真正意义上的宗教体系诞生。（图 15-38）

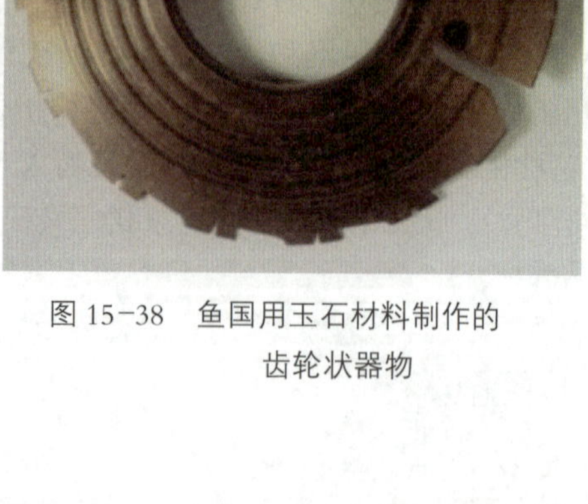

图 15-38　鱼国用玉石材料制作的齿轮状器物

让我们试着穿越时空，去回眸那段历史。早在 10000 多年前，宇宙外太空的不明飞行物就经常光顾华夏地区，特别是我国新疆、青海、陕西、甘肃、宁夏等高原地区，出现的次数最为频繁。起初，当人们看到这些瞬间即逝的不明飞行物时，受惊的人群四散奔逃争相躲避！ 久而久之，随着这些不明飞行物体的经常出现，人们渐渐习惯了它们的存在，因为发现这些神秘飞行物起对人类并无伤害，更没有给人类生活带来不便的影响，因此人们逐渐地摆脱了恐惧，并对其产生了一种极大的好奇。在当时的一些部落中，有一些胆子较大的人，便开始对这些不明飞行物体进行追踪与偷窥。

然而久而久之，在一次追踪偷窥的过程中，人们奇怪的发现当那些不明飞行物飞走后，在其停留过的地方却留下了一些乌黑发亮的奇怪物体。这些物体的形状，有的呈齿轮状、有的呈八角菱形状、还有的呈碟形盘状。人们对其纷纷争抢，如获至宝。其实这些被先民发现的物体，应该就是宇宙不明飞行物（UFO）替换下来的机器残损部件。虽然这些物体，只不过是不明飞行物所丢弃的残损物，但是在当时人们的眼里，这可称得上是极为罕见的珍贵圣物。理由很简单，这些奇怪物体不仅是源于神秘飞行物的遗留，更重要的是当时人类还没有发现地球上有金属物质，因此人们对这些即坚硬又沉重的奇怪物体视为了神圣，并将它们带回到了自己的部落。

然而当人们将这些奇怪的物体带回到部落后，便拿给了部落首领（大祭司）观看，这一看可不要紧，首领（大祭司）大惊失色，立刻倒地就拜，并且口中念念有词：感谢苍天恩赐圣物！ 在场的其他人等也纷纷效仿，一边俯首叩拜，一边随着首领（大祭司）一起念叨：感谢苍天恩赐圣物！ 一时间，感谢之声鼎沸，不绝于耳。

随着该部落捡到天体圣物的消息飞速传播，周边其他部落的人群趋之若鹜，纷纷前来争相目睹并俯首叩拜。从那时起，这一部落在这片区域名声远扬，而且令其他部落恭敬不已。因为，自从人类看到这些能够瞬间即逝的飞行物以来，就从来没有人敢接近过这些奇怪物体，更别说能够捡拾到它们遗弃的圣物了，因此人们不敢相信眼前的一幕。

从那以后，从四面八方前来祭拜的人群络绎不绝，祭拜的形式也随之越来越近乎癫狂，各部落都将自己最贵重的物品与珍藏拿到神器前进行供奉，以此来显示对圣物的虔诚与敬畏。随着祭拜形式的不断延续，久而久之该部落便成为了这片区域的祭祀圣地。然而，随着祭祀活动的不断升温，祭祀的内容也出现了质的改变。例如，他们将以往所供奉的自然神和祖先神排列到了圣物的两边，以此来表达他们对圣物的尊敬。尽管如此，人们仍不满足。该部落首领（大祭司），命令部落中具有艺术天赋的人，将此次事件雕刻在岩壁上以示记载；并组织一些有智慧和有学识的长者们，专门为圣物谱写了很多赞美诗歌和祭祀的祝文。

然而，这种逐渐升华的祭祀庆典活动，到后来发展进入到失控的状态。主要原因是，随着拥有圣物的部落地位攀升，经济也开始走向繁荣，因此便导致了有些部落首领产生了一种嫉妒心理，他们纷纷要求想要将圣物借回到本部落进行供奉膜拜，但被圣物的拥有者所拒绝。因此矛盾开始出现，甚至还有一些心存不轨的人，干脆打起了抢夺圣物的主意。趋于这些情况，拥有圣物的部落首领（大祭司）预感到了事态的严重，这样发展下去的结局不仅会导致圣物丢失，甚至很可能还会引发各部落的战争冲突。因此，出于对圣物的安全考虑，该部落的首领（大祭司）想出了一个两全其美的好办法，他们用玉石材料制作了若干个与圣物相同的复制品，并分发给了其他各部落族群的首领以来满足对圣物的膜拜与供养，因为这种方法不仅满足了各部落都能拥有圣物，同时还可以迷惑那些居心叵测的掠夺者。从此，真正的圣物便被秘密的藏匿起来，人们能够看到的只是那些用玉石仿造出来的复制品。

笔者认为，在我国青海发现的杜立巴石碟，应该就是此次事件制作的复制品，而真正的圣物则被当时的智慧先民们秘密的藏匿了起来。以上推测，应该就是人类捡拾到宇宙圣物的历史还原，也是对我国上古玉中出现的齿轮状器物进行的大胆推测。当然，通过对这次事件的历史还原，我们不仅能够直接或间接的感悟到宇宙超自然力现象对人类的影响，同时还合理的顺延出在我国不同时期为什么会出现如此之多的齿轮状器物。

通过对此次事件的大胆解读，我们不仅看到了人类创建宇宙信仰观的历史诱因，同时这些齿轮状器物又为探究宇宙创世学说开创了历史先河。由此可见，在我国上古玉中看到的那些齿轮状器物，它们不仅是人类针对宇宙超自然力现象的追踪读解，同时它又是催生人类真正宗教体系诞生的历史雏形。然而，随着该宗教信仰体系的发展演变，这些源自宇宙物体的神秘物质，不仅成为了我国上古宗教创建宇宙崇拜信仰的物证依据，并且还是该宗教信仰创建宇宙创世学说的历史原型。这些源于宇宙本源体的神秘物质，在我国上古宗教的信仰体系中几乎取代了所有被崇拜过的对象，它们不仅长期占据着宗教信仰观的主导地位，而且还为日后衍生出的各宗教教派所推行的崇拜信仰观，打下了坚实而厚重的基础。

第三节　中国原始宗教的升华演变

人类宗教信仰，是在一定的历史条件下才得以产生的，原始宗教意识发生于人类对自然现象虚幻的反映。例如，自然万物有灵及灵魂不灭的观念；图腾崇拜与祖先崇拜；神话传说中的鬼神以及民间祭祀等等，都属于原始宗教信仰的产物。中国古代社会的原始宗教意识，主要源于人类对生存环境的依赖和改善自然环境的渴望。

人类原始宗教的表现形式，多为植物崇拜、动物崇拜、天体崇拜等自然崇拜，以及与原始氏族存息息相关的生殖崇拜、图腾崇拜和祖先崇拜等。这种崇拜信仰的发展演变，一般都经历了原始崇拜创建的抽象神灵崇拜的演变过程。史前宗教信仰的存在，是通过考古发掘、研究石器时代的各原始文化的遗址，如原始村落、洞穴岩画、墓葬遗物、祭坛雕像等依稀可辨的证据得来。传统的原始宗教文化在很多方面仍有着积极的意义，这表现在：在传统观念中，动植物、山、水、土地等都是有灵性的，或是由鬼神主宰的，应该十分注重取之有度，取之有时，而不可妄自取获或者随意以刀斧加之，这对于生态环境的保护有着积极的作用，我们不可低估。在原始社会食物供应十分有限的情况下，在食物分配上坚持绝对的平均主义是十分重要的，这种伦理道德规范在很大程度上有着宗教观念和活动的支撑，而其他领域的伦理道德规范，也主要靠传统的原始宗教作为保障。可以说，原始宗教在维护伦理道德规范中起着十分重要的作用。

原始宗教在各民族的历史发展进程中，充分发挥了其促进氏族、部落、民族内部产生凝聚力的重要作用，成为各民族凝聚力的重要源泉。要知道，我国早在一万多年以前就已经产生了宗教信仰，该信仰体系主要体现在对祖先的崇拜、生殖崇拜以及对自然万物产生的崇拜信仰。就自然崇拜而言，当时的崇拜信仰也仅停留在人类把自然万物和自然力视为具有生命、意志和伟大能力的对象加以崇拜的形式。其崇拜观仍属于最原始的宗教形式。当时的人类，还尚未形成明确的超自然体的观念，但那时已初步产生了将自然物和自然力超自然化的一种倾向。虽然这种崇拜信仰观，在我国原始社会延续了相当长的历史时间，但这种滞留在人类原始蒙昧时期的崇拜信仰，却被一次宇宙不明飞行物光顾地球的突发事件所打破。

前文已经介绍过，这次事件大约发生在一万多年以前，当时有一些不明飞行物体经常光顾我国西北地区。当我国先民通过追踪与偷窥，第一次捡拾到不明飞行物遗留在地球上的神秘物体后，人们以往对大自然的崇拜以及万物皆有神明的崇拜信仰便随之产生了动摇。因为，万物皆有神明仍属于蒙昧的多神崇拜信仰，而这种多神崇拜也只是建立在看得见却摸不着的意识层面。例如，对宇宙日月星晨的崇拜、江河湖海的崇拜、山川风火的崇拜、云雨雷电的崇拜信仰等等，这些崇拜信仰仍属于人们只能看得见却摸不着的虚幻崇拜。然而当先民们，终于得到了这种既能看到物体（不明飞行物），又能触摸到它所丢弃的金属物体后，以往隐藏在先民们内心深处的虚幻崇拜信仰终于得到了释怀。

虽然这次事件的经过，只是人类发现不明飞行物体关顾地球的个案，但是这类事件对原始先民而言，却是催生人类真正宗教意识形态诞生的历史转折。因为这次事件，不仅彻底改变了人类固有的虚幻崇拜信仰，从而还使我国先民真正找到了能够抚慰心灵的精神寄托。人类意识形态的这次升华演变，不仅要归功于地外生物（UFO）给予人类的启示，同时还要感谢我国上古先民勇于追踪 UFO 现象的探索精神。

第四节　上古玉齿轮与机器齿轮的对比

要想了解中国上古玉中，为什么会出现很多形状各异的齿轮状器物，我们首先要弄清人类最早创造出的机器齿轮年代，方能厘清上古玉中出现的齿轮状器物究竟是地球人的创造，还是其他文明给予人类的启示。

据西方文献记载，在古希腊时期人们就已经对齿轮产生过很多的设计思想与设想理念。例如，希腊著名学者亚里士多德和阿基米德都研究过齿轮。希腊有名的发明家古蒂西比奥斯在圆板工作台边缘上均匀地插上销子，使它与销轮啮合，他把这种机构应用到刻漏上。这一发明大约发生在公元前 150 年左右。

在中国历史上最早使用齿轮的记载，可追溯到战国时期。例如，东汉初年（公元 1 世纪）已有人字齿轮。三国时期出现的指南车和记里鼓车已采用齿轮传动系统。晋代杜预发明的水转连磨就是通过齿轮将水轮的动力传递给石磨的。

史书中关于齿轮传动系统的最早记载，是对唐代一行、梁令瓒于 725 年制造的水运浑仪的描述。北宋时制造的水运仪象台（见中国古代计时器）运用了复杂的齿轮系统。明代茅元仪著《武备志》（成书于 1621 年）记载了一种齿轮齿条传动装置。

1956 年发掘的河北安午汲古城遗址中，发现了铁制棘齿轮，轮直径约 80 毫米，虽已残缺，但铁质较好，经研究，确认为是战国末期（公元前 3 世纪）到西汉（公元前 206 ~ 公元 24 年）期间的制品。

1954 年在山西省永济县蘖家崖出土了青铜棘齿轮。参考同坑出土器物，可断定为秦代（公元前 221 ~前 206）或西汉初年遗物，轮 40 齿，直径约 25 毫米。关于棘齿轮的用途，迄今未发现文字记载，推测可能用于制动，以防止轮轴倒转。

1953 年陕西省长安县红庆村出土了一对青铜人字齿轮。根据墓结构和墓葬物品情况分析，可认定这对齿轮出于东汉初年。两轮都为 24 齿，直径约 15 毫米。衡阳等地也发现过同样的人字齿轮。

那么，在我国公元前 4000 年左右出现在古玉中的那些齿轮状器物，我们又该如何理解或解释呢？ 例如在红山古玉、良渚古玉、齐家古玉、三星堆和金沙古城出土的青铜器齿轮和古玉齿轮，以及商代鱼国古玉所出现的形状各异的齿轮状器物等等，它们不仅远远早于古希腊时期制作的齿轮，也同样早于我国史料记载齿轮的诞生年代。如果站在实用角度分析，上古玉齿轮仍与古希腊齿轮截然不同。因为古希腊时期制作的齿轮，主要是用于传递动力或改变运动的速度与方向，属于能量传递机构齿轮。我国春秋时期出现的齿轮，也同样属于能量传递系统的齿轮。而我国上古玉中出现的齿轮状器物，却并非是传递能量所用的实用器，而是上古宗教为祭祀神明所制作的祭祀礼器，两者属于截然不同的两种物质属性。(图 15-39，图 15-40)

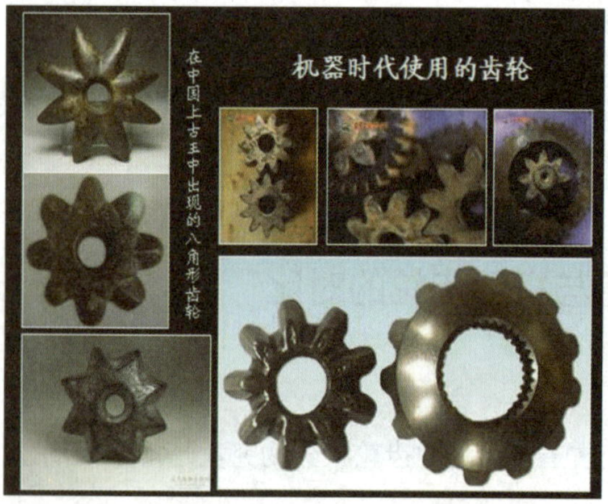

图 15-39　古玉齿轮状器物与当今金属齿轮的对比

图 15-40　鱼国玉质齿轮与当今金属齿轮的对比

也正因为如此，我国学界才无人敢将这类器物解读为齿轮，更没有人意识到它们所承载的文化现象是宇宙创世学说的物质载体。由此可见，我国上古玉中出现的诸多齿轮状器物，它们的造型并非是源于先民的智慧创造，而是受到宇宙生物的影响后才得以复制出的物象符号。

在本书的前文曾有过详细介绍：古印度的吠陀教和婆罗门教，是我国上古宗教西传到印度后才创建起来的宗教信仰体系。如果站在这个角度，再借助印度吠陀教和婆罗门教的经典，去反证我国上古宗教所创建的宇宙创世学说，我们将会发现，无论是中国的盘古还是古印度的梵天以及埃及的太阳神拉，这三位创世主其实都源于宇宙同一个神祇。

溯源人类宇宙创世学说的历史成因，发现三大文明古国的宇宙创世学说，都源于一枚宇宙“金卵”。如果我们能够站在客观的角度分析此事，三大文明古国的金卵创世过程更像是针对某种重大事件进行的描述。例如，中国盘古劈开的金卵分为了天和地、印度大梵天是驾驭一枚金卵造就了万物、古埃及太阳神拉是由金卵所生，并成为了埃及的救世主。

那么，三者所提到的这枚金卵究竟是宇宙中的何种物体呢？ 笔者认为，唯有宇宙不明飞行物 UFO 现象能与该事件的描述极近吻合。由此可见，这枚宇宙金卵不仅诱发了人类对宇宙超自然力的崇拜信仰，而且还被我国上古宗教将其塑造成了宇宙创世之主盘古—

印度的主神梵天—埃及的太阳神拉。针对以上推论，很可能有人会提出反对意见：认为仅凭三位创世主都源于一枚宇宙金卵，还不足以说明宇宙金卵创世说就是华夏上古宗教所创建；如果站在三大文明古国的历史年代看，华夏文明也远不如其他两大文明古国历史久远。笔者认为，仅凭人为塑造的历史仍不能作为主要依据，因为人为谱写的历史不仅带有感情成分，而且也远不如实物佐证更能体现事物的本质。理由是，人类宇宙金卵创世说在其他两大文明古国，根本就找不到该理论的成因发展依据。然而，在华夏文明区我们不仅能够找到它的历史成因，而且还可以通过诸多实物佐证看到该理论的发展演变过程。

例如，在中国青海发现的12000年前的杜立巴石碟，它不仅以实物佐证在描述着人类宇宙崇拜信仰的历史成因，同时还在借助岩洞星际岩画在讲述着UFO事件的如何形成；又如，在内蒙古发现距今8000年历史的阴山岩画，那些有别于人类的相貌特征进一步诠释了地外生物存在的可能。另外，在内蒙红山古玉、甘肃齐家古玉、良渚古玉、三星堆和金沙古玉，以及在陕、甘、宁、青发现的商代鱼国祭祀古玉等等，在古玉中出现的那些形状各异的齿轮状器物，不仅诠释着人类宇宙创世学说的成因演变，而且还在彰显着该理论形成的诸多实物佐证。

不仅如此，我们在华夏宗教体系中还能窥探到这一理论所遇到的信仰危机。例如，随着宇宙金卵创世学说的建立，华夏上古宗教却发现了一个无法回避的问题，这个问题则是，任凭信徒们对宇宙圣物如何祭祀膜拜，这位宇宙主神从未按照人们的意愿显现过他的真身。也就是说，当人们祭祀祈求这位宇宙主神（UFO）时，它从未按照人们的意愿出现过。要知道，这种情况带给宗教集团的尴尬非同一般，它不仅会引发信徒们的质疑，甚至还会影响到该宗教信仰的弘扬与传播。为了解决这一尴尬，宗教集团的大智慧者们便从德高望重的祖先神之中，推举出了另外两位神祇作为宇宙主神的代言者或者说是信使，并以他们人格的化身来表达宇宙主神的旨意。从此，宇宙三大主神崇拜信仰便在我国上古宗教体系中形成。该理论依据是，在商代鱼国宗教祭祀礼器中出现的三大主神头像，应该就是上述推论最好的物证依据。这些实物佐证说明，人类对宇宙三大主神的崇拜信仰，并非是由古印度吠陀教和婆罗门教所创建，而是早在中国上古宗教创建的宇宙创世学说阶段就已经形成。

第五节　中国盘古在印度遇到了信仰危机

当中国上古宗教传播到印度后，虽然该宗教信仰所创建的宇宙创世学说在印度也得到了长足发展，但是这位诞生于华夏区域的宇宙主神盘古—印度的梵天，却在古印度遇到了三次信仰危机。

众所周知，梵天（Brahma）、湿婆（Shiva）、毗湿奴（Vishnu），是古印度教所信仰的三大主神。如果按照三大主神的地位排列，大梵天不仅是三大主神之首，而且还是宇宙诸神之中的核心主神。梵天的主神地位，不仅仅因为他是源于宇宙金卵所生，更重要的是他所代表的是宇宙精神和“梵”的人格化体现。所以他被古印度教尊崇为宇宙苍穹之主和自然万物的创造之神。而三大主神之中的“破坏神湿婆”和“保护神毗湿奴”，在该宗教信仰中也只不过是梵天神的两位护法而已。然而，这位被推崇为宇宙核心主神的大梵天，却在古印度曾遭遇了三次重大的信仰危机。

第一次信仰危机，大约发生在吠陀时代的中期。在宗教变革中，人们首先将梵天神赋予了人格化身，并从此与梵天神的两位护法神“湿婆”和“毗湿奴”并列为吠陀教中的三大主神。从这一事件看出，虽然人们赋予了梵天有血有肉的身躯，但从此梵天却失去了它是唯一宇宙创世之主的地位，也就是说梵天神被降了一格。不仅如此，宗教信众们还指责它不作为；说他演化为与其他神一样具有了人格肉体之后，住在天宫却高高在上，只顾自己享受，不问人世间的疾苦；还说他只要见到下属的老婆漂亮，就会图谋不轨；还说因此很多魔鬼得到了他的庇护从而放纵作恶等等。

第二次被降低神格的危机，大约发生在后吠陀时代。神话故事讲，梵天原来有五个头，后来他创造了美丽的智慧女神辩才天女，辩才天女应该算是他的女儿，但梵天却又娶了辩才天为妻，这种有违伦理的事被湿婆知道后，因此梵天的一颗头颅被湿婆砍掉。从湿婆这种以下犯上的行径可以看出，梵天虽然是创造自然万物之神和宇宙苍穹之主，但他的地位却在后吠陀时代已被排在了其他两位主神之后。

第三次被降低神格的危机，是从公元 6 世纪开始的。随着婆罗门教对梵天的崇拜逐渐衰落，他原先作为万物之神的很多特质，不是转移到了湿婆身上就是被赋予给了毗湿奴，甚至还将梵天原先由宇宙金卵所生的教义，也随即改变成了从毗湿奴肚脐上的莲花所生。然而，以上所发生的三部曲的宗教变革，迫使梵天神从原有的创世之主地位骤然成了一个不闻人间疾苦而且道德败坏的恶神。也正因为如此，印度教很多信众便逐渐开始疏远了他，以致于在今天的全印度也只保留了两座供奉梵天的庙宇而已。

综上所述，大梵天被肆意诋毁和三次降低神格，从表面上看，似乎是理由充分法理清楚。但如果站在客观的角度分析，这种肆意诋毁梵天的形象并三次降低他神格地位的背后，却暴露出印度教信徒并不清楚梵天是源于宇宙物质。为什么这么说呢，因为信徒们诋毁梵天的理由，都是站在宗教标准在衡量着梵天的宗教价值，而并没有站在宇宙物质转化为神格的角度去解读梵天的真实属性，因此才会出现了对梵天神的各种责怪。

就梵天的本源体而言：据古印度教文献记载：“大梵天 是在混沌的宇宙中驾着一枚金卵而来”。要知道，混沌的宇宙，所泛指的应该是宇宙初始阶段的混沌状态；而梵天所驾驭的那枚金卵，它所泛指的应该就是宇宙不明飞行物（UFO）现象。但遗憾的是，在古印度教的经典中，我们却找不到任何章节对此作出过详细的解释。因此，才会导致印度教信徒对“梵天”的崇拜信仰还停留在神格的层面，对他妄加指责和污蔑讥讽。当然，如果古印度教能够在教义或经典中，清楚的将梵天所驾驭的那枚金卵注解为是 UFO 的演变，那么古印度教对梵天的崇拜信仰也就不会出现三次信仰危机了。

如果印度信徒能够站在梵天是宇宙精神，并以“梵”的神格化身去辨析梵天的本真原型，就必须先要弄清梵天属于宇宙的何种物质，方能客观的理解梵天为什么代表着宇宙精神。要知道，既然梵天源于宇宙金卵所生，那么孕育他的本源体就应该来自宇宙之中的某种神秘物体，而这种神秘物体唯有宇宙不明飞行物 UFO 现象方能与之相匹配。

在本书前文曾有过介绍，人类创建的宇宙崇拜信仰和宇宙创世学说，是源于我国上古宗教对宇宙不明飞行物 UFO 现象的认知与读解。从这个角度分析，既然这种崇拜信仰诞生于华夏，那么想必不明飞行物曾经常光顾过该信仰诞生的这片区域；而古印度教的宇宙崇拜信仰，则是我国上古宗教西传到印度后才创建起来的宗教体系，再加上不明飞行物很少光顾印度，所以印度教信徒也就无法看到这种代表着宇宙精神的物体出现。也正因为如此，当中国的这位宇宙盘古（梵天）到达印度后，他成为了宇宙精神和梵的人格化体现，也就无从被信徒们所理解。因此，才会导致印度信徒们责怪梵天住在天宫高高在上，只顾自己享乐而不闻人间疾苦。

说到这里，想必我们已经清楚的了解到梵天为什么会在印度遇到了三次信仰危机了。究其缘由，主要是因为这位宇宙梵天神不管人们对他怎样进行祭祀膜拜，他始终都未显现过他的真身。因此，信徒们才开始用语言去讥讽他想迫使其显现原型；但是，无论人们怎样去讥讽，他就是无动于衷；因此，人们又采用降低神格的办法去激怒他，但是他仍然没有显现过他的真身。然而，随着人们对他的希望一次次的破灭，更加恶毒的诋毁也一次次在攀升，但是人们始终仍看不到他的本真原形。最后人们的忍耐终于到达了底线，不仅将其放弃而且还将梵天万有的特质都转移到了湿婆和毗湿奴身上，以至于在今天的印度也只保留了两座供奉梵天的神庙，而且很少有人去虔诚的信奉。

令人遗憾的是，直至今日印度教信徒们仍没有弄清梵天究竟属于宇宙中的何种物质，更没有厘清梵天是由不明飞行物 UFO 演化而成。因此，才会导致梵天只在吠陀经典中是宇宙的主神，而在现实生活中他已成为了道德败坏的恶神。说到这里，我们不免为我国创建宇宙崇拜信仰的上古宗教感到惋惜，同时又为吠陀经典没有详细记载宇宙梵天的真正身份而感到遗憾！

如果我国上古宗教到达印度后，能够再次创建一个像三星堆那样可以直观的领悟到，宇宙崇拜信仰是源于超自然力现象给予人类的启示；或者说，能够给他们留下一些像鱼国祭祀古玉那样的梵天成因符号，恐怕古印度教就不会对梵天采取三次降低神格的做法。但如果我们能够换一个角度去看待这个问题，恐怕我国上古宗教还会将这种责任怪罪于我们，因为他们万万不会想到一个原本完整的历史文化板块，在几千年后的今天会被分割成了中、印两大文明古国，就连他们苦心经营起来的完整宗教圣地，也已经被当今世人切割成了历史的碎片，致使该宗教原本清晰而完整的承袭历史，在今天看来已经变得模糊不清更加扑朔迷离。

要知道，UFO 现象原本就是宇宙中的神秘物质，它究竟属于宇宙生物的载体，还是地外文明所创造的宇宙卫星，就连当今发达的科学技术也无法对其解释清楚。可想而知，这种有别于人类文明的宇宙不明飞行物，又怎么可能会遵照人类意识显现出他的真身呢？因此，这位诞生于华夏而盛行于印度的宇宙主神盘古—梵天，他到达印度后所遭遇到的三次信仰危机也应该在情理之中。

第六节　人类在不同时期产生的宇宙观诉求

众所周知，人类社会对宇宙的崇拜信仰，以及对地外不明飞行物 UFO 的探索，从古至今一直都未间断过。例如，华夏在远古时代，是以盘古开天地的神话故事作为人文历史的开篇；而发展到上古时期，又将宇宙不明飞行物以玉石作为载体制作了很多杜立巴石碟，以及在内蒙古阴山岩画上对外星人相貌进行的描述。这些表现形式，不仅诠释着上古先民对宇宙神秘物质所产生的敬畏，同时还彰显出这一时期人类已经产生了真正意义的宗教信仰。这种宗教信仰发展到我国上古时期，上古先民又将这种崇拜信仰演进到了极致。

例如，在这一阶段涌现出了各种用玉石打造出的祭祀礼器，如内蒙红山文化中的古玉，不仅出现了很多八角形的齿轮状器物，而且还出现了很多与机器有关的祭祀用品；又如，在齐家古玉中出现的带有齿牙的玉璧、在陕西石峁遗址发现的青铜器齿轮、在四川三星堆青铜器中出现的飞行器造型、在金沙遗址出土的诸多酷似齿轮状的玉璧和玉环、在商代鱼国祭祀古玉和琉璃器物中看到的人物搬运齿轮的浮雕图案、以及酷似太空舱的琉璃制品、以及形状各异的玉质齿牙和琉璃齿轮等等，这些实物佐证不仅诠释着先民对宇宙神秘物质的探索，同时还在彰显着上古宗教对宇宙超自然力现象的深入解读。

如果站在历史文献的角度，我国先民对宇宙的探索与崇拜信仰更使人惊叹。因为，我国历史文献针对地外生物 UFO 的记载，在世界范围内也当属时间最早，内容最为翔实的国度。例如在《山海经》、《帝王世纪》 等书籍中都有一些关于天文奇观的详细记载，比如“奇肱氏能为飞车，从风远行。汤时（约公元前 1764 年）西风至，吹其车至豫州。汤破其车不以示民。十年，东风至，乃复作车遣返。其国去玉门关四万里。”张一方教授认为，这应当是最早的 UFO 现象记录。从公元前 206 年起的汉朝直到公元 1911 年灭亡的清朝，中国古代历史学家和天星官们，为我们留下了极为丰富的古代天文数据。如 1973 年，长沙马王堆三号汉墓出土帛书绘有很多星的形态图，其中翟星极类似 UFO 的圆形旋转体。这个墓是西汉初期长沙相利苍之子的墓，时间约为公元前 180 年，它似乎是最早的 UFO 形状图。北宋著名科学家沈括在《梦溪笔谈》 中记载：宋仁宗时期（约公元 1056~1064 年），“扬州有一珠甚大，天晦多见，出入各湖泊中。”“凡十余年，居民行人，常常见之。余友人书斋在湖上，一夜忽见其珠甚近。初，微开其房，光自吻中出，如横一金线。俄顷，忽张壳，其大如半席。壳中白光如银珠，大如拳，烂然不可正视。十余里间，林木皆有影，如初日所照，远处但见天赤如野火。倏然远去，其行如飞。浮于波中，杳杳如日。”

以上这些记载说明，中国不仅是世界记录宇宙不明飞行物 UFO 事件最早的国家，而且还是文献资料记载最为丰富和翔实的国家之一。

然而，这种在中国传承了几千年之久的宇宙探索精神，以及针对宇宙超自然力所产生的宇宙崇拜信仰观，发展到近代人类所显现的形式却和以往截然不同。例如近一个世纪以来，人类一改以往对宇宙神秘物体的盲从崇拜，而是借助当今科学手段试图揭开宇宙不明飞行物的本真面目。目前人类探索宇宙生物和地外文明的方法主要有三大类：一、接收并分析来自太空的各种可能的电波。这方面的工作从 1960 年就开始了。二、人类主动向外太空发出表明人类在太阳系内存在的信号。1974 年 11 月 16 日，美国利用设在波多黎各的阿雷西博 305 米直径的射电望远镜，发出人类第一组信号，对准武仙座球状星团，发射 3 分钟。三、发射探测器去登门拜访外星人。美国发射的“先驱者” 10 号和 11 号，“旅行者” 1 号和 2 号都在完成对太阳系内的探测任务后，带着许多人类的信息，作为人类使者，漫游在恒星际空间。如果巧遇人类的知音，他们将从探测器中了解地外生物的活动情况，确定是否能够进一步交往的可能。1978 年，发生了 UFO 史上一件划时代的大事，11 月 27 日，在第 33 届联大特别政治委员会上，格林纳达政府提交了第 126 议题的决议草案—“联合国设立一个机构或一个局，负责进行和协调对不明飞行物及有关信息的研究工作，并负责发布所取得的成果。”1993 年 10 月 22 日，由联合国主持的“地球外高智慧生命与人类未来研讨会”在钮约总部举行。由此可见，探索宇宙生物与地外文明是当今人类一项综合性的科学使命。

然而令人遗憾的是，从古到今无论人类为此作出过何等的努力，至今仍未揭开宇宙不明飞行物 UFO 现象的神秘面纱。但有一点是可以肯定的，宇宙 UFO 现象的确存在并与人类历史相随相伴直到今天。说明人类对探索宇宙未知领域的好奇心从未泯灭过，只是古今探索的目的有所不同而已。例如，我国古代先民对 UFO 现象的探索，只是滞留在敬畏与崇拜的层面一直未能突破；而当今世人，却是借助所掌握的科技手段在试图揭开这种现象的本源。虽然两者探究的手段不同，但目的却都希望找到 UFO 现象背后所隐藏的神秘历史。如果我们能够借鉴古代先民们的执着精神，再借助他们留给我们的诸多实物佐证，我相信在不远的将来，中国将是人类率先揭开 UFO 现象的国家。

理由是，在世界范围内唯有中国留存着几千年之久的不明飞行物关顾地球的文献记载；只有中国保留着与 UFO 现象近距离接触所留下的青海杜立巴石碟、内蒙古阴山岩画、三星堆人用青铜器制作的飞行器，以及上古玉中出现的诸多齿轮状器物等等，这些物证不仅诠释着我国先民对宇宙未知领域的探索精神，而且还在佐证着 UFO 现象存在的可能。不仅如此，在宇宙超自然力现象的感召下，我国先民不仅开创了人类针对宇宙的崇拜信仰，而且还创建了宇宙创世学说。（图 15-41）

图 15-41　华夏古玉中出现的齿轮状器物

第七节　人类宇宙创世学说的升华演变

探究人类宇宙创世学说的成因史，我们不得不寻根溯源的从人类原始宗教的形成谈起。众所周知，人类原始宗教的形成，是原始社会发展到一定阶段产生的意识形态产物，主要是以反映人与自然为内容的人类初期状态的崇拜信仰，统称为宗教。近年来，考古新发现提供的诸多证据显示，我国原始宗教的形成可分为两大类型：一种是，在人文历史出现之前就已经存在的远古宗教，被学界称之为史前宗教。而史前宗教的基本特点是，人类对食物链的依赖崇拜、祖先崇拜、生殖繁衍崇拜、亡灵崇拜以及对自然万物的崇拜。第二类宗教是，人文历史出现之后的原始宗教，主要特点是：在史前宗教崇拜信仰的基础上，又衍生出了人类探索宇宙奥秘所形成的崇拜现象，其主要表现形式是在崇拜物与崇拜对像中，出现了歌颂宇宙超自然力的神奇物象符号与图案。

例如，在我国青海发现的杜立巴石碟，应该是人类崇拜宇宙超自然现象的历史开端；在内蒙古地区发现的阴山岩画，应该是宇宙崇拜现象的延伸解读；又如，在红山文化古玉、齐家文化古玉、良渚文化古玉中，出现的很多环状带有缺口的齿轮状玉玦，和大小不一且形状各异的齿轮状玉璧，以及陕西的石峁遗址、四川的三星堆和金沙遗址出土的诸多金属齿轮状器物等等，这些都应该属于人类宇宙崇拜信仰，发展到升华演变阶段的重要组成部分。然而，这种传承了几千年之久的宇宙崇拜信仰，和那些具有承袭意义的图案符号，以及那些诸多酷似齿轮状的器物，这些究竟在诠释着怎样的一种文明，其开创理念又源于何种力量的启发？究其这一现象的成因缘由，这些神奇的齿轮状器物以及它们所反映出的文化现象，唯有一种可能方能将其解释清楚，那就是它们应该受到宇宙地外生物的影响，或者说是 UFO 现象给予人类的启示所产生。

这种宇宙崇拜现象发展到三星堆时期，其内容形式出现了质的飞跃与升华，我们仅从那些硕大的青铜器造型就能够感悟到，三星堆时期是我国上古宗教发展升华的一大转折，这一阶段歌颂宇宙超自然力、弘扬宇宙崇拜信仰理念已然成为了该宗教信仰体系的主导。去过三星堆的人都应该有种感受，那些硕大的青铜器所释放的神秘力量，不仅会让所有人产生出一种肃然起敬之感，而且青铜器所承载的神秘诱惑，又似乎在促使着每个人能够产生出各种神奇的遐想。究竟是什么力量，在促使着三星堆人能够产生出如此神奇的创意，又是何种诱惑在激发着这种超越时空的想象？这种神奇的力量究竟来自何方？又是何方神圣在释放着这种超凡脱俗的力量？究其缘由唯有一种解释，那就是唯有地外生物能够给予人类这种启示，只有宇宙超自然力现象才能激活人类潜意识中的神奇想象。

例如右边的这件青铜器，器物顶端嵌有四只预示遨游太空的神鸟，共同抓着一只酷似今天热气球悬挂的方形吊篮，吊篮上挤满了乘客似乎在进行着一次太空的遨游旅行。然而令人称奇的是，在吊蓝的下方，还装有一个酷似今天卫星推进器的导流装置，这个导流罩显然是将吊篮送往太空的推进系统。这种与当今卫星推进器极为相似的构造，究竟在传达着怎样的信息？如果这件神器是源自当今艺术家之手，可以说也不足为奇，因为所有人都了解卫星的构造。但是，这件青铜神器却是距今 3800 年左右的三星堆人所创造，应该就是一件令人匪夷所思的事。因为这种带有推进系统的设计，绝非是古代先民凭借想象就能够创作出的产物。(图 15-42)

另外在三星堆青铜器中，还出现了一些头顶着飞行器导流孔的青铜人像、和酷似今天宇航员所穿戴的太空服，以及诸多青铜器齿轮和形状各异的玉质齿环状器物，这些唯有人类步入到机器时代才会产生出的机器齿轮，绝非是古代先民凭借想象就能够创造出来的产物。(图 15-43)

图 15-42　三星堆制作的青铜飞行器吊篮

针对三星堆所出现的这些离奇怪异的文化现象，考古界至今都无人能够给出合理的解释，也无人对此进行过研究。笔者认为，三星堆出现的这种奇怪的文化现象，应该源于古代先民对宇宙超自然力现象的读解，也是古代先民目击 UFO 事件真实的历史写照。这些制作于 3800 年前的物质文明，不仅诠释着三星堆崇拜宇宙观的宗教信仰，同时还在彰显着三星堆人向往宇宙超自然力的心理诉求。

笔者认为，这些超越着古代先民智慧与创造能力的艺术杰作，如果不是地外生物给予人类的启示，根本就不可能出现。由此可见，在人类历史中出现的宇宙信仰观和宇宙创世学说，其历史发祥地就应该是我国华夏的这片区域。因为三星堆时期出现的宇宙崇拜观，不仅诠释着人类从自然崇拜升华演进到宇宙崇拜，同时还采用物象符号在讲述着这一发展演变的历史过程。

图 15-43　三星堆头戴飞行帽的神像

就现实而言，三星堆时期创建的宇宙创世观，不仅促进了人类步入文明社会的演进步伐，同时还推动了人类宗教意识形态的发展与传播。三星堆所构建的宇宙创世观，不仅为人类宗教发展开创了历史先河，同时也为后世各宗教教派所形成的宇宙崇拜观，打下了坚实而厚重的基础。例如，古印度吠陀教和婆罗门教的宇宙信仰观和宇宙创世观、琐罗亚斯德袄教的宇宙崇拜信仰观、天主教和基督教的上帝崇拜等等，这一系列围绕着宇宙之主和造物之神的上帝崇拜信仰，已然成为了人类各宗教教派的宗教信仰观的核心主导。因此可以肯定的讲，受到宇宙超自然力 UFO 影响而形成的中国上古宗教，不仅是人类崇拜宇宙超自然力现象的开创者，同时也是人类创建宇宙创世观和上帝信仰观的鼻祖。

本书结语

本书所提出的新发现与新观点，主要源于"民间收藏"的鱼国祭祀古玉给予的启示。因此，笔者在本书中才提出了"第四重证据法"即民间收藏，应该成为我国考古学的重要佐证依据。因为，笔者通过鱼国祭祀古玉的物象符号，不仅发现了鱼国宗教是三星堆宗教的承袭者，而且按照三星堆北偏西45度的所指方向，又找到了他们的历史发祥地以及他们的族属关系，并合理的顺延出这支宗教法脉属于人类最早形成的宗教信仰体系。由此可见，"第四重证据法"为溯源华夏失载的文明能够起到填补文献空白的作用。

商代鱼国宗教历史的发现，不仅是我国上古宗教承上启下的重要环节，而且通过古玉所彰显的符号信息，又合理的顺延出华夏上古宗教的承袭发展脉络。例如，在青海发现的距今已有12000年的杜立巴石碟、在内蒙发现的新石器晚期的阴山岩画、以及6000年前的红山文化古玉、5000年前的良渚文化古玉、4000年前的甘肃齐家文化古玉、3800年前的巴蜀三星堆和金沙文明、3400年前的商代鱼国祭祀古玉等等，这些文化现象所诠释的不仅是我国先民对宇宙超自然力的崇拜信仰，其传承有序的发展脉络还在彰显着人类宇宙创世学说的成因演进过程；这些实物佐证，不仅能够澄清中国古代史的诸多未解谜题，而且还具有极高的学术研究价值。更重要的是，它对当今中国迫切需要建立的文化软实力，以及建设"和谐社会"具有重要意义。要知道，对我国上古历史的厘清，不仅可以证明华夏文明是多民族和多元文化的起源，而且还能佐证各种文化的和谐共生、兼收并蓄、融合升华演变的发展进程，说明华夏文明的版图、疆域领地、民族大融合等早在5,000年以前就已经一脉相承。这对增强民族凝聚力与民族自豪感、促进各民族大团结、维护社会稳定、巩固中国固有疆域、树立中华文化包容博爱的国际形象、证明中国"和平崛起"的发展战略都具有极为重要的现实意义。

华夏上古宗教被发现的重大意义：新材料催生新探索，新探索催生新观念。每次重大的考古发现，都在纠正着误读的历史。梁启超在《中国历史研究法》中说："意大利庞培古城发现后，旧史谬误，匡正什九。"王国维说："古来新学问起，大都由于新发见。"又如，古埃及文明、美索不达米亚文明、古印度文明、玛雅文明和古秘鲁文明，无一不是源于新的发现。因此，我们应该加强对华夏周边区域文明进程与特色系统性的研究，探究它们是如何发展演进的，曾经历过哪些历史突变；各区域文明之间又相互产生过怎样的影响；在其他文明中又因何会掺杂着华夏的文化元素；华夏文明在其他文明中究竟扮演过怎样的角色，又曾发挥过怎样的推动作用。

要知道，中国上古宗教所创建的三星堆文明和鱼国祭祀古玉文明，不仅开启了人类对宇宙的崇拜信仰，而且还开创了人类宇宙创世学说的历史进程。它不仅为华夏5,000年文明史提供了弥足珍贵的实物佐证，而且还引导着我们沿其脉络找回了曾经湮没于尘埃之下失落的华夏古玉文明。

华夏上古宗教历史的发现，不仅证明了中华文明源于一脉相承，而且在宗教、文化、政治、艺术、社会乃至人种演化等领域，仍彰显出清晰可辨的发展演进过程。由此可见，中国西北民族、西南民族、东北民族、东南民族以及中原地区民族，在华夏文明起源与发展的过程中都曾在不同时期扮演过不同的角色。早在4,000-6,000年前，华夏各民族已在自己广袤的区域开始了波澜壮阔的大融合与大兼并，因此我国才会形成与其他国家不一样的一支独创文明。

在当今世界各种文化、种群冲突日益严重之际，尤其是这些矛盾已逐渐波及到我国，并影响到了我们周边区域的安定与和谐，在这种背景下拨开历史的迷雾，还原历史的本真，从文化传承和种群繁衍的视角澄清某些已经混淆多年的概念，向世人证明华夏民族和华夏版图早在上古时期就已经形成了完整的板块，这对于稳定社会情绪，增进中国与世界各国之间的感情，增强各民族之间的大团结有着非常积极的作用。

从这个角度讲，对华夏上古历史与文化的研究所取得的诸多成果，对今日社会具有深远的现实意义，能够为社会的安定，民族的团结，文化的复兴做出不可估量的贡献，并以此促进了中国社会的和谐发展与幸福安宁。

为构建中国“文化软实力”所起到的作用：软实力可以集中归纳为四个方面的影响力，即文化影响力、意识形态影响力、制度安排上的影响力和外交事务中的影响力。“软实力”对世界各国制定文化战略和国家战略是一个重要的参照系。表面上文化确乎很“软”，但却是一种不可忽略的张力。任何一个国家在提升本国政治、经济、军事等硬实力的同时，提升本国文化软实力也是更为特殊和重要的。

通过对华夏古玉的系统性研究，我们能够证明华夏文明是个多民族和多元文化及兼收并蓄的文明体系，在其发展的过程中是以逐步吸收和融合发展起来的文明国度。这将告诉世人，中华文明并非侵略性、排他性、掠夺性的文化，而是富含包容、均衡、创新、博爱的文化体系。这种文化特质，使得中华文化能够根据现实社会的变化和发展不断自我更新，并促进了不同种族、宗教、意识形态的共存。通过创新和融合促进社会的和谐发展，以求共同繁荣。

通过对华夏上古宗教历史的论证，不仅从文化角度证明了华夏文明属于原创性文明，而且中国向世人强调“和平崛起”的原则仍具有极大的包容性。这将为中国拓展国际空间，扩大文化认同，打消中国崛起威胁其他国家的谬误和疑虑做出现实的贡献。

“失落的华夏文明”这本书，就是在这种国内外环境的驱使下孕育而成的，该书所提出的新发现与新观点，无外乎是为了溯源出华夏5000年的文明史，并让全世界了解华夏文明曾对人类历史的发生与发展做出过不可磨灭的贡献。本书历经长达13年的潜心研究，在依托着我国上古玉所彰显的诸多历史信息及物象符号佐证，终于在2016年10月顺利完成。

笔者不禁要感谢华夏上古玉给予的启示，同时也希望能借助此书让更多的人重新审视华夏历史文明，并希望有兴趣的人能够加入到探索华夏文明的行列，在共同努力下早日还原出华夏历史的本真，让世人真正领悟到华夏历史文明的博大精深之所在。

参考文献

[1]（德）恩斯特·卡西尔.《人论》[M]. 上海：上海译文出版社，2004.

[2] 上海研究院. 第二届“世界考古论坛·上海”公众考古学讲座 [EB]. 中国考古网，2015. 12. 9.
http://www.kaogu.cn/zixun/2015niandierjieshijiekaoguluntan_shanghailuntan/20151209/52337.html

[3] 卢连成，胡智生.《宝鸡弓鱼国墓地》[M]. 北京：文物出版社，1988.

[4] 山西省考古研究所等.《太原隋虞弘墓》[M]. 北京：文物出版社，2005.

[5]（英）阿诺德·汤因比.《历史研究》[M]. 上海：上海人民出版社，2010.

[6] 四川省文物考古研究所.《三星堆祭祀坑》[M]. 北京：文物出版社，1999.

[7] 刘昶.《人心中的历史》[M]. 成都：四川人民出版社，1987.

[8]（美）路易斯·亨利·摩尔根.《古代社会》[M]. 北京：商务印书馆，1977.

[9]（汉）扬雄.《方言》[M]. 北京：中华书局，2016.

[10]（汉）许慎《说文解字》[M]. 北京：中华书局，2013.

[11]（战国）韩非.《韩非子·心度》[M]. 北京：北京联合出版公司，2015.

[12]（苏）Я·Я·罗金斯基，M. Г. 列文《人类学》[M]. 北京：警官教育出版社，1993.

[13] 朱学渊.《西域族国名与东北亚族名之关联》[J]，《满语研究》2002 年第 2 期.

[14] 杨孝文，任秋凌.《科学家研究称图坦卡蒙玻璃项链来自太空》[EB]. 新浪科技，2006 年 6 月 26 日. [EB].
http://tech.sina.com.cn/d/2006-06-26/07591007084.shtml

[15] 王欣.《吐火罗史研究》[M]. 北京：中国社会科学出版社，2002.

[16] 骆汉城等.《玉石之路探源》[M]. 北京：华夏出版社，2005.

[17] 徐文堪.《吐火罗语文献释读》[J]，《西北民族大学学报》，2009 年第 2 期.

[18] 宋亦箫.《大夏（吐火罗）新探》[J]，《武汉文博》2010 年第 1 期.

[19] 杨建新.《月氏》[J].《西北史地》1983 年第 2 期.

[20] 杨建新.《论戎族》[J].《西北史地》1984 年第 1 期.

[21] 季羡林.《季羡林全集（第 12 卷）学术论著四：吐火罗文研究》[M]. 北京：外语教学与研究出版社，2009.

[22] 雅利安人 [EB]. 百度百科
http://baike.baidu.com/link?url=YJUj5-0u6GL5rk1fAclyIv5pvLXreyg6iL69QGlW4QK10gzQZce771fmvZUZEKqR5e2A1p0vZaJO3jvVARvTjLEEsoW1uDJNaa402_VYBey920QujblLpQ4fGLklHyZO

[23] 唐酌.《雅利安人》[EB]. 博客中国·唐酌，2010 年 7 月 29 日.

http：//xcqiuzj. blogchina. com/979159. html
[24] 方汉文.《比较文明史-新石器时代至公元5世纪》[M]. 北京：东方出版中心，2009.
[25] 离尘.《雅利安人（安息人）》[EB]. 豆瓣网，2011年1月23日.
https：//www. douban. com/note/131246893/？type=like
[26] 宋亦箫.《鬼方种族考》[J].《晋阳学刊》2008年第4期.
[27] 学海堂.《〈老子化胡经〉简介》[EB]. 新浪博客. 学海棠的博客，2009年9月8日.
http：//blog. sina. com. cn/s/blog_ 613c64b20100en97. html
[28] 朱大可.《老子：一个来自印度的神秘教团》[N].《文化春秋》1991年第8期.
[29]《什么是意识形态》[EB]. 中国在职研究生网2012年4月17日.
http：//www. zzyjszs. com/Html/MingCiJieShi/1/2536. html
[30] 流波.《源-人类文明中华源流考》[M]. 长沙：湖南人民出版社，2008.
[31] 葛志毅.《周人变戎复夏考论》[J].《中国史研究》1991年第4期.
[32] 胡克森.《论中国古代正统观的演变与中华民族融合之关系》[J].《史学理论研究》1999年第4期.
[33] 陈进文.《华夏—中国的代称》[N].《父母必读》1990年第8期.
[34] 丁福保编.《佛学大辞典》[Z]. 北京：中国书店，2010.
[35] 季羡林.《佛教十五题》[M]. 北京：中华书局，2007.
[36] 黄石.《神秘中国：独目人山谷--秘域青河》[M]. 北京：外文出版社，2010.